Knowledge House & Walnut Tree Publishing

Knowledge House & Walnut Tree Publishing

從貧弱到富強——中國復興之路

卷一：革命

盧潔 總主編
董振瑞、茅文婷 編著

卷首語

中華文化源遠流長，跌宕起伏，絢麗多姿，歷久而彌新。五千多年來，雖然不斷有政權更替和朝代改換，但始終沒有出現文化發展的斷層；五千多年來的中華文化，吸引了眾多不畏艱險、來華求學的異族遠客。燦爛五千年的中華文明，是每一個華夏兒女的自豪之源。

然而，翻開十九世紀中後期的歷史畫卷，一幕幕屈辱的場景卻躍然眼前：鴉片戰爭的割地賠款、甲午戰爭的深重恥辱、八國聯軍的肆意妄為……。一八四〇年的鴉片戰爭拉開了中國近代歷史的大幕，古老的中國從此一步步淪入半殖民地半封建社會的苦難深淵。以此為轉折點，爭取民族獨立和人民解放，實現國家繁榮富強和人民共同富裕，便成為近代以來中華民族的兩大歷史任務。

爆發於一九一一年的辛亥革命推翻了統治中國幾千年的君主專制制度，為中國的進步打開了閘門。但是，這場開啟了「民主共和新紀元」的革命卻並沒有改變中國半殖民地半封建的社會性質和人民的悲慘境遇。在遍佈荊棘的道路上，為了完成中華民族的兩大歷史任務，中國的先進分子們又開始了新的求索。

正是在這樣的時代潮流下，一場思想大解放如狂飆天落一般迅速橫掃了中國大地。這場背景深刻、意義深遠的思想大解放，不僅動搖了中國社會幾千年來封建思想的統治地位，還為五四運動的爆發起到了宣傳和推動作用，並進而為馬克思主義在中國的傳播奠定了堅實基礎。在此背景下，一九二一年七月在上海召開的黨的一大，宣告了中國共產黨的正式成立。中國共產黨的成立，成為開天闢地的大事件，給災難深重的中國人民帶來了光明和希望，給中國革命指明了方向。從此，中國革命便有了堅強的領導核心，災難深重的中國人民便有了可以依賴的組織者和領導者。

從一九二四年一月起至一九二七年七月止的三年半時間中，中國共產黨和中國國民黨兩黨進行了第一次合作。第一次國共合作的建立，開創了轟轟烈烈的大革命。這場大革命，不僅基本上推翻了北洋軍閥的統治，沉重地打擊了帝國主義的侵略勢力，而且使廣大的人民群眾受到一次革命洗禮，為中國革命奠定了基礎。但是，到了一九二七年大革命後期，由於蔣介石和汪精衛控制的國民黨右派不顧國民黨左派的堅決反對，相繼發動了「四一二」、「七一五」等反革命政變，公開叛變革命，致使第一次國共合作破裂。

大革命失敗之後，在迅速糾正了陳獨秀的右傾主義錯誤之後，為反抗國民黨的屠殺政策，挽救中國革命，中國共產黨又領導發動了南昌起義、秋收起義和廣州起義，創建了工農紅軍，開闢農村根據地，進行土地革命，堅持反帝反封建的革命戰爭，從而逐步開闢出了一條農村包圍城市，武裝奪取政權的正確道路。一九三三年秋，蔣介石發動了對中共中央蘇區的第五次「圍剿」。由於王明「左」傾冒險主義錯誤的影響，紅軍被迫長征。中國共產黨在長征路上舉行的遵義會議，在極其危急關頭挽救了黨、紅軍和中國革命。之後，紅軍在毛澤東的指揮下，克服千難萬險，取得了長征的勝利。

一九三一年侵華日軍發動九一八事變後，完全侵佔中國東北，並成立偽滿洲國；此後，日軍又陸續在華北、上海等地挑起戰爭衝突。面對這一危局，奉行「攘外必先安內」政策的蔣介石卻採取妥協政策以避免衝突擴大。一九三三年一月，得寸進尺的日軍進佔山海關，開始向中國關內進攻。一九三七年七月七日，日軍在北平附近製造七七事變，中日戰爭全面爆發。七七事變是日本帝國主義全面侵華戰爭的開始，也揭開了中華民族進行全面抗戰的序幕。在國難當頭、民族危亡的關鍵時刻，在中國共產黨的不懈努力下，國共兩黨以民族利益為重，摒棄前嫌，建立抗日民族統一戰線，進行第二次國共合作。經過八年浴血奮戰，一九四五年八月，日本最終宣佈無條件投降，中國人民的抗日戰爭取得了偉大勝利。抗日戰爭給中國造成了巨大的人員傷亡和財產損失，但中國人民始終同仇敵愾，反抗侵略，戰爭的勝利極大地提高了中國在世界舞台上的地位。

隨著抗日戰爭的結束，擺在中國人民面前的有兩種命運、兩種前途：一種是光明的命運，即中國共產黨所主張的，在打敗日本侵略者以後，建立獨立、自由、民主、統一、富強的新中國；一種則是黑暗的命運，即蔣介石集團所堅持的，在日本失敗後仍然維持大地主大資產階級的統治，繼續反共反人民，保持中國半殖民地半封建社會的地位和分裂貧窮的狀態。在這樣的情勢下，中國共產黨領導全國人民，為努力爭取、贏得光明的前途，與蔣介石集團進行了艱苦卓絕的鬥爭。

國民黨政府在美國的援助下，違背中國人民的意志和願望，悍然發動全面內戰，其結果不但在軍事上連遭挫敗，政治上極端孤立，而且由於國民黨統治集團自身的貪污腐化，加重了國民黨統治區的惡性通貨膨脹和物價猛漲，財政狀況急劇惡化，危機不斷加深，經濟急劇地走向全面崩潰。與此同時，隨著國共內戰的持續推進，中國的軍事、政治和經濟形勢發生了更加有利於人民，而不利於國民黨統治集團的重大變化。經過土地改革，廣大農民革命和生產的積極性空前高漲，解放軍的後方進一步鞏固。而且，經過休養生息，解放區的生產得到了恢復和發展，增強了支援戰爭的物質力量。在此背景下，中共人民解放軍以其摧枯拉朽之勢橫掃幾百萬國民黨軍，取得三大戰略決戰的勝利，最終取得民主革命全國性勝利。

一九四九年十月一日，在中共人民解放軍向全國進軍途中，中華人民共和國在北京宣告成立。新中國的成立，開闢了中華民族歷史的新紀元。

目錄

Contents

卷首語……V
第一章 千年變局……001
第一節 燦爛五千年的中華文明……002
一、從未間斷的歷史文化傳承
二、「基本發明和發現，可能有一半以上源於中國」
三、「學問雖遠在中國，亦當求之」
第二節 浩浩蕩蕩的世界潮流……014
一、需要巨人而且產生了巨人的時代
二、通過船帆征服海洋，聯結世界
三、搖撼舊世界基礎的三個偉大槓桿
第三節 由盛轉衰的逆轉國運……028
一、「准許在中華帝國東部口岸貿易的時代宣告結束了」

Contents

二、「著書只為稻粱謀」
三、「和珅跌倒，嘉慶吃飽」
第二章 血淚吶喊……043
第一節 半殖民地半封建的深重屈辱……044
一、英國國庫靠什麼來填滿
二、「中國不及日本遠甚」
三、「量中華之物力，結與國之歡心」
第二節 救國先行者的早期探索……059
一、「凡天下田，天下人同耕」
二、「中學為體，西學為用」
三、「各國變法，無不從流血而成」
第三節 封建帝制的終結……072
一、「中山先生是四萬萬人之代表也」
二、「予三十年如一日之恢復中華、創立民國之志，於斯竟成」
三、中華復興之路道阻且長
第三章 狂飆天落……085
第一節 空前的思想大解放……086

Contents

第二節　五四風暴的襲來……100
一、「德先生」與「賽先生」
二、「打倒吃人的禮教」
三、「問題與主義之爭」
第三節　馬克思主義在中國的傳播和興起……113
一、風暴前夜的秘密外交
二、火燒趙家樓
三、「整個中國從沉睡中復甦了」
一、「走俄國人的路——這就是結論」
二、「社會主義的討論，常常引起我們無限的興味」
三、「馬克思主義與無政府主義之辯」
第四章　開天闢地……127
第一節　「勞動團體應當自己起來做一個大政黨」……128
一、「南陳北李，相約建黨」
二、中國共產黨的八個早期組織
三、從「工人夜校」到「工人俱樂部」
第二節　「成立一個強固的精密的組織」……143
一、從望志路一〇六號到嘉興南湖

Contents

二、「我黨初顯身手的重大事件」
三、「海外奇談」成為「普遍全中國的政治常識」
第三節 一九二二：「中國勞動紀元年」……155
一、「高潮的第一怒濤」
二、將「安源這鍋冷水燒熱」
三、壯烈的開灤五礦和京漢鐵路大罷工
第五章 風雲翻滾……169
第一節 「和平、奮鬥，救中國」……170
一、李大釗與孫中山的一次長談
二、「應該以國民革命運動為中心工作」
三、「聯俄、聯共、扶助農工」
第二節 「打倒軍閥，除列強」……183
一、「革命的黃埔」
二、從五卅運動到廣東革命根據地的統一
三、鐵血北伐
四、工農運動高漲
第三節 「喊著革命反革命」……205
一、從「中山艦事件」到《整理黨務決議案》
二、從「四一二」到「寧漢分裂」

Contents

三、從「七一五」到「寧漢合流」
第四節　南京國民政府的十年……219
一、「二次北伐」與「東北易幟」
二、「風雲突變，軍閥重開戰」
三、從一黨專政到軍事獨裁統治
四、從「革命外交」到「新生活運動」
第六章　星火燎原……239
第一節　「槍桿子裡面出政權」……240
一、「武裝反抗的第一槍」
二、「旗號鐮刀斧頭」
三、在城市建立蘇維埃政權的嘗試
四、在莫斯科郊外舉行的中共六大
第二節　「紅旗捲起農奴戟」……259
一、創建井岡山革命根據地
二、轉戰贛南、閩西
三、開闢和擴大農村革命根據地
第三節　「喚起工農千百萬」……277
一、「貧農在十二個方面得到利益」
二、「紅旗到底打得多久？」

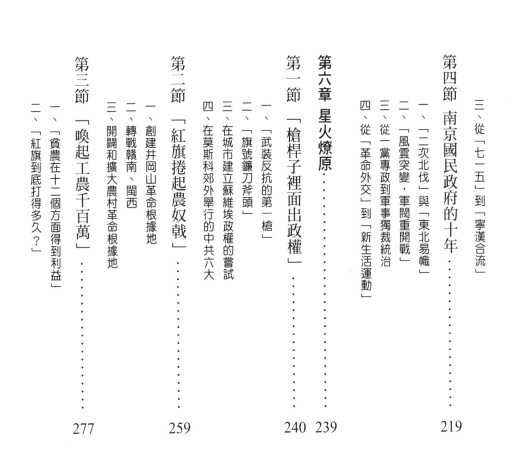

Contents

三、十年的紅軍戰爭史，就是一部反「圍剿」史
第四節 「紅軍不怕遠征難」…………294
一、血色湘江
二、生死攸關的轉折
三、「毛主席用兵真如神」
四、「北上」與「南下」
第七章 血肉長城…………321
第一節 中華民族到了最危險的時候…………322
一、九一八事變前後
二、「寧為玉碎而榮死」
三、從長城抗戰到《塘沽協定》
四、從「哭諫」到「兵諫」
第二節 「地無分南北」…………348
一、「築成民族統一戰線的堅固長城」
二、「浴血苦戰達四月」
三、血戰台兒莊
四、「中業興，須人傑」
第三節 「到敵人後方去」…………372
一、洛川會議

Contents

二、「紅軍參戰以來的第一次勝利」
三、粉碎「九路圍攻」
四、《論持久戰》的發表
第八章 氣壯山河……393
第一節 艱苦卓絕的全民族抗戰……394
一、「張上將之殉國」
二、「名將之花凋謝在太行山上」
三、百團大戰
第二節 抗戰相持階段的危機……408
一、「人若犯我，我必犯人」
二、「淪陷區問題」
三、轉折點——一九四四
第三節 奪取抗戰的勝利……428
一、「赫爾利政策」
二、「兩個會議，兩個目標」
三、「對日寇的最後一戰」
第九章 兩種抉擇……451
第一節 兩種命運、兩種前途……452

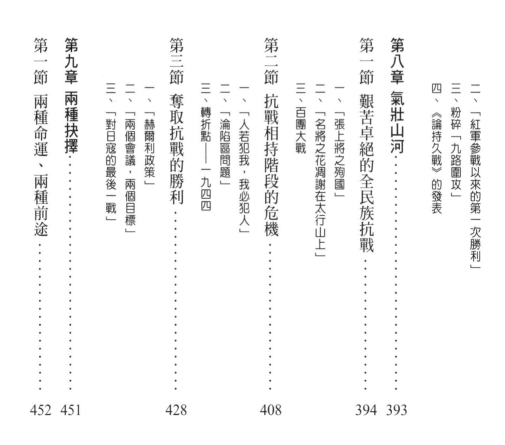

Contents

一、「桃子該由誰摘？」
二、和戰大計
三、針尖對麥芒
第二節　和平建國希望的破滅……468
一、「中央來了更遭殃」
二、馬歇爾使華
三、重慶政協會議前後
第三節　國共雙方的軍事鬥爭……484
一、何應欽與陳誠的一場爭論
二、「蔣若全面打來，我必全面抵抗」
三、拖住「西北王」，消滅「御林軍」
四、「三軍出擊，經略中原」
第十章　旭日東昇……507
第一節　在大變動前夜……508
一、「中國要亡在經濟總崩潰」
二、第二條戰線的開闢
三、「這一方面正是我們的長處」
第二節　大決戰……523
一、大決戰前的形勢

Contents

二、偉大的戰略決戰
三、「宜將剩勇追窮寇」
第三節　新中國的誕生……546
一、「瀋陽經驗」
二、「進京趕考」
三、歷史的新紀元
參考文獻……563

第一章

千年變局

二〇一三年九月九日，在烏茲別克訪問的習近平主席被博物館裡的一幅地圖吸引住了。他指著圖中右邊的一處地方說：「那裡是西安，絲綢之路的起點，也是我的故鄉。」

兩千一百多年前，中國漢代的張騫兩次出使中亞，不僅開闢出一條橫貫東西、連接歐亞的絲綢之路，更開啟了將中華文化推向世界的大門。這條看似遍佈戈壁和沙漠的路途，卻交匯了各具特色的不同文明，展現了古代中國的豐饒繁盛。數千年時空流轉，曾經的駝隊早已湮沒在歷史的塵埃中，但古老而輝煌的中華文明，早沿著這條史詩般的路線，傳播到四面八方。讓我們一邊遙想著悠遠的駝鈴聲聲，一邊來探尋這屬於中華民族的五千年燦爛。

第一節 燦爛五千年的中華文明

不少西方歷史學家認為，在近代以前的所有文明中，沒有一個國家的文明比中國更發達、更先進。中華文化源遠流長，跌宕起伏，絢麗多姿，歷久而彌新。五千多年來，雖然歷經政權更替和朝代改換，但中華文化始終沒有出現斷層，一直處於不斷豐富發展中，並吸引了眾多不畏艱險，來華求學的異族遠客。燦爛五千年的中華文明，是每一個華夏兒女的自豪之源。

一、從未間斷的歷史文化傳承

兩河流域的古巴比倫文明，曾經擁有被世界譽為「第七大奇蹟」的空中花園和世界上最早的成文法典；尼羅河畔的古埃及文明，留下了巍峨壯麗的金字塔和神秘莫測的木乃伊；熱帶雨林裡的瑪雅文明，曾經在天文和曆法上取得了眾多令後人驚歎的成就……遺憾的是，這些文明最終不是消亡，就是支離破碎了。然而，東亞大陸上的另一個古老而輝煌的文明，卻以驚人的韌性和包容精神一直傳承至今。它，就是中華文明。這個文明的創造者，就是中華民族。

中國是世界上古老文明的發源地之一。早在五六千年以前，黃河流域和長江流域已經出現早期文明社會的要素，如城市、墓葬、農業和家畜飼養等。公元前二十一世紀開始，夏、商、周等早期王朝國家逐漸形成。公元前二二一年，秦始皇建立了統一的多民族國家，此後，又歷經秦、漢、三國、兩晉、南北朝、隋、唐、五代、宋、夏、遼、金、元、明、清等朝代。幾千年來，中華民族披荊斬棘，辛勤勞動，創造了輝煌燦爛的中華文明。中華文明自誕生起，就表現出了頑強的生命力，綿延發展，歷久彌新，以卓越的風姿屹立於世界。可以說，中國是世界上少有的歷史文化從未間斷一直延續至今的國家。

漢字為中華文明的傳承立下了不可磨滅的功勳。漢字由上古的華夏人發明創造，確切的歷史可以追溯到公元前一三〇〇年前後商代的甲骨文，是上古時期各大文字體系中唯一傳承至今的文字，有學者將其稱為「中國第五大發明」。漢字的穩定性不僅使今天的人們可以直接和兩千五百年前的孔子對話，而且為中華民族消除不同地域方言語音的隔閡提供了有形的工具。漢字跨越了時間、空間，為不同時段、不同地域的炎黃子孫的交流溝通創造了有利條件。文化學家余秋雨曾經這樣評價：平心而論，人類史上沒有第二個奇蹟——我們的祖先不僅找到了這樣一個可以永久貫穿下去的文字系統，而且保存至今，這是中華文明沒有滅亡的一個重要原因。

漢字不僅是文化的傳承，更是中華民族情感表達的載體。古代先人將一個個漢字以巧妙的方式組合起來，形成了瑰麗璀璨的詩經、楚辭、漢賦、唐詩、宋詞、元曲、明清小說。它們都是中華文明的奇珍異寶。這些詩詞歌賦，將歷史的表達和藝術的創作完美地融合到一起，既飽含了勞動人民或喜悅或沉痛的真情實意，又滿載著風流才俊浪漫的藝術詠歎和深沉的實踐理性。

「蒹葭蒼蒼，白露為霜。所謂伊人，在水一方」，是青澀小伙兒眼中朦朧而見的彼岸佳人；「長太息以掩涕兮，哀民生之多艱」，是愛國詩人的憂民情懷；「西郊則有上囿禁苑，林麓藪澤，陂池連乎蜀漢，繚以周牆，四百餘里」，是漢家江山的巍峨氣象；「君不見黃河之水天上來，奔流到海不復

甲骨文，又稱「契文」、「甲骨卜辭」或「龜甲獸骨文」。它是中國已知最早的成體系的文字形式，上承原始刻繪符號，下啟青銅銘文，是漢字發展的關鍵形態。現代漢字即由甲骨文演變而來

回」，是盛唐之音的浪漫華章；「莫聽穿林打葉聲，何妨吟嘯且徐行」，是詞人隨遇而安的禪意玄思；「碧雲天，黃花地，西風緊，北雁南飛。曉來誰染霜林罪，總是離人淚」，是依依惜別的一唱三歎；還有《紅樓夢》中對封建末世的腐朽、卑劣的批判；等等。這些古代中國文學成果，在不同的時間段裡，各領風騷數百年。僅唐詩一項，總數就有近五萬首，有名可數的作者即達兩千三百多人。這些文學瑰寶不僅是中華文明的重要組成部分，也是祖先留給中國甚至是世界的重要財富。

當我們在古代文學的殿堂裡流連忘返的時候，也不能忘記那些巧奪天工的古代藝術精品。人面魚紋的彩陶盆、古樸粗獷的青銅器、筆墨造化的書法、以神似取勝的水墨繪畫、神秘精美的石窟雕塑、輝煌大氣的帝王宮殿、精巧婉約的江南園林，都是寶貴的歷史文化遺產。更不用說那風靡世界的絲綢、瓷器，幾乎令整個西方為之神往。還有氣勢宏偉的萬里長城、秦陵兵馬俑、大運河等工程，堪稱世界文明史上的奇蹟。

以獨具東方特色的山水畫為例，或濃或淡的用墨，或工筆描畫或信手鋪陳，講究的皆是神韻和意境。蕭條寂寞而不頹唐，安和平靜卻非死滅。這種藝術形式與講求色彩、寫實的西洋畫風形成了鮮明對比。曾經有一位歐洲收藏家，買了一幅中國山水畫，作者只在畫面下方的三分之一處落筆，其餘皆是留白，給人以想像空間。但這個歐洲人堅持要把畫面上方的三分之二裁掉，理由是空白的宣紙毫無價值。這是中西文化差異的體現。但是，隨著時代的發展，越來越多的西方人開始欣賞，甚至著迷於具有獨特魅力的東方繪畫。有西方學者評價，「氣韻生動」四個字，精闢地表述了「在中國傳統美學中，與繪畫美、天才及藝術創作能力諸問題有關的全部思想」。

這種生動的氣韻體現了中國傳統老莊哲學與自然合為一體，希望從自然中獲取靈感，擺脫人世羈縻，獲取心靈解放的意味。關注生命本性和內在價值，強調「領悟」和「體會」的中國哲學，有著與西方哲學不同卻依然精彩的表達方式。從現存記載看，萊布尼茨、伏爾泰、狄德羅、康德等西方哲學「泰斗」們，都對所接觸的中國哲學思想給予了很高的評價。西方當代學者中也有不少人很看重中國哲學，有的甚至認為在不久的將來，中國哲學或許可能「主導」時代潮流。

不能不提的還有浩如煙海的典籍文獻。這些竹簡、泛黃的紙頁，記錄著中華民族的厚重歷史，表現了華夏先人的思想智慧。從未間斷的「二十四史」，計三千兩百一十三卷，約四千萬字，將公元前二五五〇年的上古黃帝直至一六四四年的明朝崇禎帝推到人們的面前。在歷史進程中凝聚下來的文化傳統，對中華民族的人格心理鑄造產生了異常深刻的影響。傳統文化中的一些優秀內容，如仁愛孝悌、謙和好禮、誠信知報、精忠愛國、克己奉公、修己慎獨、見利思義、勤儉廉正、篤實寬厚、勇毅力行等，是中華民族的「根」和「魂」，需要我們代代傳承和弘揚。

中國問題研究專家、美國學者費正清先生對中華文明給予了高度評價：「對於藝術、文學、哲學和宗教領域的人文學者來說，中國的傳統社會是西方文化的一面鏡子，它展現出另外一套價值和信仰體系、不同的審美傳統及不同的文學表現形式。對於社會學家來說，中國在人類學、社會學、經濟學、政治學及歷史學方面的文獻記載，就某些時代或某些領域而言，遠比西方豐富、翔實。」

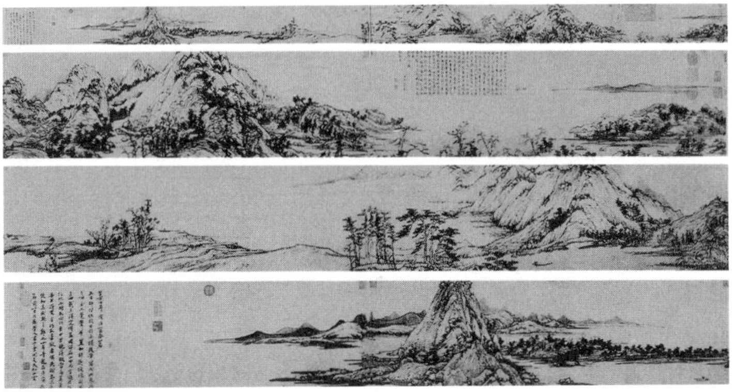

《富春山居圖》，由元代畫家黃公望所繪，以浙江富春江為背景，用墨淡雅，山水佈置疏密得當，墨色濃淡極富變化，被譽為「中國十大傳世名畫」之一

古典的歷史文化似乎已經成為歷史陳跡，但不可否認的是，它仍然感染著今天的炎黃子孫。中華優秀文化傳統已經成為中國文化的基因，根植在中國人內心，潛移默化地影響著中國人的行為方式。當今天的人們再去回顧和欣賞古代的文化藝術時，仍然能從中找到與自己心靈相互呼應的感動點。這是華夏兒女民族特性和認同感的直接體現，也是中華民族能夠生生不息，不斷創造新輝煌的重要基礎。

二、「基本發明和發現，可能有一半以上源於中國」

英國學者貝爾納在《歷史上的科學》中說，中國「在許多個世紀以來，一直是人類文明和科學的巨大中心之一」。法國漢學家安田樸也認為，在西方「文藝復興」和「工業革命」之前，中國文明非但不比歐洲文明遜色，反而還要先進得多。英國學者羅伯特．坦普爾乾脆下了這樣的結論：現代世界賴以建立的種種基本發明和發現，可能有一半以上源於中國。這些觀點都在指向一個事實：中國科技曾經在世界上長期領跑，為人類的發展作出過卓越貢獻。甚至在日新月異的近現代文明中，仍然有可以追溯到古老華夏文明的部分。

羅伯特．坦普爾將這個事實形象地稱為「西方受惠於中國」。經過科學的研究考證：近代農業、近代航運、近代石油工業、近代天文台、近代音樂，還有十進制數字、紙幣、雨傘、釣魚竿上的繞線輪、獨輪車、多級火箭、槍炮、水下魚雷、毒氣、降落傘、熱氣球、載人飛船、白蘭地、威士忌、象棋、印刷術，甚至蒸汽機的基本結構，全部源於中國。

古代中國最為著名的科技成果莫過於四大發明，即造紙術、指南針、火藥和活字印刷術。這是中國先賢在世界文明史上留下的光輝足跡。早在春秋戰國，中國的勞動人民就從鐵礦石中認識了磁石，並製造出了最早的指南針——司南。東漢時期，蔡倫改進造紙術，使中國人擁有了經濟、便利的書寫材料。

造紙術傳播到歐洲以後，更是掀起了一場人類文字載體的革命。宋仁宗慶曆年間，畢昇發明活字印刷術，比德國古登堡的印刷術早四百年。隋唐時期，中國的煉丹家發明了火藥，到了宋朝，人們將火藥填裝在竹筒裡，產生了世界上第一種「火藥火箭」，以後又發明了火槍，成為近代槍炮的「始祖」。四大發明不僅為中華民族的崛起奠定了不可磨滅的功績，而且傳播到世界各地，「西方受惠於中國」：

如果沒有從中國引進船尾舵、羅盤、多重桅杆等改進航海和導航的技術，歐洲絕不會有導致地理大發現的航行，哥倫布也不可能遠航到美洲。

如果沒有從中國引進槍炮和火藥，也就不可能用子彈擊穿騎士的盔甲把他們打下馬去，因而就不可能結束騎士時代。

如果沒有從中國引進造紙術和印刷術，歐洲可能要更長期地停留在手抄書本的時代，書面文獻就不可能如此廣泛地流傳。

對這一切，英國哲學家弗朗西斯・培根由衷地讚歎道：造紙與印刷術、火藥、指南針這四項發明對於徹底改造近代世界並使之與古代及中世紀劃分開來，比任何宗教信念、任何占星術的影響或任何征服者的成功所起的作用都大。

除了四大發明，在天文學、數學、醫藥學、農學等領域，古代中國也取得了輝煌的成就。

中國古代勞動人民很早就有通過觀測日月星辰的位置來確定時間的習慣。據《春秋》記載，魯文公十四年（前六一三年），「秋七月，有星孛入於北斗」。這是世界上公認的關於哈雷彗星的最早記錄，而歐洲的最早記錄是在公元六六六年。據《漢書・五行志》記載，漢成帝河平元年（前二八年），「三月乙未，日出黃，有黑氣大如錢，居日中央」。這是世界上公認的關於太陽黑子的最早記錄，而歐洲的記錄至少要比中國晚八百年。元代郭守敬制定的《授時曆》，將一年精確到三百六十五・二四二五天，這與地球繞太陽公轉一周的實際時間僅差二十六秒，比現在世界上通用的格里高利公曆早三百多年。明末清初的思想家顧炎武驕傲地說：「三代以上，人人皆知天文。」英國科學史專家李約瑟也不得不承認，「在阿拉伯人以前」，中國是「全世界最堅毅、最精確的天文觀測者」，「是文藝復興以前，所有文明中對天象觀測得最系統、最精密的國家」。「顯然，中國天文學在整個科學史上所佔的位置，應該比科學史家通常所給予它的重要得多。」

天文學纍纍碩果的取得離不開數學的支持。二〇一四年一月，清華大學所藏戰國竹簡第四輯整理報告發佈，報告收入的「清華簡」文獻之一就是《算表》。據有關專家考證，這套形狀較寬大，上部有紅色橫線的鮮艷竹簡距今已有兩千三百年，是中國國內發現最早的實用算具，可計算一百以內任意兩整數乘除。《算表》的發現，不僅填補了先秦數學文獻的空白，而且為春秋戰國時期中國傳統數學的第一個高潮提供了佐證。西漢末年的《周髀算經》不僅記載了勾股定理，而且總結出了測太陽高或遠的「陳子測日法」。五世紀，祖沖之將圓周率精確到小數點後的第六位，而歐洲直到十六世紀才得出同樣的結果。「無論是二項式係數排列，還是旋轉運動與直線相互轉換的標準方法，或第一台時鐘中的擒縱裝置」，「不管你探究哪一項，中國總是一個接一個地位居『世

四大發明是指中國古代對世界具有很大影響的四種發明，即造紙術、指南針、火藥、印刷術。這四種發明對中國古代的政治、經濟、文化的發展產生了巨大的推動作用

界第一』」。

中華醫學是當今世界科學史上唯一留存的傳統醫學，承載著中國古代勞動人民同疾病作鬥爭的豐富實踐和理論知識，為今天的人們留下了寶貴的醫藥財產。東漢末年，華佗發明世界上最早的麻醉劑——麻沸散，比西方早一千六百多年。明代醫學家李時珍花費畢生心血，撰成《本草綱目》，全面整理和系統總結了十六世紀以前的藥物知識，是中國科學史上極其偉大的著作。這本書在十六世紀初就流傳到國外，被譯成多種文字，不僅對世界醫學作出了重要貢獻，也是研究動植礦物的重要典籍。中華醫學將人看成是氣、形、神的統一體，通過望、聞、問、切的方法，探求病理，從而達到治療的目的。除了藥物以外，中醫還有針灸、推拿、按摩、拔罐、氣功等多種治療手段。其中，針灸因其疏通經絡、調和陰陽、扶正祛邪等方面的獨特療效而越來越受到國內外的重視。目前，已經有一百二十餘個國家和地區用針灸術為本地人民治病，巴黎大學醫學院還開設了針灸課。二〇一〇年十一月十六日，中醫針灸被列入「人類非物質文化遺產代表名錄」。獨樹一幟的中華醫學，越來越受到世界各國的關注並得到應用。

發達的農業生產科技為古代中華文明提供了堅實的基礎。恩格斯曾指出：「農業是整個古代世界的決定性的生產部門。」中國不僅是世界上最早的農耕文明發祥地之一，而且達到了很高的生產水準。農業生產工具，選種育種、輪種復作、施肥灌溉、農田水利建設，等等，長期走在世界前列。中國的鑄鐵技術比西歐要早一千九百多年。在商代已開始用鐵，春秋戰國時期鐵農具已經被運用到農業生產中。和鐵農具

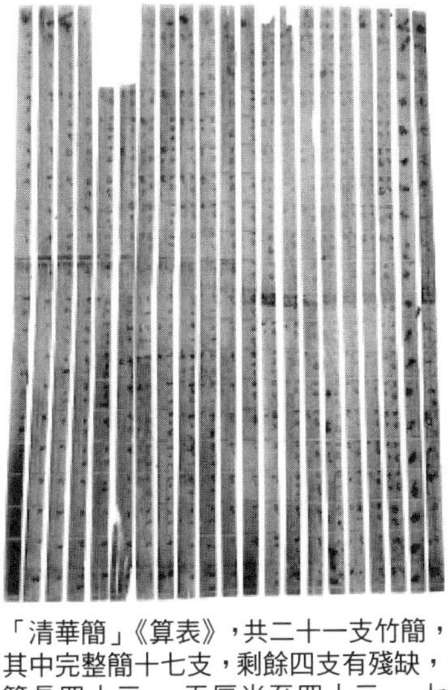

「清華簡」《算表》，共二十一支竹簡，其中完整簡十七支，剩餘四支有殘缺，簡長四十三・五厘米至四十三・七厘米

一起被運用的，還有牛耕，這極大地提高了農業生產力。犁壁、耬車、翻車、石碾、水碾、扇車等農機具也都是中國最先發明的。據考證，西方使用這些農機具都比中國晚了將近一兩千年。至於播種方法，「當中國的種子條播思想引起歐洲人注意之前，歐洲每年大約要浪費一半以上的穀種」。

在造船、冶金、紡織等眾多領域，古代中國的科技成就亦不勝枚舉。據統計，公元前六世紀至十一世紀，世界上的重要科學成就、發明或創造共兩百三十一項，其中中國有一百三十五項，佔總數的百分之五十八．四，從十一世紀到十六世紀，世界上的科學成就、發明或創造有六十七項，中國有三十八項，佔總數的百分之五十六．七。然而，「基本發明和發現可能有一半以上源於中國」卻是一個令西方人和中國人都驚訝的論斷。西方各國沉浸在近代社會翻天覆地變化中自我陶醉的時候，並沒有意識到最初帶給他們靈感和智慧啟發的是中國。同樣，中國對西方的一些技術專長感到迷惑或畏懼的時候，也忘記了祖先在這方面的開拓之功。

我們不能否認，近代中國的落後是造成這種現象的根本原因。因為落後，我們失去的不僅是世界「領跑」的地位，更是民族自信與國際尊重。在科學技術飛速進步的今天，我們既不能迷醉在曾經的輝煌中沾沾自喜，又不能沉浸在落後的悲傷中不可自拔，而應該正視歷史，靜心思考：如何向華夏先人學習，向其他民族學習，努力開拓進取，贏得新的發展機遇。

三、「學問雖遠在中國，亦當求之」

絢麗多姿的中國古代文明，對世界各國有著強烈的吸引力。伊斯蘭教創始人穆罕默德就是中國文化的敬仰者之一。為了鼓勵穆斯林到中國打開眼界，增長知識，他為後人留下了「學問雖遠在中國，亦當求之」的訓示。

懷揣著先知的鼓勵和對中華文明的嚮往，六五一年，阿拉伯使者第一次來到中國長安。此後，阿拉伯和中國的交流愈加頻繁。在一個半世紀內，阿拉伯使者進入長安達三十多次。七六〇年，僅揚州一地的大食人和波斯人就有好幾千。在廣州的阿拉伯人和其他從事貿易活動的外國人，有一個時期甚至達到十二萬人。不少阿拉伯人被中國獨特的風土人情和生活方式所吸引，在中國娶妻生子，留華不歸。其中既有「家資數百萬緡」的富商巨賈，又有才華出眾的「官至左班殿直者」。八四八年，阿拉伯人李彥升進士及第，成為錄取的二十二人中唯一的外國人，足見其漢學造詣之深。也有一些阿拉伯人將中國先進的技術帶了回去，如指南針、火藥的製作方法。最早從中國學去羅盤導航技術的正是航行於波斯灣、阿拉伯海和地中海的阿拉伯水手。從阿拉伯人那裡，歐洲人學會了火藥、火器的使用和製造技術，告別了冷兵器時代。

中阿交流的主旋律雖然是和平，但不可避免地也帶有戰爭。需要指出的是，這些碰撞同樣促進了文化的傳播。七五一年唐朝與黑衣大食（阿拔斯王朝）為了爭奪中亞的石國（塔什干）發生過一場小規模的戰爭。戰後，一些中國士兵成了阿拉伯人的俘虜。這些士兵把造紙技術介紹給阿拉伯人，使他們告別了用笨重的黃紙、羊皮紙書寫的年代。撒馬爾罕、大馬士革、埃及、摩洛哥建起了造紙廠，造紙技術才逐漸傳播到歐洲。

文明的交流從來都是相互的。阿拉伯人也給中國帶來了可以豐富和發展自己的營養。元世祖忽必烈曾經徵召大批「回回」天文學家來中國，撰修《回回星曆》、《萬年曆》等天文曆書。還設立回回天文台，進行天文實測。不少西亞的天文儀器和天文曆算等著作被介紹到中國來。大批波斯和阿拉伯的藥材也被輸入中國，為中國醫藥界廣泛採用，豐富了中國醫藥學的寶庫。中國還從伊朗引進了嗩吶、揚琴等樂器，拓展了音樂的表現力。

仰慕中國的文化和科學技術，不遠萬里來華求學的還有日本學者。中日兩國是一衣帶水的鄰邦，文化交流的歷史源遠流長。很久以來，兩國的交往以日本接受中國文化為主流。隋唐時期，隨著日本主動派出「遣唐使」，這種學習達到了頂峰。

大唐王朝，已經進入了封建社會的全盛時期，政治經濟文化都在蓬勃發展，首都長安更是世界上首屈一指的繁華大都市。而當時的日本還處在奴隸制社會時期，文化和經濟的落後，急需大規模的改革與發展。茫茫大海不能阻隔日本人民強烈的求學意願，秉持著「增強國力，震懾四方，與隋唐王朝並趨」的意願，肩負著日本朝廷的重託，遣唐使們不辭艱險、遠渡重洋來到中國，如飢似渴地學習中國的文化、政治、經濟制度，並將其帶回日本發揚光大。

這一時期，遣唐使歸國前，「盡市文籍，泛海而還」，中國大量的經史典籍隨之輸入日本。以日本古代法律為例，最為詳細的《大寶律令》的主體便是來自中國。就連日本學者也承認：「我國大寶律大體上是採用唐律，只不過因考慮我國國情稍加斟酌而已。」日本還仿照唐制進行了著名的大化改新，孝德天皇的主要「參謀」就是在唐朝學習多年的高向玄理和僧旻。這場改革廢除部田奴隸制，實行班田收授法和租庸調制，同時建立了一套比較完備的中央集權的官僚體制機構。大化改新在日本歷史上具有劃時代的意義，將日本從奴隸社會推進到了封建社會。

日本學者內藤虎次郎形象地比喻中國古代文化對日本民族發展進步的作用：「與中國文化接觸之前，日本民族好比是豆汁。中國文化好比是鹵水。日本民族與中國文化一經接觸，立即變成了豆腐。」通過學習，日本在較短的時間內將中國勞動人民世代的心血和努力藉鑑過來，縮短了其歷史發展進程，快速進入文明社會。

馬可波羅來華是中歐文化交流史上的重要一筆。這位馬可波羅先生是義大利威尼斯人。他的父親尼柯羅和叔父馬菲奧曾經到東方經商，在元都朝見過大汗忽必烈，並領受了聯絡羅馬教廷的任務。一二七一年，十七歲的馬可波羅跟隨父親和叔父去謁見新教皇格里高利十世。然後，三人與教皇派出的兩名使節同行，踏上前往東方的旅途。經過三年半的跋涉，終於在一二七五年到達元都開平，向大汗忽必烈呈上了教皇的信件和禮物。

大汗非常喜歡年輕的馬可波羅，攜他們同返大都，並留他們在宮中任職。馬可波羅很快學會了蒙古語和漢語，經常奉命巡視各地，足跡遍及大江南北和長城內外，還出使過越南、緬甸和蘇門答臘，在中國居留了十七年。後來，馬可波羅參加了威尼斯對熱那亞的海戰，在戰爭中被俘。他在監獄裡把自己的東方見聞口述給難友聽。難友將馬可波羅的口述整理成書，這就是聞名世界的《馬可波羅遊記》。

在《馬可波羅遊記》中，中國的首都元大都（北京）無比繁華，「凡世界上最為稀奇珍貴的東西，都能在這座城市找到」，「皇宮大殿宏偉壯麗，氣勢軒昂」，建築術「巧奪天工」、「登峰造極」。除北京之外，該書還記述了成都、昆明、大理、揚州、杭州、福州、泉州等數十個城市的民俗風情。它第一次較全面地向歐洲人介紹了發達的中國文明，將一個地大物博、文教昌明的中國形象展示在世人面前。《馬可波羅遊記》在當時相對落後的歐洲引起了轟動，引發了不少歐洲人對東方的強烈神往。

在古代的歷史銀河中，中國儘管取得了幾乎可以令其他星辰黯然失色的成就，但依然以寬厚廣博的胸懷、兼容並蓄的態度對待外來的人們。無論是東亞、西歐、北非地區還是其他國家，都受過中國的影響。中華文明也曾不斷地從世界各國文明

馬可波羅，十三世紀的義大利旅行家和商人

中汲取營養來豐富、發展自己，並主動地向世界傳播文化。漢代張騫、班超通西域，唐代玄奘西行印度取經，鑑真東渡日本傳經，明代鄭和下西洋等都是被後人傳頌的動人佳話。

巍峨的崇山峻嶺、浩瀚的荒漠、無邊的海洋，都無法阻隔人類對文化的嚮往。儘管在生產力水準低下、交通條件十分困難的古代，就連彼此之間互通音訊也殊非易事，但中華文化依然以其獨特的魅力吸引著遠方的來客。這是古代的輝煌成就，亦應成為今天的文化自信。

第二節　浩浩蕩蕩的世界潮流

中國是中世紀世界上最發達的國家，它創造了封建社會最強大、最先進的社會生產力，向人類展示了中華民族征服、改造大自然的能力和智慧。但是，歷史的發展是螺旋式的。西方的封建社會雖遠落後於東方，而當古老的中國還在封建社會中徘徊的時候，西方已經找到了新的生產方式，發現了新的世界，站在了歷史的潮頭。

一、需要巨人而且產生了巨人的時代

十四至十七世紀，是西方社會走出中世紀黑暗迎來近現代文明曙光的時代。在思想文化領域，歐

敦煌壁畫中的絲綢之路商旅圖。敦煌是古代絲綢之路上的重要樞紐，是各國商旅雲集之地和文化交流場所

洲社會經歷了一次空前偉大的文化革命和思想解放。這次思想解放運動，批判基督教神學，強調人的價值，不僅在人文、科學等領域取得了豐碩成果，而且創造了適應時代發展的資本主義新思想，為歐洲資產階級反對封建主義、實現國家的現代化提供了思想武器。這便是震撼歐洲三百年之久的文藝復興。

從十四世紀開始，歐洲社會正在悄然發生變動。平靜的外表下，封建制度逐漸走向衰落，封建莊園、采邑日趨瓦解，黃金時代基督教的神秘性慢慢失去聖光，羅馬教皇的普世主義權威大大降低。與此同時，資本主義的新生產方式及建立在其上的新意識形態勃然興起。

義大利是其中的典型代表，是文藝復興的首發地。

依靠地中海提供的得天獨厚的條件，義大利成為西歐商品經濟最先發達起來的地區，也是最早出現資本主義萌芽的國家。早在十三世紀，佛羅倫薩就已經有手工工廠約三百家，年產呢絨十萬匹，八十個家族從事銀行業務。強大的經濟實力使市民階級和資產階級登上了歷史舞台。這就為文藝復興的產生奠定了堅實的經濟基礎和階級基礎。義大利還是羅馬帝國的心臟地帶，是保存古代文化傳統最多的地區。義大利的城市長期同文化發達的拜占庭、阿拉伯國家進行交流，許多古代手稿、抄本、雕刻都從這些地區傳了進來，為文藝復興創造了文化前提。

文藝復興時期的義大利，群星璀璨，名人輩出。「文學三傑」但丁、彼得拉克、薄伽丘，「藝術三傑」達文西、拉斐爾、米開朗基羅，「政治學之父」馬基雅維利，自然科學家布魯諾、伽利略等，都取得了高度的文化、科學成就。雖然他們的領域不同，作品不同，觀念也有差異，但貫穿其中的精神實質卻是一致的，就是「人文主義」。

文藝復興批判的鋒芒首先指向了天主教會。在中世紀，天主教會是西歐封建制度的精神支柱，「要觸犯當時的社會制度，就必須從制度身上剝去那一層神聖外衣」。創造「自由」和「平等」，「正是資本主義生產的最主要的任務之一」。因此，人文主義者反對教會宣傳的禁慾主義，以人為本，以現實世界為歸宿。他們要求文學、藝術表現人的思想和情感，科學為人謀福利，把人的思想、感情和智慧從封建神學的桎梏中解放出來。

然而，在資本主義的萌芽時代，資產階級的實力有限。為了與千百年來禁錮人心的神學對抗，他們只得求助於古代的亡靈，以復興希臘羅馬文化為名，發掘和利用古典文化中與封建意識形態對立的積極因素，在實質上為資本主義的發展掃清道路。文藝復興意為「再生」，即擺脫黑暗時代，喚醒人類精神。

拉斐爾「聖母像」中的代表作——《西斯廷聖母》以甜美、悠然的抒情風格聞名遐邇

文藝復興確實起到了「再生」的作用。思想先驅但丁被當作「封建的中世紀的終結和現代資本主義紀元的開端」的標誌性偉大人物，「他是中世紀的最後一位詩人，同時又是新時代的最初一位詩人」。這位佛羅倫薩大詩人在其長詩代表作——《神曲》中，運用象徵和比喻的寫作手法，通過對神遊地獄、煉獄和天堂三重人生境界的描寫，譴責了教皇和僧侶，展示了義大利各個領域發生的深刻變革，全面地反映了社會轉型期的精神狀態，被譽為「中世紀的百科全書」。但丁本人也成為「第一個探索自己靈魂的人」。「人文主義之父」彼得拉克比但丁表現出了更強烈的「人文主義」精神。他的作品十四行詩《歌集》比《神曲》更接近生活。《阿非利加》、《義大利誦》則是進行愛國主義教育的教材，體現了詩人渴望結束封建割據，實現民族統一的近代民族主義思想。如果說但丁總結了歷史，那麼，彼得拉克

就展示了未來。薄伽丘在其代表作《十日談》中為愛情高唱讚歌，大膽挑戰封建特權和門第觀念。羅馬教皇欲蓋彌彰，欽定出版了《十日談》刪減本，把其中幹壞事的僧侶全部改成了俗人，反而有力地證明了作品的戰鬥性。有人把《十日談》和《神曲》並列稱為「人曲」，更有人將薄伽丘譽為「十四世紀的伏爾泰」。

中世紀宗教題材的藝術呆板僵硬、蒼白無力，文藝復興時期的畫家們卻給繪畫、雕塑等注入了血液、靈魂與活力。達文西將人的情感戲劇衝突加入到《最後的晚餐》中，使得這個宗教題材的繪畫因為人性而具有強烈的震撼力。人物肖像畫《蒙娜麗莎》表現了美麗的人間女子在世俗生活中的愜意和怡然自得，是人文主義者追求世俗精神的生動寫照。拉斐爾筆下的聖母像，豐潤、溫柔，洋溢著母親的慈愛與善良，是人間現實生活中女性的典型，全然沒有宗教禁慾主義的神秘感。米開朗基羅的雕塑《大衛》表現的是一個年輕而體格健壯的英雄化人物，表達了驅逐外敵、拯救祖國的願望。

馬基雅維利對政治權術的研究達到了爐火純青的程度，在《君主論》中，他提出了一切有權階級鞏固其統治地位的政治原則，即「馬基雅維利主義」。他的政治學說，擺脫了中世紀宗教和道德的約束，直面新的社會現實，奠定了現代政治學和國際政治學的基礎，反映了義大利新興資產階級要求建立統一的、中央集權的民族國家的強烈願望。

十五世紀以後，文藝復興運動傳播到西歐其他國家。在德國，伊拉斯謨在《愚人誦》中以辛辣諷刺的筆調揭露了教士的荒淫、虛偽和無知。在法國，拉伯雷在《巨人傳》中提出了資產階級的教育原則，即按照個人的特點和愛好來培養各類巨人。在英國，戲劇家莎士比亞，一生寫了三十七部戲劇和一百五十四首十四行詩，歌頌自由、平等、個性解放，揭露封建制度的黑暗。西班牙的塞萬提斯在《唐吉訶德》中以誇張的手法嘲笑了沒落的騎士制度，奠定了現代現實主義長篇小說的發展基礎。

值得一提的是，近代自然科學的草創也開端於文藝復興時期，是文藝復興運動的重要組成部分。十六至十七世紀，「天文學、機械學、物理學、解剖學和生理學的研究又重新進行起來。資產階級為了發展它的工業生產，需要有探察自然物體的物理特性和自然力的活動方式的科學。而在此之前，科學只是教會恭順的婢女」。波蘭天文學家哥白尼在這一時期伊始給神學寫了「挑戰書」，開創了天文學革命。他提出的「日心說」推翻了所謂上帝選定的地球是宇宙中心的謬論，從根本上動搖了基督教神學宇宙觀的理論基礎，把自然科學從神學中解放了出來。布魯諾因為捍衛哥白尼的觀點，成為現代科學與真理的殉道者，被燒死在羅馬鮮花廣場的十字架上。伽利略借助實驗工具和科學手段，發現了慣性定律、擺動定律、自由落體定律和拋物線運動，成為現代力學和機械學的重要創始者。英國醫生哈維對「血液循環系統」進行了全面系統的科學解釋，建立了現代生理學。培根則否認權威與傳統，是「英國唯物主義和整個現代實驗科學的真正鼻祖」。

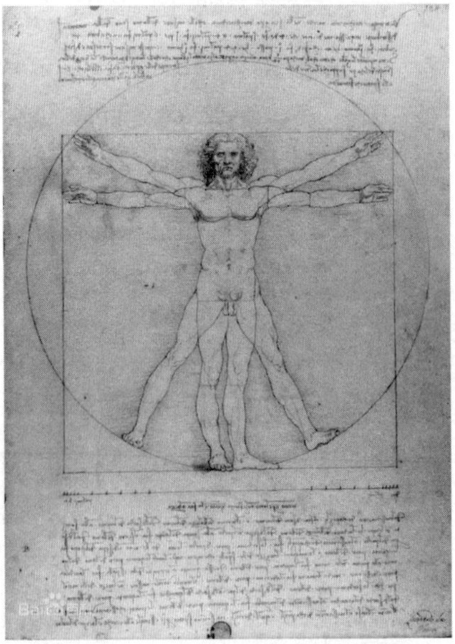

達文西在一四八七年前後創作的用鋼筆和墨水繪製的素描手稿《維特魯威人》。圖中所劃分的人體比例，反映著藝術與科學的結合。文藝復興帶來一段科學與藝術革命時期，拉開了近代歐洲歷史的序幕

儘管文藝復興還存在著一定缺陷，例如，將人的價值無限拔高，理性主義的精神不足，等等，但它所體現出來的精神力量，為西歐國家的現代化提供了重要的指導思想，對民族國家的建立、政權體制的形成、資本主義經濟的發展、思想觀念的更新、科學技術的進步等，都產生了重要的影響。歐洲開始告別封建落後的中世紀，走向世界潮流前端。文藝復興之後，思想界並沒有沉寂，接踵而來的啟蒙運動，

為資產階級的發展提供了更為持久的理性武器。

對於這場具有轉折意義的文化革命，恩格斯給予了極高的評價：「這是一次人類從來沒有經歷過的最偉大的、進步的變革，是一個需要巨人而且產生了巨人——在思維能力、熱情和性格方面，在多才多藝和學識淵博方面的巨人的時代。」

二、通過船帆征服海洋，聯結世界

有歷史學家認為，真正意義上的世界歷史，是從一千五百年前後開始的。因為在那以前，世界各地的人們生活在相互隔絕的幾塊陸地上，只有局部的接觸和交往，沒有人知道完整的世界究竟是什麼樣的。

一千五百年前後，中國正處在明朝的統治之下。從一四〇五年開始，鄭和率領兩百多艘海船，兩萬七千多人，完成了七次下西洋的壯舉。通過鄭和的船隊，中國人拜訪了三十多個國家和地區，最遠到達了非洲東海岸。然而，這樣轟轟烈烈的航海運動並不是為了開拓貿易，而是宣揚國威。繼鄭和之後，碧波萬頃的大洋上，再也沒有了中國人的身影。

但就在這一時期，歐洲的航海家們通過船帆征服了海洋，將世界聯結了起來。這就是地理大發現，又稱新航路開闢。此後，人類社會改變了互相孤立的狀態，開始相互聯繫、相互了解。一幕幕相互對抗、相互鬥爭的情景也接連上演。西方國家的崛起和亞洲、非洲、美洲的苦難也由此開篇。

推動歐洲航海家冒險的原因，在於「金錢」二字，或者說，是對黃金的熾熱渴求。隨著貨幣經濟的發展，西歐興起了一個尋找黃金的熱潮。封建主為了換取東方的奢侈品，也為了維持已經不斷沒落的官僚機構和軍隊，貪婪地追求金銀；新興資產階級為了增加資本，擴大生產，同樣急需大量黃金。哥倫布曾經表達過這種狂熱的慾望：黃金是一個可以令人驚歎的東西，誰有了它，誰就能支配他所欲的一切。有了黃金，就是把靈魂送到天堂也是可以做到的。然而，西歐在與近東的貿易中，常常出現巨額逆差，金銀不斷外流。鄂圖曼土耳其又控制著東方貿易的通道，傳統商路受到阻礙。找到一條通向「黃金遍地、香料盈野」的東方的新航路，成為歐洲人緊迫的要求。

這一時期，歐洲科學技術的發展也為地理大發現提供了可能性。「地圓學說」已經出現，認為即使一直向西也能到達東方。中國的指南針也傳到了西方，使得海上航行有了方位的指引。造船技術有了較大進步，人們已經能製造高大的、多桅的快帆船。萬事俱備，只欠東風。

東風來自王室的支持。西班牙和葡萄牙王室對新航路的開闢都十分支持。著名的冒險遠航由此拉開序幕。

一四九二年，哥倫布在西班牙王室的支持下，向西航行，橫渡大西洋。十月十二日，歐洲人在西半球看到了第一片土地，美洲新大陸由此被發現。這一天後來被指定為西班牙的國慶日，許多美洲國家則將它稱作「哥倫布日」。

一四九七年，葡萄牙人達伽馬繞過非洲南端的好望角，於次年到達印度西南海岸。他開闢的新航路，聯繫起歐、亞、非三大洲，在西方被稱作「海角航路」。即使三百七十年後蘇伊士運河開通，往來東西方的巨輪仍要通過這條航線。

一五一九年，麥哲倫率領西班牙船隊繞過南美洲南端駛入太平洋，到達菲律賓島。麥哲倫在一次和菲律賓土著居民的衝突中被殺，他的同伴經馬魯古群島，大體上沿著葡萄牙人所經過的航線於一五二二年回到西班牙。麥哲倫和他的同伴第一次實現了環球航行，為人類認識地球打開了全新的視野，浩瀚的太平洋展現在歐洲人的面前。

新航路開闢後，歐洲洋溢著難以掩飾的新衝動。「世界一下子大了差不多十倍，現在展現在歐洲人眼前的，已不是一個半球的四分之一，而是整個地球了。他們趕緊去佔據其餘的七個四分之一。傳統的中世紀的思想方式的千年樊籬，同舊日的狹隘的故鄉樊籬一起崩潰了。在人的外在視線和內心視線前邊，都展開了一個無限廣大的視野。」循著那些航海家的足跡，西歐各國的殖民者、貴族和商人、牧師、盜匪紛紛湧向亞洲、非洲和美洲廣袤而富饒的土地。他們奴役和殺戮當地居民，詐騙和劫掠他們的財富，開始了殖民掠奪的血腥行徑。

最先獲益的自然是開闢新航路的西班牙、葡萄牙。從一五二一年到一五六〇年，西班牙從美洲掠走黃金十五萬七千公斤、白銀四百六十七萬公斤。與此形成鮮明對比的是，在西班牙統治期間，有一千兩百萬到一千五百萬印第安人被屠殺和被折磨致死。從十五世紀末到十六世紀末，僅黃金一項，葡萄牙就從非洲掠走二十七萬六千公斤。

在殖民地掠奪的同時，殘酷的奴隸貿易也隨之

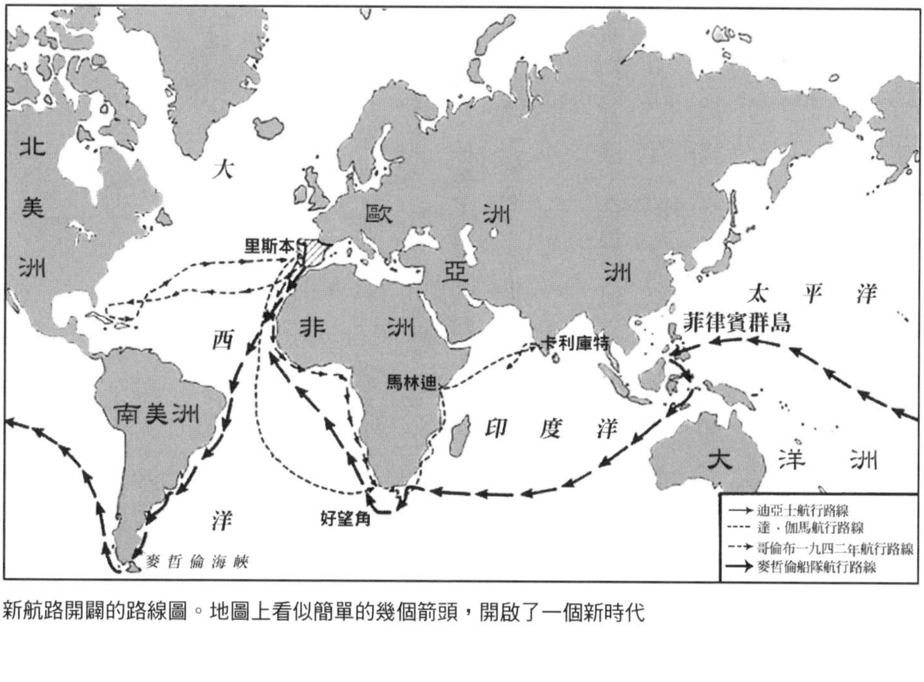

新航路開闢的路線圖。地圖上看似簡單的幾個箭頭，開啟了一個新時代

展開，成為歐洲資本原始積累的重要來源。最早的奴隸販子是葡萄牙人，從非洲販運黑奴到美洲，販奴利潤常常達百分之八百。

葡萄牙、西班牙所獲得的巨大利益，促使荷蘭、英國、法國等歐洲各國紛紛加入到這個角逐圈內，此後幾百年的世界進入了歐洲主導的時代。

一六〇二年和一六二一年，荷蘭東印度公司和西印度公司分別成立。這兩個公司都是由政府授予特權的殖民侵略機構，擁有武裝力量。十七世紀上半葉，東印度公司佔領了印度尼西亞和台灣，取得了對東方香料貿易的壟斷地位，西印度公司則在北美建立了殖民據點。

英國則由商人、貴族、王室合資建立了莫斯科公司、東方公司、近東公司、非洲公司和東印度公司，分別經營一個特定地區的殖民貿易事業。以一六〇〇年成立的東印度公司為例，該公司不僅壟斷了對南亞次大陸和中國的貨運貿易，而且逐步征服了南亞次大陸，掠奪了驚人的財富。這些財富促進了英國工業革命的發展，卻讓南亞次大陸的人民陷入了貧困的深淵。經過十七世紀中葉的三次英荷戰爭和十八世紀中葉的七年戰爭，英國確立了海上霸權的地位。

從殖民地掠奪的大量貴金屬源源不斷流入歐洲，致使物價飛漲、金銀貶值，出現了「價格革命」。僅在十六世紀內，歐洲的黃金數量從大約五十五萬公斤增加到一百一十九萬公斤，白銀數量從七百萬公斤增加到兩千一百四十萬公斤；西班牙的物價上漲四倍，穀物價格上漲五倍，英、法、德三國物價平均上漲兩倍多。依靠定額貨幣地租的封建地主實際收入減少，遭到嚴重打擊；勞動人民實際購買能力下降，不得不淪為僱傭勞動者；而新興的資產階級則乘機牟取暴利，實力得到進一步增強。正如馬克思指出的，「封建主和人民衰落了，資本家階級、資產階級則相應地上升了」。

地理大發現敲響了歐洲邁向資本主義新時代的鐘聲。在此之後，封建經濟愈加崩潰，西歐各國的經濟面貌迅速改變，逐漸超越了亞洲、非洲、美洲的許多國家。以後幾百年的世界進入了以歐洲為主導的時代。

反觀各淪為殖民地、半殖民地的國家，正常的歷史發展進程被打斷，為西歐各國的資本積累付出了沉重的代價。

中國亦是如此。

三、搖撼舊世界基礎的三個偉大槓桿

當歷史的車輪緩緩駛入十八世紀，康熙皇帝正在用他卓越的文治武功，開闢中國封建社會的又一個輝煌時代。而地球另一端的英國，卻在進行一場與封建農業生產完全不同的生產方式的革命。在這場變革中，分工、蒸汽動力、機器得到了廣泛應用，成為「工業用來搖撼舊世界基礎的三個偉大槓桿」。

這個搖撼舊世界的生產方式的變革就是工業革命。

英國是工業革命開始最早的國家，也是世界上第一個完成工業革命並實現了資本主義工業化的國家。

一六八八年，英國資產階級革命取得勝利，第二年三月，英國國會通過了「權利法案」，英國國王變成了「統而不治」的虛君，由資產階級和資產階級化的新貴族掌握實權，君主立憲制得到確立。這不僅意味著英國封建專制制度的終結，而且為資本主義的進一步發展，特別是為工業革命的到來提供了穩定的政治制度保證。

英國東印度公司澳門分公司

圈地運動和海外掠奪為資本主義的工業化提供了原始積累，是工業革命的經濟前提。圈地運動使大批農民被剝奪了生產資料，背井離鄉，成為廉價的僱傭勞動者，為發展資本主義提供了大批自由勞動力。英國還先後擊敗了荷蘭、法國，成為當時世界上強大的殖民帝國。通過對殖民地的橫徵暴斂，英國攫取了巨額財富。僅一七五七至一八一五年，英國就從印度掠奪了價值十億英鎊的財富。

手工工廠的高度發展，為工業革命提供了技術創新的可能性。十八世紀，英國是世界上手工工廠最發達的國家。手工工廠實行精細的技術分工，催生了適宜於各種專門工作的細小而簡單的生產工具，同時培養了大量具有熟練經驗技術的工人，這就為機器的發明和使用創造了條件。

英國的工業革命最早是從紡織領域發起的。在十八世紀以前，英國的紡織業以毛紡織為主，與印度和中國的手工棉紡織品有不小的差距。當時，在英國穿著由中國、印度製造的棉布衣服不僅風光、時髦，而且也是權力和財富的體現。然而，到了十八世紀後，英國政府為了保護本國紡織業的發展，頒佈了一項法令，禁止從印度、中國和伊朗輸入染色的棉織品，法令稱：輸入棉貨「消耗國家財富……奪去人民的工作」。趕走了東方的棉布，並不能趕走國內日益增長的對棉紡織品的追求。英國不得不考慮如何加快紡紗和織布的速度。於是，英國從棉紡織品入手，進行了多項發明和技術革新，從而使英國棉紡織行業有了質和量的飛躍。

一七三三年，凱伊發明了飛梭。從此，一個工人可以獨自完成織布機上的所有工作，而不再需要幫手。

一七六四年，織工哈格里夫斯發明了多軸紡紗機，並以女兒的名字將其命名為「珍妮紡紗機」。

一七七一年，阿克賴特發明了水力紡紗機，並建立了第一個工廠，成為近代大工廠的典範。

一七八二年，瓦特製造出了全新的聯動式蒸汽機，這是第一台現代意義上的蒸汽機。它的出現，使古老的人力、畜力和水力被蒸汽動力所代替，大規模的工業生產成為可能。蒸汽機成為第一次工業革命的圖騰。

到一八二五年，英國已有蒸汽機一萬五千台，總功率達到三十七萬五千匹馬力。英國的棉紡織業，率先實現了機械動力的蒸汽化，工廠制最終在古老的英國確立起來了。

蒸汽機的發明和使用也帶動了英國近代工業的全面進步。一八一二年，以蒸汽為動力的汽船在英國投入使用；一八二五年，英國人建造了第一條鐵路，並正式使用蒸汽火車頭。到十九世紀四〇年代，英國的主要鐵路幹線已經基本建成，鐵路長度增長至兩千兩百三十五英里。和一七七〇年相比，一八四〇年每個工人的日生產率平均提高二十倍；和一八〇〇年相比，一八四〇年原煤消耗量從五千兩百萬磅增加到四億五千九百萬磅；和一七二〇年相比，生鐵產量從兩百六十萬噸增加到三千萬噸。機器製造業的規模化和在生產生活中的廣泛運用，標誌著英國工業

瓦特在改良蒸汽機。
蒸汽機是將蒸汽的能量轉換為機械功的往復式動力機械。直到二十世紀初，它仍然是世界上最重要的原動機，後來才逐漸讓位於內燃機和汽輪機等

革命的完成。

從整個歐洲來看，在一七六〇至一八三〇年，英國的工業生產總量已經達到了歐洲工業產量的三分之二。一八六〇年前後，英國以佔世界百分之二、歐洲百分之十的人口，生產出了全世界百分之五十三的鐵、百分之五十的煤和褐煤；煤、褐煤、石油等現代能源的消費是美國的五倍，法國的六倍，俄國的一百五十五倍。英國成為當之無愧的「世界工廠」。

英國還取得了世界貿易中的霸主地位。一八七〇年，英國對外貿易總額超過了法、德、美三國的總和，世界三分之一以上的商船飄揚著英國的米字旗。到第一次世界大戰前，在英國旗幟下航行於大西洋的船隻噸位數幾乎佔了世界總噸位的一半。

工業革命迅速將日不落帝國的榮耀推上歷史的巔峰，同時在世界產生了巨大的連鎖效應，不僅擴展到西歐和北美，推動了法、德、美等國的技術革新，而且影響到東歐和亞洲，俄國和日本也出現了工業革命的高潮。在工業革命的帶動下，這些國家先後崛起，在國際舞台上扮演著越來越重要的角

工業革命中的蒸汽機車。曾經有人騎在馬上和蒸汽機車比速度

色。一八七〇年，歐洲的工業產量佔世界工業總產量的百分之六四・七。相比之下，東方的中國、印度、鄂圖曼帝國都處在慢性衰落之中，經濟規模與質量急劇下降，失去了在世界經濟中的大國地位。這也不難解釋，為什麼亞、非、拉的多數國家會在列強的炮艦下失去了抵禦能力，成為資本主義的國際市場、原料產地和廉價勞動力的供應地。

工業革命說明，工業及隱藏在其後的科技將成為決定國家力量的關鍵。工業文明具有農業文明無法比擬的巨大力量，科技進步直接推動了社會生產力，提高了國家的競爭能力。第一次、第二次工業革命時期，東方諸國為社會提供的產品一般是手工作坊生產的大眾日常生活用品或供貴族享用的奢侈品，而西方提供的一般是有一定科技含量的工業品。科技成為推動國家走向強盛的關鍵。

英國工業革命的過程中，以蒸汽機的發明和應用為代表的科學技術，推動了熱學、熱力學和能量及其轉化方面的基礎理論的研究，開闢了近代科學的新紀元。工業生產的飛躍又帶動了農業技術革新。從十九世紀上半葉起，農業生產中開始採用脫粒機、馬拉播種機、收割機、割草機等機械，化學肥料也得到了廣泛使用，糧食產量明顯提高。隨著歷史的不斷發展，工業革命對社會生產力的巨大推動作用被反覆驗證。以發電機、電動機為代表的電力應用為標誌第二次工業革命和以電子計算機為代表的資訊技術的應用為標誌的第三次工業革命都證明了這一點。

西方學者貢德・弗蘭克指出：直到大約一八〇〇年為止，世界經濟絕不是想像中的以歐洲為中心，在任何重要方面也不能用所謂從歐洲起源的（和由歐洲體現的）「資本主義」來界定或標示。世界經濟主要是以亞洲為基礎的。儘管如此，歐洲已經站在了世界潮流的前端。文藝復興促進了資產階級的覺醒，使他們擁有了自己的筆和舌，獲得了思想上的力量；地理大發現將整個世界連成一片，資產階級擁有了更為廣闊的貿易場所，激發了他們征服世界的慾望；工業革命則以先進的生產方式，為資本主義的發展提供了技術和物質的支持，使得西方資本主義國家實力大增。

此時，古老的中國還在封建社會裡緩慢前行著。巍峨的紫禁城籠罩在一抹黃暈的夕陽下，顯得格外孤獨、冷峻。

第三節　由盛轉衰的逆轉國運

十八世紀末十九世紀初，在西方資本主義制度得到進一步確立和鞏固的同時，清朝專制統治卻由盛轉衰。由於種種原因，中國社會未能跟隨世界歷史轉變的潮流，和西方同步前進。閉關鎖國政策繼續推行，對知識分子的思想控制不斷加強，吏治腐敗屢禁不止，社會矛盾愈演愈烈。中國一再錯失發展機遇，與西方形成了巨大反差，在不知不覺中落後了一個歷史時代。

一、「准許在中華帝國東部口岸貿易的時代宣告結束了」

在西方各國將視野投向浩渺無邊的海洋，大力推行拓海政策，鼓勵航海貿易的時候，東方的中華大地上，卻表現出了一幅完全不同的景象。

從明朝建立之初，朱元璋便以防止與倭寇勾結為名，多次下令禁海。「仍禁瀕海民不得私自出海」，「禁海民私通海外諸國」，「禁民間用番香番貨」。嘉靖年間，海禁達到了登峰造極的地步，不僅對「以通番為生」的海商施以嚴刑峻法，甚至「查海船但雙桅者，即捕之，所載即非番物，俱發戍邊衛」。

一五六七年，經過對海禁存廢的激烈爭論，明穆宗隆慶帝宣佈停止海禁，開放福建漳州月港，允許民間販運東西兩洋，史稱「隆慶開關」。

滿洲八旗的鐵騎很快顛覆了明朝政權，開創了一個嶄新的大清王朝。但以鄭成功為首的抗清勢力並未放棄，繼續在東南沿海活動。一六六〇年，廈門海戰，清朝水師遭到毀滅性的打擊，清政府決定再次禁海，不僅下令所有口岸禁絕對外貿易，而且下令沿海省份所有居民內遷五十里，並將房屋全部焚燬。

一六八三年，清朝在統一台灣後，一度開放海禁，指定廣州、漳州、寧波、雲台山四處為通商口岸。開關的好景不長，一七五七年，乾隆以「民俗易囂，洋商錯處，必致滋事」為由，將通商口岸限制在廣州一地。英國人大驚：「准許在中華帝國東部口岸貿易的時代宣告結束了！」

乾隆有自己的政治考慮。廣州不僅擁有悠久的對外貿易歷史，而且是幾個開放口岸中最繁榮的。作為一個老口岸，廣州海關已經形成了一套嚴密控制外商與國人交往的體系。從統治安全的角度考慮，已經執政二十二年的乾隆作出了只許廣州單口貿易的決定。

將一些同外國人交往的政治行為泛化，乾隆並非第一個皇帝。事實上，以文治武功著稱於世的康熙皇帝也有這樣的看法。有一次，康熙南巡蘇州，瞭解到「每年造船出海貿易者多至千餘，回來者不過十之五六，其餘悉賣在海外，齎銀而歸」時，不但不加以鼓勵，反而認為「不可不加以防範」，下令「如將船賣與外國者，造船與賣船之人皆立斬」。看不到世界上日新月異的變化，故步自封，採取抗拒潮流的態度，只能造成被動與落後的局面。

馬嘎爾尼訪華。由湯瑪斯 · 阿羅姆先生根據馬嘎爾尼使團隨團畫師威廉 · 亞歷山大的畫稿重新畫出

更重要的是，中國歷代王朝，均以農立國。關注重點在於國家內部，如農業收成、氣候雨水、國庫收入、社會秩序等。而自給自足的自然經濟也使得統治者對海外貿易的經濟利益極不重視，只要求「外夷」歸附。至於航海探險、遠洋貿易、對外擴張等，既缺少實行的手段、能力，也沒有試探的興趣。就連鄭和下西洋的壯舉，也因為財力的不堪重負而中止。為了不再讓後人做航海夢，給國家增添負擔，連歸入官方檔案的最完整的航海資料也被下令燒掉了。

與中國對西方的漠不關心、孤芳自賞相反，西方各界人士對中國這一富饒文明的國度高度關注。英國率先派遣使者，遠渡重洋，踏上了黃色的華夏土地。

一七九三年八月，一支裝備先進

「一口通商」地廣州的通商景象。「一口通商」是指經中國政府特許在廣州一個口岸經營對外貿易。在歷史上廣州有過三次「一口通商」。第一次是在一五二三至一五六六年（明嘉靖年間），共四十三年；第二次是在清初康熙年間；第三次是在一七五七至一八四二年（清乾隆二十二年至道光二十二年），至簽訂《南京條約》止，共八十五年。

的船隊緩緩駛入天津大沽口岸。陽光灑滿的海岸上，著裝鮮艷的騎兵、彩綢披掛的大轎、儀表威嚴的三品大員正在等待著遠方的來客。很快，「天朝上國」中國和「日不落帝國」英國將有機會進行第一次的正式接觸。

走下船艙的，是英國特使馬嘎爾尼和他率領的外交代表團。他們藉慶賀乾隆皇帝八十三歲壽辰的機會，希望「平等」地與帝國互派使臣談判，簽訂兩國貿易協定。

儘管清政府視貿易無足輕重，但十八世紀中外交往最頻繁、發展最快的仍然是商業貿易。中國出口到英國的產品主要是茶葉，它佔貿易總額的百分之九十至百分之九十五，其次是生絲、瓷器、大黃、漆器等；從英國進口的貨物包括毛紡織品、鉛、錫、銅、毛皮、亞麻和各種小擺設。在十八世紀的中英貿易中，貿易順差明顯偏向中國一邊。一七八一至一七九〇年，流入中國的白銀達一千六百四十九萬兩。因為中國對歐洲人的工業產品無所需求，自然經濟完全可以自給自足。而英國則相反，一六四四年，輸入英國的茶葉只有兩磅兩盎司（約一公斤），當時是作為藥材用天平稱售的。不足一個世紀的時間，英倫三島的茶葉年輸入量已經達上千萬磅！從倫敦開到中國的船舶，常常裝載百分之九十甚至高達百分之九十八的黃金，剩下的才是貨物。當時的英國貴族在元老院裡感歎：想不到有什麼東西能像中國茶業這樣快地征服英國人。當黃金源源不斷地從英國國庫流往中國的時候，英國人終於坐不住了。

對第一個仰慕天朝並來恭賀大壽的英國「朝貢」使團，乾隆皇帝感到心滿意足，並親自對接待規格作了指示：「該使貢航海遠來」，「宜妥為照料，不可過於簡略，致為遠人所輕。」甚至當兩國禮節發生衝突時，乾隆皇帝也還是免除了馬嘎爾尼的三跪九叩，改成行屈膝禮。

當瞭解到使團擴展商務和相互貿易的要求時，乾隆皇帝才明白使團來華的真正意圖。其實，從中英互換的禮品當中已經可以看出中西的差距。馬嘎爾尼帶來的是天體運行儀、地球儀、戰艦模型、榴彈炮、迫擊炮、槍支、利劍以及望遠鏡和鐘表等先進技術品，而中國賞賜的東西還是絲綢、茶葉、瓷器一類手工藝品或初級產品。這本來是個與世界接觸的良好機會，乾隆卻敕諭逐條駁斥了英使的要求。他「義正詞嚴」地表示，「天朝物產豐盈，無所不有，原不藉外夷貨物以通有無」，現有的貿易已經是「加恩體恤」了。英使的要求「皆不可行」。最後，乾隆還「大度」地表示：「朕於入貢諸邦誠心向化者，無不加之體恤，用示懷柔。」「若與體制無妨」，且「輸誠納貢，朕之賜予優嘉，倍於他國」。

乾隆皇帝的態度再次清楚地表明了清政府在對外交往上的限制政策。當亞當・斯密高舉著自由貿易的旗幟時，中國社會還秉持著農本商末的古老理念。

十四年之後，英國又派遣了阿美士德使團來華，他們帶著和馬嘎爾尼同樣的要求，完全重蹈了馬嘎爾尼使團的覆轍。阿美士德甚至還不如他的先行者：因為口頭禮儀而鬧成僵局，連嘉慶皇帝的面都沒有見到。

貿易的大門沒有開啟，中國又失去了歷史給予的與外界接觸、融入世界潮流的契機。

然而，中外貿易還在繼續發展著，而且增長得越來越快。中國正一天比一天更深地捲入世界性的交往之中，這是大勢所趨。清朝的閉關政策不可能阻擋這一世界潮流，反而阻礙了中國人瞭解和學習先進事物，喪失了對外貿易的主動權，使中國的經濟、政治、文化日益落後於西方國家。

謹慎小心的乾隆皇帝，擔心英國「未遂所欲，或致稍滋事端」，因此命令沿海督府小心防備，必要時「不妨懾以兵威」。但是他沒有想到，中國已經無法阻擋先進工業國的堅船利炮，僅僅半個世紀不到的時間，英國就用武力打開了中國的大門。

二、「著書只為稻粱謀」

一般來說，思想的變革是社會大變革的先鋒，社會的大變革往往來自社會思潮的丕變。西方國家的崛起就離不開文藝復興、啟蒙運動等思想變革的推動。十五至十六世紀的中國卻沒有能形成如西方社會那樣產生巨大助推力的思想解放的潮流，本應該形成中堅力量的知識分子，並沒有在政治變革中起到思想先驅和思想解放的作用。這種情況的出現，與統治階級苛嚴的文字獄有關。在高度的文化專制下，眾多的知識分子只能選擇「著書只為稻粱謀」的生活方式。

在知識分子的晉升途徑即科舉考試上，清朝沿襲了明朝「八股取士」的制度。八股文非常死板和煩瑣，題目限於「四書五經」，做法是從「四書五經」上摘下個別的句子或段落，讓士子們據此附會經義。考生只需要有高超的文字技巧，不需要廣博的知識。明末清初的一些有識之士，已從明朝滅亡的歷史教訓中看到了八股取士與一代王朝衰亡的密切關係，認為八股取士「敗壞天下之人才，而至於士不成士，官不成官，兵不成兵，將不成將」。清朝卻看中了「八股取士」在加強思想統治方面的作用。在這種文法密、忌諱多的考試中，知識分子會養成一種循規蹈矩，忠於皇權統治、程朱理學等「成法」的習慣，「雖未盡足以育才興學，猶幸以正世道人心焉」。

在清朝的「發展」下，八股取士的弊病比前期暴露得更加明顯。一方面，它通過一種嚴格而死板的考試標準，把程朱理學牢牢地穩固在正統思想的寶座上，鉗制了知識分子思想的發展，進而使整個社會出現死氣沉沉、萬馬齊喑的政治局面，形成一種「非朱子之傳義弗敢道」，「非朱子之家禮弗敢行」的社會風氣。另一方面，它範圍狹窄，欠缺實用性，無法培養科學、技術、商務和工業等人才，正如後來的維新派改革家梁啟超所言，功名富貴，皆出於八股，有誰肯拋棄這種捷徑，學此艱辛、迂遠的科學呢？可以說，八股取士極大地扼殺了民主和科學思想的產生和發展，成為近代政治變革舉步維艱的重要原因。

事實也是如此。通過八股取士，僥倖成為官員的知識分子，大多遵循「免生事端」的指導原則，凡事不要破壞現狀，「多磕頭，少開口」。一位政治家曾評價說：「對普通官員來說，最慎重的做法是盡可能少地承擔責任——多注意在形式上遵守成文的章程，少去做那些利君惠民的事情。」在這種氛圍之下，士大夫不願發揮自己的作用，只求自保。從一七九九年翰林院二品編修洪亮吉的一封奏摺中，可以看到士大夫階層的淪落：一些尚書、侍郎等高官向軍機大臣和大學士磕頭邀寵，一些士子為了升官結交顯貴的僕役，還有一些官員為了獲得皇帝的關注賄賂宮中隨從和侍衛。他們忘記了學以致用的重要性，更忘記了應該對社會承擔的責任。這是知識分子的墮落，也是清朝文化專制的惡果。

除了八股文的束縛，清朝的知識分子還生活在「文字獄」的陰影之下。據統計，在清朝統治兩百六十八年的歷史中，發生了一百六十餘起文字獄，幾乎平均一年半一次，創歷史之最。

清朝第一個文字獄大案是「明書案」，發生在康熙二年（一六六三年）。浙江歸安縣富豪莊廷鑨曾得到晚明大學士朱國楨的一部明史遺稿，加以整編增補，並用自己的名字刊印出版。書中保留了一些明朝遺民立場的觀點。知縣吳之榮進京控告，清朝統治者立即嚴厲查處。這一案件中喪生者達到七十多人。康熙皇帝的擔憂事出有因。清朝入主中原，從漢族傳統觀念看是異族，不是正統。在大規模有組織的抗清武裝鬥爭被鎮壓後，反清思想就通過各種形式的文字作品表現出來，使得清朝統治者坐臥不寧。為了鞏固大清江山，他們嚴厲防範漢族的反清思想。康熙皇帝登位之時，距明朝滅亡時日尚近，文字獄雖是針對有反滿情緒或持不同政見的政治信仰者，多半事出有因，但卻株連過廣，為清朝政治留下了一個貽害深重的知識分子政策傳統。

到雍正和乾隆時期，文字獄更加嚴密。凡宣揚民主和民族意識的著作均遭禁售，甚至焚燬，黃宗羲的《明夷待訪錄》就是在這個時候被列為禁書的。究竟什麼屬於違礙文字，思想界沒有任何劃分標準。僅憑君主和「小人」的揣測，難免捕風捉影，以至於人心惶惶。魯迅在談及此事時曾辛辣地稱之為「膾炙人口的虐政」。「虐政」之下，一大群有才華的知識分子開始逃避現實，謹言慎行。有的知識分子甚至將沒用的文字底稿燒燬，唯恐筆墨招禍。即使著書立說，也只是「為稻粱謀」，即為了自己的生計，弄口飯吃。

這一時期，訓詁和考證學得到了較大的發展。知識分子只能到故紙堆裡去討生活。至於與國家、民族命運相關的問題，幾乎沒有人去關心了。魯迅對此曾尖銳地指出：「士子不敢治史，尤不敢言近代事。」在清朝文化專制的高壓下，知識分子喪失了獨立個性，遠離了自己的政治使命，在專制政權面前只能俯首，而不可能發揮思想的引領作用。

乾隆皇帝坐像。乾隆時期是清朝文化專制的高潮時期

事實上，明清之際，帶有若干近代色彩的啟蒙思想的社會學說和自然科學已經在中國萌發，如顧炎武提出的「經世致用」的思想，黃宗羲從「民本」的角度來抨擊君主專制制度，王夫之則提出了樸素唯物主義思想和辯證觀。這一時期還出現了《徐霞客遊記》、《本草綱目》、《農政全書》、《天工開物》等傑作。這些著作所反映的中國文

黃宗羲

顧炎武

王夫之

黃宗羲、顧炎武、王夫之並稱為明末清初三大思想家。他們的思想對於中國傳統哲學具有重要意義

化所達到的水準，並不比同時代出現的歐洲文藝復興取得的成果遜色。然而清朝文化專制的盛行，阻礙了啟蒙文化的進一步發展，民主與科學剛剛處於萌芽狀態就被無情地扼殺了。

西方世界的十七至十八世紀正是個人價值和自由、民主、平等的思想被不斷宣傳，逐漸深入人心的時候。人的權利正在成為政治準則和社會共識，啟蒙運動的發展就是重要的表現。在相對自由的環境中，洛克、孟德斯鳩等啟蒙思想家們，為如何建構一個更加合理、更加有效的政府和社會進行了超前的系統思考，與文藝復興相呼應，環環相扣，為西方國家的發展提供了強大的思想動力和智力支持。

而中國正在經歷一個歷史的回流，君主專制達到了頂峰。專制和獨裁不需要思想，也不允許獨立判斷的存在。當知識分子的命運與其關心現實的程度成反比的時候，一個國家也即將喪失思想啟蒙、自我更新、突破桎梏的發展能力。

三、「和珅跌倒，嘉慶吃飽」

一七九九年（嘉慶四年）二月七日，統治中國六十年之久、八十九歲高齡的太上皇乾隆駕崩。

送終的人中，有兩個人心態比較複雜。一個終於舒了一口氣，感覺懸在頭上的緊箍咒終於解套了，但又要做出悲傷難抑的樣子，這個人便是嘉慶皇帝。另一個倒吸了一口氣，感覺身邊的保護傘沒有了，但又要做出極鎮定的樣子，這個人就是和珅。

嘉慶生長於乾隆中後期。乾隆在位六十年，「開疆拓宇，四征不庭，揆文奮武」，造就了繁盛的局面。然而，在建立千秋功業的同時，衰敗的萌芽也在暗暗潛藏。不斷的用兵使歷年國庫積蓄如流水一般耗費殆盡。據統計，乾隆在位時期所用軍費約在一億兩千萬兩白銀以上，而當時國庫收入每年僅三千餘萬兩白銀，其餘虧空皆出自前朝所存庫銀。晚年的乾隆帝開始揮霍無度，獨斷專行，寵信權奸，再加上康、雍、乾盛世積聚的各種矛盾，到乾隆後期，國家帑藏困匱，軍備不修，吏治腐敗，內亂四起，嚴重的社會危機已現端倪。所以，嘉慶皇帝接手的實際上是一個矛盾重重、危機四伏、日趨衰落的王朝。但畢竟太上皇去了，他不用再戰戰兢兢地位居於人下，可以放手大幹了。

和珅，滿洲正紅旗人，「寵任冠朝列」的清廷重臣。一七六九年（乾隆三十四年）他被挑選入鑾儀衛，充當了皇帝轎旁的一個小侍從。他相貌英俊，口齒伶俐，深得乾隆歡心，一路平步青雲，官運亨通，歷任軍機大臣、吏部尚書、議政大臣、御前大臣兼都統、理藩院尚書等重要職務。他玩弄權勢，結

和珅畫像。知道自己末日已經到來的和珅留下詩句：「夜色明如許，嗟余困未伸。百年原是夢，廿載枉勞神。室暗難挨曉，牆高不見春。星辰環冷月，縲紲泣孤臣。對景傷前事，懷才誤此身。餘生料無幾，空負九重仁。」

黨營私，貪贓枉法，搜刮了巨額家資。乾隆駕崩後，和珅的靠山倒了，這位受寵二十餘年、權傾朝野、不可一世的大貪官，終於落入了末途。

果然，嘉慶皇帝一改以往小心翼翼的作風，在查辦和珅的事情上表現得極其果斷、雷厲風行。「初三日，純皇帝殯天，初四日，上於苫次諭統兵諸臣，初五日，御史廣興疏劾和珅不法，初八日，奉旨革職和珅，拿交刑部監禁」，「十八日，公擬和珅罪狀，請依直隸總督胡季堂條奏，照大逆律，凌遲處死，著從寬，賜令自盡。」後世的史書對此記錄不過幾十字，但其中的驚心動魄和多年的隱忍不發，恐怕只有嘉慶皇帝自己知道。

對和珅府的查抄，獲得了驚人的成果。民間流行的稗史筆記記載為「當八百兆兩有奇」，也就是說，和珅二十多年裡聚斂了八億兩銀子。但有清史研究者指出，由於檔案缺失的緣故，這個數字至今尚難計算，從較為可信的上諭，參與查抄臣僚的奏摺和內務府的摺片中計算，總數不會超過四千萬兩白銀。還有更保守的學者估計為一千萬兩，即使以一千萬兩來計算，乾隆時期一兩白銀約值現在的兩百元錢（按米價折算），一千萬兩白銀就是二十億元。而清朝中葉戶部最豐裕的時候，也只有白銀八百萬兩左右，和珅貪污數量之大，確實驚人。

查辦和珅之後，到處流傳著「和珅跌倒，嘉慶吃飽」的說法。其實，嘉慶皇帝並不僅僅為了那些白銀，也有通過誅滅和珅這個典型來整肅綱紀，整飭內政的考慮。清朝自乾隆中葉以後，官僚統治機構日益腐朽。這種腐朽首先表現在貪污上。各地官員無論大小，貪贓枉法情況層出不窮。乾隆朝的幾起重大貪污案都與和珅有著直接的關係。官場風氣，不交錢不辦事，甚至「不附己者，伺隙激上怒陷之」，而「納賄者則為周旋，或緩其事，以俟上怒之霽」。就和珅本人而言，能夠搜刮如此巨額的財富，已充分說明了吏治的腐敗。其次，結黨營私，國家政事幾乎都由和珅個人決斷。朝中上下從尚書侍郎到督撫盡出和門。凡有奏摺要先經軍機處審閱，若與己意稍有違背，和珅就設法尋出紕漏，以指甲劃印留下，隱瞞不報。就連嘉慶皇帝繼位後有事要奏報太上皇帝，也要由和珅代奏，統治中樞形同虛設。嘉慶皇帝反覆表示：「和珅任事日久，專擅蒙蔽，以致下情不能上達，若不立除元惡，無以肅清庶政，整飭官方。」「朕所以辦理和珅者，原因其蠹國病民，專擅狂悖。」「和珅一日不除，則綱紀一日不肅。」以和珅入手，嘉慶皇帝推動了一系列改革。他詔求直言，廣開言路，一度出現了「下至末吏平民，皆得封章上達」的局面。他詔罷貢獻，黜奢崇儉，希望扭轉貪污的社會風氣。他還力戒怠惰偷安的官風，並身體力行，「勤求治理，唯日孜孜」。

然而，嘉慶皇帝的努力並不能治好十九世紀初期專制制度中根深柢固的弊病。和珅被處死了，但「內有聚斂之臣，外有貪黷之吏」的清朝已經積重難返，絕非是處理幾個貪官就能解決的問題。在當時朝野臣宦不行政令，上下串通大肆舞弊的風氣之下，這一切顯得十分軟弱無力。

在嘉慶皇帝繼位前後，湖北白蓮教爆發了起事。為鎮壓白蓮教，到嘉慶四年時清政府已撥軍費七千萬兩，可是「教匪」非但未平且有愈盛之勢，而各路軍隊「兵丁衣服襤褸，幾同乞丐」。經過調查，各級官吏都不同程度的有貪污饋送行為，各領兵大員共受賄達六萬餘兩。就連到湖北為父弔喪的重臣德麟，地方官也以購奠儀的名義送給他四萬多兩白銀。為了得到遠超過賞銀的賄賂銀兩，各級官員甚至「以養寇為肥身之計，以糜帑為飽橐之資」。這種現象不僅發生在湖北一地，四川貪污軍費的數額還要高出湖北數倍。嘉慶皇帝深知，「各省營伍中此等侵肥剋扣情事恐亦在所不免，但朕不為已甚，此時不肯紛紛查究」。如果深究下去，各地類似案件若全部暴露出來，形勢將更難以控制。由於軍費被大量侵吞，軍士到了難以存活的程度，各路軍中嘩變、集體逃跑、反叛的事件屢有發生，甚至搶劫百姓，這極大地削弱了軍隊的戰鬥力。

嘉慶皇帝朝服像。嘉慶在位期間是歐洲工業革命興起的時期，也是清王朝由盛轉衰的時期

文職官員只顧貪污享受，任內之事一片糊塗，而且連嘉慶皇帝也不得不承認「問及一事，則推諉於屬司，自言堂官不如司官，司官不如書吏」。鑄假幣，寫假名，私徵錢糧，冒領國帑之事連連發生。直隸司書王麗南，偽造串票私徵白銀二十八萬兩；工部尚書王書常，造假幣，寫假條，十四次重複向戶曹支領幾十萬兩。

貪吏的蠶食，將官們的玩誤空耗，種種執權者的層層盤剝，進一步動搖了本已衰弱的經濟基礎，使嘉慶時期的各種矛盾進一步激化。衰敗成為不可逆轉的現實。也正是由於吏風的腐敗，廣大勞動人民在沉重的苛捐雜稅之下到了難以存活的地步，只有舉行起義這唯一的出路。而鎮壓起義又要耗用大量的庫銀，嘉慶一朝深深地陷入了這樣一個惡性循環的怪圈中無法自拔。

更重要的是，對乾隆中期以後社會經濟停滯這個事關清朝興衰的重要問題，嘉慶皇帝並沒有採取得力措施，社會經濟難以獲得新的發展活力。相反，國內階級矛盾的激化，使他在經濟政策上顯得比康、乾更為保守。他嚴厲禁止礦山開採，對於進入蒙古地區墾殖的民眾採取了嚴厲的武力驅逐政策。他還對反映時代技術進步的東西採取排斥態度。如果說在十九世紀到來之際，資本主義在西方的勝利已成定局，那麼，這一時期清朝的衰落，已經難以挽救了。

一八二〇年（嘉慶二十五年），嘉慶皇帝北遊熱河，途中中暑而逝。次子旻寧奉遺詔繼位，改年號為道光。道光皇帝上台後，也想過整頓吏治，振刷綱紀，但同樣沒有解決問題。費正清在考察中國這段歷史時寫道：「帝國國庫的白銀儲蓄已經枯竭……帝國軍隊的力量已被侵蝕，皇帝的統治也已失去了十七世紀和十八世紀時期的雄偉氣魄。」當十九世紀中期到來的時候，中國面臨的已經不是單純的「內憂」，還有被先進工業文明成果所武裝的「外患」。是在外敵侵入下不斷沉淪，還是用綿延數千年的生命力量重新塑造自己，尋找民族復興？劇烈變動的時代，將艱巨的歷史課題推到了中華民族面前。

第二章

血淚吶喊

一八三九年一月八日，是一個叫林則徐的清朝官員離京赴任的日子。在眾多友人的陪伴下，他焚香九拜，開啟了嚴封的關防大印。冬日淡淡的陽光，灑在南去的路上。就在十四天前，林則徐剛剛奉旨抵京，並在不到半個月的時間裡，被道光皇帝召見了十九次。如今，這位林大人將以「欽差大臣」的身份「馳驛前往廣東」，為道光皇帝除去一個影響江山社稷的重要禍患。送別的友人深知此舉困難重重，實際上是臨危受命。只是誰也沒有想到，林則徐會一去不回。他們更不會想到，林則徐會親手點燃中西交戰的導火線，從而改變古老而傳統的中國生存的模樣。

第一節 半殖民地半封建的深重屈辱

翻開十九世紀中後期的歷史畫卷，一幕幕屈辱的場景歷歷在目。鴉片戰爭割地賠款，北洋水師不堪一擊，八國聯軍肆意妄為……在船堅炮利的外國侵略者面前，中國連遭重創，屢屢屈辱求和，一步步從一個主權國家徹底淪為任人欺凌的半殖民地半封建社會。腐朽衰落的清政府無力保護自己的臣民，華夏大地在沸騰，炎黃子孫備受煎熬……

一、英國國庫靠什麼來填滿

有一種美麗的草本植物，鮮艷的紅色花朵在風中搖曳，深綠色鋸齒狀的葉片點綴其間。它叫罌粟。罌粟沒有邪念，但英國的殖民者不是沒有邪念。當無法用正常外交途徑打開中國大門時，他們邪念萌發，不顧一切地向中國瘋狂輸入鴉片。到一八三八年，英國對華輸入鴉片的數量已經達到了兩萬八千三百零七箱，是一七六七年一千箱的二十八倍多。

在鴉片走私的巨額利潤下，英國不僅平衡了巨大的對華貿易逆差，而且取得了相當可觀的額外收益。據考證，從一八〇〇年到一八三九年近四十年時間，因鴉片走私貿易導致的中國白銀外流，總計高達六億兩。鴉片已經成為一劑治療英國貿易蕭條的特效藥。英國惠靈頓公爵得意洋洋地表示：「國會不僅不對鴉片貿易表示絲毫不快，而且還要愛護、擴展和促進這項貿易。」

成群結隊的鴉片船湧入廣州，白花花的銀子流向英國國庫。貿易順差變成了逆差，而且流出去的白銀是為了購買腐蝕自己的毒品。頑強的文明，終於敵不過脆弱的人性。馬克思憤怒地說：「非法的鴉片貿易年年靠摧殘人命和敗壞道德來填滿英國國庫。」

當我們從人道主義的角度指責英國的時候，也不能否認，東來的鴉片趕上了「好時光」。當它還在試探一個民族胃口的時候，清王朝已經狠狠地從康乾盛世摔了下來。我們自己遭遇了「數千年未有之變局」。

鴉片來了，並且不想走了。大清王朝的統治者們，又該怎樣奮起自衛呢？

一八三八年六月二日，鴻臚寺卿黃爵滋遞上《嚴塞漏卮以培國本疏》，要求嚴禁鴉片。上奏當天，道光皇帝就將黃爵滋疏奏向各地批轉。道光皇帝雖更傾向禁煙，但還有顧慮。因為鴉片吸食者中還有朝廷大員和滿族親貴。

明確支持黃爵滋奏議的大吏中，有一份言辭懇切的疏奏最終打動了道光皇帝：

> 若猶泄泄視之，是使數十年後，中原幾無可以禦敵之兵，且無可以充餉之銀。

也就是說，清政府現在面臨的，不是一個單純的鴉片或者貿易問題，而是關係到國家民族生死存亡的嚴重危機！

這絲毫沒有誇張。全國吸毒人數已超過四百萬人，八十萬清軍中，吸食成癮者有二十萬之眾，特別是沿海軍隊吸食鴉片者，已在「十分之六七」。大清帝國的捍衛者正在變成一群面黃肌瘦、形容枯槁、毫無戰鬥力的煙鬼。

英國東印度公司的鴉片儲藏庫。流入中國的鴉片，有不少來自這裡

自十九世紀三〇年代以來，中國社會每年耗費在鴉片消費上的白銀達到一千六百三十三多萬元，合紋銀一千一百七十五多萬兩，幾乎與清政府一八三〇至一八三八年整整八年關稅總收入一千兩百二十七多萬兩相當。十九世紀三〇年代中後期，這種情況更為嚴重，每年約有四百萬到五百萬兩的白銀流出。如此一來，一旦硝煙瀰漫，戰火四起，江山何在！

道光皇帝再也坐不住了，速召奏文作者——湖廣總督林則徐進京。

十二月二十六日，林則徐抵京。道光皇帝連續召見多次，詳細商討禁煙事宜。十二月二十七日，道光皇帝下發了嚴禁鴉片的諭旨。十二月三十一日，道光皇帝任命林則徐為欽差大臣，「馳驛前往廣東，查辦海口事件」。同時給予了他相當大的權力，「所有該省水師，兼歸節制」，以切實查禁鴉片。

一八三九年三月十日，林則徐到達廣州。他首先傳召了廣州行商。行商是鴉片傳入中國必不可少的中介。以為這次禁煙仍然是「雷聲大雨點小」的行商，心存不軌地向林則徐表示，「願以家資報效」。林則徐勃然大怒：「本大臣不要錢，要你腦袋爾！」隨後，將一份諭帖交給行商，讓他們轉交給英國商人，令其三日之內交出所有鴉片。在諭帖中，林則徐義正詞嚴地表達了禁煙決心：「若鴉片一日未絕，本大臣一日不回，誓與此事相終，斷無中止之理。」

三天很快過去了，英國商人卻仍然拖延搪塞，拒不交煙。處事周密的林則徐，已經有所準備。一場包圍封鎖的行動迅速有序地展開。三百五十名外國商人被軟禁在廣州城商管區。不僅僕役不見了，連基本的日常供應也被斷絕。在危及生命的情況下，英國商人不得不放棄所謂的「財富」和「尊嚴」，上交鴉片兩萬零兩百八十三箱。

在向英國商人發出收繳鴉片命令的同時，對內吸食鴉片的禁令也頒佈下來：開設窯口者，殺；溝通外夷，潛買鴉片者，殺；海口員弁兵丁受賄縱私者，殺；開設私煙館者，殺；吸食人犯一年半限期滿不改者，殺。林則徐還設立官方禁煙局，配製分發禁煙藥方，收繳民間煙具藥膏，審查和懲辦不法之徒。三個月的時間裡，廣東省內逮捕人犯一千七百四十名，收繳鴉片土煙膏四十七萬四千五百一十一兩，煙槍四萬三千九百八十六支，煙鍋兩百四十八口。

六月三日，林則徐在虎門正式銷煙。整個銷煙工作從三日開始，一直到二十三日才勝利結束。在收繳的一萬九千一百八十七箱又兩千一百一十九袋煙土中，共銷毀一萬九千一百七十九箱又兩千一百一十九袋，除去箱、袋重量，共銷煙土兩百三十七萬六千兩百五十四斤，佔一八三八至一八三九年運入中國鴉片總數的百分之六十。

一位美國傳教士事後描述道：「我們反覆檢查過銷煙的每一個過程。他們在整個工作進行時細心和忠實的程度，遠出乎我們的臆想。我不能想像再有任何事情會比執行這個工作更為忠實的了。」

歷史學家范文瀾評價虎門銷煙「是以林則徐為代表，第一次向世界表示中國人純潔的道德心和反抗侵略的堅決性，一洗多少年來被貪污卑劣的官吏帶給中國的恥辱」。這是在清代上百年的禁煙歷史上第一次取得的勝利。

禁煙的消息傳到西方，那些與鴉片走私貿易之間有著利害關係的議員、銀行家、商人立刻意識到，這是一個發動戰爭的好借口。他們彷彿看到，富饒的中國插上英吉利旗幟，財富源源不斷流入的美好前景。

英國議會不久通過了對華戰爭議案。海軍少將懿律被任命為遠征軍司令。一八四〇年初，一支由四十艘戰艦和七千名士兵組成的軍隊向中國駛來。

關於這場戰爭，不少人曾經假設，如果沒有禁煙運動，是否可以避免？答案當然是否定的。工業革命極大地促進了英國生產力水準的提高，也激發了英國殖民者侵略與擴張的野心。

與在工業化道路上領跑的英國相比，還在傳統社會裡緩緩前行的中國無疑已經外強中乾。拿下中國，英國將擁有一個更廣闊的商品市場和原料產地。這是一個巨大的誘惑。

一八四〇年六月，英軍駛抵廣東海面，隨即封鎖廣東海口，鴉片戰爭正式爆發。兩年多後，鴉片戰爭以英國的大獲全勝而告終。一八四二年八月二十九日，清政府派欽差大臣耆英、伊里布與英國簽訂了中國近代史上的第一個不平等條約《南京條約》。隨後，又簽訂了《虎門條約》和《五口通商章程》作為《南京條約》的補充條約。

《南京條約》之下，等待中國的是什麼呢？

首先，英國割佔香港島，中國的領土主權完整遭到了嚴重損害。其次，廣州、廈門、福州、寧波、上海五處開放為通商口岸，中國長期封閉的國門被迫打開，英國多年來的蓄意圖謀得以初步實現。再次，賠款兩千一百萬銀元，清政府無力支付，只能將其轉嫁到中國人民身上，社會矛盾進一步加劇。最後，片面協定關稅，中國的關稅自主權遭到了破壞，中國海關失去了保護本土經濟的能力。長久以來自給自足的自然經濟，脆弱的農、工、商業生產，不僅無法正常發展，而且慘遭蹂躪。

這是中國歷史上第一個不平等條約。正是從這個條約開始，自詡為「天朝上國」的中國低下了她高貴的頭，開始滑向半殖民地半封建社會的深淵。在接下來的一百多年裡，她將飽受苦難和摧殘。

鴉片戰爭讓西方國家看到了中國的虛弱，他們競相效尤，或以戰艦炫耀武力，或以上京覲見作為要挾。已經在戰爭中元氣大傷的清政府，沒有能力也不願意再做什麼軍事抵抗了。一八四四年，中美《望廈條約》、中法《黃埔條約》依次簽訂。中國的關稅自主權、領事裁判權、領海權等一系列主權在這些條約中幾乎喪失殆盡。而條約的另一方，西方殖民者們，卻在為他們成功實現「利益均沾」而彈冠相慶。

十二年後，這群侵略者以修訂條約為借口，對中國又發動了第二次鴉片戰爭。中國再次慘敗，皇家園林圓明園在列強的搶掠中被付之一炬。清政府被迫簽訂《天津條約》、《北京條約》，帝國主義的侵略更加深入。

就在「天朝」千年不變的「體統」面前，中國已經和西方文明相距得太遠。馬克思寫道：「一個人口幾乎佔人類三分之二的大帝國，不顧時勢，安於現狀，人為地隔絕於世並因此竭力以天朝盡善盡美的幻想自欺，這樣一個帝國注定最後要在一場殊死的決鬥中被打垮。」

二、「中國不及日本遠甚」

格蘭特是美國南北戰爭時北方聯軍總司令，也是第一位親自到過日本和中國的美國總統。一八七九年，在分析、比較了中日兩國的所見所聞後，他得出了這樣的評價：「中國不及日本遠甚……以日本一萬勁旅，可以長驅直搗中國三千洋里，而為中國所不能抵禦也！」

對當時的中國人來說，這種說法無疑是在危言聳聽。在泱泱大中華的眼裡，日本只是微不足道的「蕞爾島夷」。如若來犯，清政府手中還有一張王牌，這就是堪稱世界第一、亞洲第一的海軍艦隊——

第二次鴉片戰爭中，大沽炮台被英法聯軍攻陷後的景象

北洋水師。

北洋水師以旅順、威海兩地為海軍基地，由李鴻章一手經營。主力艦「定遠」號、「鎮遠」號全部由德國伏爾鏘船廠製造，花費了近五年時間。巡洋艦也是從德國、英國購進，只有少量木質戰船和魚雷快艇是福州船廠生產的。北洋艦隊的高級軍官幾乎全部為福州船政學堂畢業，大部分還到過英國海軍學院留學實習。到一八八八年底正式成立時，北洋水師共有軍艦二十五艘，官兵四千餘人。一八八六年，北洋水師訪問日本時，「定遠」號巨大的艦身引起無數抬頭仰望的日本民眾的恐懼。

然而，瞭解了差距後，日本奮力直追。從一八八三年起，日本政府將釀造業、菸酒業的稅收兩千四百萬日圓作為海陸軍經費，連續八年製造軍艦。一八九一年，海軍軍費的支出漲到五千八百六十萬日圓。一八九三年，日本天皇又發佈敕諭：決定在此後六年每年再從自己內庫中拿出三十萬日圓，並從文武官員的薪金中抽出十分之一作為造艦費繳納國庫。這一年，日本向英國訂製了當時世界上航速最快的巡洋艦「吉野」號。此時的日本海軍已經擁有各種軍艦五十五艘，彈藥儲備超出一次對華戰爭可能消耗掉的數量，迅速發展成一支可以和北洋水師相抗衡的力量。

鴉片戰爭。鴉片戰爭最早由英國入侵，迅速發展為多國介入的侵略戰爭。帝國主義依仗著堅船利炮，無限擴張著他們的侵佔之欲

反觀中國，從一八八八年北洋水師建成以後，一艘軍艦都沒有再購買過。海軍軍費被用來修建頤和園，給慈禧準備六十大壽的萬壽慶典，北洋水師不僅被禁止購買外洋槍炮、船隻和機械，連補充裝備的費用都不給發。缺乏更新、維護的戰艦已經開始落伍，無論航速、射速皆落後於日本。中、日兩國海軍差距迅速被拉平。

更重要的是，經過一八六八年的「明治維新」，日本已經在政治、經濟、文化等方面進行了一系列改革，走上了資本主義道路。實力大增的日本，很難再讓人聯想到昔日那個封建落後、閉關自守的小國。

中國還在半殖民地半封建社會的泥淖裡掙扎著。這點連格蘭特都看得很清楚：「中國大害在一弱字。」他還打了個形象的比喻：「國家譬如人身，人身一弱則百病來侵，一強則外邪不入。」而以「強兵為富國之本」，要「開拓萬里波濤，佈國威於四方」的日本，早已對鄰國虎視眈眈，制定好了以侵略朝鮮、中國為中心的政策。日本已經準備充分，僅僅在等待時機。

一八九四年初，朝鮮爆發「東學黨」之亂，朝鮮王室向清政府求援。中國剛幫助朝鮮撲滅起義，八千日本兵就出現在平壤。清政府建議中、日兩國同時撤離在朝鮮的部隊，遭到日本拒絕。七月二十一日，日本在朝鮮豐島海面突襲中國運兵船，揭開了中日甲午戰爭的序幕。

戰爭伊始，李鴻章就極力推行「以夷治夷」的方針，希望爭取西方列強的同情，尋求外交解決。這一策略不僅未取得成效，反而耽誤了備戰工作，給日軍以調集兵力、從容部署的時間。

九月十五日，日軍進逼平壤。清軍總指揮葉志超，命令各軍棄城撤退，狂奔五百里，退過鴨綠江。朝鮮全境被日本佔領。

海上的戰況更為慘烈。九月十七日，中日海軍在黃海海面發生了激戰。挪用軍費導致軍備不足的惡果開始顯現。海軍將士冒著生命危險打中日艦，日艦卻安然無恙，原來那些炮彈裡裝的根本不是炸藥，而是摻假的沙礫。「致遠」艦彈藥用盡，全速向日艦「吉野」撞擊，準備與敵人同歸於盡，卻不幸被魚雷擊中，管帶鄧世昌和全艦官兵兩百餘人壯烈殉國。

經此一役，中方損失了五艘軍艦，一千餘官兵戰死。日本雖稍佔上風，也未實現「聚殲清國軍隊於黃海」的計劃。一艘戰艦被擊沉，一艘戰艦完全喪失戰鬥力，旗艦也遭受重創。李鴻章為了保存海軍實力，下令北洋軍隊避於威海衛港內，將黃海制海權拱手讓給了日本。

黃海海戰後，日軍開始進攻中國本土。十月下旬，日軍登陸遼東半島花園口。十一月七日佔領大連。就在日軍佔領大連的同一天，京城裡卻是熱鬧非凡，慈禧極盡奢華的萬壽慶典正式拉開帷幕。在滿朝文武的叩拜聲中，心滿意足的慈禧「賞賜」光緒皇帝和大臣們陪坐聽戲三日，不問國事。面對十萬火急的軍情，她只淡淡一句：「今日令吾不歡者，吾亦將令彼終生不歡。」群臣再不敢多言。

聽戲三日後，即到了十一月二十一日。這一天，日軍佔領旅順並製造了慘絕人寰的大屠殺。兩萬名無辜群眾死於非命。當時英國的《泰晤士報》根據目擊者的敘述刊文說：「日本攻取旅順時，戕戮百姓四日，非理殺伐，甚為慘傷。」美國報紙也指責日軍暴行，說「日本現在已經摘下文明的假面具，露出野蠻的本體」。

一八九五年二月，日本從後方攻陷威海衛，並用李鴻章花巨資修建的炮台攻擊停在港內的中國船艦。海軍提督丁汝昌自殺，僚屬向日軍乞降，將十一艘戰船全部交給日本。北洋海軍全軍覆滅。「定遠」、「鎮遠」的國威遠揚成了曇花一現。

一八九五年三月十五日，日軍又向位於福建、台灣之間的澎湖群島進犯。二十六日，澎湖群島被全部佔領。

面對日本氣焰囂張的攻勢，清政府無計可施，只得任命李鴻章為「全權大臣」。這個「全權」甚至包括了割讓土地的權限：「予以商讓土地之權，令其斟酌重輕，與倭磋商定議。」

一八九五年三月十四日，李鴻章由天津乘船前往日本，踏上了中日談判之路。對李鴻章而言，這種談判已經不是第一次了。早在一八八五年前後，老將馮子材在中法戰爭中指揮清軍大敗法軍，取得鎮南關和諒山大捷，使法國侵略者處於內外交困的境地，茹費理內閣因此垮台。儘管佔盡種種優勢，清政府還是簽訂了《中法新約》，導致「中國不敗而敗，法國不勝而勝」。那麼，在這次戰場上一敗塗地的情況下，談判必定無比艱難，危機四伏。

果然，日本漫天要價，氣焰囂張。伊藤博文態度強硬：「但有『允』『不允』兩句話而已。」就在談判無法進行的艱難時刻，李鴻章突然得到了外交努力無法獲得的「不幸中之萬幸」。某天從談判會場返回時，被一名日本狂熱分子狙擊，子彈擊中了他左眼下方，「血流不止，子未出，登時昏厥」。日本政府擔心李鴻章以受傷為由回國，西方國家再乘機干涉，出現不利局面，便主動宣佈休戰。李鴻章感到能夠實現停戰已算成功，傷勢稍癒便繼續談判。日本乘機拿出一套要價極高的方

一八九五年，李鴻章赴日本與伊藤博文等人會面

案。在談判中，日本甚至掌握了李鴻章與清政府來往的密電，瞭解到中方底線，故不作絲毫讓步，李鴻章只得全盤接受了日本的要求。

四月十七日上午，喪權辱國的《馬關條約》在春帆樓正式簽訂。條約規定的向日本賠款白銀兩億兩，開放沙市、重慶、蘇州、杭州為商埠等條款，加深了中國的半殖民地化。割讓台灣、澎湖群島和遼東半島給日本的條款，嚴重破壞了中國的領土完整。《馬關條約》的簽訂，大大刺激了列強覬覦中國的野心，引起了帝國主義瓜分中國的狂潮。中國的社會危機步步加深。

《馬關條約》簽訂的消息傳來，舉國震驚。愛國志士發出了「四萬萬人齊下淚，天涯何處是神州」的血淚吶喊。「中國不及日本遠甚……以日本一萬勁旅，可以長驅直搗中國三千洋里，而為中國所不能抵禦也！」十五年前，格蘭特的話猶在耳邊。歷史已經證明，這絕非杞人憂天。

甲午一役後，東亞的政治格局出現了新變化，中國的大國地位發生了根本動搖，而日本乘勢崛起，為東亞乃至世界的未來變化注入了不可預測的變數。中國的歷史也因此而改變，過去的輝煌已成為遙遠的歷史記憶，危機來襲卻如暴風驟雨。民族的屈辱還在繼續著。

三、「量中華之物力，結與國之歡心」

一九〇〇年，新世紀的鐘聲在世界各地敲響。祈盼幸福的中華民族沒有想到，這個新千年的開篇之年，居然成為後人不堪回首的屈辱過去。這一年，八國聯軍入京，最高統治者西逃。北京，「已成為一個強盜的世界」，「成了真正的墳場」。歷史用近乎嘲諷的手法，掀開了二十世紀的第一頁。

其實，種種禍根都已經在一九〇〇年以前埋下。

鴉片戰爭打開了中國的大門，湧入國門的，除了白花花的資本和各色商品，還有高鼻子藍眼睛的外籍傳教士。據不完全統計，到十九世紀末，中國已有三千多名外籍傳教士，發展教徒八十多萬人，僅山東、直隸、河南、山西就有四千多所教堂。不少隨著洋槍洋炮來的傳教士，憑藉本國勢力，在中國霸佔土地，欺壓鄉里。地方官員不敢得罪教會，普通百姓被無辜迫害，民怨沸騰。再加上本已深重的民族危機，人民將對外國侵略者的新仇舊恨都算在了傳教士頭上，自發地組織起反洋教運動。到了甲午戰爭以後，民間的生存狀況進一步惡化，人們的憤怒不斷升級，反洋教運動匯成了一股巨大的潮流，這就是讓外國人聞之色變的「義和團」事件。

就甲午戰爭後各地遭受侵略的程度而言，山東是相當嚴重的。一八九七年，德國強佔膠州灣，肆意築鐵路，開礦山，強佔民田民房。再加上不斷的天災和剽悍的民風，義和團運動就從山東蓬勃發展起來。到一九〇〇年五月，「京畿東南各屬，一倡百和，從者如歸」。六月中旬，大批團民從華北平原湧進了北京和天津。

義和團打著「扶清滅洋」的旗號，「凡天主教堂，思盡燒毀；天主教人，思盡殺滅」。這種高漲的排外潮流使得北京的外國使節警覺起來。一九〇〇年四月六日，英、美、法、德四國公使聯合照會清政府，限定它兩個月內將義和團「剿除」，否則將派水路各軍進入中國「代為剿平」。四月中旬，各國艦隊在天津大沽口集結。五月二十日，英、法、美、俄、德、日、義、奧、西、葡、比十一國公使共同調兵到北京。

對於義和團「扶清」的旗號，從一開始，清政府的態度就曖昧不明，時剿時撫。外國聯軍突然進京，導致時局的急劇變動。圍繞對列強的戰和，群臣爭論不休。主戰派載漪抓住慈禧心理，偽造了一個以「請太后歸政皇帝」為內容的「外交團照會」，設法送到慈禧手裡。慈禧立即勃然大怒：「彼族竟敢干預我家事，此能忍，孰不能忍！外人無理至此，予誓必報之。」

六月二十一日，清政府正式頒佈了宣戰上諭，歷數洋人欺壓中國之罪，號召「普天臣庶」共同戰鬥，並頗有氣魄地表示，「與其苟且圖存，貽羞萬古，孰若大張撻伐，一決雌雄」。同時，清政府發佈了正式招撫義和團的諭旨。一場捍衛江山社稷的民族自衛戰爭與逐殺教民、焚燬洋貨、攻打使館的排外浪潮交錯，在津京地區展開。

清政府絞殺義和團

日軍在北京朝陽門外屠殺義和團團民

在這場戰爭中，義和團和一部分清朝軍隊聯合起來，與外國侵略勢力進行了殊死搏鬥。幾乎可以說，八國聯軍遇到了六十年來侵華戰爭中最頑強的抵抗。然而，血肉之軀的前仆後繼並不能彌補國力之間的巨大差距。七月十四日，天津淪陷。城破之後，外國侵略者對中國軍民進行了瘋狂的屠殺，僅「自城內鼓樓迄北門外水閣，即積屍數里，高數尺」，事後清屍，「三日未淨」。財物被劫，更是不計其數。

七月底，聯軍的增援部隊到達大沽，組成了一支一萬八千人的軍隊。八月十四日，聯軍攻陷北京。十五日凌晨，慈禧扮作農婦，挾光緒皇帝及一幫寵臣親信倉皇出西直門，經頤和園、居庸關向西逃遁。四十一年前，為了躲避第二次鴉片戰爭中的洋槍洋炮，慈禧曾和咸豐皇帝一起北逃承德，把巧奪天工的圓明園扔給了英法聯軍。四十一年後，敗逃的歷史再次上演。只是這次更加倉皇，更加屈辱：「太后御藍布衫，以紅棉帶束髮。帝御舊葛紗袍，當盛暑流汗，胸背黏膩，蠅蚋群集，手自揮斥。從行宮監，皆徒步奔走，踵穿履破，血流沾灑。」這次，慈禧丟下了整個北京城。繁華的帝都，陷入了殖民征服的腥風血雨之中。

北京淪陷後，聯軍以報復義和團為名「縱兵三日」，任意燒殺淫劫。僅莊王府被焚就活活燒死一千七百多人。據目擊者記載，「皇城之內，殺戮更慘，逢人即發槍斃之」，無論義和團成員還是普通平民，「直至不留一人而後已」。至於強暴侮辱中國婦女的獸行，更是屢見不鮮。清朝貴族崇綺的家屬，被聯軍趕到天壇，不論大小，輪次被姦污。不少婦女被趕到裱褙胡同，設立警衛，作為聯軍「官妓」，致使一些中國婦女一見聯軍形影，立即自殺。宮中「自元明以來之積蓄，從典章文物到國寶奇珍，被劫一空」。僅白銀就被搶走六千萬兩。民間被劫損失，更難計數。就連聯軍統帥瓦德西也公開承認，「中國此次所受毀損，其詳數將永遠不能查清，但為數必極重大無疑」。

八國聯軍在北京天安門前舉行皇宮佔領式

八月十六日，各國議定分區佔領北京。先農壇升起了美國旗，美國旗北面不遠是奧地利國旗。天壇升起了英國旗，天安門以東升起了德國旗，東南是俄國旗，西邊是法國旗，西北是義大利旗，北面是日本旗。各國旗幟隨風獵獵作響，狠狠地敲打在每一個中國人的心上。

逃離北京的慈禧，並不在意曾經在她統治之下的子民們受到怎樣的傷害，她最關心的是西方侵略者們會如何處置她。為了求得各國諒解，她連連發出諭旨，要求軍隊鎮壓義和團，令地方官員好好接待前去殺人放火的侵略軍隊，同時派李鴻章與侵略者議和。對侵略者的要求，她幾乎有求必應。慈禧的態度使得西方侵略者更加肆無忌憚，他們很樂意用對慈禧的寬恕換取更多的在華利益。一個無以復加的苛刻條約被放到了談判桌上。

在這個條約裡，有九億八千萬兩的巨額賠款；有不許中國人居住，卻允許各國駐兵保護的使館界；有對清政府禁止人民參加反帝運動的要求；有允許列強駐兵的北京到山海關鐵路……唯獨沒有的，是中國的「主權」與「尊嚴」。

這是中國近代史上賠款數量最大、主權喪失最嚴重的不平等條約。巨額的賠款，相當於清政府十二年半的財政收入總和，大大超出了列強的軍費和教會、洋商的損失。沙俄外相拉姆斯道夫得意洋洋地表示，一九〇〇年的對華作戰是歷史上少有的最夠本的戰爭。更重要的是，賠款搾乾了中國近代化的發展資金。以當時規模最大、設備最先進的「漢陽鐵廠」為例，建廠時支出白銀五百八十萬兩，僅賠款一項，中國就損失了兩百個先進的近代工廠。其他的款項，更是統治階級徹底淪為帝國主義在華代理人的表現。中國完全淪為半殖民地半封建社會。

一九〇一年九月七日，條約正式簽訂，因這一年是農曆辛丑年，故又稱為《辛丑條約》。簽訂的日子被國人稱為「九七」國恥日。但清政府的最高統治者慈禧卻很滿意帝國主義對她的「寬宏大量」。她諂媚地表示，要「量中華之物力，結與國之歡心」。這種傾其所有，結歡「與國」的態度，是對外關係的空前失態，是國家防禦意識的徹底淪喪。

十一月二十八日，在外流浪了一年多的慈禧和光緒皇帝乘火車回京。迎接場面十分隆重。有軍樂隊的鼓樂齊鳴，有大清朝官員的列隊歡迎，有八抬黃緞轎的皇家氣派。在慈禧看來，她沒有失去什麼。只是，更多的中國人已經在血與火的洗劫中成長起來，已經阻礙民族復興的清政府，必定會在救國的大潮中被徹底推翻！

第二節 救國先行者的早期探索

面對西方列強的鐵蹄，堅毅而頑強的中國人民沒有屈服，他們一次次提出不同的救國方案，並用自己的鮮血加以踐行，為漫長的復興之路樹立起一座座豐碑。農民嘗試建立心目中的「太平天國」，從而實現「凡天下田，天下人同耕」的千年夢想；貴族地主希望通過「中學為體，西學為用」的洋務運動學習西方，挽救清政府的危亡統治；資產階級改良派積極倡導維新變法，認為只有變法才能使中國走上富強的道路。這些努力雖然最終都一一失敗了，但他們反抗侵略、奮發圖強的風骨與勇於探索、不懼失敗的復興精神都將浩然長存。

一、「凡天下田，天下人同耕」

鴉片戰爭失敗後，大清朝弊病叢生，積重難返。官場腐敗觸目驚心，土地兼併日益嚴重，湧入的鴉片、外國商品和賠款使中國的經濟狀況日益惡化。各地抗租抗糧風潮不斷，尤以廣西為最。當時，廣西全省形勢「如人滿身瘡毒，膿血所至，隨即潰爛」，終至一發而不可收了。

一八五一年初，太平天國之亂爆發。地點是廣西金田。

僅僅兩年多的時間，從西南邊陲到東南沿江，太平軍席捲六省，從廣西經湖南、湖北、江西、安徽一直打到江蘇。這次起義有著堅強的組織、嚴明的紀律，很快便顯示出強大的生機。

太平天國運動的最初發動者和最高領導者洪秀全，一八一四年一月十一日出生在廣州花縣。本來夢想著有一天能通過科舉考試「朝為田舍郎，暮登天子堂」的他，卻屢試屢敗。一八四三年的又一次落榜後，他憤然發誓：「等我自己來開科取天下士！」誰也沒有料到，他日後果真成為挖起清朝第一鏟墓土的人。

一八四三年，洪秀全仔細研讀了基督教佈道小冊子《勸世良言》。反覆體會，洪秀全恍然頓悟，認為自己已經獲得上天堂的真路。他決定自行洗禮，並四處從事傳教活動。

雖然帶有宗教色彩，但洪秀全的傳教其實是一種革命者的招募。廣州是鴉片戰爭的爆發地，社會矛盾尖銳，在屢次赴廣州應試的過程中，洪秀全近距離地觀感到了劇烈變動的中國社會，對清政府的統治產生了強烈不滿。放棄科舉後，洪秀全創立了發動群眾和組織群眾的秘密宗教團體——拜上帝會。他從農民鬥爭的需要出發，把原始基督教教義中反映下層民眾要求的平等思想結合中國傳統文化加以改造，先後撰寫了《原道救世歌》、《原道醒世訓》、《原道覺世訓》。其中的觀點雖然帶有烏托邦色彩，但對渴望改變社會現狀又缺乏思想武器的農民來說有很大的吸引力。

數年間，拜上帝會從廣西紫荊山區開始，影響和勢力迅速發展，參與者越來越多。「一人傳十，以十傳百，百傳千，千傳萬，數縣之人……每村或百家，或數十家之中，或有三五家肯從。」當幾乎每村每戶對「洪先生」恭敬有加的時候，洪秀全已經擁有了一支約兩萬人的大軍，這就是最初的「太平軍」。

從金田起事開始，太平軍一路向北，順利進軍。一八五一年九月二十五日攻克廣西重鎮永安。洪秀全在永安立官制，封楊秀清、蕭朝貴、馮雲山、韋昌輝、石達開為東王、西王、南王、北王、翼王，初步建立了政權。

一八五三年一月，太平軍攻克武漢三鎮，隊伍增至五十萬人。很快便順江東下，直搗南京。一時間，舳艫千里，黃旗蔽日，白浪滔天。清政府「眼看一月傾三省」而束手無策。三月十九日，太平軍攻佔南京改稱天京，並將其定為首都。

一八五三年十二月，太平天國制定了體現其社會經濟政策基本構想的系統、翔實的綱領性文件——《天朝田畝制度》。

這是農民階級勾勒出的新制度藍圖，是對近代國家出路的可貴探索。這幅藍圖以宗教語言提出了否認一切私有財產權、廢除一切私有制的總原則，「天下人人不受私，物物歸上主」。根據這個思想，形成了廢除原來的土地所有制，把全部土地平均分配給天下人耕種的土地制度總方針。「凡天下田，天下人同耕。此處不足則遷彼處；彼處不足則遷此處。」每畝土地按照年產量的多少，分為上、中、下三級九等，按人口平均分配。

《天朝田畝制度》規定的土地分配制度，在中國農民戰爭史上第一次系統、完整地表達了兩千年來中國農民反對剝削、要求土地平分的迫切心願，表現出徹底否定原來的土地所有制的巨大革命性；它所規定的公有原則，表達了農民對私有制度的深惡痛絕，是一種樸素的共產主義思想。恩格斯曾把這種

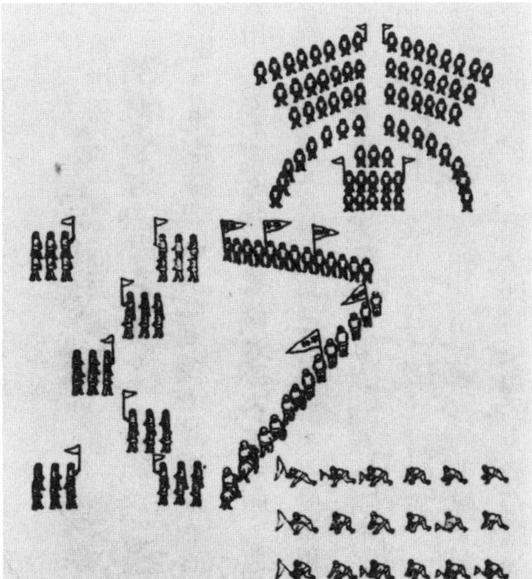

太平軍戰陣圖，其中包含四種戰陣，分別為：螃蟹陣、牽線陣、百鳥陣、臥虎陣

樸素的共產主義思想視為對人類社會發展的一個「天才預期」。但是它所設計的平分土地的辦法以及通「天下皆一式」的社會生活組織制度，是要求在小農經濟基礎上廢除私有制和平均一切社會財富。這種農民小生產者的絕對平均主義思想，是一種農業社會主義空想，不可能實現。事實也是如此，《天朝田畝制度》公佈之後，未能付諸實施。

太平天國定鼎南京後，又拿下鎮江、揚州，大清帝國的東南一隅換了新主人。新政權還先後進行了西征、北伐，並攻破了清政府圍攻南京的江南大營、江北大營。對於清政府來說，太平天國的打擊幾乎是致命的：不僅賴以維持生命的江南漕運癱瘓，連天津都險陷敵手。

此時在位的是咸豐皇帝。面對八旗和綠營正規軍的潰敗，他想到了一種拯救危機的方法。一八五三年初，他下令各省在籍官紳舉辦團練，組織地方武裝。正是咸豐皇帝的這道諭旨成就了曾國藩此後數十年的功業。

曾國藩出生於湖南世代農家，長咸豐皇帝二十歲，長洪秀全三歲。他六歲上學，讀「四書五經」。與洪秀全科場失意相反，曾國藩十五歲中秀才，二十三歲中舉人，二十七歲中進士，入翰林院。三十六歲那年，又被破格提拔為正二品的內閣學士兼禮部侍郎銜，連升四級。

開始時，團練這種民兵式的半軍事組織沒什麼效用，參加者多為失業農人或市井無賴，他們為錢受僱，唯利是圖。但是，曾國藩使湖南的團練氣象全新。曾國藩完全依照自己的設計，不受干擾地編練出一支迥異於清朝各類武裝力量的新軍——湘軍。到一八五四年春，湘軍已經初具規模，共有陸師十三營，五千餘人；水師十營，五千人，艦船近五百艘。加上各種伕役，全軍多達一萬七千人。

這是一支強大的生力軍。清朝先前鎮壓太平天國時，還從未派出過如此軍容整齊的部隊。曾國藩以他堅毅的性格，逐一克服來自清朝內部的種種困難，其目的就是為了保全即將傾頹的大清帝國。湘軍的崛起，使得太平軍很快發現：一個難以對付的新的敵人出現了。

一八五六年的天京城裡正在為江南大營的崩潰而歡聲雷動。在一派高歌猛進中，重重隱憂已經埋下了伏筆。

前方將士在浴血苦戰的時候，洪秀全正在金碧輝煌的天王府中安享著太平富貴。天王尚且如此，不少官員更是大興土木，爭相攀比。有的豪宅歷時三四年，直到後來被清軍攻佔都沒有完工。這種驕奢連太平天國的對手都感歎：「千村萬落盡焦土，宮中尚掛珠燈紅。」昔日團結如一人的領導群體，開始了權勢和地位的爭奪。一八五六年九月，「天京事變」爆發。東王楊秀清、北王韋昌輝在這場事變中被先後誅殺，數萬名菁英將士死於非命。事變發生後不久，翼王石達開率大批精銳部隊出走，最終在四川大渡河畔全軍覆沒。

經歷了天京事變的太平天國，開始從極盛的巔峰滑落，後雖在陳玉成、李秀成等年輕將領的努力下，在不少戰役中取得勝利，卻也是落日的餘暉，雖然炫目，但不能挽回敗亡的結局。而湘軍經過戰爭的磨練進一步壯大。除了湘軍以外，外國侵略勢力也在漸漸向清政府靠攏。太平天國絕不承認不平等條約的態度和禁止販賣鴉片的政策讓外國列強意識到，要保持獲得條約中的特權，就必須保證清王朝在中國的統治。外國侵略者開始和清政府合作，幾方力量聯合起來，共同鎮壓太平天國運動。

一八六一年九月五日，湘軍用地道火藥炸毀安慶西北門，攻入城內。安慶陷落，太平天國西線戰場開始崩潰。

從一八六二年開始，外國侵略者組織洋槍隊在上海、蘇州等地協助清軍向太平軍進攻，太平天國的東部戰線幾乎全被瓦解。

一八六四年三月，清軍攻陷杭州，圍困天京。六月一日，在內外交困的局面下，天王洪秀全病逝。

七月十九日，太平軍城垣被湘軍炸塌，湘軍湧入城內。李秀成被俘。曾國藩事後向清政府報告：「三日之間斃賊共十餘萬人。秦淮長河，屍首如麻。」

李秀成在被殺前悲憤地寫道：「天王失國喪邦，實其自惹而亡！」太平天國起事在還沒取得最後勝利的時候，就驕奢攀比，內訌不斷，蛻變成又一個腐敗的王朝，這就注定了太平天國覆滅的悲劇。然而，這場運動畢竟「帶有群眾性的民族主義的性質和民主主義的性質」。奮起救亡的反抗精神和空想的《天朝田畝制度》，為後人回望這場悲壯歷史留下了一縷餘音。

秦淮流水淙淙，台城柳色依舊。農民起義拯救中國的道路失敗，而貴族地主「自強」、「求富」的努力已經開始。

二、「中學為體，西學為用」

林則徐是在中國近代史上享有盛名的人物。這不僅因為他在虎門銷煙，更因為他是近代中國開眼看世界的第一人。早在鴉片戰爭前，因為防備英國侵略的需要，林則徐就已經主動著手去認識和瞭解外部世界的情況。在他的大力推動下，不少引起國人注目的書籍被編譯出來，如《各國律例》、《四洲志》等。

繼林則徐之後，魏源、徐繼畬都著書介紹世界，希望達到喚醒國人、挽救危局的目的。魏源在林則徐《四洲志》的基礎上編寫了《海國圖志》，提出了「師夷長技以制夷」的觀點。徐繼畬則著述《瀛環志略》，在專制主義的中國點燃了幽微的民主燭光，體現了中國人在摸索救國抗敵道路中的智慧。

從林則徐、魏源、徐繼畬等人的著述中，可以發現，鴉片戰爭之後，士大夫中的有識之士已經開始睜眼看世界，試圖學習西方先進的技術和知識。然而，許多頑固的士大夫仍然無法接受書中對「夷狄」

的讚美之詞，魏源等人的觀點不僅沒有引起國人的重視，甚至遭到了抵制。再加林則徐在鴉片戰爭中被革職查辦，魏源為了全心著書毅然辭職，沒有重權的他們不可能將這些思想付諸實踐。

十九世紀六〇年代初，清王朝在第二次鴉片戰爭中與英法媾和，同時利用外國侵略勢力鎮壓太平天國運動。在這個過程中，清政府更清楚地看到了洋槍洋炮的力量。原本激烈反洋的恭親王奕訢在媾和後形成了對「夷務」的新概念。他逐漸尊重甚至崇拜英國的力量，認為中國別無選擇，只有去學會如何與西方共處。李鴻章也在與洋人的交流中明白，為什麼大清朝的軍隊數倍於洋人反而慘敗，原因就是武器太落後，如果中西火器相差不大，則「平中國有餘，敵外國亦無不足」，所以「中國欲自強，則莫如學習外國利器」。在奕訢、李鴻章、曾國藩、左宗棠、張之洞等「洋務派」官員的努力下，一場以引進西方軍事裝備、機器生產和科學技術為主要內容，以挽救統治危機、富國強兵為目的的「洋務運動」開展起來。

一八六五年，東亞最大的兵工廠——上海江南製造總局在李鴻章的籌辦下成立，創辦不久，就仿製出了大量的英、德槍炮彈藥，一八九一年更是為中國首次煉出鋼鐵。

一八六六年，遠東第一大船廠——福州船政局在左宗棠的一手操辦下成立。福州船政局同時設有船政學堂，不僅是中國近代最重要的軍艦生產基地，而且還培養了大量海軍

福州船政局建造的「揚武」號巡洋艦

軍事人才。

一八六七年，崇厚在天津建立規模僅次於江南製造總局的天津機器局。一八八〇年，該機器局建造了中國第一艘潛水艇。

此外，比較有名的還有曾國藩創辦的安慶軍械所，李鴻章創辦的金陵機器局，張之洞創辦的湖北槍炮廠等。從一八六〇年到一八九〇年的三十年間，洋務派在中國創立了二十多個軍工局、廠。這些近代軍用工業在「自強」、「禦辱」過程中發揮了重要作用。中法、甲午等戰爭中的艦炮彈藥，大多來源於洋務運動中興辦的軍用企業。

由於這些軍事工業都是國家投資，生產不計成本，導致耗費日益增大。軍事工業中遇到了資金短缺、工業原料不足的問題。洋務派開始創辦以「求富」為目的的近代民用工業。「夫欲自強，必先裕餉；欲浚餉源，莫如振興商務。」在洋務運動中，清政府共創辦了民用企業二十餘個，重點集中在礦業、紡織、交通等領域，包括輪船招商局、開平礦務局、天津電報局和上海機器織布局等。以輪船招商局為例，資本從一八七三年二十萬至三十萬兩增至一八七五年的一百萬至兩百萬兩，盈利不可謂不厚，甚至在一定程度上達到了「分洋商之利」的效果。

「自強以練兵為要」，在工業近代化的同時，洋務派也在著手建立新式軍隊。從十九世紀六〇年代開始，北京、天津、上海、廣州等地的軍隊紛紛改用西式武器，並由外國軍人擔任教練。淮軍和湘軍也大面積配給了洋槍。以李鴻章為代表的洋務派還關注到了「海防」問題，開始籌建海軍，在接下來的三十年間，分別建成了福建、南洋、北洋水師。軍艦總數達到九十多艘。

洋務運動同時帶動了教育的近代化，為中國培養出了一批重要人才。洋務派先後創辦了三十多所新式學堂，如同文館、工藝學堂、軍事學堂等，培養翻譯、電報、鐵路、礦務、西醫、軍官等多種類型的人才。清政府還多次派遣留學生到國外學習，遍及美、英、法、德等國，這些留學生為中國近代事業發揮了重要作用。鐵路工程師詹天佑就是其中的重要代表。

毫無疑問，洋務運動的成就是顯著的。正是這場運動，使中國在近代化的道路上大大前進了幾步。

應該說，奕訢、李鴻章、曾國藩、左宗棠等官員在洋務的問題上已經採取了很多在當時看來具有創建性的舉措，可最終還是失敗了。問題究竟出在什麼地方？

讓我們來看看專制統治者們為中國設計的改革之路：「以中國之倫常名教為原本，輔以諸國富強之術。」這個思想後來被進一步概括為「中學為體，西學為用」。「中學」主要指三綱五常這樣的儒家道統，是中國文化的「本」和「體」，它是不能改變的。「西學」是指西方的科學技術，並不包括民主政治體制。然而，中國問題的根本在於腐朽落後的君主專制，不改變「中學」這個「體」，不可能從真正意義上「用」好「西學」。沒有先進政治制度的保障，所謂的「外國利器」只是徒有其表。

洋務運動中第一批留美幼童

維新派思想家嚴復等人曾經尖銳地批判「中體西用」的觀點，認為中學有中學的體用，西學有西學的體用。「中體西用」，就是「牛蹄馬用」，是不能夠真正實現的。英國學者蒂姆．萊特也認為：「僅僅要採取西方的實用技術是行不通的，因為這些技術都根植於特殊的思想觀念、社會和經濟結構，而這些都是中國沒有的，也是真正做到『西學為用』所必需要具備的。」

洋務派作為統治階級的組成部分，不可能去否定專制制度本身，他們堅信：「中國文武制度，事事遠出於西人之上，獨火器萬不能及。」但他們又認識到西方的強大和中國的落後，希望用近代工業技術來維護以倫理綱常為本的統治。他們沒有看到的是，新的生產力不可能同舊的生產關係及上層建築相容，資本主義的工業和技術不可能在封建主義的桎梏下得到發展。這種內在的矛盾性是造成洋務運動失敗的根本原因。

歷史的機遇總是稍縱即逝。在對專制制度的維護中，洋務派沒能阻止社會狀況的進一步惡化。

中華民族的復興之路究竟在何方？

三、「各國變法，無不從流血而成」

甲午戰敗，創巨痛深；洋務運動，難救中華。人們在悲痛中思索，在思索中覺醒。梁啟超說：「吾國四千餘年大夢之喚醒，實自甲午戰爭敗割台灣償二百兆以後始也。」甲午戰爭在帶給中國人民巨大災難的同時，也在中國知識分子中引起了強烈的震動。他們從危局中看到了清朝的積弱和國力的衰微，從而認識到要救亡必先改革舊制。康有為和他的維新派就是在這樣的時局中登上了清末的政治舞台。

康有為，廣東南海人，世家名族出身，儒學功底深厚，曾數次遊歷香港、上海。接觸到不少資本主義思想和改良思潮後，堅定了向西方學習，尋找真理救國的決心：「既念民生艱難，天與我聰明才力拯救之，乃哀物悼世，以經營天下為志。」

一八九一年至一八九四年，康有為在廣東、廣西講學，培養了一批維新運動骨幹，其中最著名的就是梁啟超。在弟子們的協助下，康有為撰寫了《新學偽經考》、《孔子改制考》，把孔子裝扮成「托古改制」者，利用孔教的名義，提出變法維新的主張。康有為的理論在思想界引起了極大震盪，被稱為

「火山大噴火」，《孔子改制考》也被清政府作為「悖書」嚴禁。

一八九五年，甲午戰敗之後，國內的政治氣氛有了轉變，人們開始公開談論國事。在康有為等人的積極宣傳下，一些開明士大夫逐漸相信維新變法會有益於中國的政治改革和社會進步，開始暗中支持康有為，其中包括光緒皇帝的老師翁同龢。

一八九五年八月，強學會在北京成立。這是中國成立的一個具有近代政黨性質的政治團體。在接下來的三年中，康有為在湖南、廣東、江蘇、北京、上海等多地演講，推動變法進程。在他的感召下，許多宣傳變法、改革的學會、學校、報紙相繼創辦起來，對衝破舊思想的禁錮、傳播新思想，起到了積極作用。

一八九七年，德國率先發難，要求租借膠州灣；俄國不甘落後，派兵佔領了旅順、大連；法國趁火打劫，強佔廣州灣；英國則搶佔山東威海，還強行租借九龍新界……列強瓜分中國的狂潮引起了各個階層的高度關注。康有為第五次給光緒皇帝上書，警示改革勢在必行。在帝師翁同龢的推薦下，光緒皇帝命令大臣在總理衙門接見了康有為。

一八九八年一月二十四日，面對大臣們的各種質疑，康有為侃侃而談，將變法理論闡釋得淋漓盡致。從零星記錄的史料中，我們可以還原當時的一部分對話：

慈禧親信榮祿：「祖宗之法不能變。」

康有為：「祖宗之法，以治祖宗之地也，今祖宗之地不能守，何有於祖宗之法乎？」

兵部尚書廖守恆：「如何變法？」

康有為：「宜變法律，官制為先。」

李鴻章：「然則六部盡撤，則例盡棄乎？」

康有為：「今為列國並立之時，非復一統之世，今之法律官制，皆一統之法，弱亡中國，皆此物也，誠宜盡撤，即一時不能盡去，亦當斟酌改定，新政乃可推行。」

這就從根本上否定了中國已有的政治制度，提出了各方面仿效西方制度進行變法的要求。在對洋務運動的反思中，維新派找到了一些問題的關鍵。比如，梁啟超認為，洋務派不敢觸動傳統的統治秩序，「以震古爍今之事，責成於肉食官吏之手」，故「言變法數十年，而利未一見，弊已百出」。另一維新運動骨幹譚嗣同也提出，洋務派所改革，「皆洋務之枝葉，非其根本」。在維新派看來，「變法之本在育人才，人才之興在開學校，學校之立在變科舉，而一切要其大成在變官制。」至於官制，他們倡導日本的「君主立憲制」。日本維新，效仿西法，法制甚備，與我相近，最易模仿。這就衝破了「中體西用」的樊籬，為維新派用先進政治體制改革專制制度，開展變法運動掃除了思想障礙。

事實上，光緒皇帝早已痛感國事艱難，危亡在即。在慈禧的默認下，一八九八年六月十一日，光緒皇帝頒佈《明定國是詔》，向中外宣佈了清政府維新變法的決心。六月十六日，光緒親自召見了康有為，任命他為總理衙門章京上行走，賦以專摺奏事的特權。此後康有為的上書，不必通過任何機構，可以直接呈交。

維新派設計的變法藍圖涉及政治、經濟、文教、軍事等各個方面，大大有利於中國民族資本主義的發展和文化科學的傳播。它給開明紳士和民族資產階級以參政議政的機會，並在一定程度上打擊了官僚制度，具有相當的進步意義。然而，這些詔令中，並沒有提到維新派夢寐以求的「君主立憲」，也就是說，維新變法並沒有觸動清朝的統治基礎。

維新派推行不徹底的改革，很大程度上是顧忌守舊勢力。維新變法運動最主要的權力依靠是光緒皇帝，但他空有變法之志，卻無實際權力。自一八六一年辛酉政變後，慈禧基本上包攬了政治大權。一八八九年，光緒十九歲，慈禧表面上宣佈「撤簾歸政」，但實際上仍然把持著朝政大權，光緒每隔一天，必須親往頤和園向她匯報政務，聽候訓示。面對這樣一個經驗豐富、政治手段強硬的太后，光緒皇帝只得發出「奈掣肘何」的喟然長歎。而康有為等人，只能算作理想主義者或者思想家。他們沒有實際鬥爭經驗，急於求成，缺乏策略，只是天真地相信，在皇帝的支持下一切困難都會克服。這幾乎注定了變法的悲劇性。

果然，雖然實際的改革內容比維新派最初的設定溫和了許多，可還是遭到大多數官員的抵制。比如，負責科舉考試的禮部強烈反對廢除八股文；即使是較開明的總理衙門也對設立十二個新局提案感到不滿；至於地方官員，大多漠視改革法令，他們完全清楚，不贊成改革的太后才是大權的真正掌握者。

一八九八年九月十三日，光緒皇帝提出開懋勤殿，設顧問官的要求，這實際上是另設一個直接對皇帝負責的決策機構。再加上大量變革傳統程序的其他措施，慈禧終於忍無可忍。經過周密謀劃，一八九八年九月二十一日，守舊勢力發動政變，慈禧以「訓政」的名義，重新「垂簾聽政」，光緒皇帝則被軟禁在中南海瀛台，搜捕維新人士的命令也被簽發。

康有為在事變的前一天已經從大沽乘船赴香港，梁啟超則在日本公使館的幫助下逃往日本。本來譚嗣同也可以出逃，但他拒絕了日本使館的保護，表示：「各國變法，無不從流血而成，今中國未聞有因變法而流血者，此國之所以不昌也，有之，請自嗣同始！」他安靜地等待著清政府搜捕士兵的到來，和劉光第、楊銳、林旭、楊深秀、康廣仁一起，在菜市口慨然赴死。

劊子手舉刀的時候，監獄的牆壁上還留著譚嗣同最後的筆跡：「我自橫刀向天笑，去留肝膽兩崑崙。」中國的知識分子，終於不再埋首於經學考古，重新拾起了關注現實、救國為民的風骨。

從《明定國是詔》到「垂簾聽政」，新政僅僅進行了一百零三天就戛然而止。空有報國之志，而無推行方法的維新運動，如曇花一現，很快歸於失敗。

維新變法的失敗證明，企圖依靠清政府自身進行從上而下進步的改革是不可能的。中國的前途命運在於徹底推翻清王朝。這樣的事業無法通過和平的變革實現。

就義前，譚嗣同在絕命書中字字鏗鏘地寫下：「嗣同不恨先眾人而死，而恨後嗣同而死者虛生也。嚙血書此，告我中國臣民，同興義舉。」他的確用自己的鮮血喚醒了國人。接下來，一個叫孫中山的人將帶領一群有識之士，實現二十世紀中國第一次歷史性巨變。

第三節　專制帝制的終結

一九一一年十月十日夜，武昌城內一聲槍響，宣告了一場千古未有的革命。在這場辛亥年的革命浪潮席捲下，清王朝終於走向土崩瓦解。僅僅四個月以後，清朝末代皇帝溥儀正式退位，中國歷史上延續了兩千多年的專制統治被徹底推翻。

一、「中山先生是四萬萬人之代表也」

一八九四年初，在廣州的康有為接到友人轉達的信息，一位姓孫的醫生有志於西學，想要與他結交。康有為並未上心，表示：「孫某如欲訂交，宜先具『門生帖』拜師乃可。」這位孫姓醫生認為康有為「妄自尊大」，「卒不往見」。

同年六月，這位醫生來到天津，上書李鴻章，向他提出「人能盡其才，地能盡其利，物能盡其用，貨能暢其流」的改革主張。他自稱是一個遊歷海外的人，「吾尤留心於富國強兵之道，化民成俗之歸」。結果卻如石沉大海，毫無音訊。

屢屢碰壁並沒有挫傷這位醫生救國的積極性，反而堅定了他推翻清政府的信念。這年秋天，他輾轉來到美國檀香山，建立了興中會，提出「驅除韃虜，恢復中華，創立合眾政府」的革命綱領，開始了革命救國的歷程。

他就是中國帝制的終結者——孫中山。

孫中山，名文，字載之，號逸仙，化名中山，廣東香山人。他生於太平天國運動失敗後的第二年。由於土地貧瘠，香山人常常外出謀生。孫中山的長兄十五歲時就前往美國檀香山治業。一八七九年，孫中山與母親前往檀香山與兄長相聚。隨後，在檀香山、廣州、香港等地接受了比較系統的西方近代教育，看到了這些地方與故鄉之間的強烈反差。這種獨特的經歷，在那時的中國知識分子階層中十分鮮有。但與其他人相同的是，在這個國家前途命運不知歸處的年代，孫中山一樣懷著滿腔的報國之志。這使他有可能成為一種新的社會力量的政治代表。

一八八五年，中法戰爭，中國戰敗。目睹了國家一步步走向衰亡的孫中山「始決傾覆清廷，創建民國之志」。他懷著「上醫醫國」的信念，一邊學習醫術治病救人，一邊探索中國革命發展之路，「以學堂為鼓吹之地，藉醫術為入世之媒，十年如一日」。由此，便有了拜見康有為、上書李鴻章的兩幕。

成立興中會後，孫中山沒有像世界上很多其他政黨那樣進行長時間的宣傳醞釀和組織準備，而是很快就把武裝起義提到日程上來。一八九五年三月，興中會籌劃十月二十六日發動起義，以三千人進攻廣州城，並打算把它建立為革命基地。由於有人告密，起義沒來得及發動就失敗了。孫中山被迫流亡國外。

孫中山早期的革命活動進行得十分艱難，這在很大程度上是由於社會上有些人對清政府仍然抱有幻想。人們總是希望能在現有的社會秩序下進行溫和的改革。這樣做不僅犧牲少，而且也容易被大多數人所接受。只要這條路還有一點希望能走通，怎麼可能會有那麼多人不惜拋頭顱、灑熱血去投身革命呢？然而，時局的迅速變化很快粉碎了人們最後的希望。一八九八年，企圖以改良方式拯救中國的維新變法失敗。一九〇〇年，義和團事件爆發，八國聯軍入侵北京。一九〇一年，《辛丑條約》簽訂，人們對中國命運的焦慮和對清政府的憤怒達到了頂點。

此時，在多年前已經開始進行革命活動的孫中山便以先驅者形象博得越來越多人的敬重，日益成為人們心目中「革命黨」的象徵。大批支持革命的社團相繼出現。在上海，蔡元培創立了光復會；在長沙，黃興組織了華興會……孫中山逐漸獲得了一批堅定的支持者。

隨著革命形勢的發展，成立一個統一的全國性的革命團體已經成為最迫切的問題。一九〇五年八月二十日，中國同盟會在日本東京成立。三十七歲的孫中山被推選為主席，三十一歲的黃興成為執行部庶務。在成立大會上，孫中山與會員們一一握手，並興奮地說：「從此以後你們便不再屬於清朝。」

同盟會以「驅除韃虜，恢復中華，創立民國，平均地權」為民族民主革命綱領，其核心內容就是推翻清政府，建立民主共和國。孫中山曾經打過一個比喻：「滿清政府可以比作一座即將倒塌的房子，整個結構已經從根本上徹底地腐朽了，難道有人只要用幾根小柱子斜撐住外牆就能夠使那間房屋免於傾倒嗎？」「顯而易見，要想解決這個緊急的問題，必須以一個新的、開明的、進步的政府來代替舊政府。」在同盟會機關刊物《民報》的《發刊詞》中，孫中山第一次把他全部的革命主張概括為「民族、民權、民生」。他滿懷信心地寫道，只要實行這三大主義，就可以「舉政治革命、社會革命畢其功於一役」，使國家臻於獨立富強之境。孫中山的革命主張，是一個與以往不同並被眾多人接受的新理想和目標，使人們燃起新的希望。無怪乎陳天華在同盟會成立大會上高呼：「中山先生是四萬萬人之代表也，是中國英雄中之英雄也。」此時的孫中山，已經成為那個時代最具有進步意義和象徵意義的革命領袖。

同盟會成立後，分散的革命力量有了統一的指導，革命的進程大大加快。在孫中山、黃興的領導下，全國各地的革命起義此起彼伏。從一九〇六年到一九一一年，各種起義次數達十餘次。雖然各次起義都因為武裝力量薄弱、缺乏群眾基礎而失敗，但革命黨人前赴後繼的英勇戰鬥，給清政府以極大的打擊，並鼓舞了更多人加入到革命隊伍中來。

最後一次起義發生於一九一一年四月，旨在奪取廣州。在這次起義中，黃興率領先鋒隊一百多人攻入兩廣總督衙門，卻不幸遭到伏擊。因雙方力量懸殊，起義最終失敗。黃興右手中彈受傷，食指、中指均被擊斷，其餘百名革命黨人或犧牲或被捕。

犧牲者被合葬於廣州黃花崗，稱為黃花崗七十二烈士。

這些犧牲的革命黨人大多是從日本歸來的學生，

一九一〇年春，孫中山在美國底特律市成立同盟會分會時與分會部分會員合影。第二排中間為孫中山

在起義前，他們紛紛寫下了絕命書。真情切切，血淚字字，令人不忍卒讀。

林覺民給懷孕的妻子寫道：「吾充吾愛汝之心，助天下人愛其所愛，所以敢先汝而死，不顧汝也。汝體吾此心於啼泣之餘，亦以天下人為念，當亦樂犧牲吾身與汝身之福利，為天下人謀永福也。汝其勿悲！」

方聲洞給年邁的父親留下遺言：「兒刻已廿有六矣，對於家庭，本有應盡之責任，只以國家不能保，則身家亦不能保……盡國家之責任者，亦即所以保衛身家也。他日革命成功，我家之人皆為中華新國民……則兒雖死，亦瞑目於地下矣！」

碧血澆灌自由花。黃花崗起義雖然失敗了，但烈士們不屈的犧牲精神與執著的革命信念都在預示著半年後武昌起義的巨大成功。

黃花崗七十二烈士墓

二、「予三十年如一日之恢復中華、創立民國之志，於斯竟成」

一九一一年夏，全國各地已處於「山雨欲來風滿樓」之際，四川、湖北、湖南等省爆發了「保路運動」，反對清政府把鐵路權利出賣給外國列強的行為。運動規模最大、鬥爭最激烈的是四川省。一九一一年九月，四川保路同志軍發動起義，圍攻成都。數日之內，群眾積極響應，隊伍發展到了二十多萬人。清政府慌忙「救火」，將部分湖北新軍調入四川，鎮壓「保路運動」。

新軍被調入川，大大減弱了武漢的防禦力量。僅剩的湖北新軍中，參加革命團體進而傾向革命的士兵又佔了三分之一以上。這就給革命黨人提供了難得的契機。經過周密的準備，革命的風潮已經醞釀成熟，就等這一聲驚雷！

十月十日，駐紮在武昌城內的新軍工程八營發生了一起士兵嘩變事件。排長陶啟勝發現士兵金兆龍臂纏白巾，手持步槍，似有枕戈待旦之勢，心生警覺，懷疑金兆龍意圖謀反，便上前繳槍，兩人揪鬥起來。金兆龍大呼：「同志動手！」士兵程定國趕來相助，一槍打傷陶啟勝，這便是武昌起義的第一槍。

槍響之後，該營革命黨人總代表熊秉坤當機立斷，高聲宣佈起義。革命士兵迅速行動起來，佔領了軍械庫，繳獲了大量武器。武昌城外的革命黨人也紛紛加入到起義隊伍中。經過一夜的浴血奮戰，到十月十一日上午，佔領武昌全城，起義成功。到十二日，漢陽、漢口也被拿下。

史學家金沖及指出：「歷史的發展是一種活的流體，一旦時機成熟，它便會不可遏止地向前猛進，而且往往會加速度地向前推進，不斷呈現出原先沒有的新的色彩。」這正是武昌起義對歷史推動作用的一種表述。

武昌起義打開了清王朝統治的缺口，辛亥革命的浪潮迅速席捲全國各地。大江南北，長城內外，到處燃起了革命的烈火。在一個月內，就有十三個省和上海及許多州縣宣佈起義，脫離清政府的統治。清朝地方當局已無鬥志，幾乎是不戰而屈。

辛亥革命槍聲響起的時候，孫中山正在美國科羅拉多州為革命款項的募集奔走著。十月十二日這天，他走進一家飯館進餐，從報紙上看到武昌起義成功的消息。萬分激動的孫中山想立刻回國，但理智告訴他，還有更

武昌起義中，革命黨人的炮兵嚴密注視前方

重要的事情等著他去處理：「此時吾當盡力於革命事業者，不在疆場之上，而在樽俎之間，所得效力為更大也。故決意先從外交方面致力，俟此問題解決而後回國。」

孫中山清楚地看到，在革命的關鍵時刻，尋求外援顯得尤為重要，他立即輾轉至倫敦，遊說英國政府做出了「停止清政府的所有貸款談判」、「防止日本援助北京政府」等一系列保證。他還獲得了四國銀行團主席的承諾：只要西方國家承認革命政府，銀行團便將與之進行貸款談判。

一九一二年一月一日，這注定是要被載入中國史冊的一天。

這一天，「中華民國」臨時政府在南京成立。曾經的朱元璋「漢王府」、太平天國「天王府」、清朝「兩江總督府」，如今成為中華民國臨時政府所在地。剛從海外匆匆趕回的孫中山以絕對多數票當選為第一任臨時大總統。

「中華民國」臨時大總統蒞位典禮上，各省代表及文武官員齊聚一堂。聽著眾人的歡呼聲和嘹亮的軍樂聲，孫中山感慨地說：「予三十年如一日之恢復中華、創立民國之志，於斯竟成。」短短的二十二個字，飽含了多少艱難與辛酸，凝聚了多少犧牲與鮮血。

正如帶著辛亥革命的經歷走向中國共產黨的林伯渠在紀念辛亥革命三十週年時所指出的：「對於許多未經過帝王之治的青年，辛亥革命的政治意義是常被過低估計的。這並不奇怪，因為他們沒有看到推翻幾千年因襲下來的專制政體是多麼不易的一件事。」

中華民國臨時政府是一個共和國性質的政權。為了掃除傳統社會的種種弊端，中華民國臨時政府頒佈了很多具有時代意義的政策措

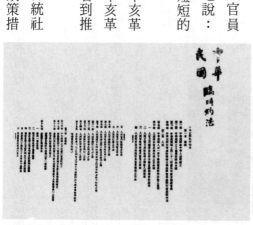

中國國民黨黨史館典藏的《中華民國臨時約法》

施。比如，保護人權，提倡興辦工廠、礦山、銀行、墾殖事業，禁止刑訊，保護華僑，禁止販賣華工，禁止買賣人口，廢除奴婢，禁止種植和吸食鴉片，否定忠君尊孔教育，限期剪辮，禁止賭博，禁止纏足，廢止跪拜等。孫中山還要求官員實行低薪制，並提出官員是「人民之公僕」的說法。正是從這些政令開始，傳統社會中不符合時代潮流的陳規陋俗被慢慢改變，一些西方的社會生活方式開始流行起來。

一九一二年三月，臨時參議院頒佈具有憲法性質的《中華民國臨時約法》，規定「中華民國之主權屬於國民全體」，「中華民國國民一律平等」，享有民主權利。臨時約法還根據資產階級「三權分立」和「代議政治」的原則，規定了中華民國的政治制度，將資產階級的共和制以法律的形式固定下來，推動了中國近代社會的民主化進程。

多年後，毛澤東對其立法的進步意義給予了正面的肯定。他說，「民國元年的《中華民國臨時約法》，在那個時期是一個比較好的東西」，「它帶有革命性，民主性」。

這些和晚清政府截然不同的政策使得人民對新政權充滿了期待。只是，歷經磨難的中國人民仍然沒有能夠如願以償地迎來一個安定盛世。

三、中華復興之路道阻且長

武昌起義成功後，《泰晤士報》駐中國記者莫里遜即給倫敦總部發回了報導。莫里遜將這次起義報導為「革命」，然而，編輯布拉姆卻刪掉了「革命」這個詞彙。在給莫里遜的信件中，布拉姆解釋道：「目前為止，我只冒昧地對你的電訊改動了一個詞，即『革命』一詞。」這個詞「只能在叛亂已經成功之後使用。很顯然，除非直到政府已經被推翻，不論起義的形式如何嚴重，也不可將『起義』稱為『革命』」。

嚴謹的英國人看似在咬文嚼字，其實卻提出了一個非常關鍵的問題，即清政府的統治必須被徹底推翻。一九一二年一月，儘管南京臨時政府已經成立，儘管清政權已經搖搖欲墜，但畢竟還存在著。如何使清帝退位，實現國家統一，是南京臨時政府繞不過的問題。

早在一九〇八年，被囚瀛台的光緒皇帝和玩弄權術的慈禧太后相繼去世。繼承皇位的是光緒的侄子，年僅兩歲的溥儀，年號宣統。武昌起義的消息傳來，在朝堂上下無人可用的情況下，清政府不得已啟用漢族大臣袁世凱為湖廣總督，負責指揮湖北全省的軍隊和各路援軍。不久，又改任其為內閣總理大臣。袁世凱很快掌握了清政府全部的軍政大權。

袁世凱極富政治經驗和權謀，早年發跡於朝鮮，後來受到李鴻章的賞識，是清末陸軍主力——新軍的創立者。在辛亥革命的過程中，袁世凱沒有立即攻佔武昌，而是形成南北對峙的局面，計劃讓革命軍和清政府相互牽制，將兩者都置於自己的控制之下。

此時的革命黨人也面臨著重重困難。

首先，「有黨無槍」，即始終沒有建立一支有組織、有力量的革命軍隊。從表面上看，革命黨控制了不少兵力，但「當時南方除少數從正規軍擴編的軍隊尚有作戰能力外，大部分新編入伍的士兵多是城鄉失業民眾，尚未受過軍事訓練」。軍隊「既不堪戰鬥，而乏餉且慮嘩潰」。革命黨人非常清楚地知道：「想依仗這種軍隊去衝鋒陷陣，一直打到北京，是靠不

袁世凱。一九一五年十二月，袁世凱宣佈稱帝，改國號為「中華帝國」，建元「洪憲」，遭到各方反對，不得已在八十三天後取消帝制

住的。」

其次，財政匱乏。當時的關稅和鹽稅主要掌握在外國侵略勢力手中，他們拒絕轉交給南京臨時政府。向商界籌款，向國外求貸均遭到冷落。稅收無源、告貸無門的新政府，幾乎無法維持正常運轉。

再次，組織渙散。革命初期，為了增強力量，同盟會曾經把一些舊官僚、政客和立憲派拉入組織，導致思想混亂，內部矛盾叢生。不少人對革命勝利的迅速到來缺乏思想準備，急於分享勝利的果實，革命精神廢弛，妥協聲浪高漲。

最後，孤立無援。南京臨時政府沒有提出任何可以滿足農民土地要求的政策和措施，導致革命在佔中國人口最大多數的農民中缺乏堅實的基礎。革命政權內部，具有強烈政治投機心的政客們看到袁世凱勢力坐大，又轉而支持袁世凱。西方國家也選中手握兵權的袁世凱作為在華代理人，對新政權予以打壓和遏制。孫中山等少數堅持革命初衷的人處境日益孤立。

從一九一一年十二月起，南北雙方開始議和。一月十五日，重重壓力下的孫中山被迫妥協退讓。一九一二年一月十五日，孫中山致電南方和談代表伍廷芳，讓他轉告袁世凱：「如清帝實行退位，宣佈共和，則臨時政府絕不食言，文即可正式宣佈解職，以功以能，首推袁氏。」南北雙方達成協議：袁世凱贊成共和，逼迫清帝退位，作為回報，革命黨人讓出大總統職位。

一九一二年二月十二日，六歲的溥儀在養心殿舉行了清王朝的最後一次朝見禮。隨後下發詔書，宣佈退位，實行共和。清王朝在中國兩百六十多年的統治終於畫上了句號。

第二天，孫中山即辭去臨時大總統的職務，推薦由袁世凱繼任。為了制約袁世凱，孫中山提出三個條件：都城仍設在南京，總統赴南京就任，遵守臨時約法。袁世凱不願離開經營多年的北京老巢前去革命黨勢力強大的南方，便指使手下士兵發動騷亂，西方國家也調兵配合，革命黨只得再次讓步。

一九一二年三月十日，袁世凱在北京就任臨時大總統。辛亥革命的成果，就這樣落到了北洋軍閥的手中。

取得全國最高統治權以後，共和國在袁世凱的手裡名存實亡。一九一三年三月，他指使心腹暗殺了希望通過改組國民黨在中國推行議會民主制度的宋教仁；七月至九月，他以武力鎮壓了南方七省國民黨人的「二次革命」；十月，他出動軍警、流氓強迫國會議員選舉他為正式大總統；十一月，他下令解散國民黨。一九一四年一月，他又下令解散國會；五月，他炮製出所謂《中華民國約法》代替《中華民國臨時約法》，用總統制取代內閣制；十二月，他修改《總統選舉法》，使得總統不僅可以無限期連任，還可以推薦繼承人。如此一來，除了一塊「中華民國」的空招牌，袁世凱擁有的已和專制皇帝無異。

在此之後，中國又進入到另一個充滿暴力和混亂的軍閥統治時期，在遭遇外來列強侵略的同時，也在經歷著連綿不斷的國內戰爭。

儘管如此，辛亥革命還是以其巨大的歷史功績彪炳史冊。毛澤東曾經指出：「中國反帝反封建的資產階級民主革命，正規地說起來，是從孫中山先生開始的。」這次革命是以孫中山為代表的中國人民對帝國主義侵略和清政府腐朽統治長期積鬱的憤怒的大爆發，是救亡圖存、振興中華道路上的里程碑。它不僅推翻了清政府，掃除了民族進步道路上的巨大障礙，而且結束了統治中國兩千多年的君主專制制度，建立了中國歷史上甚至是亞洲歷史上第一個共和制國家。

更為可貴的是辛亥革命給人們帶來的思想解

宋教仁，中國民主革命的先行者，民國初期第一位倡導內閣制的政治家。宋教仁逝世後，孫中山為他寫下輓聯：「作公民保障，誰非後死者。為憲法流血，公真第一人。」

放。在漫長的君主專制統治歲月裡，「君君臣臣，父父子子，秩然如官履之不可倒置」。辛亥革命使得民主共和的觀念開始深入人心。此後，無論是誰，「敢有帝制自為者，天下共擊之」。即使是權傾一時的袁世凱，在稱帝後也激起了全國上下的反對。護國戰爭爆發，輿論一片「倒袁」。連二兒子袁克定也賦詩暗諷父親：「絕巔高處多風雨，莫到瓊樓最上層。」面對眾叛親離，袁世凱只得宣佈取消帝制，不久鬱鬱而死，將破滅的皇帝夢帶到地下。一旦從思想上擺脫了數千年來的「專制君權」，還有什麼樣的沉重傳統可以束縛得住不斷前進的大潮呢？

中華復興之路道阻且長，推翻專制帝制只能算作一個開始。誰能上下求索出前行的方向？一位叫陳獨秀的知識分子提出，有兩位先生「可以救活中國政治上、道德上、學術上、思想上的一切黑暗」。這就是在波瀾壯闊的二十世紀前半葉享譽中國的「德先生」（指的是「Democracy」，即「民主」）和「賽先生」（指的是「Science」，即「科學」）。正是在對它們的不懈追尋中，中國人開始在黑暗的亂局中闖出一條路。

第三章

狂飆天落

一八四〇年的鴉片戰爭拉開了近代中國歷史的大幕，古老的中國從此開始一步步淪入半殖民地半封建社會的苦難深淵。以此為轉折點，爭取民族獨立和人民解放，實現國家繁榮富強和人民共同富裕，便成為中華民族面對的兩大歷史任務。

爆發於一九一一年的辛亥革命，不僅推翻了統治中國幾千年的君主專制制度，也為中國的進步打開了閘門。但是，這場開啟了「民主共和新紀元」的革命，卻並沒有改變中國半殖民地半封建的社會性質和中華民族的悲慘境遇。中國的狀況仍然在一天天地壞下去。也因此，在遍佈荊棘的道路上，國人又開始了新的艱難求索。

正是在這樣的時代潮流下，一場思想大解放如同狂飆天落一般迅速橫掃了中國大地。歷史來看，這場背景深刻、意義深遠的思想大解放，不僅動搖了中國社會幾千年來專制思想的統治地位，還為五四運動的爆發起到了宣傳和推動作用，並為馬克思主義在中國的傳播奠定了堅實的基礎。

第一節　空前的思想大解放

辛亥革命後，面對專制主義、蒙昧主義的舊文化，國人又開始了新的深刻思考：如何衝破古老中國的思想樊籬，追趕世界先進潮流，走向現代化。他們高舉民主和科學兩面大旗，掀起了二十世紀中國的第一次思想大解放。

一、「德先生」與「賽先生」

辛亥革命後，「中華民國」的成立並沒有給熱切期盼民族獨立和國家富強的廣大民眾帶來預期的成功。此時的中國，有共和之名，卻無共和之實。在共和招牌的掩蓋下，帝國主義列強加緊了在中國的爭奪，隨之而來的張勳復辟、曹錕賄選以及愈演愈烈的軍閥割據，「你方唱罷我登場」，成為那個時代中國人最為常見的場景。

國家積貧積弱的殘酷現實，使中國的先進分子們沉浸在極度的苦悶和彷徨之中。他們不禁在問：從洋務運動到戊戌變法，從義和團運動到辛亥革命，中華民族一次次地付出了如此沉重的代價，作出了如此多的流血與犧牲，為什麼換得的卻不是民族獨立與國家富強，而是「城頭變幻大王旗」的荒唐畫面？這個問題困擾著他們，也使他們原來的種種幻想漸漸破滅了。多年後，毛澤東在《論人民民主專政》一文中曾十分有代表性地談到了這一情景。他說：「中國人向西方學得很不少，但是行不通，理想總是不能實現。多次奮鬥，包括辛亥革命那樣全國規模的運動，都失敗了。國家的情況一天比一天壞，環境迫使人們活不下去。懷疑產生了，增長了，發展了。」

家國破碎的痛苦經歷，深深地觸發了那個時代中國的一代菁英們對於國家和民族命運的普遍擔憂。

辛亥革命的功臣蔡濟民寫下這樣的詩句：「無量頭顱無量血，可憐購得假共和。」南開學校裡年輕的周恩來也憂心忡忡：「茫茫大陸起風雲，舉國昏沉豈足云。最是傷心秋又到，蟲聲唧唧不堪聞。」悲憤的孫中山則又開始鍥而不捨地在南方發動革命，以推翻北洋軍閥。在這樣的時代背景下，怎樣才能救中國？中國的出路究竟在哪裡？這無疑成為他們所殫精竭慮的一個重大問題。

既然「帝國主義的侵略打破了中國人學習西方的迷夢」，既然舊的道路已為現實證明走不通了，那麼他們就繼續在黑暗中求索出一條正確的民族復興之路。在這種無聲力量的推動和呼喚之下，一場更加巨大的革命風暴正在醞釀。而作為這場大風暴的預兆和前奏，一場以「德先生」和「賽先生」為口號的新文化運動卻先期來到了古老的中國大地上。

一九一五年九月，早年曾留學日本，參加過辛亥革命及反對袁世凱復辟帝制鬥爭的陳獨秀，在上海創辦《青年雜誌》。不同於以往，這份雜誌不僅高舉「德先生」和「賽先生」兩面旗幟，大力宣揚民主與科學，還冒大不韙地公開發表抨擊「尊孔復古」的文章，並且提出了否定儒家學說的「打倒孔家店」的口號。

在該雜誌創刊號上，陳獨秀發表了《敬告青年》一文，提出了「民主」和「科學」的口號，並向封建主義及其意識形態發動進攻。他號召國人應該建設一個青年中國，並提出這個中國應當具有六個特點，即：自主而非奴隸的、進步而非保守的、進取而非退隱的、世界的而非鎖國的、實利的而非虛文的、科學的而非想像的。以此為標誌，新文化運動開始在中國發端。

一年後，該雜誌出版第二卷第一期時，遷往北京並正式改名為《新青年》。此後，陳獨秀、李大釗、胡適、魯迅、劉半農、錢玄同等一大批進步的知識分子開始匯聚在它的周圍，並從政治觀點、學術思想、倫理道德、文學藝術等方面向復古勢力發起了猛烈衝擊，《新青年》實際上成了新文化運動的思想領導中心。他們從總結辛亥革命的經驗教訓著手，通過對辛亥革命失敗的反思，尤其是對帝制對共和反撲的反思，掀起了一場「打倒孔家店」的潮流。他們提倡科學，反對迷信；提倡民主，反對獨裁。從一九一七年起，他們又舉起「文學革命」的大旗，開始大力提倡白話文，反對文言文；提倡新文學，反對舊文學。他們還大力主張男女平等，個性解放，並且積極宣傳西方的進步文化。以後，陳獨秀、李大釗等又廣泛傳播社會主義思想，在社會上產生了巨大的反響。

《青年雜誌》

隨著新文化運動的發展，陳獨秀等一大批知識分子認識到中國的問題不是簡單的政治革命可以解決的，並認為以往中國的先覺者們所進行的救國鬥爭之所以屢屢失敗，根源在於國民對於國家危亡「若觀對岸之火，熟視而無所容心」，這是「亡國滅種之病根」。他們由此認定，要想在中國建立名副其實的共和國，必須從根本上改造中國的國民性。

他們提出：「蓋倫理問題不解決，則政治學術，皆枝葉問題。縱一時捨舊謀新，而根本思想未嘗變更，不旋踵而仍復舊觀者，此自然必然之事也。」要想「救中國，建共和」，「首先得進行思想革命」。以此，他們提出了「破除迷信」的口號，並號召國人「衝決過去歷史之網羅，破壞陳腐學說之囹圄」，以求得到思想的解放，使人們從傳統思想的束縛中解脫出來。

就這樣，思想革命漸漸成為了當時中國知識分子的共識。陳獨秀曾這樣寫道：「這腐舊思想佈滿國中，所以我們要誠心鞏固共和國體，非得將這班反對共和的倫理、文學等等舊思想，完全洗刷得乾乾淨淨不可。否則不但共和政治不能進行，就是這塊共和招牌，也是掛不住的。」新文化運動的基本口號是「德先生」和「賽先生」，也就是民主和科學。陳獨秀認為：「西洋人因為擁護德、賽兩先生，鬧了多少事，流了多少血，德、賽兩先生才漸漸從黑暗中把他們救出，引到光明世界。我們現在認定只有這兩位先生，可以救治中國政治上、道德上、學術上、思想上的一切黑暗。若因為擁護這兩位先生，一切政府的壓迫，社會的攻擊笑罵，就是斷頭流血，都不推辭。」這一思想，在他一九一九年一月撰寫的《〈新青年〉罪案之答辯書》一文中得到了集中體現。他寫道：

魯迅　胡適　李大釗　陳獨秀

新文化運動代表人物

> 追本溯源，本志同人本來無罪，只因為擁護那德莫克拉西（Democracy）和賽因斯（Science）兩位先生，才犯了這幾條滔天的大罪。要擁護那德先生，便不得不反對孔教、禮法、貞節、舊倫理、舊政治。要擁護那賽先生，便不得不反對舊藝術、舊宗教。要擁護德先生又要擁護賽先生，便不得不反對國粹和舊文學。大家平心細想，本志除了擁護德、賽兩先生之外，還有別項罪案沒有呢？若是沒有，請你們不用專門非難本志，要有氣力、有膽量來反對德、賽兩先生，才算是好漢，才算是根本的辦法。

「德先生」與「賽先生」的提出不是偶然的。「德先生」的對立面是專制，「賽先生」的對立面則是愚昧和迷信。「德先生」與「賽先生」所反對的，正是中國幾千年專制統治的糟粕。因此，「德先生」與「賽先生」的提出有著巨大的歷史進步意義。它使當時的中國青年如獲至寶，中國思想界、文化界的氣象也為之一新。它不僅啟發人們對各種新思想、新思潮進行研究和思考，還啟發人們對改造中國社會的道路進行比較與選擇。孫中山也不禁讚歎：「此種新文化運動，在我國今日，誠思想界空前之大變動。」「德先生」與「賽先生」不僅成為此後十餘年間中國人所耳熟能詳的詞彙，更成為了新文化運動和五四運動的一面嶄新旗幟和重要的精神遺產。這一口號的提出，使得許多原來處在麻木不仁狀態的中國人猛然驚醒過來，起到了一種巨大的思想啟蒙和思想解放作用，從而對中華民族的偉大復興產生了深遠影響。

二、「打倒吃人的禮教」

辛亥革命是中國歷史上破天荒的大事。但是，革命政權建立僅三個月便落在了帝國主義所中意的、以袁世凱為首的北洋軍閥手裡。「中華民國」雖然成立了，但是帝國主義的壓迫與侵凌卻依然存在，中國也依然是半殖民地半封建社會，廣大民眾也依然處在極端貧窮落後的狀態。對此，孫中山曾痛心疾首地說：「政治上，社會上種種黑暗腐敗比前清更甚，人民困苦日甚一日。」

同孫中山一樣，這樣一場並不徹底的革命，除了讓中國的一代青英們在精神上感到痛苦與彷徨之外，還促使他們不斷地在思索這樣一些問題：為什麼在這場轟轟烈烈的革命之後，國民們並沒有享受到「共和」的真正果實呢？為什麼這樣一場轟轟烈烈的革命，並沒有取締或者削弱帝國主義在華的勢力和種種特權，也並沒有使中國基層最為廣大的農村社會出現一次社會大變動呢？

經過一段時間的思索和爭論之後，中國的知識菁英們漸次對這些並不容易回答的問題形成了較為一致的認識。他們認識到：之所以會出現這些問題，關鍵在於中國缺少一種思想文化方面的建設；沒有新思想、新文化的建設作為基礎，那麼共和國就不可能真正實現。

這就不可避免地提出了另外一個尖銳而緊迫的問題：究竟該怎樣對普通的中國國民進行這種「新思想」與「新文化」的啟蒙和改造呢？

對此，他們又旗幟鮮明地提出要對古老的中國社會進行兩方面的改革：一方面，主張推行「文學革命」，即提倡推廣白話文，推廣和普及文化，使文化能夠進入「尋常百姓家」。這在中國歷史上有著很大的積極意義。「文學革命」不僅僅只是文體上的簡單變革，在深層次上它還具有解放思想的作用，有助於人們從舊框子束縛下解放出來。另一方面，主張推行「道德革命」。這一「革命」的矛頭所指，即為兩千多年來左右中國大地的封建主義正統思想。可想而知，這一「革命」口號的提出，帶給當時普通民眾尤其是普通知識分子心理上深刻的衝擊，以及在社會上所引起的巨大震動。

新文化運動興起之際，正值北洋軍閥統治時期，為適應其政治需要，北洋軍閥政府的一些政客和前清的一些遺老遺少們正在極力鼓噪要立孔教為國教。正是在這種背景下，一場以「尊孔」與「反孔」為主要內容的爭論，便成為當時中國政治生活中一個惹人注目的話題。

在這場爭論中，以陳獨秀、李大釗、魯迅等為代表的一批新文化運動的核心人物，以《新青年》為陣地，以進化論和個性解放為主要武器，不僅猛烈抨擊以綱常名教為核心的封建主義思想文化，還大膽地揭露「三綱五常」是「奴隸的道德」，忠孝節義是「吃人的孔教」。他們大力提倡新道德，反對舊道德；提倡新文學，反對舊文學。並深刻地指出：封建倫理與共和制度是不相容的，擁護共和國體就必須反對封建倫理。為此，他們還大聲疾呼：「對於與此新社會、新國家、新信仰不可相容之孔教，不可不有徹底之覺悟，猛勇之決心；否則不塞不流，不止不行！」一九一六年十一月，陳獨秀在《憲法與孔教》一文中鮮明地表達了這一主張。他說：

孔教本失靈之偶像，過去之化石，應於民主國憲法，不生問題。只以袁皇帝干涉憲法之惡果，天壇草案，遂於第十九條，附以尊孔之文，敷衍民賊，致遺今日無謂之紛爭。然既有紛爭矣，則必演為吾國極重大之問題。其故何哉？蓋孔教問題不獨關係憲法，且為吾人實際生活及倫理思想之根本問題也。

在這場爭論中，陳獨秀還鮮明地提出要實現多數國民的「最後之覺悟」。他說：「今之所謂共和、所謂立憲者，乃少數政黨之主張，多數國民不見有若何切身利害之感而有所取捨也。蓋多數人之覺悟，少數人可為先導，而不可為代庖。」那麼，究竟什麼是「最後之覺悟」呢？陳獨秀把它分為「政治的覺悟」和「倫理的覺悟」兩個層次，並認為後者更為根本。一九一六年二月，陳獨秀在《吾人最後之覺悟》一文中系統地闡述了這一觀點。他說：

所謂立憲政體，所謂國民政治，果能實現與否，純然以多數國民能否對於政治，自覺其居於主人的主動的地位為唯一根本之條件。自居於主人的主動的地位，則應自進而建設政府，自立法度而自服從

北京大學原校址。北京大學是中國新文化運動的發源地，薈萃著一大批知識菁英

> 之，自定權利而自尊重之。倘立憲之主動地位屬於政府而不屬於人民，不獨憲法乃一紙空文，無永久屬行之保障，且憲法上之自由權利，人民將視為不足重輕之物，而不以生命擁護之，則立憲政治之精神已完全喪失矣。
>
> 倫理思想影響於政治，各國皆然，吾華尤甚。儒者三綱之說，為吾倫理政治之大原，共貫同條，莫可偏廢。三綱之根本義，階級制度是也。所謂名教，所謂禮教，皆以擁護此別尊卑、明貴賤制度者也。近世西洋之道德政治，乃以自由平等獨立之說為大原，與階級制度極端相反。此東西文明之一大分水嶺也。
>
> 吾人果欲於政治上採用共和立憲制，復欲於倫理上保守綱常階級制，以收新舊調和之效，自家衝撞，此絕對不可能之事。
>
> 吾敢斷言曰：倫理的覺悟，為吾人最後覺悟之最後覺悟。

這些「離經叛道」的吶喊，把反對舊有的政治制度和反對舊有的倫理道德結合起來，形成了一場空前的反封建運動。在這場運動中，新文化運動的幹將們通過一篇篇鞭辟入裡的文章，透徹地闡述了新制度與舊文化不可調和的道理。如果說，戊戌維新運動時期的維新派還是從事「變國不法古」的改良事業，辛亥革命時期的革命派也沒有從正面去觸動舊思想的統治地位，那麼新文化運動中的陳獨秀等人則是第一批自覺地向傳統禮教提出全面挑戰的鬥士。

儘管新文化運動初期對孔子及儒家學說的批判存在簡單化和絕對化的地方，如他們沒有揭示孔學的社會根源並進而揭示改造現存中國社會制度的必要性，也沒有對人數最多的工農勞動群眾的痛苦表示真切的同情和對他們發動革命表示應有的期待，而單純地想依靠在思想文化領域的鬥爭去達到根本改造國民性的目的，等等。但是，他們並沒有完全否定孔子學說在中國歷史上的貢獻。對此，李大釗曾這樣說道：「余之掊擊孔子，非掊擊孔子之本身，乃掊擊孔子為歷代君主所雕塑之偶像的權威也；非掊擊孔子，乃掊擊專制政治之靈魂也。」

總體而言，通過批判孔學、「打倒孔家店」、「打倒吃人的禮教」，新文化運動的思想家們毫不留情地觸及儒家學說中關於名教、「三綱五常」等維護傳統等級制度的舊文化根本，從而動搖了舊有的思想在中國傳統社會中的地位，也從根本上重新評價了兩千多年來被定於一尊的儒家思想。在這個過程中，古老中國的思想閘門被撞擊開了，新思想也開始以其不可阻擋之勢湧流而出。對此，在長沙的青年毛澤東形容說：「時機到了！世界的大潮捲得更急了！洞庭湖的閘門動了，且開了！浩浩蕩蕩的新思潮業已奔騰澎湃於湘江兩岸了！順他的生，逆他的死。」

在這場新文化運動中，這些新思想、新思潮的出現，從本質上說仍然是中國的先進分子對怎樣救中國、怎樣改造中國這個重大問題所作出的求索和努力。這些新思想、新思潮背後的支點都是「傳播新思想，改造舊社會」，都是以救國、強國為目的的。從歷史來看，這場新文化運動不僅對促發中華民族的覺醒作出了重要貢獻，還對此後中國的社會進程產生了深刻影響。

三、「問題與主義之爭」

五四運動前後，中國的社會思潮處在一個十分活躍的歷史時期。

一方面，經過新文化運動的猛烈衝擊，思想的閘門被打開。在紛繁蕪雜的現實面前，圍繞著如何實現民族獨立和國家富強這兩大歷史任務，各種思潮競相綻放，不斷爭鳴鬥勝。這些思潮十分龐雜，既有馬克思主義的科學社會主義，又有各種各樣名之為「社會主義」的資產階級和小資產階級的思想流派，如無政府主義、無政府工團主義、互助主義、新村主義、合作主義、泛勞動主義、基爾特社會主義、伯恩施坦主義，等等。

另一方面，伴隨著國內外政治形勢的發展變化，中國的社會思潮處在了一個大的裂變期。這主要表現在：巴黎和會上的外交失敗，使得原本對此次和會及「國際公平正義」寄予厚望的舉國上下，感到蒙受了很大的屈辱和挫折。這一點，在中國的知識菁英層中表現尤甚。他們從巴黎和會的深刻教訓中，進一步看清了資本主義列強聯合壓迫中國人民的殘酷現實。而與此同時，俄國十月革命的勝利，也為在黑暗中苦苦求索光明的他們帶來了新的希望與曙光，馬克思主義也因其科學性和革命性開始迅速地吸引成千上萬的中國青年。順應這種歷史潮流，以李大釗為代表，開始在中國廣泛傳播馬克思主義。風氣所至，以至於研究和宣傳社會主義也逐漸成為中國進步思想界的主流。對此，瞿秋白曾十分感慨地指出：「帝國主義壓迫的切骨的痛苦，觸醒了空泛的民主主義的噩夢」，「所以，學生運動倏然一變而傾向於社會主義。」

正是在這種特殊的歷史背景下，五四運動前後，隨著新文化運動的深入發展和馬克思主義的廣泛傳播，由於各種複雜的原因，新文化運動的營壘開始出現了明顯的分化。這種「分化」集中表現為思想界發生了一場「要不要馬克思主義」以及用「什麼主義改造中國社會」的激烈爭論。

一向醉心於西方文明，信奉實用主義、改良主義的胡適，曾在新文化運動中發揮過重要作用。但是，當他看到新文化運動逐步發展成為一場廣泛傳播馬克思主義的運動時，胡適放棄了他原本決心「二十年不談政治」的初衷。他明確表示：「我看不過了，忍不住了，——因為我是一個實驗主義的信徒，——於是發憤要想談政治。」

一九一九年七月，胡適在《每週評論》上發表《多研究些問題，少談些「主義」！》一文，公開了他的基本主張。在這篇傳播很廣的文章中，胡適勸說人們「多多研究這個問題如何解決，那個問題如何解決，不要高談這種主義如何新奇，那種主義如何奧妙」。他還說，「空談好聽的『主義』，是極容易的事」，「是阿貓阿狗都能做的事，是鸚鵡和留聲機都能做的事」；並聲稱「一切主義都是某時某地的有心人對於那時那地的社會需要的救濟方法」，極力主張要進行「一點一滴的改良」。

胡適之所以持這種主張，是因為他所一貫宣揚的改良主義認為，中國不需要經過革命鬥爭就能夠解決他所說的一個個問題。他反對馬克思主義的階級鬥爭學說，並否認事實上存在著社會階級鬥爭。因此，胡適反對人們談論各種主義，實際上是在這種說法之下反對馬克思主義在中國的傳播。對於他的這一主張，他自己後來解釋說：這樣做「是要教人一個不受人惑的方法」，是讓人不要被馬克思、列寧「牽著鼻子走」。在他看來，馬克思主義者關於中國問題要「根本解決」的主張，是「自欺欺人的夢話」，主張「根本解決」中國問題本身就是中國思想界破產的鐵證。在此論調和推理之下，胡適極力反對中國人接受馬克思列寧主義，反對中國走革命的道路。

胡適是新文化運動的旗手之一，在中國思想界有很大影響。他的這篇文章發表之後，產生了十分廣泛的影響。為了回應胡適的這篇文章，一個月後，李大釗撰寫了《再論問題與主義》一文，對胡適的上述觀點進行了系統批駁。他指出，社會主義是時代的旗幟，宣傳理想的主義與研究實際問題是「交相為用的」，是「並行不悖的」。一方面，研究問題必須以主義為指導。要想解決社會問題，必須依靠社會上多數人的共同運動，而要有多數人的共同運動，就必須有一個共同的理想、主義作為準則。因此，談主義是必要的。不宣傳主義，沒有多數人參加，不管你怎樣研究，社會問題永遠也沒有解決的希望。另一方面，「一個社會主義者，為使他的主義在世界上發生一些影響，必須要研究怎麼可以把他的理想盡量應用於環繞著他的實境」，而「我們只要把這個那個的主義，拿來作工具，用以為實際的運動，他會

新文化運動時期主要思想流派

名稱	代表人物	主要主張
三民主義	孫中山	以「民族」、「民權」、「民主」三大主義為指導，建立資產階級共和國。
實用主義	胡 適	認為「有用即真理」、「真理就是工具」。
基爾特（行會）社會主義	梁啟超、張東蓀	恢復中世紀的基爾特精神和方法，和平地用行會主義代替資本主義。
無政府（安那其）主義	吳稚暉、黃凌霜、區聲白	個人絕對自由，反對一切強權和國家，反對無產階級專政，建立無政府共產主義社會，絕對平均主義。
復古主義	康有為、林 紓、吳 宓、梅光迪、胡先驌	尊孔復古，復辟帝制，對抗新思想、新文化，阻止新制度的建立。
國家主義	曾 琦、左舜生、李 璜	以「國家至上」、「民族至上」為旗號，對內實行高壓統治，強調秩序， 對外宣揚民族獨立。
教育救國	黃炎培、陶行知、晏陽初	教育是救國根本方法，應培養資產階級共和國合格的「新型國民」和一大批科技人才。
科學救國	詹天佑、任鴻雋、李四光	科學是改天換地的至上法寶，是強國富民的靈丹妙藥，應培養高級科學人才。
實業救國	張 謇、范旭東	視實業救國為重要手段，力主經濟立法，發展金融，發達國家資本，保護民族工業，引進外資。
社會民主主義	張群勱、張東蓀	主張階級合作和議會道路，放棄以暴力革命方式建立社會主義社會，提倡按照現行的政治秩序實現從資本主義到社會主義的和平而漸進的轉變。
新村主義	劉師復、周作人	一種空想社會改造思潮，提倡人的生活以協力與自由、互助與獨立為根本，個人先盡了人生必要的勞動義務，再將其餘的時間，做個人自己的事。
泛勞動主義	蔡元培、李石曾	認為勞動是滿足精神和肉體要求的自然現象，是「人類的本務」和快樂。提倡無論什麼人，沒有利用他人勞動、掠奪他人儲積和生產物之權利。強調勞動是人生的需要，強調自勞而食。
空想社會主義	王光祈	主張對全部社會進行根本改造，立即解放全人類，建立一個理性和永恆正義的王國。反對政治鬥爭和暴力革命，幻想和平地過渡到理想社會。
馬克思主義	李大釗、陳獨秀	以辯證唯物主義與歷史唯物主義為理論基礎，通過社會主義革命，建立無產階級專政，逐步過渡到共產主義社會。

新文化運動推進了思想解放的潮流。各種新舊思潮競相綻放，不斷爭鳴鬥勝

每週評論
The Weekly Review
35
中華民國八年八月十七日
論說
再論問題與主義

一九一九年八月十七日，李大釗在《每週評論》第三十五期發表《再論問題與主義》一文，對胡適的觀點進行了系統批駁

因時、因所、因事的性質情形生一種適應環境的變化」。

結合當時中國的現實狀況，李大釗還針鋒相對地駁斥了胡適的改良主義。他說，僅僅依靠「一點一滴的改良」是不行的，社會問題「必須有一個根本的解決，才有把一個一個的具體問題都解決了的希望」。他還運用馬克思主義唯物史觀闡明了中國問題必須從根本上尋求解決的革命主張。他說：「經濟問題一旦解決，什麼政治問題、法律問題、家族制度問題、女子解放問題、工人解放問題，都可以解決。」針對胡適反對階級鬥爭的觀點，他提出階級鬥爭學說是唯物史觀的一個重要內容。他認為，要使社會問題得到根本解決，要解決經濟問題，就必須進行階級鬥爭，進行革命。如果不重視階級鬥爭，「絲毫不去用這個學理作工具，為工人聯合的實際運動，那經濟的革命，恐怕永遠不能實現，就算能實現，也不知遲了多少時期。有許多馬克思派的社會主義者，很吃了這個觀念的虧」。他還直言：「天天只是在群眾裡傳佈那集產制必然的降臨的福音，結果除去等著集產制必然的成熟以外，一點的預備也沒有作，這實在是現在各國社會黨遭了很大危機的主要原因。」

李大釗的這些論點，初步表達了他關於馬克思主義一般原理必須與本國實際相結合，並在這個結合的過程中得到發展的基本主張。

胡適與李大釗的上述爭論，被稱為「問題與主義之爭」。這場爭論的實質是，中國需不需要馬克思主義，需不需要進行革命。爭論雙方和所爭論問題的巨大影響，使得這場爭論在當時引起了社會各界的廣泛關注。隨著這場爭論的持續，新文化運動的營壘出現了明顯的分化。這種分化也深刻地影響了同時期中國社會思潮的走向。通過這場爭論，不少青年開始更加明確而堅定地選擇了馬克思主義。他們或直接參與爭論，積極撰寫文章明確支持李大釗；或通過反覆比較，權衡各種社會思潮之於中國問題的優劣，並圍繞著馬克思主義能否適合中國的現實需要，以及中國社會是否需要進行一次徹底的革命等一系列重大問題，形成了漸趨一致的共識。

繼這場爭論之後，在五四運動前後特殊的歷史背景下，在馬克思主義者和一些資產階級知識分子之間，還發生了一場關於社會主義是否適合於中國國情的爭論。從形式上說，這場爭論是「問題與主義」之爭的繼續和深化；從本質上說，這又是一次關於中國走社會主義道路還是走資本主義道路，實行社會革命還是實行社會改良，以及需要不需要建立無產階級政黨等一系列重大問題的爭論。

在這場爭論中，陳獨秀、李大釗等中國早期的馬克思主義者緊緊把握住了時代前進的方向，並運用剛剛學到的馬克思主義理論，肯定了中國的出路只能是社會主義，強調要改造中國社會，必須要建立共產黨組織，等等。他們指出：中國經濟雖然落後，但無產階級的存在是一個客觀事實；中國的無產階級和農民不但遭到本國資產階級、地主的壓迫和剝削，而且遭到國際帝國主義的殘酷掠奪和壓迫，因此有著強烈的革命要求，「革命之爆發乃是必然的趨勢」；中國遭受外國帝國主義侵略和掠奪的現狀，「除了中國勞動者聯合起來組織革命團體，改變生產制度，是無法挽救的」，等等。

總體而言，「問題與主義」之爭是一場發生在新文化陣營內部的、具有學術辯論性質但在內容上又帶有濃厚政治色彩的爭論。在這場爭論中，圍繞著解決中國問題的根本方法，反映出了爭論雙方在指導思想上的根本分歧，對於在思想界進一步擴大馬克思主義的影響和推動人們進一步探索如何改造中國社會，都起到了十分重要的作用。

第二節 五四風暴的襲來

發生於一九一九年的五四運動，是中國近現代歷史上一個偉大的歷史轉折點。它為中國的前進指明了一條全新的道路，也拉開了中國新民主主義革命的序幕。而且，這場偉大的革命運動，還為馬克思主義在中國的廣泛傳播開闢了道路。

一、風暴前夜的秘密外交

歷史有這樣一種內在慣性：在曲折、緩慢、看似漫無目的的發展進程中，卻往往蘊含著具有鮮明指向性和強大推動力的內在動力。這種內在動力，在經過多年壓抑和鬱積之後，往往會在某一個歷史時刻瞬間爆發並且傾流而下。自然地，這個歷史時刻會成為一個時期最鮮明的印記。一九一九年的五四運動，便是中國近現代歷史上這樣的一個鮮明印記。

從一九一四年到一九一八年，持續四年之久的第一次世界大戰，是全人類面對的一場空前浩劫。第一次世界大戰結束後，派出二十萬華工參戰的中國成為戰勝國之一。理所當然地，中國人為這一勝利而歡欣鼓舞。除了慶幸世界和平之外，中國人還冀望能通過戰勝國的身份改變自己以往在國際舞台上備受欺凌的屈辱局面。與此相呼應的是，第一次世界大戰結束後，「公理戰勝強權」一時之間也成為世界尤其是西方列強的一個流行口號。這個流行口號，無疑深深地吸引著正苦苦求索民族振興之路的中國人。中國人冀望著可以通過這一口號，以戰勝國的身份，廢止一系列對華的不平等條約，從而「挽百十年國際上之失敗」，「與英法美並駕齊驅」，並且天真地幻想，「茲值戰局告終，和會開幕，強權失敗，公理昌明。正我國人仰首伸眉，理直氣壯，求公判於世界各國之會」。

從一九一九年一月開始，第一次世界大戰的戰勝國在法國巴黎召開和平會議。此前，美國總統威爾遜提出了戰後世界藍圖的「十四項原則」。「十四項原則」的核心要點是：要想世界永久和平，必須有一個新秩序；不應該用老一套的外交方式來解決戰爭問題；應該廢除秘密外交；應該通過建立維護世界和平的組織來創立新秩序，等等。這些十分漂亮的言辭，使世界眾多的國家均對此次和會能切實實現「公理戰勝強權」產生了熱切的希望。

也正是在這種熱切的希望中，為改變中國在國際上的不平等地位，作為第一次世界大戰戰勝國之一，中國派出了由外交總長陸徵祥、駐英公使施肇基、駐美公使顧維鈞、駐比公使魏宸組及王正廷等組成的代表團出席和會。由於國內對此次和會抱有很大希望，因此中國代表團在巴黎和會揭幕之際即提出了七項「希望條件」：(1)廢棄勢力範圍；(2)撤退外國軍隊、巡警；(3)裁撤外國郵局及有線無線電報機關；(4)撤銷領事裁判權；(5)歸還租借地；(6)歸還租界；(7)關稅自主權。在這其中，關於「歸還租借地」的要求最受國內關注。中國代表團對此問題闡釋的具體理由是：

中國境內之有租借地，實危及領土完整。……此種租借地，係從條約發生，自事實上、法律上言之，皆與割讓不同。且不能謂與割讓相似。此等租借地即作如是看法，亦無繼續存在之充分理由。不特中國之准予租借出於迫脅，且他國之要求租借無非為造成均勢起見。……中國政府以為租借地之存在，大傷中國之利益。此等地方俱在形勢扼要之處，不特為國防之障礙，且不啻在一國之中另立多國，有危及領土之完整。況受租各國利益，每不能相容，往往自起紛爭，累及中國，而於彼此戰爭時為尤甚。且此等租借地，往往用以為壟斷附近地方經濟權之張本，而為勢力範圍之起點，於在華各國工商業門戶開放之原則殊有損害。租借地一日在他國掌握，則中國之困難一日不去，而其流弊，且日增一日。中國政府實有不得不請各國概行捨棄者。

接著，在中國旅歐學生要求下，中國政府又提出取消「二十一條」和要求收回大戰時被日本乘機奪去的德國在山東權利的陳述書。

然而，事與願違，有二十多個國家、一千多個代表參加的、希望通過媾和建立世界永久和平的此次和會，卻成了英國、法國、美國、日本、義大利五個帝國主義國家重新劃分世界格局的會議。按照會議規定，會議一切重大問題都由美、英、法、意四國首腦和外交部長以及日本兩個特別代表組成的「十人會議」閉門議定，決定後再沒有商量的餘地。中國這樣的國家，根本沒有參加討論的資格，事實上也無法分享戰爭勝利的果實。

按此規定，一九一九年一月二十八日，中國代表顧維鈞在被通知列席的「十人會議」上說明中國在山東問題上的主張，然後等待「十人會議」討論並作出結論。三月中旬，中國代表團又將反映中國迫切要求的七份備忘錄送交給「十人會議」。但是，中國的這些正當要求，卻都遭到了無理拒絕。關於「歸還租借地」一事，巴黎和會議長、法國總理克里蒙梭覆中國代表團函稱：「聯盟共事領袖各國最高會議，充量承認此項問題之重要，但不能認為在和平會議權限以內。」在討論德屬殖民地問題時，中國代表又提出戰前德國在山東攫取的各項特殊權益應該直接歸還中國。但日本代表卻蠻橫無理地提出，在大戰期間由德國強佔的膠州灣的租借地，膠濟鐵路以及德國在山東的其他特殊權益，應該無條件讓與日本。

四月二十二日，美、英、法三國首腦約見中國代表團，由威爾遜向中國代表團公佈了「十人會議」對於上述問題所決定的方案。方案提出：「日本將獲有膠州租借地和中德條約所規定的全部權利，然後再由日本把租借地歸還給中國，但歸還之後仍享有全部經濟權利，包括膠濟鐵路在內。」四月二十九日至三十日，美、英、法三國在議定巴黎和約中關於山東問題的條款時，又完全接受日本的提議。這樣，這一明顯對中國不公平的「既成事實」又被明文確定了下來。對此，威爾遜竟然說：「現在提出這個解決方案，最高會議希望能被中國接受，它也許不能令中國滿意，但是在目前情況下這已是所能尋求的最佳方案了。」

面對這一結局，中國代表團竭力爭辯，強烈要求由德國直接向中國歸還奪去的權益，並對和會的這種做法提出抗議，指責「此次和會條件辦法，實為歷史所罕見」。但是，弱國無外交。中國的爭辯毫無結果，會議依然把「十人會議」的方案列入巴黎和會的對德和約，決定由日本繼承德國在山東的權益，同時拒絕取消「二十一條」。這就意味著，通過此次和會，日本已經成功獲得了戰前德國在中國山東的特殊權益。

外交失敗的沉痛消息，很快便傳回國內。中國人不僅沒有看到巴黎和會上「公理戰勝強權」的奇蹟，且再一次領受了帝國主義列強通過「秘密外交」宰割弱勢國家的屈

巴黎和會會場

辱。對於這一幕屈辱的歷史，中國代表團的顧維鈞後來這樣回憶：「以前我們也曾想過最終方案可能不會太好，但卻不曾料到結果竟是如此之慘。至於日本，則是如願以償。」

原來那些尚對「十四項原則」抱有幻想的中國人，至此也已深感絕望。當時北京大學學生許德珩回憶說：「一九一八年十一月到一九一九年四月，這一期間學生們真是興奮得要瘋狂了。」「大家眼巴巴在企望著巴黎和會能夠給我們一個『公理戰勝』，哪曉得奢望的結果是失望。」這種失望，對普通中國人的刺激是可想而知的。中國人所期盼的「新紀元」沒有像太陽那樣升起，中國反而再度成為了「秘密外交」的受害者。

晨報
代論
外交警報敬告國民
國民外交之蜂起

一九一九年五月二日，北京《晨報》刊登徐世昌的顧問和總統府外交委員會委員兼事務長林長民的《外交警報敬告國民》一文，證實了巴黎和會上中國外交失敗的消息。此事一經披露，舉國為之震驚

就在這個歷史關頭，陳獨秀、李大釗等人勇敢地站了出來。他們通過撰寫文章、發表演說等方式，不僅痛斥了帝國主義列強的虛偽和秘密外交帶給中國的巨大傷害，還號召廣大民眾站起來。此舉，在國內產生了巨大反響。陳獨秀在《隨感錄》一文中悲憤地指出：

> 巴黎的和會，各國都重在本國的權利。什麼公理，什麼永久和平，什麼威爾遜總統十四條宣言，都成了一文不值的空話……我看這兩個分贓會議（另一個會議指當時國內正在上海舉行的「南北會談」——引者注），與世界永久和平、人類真正幸福，隔得不止十萬八千里，非全世界的人民都站起來

直接解決不可。

李大釗也在《秘密外交與強盜世界》一文中這樣寫道：

這回歐戰完了，我們可曾做夢，說什麼人道、平和得了勝利，以後的世界或者不是強盜世界了，或者有點人的世界的彩色了。誰知道這些名詞，都只是強盜政府的假招牌。我們且看巴黎會議所議決的事，哪一件有一絲一毫人道、正義、平和、光明的影子！哪一件不是拿著弱小民族的自由、權利，作幾大強盜國家的犧牲！

中國正在醞釀著一場大風暴。一場超乎想像的、永放光芒的愛國群眾運動的大風暴，已經不可避免地將要來臨。

二、火燒趙家樓

中國人民密切地關注著巴黎和會的進程。巴黎和會上的外交失敗，立即在人民群眾中，特別是在廣大知識分子和青年學生中激起了異常強烈的憤慨。但是，北洋軍閥政府卻屈服於帝國主義強烈的壓力，竟準備在這個喪權辱國的和約上簽字。這個消息一經傳回國內，便迅速激起了各階層人民的強烈憤怒。此後，以學生為先導的五四運動如狂飆一般席捲中國大地。

一九一九年五月三日晚，北京大學一千多名學生和北京十幾所學校的代表在北京大學法科禮堂舉行集會，通報巴黎和會的情況。會場上群情激憤。一個學生當場咬破中指，撕斷衣襟，血書「還我青島」

四字，其餘與會者也群情洶湧，個個聲淚俱下。大會當場通過決議：(1)聯合各界一致力爭；(2)通電巴黎專使，堅持不在和約上簽字；(3)通電全國各省市，於五月七日國恥日舉行群眾遊行示威運動；(4)定於五月四日齊集天安門舉行學界大示威。

這次大會還為五月四日的遊行活動準備了白話文和文言文兩個宣言。其中，白話文的宣言這樣寫道：

> 我們的外交太失敗了！山東大勢一去，就是破壞中國的領土！中國的領土破壞，中國就亡了！所以我們學界今天排隊到各公使館去要求各國出來維持公理，務望全國工商各界，一律起來設法開國民大會，外爭主權，內除國賊。中國存亡，就在此一舉了！今與全國同胞立兩個信條道：中國的土地可以征服而不可以斷送！中國的人民可以殺戮但不可以低頭！國亡了，同胞們，起來呀！

文言文宣言則直指巴黎和會所帶給中國的巨大傷害，一針見血地指出：

五四運動中北京學生遊行隊伍

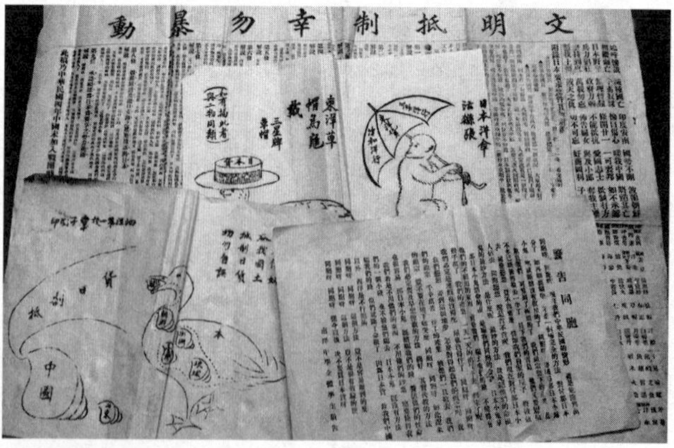

五四時期傳單

山東亡，是中國亡矣！我同胞處此大地，有此山河，豈能目睹此強暴之欺凌我、壓迫我、奴隸我、牛馬我而不作萬死一生之呼救乎。

五月四日下午，北京大學等十三所大中專學校的學生三千餘人，不顧北京政府教育部代表及警察的阻攔，齊集天安門，並大聲疾呼「外爭主權、內除國賊」、「廢除二十一條」、「還我青島」等愛國口號。就這樣，轟轟烈烈的五四運動爆發了。

學生們強烈要求中國代表團拒絕在和約上簽字，並懲辦北京政府的三個親日派官僚曹汝霖、章宗祥、陸宗輿。為此，他們前往日本駐華使館抗議。由於中途被警察阻攔兩個小時仍無法通過，激憤之下，學生們轉奔位於趙家樓胡同的曹汝霖住宅。學生們衝入曹宅，痛打了正在曹宅的章宗祥，並放火焚燒了曹宅。這就是「火燒趙家樓」事件。

「火燒趙家樓」之後，北洋軍閥政府出動了大批軍警對學生進行鎮壓，學生被捕者達三十二人。北洋軍閥政府雖然在兩天後釋放了被捕的學生，但對學生的政治要求卻置之不理，並下令禁止學生干預政治，還揚言要鎮壓學生的愛國運動。此外，他們還逼迫同情學生愛國運動的北京大學校長蔡元培辭職。北洋軍閥政府的這些舉動，更加激化了這場來勢兇猛的「大風暴」的爆發。

第二天，北京各大中專學校學生宣佈實行罷課，並通電各方請求支援。北京學生的愛國運動迅速得到全國各地學生的聲援和社會輿論的支持，而且學生們開始在鬥爭中迅速聯合起來。在此背景下，五月六日，北京中等以上學校學生聯合會成立；五月十九日，北京中等以上學校學生宣佈總罷課。學生們致書北洋政府，要求中國代表團拒絕在和約上簽字，並懲辦賣國賊。他們不僅廣泛組織各種講演團，踴躍走上街頭向群眾講演，並發動了一系列抵制日貨、提倡購買國貨的行動，還推選出代表趕赴天津、濟南、南京、上海等地，積極宣傳自己的主張，呼籲得到社會各界的支持。

六月三日，學生們再次走上街頭，進行講演等活動。講演者「垂淚而道」，聽眾則人人「掩面而泣」。為防止事態擴大，北洋軍閥政府再次出動軍警進行鎮壓。第一天，學生被捕者有一百七十餘人。第二天，又有七百餘人被捕。但是，北洋軍閥政府高壓的結果卻適得其反，學生們不為所懼，第三天上街講演的人數驟漲到了五千多人。此後，學生的行動開始得到越來越多各界人士的同情和支持，社會影響也更加擴大。

六月五日，為聲援學生的愛國行動，上海市的工人們由日貨棉紗廠工人帶頭，開始走上街頭，舉行了聲勢浩大的罷工。在上海產業工人的帶動下，上海市出現了大規模的工廠罷工和商店罷市，其規模和聲勢甚至超過了北京。

北京高師被捕學生回校時受到同學們的熱烈歡迎

上海的工人運動迅速推動了全國各地的罷工風潮。隨後，北京、唐山、漢口、南京、長沙等地工人也相繼舉行罷工，許多大中城市的商人舉行了罷市。如燎原之火持續蔓延，很快便擴展到了全國二十多個省區、一百多個城市。就這樣，五四運動開始逐漸突破學生、知識分子的狹小範圍，一步步地發展成為全國的群眾性反帝愛國的革命運動。運動的中心也由北京轉移到上海，主力軍也由學生逐漸轉向工人。中國工人階級以如此巨大的規模參加反對帝國主義和軍閥的政治鬥爭，是前所未有的。

五四運動的迅猛發展，使北洋軍閥政府惶恐不安。六月十日，迫於內外壓力，他們不得不釋放被捕學生，並宣佈罷免曹汝霖、章宗祥、陸宗輿三人的職務。在此背景下，中國代表團最終拒絕在巴黎和會上簽字。

五四運動發生在俄國十月革命所開創的世界無產階級革命的新時代，它是中國革命史上具有劃時代意義的事件。這是一場以救亡和愛國為動因、以思想解放為前提、以民主和科學為靈魂、以喚醒和結合民眾為途徑的政治運動和思想運動。它像從天降落的狂飆一樣，既給人們帶來從未有過的思想大解放，又使千百萬人熱血沸騰、殫精竭慮地為了中華民族的偉大復興而奔走呼號。並由此引起一場廣泛的深層次的馬克思主義傳播運動。正如毛澤東所說：「五四運動的傑出歷史意義，在於它帶著為辛亥革命還不曾有的姿態，這就是徹底地不妥協地反帝國主義和徹底地不妥協地反封建主義。」

三、「整個中國從沉睡中復甦了」

五四運動爆發前夜，中國革命正處在低潮之中。環顧海內，彷彿沒有什麼力量能夠強大到足以同北洋軍閥等勢力相抗衡。面對低沉的革命形勢，孫中山也發出了「南與北如一丘之貉」的無奈感慨。但是，五四運動的爆發及中國普通民眾在運動中所表現出來的那種不達目的誓不罷休的頑強意志，卻深深地使中國的知識菁英們認識到：在看似貧窮、蒙昧以及沉默的中國社會中孕育著足可以改天換地的強大力量。

無疑，轟轟烈烈的五四運動喚醒了這支強大的力量。經過五四運動這次大風暴的洗禮之後，許多擔憂國家和民族命運的有識之士經常聚在一起，討論國家面對的危局，並尋求改造中國的方案。以五四運動為顯著標誌，一批先進分子開始以救國救民、改造社會為己任，重新考慮中國的前途，並探求徹底改造中國社會的新方案。

五四運動不僅為他們打開了一個新的天地，帶來了前所未有的思想大解放，也完全改變了他們之後的人生道路。當時在武漢的惲代英寫信給胡適說：「國不可以不救。他人不去救，則唯靠我自己。他人不能救，則唯靠我自己。他人不下真心救，則唯靠我自己。自己要是不真心救，就是亡國奴的本性了。」在湖南的毛澤東更是喊出：「國家者，我們的國家；天下者，我們的天下。我們不說，誰說?!我們不幹，誰幹?!」此後，這些中國的先進分子們對於國家的前途和民族的命運進行了更為深刻的探索。他們或積極撰寫宣傳文章，或創辦各類進步刊物，或成立各種社團，積極引進、傳播和宣傳國外的各種新思潮。經過五四運動的洗禮，普通的中國民眾也更為積極、熱情地接受這些新思潮。

在新的歷史環境中，這些來勢洶湧的新思潮不僅得到了更為廣泛的傳播，也極大地幫助中國人民衝破傳統思想的禁錮，使他們的思想開始出現了大變動。瞿秋白曾經描述了他本人在這場思想大變動中的心路歷程。他說：「從入北京到五四運動之前，共三年，是我最枯寂的生涯……厭世觀的哲學思想隨著我這三年研究哲學的程度增高。」「五四運動陡然爆發，我於是捲入漩渦，孤寂的生活打破了。」「抱著不可思議的『熱烈』參與學生運動。」「同時經八九年中國社會現象的反動，《新青年》、《新潮》所表現的思潮變動，乘著學生運動中社會心理的傾向，起翻天的巨浪，搖蕩全中國。當時愛國運動的意義，絕不能望文生義地去解釋它。中國民族幾十年受剝削，到今日才感受殖民化的況味。帝國主義壓迫的切骨的痛苦，觸醒了空泛的民主主義的噩夢。學生運動的引子，山東問題，本來就包括在這裡。工業先進國的現代問題是資本主義，在殖民地上就是帝國主義，所以學生運動倏然一變而傾向社會主義，就是這個原因。」

同盟會最早會員之一吳玉章也這樣回憶：

這是真正激動人心的一頁，這是真正偉大的歷史轉折點。從前我們搞革命雖然也看到過一些群眾運動的場面，但是從沒有見過這種席捲全國的雄壯浩大的聲勢。在群眾運動的衝擊震蕩下，整個中國從沉睡中復甦了，開始煥發出青春的活力，一切反動腐朽的惡勢力都顯得那樣猥瑣渺小，搖搖欲墜。以往搞革命的人，眼睛總是看著上層的軍官、政客、議員，以為這些人掌握著權力，千方百計運動這些人來贊助革命。如今在五四群眾運動的對比下，上層的社會力量顯得何等的微不足道。在人民群眾中所蘊藏的力量一旦得到解放，那才是真正驚天動地、無堅不摧的。

對於中國的命運和前途，他接著寫道：

處在十月革命和五四運動的偉大時代，我的思想上不能不發生非常激烈的變化。當時我的感覺是：革命有希望，中國不會亡，要改變過去革命的辦法。雖然，這時候我對中國革命還不可能立即得出一個系統的完整的新見解，但是通過十月革命和五四運動的教育，必須依靠下層人民，必須走俄國人的道路，這種思想在我頭腦中日益強烈，日益明確了。

應該說，瞿秋白和吳玉章的回憶，在相當

一九二〇年二月，《京報》新聞記者邵飄萍（振青）編著了《新俄國之研究》、《綜合研究各國社會思潮》兩本書。圖為一九二〇年四月出版的《綜合研究各國社會思潮》，此書在當時影響甚大

程度上反映了在五四運動前後中國許多先進分子共同的心路歷程。通過五四運動，他們愈來愈認識到蘊藏在人民群眾中的巨大力量。但是，在經過五四風暴洗禮之後，下一步該怎麼做？中國的出路究竟在哪裡？這些現實中的重大問題卻仍然沒有十分明確的答案。

鄧穎超曾回憶說：

五四運動是思想解放運動，一解放，就像大水奔流。那時的思想，受到長期禁錮，像小腳女人把腳裹住，放開以後，不知怎樣走路，有倒的，有歪的，也有跌跤的。那時是百家爭鳴，各種思潮都有。我們受十月革命的影響，當時也只聽說蘇聯是沒有階級、沒有人剝削人的社會。我們很嚮往這種光明的社會，同情廣大勞苦大眾，厭惡中國社會的黑暗。我們平常交談的範圍很廣，無政府主義、基爾特社會主義都接觸到了，但對這些我們都沒有明確的認識，也不瞭解什麼是馬克思主義。

就是在這樣的求索和困惑之中，一部分人開始回到自己原來習慣的生活軌道上去，而另一些先進分子則為了救國救民，轉向更深層次的探索。為此，他們和一些志同道合的夥伴開始聚集在一起，結成研究社會主義的團隊，希望找到挽救民族危亡和改造中國社會的良藥。中國的思想界也因此開始出現了一個新的明顯特點。這就是：受俄國十月革命的影響，在他們中有相當一部分人開始在否定封建主義的同時，懷疑以至放棄了建立資產階級共和國的方案，轉而將關注和思索的目光投向了新生的社會主義。正是在這種背景下，社會主義學說以及「社會主義是現時和將來的人類共同的思想」，逐漸成為這一時期新思潮的主流。

第三節 馬克思主義在中國的傳播和興起

一九一七年，俄國取得了十月革命的勝利，建立了勞動人民當家作主的勞農政府，第一次把社會主義從理論學說變成了現實。十月革命就像新世紀的曙光，照亮了中國的前進之路。「十月革命幫助了全世界也幫助了中國的先進分子，用無產階級的宇宙觀作為觀察國家命運的工具，重新考慮自己的問題。」

一、「走俄國人的路——這就是結論」

一九四九年六月三十日，在紀念中國共產黨成立二十八週年之際，毛澤東發表了《論人民民主專政》一文。在這篇文章中，毛澤東談到了俄國十月革命帶給中國的深遠影響。他說：

> 十月革命一聲炮響，給我們送來了馬克思列寧主義。十月革命幫助了全世界的也幫助了中國的先進分子，用無產階級的宇宙觀作為觀察國家命運的工具，重新考慮自己的問題。走俄國人的路——這就是結論。

正如毛澤東所說，爆發於一九一七年的俄國十月革命對中國產生了巨大而直接的影響。這種影響最為集中地體現在——它迅速激起了中國的先進知識分子對馬克思主義和社會主義的濃厚興趣和熱烈嚮往。此後，在俄國十月革命的影響下，馬克思主義在中國開始迅速而廣泛地傳播。

在這一過程中，新文化運動旗手之一的李大釗發揮了主要作用。他以敏銳的眼光，深刻認識到這場革命將對二十世紀世界歷史進程產生劃時代的影響；他也從中看到了中華民族爭取獨立和中國人民求得解放的希望。一九一八年七月，李大釗發表了《法俄革命之比較觀》一文。在這篇文章中，他正確地區分了法國大革命與十月革命的本質不同，並且十分大膽地指出十月革命預示著社會主義革命時代的到來。他說：

不知法蘭西之革命是十八世紀末期之革命，是立於國家主義上之革命，是政治的革命而兼含社會的革命之意味者也。俄羅斯之革命是二十世紀初期之革命，是立於社會主義上之革命，是社會的革命而並著世界的革命之彩色者也。時代之精神不同，革命之性質自異，故迥非可同日而語者。

俄羅斯之革命，非獨俄羅斯人心變動之顯兆，實二十世紀全世界人類普遍心理變動之顯兆。桐葉落而天下驚秋，聽鵑聲而知氣運，歷史中常有無數驚秋之桐葉、知運之鵑聲喚醒讀者之心。

十一月，他又接連發表了《庶民的勝利》和《布爾什維主義的勝利》兩篇文章，熱情謳歌十月革命。他認為，十月革命的勝利「是人道主義的勝利，是和平思想的勝利，是公理的勝利，是自由的勝利，是民主主義的勝利，是社會主義的勝利，是 Bolshevism 的勝利，是赤旗的勝利，是世界勞工階級的勝利，是二十世紀新潮流的勝利」。他指出，「他們的主義，就是革命的社會主義；他們的黨，就是革命的社會黨；他們是奉德國社會主義經濟學家馬客士（Marx）為宗主的；他們的目的，在把現在為社會主義的障礙的國家界限打破，把資本家獨佔利益的生產制度打破」。他還強調無產階級的社會主義革命是世界歷史的潮流，並且滿懷信心地預言：「人道的警鐘響了！自由的曙光現了！試看將來的環球，必是赤旗的世界！」五四運動是中國近代歷史上第一次徹底的不妥協的反帝反封建的愛國運動。李大釗投入並參與了五四運動。

在這場運動之後，他更加致力於馬克思主義的宣傳，並且做了大量工作。一九一九年十月、十一月，李大釗分兩次在《新青年》上發表了《我的馬克思主義觀》一文，系統介紹了馬克思主義學說，特別是唯物史觀和剩餘價值學說，在當時的中國思想界產生了很大影響。這篇文章高度肯定了馬克思主義的歷史地位，稱其為「世界改造原動的學說」。這篇文章的發表，不僅表明李大釗完成了從民主主義者向馬克思主義者的轉變，還標誌著馬克思主義在中國進入了一個比較系統的傳播階段。

五四運動時期是中國先進分子思想發生急劇變化的時期，一批先進分子相繼從激進民主主義者轉變為馬克思主義者。除李大釗外，新文化運動初期的主要代表人物陳獨秀，在五四運動的推動下，也開始逐漸否定過去信仰的資產階級民主主義，主張改造中國必須走馬克思主義指引的道路。一九二〇年九月，他發表了《談政治》一文，明確宣佈要用革命的手段建設勞動階級（即生產階級）的國家。這表明，陳獨秀也已經從激進的民主主義者轉變為馬克思主義者。

此後，在李大釗、陳獨秀等人的積極推動下，馬克思主義在中國的傳播過程中逐漸形成了北京和上海兩個宣傳中心。在北京，一九二〇年三月，在李大釗的主持下，北京大學的一批青年學生組織了馬克思學說研究會。同年秋，他又領導建立了北京的共產黨早期組織和北京社會主義青年團，並積極推動建立了全國的共產黨組

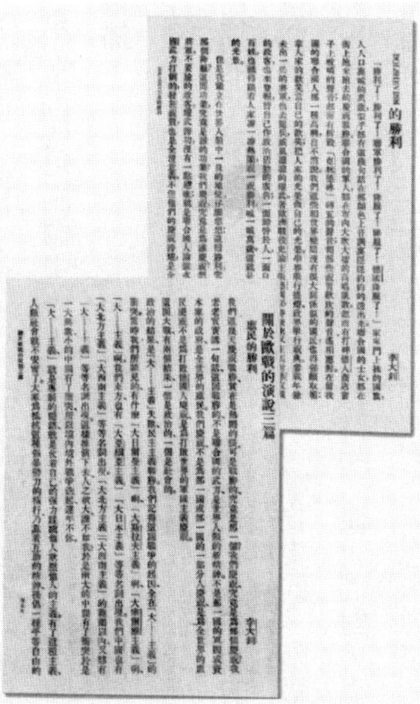
的勝利

李大釗

關於歐戰的演說三篇

庶民的勝利

李大釗

李大釗在《布爾什維主義的勝利》一文中，指出第一次世界大戰的結束是「社會主義的勝利，是布爾什維主義的勝利」。圖為《新青年》上刊登的這兩篇文章

織。在上海，五四運動後來到這裡的陳獨秀也在積極宣傳馬克思主義。在他的領導下，上海也於一九二〇年五月發起成立了馬克思主義研究會。北京和上海這兩個中心，一北一南，開始分別向各地迅速輻射，極大地促進了馬克思主義在中國的廣泛傳播。

中國的先進分子一開始就不是把馬克思主義當作單純的學理來探討，而是為了正確認識社會發展規律，認識資本主義制度本質，作為觀察國家命運的工具加以接受的，作為擔負起改造中國的歷史使命和掌握革命的理論來傳播的。在馬克思主義的傳播過程中，中國的先進分子從唯物史觀、階級鬥爭學說和剩餘價值理論等方面，比較詳細地介紹了馬克思主義各組成部分的主要觀點，使人們對馬克思主義的科學理論有了一個比較完整的認識。此外，在傳播過程中，中國先進分子還對馬克思、恩格斯關於未來社會的描述進行了系統介紹，並把馬克思主義和其他社會主義思潮進行比較，使人們認識到它們之間的聯繫與區別。通過這些介紹和傳播，中國思想文化界特別是進步知識分子對馬克思主義學說產生了極大的興趣。

正是在這種社會思潮的背景下，經歷了辛亥革命前後無數風雲變幻之後的董必武，開始認真地閱讀有關十月革命的書籍和思考中國的問題，也開始談論馬克思主義。也就是在此前後，湖南學生運動領袖毛澤東開始如飢似渴地搜尋並閱讀中文本的共產主義書籍，並逐步建立起對馬克思主義的信仰。他後來回憶說：「我第二次到北京期間，讀了許多關於俄國情況的書。」「我一旦接受了馬克思主義是對歷史的正確解釋以後，我對馬克思主義的信仰就沒有動搖過。」「到了一九二〇年夏天，在理論上，而且在某種程度的行動上，我已成為一個馬克思主義者了，而且從此我也認為自己是一個馬克思主義者了。」同時，身在法國、正「猛譯猛看」馬克思主義著作的蔡和森也致信毛澤東，表明了自己對信仰的最終選擇。他說：「我近對各種主義綜合審諦，覺社會主義真為改造現世界對症之方，中國也不能外此。」同他們一樣，被當局逮捕、出獄後又到歐洲考察的周恩來，通過對各種社會思潮的反覆比較和選擇之後，也於此時最終從激進的民主主義者轉變為馬克思主義者。他說：「我認定的主義一定是不變了，並且很堅決地要為它宣傳奔走。」這些有著不同經歷的先進分子在思想上殊途同歸的選擇表明，拋棄資本主義的建國方案，走馬克思主義的科學社會主義道路，這是相當多的中國先進分子經過反覆比較、深入研究、深思熟慮後共同作出的歷史性抉擇，這是一個完全基於對國家、對民族責任的選擇。他們真誠地信仰馬克思主義並希望以此來拯救中國，以此來實現民族的復興。

二、「社會主義的討論，常常引起我們無限的興味」

如前所言，第一次世界大戰是人類歷史上的一場空前浩劫。戰爭空前殘酷，不僅造成了各參戰國超過兩千萬人員的傷亡和無數財富的毀滅，還使得西方資本主義制度固有矛盾和弊端以極其尖銳的形式暴露出來。持續四年的大戰結束之後，歐洲大陸一片斷垣殘壁，種種衰敗和隨之出現的思想混亂狀態，使得普通民眾的精神極度空虛和頹廢，整個西方社會瀰漫著一種極端痛苦的幻滅情緒。正如梁啟超所言，許多西方人都感到「西方文明已經破產了」，「全社會人心都陷入懷疑、沉悶、畏懼之中，好像失了羅針的海船遇著風遇著霧，不知前途怎生是好」。

這一幕幕慘景，引發了世界對歐洲文明和其價值觀的懷疑。一九一四年至一九一八年發生的第一次世界大戰，是帝國主義兩大軍事侵略集團（同盟國和協約國）為重新瓜分世界而進行的一場不義戰爭。西方列強特別是歐洲列強的軍事擴張也使得資本主義樣板的吸引力大打折扣，資本主義在世界的吸引力也大為下降。這種表現在中國尤甚。通過這場戰爭，中國的先進分子們開始強烈地感受到了資本主義制度種種難以根除的弊端，並開始對其進行反思和批判。

早在一九一六年五月，歐洲大陸激戰正酣之時，李大釗就對資本主義制度作過這樣的反思。他說：「代議政治雖今猶在試驗之中，其良其否，難以確知，其存其易，亦未可測。」經過兩年多的觀察，到一九一八年七月第一次世界大戰行將結束之際，他又明確表示：「然此次戰爭，使歐洲文明之權威大生疑念。歐人自己亦對於其文明之真價不得不加以反省。」陳獨秀也有這樣的反思。一九一五年九月，在《法蘭西人與近世文明》一文中，他寫道：

自競爭人權之說興，機械資本之用廣，其害遂演而日深。政治之不平等，一變而為社會之不平等；君主貴族之壓制，一變而為資本家之壓制。此近世文明之缺點，無容諱言者也。欲去此不平等與壓制，繼政治革命而謀社會革命者，社會主義是也。可謂之反對近世文明之歐羅巴最近文明。

第一次世界大戰的爆發，加深並且堅定了陳獨秀的這一認識。一九一九年十二月，他在《〈新青年〉宣言》中又這樣說：

我們相信世界上的軍國主義和金力主義（即資本主義——引者注）已經造了無窮的罪惡，現在是應該拋棄的了。

年方二十四歲的毛澤東也得出了同樣的結論。一九一七年八月，在致老師黎錦熙的一封信中他這樣寫道：東方思想固然有礙於社會進步，「西方思想亦未必盡是，幾多之部分，亦應與東方思想同時改造」。

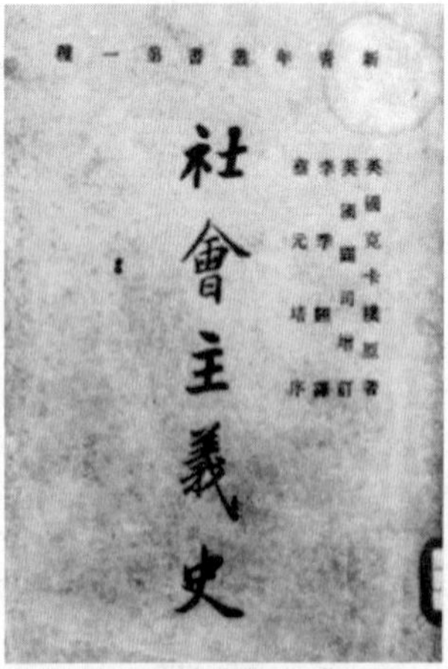

柯卡普所著《社會主義史》。一九二〇年秋冬之間，毛澤東第一次看到了陳望道譯的《共產黨宣言》、柯卡普著的《社會主義史》等著作

這種反思，為中國先進分子放棄資產階級共和國方案，推動他們繼續探索挽救中國危亡的新途徑，繼續探索救國救民的真理和接受社會主義思潮，創造了有利條件。

俄國十月社會主義革命的勝利，是人類歷史上一個劃時代的事件。它不僅第一次將社會主義從書本上的學說變成活生生的現實，極大地改變了二十世紀世界歷史的進程，還喚醒了西方的無產階級和東方的被壓迫民族。它表明，中國人民的反帝鬥爭不再是孤立無援的。俄國的工農大眾衝破世界帝國主義陣線、建立一個新型社會主義國家的生動例子說明，帝國主義的力量雖然很強大，但絕不是不可戰勝的。換句話說，「物質文明不高，不足阻社會主義進行」。這就使長期飽受帝國主義欺侮而又在反帝鬥爭中屢遭失敗的中國人民，增強了鬥爭的勇氣和必勝的信心。

在中國的先進分子們看來，中國和俄國不僅有著漫長的邊界線，而且還有著如此多的相似之處。既然俄國能夠取得那樣大的勝利，那為什麼中國不能做到？也因此，十月革命的勝利極大地鼓舞了中國人民和中國的先進分子們。通過十月革命，正在苦苦探求救國救民真理，對西方資本主義制度感到失望而又迷茫無措的中國先進分子開始逐漸認清了這樣一個道理：資本主義的道路在中國走不通，中國只能走社會主義的道路。這就有力地推動了中國的先進分子們去認真瞭解馬克思主義在十月革命中的指導作用，從而更加廣泛地推動社會主義思潮在中國的傳播。

李大釗是在中國大地上舉起十月社會主義革命旗幟的第一人。他以深邃的歷史眼光，指出十月革命「是立於社會主義上之革命，是社會的革命而並著世界的革命之彩色者也」，是「勞工主義的戰勝，也是庶民的勝利」，是「二十世紀中世界革命的先聲」，也是「世界人類全體的新曙光」。他熱情洋溢地謳歌十月革命開闢了人類歷史的「新紀元」，稱它「將帶來新生活、新文明、新世界」，並大聲疾呼：中國人民應當走十月革命的道路。

五四運動的爆發，使得中國社會得到了一次思想上的大解放。此後，十月革命的影響更進一步得到擴大。這主要表現在：有相當一部分人在否定封建主義的同時，逐漸放棄了資產階級共和國的建國方案，並轉而選擇了社會主義。在這種背景下，社會主義思潮開始在中國大地廣泛興起。

但是，任何事物的發展都不是一帆風順的。社會主義思潮進入中國之後，中國的先進分子們對它也經歷了一個由淺入深、由片面到全面的認識過程。

最初，在中國談論社會主義的人很多，但是往往是知其然而不知其所以然，大多數人對社會主義的認識還停留在一種朦朧的嚮往階段。由於各種複雜原因，在五四運動前後，進入中國的社會主義學說呈現出十分龐雜的特點。這其中，既有馬克思主義的科學社會主義，又有各種各樣被稱為「社會主義」的資產階級和小資產階級的思想派別，如無政府主義、新村主義、合作主義、泛勞動主義、基爾特社會主義、社會民主主義等。這些思想派別，紛然雜陳，並且都通過各種刊物積極傳播其思想。由於客觀條件和認識所限，人們一時尚難以分清科學社會主義和其他社會主義流派的界限。正如瞿秋白所說：「社會主義的討論，常常引起我們無限的興味。」有如「隔著紗窗看曉霧，社會主義流派，社會主義意義都是紛亂，不十分清晰的」。

那麼，究竟該如何釐清這些思潮之間的本質差別呢？為了解決這個困擾中國前進方向的現實問題，中國的先進分子們又開始了鍥而不捨的求索。一九一九年底，一些青年在城市中興起了「工讀主義」的試驗活動。他們按照「人人做工、人人讀書，各盡所能、各取所需」的理想，組織起小團體，過起「共產的生活」，希望以此來逐漸推廣並最終實現「平和的經濟革命」。然而，沒過多久，這一試驗就因種種無法克服的困難而解體。與此同時，還有一些青年模仿日本九州的新村，想在中國進行「新村」試驗，但其結果同樣也是曇花一現。

中國的先進分子對這些主義和學說，逐個進行分析、比較和選擇，希望能從中找到挽救民族危亡和改造社會的方法。

然而，一次又一次的失敗，使他們意識到：「社會沒有根本改造以前，不能試驗新生活。」「要改造社會，須從根本上謀全體的改造，枝枝節節的一部分的改造是不中用的。」這就使相當一批青年認識到空想社會主義和其他流派「社會主義」的謬誤，並最終選擇了馬克思主義的科學社會主義作為自己的信仰。

歷史來看，正是由於懷疑資本主義建國方案在中國的可行性，中國的先進分子才決心去探索挽救中國危亡的新方案，這就為他們接受馬克思主義準備了豐富的思想土壤。在俄國十月革命的巨大感召下，在五四風暴的思想洗禮下，以陳獨秀、李大釗、毛澤東為代表的一批激進的革命民主主義者才最終轉變為堅定的馬克思主義者。社會主義思潮之所以廣泛興起並發生重大的歷史影響，正如毛澤東所說，「是因為中國的社會條件有了這種需要，是因為同中國人民革命的實踐發生了聯繫，是因為被中國人民掌握了」。

三、「馬克思主義與無政府主義之辯」

五四運動後，隨著新文化運動的深入發展和馬克思主義的廣泛傳播，新文化運動的陣營逐漸發生分化，並接連出現了三次大的爭論。

第一次爭論，是李大釗和胡適之間的「問題與主義之爭」。

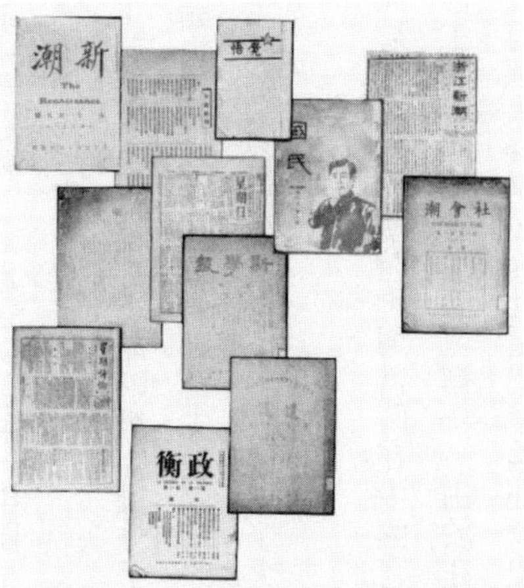

五四運動爆發後，馬克思主義在中國迅速傳播。圖為當時一部分有較大影響的報刊

爭論的焦點是：要不要馬克思主義，以及用什麼主義來改造中國社會。通過這次爭論，中國早期的馬克思主義者進一步闡明了馬克思主義與中國革命的關係，擴大了馬克思主義的影響。

第二次爭論，是陳獨秀、李大釗、李達、蔡和森等馬克思主義者與張東蓀等資產階級知識分子之間的爭論。爭論的焦點是：社會主義是否適合中國國情。這一爭論也被稱為是「真假社會主義問題的思想論戰」。通過此次爭論，中國早期的馬克思主義者集中批判了主張勞資合作的改良主義，展示了大無畏的理論勇氣。

第三次爭論，是中國早期的馬克思主義者，在反對反馬克思主義的思潮時，與當時在中國有著很大影響的無政府主義之間的爭論。這場爭論也被稱為「馬克思主義與無政府主義之辯」。由於在當時中國社會所流行的各派社會主義思潮中，無政府主義曾一度佔有很大優勢，因此這場爭論在歷史上也深具影響。

無政府主義，是十九世紀上半葉萌發於歐洲的一種政治思潮。二十世紀初期，它開始在旅居歐洲及日本的中國留學生和反清流亡者中廣為流傳。在傳播過程中，它往往被當作一種「社會主義」思想而加以接受。因為這個原因，直至辛亥革命爆發，它的傳播範圍也主要侷限於旅居海外的中國留學生中。

但是，新文化運動的興起和五四運動的爆發，卻給了這種思潮進入中國並且迅速傳播的一個有利時機。特別是在十月革命的巨大影響下，伴隨著馬克思主義在中國的傳播和興起，這一思潮也被當成是一種「社會主義」思潮從而在中國得以廣泛傳播。據統計，這一時期各地先後成立無政府主義社團三十多個，出版刊物七十多種，在廣東和北京影響最大，並在此基礎上，逐步形成了無政府共產主義、無政府個人主義等不同的派別。無政府主義在青年知識分子中流傳很廣。他們從極端個人主義出發，在思想上鼓吹個人的絕對自由，反對強權，反對任何組織紀律，反對私有制度，鼓吹絕對平均主義，以及反對一切國家和權威，包括無產階級專政的國家等。

此外，基於中國的社會現狀，無政府主義者還往往以革命的面貌出現，他們打著社會主義甚至共產主義的旗號，提出「絕對平等」、「絕對自由」、「反對任何權威」等口號。但是，他們企圖超越社會發展的歷史階段，鼓吹在社會革命後立即實行「各取所需」的分配原則。他們提倡個人主義，主張絕對自由，主張取消對個人的任何約束。這種思想在青年知識分子中起著很大的消極作用。

由於中國的先進分子們最初在接受社會主義思潮時，理論準備不足，對社會主義也大多缺乏科學而明晰的瞭解，而無政府主義看起來又具有十分激烈和徹底的政治主張，因此，這一思潮對那些正處在探索過程中的青年知識分子產生了很大的影響，也具有很廣泛的市場。

雖然，無政府主義於初期在揭露和批判軍閥的專制統治方面，在幫助人們瞭解十月革命和新思潮過程中，曾起到一定的積極作用。但是，無政府主義在本質上是和馬克思主義相對立的。他們反對一切國家和一切權威，反對一切政治鬥爭和暴力革命，並且在反對中國政權的同時，逐漸開始把攻擊的矛頭指向了馬克思主義的國家學說和俄國的無產階級專政。

從一九一九年到一九二一年，以黃凌霜、區聲白為代表的無政府主義者，先後發表了《馬克思學說的批評》、《我們反對「布爾扎維克」》等文章，向馬克思主義公開挑戰。他們反對馬克思主義的國家學說，否認國家是階級鬥爭的產物，說國家是人類互相「仇視」和「相殺相害」的根源，反對一切國家權威，反對無產階級奪取政權的鬥爭，反對無產階級專政，反對建立有嚴

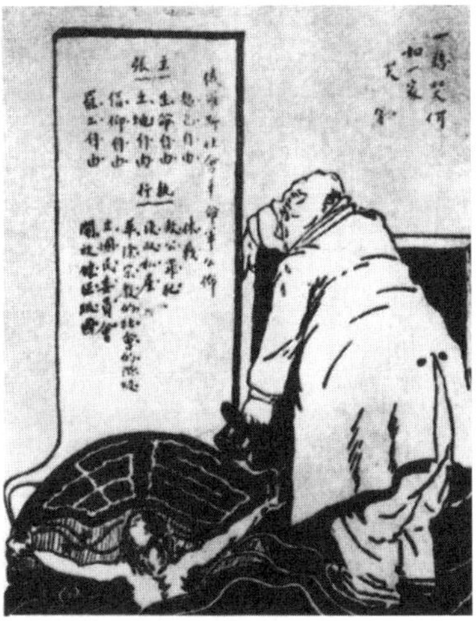

一九一八年，無政府主義者在上海創辦的《勞動》雜誌，刊登了宣傳俄國十月革命勝利的漫畫

格組織紀律的無產階級政黨，等等。

這種思想在青年知識分子中有著很大的影響，並且也越來越成為馬克思主義在中國傳播的嚴重障礙。在這種情況下，揭露這種打著社會主義旗號的小資產階級思想派別的本質，揭露無政府主義思潮的種種錯誤，並同反馬克思主義的思潮展開論戰，便成了擺在馬克思主義者面前的一項重要戰鬥任務。因為唯其如此，才能引導更多的革命知識分子和青年免受無政府主義的影響而逐步走上馬克思主義的軌道。這一點，正如一九二〇年八月蔡和森從法國給毛澤東的信上所說：「我以為現世界不能行無政府主義，因在現世界顯然有兩個對抗的階級存在，打倒有產階級的迪克推多（迪克推多，是英文『dictatorship』一詞的音譯，意為專政、獨裁——引者注），非以無產階級的迪克推多壓不住反動，俄國就是個明證，所以我對於中國將來的改造，以為完全適用社會主義的原理與方法。」從一九二〇年起，中國的馬克思主義者堅持按照馬克思主義的建黨學說建立工人階級政黨，堅持無產階級專政原則和「各盡所能，按勞分配」原則，圍繞革命的形成、國家本質等問題，通過《新青年》、《共產黨》、《覺悟》（《民國日報》副刊）、《先驅》、《少年》等刊物，對無政府主義的個人絕對自由論、自發鬥爭論、小資產階級絕對平均主義等思想進行了系統的批判。

馬克思主義者在同無政府主義者論戰時指出，資產階級的強權無疑是應當反對的，但不能反對無產階級的強權，必須用

五四運動前後出版的無政府主義團體刊物。這些刊物宣揚絕對自由，否定權威，反對無產階級專政

革命的手段奪取政權，建立無產階級專政，才能保護勞動者的利益。「無政府共產社會」是「空中樓閣」，不要中央集權是「蔑視時間空間的空想」。「絕對自由」、「絕對平等」的抽象思想是沒有的。「實在地說起來，資本家並不怕人提倡什麼絕對自由、絕對平等的社會那種抽象的思想，他們所怕的，還是那種最有力的具體的即時可以實現的社會主義制度。」他們還提出，近代中國的社會矛盾那樣尖銳，需要有強大的團結力量和堅持不懈的鬥爭才能取得勝利。而無政府主義者卻主張個人絕對自由，在反對強權的同時提倡不受任何集體和紀律的約束，這只會使得工人階級不能集中起來，不能團結成為強大的戰鬥力量，從而有利於資產階級瓦解工人運動。為此，他們明確強調，要幹革命，就要靠馬克思主義，「要幹這種革命事業，必定要具有一種能夠作戰的新勢力方能辦到的。說到這裡，我們要推薦馬克思主義了」。對此，《共產黨》雜誌曾經這樣寫道：「我們並不是說無政府主義理想不好，只覺得他的玄虛已去西方阿彌陀佛不遠了，人性中惡的部分一天不消滅淨盡，裁制人的法律、軍隊便一天不可少。」經過這場爭論，一大批以救國救民為己任、立志改造中國社會的青年，認清了科學社會主義和資產階級改良主義、無政府主義之間的本質區別，並認識到只有科學社會主義才能挽救民族危亡，實現從根本上改造中國社會的目標。他們中的許多人，經過了反覆比較、探索後，劃清了科學社會主義同資產階級、小資產階級的社會主義派別的界線，並且拋棄了無政府主義，堅定地選擇了科學社會主義，轉變為馬克思主義者，從而逐步地擴大了馬克思主義的思想陣地，保證了正在建立的中國共產黨在思想上、理論上和組織上的純潔性。

第四章 開天闢地

中國共產黨的誕生不僅是中國革命發展的客觀需要，更是馬克思主義與中國工人運動相結合的產物。到一九一九年前後，隨著帝國主義的入侵和中國現代工業的發展，中國的產業工人已經發展到兩百萬人左右，並且仍然在不斷發展壯大。無產階級的產生和發展，為中國共產黨的建立奠定了階級基礎。

與此同時，俄國十月革命的勝利給中國送來了馬克思列寧主義，使中國的先進分子找到了救國救民的真理。馬克思列寧主義在中國的廣泛傳播，為中國共產黨的建立奠定了思想基礎。而一九一九年爆發的五四運動，又促進了馬克思主義同中國工人運動的結合，為中國共產黨的建立作了思想上和組織上的準備。在這樣的背景下，一九二一年七月在上海召開的中國共產黨的一大，宣告了中國共產黨的正式成立。

中國共產黨的成立，給災難深重的中國人民帶來了光明和希望，給中國革命指明了方向，具有劃時代的意義。正如毛澤東所說，中國產生了共產黨，這是開天闢地的大事變。

第一節 「勞動團體應當自己起來做一個大政黨」

五四運動後，中國一些接受了馬克思主義的先進分子們，勇敢地承擔起救亡圖存，實現民族獨立、人民解放的重大歷史使命。他們或奔走於全國各地，或活動於海外，為中國共產黨的創立進行了精心的準備。

一、「南陳北李，相約建黨」

中國的出路在哪裡？五四運動以後，隨著馬克思主義在中國的傳播及其與工人運動的初步結合，許多先進分子開始在時代潮流的激盪下，聚集到馬克思主義的旗幟下，繼續尋求民族獨立和國家富強的正確道路。正是在這樣一個大的背景下，建立一個以馬克思主義理論為指導的中國無產階級政黨的任務，被提上了中國先進分子的議事日程。

最早醞釀在中國建立共產黨的是陳獨秀和李大釗。

陳獨秀和李大釗通過對馬克思主義的傳播和對俄國十月革命經驗的學習，以及通過中國工人運動的實踐，他們逐步認識到，要用馬克思主義改造中國，走十月革命的道路，就必須像俄國那樣，建立一個無產階級政黨，使其充當革命的組織者和領導者。與此相呼應，一九二〇年一月有人在報刊上發表了一篇題為《勞動團體與政黨》的文章，呼籲「勞動團體應當自己起來做一個大政黨」。

也就是在此前後，一九二〇年二月為躲避軍閥政府的迫害，在李大釗的護送下，陳獨秀從北京秘密遷移至上海。在途中，陳獨秀與李大釗交換了在中國建黨的意見。

到達上海之後，為了適應馬克思主義在中國的廣泛傳播以及馬克思主義同中國工人運動初步結合的形勢需要，陳獨秀開始將關注的主要目光從青年學生轉向了工農大眾，將對先進思想、文化的研究和傳播轉向了建立共產黨的組織。對於馬克思主義在中國的傳播歷程而言，這是一個重大轉折。這意味著，中國的先進分子開始「以俄為師」，並通過切實的行動，要在中國建立一個新型的無產階級政黨。

二十世紀二〇年代是一個國內外形勢均劇烈變動的年代，在這種「劇烈變動」中，中國的社會結構和社會思潮也發生著深刻變化。由於社會主義思潮的興起，工人運動問題開始越來越受到人們的重視。適應形勢發展的需要，中國的先進分子十分注意在馬克思主義指導下研究中國的實際問題。而且，一經接受馬克思主義，他們就把它作為認識世界、改造世界的工具。作為籌建中國無產階級政黨的第一步，他們先是深入到工人群眾中去宣傳馬克思主義，去瞭解他們的疾苦，去把他們組織起來。正因為這個原因，「到工人中去」便成為了他們的響亮口號。

一九二〇年四月，陳獨秀參加了上海碼頭工人發起的「船務棧房工界聯合會」成立大會，並在大會上發表《勞動者底覺悟》的演說。在這次演說中，他不僅熱情地向工人們宣傳了馬克思主義關於革命的道理，號召他們團結起來為本階級的利益而奮鬥，還稱讚說：「社會上各項人只有做工的是台柱子」，「只有做工的人最有用最貴重」，「盼望做工的人快快覺悟自己有用、貴重」。並指出，中國的勞動運動應該分兩步走：

第一步，要求改善待遇；第二步，要求管理權。他還提出，雖然中國勞動者的覺悟目前還處在第一步，但是要啟發工人第二步的覺悟。他號召打破傳統的「勞心者治人，勞力者治於人」的觀念，「要求做工的勞力者管理政治、軍事、產業，居於治人的地位；要求那不做工的勞心者居於治於人的地位」。

之後，陳獨秀還發表了《真正的工人團體》等多篇文章，對工人運動進行了十分廣泛的宣傳和鼓動。此外，他還約請北京大學進步學生和各地的革命青年，深入到廠礦企業進行調查，深入瞭解工人的實際狀況，向他們宣傳馬克思主義，並先後寫出了一批關於工人狀況和工廠企業的調查報告，為建黨積極準備。

在此基礎上，這年的五一國際勞動節，《新青年》、《星期評論》、《北京大學學生週刊》等刊物，都刊發了《勞動節紀念號》。《勞動節紀念號》的編輯發行，較為全面地反映了全國各地的工人狀況，較為深入地介紹全國的勞動組織和工人運動情況。此後，陳獨秀又通過主持創辦《勞動界》、《伙友》等刊物，繼續廣泛地向工人宣傳馬克思主義，以啟發他們的覺悟，組織真正的工會。

正當中國先進知識分子積極籌備建黨的時候，經共產國際批准，俄共（布）遠東局海參崴（今符拉迪沃斯托克）分局外國處派出全權代表維經斯基等十八人來華，瞭解五四運動後中國革命運動的發展情況和能否建立共產黨組織等問題。在北京和上海，通過同李大釗、陳獨秀深入會談，維經斯基等認為中國已經具備建立共產黨的條件，並對李大釗和陳獨秀的建黨工作給予了幫助。

此後，在他們的幫助下，陳獨秀以一九二〇年五月在上海成立的馬克思主義研究會為基礎，加快了建黨的步伐。他多次召集研究會成員開會，商討建黨各種具體問題。一九二〇年六月，陳獨秀同李漢俊、俞秀松、施存統、陳公培等開會最終決定成立共產黨組織。他們還起草了黨綱草案，黨綱草案共十條，其中包括運用勞工專政、生產合作等手段達到社會革命的

一九二〇年八月，陳獨秀、李漢俊、李達、陳望道等在上海成立了共產黨組織。圖為上海法租界環龍路老漁陽里二號陳獨秀寓所

目的。關於黨的名稱是叫社會黨還是共產黨，陳獨秀在徵求李大釗意見後最終決定叫共產黨。

此後，在陳獨秀主持下，又經過醞釀和準備，一九二〇年八月，上海的共產黨早期組織在上海法租界老漁陽里二號《新青年》編輯部正式成立。這是中國的第一個共產黨組織，當時取名為「中國共產黨」，其成員主要是馬克思主義研究會的骨幹，陳獨秀為書記。

當事人施存統回憶說：

一九二〇年六月間，陳獨秀、李漢俊、沈仲九、劉大白、陳公培、施存統、俞秀松，還有一個女的（名字已忘），在陳獨秀家裡集會，沈玄廬拉戴季陶去，戴到時聲明不參加共產黨，大家不歡而散，沒有開成會。第二次，陳獨秀、俞秀松、李漢俊、施存統、陳公培五人，開會籌備成立共產黨，選舉陳獨秀為書記，並由上述五人起草黨綱。不久，我和陳公培出國。陳公培抄了一份黨綱去法國，我抄了一份去日本。

當事人俞秀松也回憶說，在第一次會議上未能就建黨達成一致意見後：

過了一段時間，在第二次會議上，我們宣佈了黨的存在（當然我們黨正式存在是在一九二〇年第一次代表大會以後的事情），並選舉陳獨秀為臨時書記。

此後，上海的共產黨早期組織，作為中國共產黨的發起組織和聯絡中心，在全國統一的無產階級革命政黨的建立過程中，起到了十分重要的作用。

北京的共產黨早期組織是在李大釗的直接指導和籌劃下成立的。李大釗與陳獨秀通信相商，一致認為需要加快建黨進程，並同時在北方和南方從事建黨的籌備工作。後來人們所說的「南陳北李，相約建黨」，形象地說明了他們在中國共產黨的創建過程中所起到的倡導、推動和組織領導作用。

早在一九二〇年一月，在李大釗的號召和組織下，北京一些先進分子為了瞭解工人群眾疾苦，喚起工人的覺悟，積聚工人階級的力量，曾深入到工人居住區進行社會調查，瞭解他們的生活疾苦和思想狀況。同年三月，李大釗又主持成立了北京大學馬克思學說研究會。這個研究會，是中國最早學習和研究馬克思主義的團體，它的成員大多是五四運動骨幹和積極分子。

李大釗創辦這個研究會的目的，是為了進一步宣傳馬克思主義，推動馬克思主義與中國工人運動相結合，並讓青年學生懂得什麼是真正的馬克思主義。

研究會不僅學習、研究馬克思主義，為建黨做理論上、思想上的準備，而且培養了第一批共產黨員，為建黨做了組織上的準備。研究會成立後，在李大釗的指導下，主要活動有四項：一是收集馬克思、恩格斯和列寧的原著；二是學習和討論馬克思主義；三是翻譯馬克思主義著作；四是組織講演會和辯論會。此外，研究會成員還發起並組織了北大平民教育講演團的工作，他們深入到農村、工廠，把馬克思主義與工人運動結合起來。

嗣後，在工人、學生中進行宣傳鼓動工作的同時，李大釗等人還積極聯絡北京、天津等地的先進分子，努力促成進步團體的聯合。

經過一系列準備工作，北京的早期共產黨組織於一九二〇年十月在北京大學正式成立，當時取名為「共產黨小組」。黨小組成員最初有李大釗、張申府、張國燾三人。一九二〇年底，北京黨組織召開會議，決定成立「共產黨北京支部」，由李大釗任書記，張國燾負責組織工作，羅章龍負責宣傳工作。北京黨組織的成員，大多是北京大學的進步師生。

中國共產黨是馬克思列寧主義同中國工人運動相結合的產物。作為中國最早的馬克思主義傳播者，「南陳」和「北李」為中國共產黨的誕生作出了巨大的歷史貢獻。

二、中國共產黨的八個早期組織

上海和北京的共產黨早期組織成立後，推動了全國建黨活動的開展。此後，黨的早期組織在各地相繼建立。

武漢的共產黨早期組織，是在上海的共產黨早期組織直接領導下成立的。五四運動後，為傳播馬克思主義，董必武、張國恩與陳潭秋等人在武漢創辦了私立武漢中學。他們以此為基礎，除了深入工廠，接近工人群眾，進行深入的社會調查，還通過舉辦工人夜校、舉辦識字班等方式，吸引工人群眾參加，以廣泛宣傳馬克思主義和十月革命。

一九二〇年夏，上海黨的早期組織成立後，

一九二〇年八月十六日，「覺悟社」等四個進步團體集會商討救國運動的發展方向和聯合鬥爭的問題。李大釗應「覺悟社」之邀出席了這次會議

參與組織創建的李漢俊即從上海寫信給董必武和張國恩，後來又親自趕到武漢，與董必武等商議在武漢建立共產黨組織的問題。與此同時，曾在廣東從事社會主義宣傳工作的劉伯垂也由廣州回到武漢，途經上海時，受陳獨秀委派到武漢來組建黨組織。

在他們的共同努力下，這年的八月，在武昌董必武的寓所，由劉伯垂主持召開會議，正式成立了武漢黨的早期組織。當時取名為「共產黨武漢支部」，並推選包惠僧任書記。包惠僧後來回憶說：

「共產主義小組」這個名稱在當時沒有使用過，是後人所賦予的，我們當時都稱共產黨支部，如武漢支部、北京支部、湖南支部、濟南支部等。上海因是發起者，不叫支部稱為共產黨臨時中央（我寫史料時這樣稱呼）。

在我們活動過程中，和其他支部也發生一些關係。我們根據上海臨時中央的指示，同廣州支部書記譚平山、北京支部書記羅章龍、湖南支部書記毛澤東、濟南支部書記王盡美等都有通信聯繫，相互交換建黨情況，我們同上海的關係較為頻繁、密切。

長沙黨的早期組織是在毛澤東等人的籌劃下創立的。在這個過程中，毛澤東深受陳獨秀、李大釗等人的影響。一九一八年八月，毛澤東第一次到北京就認識了陳獨秀。一九二〇年夏，在醞釀籌備建黨期間，他又先後在北京、上海與李大釗和陳獨秀有了更為直接的接觸和聯繫。而且，這兩個地區的馬克思主義傳播情況和共產主義分子的活動情況，也對毛澤東產生了很大影響。一九二〇年七月，他回到長沙後，即從尋找志同道合的「真同志」入手，先後成立了文化書社、俄羅斯研究會等團體，大力宣傳俄國十月革命和馬克思主義，並與在法國留學的蔡和森及新民學會的其他中堅分子積極討論建黨問題。在他們的通信中，蔡和森明確提出中國必須建立共產黨。他在信中這樣說：

中國不能實行無政府主義，中國必須用社會主義的原則和方法進行改造。而進行這樣的改造，又必須有一個革命的黨來領導和組織。我以為先要組織黨——共產黨。因為他是革命運動的發起者、宣傳者、先鋒隊、作戰部。以中國現在的情形看來，須先組織他，然後工團、合作社才能發生有力的組織。革命運動、勞動運動才有神經中樞。

對蔡和森的這一主張，毛澤東十分贊同。他在回信中對「和森的主張，表示深切的贊同」。在這一思想指導下，經過毛澤東、何叔衡等人的積極活動，一九二〇年冬，長沙早期的共產黨組織在新民學會的先進分子中秘密誕生。

廣州地處中國的南大門，歷來接風氣之先，也號稱是無政府主義「輸入支那較先之地」。因此，追求、信仰無政府主義一度成為廣州菁英層的一種社會時尚。也因為這個原因，廣州的共產黨早期組織是在與無政府主義的鬥爭中建立起來的，相較於其他地方，建黨過程更為曲折。

一九二〇年七月，在北京參加過五四運動並初步接受了馬克思主義的譚平山、陳公博、譚植棠等人回到廣州。遵照陳獨秀的意見，他們於同年八月開始組織廣州社會主義青年團。廣州社會主義青年團成立後，他們大力提倡「改造社會」、「宣傳新文化」等，在工人中開展社會主義的宣傳活動，影響很大。在此背景下，一些認同社會主義的青年紛紛要求加入青年團。由區聲白、趙司農等無政府主義者倡導並於同年六七月間成立的無政府主義互助團（成員數十人），也要求與廣州社會主義青年團合併，從而使青年團員人數大增。儘管廣州的無政府主義者和馬克思主義者曾一度合作宣傳過社會主義，但是他們所倡導的社會主義與馬克思的科學社會主義畢竟存在著本質的區別，因而在改造社會的實際工作中往往難以達成共識，思想分歧也越來越大。每次開會，無政府主義者總是暗自先開會，到正式開會就爭論，「有時甚至動武，組織上表現得十分衝突」。

促使馬克思主義者與無政府主義者由矛盾衝突走向徹底決裂的，還是陳獨秀。同年十二月，應廣東省長兼粵軍總司令陳炯明邀請，陳獨秀到廣州任廣東省教育行政委員會委員長。行前，陳獨秀便與李大釗等商定，要利用這一機會，在廣東建立共產主義者組織。到達廣州之後，陳獨秀即約見譚平山、陳公博、譚植棠等人，商談在廣州建黨事宜。他說：「為使廣東民眾運動獲得更大的發展，必須建立一個領導組織。」「北京、上海各地已有共產主義集團的組織，名稱就叫『共產黨』。我的意見，廣東也應該建立一個共產黨的組織，去擔負起領導民眾運動的任務。」

就在陳獨秀到達廣州的三個月前，俄共（布）黨員斯托揚諾維奇和別斯林也來到廣州，準備建立共產黨組織。他們在北京無政府主義者黃凌霜的引薦下，到廣州後即與無政府主義者區聲白等取得聯繫，並於同年底開始正式組織建黨活動。參加這個組織的共有九人，除兩個俄國人外，其餘七個中國人都是無政府主義者。由於與無政府主義者的思想分歧，譚平山、陳公博、譚植棠等人拒絕參加這個組織。而且，當陳獨秀把自己起草的黨綱拿到上述組織進行討論時，黨綱中有些條文遭到無政府主義者的激烈反對。

在此局面下，陳獨秀認為「必須擺脫無政府主義者」。他說：「我們搞共產主義，你們搞無政府主義，目的是不同的，不能合作。」「既然目的不同，手段不同，就無法走同一條路。」此後，他通過演講或撰文的方式，一方面廣泛宣傳馬克思主義，另一方面猛烈批判無政府主義，最終使社會主義者從思想上劃清馬克思主義和無政府主義的界線，無政府主義者退出了黨組織。曾成立廣州無政府共產主義同

各地共產黨早期組織一覽表

名稱	成立時間	主要成員	主要活動
上海共產黨早期組織	一九二〇年	陳獨秀、李漢俊、李達等	創辦《勞動界》，在工人中進行宣傳組織工作，領導建立社會主義青年團，籌備建黨。
北京共產黨早期組織	一九二〇年	李大釗、張國燾等	創辦《勞動者》，幫助天津、唐山、太原等地建立黨團組織。
長沙共產黨早期組織	一九二〇年	毛澤東、何叔衡等	利用新民學會、俄羅斯研究會等進行馬克思主義宣傳，在工人群眾中開展組織工作。
武漢共產黨早期組織	一九二〇年	董必武、陳潭秋、包惠僧等	開展工人運動，創辦機關刊物《武漢星期評論》
濟南共產黨早期組織	一九二一年	王盡美、鄧恩銘等	創辦《濟南勞動月刊》，宣傳馬克思主義。
廣州共產黨早期組織	一九二〇年	譚平山、譚植棠等	以《勞動者》為宣傳陣地，促進馬克思主義與工人運動相結合，創辦《勞動與婦女》
旅日華人中的共產黨早期組織	一九二〇年	施存統等	在旅日學生中宣傳馬克思主義。
旅法華人中的共產黨早期組織	一九二一年	張申府、周恩來、趙世炎等	在旅歐學生中宣傳馬克思主義，領導學生運動。

志社的劉石心回憶說：

「陳獨秀來組織廣東共產黨時，仍主張無產階級專政，我們不能同意這個觀點，因此，我們沒有加入共產黨，各走各的路。」這樣，在陳獨秀的領導和主持下，一九二一年春，廣州「開始成立真正的共產黨」，當時取名為「廣州共產黨」。廣州共產黨的早期組織先後由陳獨秀、譚平山任書記，陳公博負責組織工作，譚植棠負責宣傳工作。

濟南共產黨的早期組織，是王盡美、鄧恩銘等先進分子在上海、北京黨組織的影響和幫助下，於一九二一年春建立起來的。

早在一九二〇年秋，王盡美、鄧恩銘等便在濟南成立了馬克思學說研究會，專門學習和研究馬克思主義。這個組織曾被政府以「宣傳過激主義」的罪名予以取締。此後，它又半公開地活動了一段時間。隨著馬克思主義傳播的深入，會員們的思想認識發生了分歧。他們中的一些先進分子，成為濟南早期共產黨組織的成員。

這樣，在陳獨秀、李大釗、毛澤東等人的努力下，從一九二〇年八月到一九二一年春，經過半年多的工作，上海、北京、武漢、長沙、廣州、濟南等六個城市建立起中國共產黨的早期組織。對於當時的情形，一九二一年的一份檔案曾這樣記載：

> 中國共產主義組織是從去年年中成立的。起初，在上海該組織一共只有五個人，領導人是享有威望的《新青年》主編陳同志。這個組織逐漸擴大其活動範圍，現在已有六個小組，有五十三個成員。

與此同時，在旅日、旅法的華人中，也成立起了由留學生中先進分子組成的中國共產黨早期組織。黨的第一次全國代表大會以前，旅日人員中建立了中國共產黨的組織，成員為施存統、周佛海兩人。他們是在上海黨的早期組織醞釀期間加入黨組織的，然後去日本，「成為『上海共產黨』的『駐日代表』」。

黨的一大後，旅日共產黨早期組織曾發展到十多人。旅法華人中的共產黨早期組織，主要是在留法勤工儉學人員中形成的，於一九二一年成立。發起人有張申府和趙世炎，成員有張申府、趙世炎、陳公培、劉清揚、周恩來等。

中國共產黨早期組織分布圖

1920年8月—1921年7月

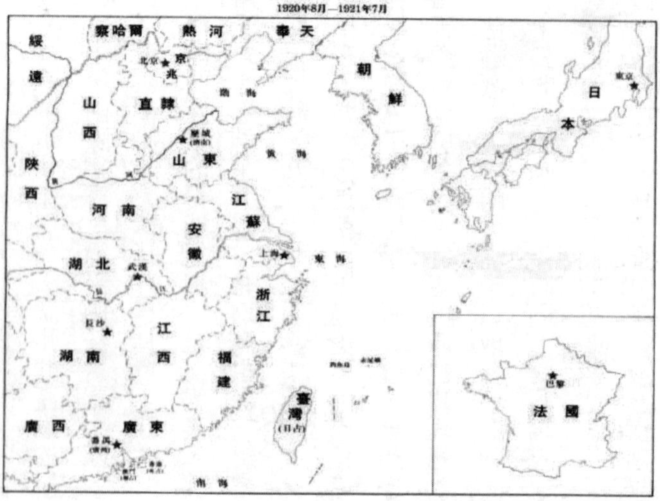

在黨的一大前各地建立起來的中國共產黨的早期組織，表明馬克思列寧主義同中國工人運動的初步結合。這些早期組織的相繼建立，使共產黨組織在全國形成了北起北京、南至廣州、上海居中的發展態勢，從而為黨的一大的召開，為中國共產黨的誕生奠定了基礎。

三、從「工人夜校」到「工人俱樂部」

黨的早期組織相繼成立以後，主要從事兩方面的工作：一是開始有計劃、有組織地研究和宣傳馬克思主義，並著力於批判各種反馬克思主義的思潮，進一步促進馬克思主義在中國的傳播；二是積極開展工人運動，努力促進馬克思主義同中國的工人運動相結合。這兩方面工作，從思想上和組織上為中國共產黨的創建做了準備。

各地共產主義小組誕生之初，即利用「提倡平民教育」的合法名義，把創辦各種形式的工人學校作為領導工人運動工作中的首要任務。

一九二〇年十二月初，北京黨的早期組織決定在長辛店創辦一所勞動補習學校，作為工作據點，宣傳馬克思主義，培養工人運動的骨幹。十二月九日，北京黨的早期組織在長辛店正式召開了勞動補習學校的籌辦會議，鄧中夏、張太雷等四人出席會議。一九二一年元旦，長辛店勞動補習學校正式開學。

長辛店距北京市中心二十一公里，京漢鐵路北段的修車廠設在這裡，有三千餘名工人。長辛店勞動補習學校開辦初期，張國燾、鄧中夏、羅章龍等便輪流擔任教員，李大釗有時也親自到學校講課。為了啟發工人們的階級覺悟，他們用通俗的語言、生動的事例，講述工人為什麼受苦受窮、為什麼要組織起來，講外國工人怎樣與資本家作鬥爭，講怎樣組織工會和政黨，等等。

在北京黨的早期組織的精心組織下，一九二一年五一國際勞動節這天，一千多名工人手舉寫滿各種標語的小旗，高呼著「增加工資」、「縮短工時」等口號，在長辛店參加了集會和示威遊行。這些工人中，除北京地區的工人外，還有天津、保定等地來的工人。在遊行中，工人代表發表了演說，並且宣佈成立長辛店工人俱樂部。這次遊行示威引起了社會各界的廣泛關注，《晨報》和《京報》的記者到現場採訪；上海的《共產黨》月刊熱烈地歡呼它「不愧乎北方勞動界的一顆明星」。北京黨的早期組織成員鄧中夏也感慨地說：「果然不到半年，五月一日勞動節，長辛店公然發生了一個中國空前未有的真正的工人群眾的示威遊行。」在北京黨的早期組織的精心領導下，長辛店工人俱樂部一經成立，便顯示出了它的生命力。為維護普通工人的切身利益，一九二二年六月，長辛店工人俱樂部提出了增加工資、改善待遇等要求。可是，對於工人們的這一要求，長辛店路局卻一拖再拖。八月二十四日，在時任勞動組合書記部主任鄧中夏的領導下，長辛店三千多工人手持白旗，上書「不得食不如死」、「打破資本專制」、「不達目的不止」等標語，宣佈全廠開始總罷工。罷工開始以後，八月二十四日夜及二十五日晨的列車均未到達鄭州。迫於各方壓力，長辛店路局最終被迫答應了工人的要求，同意每人每月增加三元工資。這場罷工以工人的勝利而告終。兩個月後，通過鬥爭，長辛店工會再次為全路每位工人贏得了實際利益，長辛店路局同意每人每月再增加三元工資，每年增加三十六元。當時，一元錢能買九公斤大米。同北京一樣，上海和其他各地的黨的早期組織也積極創辦各類工人夜校、工人補習學校和識字班等。他們通常首先從提高工人的文化程度著手，進而再對他們開展

圖為北京黨的早期組織在長辛店創辦的勞動補習學校舊址

馬克思主義的宣傳和普及教育工作，啟發他們的階級覺悟。與此同時，黨的早期組織還十分注意培養工人骨幹，積極為成立工會組織打下基礎。正如鄧中夏所說：「這個學校當然只是我們黨在此地工作的入手方法，藉此以接近群眾，目的在於組織工會。」

尤為一提的是，上海黨的早期組織還起草過一份《中國共產黨宣言》。這份宣言明確提出，要消滅私有制，實行生產資料公有，廢除舊的國家機關，消滅階級，等等。宣言還指出：要用強力打倒資本家，就要組織一個革命的無產階級的政黨——共產黨來領導無產階級奪取政權，建立無產階級專政。雖然這個宣言沒有對外公開發表，但是它第一次比較系統地表達了中國共產主義者們的理想和主張。

中國的工人階級雖然在五四運動後期已經表現出了巨大的力量，但是它畢竟還很年輕。而且，他們中的很多人都來自破產農民和城鎮遊民，缺乏階級的自覺性。因此，為了向工人宣傳馬克思主義，啟發他們的階級覺悟，各地黨的早期組織一經成立，便採取多種方式，有計劃地開展對工人的宣傳和組織工作。他們還以相當大的力量直接投身到工人中去，從事比較深入的群眾工作。這在中國其他政黨中是不曾有過的。在這個過程中，他們創辦了許多影響很大的工人刊物。如，北京的《勞動者》和《工人週刊》，上海的《勞動界》，廣州的《勞動者》，濟南的《濟南勞動月刊》，等等。這些刊物結合工人的實際生活和具體鬥爭經歷，用通俗易懂的文字，訴說工人群眾的要求，揭露中外資本家對工人的剝削和壓迫，並深入淺出地宣傳馬克思主義，不僅在工人中產生了廣泛的共鳴，也促使科學社會主義在中國成為一股強大的思潮。

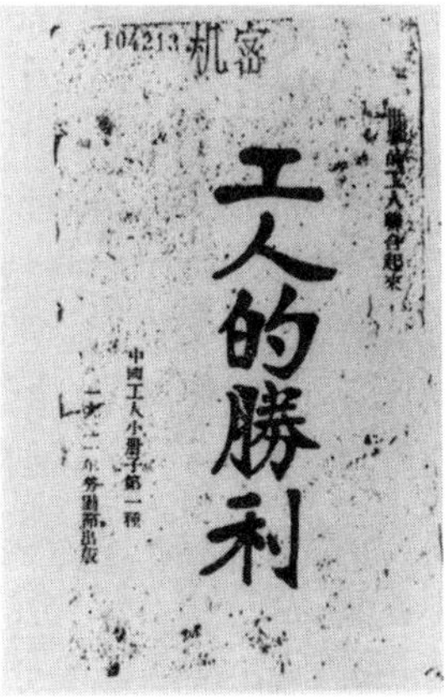

一九二一年紀念五一國際勞動節時，北京共產黨組織在長辛店、唐山、天津等地工人中散發的小冊子

這些刊物號召工人們積極團結和組織起來，「做

鄧中夏（一八九四—一九三三），湖南宜章人，早期工人運動主要領導人之一。一九二〇年，參加中國共產黨的早期組織。一九二二年八月，任中國勞動組合書記部主任，曾參加領導長辛店、開灤、京漢鐵路工人大罷工

公共的事情」。上海《勞動界》發表文章指出，工人是替世界上謀幸福的人，「這樣神聖不可侵犯的工人，竟被資本家壓迫了！真是可惱！我們此時應當要去抵抗他，我們此時就應該要有團體。但是團體，不是掛塊招牌就是團體，必須以公共集合的團體，做公共的事情。」一九二〇年九月，上海黨的早期組織將《新青年》改為上海共產主義小組的機關刊物，公開宣傳馬克思主義的基本理論，並開闢「俄羅斯研究」專欄，專門介紹十月社會主義革命和蘇維埃俄國的經驗。隨後，上海黨的早期組織又創辦了半公開刊物《共產黨》，系統介紹革命理論、黨的基本知識以及共產國際和各國共產黨的狀況等，從而實實在在地推動了建黨工作的扎實開展。《共產黨》主張用革命的手段奪取政權，在該刊第一號卷首發刊詞中曾這樣寫道：「資本主義在歐美已經由發達而傾向於崩壞了」，「代他而起的自然是社會主義的生產方法，俄羅斯正是這種方法最大最新的試驗場。」「一切生產工具都歸生產勞動者所有，一切權都歸勞動者執掌，這是我們的信條。」經過宣傳和教育，覺悟了的工人開始有了組織起來的要求。一九二〇年十一月二十一日，上海機器工會宣告成立。這是共產黨早期組織領導下建立的第一個工會組織，最初會員有三百七十餘人。在成立大會上，其他工人團體的代表和來賓近千人。孫中山、陳獨秀也到會並講話。不久，上海還成立了印刷工會，會員達一千三百多人。同北京、上海一樣，在此前後，長沙、廣州、濟南的部分產業工人和手工業工人也相繼建立了工會，逐步推動了工人運動的發展。

黨的早期組織的成員大多是知識分子出身，為了能在工人中進行有效的宣傳和組織工作，他們深入工人群眾，參加實際鬥爭，力求與工人打成一片。他們從創辦工人夜校和各類勞動補習學校入手，向

工人宣傳馬克思主義，啟發他們的階級覺悟，並領導工人們積極團結組織起來，建立工人俱樂部（工會）。從「工人夜校」到「工人俱樂部」，使得工人階級在思想感情上發生了深刻的變化，他們開始逐步接受馬克思主義，並逐步鍛鍊成為無產階級的先鋒戰士。可以說，中國的馬克思主義的思想運動，從一開始就是一個知識分子同工人群眾相結合的運動。

第二節 「成立一個強固的精密的組織」

一九二一年七月，中國共產黨宣告成立，這既是中國近代歷史發展的必然趨勢，又是中國革命鬥爭的現實需要。中國共產黨的成立，確立了馬克思主義在全黨的指導地位，拉開了用馬克思主義的立場、觀點、方法來觀察和分析中國問題，爭取國家獨立和民族解放，實現中華民族偉大復興的歷史序幕。

一、從望志路一〇六號到嘉興南湖

經過一系列努力，中國共產黨的成立被正式提上了日程。

一九二一年三月，李大釗在《曙光》第二卷第二號發表《團體的訓練與革新》一文，呼籲創建工人階級政黨。他說：

中國現在既無一個真能表現民眾勢力的團體，C派（指共產主義派——引者注）的朋友若能成立一個強固的精密的組織，並注意促進其分子之團體的訓練，那麼中國徹底的大改革，或者有所附託！

同月，在俄共遠東局和共產國際的建議和支持下，各地黨的早期組織代表舉行了一次會議。張太雷在向共產國際第三次代表大會提交的書面報告中這樣記載此次會議：

為了闡明我們的宗旨、原則和策略，為了把無政府主義分子從組織中清除出去，我們認為有必要在一九二一年三月召開各組織的代表會議，這次會議發表了關於我們的宗旨和原則的宣言，並制定了臨時性的綱領。

此次會議制定的「臨時性的綱領」，確定了共產主義組織的工作機構和工作計劃，表明了共產主義組織對社會主義青年團、同業公會、行會、文化教育團體、軍隊和工會的態度。此次會議還是一次「肅清無政府黨的大會」，對於純潔黨的早期組織並在中國創建統一的共產主義組織，起到了十分重要的作用。三月的代表會議，實際上是中國共產黨成立前的一次預備會議，它在思想上、政治上、組織上為黨的一大成功召開做了重要準備。

在這樣的背景下，一九二一年七月二十三日，中國共產黨第一次全國代表大會正式開幕。此次會議的召開，意味著中國共產黨正式出現在中國的歷史舞台上。會場設在上海法租界望志路一〇六號，會場陳設簡樸，但氣氛莊重。出席者共十三人，他們是上海的李達、李漢俊，北京的張國燾、劉仁靜，長沙的毛澤東、何叔衡，濟南的王盡美、鄧恩銘，武漢的董必武、陳潭秋，廣州的陳公博，旅日的周佛海，以及由陳獨秀指定的代表包惠僧。他們代表著全國五十多名黨員。共產國際代表馬林和尼克爾斯基列席了會議。

黨的一大召開期間，陳獨秀任廣東政府教育委員會委員長，正在籌款辦學；李大釗除任北大教授

李達（一九〇五—一九九三），湖南零陵人，上海小組代表。

李漢俊（一八九〇—一九二七），湖北潛江人，上海小組代表。

張國燾（一八九七—一九七九），江西萍鄉人，北京小組代表。

劉仁靜（一九〇二—一九八七），湖北應城人，北京小組代表。

毛澤東（一八九三—一九七六），湖南湘潭人，長沙小組代表。

何叔衡（一八七六—一九三五），湖南寧鄉人，長沙小組代表。

董必武（一八八六—一九七五），湖北紅安人，武漢小組代表。

陳潭秋（一八九六—一九四三），湖北黃岡人，武漢小組代表。

王盡美（一八九八—一九二五），山東莒縣人，濟南小組代表。

鄧恩銘（一九〇一—一九三一），水族，貴州荔波人，濟南小組代表。

陳公博，（一八九二—一九四六），廣東南海人，廣州小組代表。

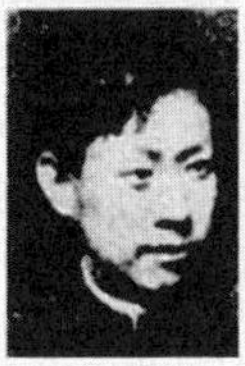
周佛海（一八九七—一九四八），湖南沅陵人，旅日小組代表。

包惠僧（一八九四—一九七九），湖北黃岡人，受陳獨秀邀請參加會議。

中共一大代表

外，還兼任北京國立大專院校教職員代表聯席會議主席。兩人均因事務繁忙，未能出席此次會議。

在黨的一大上，張國燾向大會報告了會議的籌備情況，說明了會議的重要意義，並提出了會議應當具體討論和解決的諸如制定黨綱和實際工作計劃等各種問題。共產國際代表馬林在會議上致辭，對中國共產黨成立表示祝賀，並介紹了共產國際的概況，還建議把會議的進程及時報告共產國際遠東書記處。

隨後，代表們具體商討了大會的任務和議程。七月二十四日，各地代表匯報了工作，並交流了經驗。七月二十五日至二十六日，大會休會，由黨綱起草委員會起草黨的綱領和今後工作計劃。七月二十七日至二十九日，大會繼續進行，連續三天對黨的綱領和決議作了較為詳盡的討論。各地代表在黨的性質、綱領和組織原則等主要問題上取得了基本一致的意見。

七月三十日晚，正當舉行第六次會議時，一個法租界的偵探突然闖進了會場。他環視了一周後說：「我找錯了地方。」之後，便匆匆離開了。具有豐富秘密工作經驗的馬林，斷定此人是敵探，建議立即停會，大家分頭離開。十幾分鐘後，法租界巡捕包圍和搜查了黨的一大會場，結果一無所獲。由於代表們的活動已受到監視，會議無法繼續在上海舉行。

在這種突發情況下，當晚，代表們便商量改換會議地點，在李達夫人（她是浙江嘉興人）的提議下，會議代表決定到嘉興南湖去開完最後一次會議。

按照這一決定，代表們開始分批轉移到浙江嘉興南湖。七月三十一日，代表們來到南湖，在一艘遊船上召開了最後一天的會議。陳公博和共產國際代表沒有參加南湖會議。會議通過了中國共產黨第一個綱領，共十五條，明確規定黨的名稱是「中國共產黨」，並提出黨的基本任務和奮鬥目標是：以無產階級的革命軍隊推翻資產階級，由勞動階級重建國家，直至消滅階級差別；採取無產階級政權，以達到階級鬥爭的目的——消滅階級；廢除資本家私有制，沒收一切生產資料，如機器、土地、廠房、半成品等，歸社會所有；聯合第三國際，等等。

中共一大會址（上海望志路一〇六號）和會場

黨的一大通過的《中國共產黨的第一個綱領》，確定了黨的名稱、奮鬥目標、基本政策，提出了發展黨員、建立地方和中央機構等組織制度，兼有黨綱和黨章的內容，是黨的第一個正式文獻。

黨的一大通過的《中國共產黨的第一個決議》，即《關於當前實際工作的決議》，確定黨成立後的中心任務是組織工會和教育工人，領導工人運動，對黨領導工人運動的任務、方針、政策和方法都提出了規定或要求。決議還規定，要加強對宣傳工作的領導，以提高工人的政治思想覺悟；在政治鬥爭中，在反對軍閥官僚的鬥爭中，對現有其他政黨採取完全獨立的政策，以維護無產階級的利益；並規定定期向第三國際匯報工作，等等。

考慮到黨員數量少和地方組織尚不健全的情況，中國共產黨的一大決定暫不成立中央執行委員會，只設立中央局作為中央的臨時領導機構。大會選舉陳獨秀、張國燾、李達組成中央局，選舉陳獨秀任書記，張國燾負責組織工作，李達負責宣傳工作。

中國共產黨第一次全國代表大會宣告了中國共產黨正式成立。從此，一個新的革命火種在沉沉黑暗的中國大地上點燃了。這意味著，在古老落後的中國，自此出現了一個完全新式的、以馬克思列寧主義為行為指南的、以實現社會主義和共產主義為奮鬥目標的統一的無產階級政黨。這既是中國歷史上開天闢地的大事件，也是近代中國革命歷史上劃時代的里程碑。

中國共產黨作為工人階級的政黨，不僅代表著工人階級的利益，而且代表著廣大人民和整個中華民族的利益。因此，它從誕生起就充滿著勃勃生機與活力，並預示著中國的光明和未來。正如毛澤東所說的：「自從有了中國共產黨，中國革命的面目就煥然一新了。」

二、「我黨初顯身手的重大事件」

中國共產黨一成立，便依據一大通過的綱領和決議，積極投身到實際的革命活動中去，並在鬥爭中不斷學習運用馬克思主義的觀點來觀察和分析中國所面臨的實際問題。

中國共產黨成立後，迫切需要解決的一個重要問題就是，如何盡快健全中央的組織機構和加強對各地黨組織的領導。

浙江嘉興南湖遊船（仿製）

為了解決這一問題，被中國共產黨的一大選為中央局書記、這時正在國民黨廣東政府內擔任教育委員會委員長職務的陳獨秀，根據中共中央的意見於一九二一年九月辭去職務，在包惠僧的陪同下，返回上海並正式開始主持中共中央局工作。

陳獨秀將中國共產黨的工作重點放在了工人運動上。在從廣州返回上海的路上，他對包惠僧說過這樣一段話：

作為共產黨員首先要信仰馬克思主義，其次是發動工人，組織工人、武裝工人，推翻資產階級政權，消滅剝削制度，建立無產階級專政。

為了貫徹中國共產黨的一大提出的中國共產黨在當前的中心任務是組織工人階級和加強對工人運動的統一領導，中共中央局於一九二一年八月十一日在上海成立了中國勞動組合書記部。中國勞動組合書記部是中國共產黨領導工人運動的第一個公開機構，張國燾擔任書記部主任。

八月十六日，張國燾等二十六人發表了《中國勞動組合書記部宣言》。該宣言分析了中國工人的悲慘境況，強調工人階級要聯合起來。宣言提出：

中國勞動組合書記部是由上海——中國產業的中心——的一些勞動團體所發起的，是一個要把各個勞動組合都聯合起來的總機關。他的事業是要發達勞動組合，向勞動者宣傳組合之必要，要聯合或改組已成立勞動團體，使勞動者有階級的自覺，並要建立中國工人們與外國工人們的密切關係。但是這些事業是必要大家都來做的，所以我們請求那些已成立的勞動團體加入這個書記部與我們共同進行。

為了進一步「發動工人、組織工人、武裝工人」，八月二十日，中國勞動組合書記部又出版了指導工人運動的刊物——《勞動週刊》，由李啟漢、李震瀛負責編輯。該刊物聲明，自己的任務是「專門本著中國勞動組合書記部的宗旨為勞動者說話，並鼓吹勞動組合主義」，並表示：「我們希望中國的工人們都拿材料供給這個唯一的言論機關，都來維護這個唯一的言論機關。擴大解放全人類的聲浪，促進解放全人類的事業實現。」陳獨秀回到上海之後，進一步加大了這一工作，中共中央局也把注意力投入到了工人運動。中國勞動組合部成立不久，又相繼在五個地方成立分部：北京（鄧培、羅章龍）、漢口（包惠僧、林育南）、長沙（毛澤東）、廣州（譚平山、馮菊波）和濟南（王盡美）。在北京建立的北方分部，工作範圍包括直隸、山西、陝西、甘肅及東北幾省，由羅章龍任主任。工作的重點是發動和組織北方地區的鐵路工人和開灤煤礦工人。在漢口建立的武漢分部，包惠僧、林育南先後任主任，工作重點是發動和組織湖北各地和京漢、粵漢鐵路工人。在長沙建立的湖南分部，工作重點是湖南各地以及江西安源路礦工人，由毛澤東任主任。在廣州建立的廣東分部，譚平山、阮嘯仙先後任主任，工作重點是發動和組織機器工人。李立三從法國回來，也被派到湖南開展工人運動。

中國勞動組合書記部宣言

《中國勞動組合書記部宣言》影印件

伴隨著工人運動迅速發展和中國共產黨的黨、團組織的不斷發展，上海法租界巡捕房掌握到了陳獨秀的一些政治活動情況，準備尋找機會對他採取行動。一九二一年十月四日，法租界巡捕房以《新青年》宣傳赤化為借口，逮捕了陳獨秀。陳獨秀的被捕使各進步團體「極為憤慨」。在多方的共同營救下，二十二天之後，陳獨秀被保釋出獄。

陳獨秀出獄後，不僅繼續致力於工人運動等工作，還多次與李達、張國燾及共產國際代表馬林商議，擬訂進一步開展工作的計劃。同年十一月，他以中共中央局書記的名義，向全國各地中國共產黨組織發出了《中國共產黨中央局通告》，「決議以全力組織全國鐵道工會」，並要求「上海、北京、武漢、長沙、廣州、濟南、南京、唐山、天津、鄭州、杭州、長辛店諸同志，都要盡力於此計劃」。這是中共中央領導機構成立後下發的第一份文件。從此，著手建立鐵路工人工會成為中國共產黨的緊迫任務。

通告還要求，在建立鐵路工人工會的過程中，要大力發展中國共產黨的黨、團組織；規定到一九二二年七月以前，上海、北京、廣州、武漢、長沙五區，黨員人數都要達到三十人，全國團員要超過兩千人。

按照這一要求，中國共產黨的北方區委積極領導了隴海全線五千餘名鐵路工人大罷工。雖然在規模和時間上不如香港海員大罷工，但由於隴海鐵路由東至西，橫亙中原，又與京漢、津浦鐵路相交，地理位置十分重要，因此，此次大罷工使京漢、津浦兩大鐵路幹線受阻，產生了很大的影響。陳獨秀給予了高度評價，說此次罷工「震動畿輔，遠及南方」，為「我黨初顯身手的重大事件」。為此，中共中央和共產國際代表，也都先後派專人到北方，考察這次罷工運動的詳細經過。

一九二一年底至一九二二年初，美國、英國、日本、法國、義大利及中國等九國在美國首都華盛頓召開會議，通過了《九國公約》。《九國公約》肯定了美國提出的「各國在華機會均等」和「中國門戶開放」的原則，確認帝國主義列強共同統治中國的局面，在客觀上遏制日本獨佔中國的勢頭。受此影響，在帝國主義勢力的各自操縱下，中國的各派軍閥展開了更為激烈的爭奪，並引發了多次大規模戰爭。中國政局也因此陷入了十分混亂的狀態。殘酷的事實使初生的中國共產黨認識到：中國人民所承受的苦難，遠遠不止於反對資本主義剝削這麼簡單，要解決中國的問題，就必須廣泛地發動群眾，特別是要深入到下層的工農群眾中去形成有組織的、持久的群眾運動，以此來推翻壓在中國人民身上的帝國主義、封建主義和官僚資本主義這幾座大山。

為此，中共中央局加大了宣傳馬克思主義的力度。中共中央局在上海成立了人民出版社，由李達負責，專門組織馬克思、列寧著作的出版，宣傳馬克思主義。在此後一年多的時間裡，該社先後出版了馬克思、恩格斯的《共產黨宣言》，列寧的《勞動會之建設》等著作以及「共產主義叢書」五種。這些刊物的出版，進一步促進了馬克思主義在中國的傳播。

此外，為了發動和組織工人運動，上海中國共產黨組織還及時編寫、印發了揭露華盛頓會議、紀念馬克思誕辰和盧森堡遇難、聲援香港海員大罷工等內容的小冊子數萬份。在此推動下，北京、長沙、武漢等地的中國共產黨組織，也依據自身的實際情況，開展了不同形式的宣傳活動，造成了很大的影響和很好的宣傳效果。

三、「海外奇談」成為「普遍全中國的政治常識」

中國共產黨在成立後的一年時間裡，通過不斷學習和宣傳馬克思主義，通過和工人運動的緊密結合，對中國的社會狀況和中國革命的基本問題，開始有了進一步較為理性的認識。華盛頓會議以後，列強在「門戶開放」的招牌下，進一步擴大各自在華的勢力範圍，也從經濟、政治上進一步加強對中國的掠奪和控制。在此背景下，中國政局呈現出一種兵連禍結、戰亂綿延的混亂狀態。中國向何處去？中華民族的前途在哪裡？這個重大的時代課題再次讓許多愛國志士苦惱、彷徨和憂慮。

與往次不同的是，初生的中國共產黨把馬克思列寧主義基本原理同中國革命實際結合起來，對這個問題提出了新的看法。

一九二二年六月十七日，中共中央發表了《中國共產黨對於時局的主張》。這個文件第一次明確指出，國際帝國主義和本國軍閥的壓迫，是中國內憂外患的根源，也是人民受痛苦的根源，不從根本上推翻舊制度，其他都不過是空話。這個文件還指出解決時局的關鍵是用革命的手段打倒帝國主義和軍閥，並明確發出了建立民主主義的聯合戰線的號召。這些主張，為中國共產黨的二大制定民主革命綱領的歷史任務奠定了基礎。

一九二二年七月十六日至二十三日，中國共產黨在上海南成都路輔德里六二五號召開了第二次全國代表大會。出席這次代表大會的代表有陳獨秀、李達、張國燾、蔡和森、高君宇、施存統、項英、王盡美等十二人，他們代表著全黨一百九十五名黨員。鑑於第一次代表大會遭到法國巡捕偵察破壞的教訓，為了安全，中國共產黨的二大決定少開全體會議，每次會議都更換一次地址。大會共進行了八天，舉行了三次全體會議，陳獨秀代表中共中央局向代表大會作了一年來的工作報告，張國燾報告了出席遠東民族會議的經過及第一次全國勞動大會的情況，團中央代表施存統報告了社會主義青年團第一次全國代表大會的經過以及大會通過的決議。

這次大會的中心任務是制定中國民主革命的綱領。經過討論，大會通過了《關於「世界大勢與中國共產黨」的決議案》、《關於「國際帝國主義與中國和中國共產黨」的決議案》、《關於「民主的聯合戰線」的決議案》、《中國共產黨加入第三國際決議案》、《關於議會行動的決議案》、

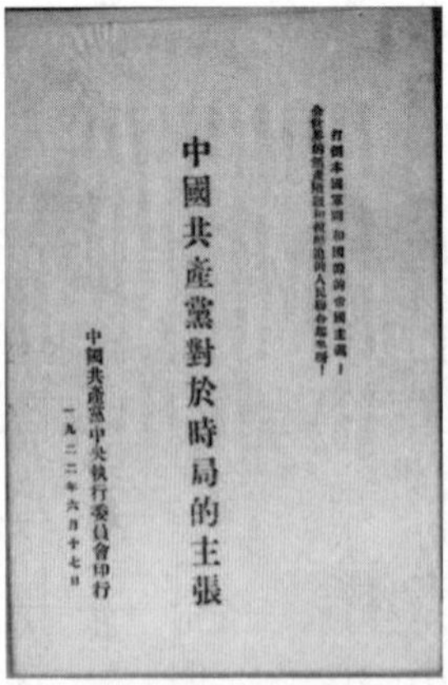

一九二二年六月，中國共產黨中央執行委員會印行的《中國共產黨對於時局的主張》

《關於「工會運動與共產黨」的決議案》、《關於少年運動問題的決議案》、《關於婦女運動的決議》、《關於共產黨的組織章程決議案》，通過了《中國共產黨章程》以及《中國共產黨第二次全國代表大會宣言》。

大會宣言是一份具有重大歷史意義的文件。它不僅通過對中國經濟政治狀況的分析，揭示出帝國主義列強侵略中國和中國社會演變為半殖民地半封建社會的歷史，還明確指出中國在政治上、經濟上無不受帝國主義列強的控制，實際上已成為國際資本帝國主義勢力所支配的半獨立國家。大會宣言中這樣寫道：

帝國主義的列強在這八十年侵略中國時期之內，中國已是事實上變成他們共同的殖民地了，中國人民是倒懸於他們欲壑無底的巨吻中間。

華盛頓會議給中國造成一種新局面，就是歷來各帝國主義者的互競侵略，變為協同的侵略。這種協同的侵略將要完全剝奪中國人民的經濟獨立，使四萬萬被壓迫的中國人都變成新式主人國際托拉斯的奴隸。因此最近的時期，是中國人民的生死關頭，是不得不起來奮鬥的時期。

據此，大會根據世界革命形勢和中國政治經濟狀況，制定了中國共產黨的最高綱領和最低綱領。關於最高綱領，大會宣言指出：「中國共產黨是中國無產階級政黨。他的目的是要組織無產階級，用階級鬥爭的手段，建立勞農專政的政治，剷除私有財產制度，漸次達到一個共產主義的社會。」關於中國共產黨在民主革命階段的最低綱領，大會宣言指出：「消除內亂，打倒軍閥，建設國內和平」，「推翻國際帝國主義的壓迫，達到中華民族完全獨立」，「統一中國……為真正民主共和國」。大會宣言指出：

> 各種事實證明，加給中國人民（無論是資產階級、工人或農人）最大的痛苦的是資本帝國主義和軍閥官僚的封建勢力，因此反對那兩種勢力的民主主義的革命運動是極有意義的：即因民主主義革命成功，便可得到獨立和比較的自由。

此外，大會還通過決議：中國共產黨加入第三國際，「中國共產黨為國際共產黨之中國支部」。大會還改選了中共中央領導機關，陳獨秀、李大釗、蔡和森、張國燾、高君宇為中央委員。陳獨秀為委員長，蔡和森分管宣傳工作，張國燾分管組織工作。

中共二大會址：上海南成都路輔德里六二五號（今成都北路七弄三十號，當時為李達寓所）

中國共產黨的第二次全國代表大會，在中國共產黨的發展史上具有重要的地位。它的主要功績，在於明確地提出了中國共產黨的最高綱領和最低綱領，特別是在中國人民面前第一次提出了徹底的反帝反封建的民主革命綱領，指出了中國人民革命的方向。這次大會所通過的各項決議、宣言，特別是《關於共產黨的組織章程決議案》以及第一個《中國共產黨章程》，比中國共產黨的第一次代表大會前進了一大步，反映了一個無產階級政黨逐步走向成熟的成長過程。

中國共產黨的二大宣言發表後，胡適在《努力》週刊發表文章，嘲笑中國共產黨提出的軍閥背後站著帝國主義這個科學論斷「很像鄉下人談海外奇聞」。他認為，用不著反對帝國主義和推翻軍閥統治，只要由「好人」組成「好政府」，中國就能得救。

但是，中國的實際情況卻是，不推翻帝國主義壓迫和軍閥統治，真正的「好政府」是建立不起來的。因此，中國共產黨的二大提出的民主革命階段的最低綱領很容易為處於苦難中的中國人所接受。很快，中國共產黨的二大提出的「打倒列強除軍閥」的口號，便成為廣大群眾家喻戶曉的口號。正如兩年後蔡和森回憶這一事實時所說：

本報初揭載國際帝國主義侵略中國之理論與事實時，北京大學教授胡適之目為海外奇談，現在這種海外奇談竟成為普遍全中國的政治常識。

僅僅兩年時間，「海外奇談」便成為了「普遍全中國的政治常識」。這意味著，在中國共產黨的領導下，革命的火種已經播散在了中國大地上。

第三節 一九二二：「中國勞動紀元年」

中國共產黨成立後，從中共中央到地方各級組織的主要精力都放在了工人運動上。在中國共產黨的大力推動下，工人運動出現蓬勃發展的局面，一九二二年也因此被稱為「中國勞動紀元年」。

一、「高潮的第一怒濤」

革命形勢的發展呼喚著歷史前進的領導者。一九二二年五月，中國共產黨準確把握形勢，組織召開全國工人大聯合的勞動大會，並由此確立了在工人群眾中的領導地位。

這次大會是以中國勞動組合書記部的名義召集和組織的。

參加大會的有來自全國各地的各種政治派別的工會代表一百七十三人，代表著十二個城市一百一十多個工會的三十四萬有組織的工人。此次大會不僅成功「引導工人階級開始走上全國團結的道路」，還通過「在中國全國總工會未成立以前，中國勞動組合書記部為全國總通訊機關」案，事實上確定了中國勞動組合書記部為全國工人運動的領導機關。這是對中國共產黨在工人運動中的領導地位的一種肯定。此後，在中國共產黨發動和領導之下，中國工人階級覺悟很快得到提高，工人運動出現了蓬勃興起的局面。也就是在這一背景下，中國共產黨領導的工人運動形成了第一次高潮。

第一次工人運動高潮，以一九二二年一月香港海員罷工為起點，以一九二三年京漢鐵路工人罷工為終點。在長達十三個月的時間裡，爆發的罷工鬥爭達一百多次，參加的人數在三十萬人以上。這其中，大部分都是中共黨組織或由中共所領導的工會組織直接發動的。在第一次工人運動高潮中，香港海員罷工格外引人注目。這是因為，它是中國工人階級第一次直接同帝國主義勢力進行的有組織的較量。

香港中國海員長期遭受英帝國主義的殖民統治和資本家、包工頭的剝削及種族歧視，他們工作時間長、勞動強度大、工資微薄，與白人海員同工不同酬，工資待遇不及白人海員的五分之一，還常遭受凌辱、打罵及剋扣工資，並隨時受到無故開除的威脅，生活狀況十分困苦。一九二〇年，一場十分嚴重的通貨膨脹更使他們微薄的薪資難以為繼。為此，他們迫切希望能夠上調薪資，以資生計。

自一九二〇年起，林偉民和蘇兆徵等在香港海員工人中進行革命宣傳，並發起成立海員工會籌備組。在他們的領導和組織下，海員們的階級覺悟不斷提高，反抗鬥爭的積極性不斷高漲。在此背景下，一九二一年三月，蘇兆徵、林偉民等在香港組建中華海員工會聯合總會。這是中國海員第一個真正的工會組織。

一九二二年一月十二日，在前兩次要求資方增加工人工資遭到無理拒絕後，海員工會第三次提出增加工資的要求，並限令二十四小時內給予圓滿答覆，否則就舉行罷工。但是，驕橫的資本家卻對海員工會的最後通牒置若罔聞，並再一次無理拒絕了他們增加工資的要求。中國海員忍無可忍，在海員工會聯合總會的組織領導下，開始舉行了大罷工。

令資方意想不到的是，短短一個星期內，罷工規模便迅速擴大，海員紛紛從香港返回廣州。廣州各工會給了香港海員以積極的支持和協助。從一月底開始，香港運輸工人舉行同情罷工。罷工使得五條太平洋航線和九條近海航線陷於癱瘓。但是，在這種局面下，港英當局和輪船資本家仍然拒不答應海員們的要求。

圖為一九二二年十月十日在漢陽召開漢冶萍總工會成立大會

對香港海員的罷工鬥爭，中國共產黨極為關注和重視，通過勞動組合書記部進行了大量的支援罷工鬥爭的工作，包括向罷工海員捐款，及時發動上海工人成立「香港海員後援會」等，做返穗工人的後盾。中共廣東支部和社會主義青年團廣東區委組織全體中國共產黨、團員參加接待和其他各項工作，發表《敬告罷工海員》書，及時對罷工運動予以支持和引導，號召海員團結一致，嚴守秩序，注重自治，堅持到底。中國共產黨還派出勞動組合書記部負責人李啟漢赴香港慰問罷工海員，並與港英當局企圖招募新工人破壞罷工的陰謀進行了鬥爭。

此外，中國勞動組合書記部還積極號召全國工人支援香港海員大罷工。在各地中國共產黨組織的領導下，上海、湖北、河南等地以及京奉、京漢、隴海、京綏等鐵路工人，紛紛成立香港海員罷工後援會。京漢鐵路工人不顧當局的迫害，將寫有「援助香港海員」六個紅色大字的大旗，掛在火車頭上，隨列車的運行而飄揚。

罷工鬥爭的不斷發展，令港英當局及資本家十分恐慌。

他們採取離間、恫嚇、威脅手段對待罷工海員，宣佈海員工會為「非法團體」，並派出武裝軍警實行戒嚴，封閉海員工會會所，逮捕罷工領導人。這些舉措，更加激起了海員和廣大工人群眾的義憤。從二月初起，罷工從要求增加工資的經濟鬥爭，發展成為反抗帝國主義壓迫的政治鬥爭。為支援海員鬥爭，香港各行業的中國工人也於二月底實行總同盟罷工。到三月初，罷工總人數達十萬，罷工浪潮席捲整個香港。香港出現了運輸中斷，生產停頓，商店關門，物價暴漲，日用食品日益匱乏，市民大量搶購的現象，完全陷入了癱瘓狀態。

這次罷工由於它的反帝性質，得到了孫中山和國民黨廣州革命政府的支持。中華海員工業聯合總會在香港成立，工會的名稱是孫中山起的，工會的牌子也是他親筆書寫的。他還以大元帥的名義派王斧均代表他到香港參加工會成立典禮。

一得到罷工的消息，他又立即從桂林電令馬超俊到香港慰問，並且通知廣州大本營財政部部長廖仲愷籌款支援。此外，為了支持海員罷工，孫中山還同意徐謙在國務會議上的提議，明令取消了新刑律中罷工治罪的條文。這是對海員罷工在政治上的有力支持。

在採取高壓、恐嚇、欺騙、調停、利誘和分裂等手段均告失敗之後，三月四日，當數千名罷工工人徒步經沙田返回廣州時，惱羞成怒的港英軍警竟向手無寸鐵的工人開槍掃射，當即打死六人，打傷工人一批，造成震驚中外的「沙田慘案」。

英帝國主義的暴行，激起了廣大工人和各階層群眾的強烈義憤，紛紛提出強烈抗議，香港總同盟決定罷工繼續擴大。在這種形勢下，港英當局和輪船資本家迫於各方的巨大壓力，不得不向工人屈服，於三月八日接受罷工海員們提出的基本要求：取消封閉海員工會的命令，恢復海員工會原狀；實行新的僱用船員辦法，以減少工頭的中間盤剝；答應為海員增加百分之十五至百分之三十的工資；撫恤死難工人家屬，賠償傷者醫藥費；釋放被捕工人，等等。

這場歷時五十六天的罷工最終取得了勝利。喜訊傳來，工人們在香港和廣州兩地舉行慶祝大會。在香港，當港英當局的代表把海員工會的招牌重新掛起時，人們群情激奮，「工人萬歲」的歡呼聲響徹整個香港。在廣州，有十餘萬工人在東校場舉行大會，歡送香港工人勝利返港。會後舉行大遊行，先後加入遊行者達三十餘萬人。對此，鄧中夏在《中國職工運動簡史》中給予了高度評價，稱其為「高潮的第一怒濤」。他說：「一九二二年一月，香港海員大罷工是高潮的第一怒濤」，「香港政府此時除接受罷工海員的要求外，再也無路可走，七十年來赫赫奕奕的大英帝國主義終於在中國海員的威力之下屈服了。」香港海員罷工鬥爭的勝利，有力地打擊了帝國主義者的氣焰，極大地鼓舞了中國工人階級，增強了工人階級的戰鬥勇氣和信心，推動了工人運動的發展。領導香港海員大罷工的蘇兆徵、林偉民是從工人中產生的優秀人物，他們後來都成為中國共產黨的一員。

二、將「安源這鍋冷水燒熱」

一九二二年下半年，罷工高潮在全國各地普遍興起。在風起雲

香港海員罷工工人歡慶鬥爭勝利

湧的罷工鬥爭中，安源路礦工人大罷工產生了很大的影響。

安源，位於江西省西部萍鄉縣（今為萍鄉市）境內，與湖南省毗鄰，是一個有著一千多年開採歷史的古老礦區。一九〇三年，為運輸煤炭而修築的株（洲）萍（鄉）鐵路通車。從這個時候起，安源出產的煤炭主要通過株萍鐵路外運。所以，安源礦局、株萍路局又被統稱為「安源路礦」。到二十世紀二〇年代初，安源路礦已有一萬多名工人。在帝國主義、官僚買辦和把頭的統治下，工人們長期受盡欺凌，勞動條件差，生活非常困苦，並遭受著殘酷的壓迫和剝削。

湖南黨組織非常關心安源路礦工人們的疾苦。一九二一年秋，中共湖南支部書記毛澤東來到安源進行社會調查。通過調查，毛澤東認為安源路礦是工人運動可能很快開展的地方，便決定把安源路礦共產黨和工會組織的建設放在重要位置。回到長沙後，他即以勞動組合書記部的名義與安源工人通信，並寄送各種進步報刊。「於是，要求解放之念，在此少數工友之心中，乃如雨後春筍，勃然怒放。」

就在此時，受陳獨秀派遣，李立三來到長沙找到了毛澤東。據李立三回憶：

毛澤東對我說，「安源工人眾多，受到種種殘酷剝削和壓迫，生活特別痛苦，是工人運動可能很快開展起來的地方。但是，反對勢力的強大和社會環境的黑暗，要開展革命工作並不容易，應當利用一切合法的手段，取得合法的地位，站穩腳跟，和工人群眾接近，發現他們當中的優秀分子，盡快把它們組織和訓練起來，建立黨的支部，作為團結的核心」。因此，他要我們以平民教育的名義，由湖南平民教育促進會介紹到安源去。

一九二一年十二月下旬，毛澤東、李立三等再次到安源進行調查。毛澤東相信「眾人拾柴火焰高」，與李立三決定將「安源這鍋冷水燒熱」。按照毛澤東的指示，李立三等人到安源後，以興辦平民教育為理由，積極創辦工人夜校，培養工人積極分子，並發展工人黨員，很快，就發展了幾名黨員和兩百多名積極分子。一九二二年二月，中國產業工人最早的安源路礦工人黨支部成立，由李立三任書記。同年五月，又成立了安源路礦工人俱樂部，李立三為主任，朱少連為副主任。安源路礦工人在中國共產黨的領導下，緊密地團結在俱樂部周圍，工人運動蓬勃開展起來。

工人運動的興起引起了路礦當局的恐慌，他們採取利誘、恐嚇的手段，誣蔑工人俱樂部是「亂黨」機關，並揚言要用「武力查封」，趕走工人俱樂部領導人。路礦當局的這種做法，更加激起了工人們的義憤，他們紛紛要求俱樂部採取強硬手段，舉行罷工。

在這樣的背景下，八月，李立三又到長沙向毛澤東報告了安源路礦工人運動情況，並提出在安源路礦舉行罷工的條件已經成熟。九月七日，毛澤東再次從長沙趕到安源，聽取了工人們要求罷工的呼聲，實地調查了安源路礦的形勢，果斷作出舉行罷工的決定，並對罷工的思想發動和組織準備作了部署。

毛澤東回到長沙後，經區委研究，決定派區委委員劉少奇到安源和李立三一道領導安源路礦大罷工。

九月十二日，李立三、劉少奇秘密召開了安源共產黨支部會議，討論大罷工問題。會議決定成立罷工指揮部，由李立三任總指揮，劉少奇任俱樂部全權代表。同時，還成立了偵察隊等組織，以負責維持罷工期間的秩序。會議還提出了「從前是牛馬，現在要做人」的罷工口號，確定了「改良待遇」、「增加工資」、「組織團體——俱樂部」等三項鬥爭目標，並擬訂了「我們要活命，我們要飯吃，現在我們餓著了，我們的命活不成了，我們於死中求活，迫不得已以罷工為最後手段」的罷工宣言。

一九二二年九月十四日，經過充分的準備後，安源路礦工人舉行大罷工。工人俱樂部發表《萍鄉安源路礦工人罷工宣言》，向路礦兩局提出承認工人俱樂部、增加工資、改善待遇、發清欠餉、廢除把頭制等十七項要求。

安源路礦工人大罷工後，迅速得到全國各地工會的聲援和社會各界的廣泛同情和支持，但路礦當局妄圖「將此掀天風潮消滅於無形」。他們一方面接連發拍所謂「亂黨造反」的告急電報，要求軍政當局派遣軍隊保護，提出對策；另一方面又決定由工頭出面，採取找親戚朋友的方法，收買少數工人復工。

而且，為了破壞罷工，他們還計劃通過懸賞銀洋、派遣密探等方式陰謀刺殺李立三。工人們得知這一情況後，一面公開宣言「俱樂部主任若被害，當使路礦當局全體職員不得生離安源」，一面又對李立三等人加強戒備予以保護，從而使路礦當局的陰謀未能得逞。

路礦當局一計不成又生一計。他們竟電請當地軍閥，將安源劃為特別戒嚴區域，設戒嚴司令部，並「以每人二元一天」的價碼，請他們「佔住俱樂部及各處重要工作處」。為應對這一形勢，當劉少奇前往談判時，數千名工人為保護自己的代表，一度將戒嚴司令部包圍。由於工人的英勇鬥爭和社會輿論的壓力，路礦當局最終不得不於九月十八日派出全權代表，同工人俱樂部代表正式簽訂有十三款內容的條約，接受工人們提出的條件。

這樣，堅持了三天的安源罷工宣告勝利結束。工人俱樂部成員也迅速由罷工前的七百人發展到一萬餘人。條約簽字的當天，工人俱樂部舉行了罷工勝利慶祝大會和遊行。十八日當天，俱樂部通知全體路礦工人正式復工，並發佈《萍鄉安源路礦工人上工宣言》說：「罷工勝利了！氣也出來了！從前是『工人牛馬』，現在是『工人萬歲』！我們的第一步目的已經達到了，我們宣告上工。」

安源路礦大罷工是有一萬多工人參加的大規模罷工，鬥爭形勢十分複雜。因此，要求罷工鬥爭既要堅決，又要恰如其分。對於這一點，俱樂部全權代表劉少奇認識得十分深刻。他說：

油畫：《劉少奇和安源礦工》。侯一民 繪

要事先告訴幹部和黨員：革命的目的是奪取政權；在沒有取得政權以前，工人是不能得到完全解放的。所以，罷工中所提出的條件，只能是有限的。談判的結果，也一定是有限的。只要達到增加工資和承認工人俱樂部，就宣佈罷工勝利，結束罷工。

正是由於以李立三、劉少奇等共產黨人為骨幹的工人俱樂部的正確領導，這次罷工才取得了「未傷一人，未敗一事，而得到完全勝利」的突出成就，創造了全國「絕無僅有」的成功範例。正是因為這個原因，安源路礦大罷工在全國產生了重大影響。它不僅成為中國共產黨第一次獨立領導並取得完全勝利的工人鬥爭，還擴大了中國共產黨的影響。

三、壯烈的開灤五礦和京漢鐵路大罷工

在中國共產黨的領導下，全國的工人運動持續高漲。這引起了帝國主義列強和北洋軍閥們的極端仇視，他們對迅猛發展的工人運動伺機進行鎮壓。

創辦於清朝末年的開灤五礦，包括唐山、趙各莊、林西、

馬家溝和唐家莊等五個礦區，最早由中國官僚資本家創辦，後又借用英國貸款，雖名為中英合辦，實際上卻完全由英帝國主義者控制。開灤五礦是當時中國規模最大和最早採用新式技術開採的煤礦，礦工約為四萬人。在這個被資本家標榜為「新式企業」的礦區，幾萬名礦工過著十分悲慘的生活。他們每天勞動時間長達十六個小時以上，工作環境惡劣，工資待遇很低，礦井缺乏起碼的安全措施，塌方、起火、中毒、瓦斯爆炸等工傷事故頻繁發生，礦工們的生命安全毫無保障。在這裡，每年僅被礦車軋死的工人就有四百多名。

一九二二年秋，中國勞動組合書記部北方分部主任羅章龍等人，先後深入到唐山和開灤煤礦，瞭解工人的勞動和生活狀況，並舉辦工人夜校，組織籌建工會組織，積極領導工人們開展鬥爭。羅章龍回憶說：

準備唐山開灤五礦罷工事，始於一九二一年冬。當時北方區委有個計劃，要在唐山地區，包括豐潤、灤縣、灤南、唐山五個縣市，組織一個鐵路、礦山、工廠——水泥廠和玻璃廠（其後又有交通大學）的聯合總行動，即「唐山地區同盟罷工」，顧名思義，要在北方來一個規模盛大的政治經濟罷工。

同年八月，中國勞動組合書記部主任鄧中夏在視察開灤煤礦工人罷工準備後，決定要派人加強對罷工的組織和指導。同年九月，開灤五礦先後成立了工會。羅章龍回憶說：

開始成立的是地下工會，經過一段時間的工作，搞了一些鬥爭，其中有較小的勝利，也有較大的勝利。一九二二年九十月間開始提出組織全礦的工會，礦工提的條件比書記部原來規劃的要廣泛，這是因為唐山礦工生活比鐵路工人生活更苦，工人的工資比鐵路工人工資還低。

礦工們看到鐵路工人鬥爭的勝利，如京漢路長辛店罷工的條件得到承認了，山海關、秦皇島和其他地區罷工也得到或多或少的勝利。在這種情況下，礦工就更迫切要求罷工，來改善其生活條件。

十月十五日，中共唐山地委召開由各廠礦代表參加的聯席會議，研究組織聯合鬥爭以及罷工的策略問題。十月十六日，在開灤五礦工人聯合會的組織下，派出八位工人代表，向礦務局遞交請願書，提出增加工資、改善待遇等六項要求，限時礦局答覆，並定於月底舉行罷工。為組織好這次罷工鬥爭，十月十九日，在中共唐山地委和中國勞動組合部的領導下，成立了罷工領導機構——開灤五礦同盟罷工委員會。其組成人員有羅章龍、王盡美、鄧培等人及各礦工人代表二十人。但是，罷工開展得並不順利。羅章龍回憶說：

英國是一個工礦業多，工人罷工也多的國家。英國的統治者，對付工人有一套豐富的經驗，英國董事會採用英國的辦法來對付中國工人，是很厲害的。我們向礦山提出條件，他們說：你們的條件可以考慮，但勞資雙方不能處在政治上平等的地位來談判，工會不能成立。我們工人也不能同意礦方這種無理答覆。工人們說：我們的鬥爭，經濟條件固然要爭，但是在政治上組織我們的工會，這也是很要緊的，我們也要爭。在這種形勢下鬥爭是很艱苦的。

開灤礦務局採取「堅不退讓」的態度，拒絕了工人們提出的要求後，為防止工人罷工繼續擴大，他們採取「一手持棍，一手持糖」的政策，通過威脅或小恩小惠誘騙工人上當等方式，處心積慮地破壞和扼殺此次罷工。十月二十二日，礦方無理扣留了六名請願工人代表。這一做法，激起了工人們的極大憤怒，罷工委員會決定舉行五礦同盟大罷工。十月二十三日，開灤五礦和秦皇島碼頭的工人同時宣佈罷工。隨後，唐山啟新洋灰公司、華新紡紗廠的工人也舉行同情罷工，參加罷工者高達五萬餘人。

罷工開始後，罷工委員會以五礦俱樂部的名義發表總罷工宣言，控訴了英國資本家虐待工人的行徑，述說了工人的悲慘生活，呼籲全國社會各界對罷工鬥爭予以聲援和支持。罷工宣言說：「開灤礦務局對礦工的態度，甚至奴隸，我等生命不及騾馬，在工作時，往往發生事故，洋人對於騾馬之死傷，必問幾匹，唯工人死傷多少，則絕不介意。」「此等痛苦，千言萬語，不能盡述，真可謂人間之地獄也。」不斷擴大的罷工鬥爭引起了外國資本家和當局的憤怒，他們相互勾結，急調軍警三千多人實行武力鎮壓。英帝國主義甚至直接派出武裝軍隊參與鎮壓。他們不僅查封了開灤五礦工人俱樂部和啟新洋灰公司工會，還製造了重傷七人、輕傷五十七人的流血慘案。罷工領導人有的被捕，有的受到監視。

一九二二年十月，開灤五礦工人為要求增加工資、組織工會舉行罷工，取得部分勝利

此後，罷工工人不屈不撓，仍將罷工堅持了二十多天，並取得了部分勝利。

開灤五礦大罷工雖然沒有達到預期的目的，但卻顯示了工人階級的力量。這次大罷工是中國共產黨領導的，中國第一次工人運動高潮中北方最著名的罷工，也是一次直接反對帝國主義的工人鬥爭，在國內外產生了很大的影響，在中國工人運動史上留下了光輝的一頁。

同開灤五礦罷工一樣，在中國共產黨領導的第一次工人運動高潮中，京漢鐵路工人大罷工也上演了壯烈的一幕。

京漢鐵路縱貫河北、河南、湖北三省，是連接華中和華北的交通命脈，有重要的經濟、政治和軍事意義。京漢鐵路的運營是直系軍閥吳佩孚軍餉的主要來源之一。

一九二三年二月一日，中國共產黨領導下的京漢鐵路總工會籌備會決定在鄭州召開成立大會，參加大會的代表和各鐵路工會代表、漢冶萍總工會代表、武漢三十多個工會代表，以及北京和武漢等地學生代表近三千人齊聚鄭州。中共中央對這次大會非常重視，派出了張國燾、陳潭秋、羅章龍、包惠僧、林育南等人出席大會。軍閥吳佩孚以「軍事區域，豈能開會」為借口，下令禁止在鄭州召開京漢鐵路總工會成立大會，並派出大批荷槍實彈的軍警在鄭州全城實行戒嚴。但是，參加會議的工人代表卻不顧生死，衝破軍警的重重包圍，高呼「京漢鐵路總工會萬歲」、「勞動階級勝利萬歲」等口號，在鄭州普樂園劇場舉行大會，宣佈京漢鐵路總工會成立。

當天，全副武裝的軍警包圍了會場，強行解散會議，搗毀總工會和鄭州分會會所，並驅趕代表。代表們受此凌辱，十分憤怒。當晚，京漢鐵路總工會執委會召開秘密會議，決定全路工人自二月四日舉行總罷工，號召全路工人「為自由作戰，為人權作戰，只有前進，絕無後退」，同時決定將總工會臨時總辦公處移至漢口江岸。

二月四日，京漢路全路兩萬多工人舉行大罷工，一千兩百公里鐵路陷入癱瘓。京漢鐵路工人大罷工的爆發，引起了帝國主義和軍閥的恐慌，吳佩孚在帝國主義的支持下，調動兩萬多名軍警在京漢鐵路沿線鎮壓罷工工人，製造了震驚中外的「二七慘案」。在漢口，二月七日當夜，天降大雪，軍警把京漢鐵路總工會江漢分會委員長、共產黨員林祥謙綁在江岸車站站台的木樁上，讓他下令復工，遭到斷然拒絕。軍警又連砍數刀，逼迫他下令復工，林祥謙高呼「上工要總工會下命令，我的頭可斷，工是不能上

京漢鐵路總工會江漢分會委員長林祥謙烈士

的」。林祥謙堅貞不屈，最後英勇就義。在武昌，共產黨員、武漢工團聯合會法律顧問施洋被殺害。在這次慘案中，前後有五十二人犧牲，三百餘人受傷。此外，罷工工人被捕的有四十多人，被開除的達一千多人。

京漢鐵路工人大罷工是中國共產黨領導的第一次工人運動高潮的頂點，它進一步顯示了中國工人階級的力量，擴大了中國共產黨在全國人民心中的影響。罷工雖然失敗了，但卻以普通工人的生命和鮮血進一步喚醒了中國人民，使他們更加清楚地認識到帝國主義和軍閥是中國人民的敵人，必須與之鬥爭到底，才能獲得真正的自由和解放。

開灤五礦和京漢鐵路大罷工，雖然沒有取得成功，但它們卻為初生的中國共產黨提供了一些重要的經驗教訓，使他們認識到：中國革命的敵人是強大的，僅僅依靠工人階級的孤軍奮戰是不夠的；沒有革命的武裝，僅僅依靠罷工進行合法鬥爭是不行的；統一戰線和武裝鬥爭，是中國革命的兩個根本問題。正是帶著這些寶貴的經驗教訓，中國共產黨進入了以國共合作為基礎的大革命時期。

第五章 風雲翻滾

二十世紀二〇年代初，中國大地上的各路軍閥割據一方、混戰不休。面對著兵連禍結、生靈塗炭的惡劣環境，「打倒列強，剷除軍閥」，便成了全國人民的共同願望。

在此背景下，從一九二四年一月起至一九二七年七月止的三年半時間裡，中國共產黨和中國國民黨兩黨進行了第一次合作。第一次國共合作加速了中國革命的進程，開創了中國現代歷史上轟轟烈烈的「大革命」。這場大革命，不僅推翻了北洋軍閥的統治，沉重地打擊了帝國主義的侵略勢力，還宣傳了中國共產黨的綱領，擴大了在群眾中的影響，並使廣大的人民群眾受到一次普遍的革命洗禮，從而為中國革命的繼續前進奠定了基礎。

但是，到了一九二七年七月的大革命後期，由於蔣介石和汪精衛控制的國民黨右派不顧國民黨左派的堅決反對，宣佈與共產黨決裂，並相繼發動了「四一二」、「七一五」等反革命政變，公開叛變革命，致使第一次國共合作破裂。

第一節 「和平、奮鬥，救中國」

民國成立後的很長時間，孫中山一直為維護共和制度而執著奮鬥。但是，他以頑強毅力所投入的護國運動和護法運動，卻遭遇了一次又一次的嚴重挫折。這些挫折，使孫中山在痛苦中深思。痛定思痛，他深感國民黨內許多人已日趨腐敗，中國革命要想取得成功，就必須改弦易轍。為此，他開始以很大的熱情去關心社會主義運動。

一、李大釗與孫中山的一次長談

俄國十月革命發生後，孫中山立刻表示出了很大的同情。

一九二〇年秋，他動身去廣州前專門會見了共產國際代表維經斯基，雙方談得十分融洽。到達廣州當天，他就此發表了十分熱情的演說。他說：「此次俄國革命後，實行社會主義。俄國遂釀成一種良好風氣，而此種風氣傳遍歐洲，歐洲各國，竟莫能抵抗。」次年十二月，孫中山又同馬林進行了三次長談，給他充當翻譯的是中共黨員張太雷。這次會談同樣給了孫中山很大的啟發，會談後，他對廖仲愷和汪精衛表達了同樣的看法。他說：

今聞馬林言，始悉蘇俄行共產主義後，以深感困難，乃改行新經濟政策。此種新經濟政策，其精神與余所主張之民生主義，不謀而合。余深喜蘇俄能先實行與余之主義相符之政策，益信余之主義切合實行，終必能成功也。

對於這一看法，他後來還這樣總結性地談道：「法美共和國皆舊式的，今日唯俄國為新式的，吾人今日應造成一最新式的共和國。」「吾國今日之革命，非以俄為師，斷無成就。」

一九二三年，陳炯明叛變發生後，孫中山在永豐艦上堅持了五十多天，這一經歷更加加深了他的上述看法。他說：

在這些日子裡，我對中國革命的命運想了很多，我對從前所信仰的一切幾乎都失望了。而我現在深信中國革命的唯一實際的真誠的朋友是蘇俄。

倘我不得赴蘇聯，現在我寧可不到上海去，而將於此地鬥爭下去終此一生。但我確信，蘇俄甚至在危難之中也是我唯一的朋友。我決定赴上海繼續鬥爭。倘若失敗，我則去蘇俄。

此後，孫中山開始同共產黨人積極建立關係，並真誠地表示出他讚賞十月革命和與共產黨合作的願望。

與此同時，在中共西湖會議前，李大釗即持聯合孫中山的態度。會議後即一九二二年八月底，李大釗受中共中央委託，專門到上海與孫中山進行了一次關於國共合作的長談。

此時避居上海的孫中山，經陳炯明叛變的打擊後，不僅與蘇俄和中共的合作願望加強，而且同時也有與北方軍閥妥協的

圖為一九二三年八月孫中山在永豐艦上紀念蒙難一週年留影

念頭。因此，他對李大釗這樣一個既有學識又有廣泛政治接觸的人表示了由衷的歡迎。李大釗後來在《獄中自述》中這樣回憶：

大約在四五年前，其時孫中山先生因陳炯明的叛變，避居上海，釗曾親赴上海與先生晤面，討論振興國民黨以振興中國之問題，曾憶有一次孫先生與我暢論其建國方略，亙數時間，即由先生親自主盟，介紹我入國民黨。是為釗獻身於中國國民黨之始。

在自述初稿中，李大釗還有「先生與我等暢談不倦，幾乎忘食」之語。由此可見，孫中山與李大釗二人談話投機、情志相契的程度。

通過這次長談，孫中山與李大釗之間瞭解日益加深。孫中山從李大釗身上看到了中國共產黨蓬勃的生機和旺盛的活力，也強烈地感受到「國民黨正在墜落中死亡」，需要注入共產黨這樣的新鮮血液。在孫中山眼中，李大釗是位學識淵博、有勇有謀、思想清晰、朝氣蓬勃而又腳踏實地，真正值得欽敬的革命同志。因此，他當即表明態度願意介紹李大釗加入國民黨，並指定由張繼負責落實。在李大釗表示自己是第三國際黨員時，孫中山回答說：「這不打緊，你儘管一面做第三國際黨員，一面加入本黨幫助我。」這樣，李大釗就作為共產黨員最早地加入了國民黨。此後，陳獨秀、張太雷、蔡和森、張國燾、俞秀松等也相繼加入了國民黨。

這次談話後，孫中山便下定了改組國民黨的決心。對此，史學家曾這樣記述：孫中山到上海後，「審察當時國際之形勢、本黨革命失敗之癥結、國內青年思想之變動與民眾對於政治改革之要求，八月間蘇俄代表亦派員來滬晉謁，商討中俄關係，遂下改組本黨之決心」。

李大釗得到孫中山的極大信賴，他們之間過從甚密，建立起了真摯的革命情誼。為了維護和推動國共合作這一寶貴局面的形成，他們對各自黨內的不同意見，進行了說服、教育工作。一九二三年初，針對共產黨內一些人對國共合作所表現出來的悲觀態度，李大釗指出，儘管國民黨現在很腐朽，但是「如果孫中山有決心、有把握把國民黨大大地改組一下，確定它的政策方針，還是大有可為的」。為此，一九二三年四至五月，他又先後發表《普遍全國的國民黨》和《實際改造的中心勢力》兩篇文章，為國民黨改組和國共合作製造輿論。在這兩篇文章中，他指出：

中國現在很需要一個普遍全國的國民黨，國民黨應該有適應這種需要，努力於普遍全國的組織和宣傳的覺悟。

這個團體尚有容納我們考慮問題的包容力，而且孫文氏具有理解人們主張的理解力，加上我們對它的不適當之處的改良，從而使該黨形成更加有力的團體，那麼其他督軍中之有力者，就不能反抗它而不得不加入它了。只有達到這種狀態，才能開始進行實際改革的事業，僅僅只憑空想的議論是做不到實際的改革的。希望大家充分地考慮這一點。

李大釗的這兩篇文章，既說服了黨內同志，又鼓勵了孫中山及國民黨改組派，影響很大。

孫中山在國民黨內也做了不少說服工作，在說服無力的情況下，或將其調離黨務崗位，或聽任其辭職，甚至將其開除黨籍，從而表明了他對國共合作的堅決態度。為了表達他對國共合作的誠意，他還反覆告誡國民黨員，國共合作「切不可疑神疑鬼」。

孫中山與李大釗互相敬重，精誠相交，有力地推動了國共合作事業的形成和發展。宋慶齡曾經回憶：

> 孫中山特別欽佩和尊敬李大釗，我們總是歡迎他到我們家來……孫中山在見到這樣的客人後常常說，他認為這些人是他的真正革命同志，他知道，在鬥爭中，他能依靠他們明確的思想和無畏的勇氣。

李大釗也稱孫中山為「我們革命的先鋒」和「中國革命的老祖」。孫中山與李大釗對於中國革命的這些思想共識，為國共第一次合作打下了堅實基礎。

二、「應該以國民革命運動為中心工作」

二十世紀二〇年代初，中國仍處於軍閥割據、四分五裂的狀態。在帝國主義列強的支持下，各派軍閥不僅連年混戰，還在統治區內巧立各種名目，增收捐稅，肆意搜刮，致使舉國上下經濟蕭條、生靈塗炭。

在這種境地下，「打倒列強，除軍閥」便成為其時大多數中國人的共同願望。但是，帝國主義和軍閥的力量是如此強大，如果只靠少數人孤軍奮戰，或是只通過幾支力量分散地各自為戰，是很難實現這一目標的。京漢鐵路工人大罷工的慘痛教訓，無疑證明了這樣一個道理：要推翻

一九二二年九月，孫中山在上海召開國民黨改進討論會，任命陳獨秀等九人為國民黨改進方略起草委員會委員。圖為孫中山與廖仲愷等人會後合影。左起，中排分別為：廖仲愷，汪精衛，胡漢民，孫中山，張繼，楊庶堪

帝國主義和軍閥在中國的統治，那麼僅僅依靠工人階級的力量是遠遠不夠的。血的教訓使中國共產黨自然地產生了聯合和合作的需要——共產黨需要尋找朋友，需要採取積極的步驟去聯合孫中山領導的國民黨，去建立工人階級和民主力量的聯合戰線，以實現中國革命的勝利。

然而，其時的國民黨不僅內部成分十分複雜，而且還存在著嚴重脫離群眾等問題。但是，這個黨卻因其領袖孫中山、因其推翻在中國兩千多年的君主專制制度、建立共和國政體而在中國享有一定的威信。辛亥革命的果實雖然落在了北洋軍閥的手裡，但是即便在極端困難的情況下，孫中山卻始終高舉著革命的旗幟，不屈不撓地進行著反對外國侵略者和本國軍閥的鬥爭。也正因為如此，孫中山成為人們心目中革命的象徵。一九二六年三月，魯迅曾十分有代表性地談論過這個問題。他說：

> 他是一個全體，永遠的革命者。無論所做的哪一件，全都是革命。無論後人如何吹求他、冷落他，他終於全都是革命。

除孫中山之外，在國民黨內還有一批忠於民族民主革命的先進分子，如宋慶齡、廖仲愷等。他們對革命的認識，雖然跟共產黨有區別，但他們對革命的態度卻是堅決的，並且也願意跟共產黨合作。而且，國民黨在南方已經有了一塊根據地。在這裡，共產黨不僅可以公開進行活動，還可以合法地開展工農運動。

正是基於上述原因，中國共產黨第一次對於時局的主張已表明：「中國現存的各政黨，只有國民黨比較是革命的民主派，比較是真的民主派。」一九二二年，中共二大又通過了關於「民主的聯合戰線」的決議。

當然，對國共合作，共產國際也起了十分重要的作用。特別是共產國際代表馬林，他曾向共產國際提出「在國民黨內開展工作」的建議，得到共產國際的同意。一九二二年八月，中共中央執行委員會在杭州西湖開會，這是中國共產黨在國共合作問題上有轉折意義的一次決策性會議。會議根據共產國際的指示，決定在孫中山改組國民黨的條件下，採取共產黨員以個人身份加入國民黨的方式實行國共合作。

一九二三年一月十二日，共產國際執行委員會根據馬林的建議作出《關於中國共產黨與國民黨的關係問題的決議》。決議認為：

中國「獨立的工人運動尚且軟弱」，工人階級「尚未完全形成獨立的社會力量」；中國國民黨是「中國唯一重大的國民革命集團」，中國共產黨在民主革命中同國民黨合作是必要的，它的黨員應該「留在國民黨內」，但共產黨要保持自己在政治上的獨立性。這個決議傳到中國後，對促進國共合作起了重要作用。

馬林（一八八三——一九四二），荷蘭人，在華化名孫澤，一九二一年任共產國際駐中國代表，參加中共三大的籌備工作

一九二三年六月十二日至二十日，中國共產黨第三次全國代表大會在廣州東山恤孤院路後街三十一號（現恤孤院路三號）召開，陳獨秀、李大釗、毛澤東、蔡和森、陳潭秋、瞿秋白、張太雷、張國燾、譚平山、向警予、鄧中夏、項英等來自全國各地及莫斯科的代表近四十人出席大會，他們代表了全國四百二十名黨員。

中共三大與前兩次不同，由於孫中山回到廣州掌握了政權，共產黨人不必隱藏而可以半公開地活動。陳獨秀主持會議並代表中共第二屆中央執行委員會作報告。共產國際代表馬林也參加了會議。據當事人回憶：他總是大搖大擺地來到會場，儼然一副共產國際大使的樣子。

大會在討論共產黨員加入國民黨時，發生了激烈爭論。陳獨秀和馬林認為，中國革命目前的任務，只是進行國民革命，不是進行社會主義革命；國民黨是代表國民革命運動的黨，應成為革命勢力集中的大本營；共產黨和無產階級現在都很幼弱，還沒有形成一個獨立的社會力量。因此，全體共產黨員和產業工人都應參加國民黨，全力進行國民革命；凡是國民革命工作，都應當由國民黨組織進行，即所謂「一切工作歸國民黨」，只有這樣才能增強國民革命的力量。陳獨秀、馬林的這些觀點，符合列寧關於殖民地半殖民地國家的無產階級可以和資產階級暫時妥協與合作的策略思想。但是，在客觀上卻低估了共產黨和無產階級的作用，高估了國民黨和資產階級的作用，從而使共產黨在同國民黨的合作中降到了從屬地位，不利於保持獨立性。

張國燾、蔡和森等雖承認反帝反封建的國民革命是中國革命的重要任務，但認為共產黨還有它的特殊任務，即領導工人運動並同資產階級作鬥爭，這兩個任務同等重要。因此，他們反對全體共產黨員特別是產業工人加入國民黨，認為那樣做就會取消共產黨的獨立性，把工人運動送給國民黨。他們強調保持共產黨的獨立性和加強對工人運動的領導是正確的，但是如果脫離了建立聯合戰線的任務，勢必導致

一九二三年六月，中國共產黨第三次全國代表大會在廣州召開。圖為中共三大會址

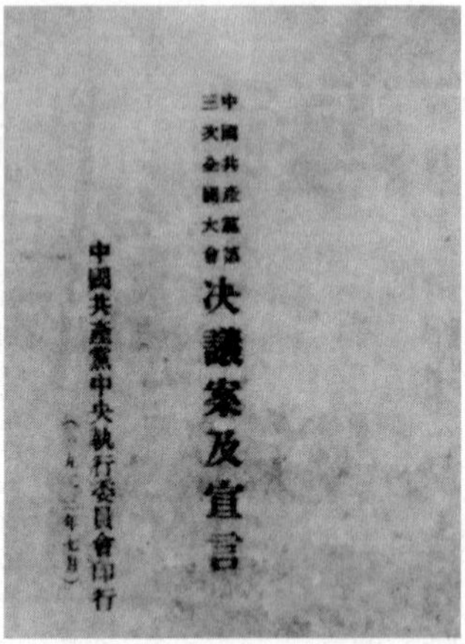

中共三大通過的決議和宣言

共產黨的孤立。從爭論中看出，雙方的認識都有正確的一面，同時又都存在著片面性。

經過兩天的熱烈爭論，大會最終接受了共產國際關於同國民黨合作的指示，通過了《關於國民運動及國民黨問題議決案》、《中國共產黨第三次全國大會宣言》等文件。這些決議和宣言明確指出：中國共產黨的現階段「應該以國民革命運動為中心工作」，共產黨員以個人身份加入國民黨，採取黨內合作形式，同國民黨建立聯合陣線，以完成反帝反封建的國民革命的重要任務，還規定了保持黨在政治上獨立性的一些原則。

中國共產黨的三大根據馬克思列寧主義的策略原則和共產國際的指示，結合中國革命的具體情況，在分析中國社會矛盾和明確中國革命性質的基礎上，正確地解決了建黨初期，中國共產黨在國共合作問題上存在的重大分歧，正式確定了共產黨員以個人身份加入國民黨，與國民黨進行黨內合作的策略方針，使中國共產黨能夠在孫中山這面頗有號召力的革命旗幟下，通過國共兩黨共同努力，團結一切可能聯合的力量，共同完成反帝反封建的民主革命任務，從而促進了中國革命的高漲。而且，國共兩黨合作不僅有利於國民黨的改造，使國民黨獲得新生，也有利於共產黨走上更為廣闊的政治舞台，從而在波瀾壯闊的大革命洪流中，得到進一步鍛鍊和發展。

三、「聯俄，聯共，扶助農工」

「國民革命」這個口號，最初是孫中山領導民主主義革命提出來的，但確切含義不清，目標也不甚明確。後來，陳獨秀、蔡和森等共產黨人又重新提出了「國民革命」的口號，並賦予了它新的含義。一九二二年九月，陳獨秀在《嚮導》第二期發表《造國論》一文中寫道：

中國產業之發達還沒有到使階級壯大而顯然分裂的程度，所以無產階級革命的時期尚未成熟，只有兩階級聯合的國民革命的時期已經成熟了。

後來，一九二五年九月，他又在《本報（《嚮導》週報——引者注）三年來革命政策之概觀》一文中作出了詳細解釋。他說：

在殖民地半殖民地的經濟地位，絕沒有歐洲十八世紀資產階級革命之可能，所以在本報第二期《造國論》上，便改用「國民革命」來代替「民主革命」這個口號。這一個口號，不但近來經國民黨採用，成了全國普遍的口號，並且實際上適合於殖民地半殖民地各階級聯合革命的需要。

關於「國民革命」，蔡和森也曾於一九二三年五月作了說明。他指出：

殖民地國民革命運動的特性就是：一面打倒國內的封建勢力，一面反抗外國帝國主義，在這種立場上，殖民地的無產階級所以可與革命的資產階級結成聯合戰線。

中國革命的歷史證明，「國民革命」的口號，在反帝反封建的革命浪潮中，發揮了喚起並團結廣大民眾的重大作用，在中華民族走向復興的偉大歷程上有著重大歷史意義。

中共三大以後，為了使國民黨能適應國民革命運動形勢發展的需要，國共合作的步伐逐步加快，國民黨的改組工作也由此進入了實質性階段。

為了推進這一工作，一九二三年十月，應孫中山之邀蘇聯代表鮑羅廷到達廣州。此後，在共產國際和中國共產黨的建議和幫助下，在鮑羅廷的具體指導下，國民黨改組的步伐大大加快。為此，孫中山不僅多次發表演說，總結中國革命一再失敗的教訓，反覆強調學習俄國經驗、改組國民黨的必要性，還排除重重障礙，積極推進國民黨的改組工作。他說：「吾黨此次改組，乃以蘇俄為模範，企圖根本的革命成功，改用黨員協同軍隊來奮鬥。」「此次本黨改組，想以後用黨義戰勝，用黨員奮鬥。」為了具體籌劃改組工作，孫中山又專門聘請鮑羅廷擔任國民黨組織教練員（後又聘為政治顧問）。對此，他解釋說，請鮑羅廷做國民黨的教練員，是為了「使之訓練吾黨同志。鮑君辦黨極有經驗，望各同志犧牲自己的成見，誠意去學他的方法」。此外，為了推進這項重要工作，他還任命廖仲愷、汪精衛和共產黨員李大釗等五人為國民黨改組委員，其後又委任廖仲愷、胡漢民和譚平山（共產黨員）等九人為國民黨臨時中央執行委員，李大釗等五人為候補執行委員。

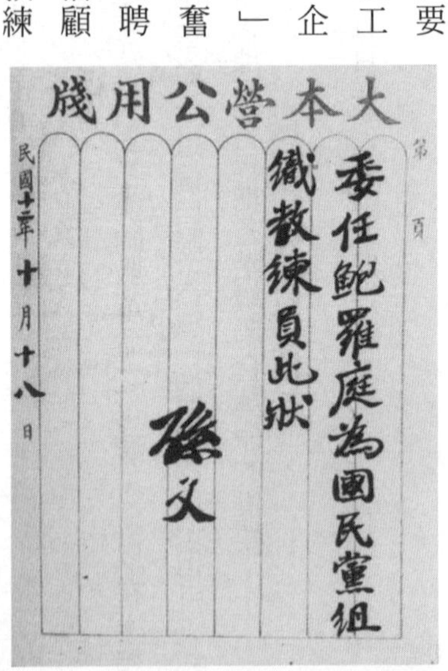
大本營公用牋
第 頁
委任鮑羅庭為國民黨組織教練員此狀
孫文
民國十二年十月十八日

一九二三年十月十八日，孫中山簽署聘書，委任蘇聯代表鮑羅廷為國民黨組織教練員，協助國民黨改組工作

一九二四年十月十一日，孫中山聘任鮑羅廷為顧問。圖為鮑羅廷（一八八四—一九五一）

與此同時，為了推動國民黨的改組，一九二三年十二月二十五日，中共中央又發出《中央通告

第十三號》，明確要求全體共產黨員積極參加國民黨改組工作，並部署了參加改組工作的具體步驟。一九二三年底，李大釗應孫中山的邀請到達廣州，積極協助籌備國民黨「一大」的工作。李大釗、瞿秋白等參與討論和起草國民黨「一大」宣言。而且，為了使國民黨徹底改變依靠軍閥、脫離群眾等傾向，共產黨人還多次發表文章，對國民黨改組提出了許多中肯的批評和建議。

中國共產黨在改組國民黨工作中的作用，得到了共產國際執行委員會東方部的充分肯定：「在從思想上和組織上建設國民黨的整個工作中，我們中國共產黨的那些加入國民黨的同志起了巨大的作用」，「最近幾個月，黨把自己的全部力量都投入到這項工作中來了。」

經過一系列的努力，一九二四年一月二十日，國民黨第一次全國代表大會在廣州召開。這次大會的召開，標誌著第一次國共合作的正式形成。大會由孫中山主持，它是中國國民黨（包括它的前身興中會、中國同盟會、國民黨、中華革命黨）三十年歷史上第一次舉行的全國代表大會。出席此次會議的一百六十五名代表中，李大釗、毛澤東等共產黨員佔二十多位，他們在這次大會上的「表現是十分出色的」。大會通過了《中國國民黨第一次全國代表大會宣言》和黨章，接受了中國共產黨提出的反帝反封建的政治主張，重新解釋三民主義，確立了「聯俄、聯共、扶助農工」的三大政策，容納共產黨員以個人身份加入國民黨。二十三日，孫中山對此作了說明，並強調對內要反抗軍閥，對外要反抗帝國侵略主義。他說：

國民黨一大會址

> 此次我們通過宣言，就是重新擔負革命的責任，就是計劃徹底的革命。終要把軍閥來推倒，把受壓的人民完全來解放，這是關於對內的責任。至對外的責任，有要反抗帝國侵略主義，將世界受帝國主義所壓迫的人民來聯絡一致，共同動作，互相扶助，將全世界受壓迫的人民都來解放。

這個大會宣言，是由鮑羅廷起草，瞿秋白翻譯，汪精衛潤色，最後由孫中山親自審定的。宣言對孫中山歷來提倡的「三民主義」作了適應時代潮流的新解釋：「民族主義」，對外主張「中國民族自求解放」，反對帝國主義侵略；對內則主張「各民族一律平等」，反對民族壓迫。「民權主義」，主張民主自由權利「為一般平民所共有，非少數者所得而私」，「凡賣國罔民以效忠於帝國主義及軍閥者，無論其為團體或個人，皆不得享有此等自由及權利」。「民生主義」的重要原則是，「一曰平均地權；二曰節制資本」。「平均地權」，就是「私人所有土地，由地主估價呈報政府，國家就價徵稅，並於必要時依報價收買之」；「農民之缺乏田地淪為佃戶者，國家當給以土地，資其耕作」。「節制資本」，就是要將「本國人及外國人之企業，或有獨佔的性質，或規模過大為私人之力所不能辦者，如銀行、鐵道、航路之類，由國家經營管理之，使私有資本制度不能操縱國民之生計」，等等。新三民主義這些新的革命精神和新的內容同中國共產黨的民主革命綱領在基本原則方面是

孫中山的新三民主義成為國共合作的政治基礎。這是一九二四年孫中山在廣州大本營辦公的情景

一致的，因而成為了國共合作的共同綱領，國民黨一大也事實上確立了「聯俄、聯共、扶助農工」的三大政策。

大會還選舉了國民黨中央執行委員會，共產黨員李大釗、譚平山、于樹德、毛澤東、林伯渠、瞿秋白、張國燾、于方舟、韓麟符、沈定一當選為中央執行委員或中央候補執行委員，約佔委員總數的四分之一，並有多名共產黨員在國民黨中央領導機構中擔任重要職務。

中國國民黨第一次全國代表大會的召開，不僅標誌著國民黨改組的完成和第一次國共合作的正式建立，也標誌著國民大革命的興起。從此，國民黨實際上成為工人、農民、小資產階級和民族資產階級聯盟形式的統一戰線組織。這是中國共產黨實踐民主革命綱領和民主聯合戰線政策的重大勝利，也是孫中山晚年推進中國革命的一大歷史功績。國共合作既是兩黨反對帝國主義和軍閥的共同需要，也是兩黨各自發展的需要。

總之，對國共兩黨來說，「合則兩利」是再清楚不過的事實，到以後的大革命高潮時，國共兩黨均得到了發展。

第二節 「打倒軍閥，除列強」

國共合作正式建立以後，經過兩黨共同努力，國民革命的影響不僅很快從中國的南部擴大到中部和北部，也很快擴大到工人、農民、士兵、青年學生和小商人中，並很快以廣州為中心，匯集起了全國的革命力量，形成了一個反對帝國主義和軍閥的新局面。

一、「革命的黃埔」

中國共產黨黨員加入國民黨後，在各地積極幫助創建和發展國民黨組織，從而使國民黨在全國得到空前的大發展。周恩來曾回憶說：「當時，國民黨不但思想上依靠我們，復活和發展它的三民主義，而且組織上也依靠我們，在各省普遍建立黨部，發展組織。」「當時各省國民黨的主要負責人大都是我們的同志」，「是我們黨把青年吸引到國民黨中，是我們黨使國民黨與工農發生了關係。國民黨左派在各地的國民黨組織中都佔優勢。國民黨組織得到最大發展的地方，就是左派最佔優勢的地方，也是共產黨員最多的地方。」誠如周恩來所言，國民黨一大以後，中國共產黨得到了很大的發展。在這種迅猛發展的革命形勢下，建立一支可靠的革命武裝，便被提上了議事日程。孫中山歷來重視軍事工作，但是長期以來他總想利用原有的舊軍隊去實現徹底的革命目標。由於這些舊軍隊常常不能遵照他的革命主張去行事，所以他也遭到了一次又一次的失敗。為此，早在一九二一年十二月，共產國際代表馬林在會見他時，就建議他創辦一所軍官學校，以建立革命軍的基礎。鑑於過去長期依靠舊軍隊進行革命而屢遭失敗的痛苦教訓，在對國民黨進行改組的同時，孫中山開始積極醞釀創辦一所軍官學校。一九二三年十月鮑羅廷到廣州後，孫中山便向他表達了這一想法。孫中山還提出，國民黨的主要任務是按蘇聯紅軍的模式建立一支革命的軍隊。

按照他的這一設想，國民黨一大決定在廣州附近的黃埔島上創辦一所陸軍軍官學校。一九二四年五月，黃埔軍校開學。

黃埔軍校是孫中山在國民革命風起雲湧之際，以「教育為神聖事業，人才為立國大本」的理念，在中國共產黨和蘇聯的積極支持和幫助下創辦的，是第一次國共合作的產物。同年六月十六日，孫中山親自參加了學校的開學典禮，並且發表演說，說明了創辦這所軍校的真正用意。他說：

> 我們今天要開這個學校，是有什麼希望呢？就是要從今天起，把革命的事業重新來創造，要用這個學校內的學生做根本，成立革命軍。
>
> 中國在這十三年之中，沒有一種軍隊是革命軍……今天在這地開這個軍官學校，獨一無二的希望，就是創造革命軍，來挽救中國的危亡。

這是孫中山一生中具有重大意義的歷史轉變。孫中山親自擔任軍校總理，任命曾被派往蘇聯考察的粵軍參謀長蔣中正為校長，何應欽為總教官，並先後聘請加倫等蘇聯軍官為該校的軍事顧問；學習蘇聯紅軍的政治委員制度，任命國民黨左派廖仲愷為軍校黨代表，後又聘請共產黨人周恩來為政治部主任，建立黨代表制度，設立政治部。李濟深、王柏齡、何應欽、

圖為黃埔軍校。黃埔軍校的最大特點就是把政治教育提到和軍事訓練同等重要的地位，並十分注重培養學生的愛國思想和革命教育

鄧演達、熊雄、葉劍英、顧祝同、劉峙、陳誠、錢大鈞、季方、惲代英、蕭楚女、嚴重、許德珩等共產黨人和國民黨人擔任了軍政領導和教官。

黃埔軍校是一所國共合作的學校。中國共產黨十分重視黃埔軍校的工作，從各地選派大批黨員、團員和革命青年到學校參加學習。在第一期學生中，就有共產黨員和青年團員五六十人，約佔學生總數的十分之一。在教職員中也有不少共產黨員。黃埔軍校的創辦，還得到了蘇聯政府的大力支持。蘇聯方面除資助兩百萬元作為開辦費外，還運來八千支步槍和兩百萬發子彈等軍需物資，並派遣了一批有豐富經驗的軍事教官。

一九二四年回國之後，周恩來即投身到中國革命的洪流，並從此一直奮鬥在中國政治舞台的前沿

區別於同時期中國其他的軍事學校，黃埔軍校的最大特點就是把政治教育提到和軍事訓練同等重要的地位，並十分注重培養學生的愛國思想和革命精神。這是黃埔軍校與一切舊式軍校根本不同的地方。周恩來等共產黨人在這方面作出了卓有成效的努力。一九二四年十一月，剛從歐洲歸國不久，任中共廣東區委委員長的周恩來出任黃埔軍校政治部主任，積極從事軍校的各項實際工作。他參與了具體的政治領導，開始建立政治部的正常工作秩序和工作制度，並加強對軍校學生的政治教育，指導軍校教導團的政治工作和中國青年軍人聯合會的活動，對保證軍校的革命性質和方向起到了重要作用，為後來在國民革命軍中建立政治工作提供了寶貴經驗。此後，這種軍隊中的政治工作制度逐步推廣到廣州革命政府其他軍隊中去。對此，毛澤東後來曾給予過高度評價。他指出：

> 國民黨的軍隊本來是有大體上相同於今日的八路軍的精神的，那就是在一九二四年到一九二七年的時代。那時中國共產黨和國民黨合作組織新制度的軍隊，在開始時不過兩個團，便已團結了許多軍隊在它的周圍，取得第一次戰勝陳炯明的勝利。往後擴大成為一個軍，影響了更多的軍隊，於是才有北伐之役。那時軍隊有一種新氣象，官兵之間和軍民之間大體上是團結的，奮勇向前的革命精神充滿了軍隊。那時軍隊設立了黨代表和政治部，這種制度是中國歷史上沒有的，靠了這種制度使軍隊一新其面目。

此外，從嚴格意義上說，中國共產黨從事軍事活動是從黃埔軍校開始的，並由此「開始懂得軍事的重要」。由共產黨員廖乾五任黨代表、政治部主任的大元帥大本營鐵甲車隊，也實際上成為由共產黨直接領導的革命武裝，這支部隊就是後來建成的葉挺獨立團的前身。

黃埔軍校建立以來，一方面以孫中山的「創造革命軍隊，來挽救中國的危亡」為宗旨，以「親愛、精誠」為校訓，積極進行孫中山的三民主義教育；另一方面又積極介紹馬克思列寧主義的思想。學校採取軍事與政治並重，理論與實踐結合的教學方針，為中國革命培養了大批軍事政治人才。廣大黃埔師生在反帝反封建，爭取國家統一與民族獨立的鬥爭中立下了赫赫戰功，為中國革命作出了重大貢獻。

在黃埔軍校一九二四年和一九二六年制定的校歌中分別有這樣的歌詞：「革命英雄，國民先鋒，再接再厲繼續先烈成功。」「怒潮澎湃，黨旗飛舞，這是革命的黃埔。主義須貫徹，紀律莫放鬆，預備做奮鬥的先鋒。」軍校大門上的對聯寫著：「升官發財請往別處，貪生怕死莫進此門。」這些都如實地反映了這所聞名遐邇的軍事學校所弘揚的愛國精神。作為中國現代歷史上第一所培養革命幹部的新型軍事政治學校，黃埔軍校影響之深遠，作用之巨大，名聲之顯赫，都是創辦之初所未曾料到的。

二、從五卅運動到廣東革命根據地的統一

一九二四年十月，受革命影響的將領馮玉祥在北京發動政變，推翻了由直系軍閥曹錕、吳佩孚控制的北京政府，並將其所部改稱為「中華民國國民軍」。政變之後，馮玉祥電邀孫中山赴京共商國是。孫中山接受邀請，扶病北上。行前，孫中山發表宣言，提出了對外取消一切不平等條約和對內掃除軍閥兩大目標，並主張要召開國民會議，爭取國家的和平統一。

可惜，天不假年。一九二五年三月十二日，孫中山病逝於北京。臨終之際，孫中山在遺囑中說：

余致力國民革命凡四十年，其目的在求中國之自由平等。積四十年之經驗，深知欲達此目的，必須喚起民眾民族及聯合世界上的平等待我之民族，共同奮鬥。

在《致蘇俄遺書》中，他又表達了希望中蘇「兩國在爭取世界被壓迫民族自由之大戰中，攜手並進以取得勝利」的期望。孫中山的去世，在全國人民心中引起了巨大的悲痛。國共兩黨隨之通過組織廣大民眾進行哀悼活動，廣泛宣傳孫中山的遺囑和革命精神，從而對此後蓬勃興起的大革命產生了很大影響。魯迅說：

中山先生的一生歷史俱在，站出世間來就是革命，失敗了還是革命；中華民國成立之後，也沒有滿足過，沒有安逸過，仍然繼續著進行近於完全的革命的工作。直到臨終之際，他說道：革命尚未成功，同志仍須努力！

劉少奇曾這樣評價：

固然，中山先生死了，中國革命要受很大的損失，然在各地紀念會之舉行，全國民眾對於國民革命的意義，益更明瞭，革命運動的空氣，反因是而更加高漲。

全國的大革命高潮，是從一九二五年五月在上海爆發的五卅運動開始的，其序幕則是一九二五年一月在上海召開的中國共產黨第四次全國代表大會。中共四大總結國共合作一年來的經驗教訓，提出無產階級在民族運動中既要反對「左」的傾向，也要反對「右」的傾向，而「右」的傾向是黨內主要危險。並強調：在國民黨內和黨外堅持徹底的民主革命綱領；保持自己的獨立性；在思想上、組織上和民眾宣傳上擴大左派，爭取中派，反對右派；既幫助國民黨在實際運動和組織上發展，又加緊同國民黨內的妥協傾向作鬥爭。中共四大在中國共產黨的歷史上第一次明確提出無產階級在民主革命中的領導權和工農聯盟問題，並對民主革命的內容作了比較完整的規定，大會指出，在「反對國際帝國主義」的同時，既要「反對封建的軍閥政治」，又要「反對封建的經濟關係」。中國共產黨的四大作出的各項正確決策，為大革命高潮的到來做了政治上、思想上和組織上的準備。四大以後，工人運動迅速復甦和發展。

五月十五日，上海內外棉七廠的日本資本家槍殺工人代表、共產黨員顧正紅，打傷工人十多人。日本帝國主義的暴行，激起上海工人、學生和廣大民眾的極大憤怒，上海內外棉各廠工人當天即舉行罷工，以示抗議。這件事遂成為五卅運動的導火索。王若飛也在《嚮導》報上憤怒地寫道：「在外國政府統治下的上海人民，已經與亡國奴無異。」

五月二十四日，上海工人和各界代表一萬多人舉行公祭顧正紅大會，群情激憤。對於當時的情形，《民國日報》記者曾報導說：「這樣偉大的無產階級集會，在上海我敢說是空前的。」

正是在這樣的背景下，為了加強對罷工運動的領導，中共中央多次召開會議，及時提出指導鬥爭的方針、策略和口號，並為此進行大量的宣傳和組織工作。事件發生次日，中共中央便發出第三十二號通告，緊急要求各地黨組織號召工會等社會團體一致援助上海工人的罷工鬥爭。十九日，中共中央又發出第三十三號通告，決定在全國發動一場反日大運動。二十八日，中共中央再次召開緊急會議，決定以反對帝國主義屠殺中國工人為中心口號，發動群眾於三十日在上海租界舉行反對帝國主義的遊行示威。為加強工會組織的力量，還決定由共產黨人李立三、劉華等主持，成立上海總工會。

與此同時，五月十六日，在中共的推動下，上海工學商界等三十五個團體舉行聯席會議，組

五卅運動中的上海

織日人殘殺同胞雪恥會。

十九日在上海，中共還召集宣傳聯席會議，研究宣傳示威計劃，並決定聯合各學校各團體做一有力運動。五月二十三日，全國學聯通過援助顧正紅慘案的五項辦法，即通電全國實行經濟絕交，組織雪恥會、遊行演講，等等。二十六日，全國學聯再次通告各地學生發出演講，喚起民眾。這樣，以顧正紅慘案為轉折，中共領導群眾參加反帝鬥爭的隊伍迅速由一般紗廠工人擴展到廣大學生，而且宣傳的重點也由援助顧正紅慘案推進到以打倒帝國主義為目的。

五月三十日，正當上海工人和學生在租界進行宣傳講演和示威遊行時，租界的英國巡捕卻在南京路上先後逮捕了一百多人，並突然向密集的遊行群眾開槍射擊，當場打死十三人，傷數十人，製造了震驚全國的五卅慘案。這一事件，激起了全上海以至全國人民的極大憤怒，多年來深埋在中國人心裡對帝國主義的怒火像火山一樣頃刻噴發出來。

從六月一日開始，上海全市舉行了聲勢浩大的反對帝國主義的總罷工、總罷課、總罷市。上海相繼有二十餘萬工人罷工，五萬餘學生罷課，公共租界的商人全體罷市，連租界僱用的中國巡捕也響應號召宣佈罷崗。為了遏制中國人民的反抗怒火，從六月一日到十日，英、美、意、法等國軍艦上的海軍陸戰隊全部上岸，並佔領上海大學等學校，還多次開槍，打死打傷罷工群眾數十人。然而，五卅運動的狂飆迅速席捲全國，從工人發展到學生、商人、市民、農民等社會各階層，並從上海發展到全國各地，遍及全國二十五個省區（當時全國有二十九個省區），約六七百個縣，各地約有一千七百萬人直接參加了運

五卅運動中的宣傳品

動。「打倒帝國主義」、「廢除不平等條約」、「撤退外國駐華的海陸空軍」、「為死難同胞報仇」等口號響徹華夏，反對帝國主義的民族運動高潮，以不可遏制的浩大聲勢迅速席捲全國。五卅運動沉重打擊了帝國主義，對中華民族的覺醒和國民革命運動的發展起了巨大的推動作用，大大提高了中國人民的覺悟，揭開了大革命高潮的序幕。

在五卅運動蓬勃發展的有利形勢下，國共兩黨合作完成了統一廣東革命根據地的工作。

在此之前，廣東革命政府雖然已經成立了兩年，但是一直未能控制廣東全省。孫中山生前也一直想把廣東建設成一個鞏固的革命基地，但由於種種原因這個夙願一直未能實現。一九二五年初，乘孫中山北上病重之機，盤踞東江的陳炯明在英帝國主義及北洋軍閥段祺瑞政府的支持下，舉兵進犯廣州。為了鞏固革命根據地，一九二五年二月，廣東革命政府組織了東征軍，分三路討伐陳炯明。剛剛組建不久的黃埔軍校的三千名學生和許崇智部的粵軍，在右翼以破竹之勢，迅速擊潰了陳炯明軍的主力，並且控制了東江地區。第一次東征告捷。

一九二五年三月十二日，孫中山在北京病逝。這是東征軍在廣東興寧舉行追悼孫中山大會。手持祭文者為周恩來，前立者為蔣介石

同年六月初，楊希閔、劉震寰兩部在英帝國主義及北洋軍閥段祺瑞政府的支持下，又在廣州發動叛亂，企圖推翻廣東革命政府。廣東形勢十分危急。危難關頭，正討伐陳炯明的東征軍又迅速回師廣州，全殲叛軍兩萬餘人，迅速平定叛亂。此後，廣東革命政府由大元帥府改為國民政府，黃埔軍校也從兩個

教導團發展為國民革命軍的第一軍，湘軍、滇軍、粵軍等也依次被編為國民革命軍第二至第五軍。在統一廣東革命根據地的鬥爭中，由共產黨員起積極作用的黃埔軍校軍人和第一軍戰功顯著，他們經過嚴格的訓練，具有良好的政治素質和軍事素質，士氣旺盛，戰鬥英勇，對國民革命軍的其他參戰部隊起到了帶動作用。

乘東征軍回師之際，原來已被打敗的陳炯明殘部又於一九二五年九月重佔東江地區，並企圖勾結盤踞在粵北的川軍熊克武和粵南的鄧本殷聯手進攻廣州。為了徹底消滅陳炯明殘部，鞏固廣東革命根據地，於是國民政府決定舉行第二次東征。蔣介石任東征軍總指揮，周恩來為總政治部主任兼第一軍黨代表。東征軍從十月起陸續出發，連戰皆捷，並於十一月底全殲陳炯明軍在東江的主力，取得第二次東征的勝利。

與此同時，為統一廣東革命根據地，國民革命軍另一部又通過南征，消滅了盤踞在廣東南路和海南島的地方軍閥勢力鄧本殷部。由此，廣東全省結束了四分五裂的局面，獲得了統一，成為全國唯一的革命根據地，國民革命軍也擴大到八個軍，從而奠定了北伐出師的基礎。

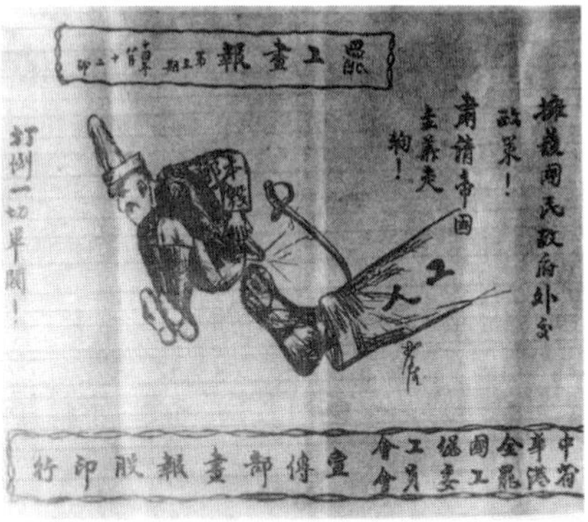

第二次東征的同時，國民革命軍南征討伐盤踞在海南島的軍閥鄧本殷部，於一九二六年二月統一了廣東全省。圖為打倒軍閥鄧本殷的宣傳畫

三、鐵血北伐

經過鎮壓商團、兩次東征、回師平亂和南征諸役，廣東革命根據地得以統一和鞏固，由此也為即將到來的北伐戰爭奠定了基礎。

推翻帝國主義支持的北洋軍閥的統治，實現中華民族的獨立、自由和統一，這是孫中山多年的願望，也是全國人民的共同要求。北伐戰爭的直接打擊目標是受帝國主義支持的北洋軍閥。孫中山生前曾經多次要以廣東為根據地舉行北伐，以打倒帝國主義及其支持的軍閥，徹底改變中國被列強瓜分、被軍閥割據的分裂狀態，實現國家統一、民族獨立和人民幸福，但因為種種原因而沒有成功。孫中山逝世之後，這個光榮的歷史任務，就由中國共產黨人和革命的國民黨人在國共合作的旗幟下共同承擔。

到一九二六年，北洋軍閥統治中國已有十四年時間。在這個國內外形勢均發生深刻變化的關鍵歷史時期，他們卻從來沒有提出過一個可以凝聚人心的、使中國逐步走向繁榮富強的目標或綱領。如果說，民國初年還有人把袁世凱看作是「強有力的人物」而寄予希望，後來也還有人把吳佩孚看作是「愛國將軍」的話，那麼，從袁世凱恢復帝制到曹錕賄選，再到其後北洋軍閥們的種種倒行逆施和彼此之

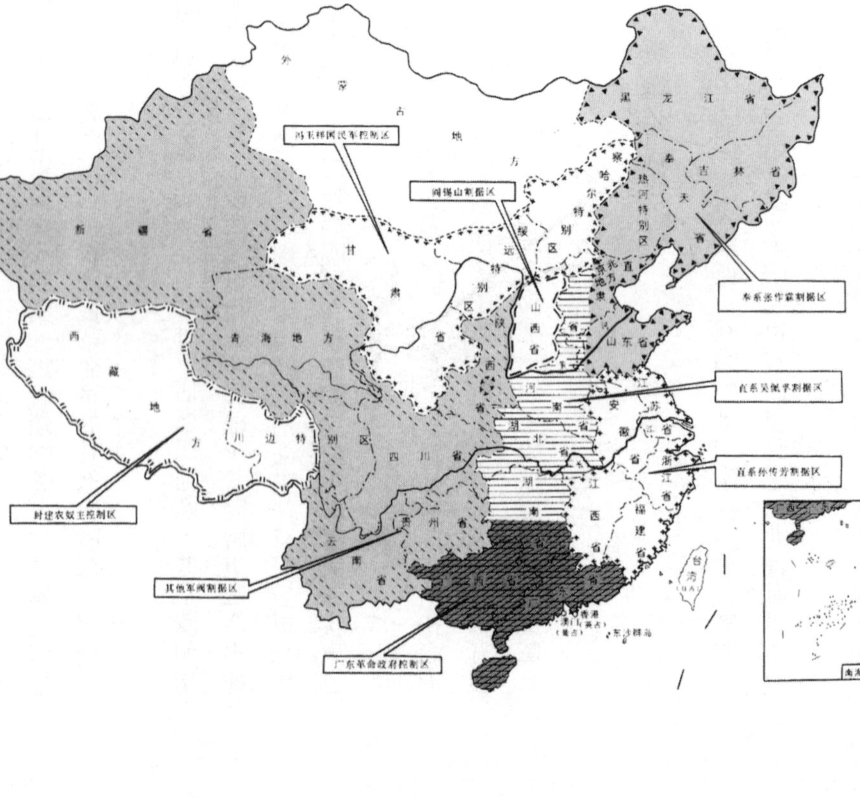

北伐前夕國內政治形式圖（一九二六年六月）

間無休止的爭鬥，中國的廣大民眾對北洋政府已從最初的懷疑、失望發展到了深惡痛絕的地步。到了這時，打倒禍國殃民的軍閥，結束北洋政府的黑暗統治，已成為中國社會各階層的共同呼聲。

也正是在這樣的背景下，一九二六年七月九日，黃埔軍校師生與廣大國民革命軍將士在廣州誓師北伐。隨之，「打倒列強，除軍閥」、「打條血路，引導被壓迫民眾」便成為了凝聚人心、響徹雲霄的戰鬥號角。

然而，此時北洋軍閥的力量還十分強大。直系軍閥吳佩孚控制著湖北、湖南、河南三省及直隸保定一帶，大約有兵力二十萬人；號稱「五省聯帥」的孫傳芳，則盤踞於江蘇、安徽、浙江、江西和福建五省，擁兵二十萬人，且戰鬥力較強；勢力最為雄厚的是奉系軍閥張作霖，控制著東三省、熱河、察哈爾、京津地區和山東，兵力達三十餘萬人。

一九二六年七月九日，國民革命軍在廣州誓師，正式開始北伐。圖為誓師大會

反觀國民革命軍，其時只有八個軍，兵力僅有十萬人左右。如果單從雙方總兵力來看，北洋軍閥佔有很大優勢。但是，北伐軍卻擁有著得天獨厚的優勢：首先，北洋軍閥的統治已失盡了人心，而國民政府則是在實現第一次國共合作和國民黨改組後，被視為中國革命的希望所在，在人心向背上國民革命軍佔有明顯優勢；其次，經過兩次東征和南征，國民革命軍已經形成相對鞏固的廣東革命根據地，全國的有志青年也從四面八方紛紛南下廣東參加革命軍，國民革命軍的士氣十分高昂；再次，國民革命軍還得到了蘇聯在軍械和經費上的有力支援；最後，北洋軍閥的三支主要力量，雖然都各據一方，並有一定的

軍事、政治實力，但彼此之間勾心鬥角、相互疑忌，存在著深刻矛盾，難以一致行動，這就在軍事上便於北伐軍各個擊破。以上這些因素，都大大增強了廣東革命政府的力量，使其完全具備興師北伐的實力。

北伐戰爭開始後，在蘇聯軍事顧問加倫的建議下，國民革命軍制定了集中兵力、各個殲敵的戰略方針。即首先向湖南、湖北進軍，長驅直進，迅速消滅吳佩孚所部。其次，爭取張作霖、孫傳芳兩部在一段時間內保持中立；待兩湖戰場取得勝利後，再集中兵力消滅孫傳芳。最後，集中兵力消滅張作霖，統一全中國。後來的事實證明，這個戰略方針是正確的。

根據這個戰略方針，一九二六年五月，國民革命軍第七軍一部和第四軍所轄葉挺獨立團作為先頭部隊，出兵援助被吳佩孚援軍擊退而退守湖南衡陽的第八軍唐生智部，由此拉開了北伐進軍的序幕。

在國民革命軍的八個軍中，第四軍內共產黨員最多，葉挺獨立團又是其中戰鬥力最強的一支部隊。六月初，獨立團以引人注目的戰功，佔領了湖南攸縣。七月初，國民革命軍第四軍、第七軍主力同第八軍會師。七月九日，也就是克復長沙前兩天，蔣介石就任國民革命軍總司令。七月十一日，國民革命軍攻佔長沙。七月二十七日，蔣介石決定親赴前線，並率其嫡系第一軍兩個師自廣州北上。八月十二日，抵達長沙之後，蔣介石主持召開軍事會議。在蘇聯軍事顧問加倫的努力下，會議作出了集中力量進軍武

北伐軍戰士在做攻打武昌城的準備

馮玉祥部召開五原誓師大會

漢打擊吳佩孚、對孫傳芳繼續採取中立的決策。

此後，北伐軍首先集中兵力在兩湖戰場打擊吳佩孚所部，並連克復長沙、平江、岳陽等地。八月底，北伐軍取得兩湖戰場上的關鍵戰役——汀泗橋、賀勝橋戰役的勝利。葉挺獨立團在這兩場戰役中英勇搏殺，建立了卓越功勳。十月，北伐軍又進抵武漢，並先後佔領武昌、漢陽、漢口，全殲吳佩孚部主力。

攻打武昌時，葉挺獨立團再次立下戰功，他們率先攻入武昌城。獨立團所在的第四軍，因此贏得了「鐵軍」的稱號。

與此同時，在蘇聯和中共的幫助下，同年九月十七日，以馮玉祥為總司令的國民軍在綏遠五原誓師，宣佈全軍加入國民黨，並率部進軍陝西、河南，從而有力地配合了北伐軍攻擊河南。

當北伐軍在兩湖戰場取得重大勝利後，原來持中立態度的孫傳芳改變態度，派重兵從江西向兩湖側翼進攻，企圖切斷北伐軍的後路。在這種情況下，國民革命軍第二軍、第三軍、第六軍和第一軍第一師進入江西作戰，並一度佔領南昌。孫傳芳急調主力進行猛烈反撲，不僅重新奪回南昌，還使蔣介石親自指揮的第一軍第一師損失慘重。其後，第四軍、第七軍先後轉入江西作戰。一九二六年十一月起，北伐軍在南潯路一帶發動攻勢，消滅孫傳芳部主力，佔領南昌、九江，隨後又攻佔福建、浙江。

一九二七年三月下旬，北伐軍又先後攻佔安慶、南京。三月二十一日，為配合北伐軍進軍上海，中國共產黨領導上海工人取得第三次武裝起義的勝利，佔領上海。至此，長江以南地區完全為北伐軍控制。

北伐戰爭是國共兩黨共同進行的一場革命的、正義的戰爭。兩黨團結合作、一致對敵，北伐軍將士英勇奮戰，以鮮血和生命換來了輝煌戰果。國民革命軍誓師北伐後，在不到十個月的時間裡，北伐軍從廣州打到武漢、上海、南京，打垮兩大軍閥，殲敵數十萬，一場規模空前的盛大人民革命戰爭席捲了大半個中國，在中國革命歷史上寫下了光輝的篇章。這是國共兩黨合作的碩果。在北伐過程中，國共兩黨間雖有矛盾，但基本上是團結的，雙方均能集中力量對敵。

人民群眾的支援也是北伐戰爭能夠迅速取得勝利的重要保障。在廣東，省港罷工委員會組成三千人的運輸隊、宣傳隊、衛生隊隨軍北上，廣東韶關等地的農民也積極支援北伐軍；在湖南，中共積極發動群眾，參加帶路、送信、偵察、運輸、掃雷、擔架、救護、慰勞、擾亂敵人後方等任務，還組織農民自衛軍直接參加戰鬥，等等。這種熱烈的場面，在中國以往的戰爭史上是十分罕見的。

支援北伐的農民自衛軍

中國共產黨的政治工作對北伐軍迅速取勝也起到了重要作用。中國共產黨通過廣泛而有效的政治工作，使廣大普通士兵深刻地認識到國民革命是為了打倒軍閥、解放人民，因此極大地凝聚了人心，鼓舞和提升了士氣。

但是，在北伐勝利進軍的同時，也產生了另外一個嚴重後果：身為國民革命軍總司令的蔣介石，因為北伐勝利極大地提高了個人威望，此後他通過收編軍閥部隊等手段，進一步加緊了對軍隊和政權的控制，為他後來發動反革命政變準備了條件。

四、工農運動高漲

隨著北伐的勝利進軍和工農運動的蓬勃發展，革命勢力迅速從珠江流域推進到長江流域，全國工會會員也由北伐前的一百萬人迅速增加到近兩百萬人。

這其中，湖南、湖北、江西的工人運動發展尤為迅速。

一九二六年九月，中華全國總工會在漢口設立辦事處，積極指揮湖北及鄰近各省的工人運動；十月，湖北全省總工會在漢口成立，到一九二七年春，全省共計成立工會約五百個，會員達四五十萬人。不僅大、中城市建立了統一的工會，而且大部分縣也陸續成立了縣工會。同年十二月，湖南全省工團聯合會按中華全國總工會章程改組為湖南全省總工會。到一九二七年二月，湖南全省有工會組織五百三十三個，會員達三十二萬餘人。湖南、湖北、江西等省還組織了相當數量的工人糾察隊。長沙、武漢、九江等城市相繼出現大規模的罷工，罷工工人提出增加工資、減少工時、改善勞動條件、反對傳統的工頭制和包身工制等要求。這些鬥爭大都取得了勝利。

在這種背景下，一九二六年十一月，國民黨中央政治委員會臨時會議決定將國民政府和中央黨部從廣州遷往武漢。同年十二月，國民黨中央執行委員暨國民政府委員臨時聯席會議在武漢成立，暫時代行國民黨中央和國民政府的最高職權，武漢遂逐漸成為大革命的中心。

在此期間，最引起中外震動的便是漢口、九江群眾收回英租界的事件。收回漢口、九江英租界，這是近百年來中國人民反帝外交鬥爭史上的第一次重要勝利，中國人民因此受到了極大鼓舞。

在北伐軍佔領的地區，在工人運動迅速發展的同時，農民運動也得到了更大規模的發展。一九二六年二月，毛澤東被任命為國民黨中央農民部農民運動委員會委員；三月，又被任命為廣州第六屆農民運動講習所所長；十一月，又擔任了中共中央農民運動委員會書記，開始領導全國的農民運動。毛澤東始終十分重視農民和土地問題。他於一九二六年九月發表《國民革命與農民運動》一文，鮮明地提出了「農民問題乃國民革命的中心問題」，「所謂國民革命運動，其大部分即是農民運動」，「若無農民從鄉村中奮起打倒宗法封建的地主階級之特權，則軍閥與帝國主義勢力總不會根本倒塌」。

在中國共產黨的領導下，湖南、湖北、江西、河南等省的農民運動在北伐進軍中迅速發展。一九二六年十一月底，湖南五十四個縣已經成立了農民協會的組織，會員達一百零七萬人；次年一月，湖南農民協會的會員又迅速增加到了兩百萬人。湖南農村也由此掀起了一場迅猛異常的革命大風暴，其攻擊的主要目標是土豪劣紳、貪官污吏，旁及各種傳統思想和宗法制度。這種革命大風暴橫掃了各地的地主政權和地主武裝。在那些地主政權和地主武裝被打倒的地方，農民協會便成為鄉村中唯一的權力機關，真正做到「一切權力歸農會」。與此同時，湖北、江西等省的農民運動也得到了很大發展。從一九二六年七月到十一月，短短三個多月時間，湖北全省的農民協會會員便由三萬多人猛增到二十萬人左右。江西農民協會會員也在很短的時間內從六千多人發展到五萬多人。在湖南、湖北、江西等省農民

一九二六年十月十日，北伐軍佔領武昌。一九二七年國民政府由廣州遷至武昌，並下令收回租界。圖為民眾冒雨遊行，衝入租界，摧毀租界內沙包、電網，驅逐英國巡捕，奪回了租界

運動大發展的推動下，其他各省的農民運動也逐漸興起。

隨著農民運動的迅猛發展，向來十分重視調查研究的毛澤東，於一九二七年一月四日到二月五日，在參加湖南第一次全省農民代表大會之後，用了三十二天的時間，親自到湖南的湘潭、湘鄉、衡山、醴陵和長沙等縣考察農民運動。在考察過程中，毛澤東不僅會同當地黨組織糾正過去指導農民運動方面的右傾錯誤，釋放被當作「痞子」關在監獄裡的許多鄉農民協會的委員和委員長，還通過實地走訪、召集有經驗的農民和農運工作同志參加各種類型的調查會等方式，獲得大量在武漢、長沙接觸不到的關於農民運動的第一手材料。在此基礎上，毛澤東撰寫了《湖南農民運動考察報告》。

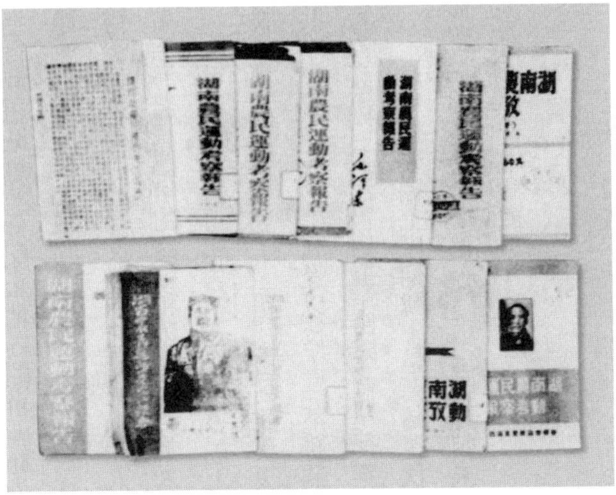

各種版本的《湖南農民運動考察報告》

在這份對中國歷史產生過深遠影響的報告中，毛澤東不僅熱烈地讚頌農民群眾打翻鄉村封建勢力的偉大功績，尖銳地批駁責難農民運動的各種謬論，並且十分敏銳地闡明農民運動同革命成敗的密切關係。他指出：「國民革命需要一個大的農村變動。辛亥革命沒有這個變動，所以失敗了。現在有了這個變動，乃是革命完成的重要因素。一切革命同志都要擁護這個變動，否則他就站到反革命立場上去了。」他強調：必須依靠廣大貧農作「革命先鋒」，團結中農和其他可以爭取的力量，把農民組織起來，從政治上打擊地主，徹底摧毀地主階級的政權和武裝，建立農民協會和農民武裝，由農民協會掌握農村一切權力，然後進行減租減息、分配土地等鬥爭。此外，這份報告還批評了各種右傾觀點，明確地指出，解決農民問題，就要解決土地問題，這已經不是宣傳的問題，而是要立即實行的問題了。這份報告是中國共產黨領導農民運動的光輝文獻。它是通過深入的調查研究，從實踐中總結經驗而得出的，據此制定的中國共產黨領導農民鬥爭的路線和策略具有強大的生命力。

毛澤東的這份報告，在《嚮導》上登了一部分之後，就被陳獨秀、彭述之（時任中共中央宣傳部部長）禁止繼續刊登了。瞿秋白到武漢後，看到毛澤東的報告，非常高興。當他知道這個報告被禁止在中共中央機關刊物上刊登以後，「不勝氣憤」。經過鬥爭，瞿秋白在一九二七年四月中旬把毛澤東的這份報告交漢口長江書店擬出版一個單行本，書名是《湖南農民革命（一）》。

之所以要編上序列號，是因為瞿秋白計劃要連續出版這方面的著作，以大力宣傳農民革命運動。雖然後來因為局勢變化，這一出版計劃未能實現，但瞿秋白依然為這本書撰寫了一千五百字的熱情洋溢的序言。序言中寫道：

「匪徒、惰農、痞子……」，這些都是反動的紳士謾罵農民協會的稱號。但是真正能解放中國的卻正是這些「匪徒」。

農民要這些政權和土地，他們是要動手，一動手自然便要侵犯神聖的紳士先生和私有財產。他們實在「無分可過」；他們要不過分，便只有死，只有受剝削！中國農民都要動手了，湖南不過是開始罷了。中國的革命家都要代表三萬萬九千萬農民說話做事，到戰線去奮鬥，毛澤東不過開始罷了。中國的革命者個個都應當讀一讀毛澤東這本書，和讀彭湃的《海豐農民運動》一樣。

隨著農村革命形勢的迅猛發展，城市的工人運動也高漲起來。這其中，最為突出的代表就是為了配合北伐軍進軍上海，一九二六年初至一九二七年春，由中共中央和上海區黨委領導的上海工人三次武裝起義。

爆發於一九二六年十月和一九二七年二月的前兩次工人武裝起義，或因準備不足，大部分工人沒有發動起來，或因起義的計劃洩露，各區工人糾察隊失去統一指揮而歸於失敗。一九二七年三月，中共中央和上海區委在吸取前兩次武裝起義失敗的教訓後，繼續發動上海工人第三次武裝起義，並做了大量的準備工作。首先，成立了起義的最高領導機關——特別委員會（特委），委員會由陳獨秀、羅亦農、趙世炎、汪壽華、尹寬、彭述之、周恩來、蕭子暲等組成。特委下設軍事委員會和宣傳委員會，周恩來、趙世炎等負責軍事委員會的工作，尹寬、鄭超麟等負責宣傳委員會的工作。其次，擬訂行動計劃，確定起義的整個行動由中共中央和上海區委負責，中共中央軍委書記周恩來擔任起義總指揮。最後，做好起義前的組織動員工作。在周恩來的秘密組織和周密部署下，一方面在市民中開展廣泛的宣傳動員，另一方面建立一支數千人的工人武裝糾察隊，在全市設立多處秘密訓練點加強培訓，並藉培訓維護治安保衛團的合法名義加強工人糾察隊的軍事訓練，不僅為起義培養了一批軍事骨幹力量，增強了工人糾察隊的戰鬥力，而且還給工人武裝補充了一些槍支、彈藥。

這時，孫傳芳部在北伐軍的連續進擊下，已無力支持，只

北伐軍東路前敵總指揮白崇禧在龍華按兵不動，直至工人把軍閥軍隊擊潰後，才發兵沿鐵路進入北站。圖為進入北站的北伐軍士兵

得向盤踞華北的奉系軍閥投靠。張作霖派遣魯軍畢庶澄部南下，到上海接防。

三月二十日，北伐軍進抵上海近郊龍華，軍閥部隊十分動搖混亂。二十一日，上海工人在中共中央特委領導下，當機立斷，及時發動總同盟罷工並隨即轉為武裝起義。八十多萬起義工人依靠自己的力量，使用劣勢的武器裝備，經過三十個小時的英勇戰鬥，終於擊潰北洋軍閥在上海的駐軍，佔領上海（外國控制的租界除外）。這次武裝起義，一共殲敵五千餘人，繳獲五千多支槍、若干門大炮和大量彈藥、裝備。在激烈的戰鬥中，有三百餘名工人和群眾英勇犧牲，一千餘人負傷。三月二十二日，上海工商學各界舉行市民代表會議，選舉產生上海市政府委員十九人，組成上海特別市臨時政府，其中共產黨員和共青團員佔了十人。這個政府在組織領導和組織成分上都體現了工人階級的領導權，雖然只存在了二十四天，但它卻是在中國共產黨的領導下最早在大城市建立起來的革命政權，為之後中國開展城市武裝鬥爭作出了大膽嘗試。上海工人第三次武裝起義的勝利，使長期被帝國主義和北洋軍閥統治的上海回到了人民手中，是大革命時期中國工人運動的一次偉大壯舉。

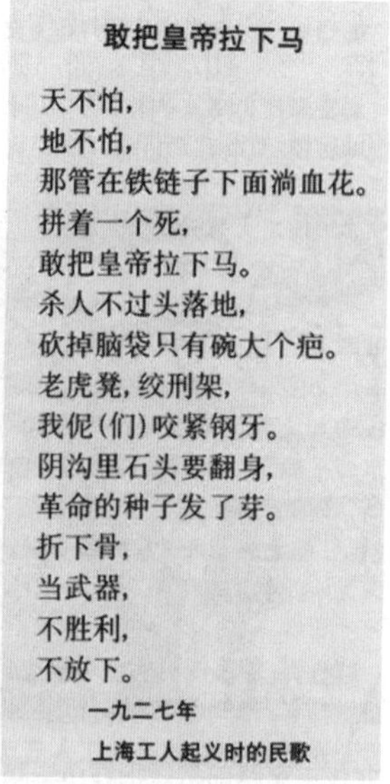
敢把皇帝拉下马

天不怕，
地不怕，
那管在铁链子下面淌血花。
拼着一个死，
敢把皇帝拉下马。
杀人不过头落地，
砍掉脑袋只有碗大个疤。
老虎凳，绞刑架，
我伲(们)咬紧钢牙。
阴沟里石头要翻身，
革命的种子发了芽。
折下骨，
当武器，
不胜利，
不放下。

一九二七年
上海工人起义时的民歌

上海工人起義時的民歌——《敢把皇帝拉下馬》

待上海工人起義成功之後，原來屯兵龍華、袖手旁觀的北伐軍，這時才在白崇禧率領下開入上海，並迅速搶佔具有重要軍事價值的江南兵工廠。

這一時期，在工農運動迅猛發展的同時，在長沙、廣州、武漢等地的工人運動也出現了一些「左」的傾向。如，提出了一些脫離實際的過高要求，使得有些工人、店員的工資增加過速，工時減少過多，也使企業倒閉，部分中小工商業者無合理的利潤可圖。而且，對有些中小工商業者進行了過火的鬥爭，不適當地關閉了一些工廠商店，以及隨便逮捕人，組織法庭、監獄，斷絕交通，等等。同樣，一些地區農民運動的偏激現象也比較突出，如「擅自捕人遊鄉，隨意罰款打人，以至就地處決，驅逐出境，強迫剪髮……禁止坐轎，禁止穿長衫」，等等。這些過「左」的偏向，雖然都是工農運動的支流，但是卻擴大了打擊面，對於團結民族資產階級和上層小資產階級，以及對整個國民經濟和人民生活都帶來嚴重影響，不利於爭取本來可以爭取的社會力量，也無形中給擴大和鞏固革命聯合戰線增加了困難和阻力。

第三節 「喊著革命反革命」

廣東革命根據地統一後不久，一九二六年二月，剛剛控制廣西的李宗仁、黃紹竑又宣佈接受廣東革命政府的領導。兩廣的統一，不僅使廣東革命根據地進一步擴大，也進一步推進了大革命的蓬勃發展。但是，在革命形勢迅速發展的同時，北伐戰爭的順利推進，國民黨內部出現了分化。一向堅持國共合作的孫中山逝世後，這種分化就越來越公開化了。

一、從「中山艦事件」到《整理黨務決議案》

蔣介石的骨子裡是堅決反共的。但在一個時期內，他在表面上卻表示贊成聯俄聯共。當北伐被正式提上國民政府的議事日程之時，蔣介石既把北伐這樣大規模的軍事行動看作是擴大自己勢力範圍、建立個人獨裁統治的機會，同時又把正在蓬勃興起的以共產黨為代表的革命力量看作是實現其個人野心的最大障礙。在北伐戰爭開始的前夜，隨著革命高潮的逐漸興起，他的反共真面目便開始逐步暴露了。為此，他先後策劃了一系列限制共產黨、限制蘇聯顧問、奪取革命領導權的陰謀活動。

自然，維護國共合作的大局是極其重要的。但是，面對國民黨內新老右派變本加厲的分裂活動，面對蔣介石咄咄逼人的反共陰謀，年幼的共產黨究竟該如何應對？國民黨一大以來的短短兩年多時間，這個問題便異常尖銳地擺在了共產黨人面前。面對越來越嚴峻的形勢，不少共產黨人主張對國民黨右派的分裂活動必須給予恰當而有力的反擊，並以此來維護國共之間的合作。毛澤東曾這樣表示：「以鬥爭求團結則團結存，以退讓求團結則團結亡。」可是，時為中共中央總書記的陳獨秀卻堅持認為，在帝國主義勢力和軍閥勢力的聯合進攻下，共產黨自身的力量尚不足，唯恐同國民黨右派的鬥爭會導致國共關係的破壞，進而可能會使廣東革命局面陷於孤立甚至失敗。因此，在這個問題上，他主張單方面退讓，並希冀用這種方法來求得國民革命陣營的內部矛盾得以舒緩。在這個問題上，共產國際的代表也持相同意見。這樣，這種妥協的意見便在共產黨內部佔了上風。

一九二六年三月二十日，蔣介石在廣州製造了「中山艦事件」。圖為中山艦

正是在這種背景下，喧囂一時並且「撲朔迷離」的「中山艦事件」發生了。

一九二六年三月十八日，黃埔軍校駐廣東省辦事處主任歐陽鐘，「奉蔣校長的命令」，通知海軍局代局長、共產黨員李之龍派有戰鬥力的軍艦到黃埔聽候調遣。當李之龍派出中山艦開到黃埔後，蔣介石卻否認曾發出過調艦命令。就在這時，廣州城內謠言蜂起，說蘇聯顧問和共產黨要劫持蔣介石。在這種十分詭異的氣氛中，三月二十日，蔣介石宣佈在廣州全城實行戒嚴。

隨後，又逮捕了李之龍，監視和軟禁了大批共產黨人，並解除了省港罷工委員會的工人糾察隊武裝，包圍了蘇聯領事館，密切監視蘇聯顧問。緊接著，三月二十二日，國民黨中央政治委員會又通過蔣介石提出的在黃埔軍校和第一軍中排除共產黨員、解除蘇聯顧問季山嘉等人職務的提案。這一事件即為「中山艦事件」（又稱「三二〇事件」）。

「中山艦事件」發生後，毛澤東、周恩來等果斷提議要對蔣介石採取強硬態度，中共廣東區委負責人也主張給蔣介石以堅決回擊。但是，其時在廣州的由聯共（布）中央委員、蘇聯紅軍總政治部主任布勃諾夫率領的聯共（布）使團卻不贊成反擊。他們認為，左派力量不足以同蔣介石對抗；馮玉祥的國民軍已在北方遭受重大挫折，反擊會在南方同蔣介石的關係搞得緊張起來，影響蘇聯對華政策的實施；事件的發生是蘇聯顧問團的工作，「主要是軍事工作方面所犯的錯誤」所致，等等。

由此，這一事件成為國共關係發展中的一個重要轉折點。

通過「中山艦事件」，蔣介石不僅打擊了共產黨，而且打擊了汪精衛和國民黨左派，進一步加強了他在政治上、軍事上的地位，也為他在國內取得最高權力掃清了道路。

「中山艦事件」一個多月後，在五月十五日召開的國民黨二屆二中全會上，為了從國民黨的領導機構中進一步排擠出共產黨人，全面控制國民黨的黨權，蔣介石又採取了一個重要舉措。他借口要改善兩黨關係，並揚言為避免共產黨內的力量發展引起「黨內糾紛」，需要找出一個「消除誤會的具體辦法」。這個「具體辦法」，便是所謂的《整理黨務案》。該案的主要內容是：共產黨員在國民黨省市以上高級黨部任執行委員的人數不得超過總數的三分之一，共產黨員不能擔任國民黨中央各部部長，加入國民黨的共產黨員名單須全部交出，等等。

對於這個提案，國民黨左派柳亞子、何香凝等投票反對，出席國民黨二屆二中全會的中共黨員意見也並不一致。但是，由於會前蔣介石曾同鮑羅廷數次商談，要他接受這個要求，鮑羅廷又根據聯共（布）中央政治局要中共黨員繼續留在國民黨內的方針，對蔣介石這個提案採取了退讓的態度，在未同中共中央協商的情況下，便同意了蔣介石的要求。對此，蔣介石後來說：「四月二十九日，鮑羅廷自俄回粵，他與我屢次會商國共合作問題，訂定整理黨務辦法，於五月十五日，提交本黨第二屆中央委員第二次全體會議」，「當鮑羅廷與我會商這個辦法時，對我的態度極為緩和，凡我所提主張，都作合理的解決。」「我恪守國父遺訓，不因聯俄而對共黨遷就和姑息，所以我們的協商能達成這八條的協定。」「這是我們中國國民革命成敗的關鍵，也就是本黨與共黨消長的分水嶺。」張國燾也回憶說：「在『三二〇事件』後，籌備二屆二中全會中，一切重要政治問題都由蔣介石、張靜江和鮑羅廷三巨頭秘密商談解決，鮑羅廷遵守三巨頭之約，不向我吐露實情。」在這種情況下，對這個暗伏殺機、「其目的完全在壓共產黨」的提案，雖然中國共產黨內很多同志堅決反對，但由於鮑羅廷的「忍讓」和壓制，《整理黨務案》最終得以順利通過。

《整理黨務案》的通過，對國共兩黨關係產生了深刻影響：一方面，擔任國民黨中央部長和代理部長的共產黨員譚平山、林祖涵、毛澤東等只得辭職，在國共合作中共產黨的地位也由此變得十分被動；另一方面，蔣介石的權力迅速膨脹，很快便直接控制了國民黨、國民政府和國民革命軍的大權，成為在南方掌握最高權力的實力派人物。

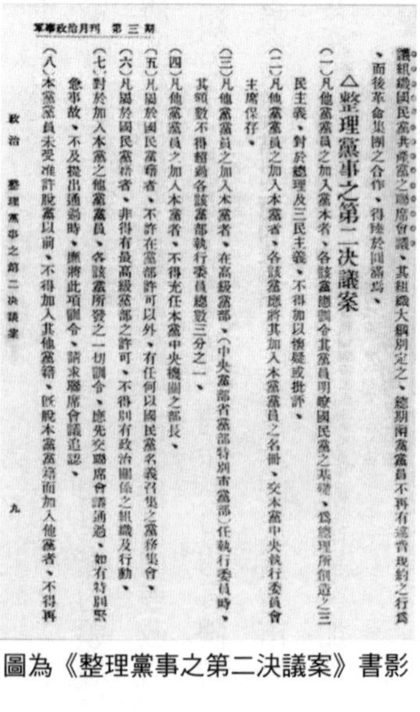
軍事政治月刊　第三期

議組織國民黨共產黨之聯席會議、其組織大綱別定之、總期兩黨黨員不再有違背規約之行爲、而後革命集團之合作、得臻於圓滿焉、

△整理黨事之第二決議案

(一)凡他黨黨員之加入本黨者、各該黨應訓令其黨員明瞭國民黨之基礎、爲總理所創造之三民主義、對於總理及三民主義、不得加以懷疑或批評、

(二)凡他黨黨員之加入本黨者、各該黨應將其加入本黨黨員之名冊、交本黨中央執行委員會主席保存、

(三)凡他黨黨員之加入本黨者、在高級黨部、(中央黨部省黨部特別市黨部)任執行委員時、其額數不得超過各該黨部執行委員總數三分之一、

(四)凡他黨黨員之加入本黨者、不得充任本黨中央機關之部長、

(五)凡屬於國民黨籍者、不許在黨部許可以外、有任何以國民黨名義召集之黨務集會、

(六)凡屬於國民黨籍者、非得有最高級黨部之許可、不得別有政治關係之組織及行動、

(七)對於加入本黨之他黨黨員、各該黨所發之一切訓令、應先交聯席會議通過、如有特別緊急事故、不及提出通過時、應將此項訓令、請求聯席會議追認、

(八)本黨黨員未受准許脫黨以前、不得加入其他黨籍、既脫本黨黨籍而加入他黨者、不得再

政治　整理黨事之第二決議案　九

圖為《整理黨事之第二決議案》書影

從「中山艦事件」到《整理黨務案》，蔣介石在北伐開始前這個關鍵時期，毫不手軟地接連向中國共產黨發動進攻，並在中國共產黨的節節退讓下，逐個奪取陣地，從而把權力一步步地集中到自己手裡，為日後發動反革命政變奠定了基礎。

二、從「四一二」到「寧漢分裂」

北伐戰爭開始以後，隨著北伐軍一路的高歌猛進，北洋軍閥的統治迅速崩潰。這樣，在政治、軍事形勢日益有利於廣東革命政府的形勢下，中國政治出現了兩個引人注目的變化：

一是一批地方軍閥開始紛紛投靠到蔣介石的旗下，一批從北方來的政客、官僚也匯集到蔣介石的身邊。一時間，甚至有了「軍事北伐，政治南伐」的說法。在這種形勢下，蔣介石的勢力得以迅速膨脹。

二是北伐戰爭初期的迅速推進，大大出乎了帝國主義列強的意料。驚詫之餘，為了確保在華的既得利益不受損害，他們一開始便企圖以赤裸裸的武力相威脅，以更多的力量去干涉中國革命，阻擋中國革命前進的步伐。如，一九二六年九月五日，英帝國主義軍艦在長江水面炮擊萬縣，造成死傷一千餘人的萬縣慘案。隨著形勢的發展，當他們看到腐朽沒落的北洋軍閥垮台只是時間問題時，他們又改變策略，開始著重於對革命陣營內部進行分化工作，並進而扶植他們新的代理人。迎合這種複雜的形勢變化，一九二七年一月，蔣介石明確表示，他非但不打算廢除不平等條約，而且將盡可能尊重它們。嗣後，帝國主義列強逐步改變之前對廣東革命政府的態度，並把蔣介石看作是國民黨「穩健派」的首領，認為蔣是「唯一可以使長江以南的區域免於淪入共產黨之手的保護力量」，從而對他採取拉攏手段，以促使革命陣營的早日分裂。

在這種背景下，南方革命陣營內部的矛盾與衝突開始愈演愈烈，蔣介石的反共面目也越來越公開地暴露出來。一九二七年二月，他在南昌的一次演講中公開表示：「共產黨員對國民黨員施加一種『壓迫』，這樣我就不能夠像從前一樣優待共產黨員了。」「我是中國革命的領袖」，「所以，共產黨員有不對的地方，有強橫的行動，我有干涉和制裁的責任及權力。」「我一定要糾正他，並且一定要制裁他的。」

至此，蔣介石反對共產黨、仇視工農的本質已經完全暴露。此後，他開始公開鎮壓工農革命力量。三月一日，他指使當地駐軍殘酷殺害贛州總工會委員長、共產黨員陳贊賢。三月十六日，他從南昌赴上海，途經九江、安慶等地時，指使青幫流氓暴徒搗毀當地擁護孫中山三大政策的國民黨黨部和工會、農會組織，殺害革命群眾，製造白色恐怖。

蔣介石的反共決心雖然已經下定，但是，要採取「反共」這樣重大的行動，他除了自身在軍事、政治方面的必要準備之外，還需要得到帝國主義列強的支持和江浙財閥的資助。為此，一九二七年三月二十六日，他趕赴上海同帝國主義列強、江浙財閥及上海的流氓勢力進行了一系列秘密會談。在這些會談中，帝國主義列強公然鼓動蔣介石「迅速而果斷地行動起來」，「使長江以南的區域免於淪入共產黨之手」；江浙財閥也允諾會在財政上全力支持；上海青幫頭子黃金榮、杜月笙則保證會把大批流氓、暴徒組織起來充當打手。

為了確保反共的成功，蔣介石又把不受他控制的部隊陸續調離上海。在完成了這些「周密」準備之後，四月初，蔣介石與李宗仁、白崇禧等密議，決定以暴力手段實行「清黨」。

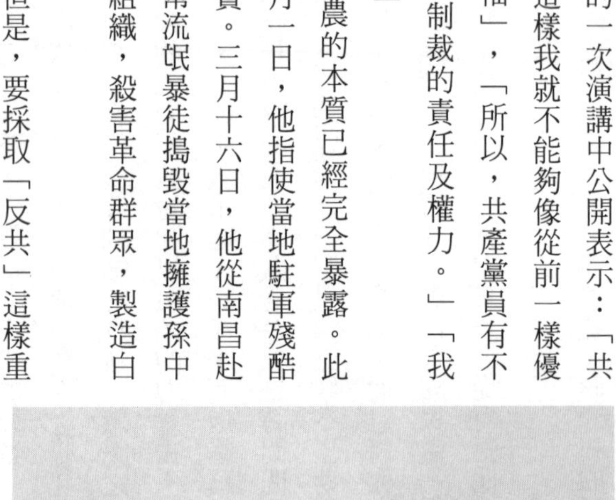

製造萬縣慘案的肇事公司英輪

四月十一日，上海總工會委員長汪壽華被誘騙殺害。四月十二日凌晨，上海的大批青幫分子冒充工人，臂纏白底黑「工」字符號，從租界衝出，向分駐在閘北、南市、滬西、浦東、吳淞等地的工人糾察隊發動突然襲擊。工人糾察隊雖然奮起抵抗，但是國民革命軍第二十六軍卻聲稱要「調解工人內訌」，並將武裝流氓的槍械先行收繳。工人糾察隊輕信了他們的欺騙，在毫無戒備的情況下，兩千七百多名工人的糾察隊亦被全部解除武裝，工人死傷達三百多人。

事件發生後，上海工人和市民悲憤交加，紛紛集會抗議，各革命團體均發宣言電文斥責，要求懲辦，發還槍支。十二日下午，閘北五萬多工人的遊行隊伍徒手奪回總工會會所。四月十三日上午，上海工人和市民又召開十萬人的群眾大會，會後整隊遊行，要求釋放被捕工友，交還糾察隊被繳槍械。但是，當隊伍行進到寶山路時，第二十六軍卻用步槍、機關槍向密集的遊行群眾掃射，當場打死一百多人，傷者不計其數。據不完全統計，反革命政變後的三天中，被殺害三百多人，被捕五百多人，五千多人下落不明。蔣介石勢力範圍所及之處，如廣州、南京、杭州、寧波、福州、廈門等地也都發生大屠殺，共產黨人陳延年、趙世炎、蕭楚女、熊雄等先後在蔣介石的屠刀下英勇犧牲，白色恐怖籠罩東南各省。這就是震驚中外的四一二反革命政變。

繼上海發生反革命政變後，全國各地也發生了類似的以「清黨」為名對共產黨人和革命人士進行屠殺的事件。北方的奉系軍閥張作霖捕殺大批共產黨員和革命群眾，中國共產黨的主要創始

一九二七年四月，蔣介石發動「四一二」反革命政變，下令查封各種革命團體，大肆捕殺共產黨人和革命者

人和領導人李大釗在北京英勇就義。「清黨」讓整個中國血流成河。在其後一年時間裡，被殺害的共產黨人達兩萬六千人，群眾近三十萬人。在這種背景下，因北伐戰爭的迅速勝利而蓬勃發展起來的農民運動被鎮壓了下去，中國革命由此轉入低潮。

蔣介石突然襲擊的行徑，引起了舉國激憤。四月十七日，武漢國民政府在共產黨和人民群眾推動下，宣佈開除蔣介石黨籍，撤銷其一切職務，「著全體將士及革命民眾團體拿解中央，按反革命罪條例懲治」，並籌劃東征討蔣。

四月二十日，中共中央也發表宣言，深刻揭露「蔣介石業已變為國民革命的公開敵人」、「帝國主義的工具」，號召革命群眾為「推翻新軍閥蔣介石」、「打到軍事專政」而鬥爭。許多知名人士也通過各種方式，聯合聲討蔣介石的這種行徑。武漢、長沙等地還召開有數十萬人參加的反帝討蔣大會。為了表達對蔣介石的政治譴責，四月二十一日，宋慶齡、鄧演達、吳玉章、毛澤東等三十九人，又以國民黨中央執監委員會和候補執監委員會等名義，聯名發表對蔣通電，指責蔣介石由反抗中央進而自立中央等行為。通電號召：

四月十二日至十五日，上海三百多名共產黨人和革命人士遭到殺害

> 凡我民眾及我同志，尤其武裝同志，如不認革命垂成之功，毀於蔣中正之手，唯有依照中央命令，去此總理之叛徒，中央之敗類，民眾之蟊賊。

四一二反革命政變以後，以蔣介石為首的國民黨右派從民族資產階級右翼迅速轉變為大地主大資產階級的代表。羽毛已豐的蔣介石在帝國主義勢力的支持下，糾合國民黨老右派以及官僚、政客、買辦、豪紳，於一九二七年四月十八日在南京另立國民政府，與保持國共合作的武漢政府相對抗，從而製造了「一黨兩府」、「寧漢分裂」的局面。由於北京其時尚有張作霖控制的北洋軍閥政府存在，因此一時之間在中國形成了三個政權相互對峙的局面。

蔣介石發動四一二反革命政變，是大革命從高潮走向失敗的一個轉折點。它使中國政治風雲突變，到處充滿了血雨腥風的白色恐怖。但是，共產黨人並沒有被大屠殺所嚇倒、所征服。為挽救革命，在一些充滿白色恐怖的地區，頑強的共產黨人仍在繼續著革命活動。他們掩埋好同志的屍體，揩乾身上的血跡，又踏上了革命的征途，繼續與敵人展開戰鬥。

三、從「七一五」到「寧漢合流」

四一二反革命政變以後，中國國內的政治局勢急遽變化：

一方面，剛到武漢不久的汪精衛打著反蔣的旗號，取得了武漢國民黨和國民政府的領導地位。高喊著「革命的往左邊來，不革命的快走開去」的汪精衛，雖然是以「左派領袖」的面目出現，但骨子裡卻是反共的。在他看來，雖然「時機未至，而各人已不能不做那必要的準備」。因此，武漢政府一方面開始限制工農運動，另一方面則觀望風向，隨時準備從動搖

一九二七年四月十八日，蔣介石在南京另立「國民政府」，與武漢國民政府相對立。這是「國民政府」奠都南京時的照片

走向背叛，並迅速向右轉化。

另一方面，面對錯綜複雜的矛盾和尖銳激烈的鬥爭，四一二反革命政變後半個月，中國共產黨的五大在武漢召開。全黨都期待著這次大會能正確判斷當前的局勢，回答大家最為關注的如何從危急中挽救革命的問題。可是，中國共產黨的五大雖然批評了陳獨秀的錯誤，但對無產階級如何爭取領導權，如何領導農民進行土地革命，如何對待武漢國民政府和國民黨，特別是如何建立中國共產黨的革命武裝等迫在眉睫的重大問題，都未能作出切實可行的回答。因此，難以承擔在生死存亡的危急關頭挽救大革命的重任。

當時，武漢國民政府所管轄的範圍只有湖北、湖南、江西三省。四一二反革命政變以後，武漢方面可以有三種選擇：一是開始東征，討伐蔣介石；二是繼續北伐，同已經南下並控制河南的奉軍精銳作戰；三是就地進行土地革命。究竟採取哪一種方案，武漢國民政府內部引起了激烈爭論。最後，武漢國民政府採取了最不利的繼續北伐方案，深入土地革命和東征討蔣這兩種主張都沒有得到實行。

而其時，蔣介石的南京國民政府卻正在從經濟、政治等方面對武漢政府所轄地區進行全面封鎖和破壞，致使這些地區的物價飛漲、工人失業，各種社會危機日益加重。而且，宜昌、長沙等地還發生了駐軍叛變，並製造了多起血案。可是，在這種情況下，武漢國民政府仍把希望寄託在北伐軍同馮玉祥部的會師上。

一九二七年四月二十七日至五月九日，中共五大在武漢舉行。圖為五大會址——湖北武昌高等師範第一附屬小學

一九二七年四月十九日，武漢國民政府舉行第二次北伐誓師大會。四月二十六日，武漢國民政府任命馮玉祥為國民革命軍第二集團軍總司令。四月下旬至五月上旬，北伐軍總指揮唐生智率領的八萬大軍沿京漢路及其兩側北上。馮玉祥也率部由潼關出發向河南進軍。起初，第二次北伐戰事進展比較順利，但當奉軍急調主力投入豫南戰場後，雙方隨即發生了異常激烈的戰鬥，並一度形成僵持不下的苦戰狀態。直到五月中下旬，在同奉軍主力血戰於豫南的西平、上蔡、臨穎一帶，付出傷亡一萬四千人的巨大代價之後，武漢北伐軍才擊敗奉軍在河南的主力，並與馮玉祥部在鄭州實現了會師。

然而，鄭州會師並不能改變武漢國民政府所面臨的困境。在武漢國民政府將河南和西北的軍政大權全部交給馮玉祥，北伐軍回師武漢之後，馮玉祥的政治態度卻發生了很大變化。他致電武漢國民政府，提出將鮑羅廷解職回國，並將國民軍聯軍內部的共產黨員和大批政治工作人員解職等要求。與此同時，蔣介石乘武漢方面主力出師北伐、後方空虛之機，不斷指使川、黔、桂、粵等地方軍閥進攻兩湖地區，同時又秘密策反駐紮在該地區的武漢國民革命軍軍官發動叛亂，企圖裡應外合，推翻武漢國民政府。而且，蔣介石還使用多種手腕，同帝國主義勢力、地方軍閥等聯合起來，在長江和京漢、粵漢鐵路上切斷了武漢的對外交通聯絡，禁止各地同武漢進行貿易，致使武漢國民政府稅收減少、物價飛漲，工廠、商店大批倒閉，

一九二七年六月十日，汪精衛、譚延闓、唐生智等武漢政府要員在鄭州與馮玉祥舉行會議，決定北伐軍回師武漢，陝西、甘肅、河南等省交馮玉祥控制。汪、馮等在會上攻擊共產黨，詆毀工農運動。圖為開會情形

失業工人、店員高達十萬人以上，市民生活困苦，人心急劇浮動。

在這種局面下，汪精衛等武漢國民政府要人的政治態度開始出現了明顯變化，武漢政府內部的反共空氣也日益高漲。局勢愈發緊張，陳獨秀和蘇聯顧問卻一籌莫展。他們取消了湖南武裝起義的計劃，解散了武漢工人糾察隊，繼續執行退讓政策。但是，這一切並沒有起到穩定武漢局面的作用。一九二七年七月十二日，汪精衛作了《主義與政策》的講演，公開揚言：「如果將共產黨的理論與方法，適用於國民黨裡，甚至將國民黨共產化，那麼，只能說是將國民黨變成了共產黨，不能說是容共，必為總理所不容。」至此，武漢局勢逆轉已經明朗化了。七月十三日，國民黨左派鄧演達發表宣言，強烈譴責汪精衛一夥「向蔣圖謀妥協，並與共產黨相分離，而殘殺農工」的行為。七月十四日，宋慶齡也發表聲明重申：「對於本黨新政策的執行，我將不再參加」，「我認為這種政策是注定要失敗的。」「三大政策是實行三民主義的唯一方法。」「如果黨內領袖不能貫徹他的政策，他們便不再是孫中山的真實信徒，黨也就不再是革命的黨，而不過是這個或那個軍閥的工具而已。」在此前後，共產國際提出要改組中共中央，並明確要求中國共產黨公開退出國民政府，開展土地革命，武裝工農。七月十二日，中共中央改組，由張國燾、李維漢、周恩來、李立三、張太雷組成中共中央臨時常務委員會。陳獨秀從此離開中共中央最高領導崗位。七月十三日，中共中央發表對時局的宣言，譴責武漢國民黨和國民政府的反共行徑，宣佈撤回參加國民政府的共產黨員，同時嚴正聲明：中國共產黨將繼續支持反帝反封建的革命鬥爭，願意同國民黨的革命分子繼續合作。

大革命失敗後，宋慶齡堅持孫中山「聯俄、聯共、扶助農工」三大政策，一九二七年八月，赴蘇聯訪問。圖為宋慶齡在莫斯科與加里寧夫人合影

七月十五日，汪精衛等控制的武漢國民黨召開「分共」會議，汪精衛宣稱「中央黨部應制裁一切違反本黨主義、政策之言論行動」。他說：「我們容共是一種政策，他們加入國民黨也是一種政策，這是很明白的事實。」「所謂分共，是將共產黨員，從國民黨裡，分了出去。」

據此，七月二十六日，武漢國民黨中央政治委員會公佈《統一本黨政策決議案》（此文件為七月十五日會議所擬定，二十六日成文公佈），規定：

1. 凡列名本黨之共產黨員，在本黨各級黨部各級政府及國民革命軍有職務者，應自即日起，聲明脫離共產黨，否則一律停止職務。

2. 在國民革命時期內，共產黨員不得有妨礙國民革命之活動，並不得以本黨名義，做共產黨之工作。

3. 本黨黨員未經本黨中央許可，不得加入他黨，違者以叛黨論。

《統一本黨政策決議案》的公佈，標誌著武漢國民黨中央正式「分共」了，這就是七一五事變。隨後，汪精衛集團對共產黨員和革命群眾實行大逮捕、大屠殺。至此，由國共兩黨合作發動的大革命宣告失敗。對於汪精衛這一背信棄義的做法，七月二十四日，中共中央發表《中央對於武漢反動時局之通告》，給予了嚴詞抨擊。通告指出：

武漢中央已完全反動，武漢不再為革命中心而為反革命中心。故我們應攻擊其反動行為，披露其虛偽，不可再事擁護其罪惡。對國民政府固然不應再說擁護，對汪精衛亦須歷數其改變三大政策曲解三民主義之罪惡。

七一五事變後，南京政府和武漢政府在如何對待共產黨的問題上分歧已不復存在，因此下一步的發展自然是「寧漢合流」。國民黨內部各派系間矛盾重重，武漢政府內許多人對蔣介石倚仗軍事勢力獨斷專行相當不滿，因此提出把蔣介石下台作為雙方合流的條件。作為南京政府重要支柱的桂系軍閥李宗仁、白崇禧等，在寧漢分裂時主要出於「分共」而支持蔣介石，「七一五」分共後，他們又轉而逼蔣下台以換取「寧漢合流」。在此背景下，八月十二日，蔣被迫辭職離開南京。八月十九日，武漢政府宣佈遷往南京。接著，國民黨內南京、武漢兩方和先前因反共而分裂的西山會議派商定，將三個中央黨部合併，組成中央特別委員會，代行中央執行委員會職權。反覆無常的汪精衛因為眾人對其不滿而被排除在中央特別委員會之外。這樣，合流後的國民黨南京政權宣告成立。

第一次國共合作下發動的大革命，是一場以工農為主體的規模空前的革命大風暴。這場風雲激盪的革命大風暴，不僅在中國大地上第一次提出了「打倒列強，除軍閥」的響亮口號，基本推翻了北洋軍閥的統治，沉重打擊了帝國主義在華勢力，還使中國的廣大民眾在思想上受到一次相當普遍的革命洗禮，使民主革命思想在全國得到空前的傳播，從而在中國革命史上寫下了光輝的篇章。

儘管大革命失敗了，並且使中國共產黨和中國革命遭受了慘重的損失，但是中國前進的步伐並沒有停止。中國共產黨人從革命失敗的痛苦經歷中獲得極為深刻的經驗教訓。他們逐漸認識到：中國共產黨的領導、統一戰線和武裝鬥爭是中國革命的基本問題。正是在這種認識和思索之中，中國共產黨人不斷地探索一條適合中國國情的革命道路。

第四節　南京國民政府的十年

一九二七年四一二反革命政變後，蔣介石於四月十八日在南京建立了國民政府。一九二八年一月，經過短暫下野，蔣介石又重新回到權力中心。此後，他在「二次北伐」的名義下開始了統一全中國的過程。在這個過程中，既充滿著對共產黨和廣大革命群眾的殘酷鎮壓，又伴隨著國民黨內部各個派系的激烈角逐。

一、「二次北伐」與「東北易幟」

一九二八年一月，經過短暫的去職下野，蔣介石又重新擔任了國民革命軍的總司令，再度把權力集中到了自己手中。同年二月，國民黨召開了二屆四中全會。此次全會，一方面，從根本上改變了國民黨一大及此後所確立的各項政策，將聯俄、聯共、扶助農工等政策「一律取消」，並硬性規定國民革命軍總司令兼軍事委員會主席，從而進一步確立了蔣介石的統治地位；另一方面，面對當時南京國民政府所面臨的不利軍事局面，蔣介石為了提高其身價，並鞏固其在國民黨內的統治地位，又打出了「繼續北伐」的旗幟。此次會議通過的《集中革命勢力限期完成北伐案》明確提出，要「限期兩個月內會師北京，完成統一，肅清殘餘軍閥，佈告人民息兵」。

這次會議後，蔣介石以「二次北伐」為名，對國民革命軍進行了重新改編。蔣介石自任國民革命軍總司令並兼第一集團軍司令，參謀總長為何應欽，馮玉祥、閻錫山、李宗仁則分任第二、第三、第四集團軍總司令。國民革命軍全軍共四十多個軍，約七十餘萬人。其作戰部署是：第一集團軍沿津浦路北進；第二集團軍由津浦、京漢之間的魯西、直南等地區向北推進；第三集團軍沿京綏、正太兩線向東攻佔石家莊，再轉京漢線北進；第四集團軍沿京漢線北上；然後四路會攻京津。「二次北伐」的作戰對象主要是奉系軍閥張作霖的「安國軍」，其時兵力約有四十萬人。因此，所謂的「二次北伐」，實際上是蔣介石、馮玉祥、閻錫山和李宗仁四派聯合發動的對奉系的戰爭。

一九二八年二月九日，蔣介石在徐州舉行北伐誓師大會，並提出「打倒張作霖，統一全中國」的口號。四月一日，蔣介石發表了《告前方將士書》，要求全體北伐將士「懷必勝之氣，直薄幽燕，長驅關外，使張作霖覆滅之後，更無繼張作霖而起之人」。四月七日，蔣介石下達總攻擊令，各路戰事隨之同時發動。

「二次北伐」開始後，各路集團軍均進展順利：第一集團軍在魯南和津浦線進展迅速。四月七日，發起進攻；十日，攻克台兒莊；四月中旬，攻佔臨城、滕縣、兗州、曲阜等地；四月下旬，又攻克了萊蕪、泰安；五月一日，佔領濟南。第二集團軍發起進攻之後，在直南首克邯鄲；後又和奉系軍隊重兵相對抗，苦戰於大名、彰德一帶；在魯西，則連克復鄆城、巨野、濟寧，進展順利。第三集團軍於四月二十日攻破娘子關，向石家莊進攻。

一九二八年五月一日，北伐的國民革命軍克復濟南

「二次北伐」的快速推進，引起了日本帝國主義的嚴重不滿。為了確保其在膠東半島的利益，日本政府開始積極干涉。

四月十七日，日本政府決定出兵山東。五月一日，濟南被北伐軍攻克後，日本軍隊又以保護日本僑民為借口，公然武裝進攻濟南，並對濟南居民和進駐濟南的北伐軍進行了大屠殺，中國軍民死傷四千七百多人，造成舉國悲憤的「濟南慘案」。

面對日本帝國主義的驕橫，蔣介石選擇了妥協退讓，命令部隊撤出濟南，繞道北上。五月上中旬，北伐各軍繼續向奉軍進攻，並相繼佔領了石家莊、臨沂、德州等地。五月十九日，蔣介石又調整軍事部署，以第一、第二集團軍進攻津浦線，第三集團軍進攻京綏線，第四集團軍進攻京漢線，兵分三路，直逼京津。張作霖見大勢已去，下令奉系軍隊全部退卻，並聲明願意立即「停戰息爭」。五月二十八日，各路北伐軍發起總攻。

至六月一日，先後佔領了大同、張家口、保定、滄州等戰略要地，京津兩地已陷入三面包圍之中。

在這種形勢下，六月三日，張作霖退出北京準備撤回奉天。由於未答應日本當局對東北提出的全部要求，六月四日凌晨，張作霖在退往瀋陽途經皇姑屯車站時，被日本關東軍用預埋的炸藥炸死。六月八日，北伐軍進入北京和天津。六月十五日，南京政府宣佈「統一告成」，至此，蔣、馮、閻、桂聯合的「二次北伐」宣告結束。

奉軍退回東北後，與南京政府仍然處於一種分治的關係。

北京、天津飄揚著的是青天白日旗，而東北各地卻依舊掛的是五色旗。張作霖之子張學良十分清楚其父死於日本人之手，也因此對日本人倍加防範。六月十八日，張學良秘密回到奉天。

在以張作霖名義發佈了一系列命令，安排好了各種善後事宜，並用奉天議會名義推舉自己為代理奉天軍務督辦之後，張學良才於六月二十一日公佈了張作霖去世的消息。身懷國仇家恨的張學良，決心盡早實現「南北統一」。

與此同時，張作霖死後，日本當局為實現其繼續分裂中國東北、阻撓中國統一的目的，一方面對張學良嚴加防備，百般阻撓「東北易幟」，另一方面又在東北積極製造傀儡政權。為此，他們屢次向張學良發出警告：切勿與南京方面妥協。日本駐華公使林權助親自出馬，威脅張學良：

> 倘若東三省蔑視日本警告，擅掛青天白日旗，日本必具強國決心而採取自由行動，倘有不逞分子，盡可以武力彈壓可也。日本願出全力相助焉。

日本首相也致信張學良說，南京政府具有共產色彩，其地位尚未穩定，東北殊無與之聯繫之必要。日本當局對東北準備易幟的阻撓和干涉，激起東北民眾強烈的反日情緒。其時正在東北採訪的《大公報》負責人胡政之在一篇通信中這樣寫道：「東三省為整個中華民國之一部，自上而下，渴望統一，絕無二致。」「只以外交阻撓，易幟衍心期，精神早合，形式猶非。」「記者是日所遇知識階級中人，莫不以日本干涉易幟為談資，而不勝其憤懣。」日本的阻撓和干涉，更加堅定了張學良實現易幟的決心。在他的說服和堅持下，奉系大多數軍政要人也均表示贊同實現易幟。七月一日，張學良發表通電，表示絕不妨礙南北統一，並指派代表赴北平與蔣介石開始面謁，具體商談易幟事宜。張學良的談判代表指出：「張學良因有殺父之仇，故立志服從國民政府，對關外野心確已放棄，唯對東三省及熱河地盤仍圖掌握。」此後，蔣介石、張學良兩人函電頻傳，信使不斷。

經過雙方磋商，一九二八年十二月二十九日，張學良發表了易幟通電，正式宣告東北地區「於即日起宣佈，遵守三民主義，服從國民政府，改易旗幟」。十二月三十一日，南京國民政府任命張學良為東北邊防軍司令長官。至此，東北各地用青天白日旗替換了五色旗，最終實現了易幟。「東北易幟」，不僅維護了中國的國家統一和民族尊嚴，挫敗了日本帝國主義企圖攫取中國東北的陰謀，也使辛亥革命後，歷經十幾年四分五裂局面的中國，初步獲得形式上的統一，南京政府的統治由此擴展到全國。

二、「風雲突變，軍閥重開戰」

東北易幟之後，南京政府只是初步獲得了中國形式上的統一。這是因為：首先，散佈於全國的地方實力派依舊各霸一方，且與南京政府的關係「若即若離」，十分微妙；其次，國民黨內部各派系紛爭嚴重，反蔣派與擁蔣派鬥爭十分激烈，大有你死我活之勢。尤其是自蔣介石奪得南京政府的黨、政、軍權以來，不僅眾多的地方實力派對蔣介石側目而視，一些國民黨元老和信奉孫中山建國理想的年輕國民黨員也對蔣介石十分不滿和反感，在他們看來，黨權無論如何都應高於軍權，否則就是對孫中山三民主義建國理想的嚴重褻瀆。

但是，蔣介石首先考慮的卻不是如何按照孫中山的建國大綱去厲行黨治，成就孫中山的建國理想，而是通過槍桿子去擴展其勢力範圍。戰爭經驗使他相信，要擴展其勢力範圍，就一定要把握住槍桿子。如果聽任地方派保持割據狀態，容忍黨內各派系你爭我奪，中國還會是一副群雄割據、四分五裂的舊模樣，南京國民政府也就不可能獲得中央政府的實際地位。對此，他在一九二七年八月十七日的日記中曾這樣寫道：「成功原則在於削除異派。」當時，蔣介石雖然是南京中央政權的最高統治者，但他實際能控制的地區卻只有長江下游幾個省；在南京政府的兩百多萬軍隊中，蔣介石能直接控制的實際上也只有第一集團軍的五十萬人。而除蔣介石和在東北的張學良之外，國民黨旗號下控制地方實權的割據勢力就是幾大政治分會主席。如開封政治分會主席馮玉祥，掌握第二集團軍約四十萬人，據有綏遠、陝西、甘肅、河南、山東等五省；太原政治分會主席閻錫山，掌握著第三

一九二八年十二月，張學良宣佈東北易幟，服從國民政府。至此，國民黨在全國建立了自己的統治。圖為張學良在檢閱部隊

集團軍約二十萬人，據有山西、河北、察哈爾等三省；武漢政治分會主席李宗仁，掌握著第四集團軍約二十萬人，據有湖北、湖南及冀東地區。這些政治分會，都是按照各自軍事集團所控制的地盤來劃分的。因此，蔣介石為了建立自己的獨裁統治，千方百計地削弱其他軍閥的力量，進一步壟斷黨政軍大權，「北伐」軍事剛剛結束，蔣介石就以裁軍建設為名，召開編遣裁軍會議，以圖遣散別人的軍隊，擴充自己的實力。

在一九二九年一月的編遣裁軍會議上，蔣介石提出的裁軍方案是：全國保留五十個師，軍隊八十萬人；將全國分為十二個軍區，現有的四個集團軍每個佔一個軍區，剩餘的八個軍區則由中央直接控制。按照這個方案，蔣介石不僅會直接控制第一集團軍所佔的一個軍區，還會控制由中央直接控制的另外八個軍區，這樣，不僅裁撤的兵力不多，反而會使其軍力大增。

與之相反，其他幾個集團軍則只能保留幾個師。因此，蔣介石的這一裁軍方案令其他各方大為不滿。馮玉祥首先表示反對，認為把別人的軍隊裁掉，把自己的軍隊保留，太不公道。

他在會上發言說：「中央直屬部隊保留太多，其他集團裁得太多。」李宗仁和閻錫山也持相同看法。在這種局面下，會議不歡而散。

此外，為了集權力於「中央」，蔣介石還決定取消各地以軍事首領為主席的政治分會。而且，為了把國民黨改造成推行軍事獨裁的工具，他又一手包辦召開國民黨三大，進一步排斥反對派。蔣介石的這些做法，激起了國民黨內部各軍事政治集團的強烈不滿。此後，蔣介石同馮玉祥、李宗仁、閻錫山等集團的矛盾逐漸尖銳起來。在這種背景下，從一九二九年起，國民黨內部各種反蔣運動此起彼伏。對此，歷史學者郭廷以給出了這樣的評價：

辛亥革命後的中國為軍閥的天下。北伐完成後，舊的既未盡去，新的繼之而來，意識如故，行為如故，不及一年，內戰再起，歷史有如重演，此伏彼起，為數之頻，規模之大，更是後來居上。居中央者說是求統一，在地方者說是反獨裁。不論是何種名義，要皆為國民黨的內部之戰，其由來非一朝一夕。

在四大軍事集團中，桂系的兵力最少，且其兵力部署十分分散，便於各個擊破，因此，掀起新軍閥大戰序幕的便是一九二九年三月二十七日爆發的蔣桂戰爭。對此，馮玉祥在日記中曾這樣寫道：「昔在京時，蔣介石云滬、廣、漢、平，皆為桂系佔據，如何辦理？」「而蔣以恐軍閥再現為由，堅決主張以師為單位，以為消除桂系兵權之謀。」「雙方均已盤馬彎刀，摩拳擦掌，大有山雨欲來風滿樓之概。勢逼處此，戰事決難倖免也。」蔣桂戰爭爆發之後，蔣介石即以金錢、官職為誘餌策動桂系將領倒戈，並以軍事政治手段瓦解桂系主力。四月一日，被蔣介石收買了的何鍵通電擁蔣，脫離桂系。四月二日，桂系李明瑞、楊騰輝又於前線倒戈。桂軍遂不得不於四月三日棄守武漢，敗逃鄂西。四月五日，蔣介石又命張發奎、朱紹良、夏斗寅率部追擊桂軍，同時又派人招撫桂軍主力將領胡宗鐸等。四月二十一日，胡宗鐸等通電下野出洋，部隊聽候改編。

至此，桂系主力全部被瓦解。李宗仁後來雖在廣西梧州組織「護黨救國軍」討蔣，但最終在蔣介石及湘軍、粵軍的合力進攻下而歸於失敗。同年六月，李宗仁被迫下野，蔣桂戰爭以蔣介石的勝利而告終。蔣介石之所以能贏得此次戰爭，白崇禧後來這樣評價道：

中央這次的勝利，其得勝方式大有研究必要，以金錢、官職買動人，以後成為風氣。

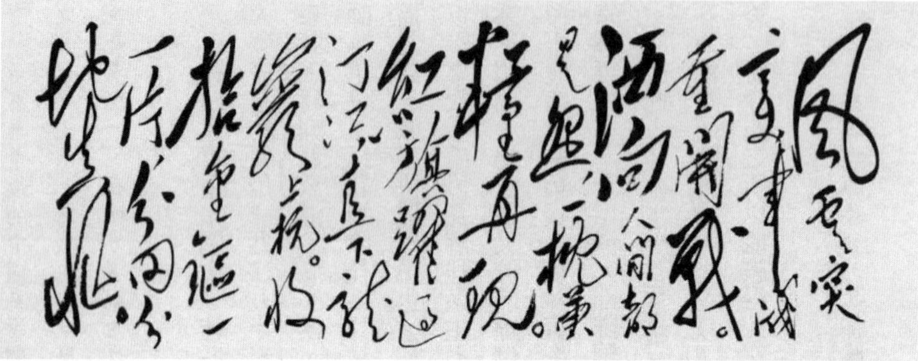

毛澤東手書《清平樂 · 蔣桂戰爭》

桂系失敗之後，蔣介石立刻把矛頭轉向馮玉祥。對此情景，馮玉祥在同年五月七日的日記中這樣寫道：「蔣氏視我為心頭之患，眼中之釘，處心積慮，必消滅之而後快。」五月十五日，馮玉祥通電反蔣，並就任西北護國軍總司令。但是，如同對付桂系一樣，蔣介石又故技重施。他採取各種政治分化手段，特別是「銀彈政策」，對馮部進行厚禮拉攏。五月二十二日，馮玉祥的重要將領韓復榘、石友三、馬鴻逵等在洛陽發表通電，率部十萬人於陣前倒戈。此舉對馮玉祥打擊極大，局勢也因此急轉直下，無奈之餘，馮玉祥被迫下野。

在這之後不久，蔣介石又先後擊敗了李宗仁、張發奎和唐生智、石友三等的反蔣活動。通過這一系列戰爭，蔣介石開始在國民黨內部各派系爭鬥中明顯佔據了上風。但是，反蔣聲浪並沒有因此而平息。眼見李宗仁、馮玉祥兩大地方實力派被蔣介石搞垮之後，閻錫山很清楚自己會成為蔣介石的下一個目標，因此為了維護自身利益，閻錫山不得不試圖一搏。一九三〇年一月，閻錫山提出了「整個的黨，統一的國」的主張，藉此反對蔣介石獨攬大權。同年二月，為求「自保」，他又發動了一場聲勢浩大的針對蔣介石的「電報戰」，強烈譴責蔣介石的武力統一政策和個人獨裁，並以「禮讓為國」之名，要求蔣介石下野。連戰連勝的蔣介石正躊躇滿志，隨即針鋒相對地反駁閻錫山。雙方互相攻訐，函電紛馳。

閻錫山從辛亥革命以來，便長期經營山西，歷經數次軍閥混戰而不倒。北伐軍興後，他又審時度勢，就任國民革命軍第三集團軍總司令。北伐結束後，由於蔣介石需要用他來鉗制馮玉祥，使他獲得山西、察哈爾、河北、綏遠和北平、天津等四省兩市的地盤，從而成為華北地區最大的軍事政治勢力。閻錫山反蔣旗幟一經亮出，對蔣介石不滿的各路軍閥便紛紛派代表到太原，表示擁戴他為反蔣領袖。閻錫山也和反蔣失敗，被他控制在山西的馮玉祥達成了一致反蔣的諒解，並和反蔣失敗退守廣西的李宗仁取得了聯繫。在此背景下，三月十四日、十五日，國民革命軍第二、第三、第四集團軍將領鹿鍾麟、商震、黃紹竑等五十餘人聯合通電反蔣，歷數蔣的罪責十端，勸蔣自省引退；並推閻錫山為「中華民國」陸海空軍總司令，馮玉祥、李宗仁和張學良為副總司令，領導反蔣。

經過一系列的準備之後，四月一日，閻錫山、馮玉祥、李宗仁分別通電就任「中華民國」陸海空軍總司令、副總司令。閻錫山在就職通電中鼓動說：「古有挾天子以令諸侯者，全國人必起而討伐之，今有挾黨部作威作福者，全國人亦當起而討伐之。」反蔣軍隊共編制了八個方面軍。其中，桂軍為第一方面軍，馮玉祥的西北軍為第二方面軍，晉軍為第三方面軍，並內定張學良的東北軍為第五方面軍。閻錫山等就職以後，作為主力軍的西北軍、晉軍隨即開赴隴海、平漢、津浦各線。

對於閻錫山的反蔣活動，蔣介石也早有準備。他一面再三聯絡張學良，要其負責處理西北事變，另一面又以南京國民政

圖為馮玉祥（左）、蔣介石（中）、閻錫山的合影

府的法統地位，下令免去閻錫山各職，永遠開除閻的黨籍，並以總司令名義通電討伐閻、馮。蔣介石將參加這場戰爭的部隊改編為四個軍團，任命韓復榘為第一軍團總指揮，劉峙為第二軍團總指揮，何成浚為第三軍團總指揮，陳調元為預備軍團總指揮，分別部署在津浦、隴海、平漢線上。

在此背景下，一九三〇年五月，雙方之間的戰爭終於爆發了。

由於這場大戰的主要戰場集中在河南、山東、安徽，雙方的主力也佈置於豫東、魯西和皖北三角地帶，因此被稱為「中原大戰」。中原大戰是中國近代史上規模最大、耗時最長的軍閥混戰。在這場大戰中，蔣介石出動了自己約六十萬人的全部精銳部隊，在反蔣方面參戰兵力也不下八十萬人。中原大戰爆發後，戰線綿延數千里，大致形成了南北兩個戰場。北方的主戰場在河南，輔戰場在山東，以隴海線為決戰區，分別沿平漢、隴海、津浦三條鐵路線進行，反蔣方面的作戰主力是閻錫山、馮玉祥及石友三部；南方的主戰場在湖南，以衡陽附近為決戰區，反蔣方面的作戰主力是李宗仁部。在歷時半年的戰爭中，雙方進行了激烈的拉鋸戰，互有勝負。

正在雙方相持不下時，一直按兵不動的張學良就成為了雙方競相爭取的對象。蔣介石擁有東南富庶地區，有江浙財閥的支持，並取得了國民黨中央黨政大權，得以高官厚祿相誘，且又勾結英、美、法等帝國主義對張施加影響。張學良經過數月觀望，最終於九月十八日發出「呼籲和平，即日罷兵，靜候中央措置」的擁蔣通電，並率十多萬大軍從東北入關助蔣。東北軍入關之後，使得作戰雙方的力量對比立刻失去平衡，整個戰局急轉直下，反蔣戰爭事實上已經無法再進行下去了。北方的閻、馮勢力頓時土崩瓦解，很快便撤出了平津地區，閻錫山、馮玉祥也被迫通電下野，中原大戰最終以反蔣派的全面失敗而告終。

中原大戰對近代中國的政治進程產生了深遠影響。一方面，通過這場戰爭，南京國民政府基本上確立了在中國的正統地位。中原大戰剛一結束，蔣介石就躊躇滿志地宣稱：「此次討逆戰後，深信本黨統一，中國之局勢已經形成，叛黨亂國之徒今後絕無能再起。」但另一方面，這場戰爭不僅使雙方死傷二十餘萬人，也給中國的普通民眾造成了巨大災難，從而傷及了中國的元氣。對於此次戰爭所帶來的慘狀，馮玉祥在日記中這樣寫道：「人民之苦，苦到萬分；人民之困，亦困到萬分，日日要兵要錢要糧還不算，而捆抬之禍，又日甚一日，如何得了。」這一點，不僅直接影響到了二十世紀三〇年代中國的政治、經濟和外交進程，也給日本不久之後的大舉侵華以可乘之機。

三、從一黨專政到軍事獨裁統治

依照孫中山的理想，中國最終是要建成一個實行民主政治的國家；基於中國的國情，要達到這樣的目標，就必須分「軍政」、「訓政」和「憲政」三個時期來實現。他認為，「在軍政時期，一切制度悉隸於軍政之下」，「凡一省完全底定之日，則為訓政開始之時，而軍政停止之日」。

按照這一設想，一九二八年六月北伐結束後不久，國民政府即宣告「軍政」時期結束，「訓政」時期開始。所謂「訓政」，就是以黨代軍來負起指導政府和訓練民眾的責任。據此，同年十月，國民黨中央黨務委員會通過了《訓政綱領》。

《訓政綱領》規定，在「訓政」時期，「由中國國民黨全國代表大會代表國民大會領導國民行使政權」，國民黨全國代表大會閉會期間，「以政權付託中國國民黨中央執行委員會執行之」；國民政府總攬行政、立法、司法、考試、監察五種「治權」，國民黨中央政治會議則「指導監督國民政府重大國務之施行」。一九二九年三月，國民黨第三次全國代表大會又對「訓政」作了進一步規定，提出「中華民國人民須服從擁護中國國民黨……始得享受中華民國國民之權利」，並明確規定「中華民國之政權治權」，要由國民黨「獨負全責」。一九三一年五月，國民黨主持的國民會議又通過了《中華民國訓政時期約法》，正式以國家法律的形式確認了國民黨一黨專政的統治。

由於國民黨是孫中山創立的政黨，它以往的革命歷史又在普通民眾心目中有著很大的影響，而且當南京政府在名義上取得全國的統一之後，在中國大地上延續了十多年之久的軍閥混戰暫時得以停息了下來——這是國內大多數民眾長期渴望的事情，因而不少人認為，南京政府和北洋政府不同，是能給中國帶來和平和繁榮的。由於軍閥混戰的暫時停息，中斷的國內交通開始陸續恢復，一些重要的鐵路也相繼通車，國內市場隨之明顯活躍了起來，民族工商業也出現一些生機，並由此帶動了商業、交通運輸、服務業以及文化教育等領域的發展。也因此，一些人對國民黨的一黨專政表示贊成。銀行家陳光甫說：「我當時主要的想法是要推翻軍閥統治」，「我相信國民黨能夠帶來和平和國家的繁榮」，「我的觀點反映了當時上海實業界的看法。」古典文學家顧隨也在日記中寫道：「黨的專政，我十分贊成。不如此，中國將萬年不會統一，除非隸屬於外國政府之下。」

國民黨特務槍殺愛國志士

但是，他們沒有認識到，由於南京政府的黨、政、軍權均集中在蔣介石一人之手，因此國民黨一黨專政事實上是以蔣介石為首的軍事獨裁統治。更為重要的是，國民黨在實行「清黨」以後，它的性質已經發生了根本蛻變。此時的國民黨，不僅和孫中山改組國民黨時不同，就是和北伐初期與「清黨」前的狀況也大不相同了。這主要表現在：

一方面，在大批富有革命朝氣和獻身革命的人士遭受鎮壓或清洗之後，原來在北洋軍閥政府中任職的官僚和地方土豪劣紳見風使舵，紛紛匯集到了國民黨的各級組織中。在農工黨員和左派青年被清除出國民黨的同時，成千上萬的投機分子、腐化分子和土豪劣紳沉渣泛起，乘機湧入了國民黨內部，並滲透、控制了相當一部分的國民黨基層黨權，國民黨多數縣以下基層組織成為了土豪劣紳的天下。這一狀況，使得不少原本對國民黨抱有很大期望的人心存懷疑甚至絕望。據統計，「一九二八年江蘇省黨部舉行國民黨員總登記時，黨員對黨灰心，不來登記者佔十分之三四，存觀望登記者十之四五，因受反宣傳不登記者十之二三」。

另一方面，相較於之前，自一九二七年以後國民黨開始在政策與綱領上改弦易張。這其中，一個最為明顯的變化就是逐漸與工農運動割裂開來，民眾運動被禁止、民眾團體受到控制，國民黨也因此由一個曾有廣泛群眾基礎的革命黨逐漸轉變成為一個以官僚政客為主體的執政黨。這一點，在中國廣大的農村地區表現尤甚。國民黨執政以後，不僅不敢去觸動地主階級的利益，而且連溫和的減租也不敢執行，甚至於在共產黨曾實施過土地改革的地區，又將土地從農民手中奪回，歸還給原來的地主，以維護舊有的土地私有制。

殘酷的現實讓很多人痛感原來的期望落空，打著「三民主義」旗號的南京政府和過去並沒有什麼根本不同，執政不久的國民黨即已經成為一個被廣大民眾所厭棄的黨。對此情景，一九三〇年五月的《北華捷報》這樣寫道：「僅僅在一年半之前，人們還滿懷熱情，而今天，在所有的中國人中間都存在絕望感，這是最糟糕的現象。」張發奎也這樣回憶：「自北伐成功後，國民黨就變質了！」「老百姓馬上就不滿意國民黨。」在加強一黨專政的同時，國民黨十分重視擴大它所控制的軍事力量。據一九二九年三月國民黨官方資料統計，國民黨軍隊總人數達兩百萬人以上。這樣規模的軍隊數量，在當時世界各國中也是絕無僅有的。而龐大的軍隊規模，使得國家的軍費開支十分浩大，從而更加加重了廣大人民群眾的負擔。

為了鞏固其政權統治，從一九二八年起，國民黨又陸續建立起龐大的特務組織。這些特務組織，把破壞中國共產黨組織，綁架和暗殺中國共產黨人、民主人士和異己分子作為主要任務，並不斷在全國各地製造白色恐怖。一九三〇年中原大戰結束後，蔣介石更為積極地建立個人獨裁。為了鞏固他的「法統」地位，在口口聲聲高喊三民主義的同時，他開始公然盛讚法西斯主義理論。在他的授意下，蔣系人馬大力宣揚法西斯主義能救中國，說要中國強盛，只有用「法西斯手段來推行三民主義」，並鼓吹「領袖獨裁」、「樹立最高領袖之信仰」，等等。

在法西斯主義的引導下，蔣介石先後建立了「中央俱樂部」（CC）和「復興社」，爾後又發展出「中統」和「軍統」兩個龐大的特務組織。

由陳果夫、陳立夫領導下的CC組織，效仿義大利法西斯和傳統幫會的做法，入團入會者都要舉行儀式，宣誓絕對擁護蔣介石為國民黨唯一領袖，一切唯蔣介石命令是從，若有違背，願受嚴厲制裁。由於所有加入該系統的成員都被要求絕對忠於蔣介石，並有義務維護蔣介石的地位，因此，根據國民黨黨章中「黨團運用」的規定，這些加入者實際上都負有按照上級要求對黨外人士或異己分子進行監視、調查和隨時向上級報告的責任。

CC組織僅僅只是蔣介石用來掌握黨的系統的一個工具，軍人出身的蔣介石更為看重的還是對軍隊的掌控。一九三一年底，戴笠又被任命為陸海軍總司令部密查組組長，蔣介石也因此有了另外一個以軍事目標為主的特務組織。一九三二年二月，為解決國民黨內部長期分裂的問題，加強政府內部的控制，實行更集中有效的統治，在蔣介石的直接領導下，國民黨內部成立了以黃埔學生為骨幹的「中華民族復興社」。該社的核心組織為三民主義力行社，中層為復興社，外圍為革命同志會、忠義救國會。復興社的宗旨，就是要通過這些黃埔軍人中的骨幹來樹立蔣介石的絕對權威，從而幫助蔣介石有效地掌握軍權。復興社效仿德、義法西斯的做法，言及蔣介石必須稱領袖，提到委員長必立正或堅腰挺胸以示尊敬，凡入社者都要宣誓無條件效忠蔣介石。

此外，為了便於監視軍隊內部的異己勢力，蔣介石在成立復興社的同時，又通過戴笠手下的特務處來監視軍內的情況。特務處直接對蔣介石負責，而蔣介石亦對戴笠委任了一個國民政府軍事委員會調查統計局第二處長的職務，以政府機構的正式招牌來掩護其特務組織。特務處的主要任務是：搜集情報；策反對立面人物，瓦解其組織；從事綁架、暗殺、逮捕、監視等特殊任務。戴笠所領導的這個特務處表現十分活躍，也是蔣介石清除異己的一個最重要的工具。該組織不僅逮捕左翼作家，直接參與暗殺民主人士，還通過組織別動隊，攜帶各種手槍、炸彈和輕便通信工具潛入蘇區刺探情報，進行破壞和暗殺，直接參與軍事「剿共」。而且，該組織還通過在全國各大城市的特務網，秘密偵察和監視中共的活動，並破壞中共地下組織和外圍組織，捕殺共產黨人。

除了通過特務組織來對付異己勢力、鞏固軍事獨裁統治之外，蔣介石及南京國民政府還特別注意對中國廣大農村地區的控制。其控制的手法主要有兩個：一個是組織民團和保安隊為己所用，另一個則是嚴格的保甲制度。蔣介石極力主張在各地「編練民團」。一九三一年，以他為總司令的豫鄂皖「剿匪」總司令部公佈了《剿匪區內各省民團整理條例》。該條例規定：「保安隊各負本縣清剿共匪、維持治安之責任。但遇鄰縣聯防會剿時，應受區保安司令之指揮。」其中心意圖就是要把各地武裝民團一律改為保安隊，統一編制，並均歸政府統轄。與「編練民團」相配合的則是「興保甲」。保甲制度同樣是中國古已有之的一種地方管理制度。蔣介石自督辦民團之日起，即大力推行清查戶口、訂立規約和聯保連坐的保甲辦法。推行這一辦法的主要目的在於協助軍隊完成「剿匪」清鄉的工作。

通過上述這些舉措，到一九三二年三月蔣介石就任軍事委員會委員長一職時，他已經逐步取得了從地方到中央的黨、政、軍的實際權力，並逐步形成一個極為龐大和嚴密的軍事統治網，南京國民政府事實上也形成了一個以蔣介石為首的軍事獨裁政府。對此，國民黨元老胡漢民指責蔣介石說：

「以三民主義為標榜，而實際推行的，乃是武力統治的獨裁專制主義。」

四、從「革命外交」到「新生活運動」

南京國民政府建立初期，許多人曾強烈地期望能在和平統一的環境中開展經濟建設，逐步改變中國貧窮落後、備受外人欺凌的落後面貌。可是，在蔣介石的軍事獨裁統治下，要實現這一點談何容易。

首先，南京國民政府雖然在形式上實現了全國統一，但明顯地缺少堅實的財政經濟基礎。政府的財力，也主要用於蔣介石最為關心的軍事行動方面。特別是由於連年內戰，烽火不斷，整個國家的軍費開支不但沒有減少，反而在持續激增。而且，為了尋求帝國主義列強的支持，南京政府又宣佈承認北洋軍閥政府以至清政府所欠下的巨額外債，加上國內所發行的巨額公債的本息利

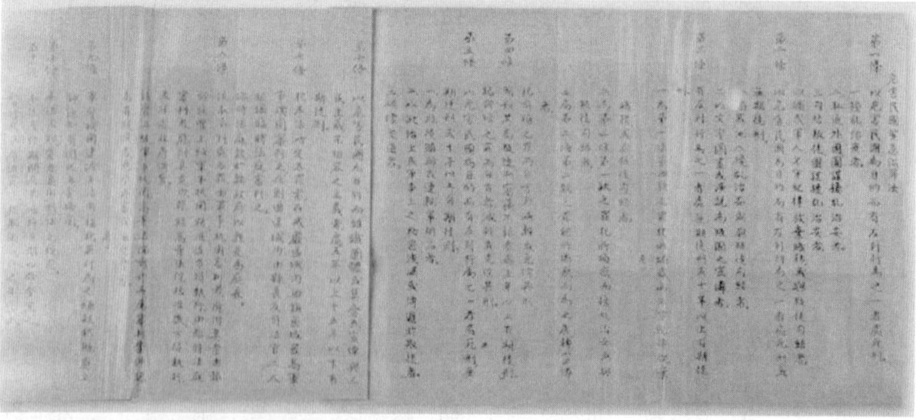

圖為一九三一年國民黨政府發佈的《危害民國緊急治罪法》

率，這些都使其陷入了深重的債務負擔中。

在這種情況下，由於軍費和償還內外債務佔了財政支出的大部分，南京政府能用在經濟建設方面的費用就顯得微不足道，加上內戰對國民經濟造成的極大破壞，南京政府的局面十分困難。

其次，與頭緒繁多且困難重重的內政相比，南京政府所面臨的外交問題同樣十分棘手。「濟南慘案」以後，出於塑造孫中山合法繼承人的形象考慮，蔣介石任命當年在巴黎和會上代表中國政府、曾經表現強硬的王正廷接手外交部部長一職。

一九二八年六月十五日，剛剛上任的王正廷代表國民政府發表對外宣言，指出：中國八十年備受不平等條約之束縛，今當中國統一告成之際，當遵正當之手續重訂條約，以合乎完成平等及相互尊重主權之宗旨。同年七月七日，他又以外交部名義發表了《廢約宣言》，指出：「對於一切不平等條約的廢除，及雙方平等互惠主權新約之重訂，久已視為當務之急。」並表示了重新訂約的三條原則。

王正廷這兩個宣言一經發表，即得到部分國民黨人的熱烈響應。他們隨即呼請南京政府厲行「革命外交」，以伸國權，以符民意。儘管這種「革命外交」與武漢政府時期那種根本否

一九二八年二月，國民黨二屆四中全會在南京召開，南京國民政府實現改組

認以往中外條約的合法性，並通過群眾運動迫使列強放棄過去條約的革命做法有著很大區別，但它仍在全國引起了強烈反響。但是，受掣於帝國主義列強的壓力，南京政府雄心勃勃推進的「革命外交」成色卻大受影響。例如，在這場改訂新約的「革命外交」中，南京政府雖然改組了上海公共租界和法租界，收回了鎮江、廈門、威海等租界，並於一九三一年五月公佈了《管理在華外國人實施條例》，但是這一條約卻始終未能真正實行；在關稅自主方面，從一九二八年下半年開始，南京政府雖然先後同美國、德國、義大利、英國、法國、挪威、比利時、丹麥、葡萄牙、瑞典、西班牙等十二個國家締結了關於關稅問題的新條約，使中國海關稅率有所提高，但是在制定海關稅時仍要受到這些國家的約束；在廢除領事裁判權方面，南京政府雖然與舊條約期滿的義大利、比利時、葡萄牙、西班牙等國訂立了新約，但是由於日本、英國、美國、法國等國的反對而未能與這些侵害中國利益最多的國家訂立新約。也就是說，隨著列強對中國經濟的滲透和控制的加強，中國仍然處在半殖民地半封建的社會。

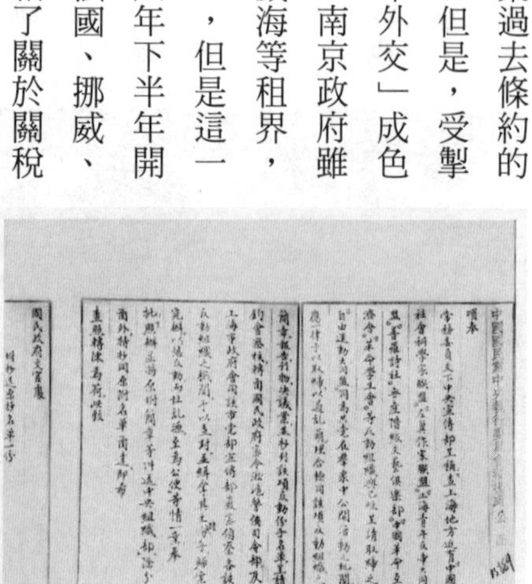

國民黨政府查禁左聯、社聯等文化組織的密令

最後，從一九二七年到一九三七年的十年時間裡，雖然南京政府在財政、交通、工業和教育等方面取得了一些成就，民族工商業也一度得到了較快的發展，但是這些成就，無法掩蓋這十年時間裡整個中國連年戰亂、強寇壓境以及國家陷於危亡的重重困境。

在這十年時間裡，雖然國民政府也創辦了一批國營企業和科學研究機構，教育事業也得到了發展，但是由於國民政府主要著眼於如何增加財政收入，對民族工商業態度冷漠，不去加以保護。而且，由於新稅種的不斷增加及關稅稅率變動的影響，許多民族工商業在經過短暫的發展後，很快便又陷入了萎縮狀態。

在廣大農村，由於南京國民政府依舊維護舊的土地私有制，土地分配依舊很不平均，並依靠地主豪紳來實行統治，貧苦農民向地主繳納的地租通常要佔全年收成的一半，賦稅十分繁重。因此，在一九二七年後的幾年中，農村經濟明顯呈現出徘徊不前甚至是衰退、惡化的現象。加之天災人禍、戰亂頻仍，廣大農民只能掙扎在飢餓和死亡線上，生活十分困苦。

一九三四年二月，蔣介石在南昌親自發動了聞名一時的「新生活運動」。蔣介石提出，要普通民眾把「禮義廉恥」結合到日常的「衣食住行」中去。「新生活運動」表面上希望改變中國人民的精神面貌，藉此提倡紀律、品德、秩序、整潔等，實際上卻是蔣介石為配合軍事「剿共」，藉此統一全國意志，完成所謂「消滅共匪」使命的政治舉措。蔣介石無視全國乞丐、盜匪、貪污、腐化形成的社會經濟原因，卻理想化地希望「新生活運動」能使中國人民從根本上革除陋習，改頭換面，從而具備「國民道德」和「國民知識」。也因此，「新生活運動」缺乏民眾參與的自發性，不可能成為一種思想體系，推廣的範圍也十分有限，後來無疾而終。誠如一位美國學者所說，「全民復興運動不可能建築在牙刷、老鼠夾、蒼蠅拍之上」。

歷史表明，從一九二七年到一九三七年的十年時間中，南京政府並沒有改變中國貧窮落後、備受外人欺凌的落後面貌，也並沒有找到一條實現中華民族偉大復興的正確道路。為求得這樣一條正確道路，中國的先進分子們依然在黑暗中摸索。

第六章 星火燎原

大革命失敗之後，中國共產黨人沒有被國民黨的屠殺所嚇倒。在迅速糾正了以陳獨秀為首的中共中央所犯的右傾機會主義錯誤後，為反抗國民黨的屠殺政策，挽救中國革命，中國共產黨領導發動了南昌起義、秋收起義和廣州起義，創建紅軍，開闢農村根據地，進行土地革命，堅持反帝反封建的革命鬥爭，並逐步開闢出了一條農村包圍城市、武裝奪取政權的正確道路。

一九三〇年十二月至一九三三年初，中共中央紅軍又接連粉碎了國民黨軍的四次「圍剿」。一九三三年秋，由於王明「左」傾冒險主義錯誤的影響，中共中央紅軍第五次反「圍剿」失利，被迫長征。中國共產黨在長征路上舉行的遵義會議，在極其危急關頭挽救了中國共產黨、紅軍和中國革命。紅軍在毛澤東的指揮下，克服千難萬險，取得了長征的勝利。

第一節 「槍桿子裡面出政權」

蔣介石和汪精衛背叛革命，國共合作破裂以後，中國國內的政治局勢開始急遽逆轉。中共黨組織遭到了嚴重破壞，只能秘密轉入地下，黨員人數也從大革命高潮時的近六萬人急劇減少到一萬多人。但是，英勇的中國共產黨人並沒有被國民黨的屠殺政策所嚇倒，他們衝破反革命的高壓，在黑暗中繼續高舉著革命的光輝旗幟。

一、「武裝反抗的第一槍」

轟轟烈烈的大革命中途夭折了，原本生氣蓬勃的中國南部也隨之陷入了一片腥風血雨的白色恐怖中。據中國共產黨的六大所作的不完全統計，從一九二七年三月到一九二八年上半年，被殺害的共產黨和革命群眾達三十一萬多人，其中共產黨員兩萬六千人。

事實無情地說明，反革命的力量大大超過了中國共產黨所領導的革命力量，中國革命已進入低潮。面對這種極其險惡的局勢，中國共產黨內出現了相當嚴重的消極情緒，有些人在政治上、思想上陷入了混亂狀態，還有一些不堅定分子則宣佈脫離黨團組織，有的甚至帶領敵人搜捕自己的同志，成為可恥的叛徒。中國共產黨面臨著被敵人瓦解和消滅的危險。

但是，在生死考驗面前，許多共產黨人還是以自己的鮮血和生命，捍衛著共產主義的信念。正如毛澤東在十多年後所說：

中國共產黨和中國人民並沒有被嚇倒，被征服，被殺絕。他們從地下爬起來，揩乾淨身上的血跡，掩埋好同伴的屍首，他們又繼續戰鬥了。

與那些在危難時刻脫離中國共產黨的不堅定分子相反，恰恰在這種時刻，黨外有一批堅定的、有骨氣的革命分子不懼個人安危，義無反顧地選擇了中國共產黨。彭德懷、賀龍便是他們中的代表人物。正是在這種追求民族獨立與國家富強的信仰感召下，許多工農群眾又重新匯集在了中國共產黨的旗幟下，並漸漸地凝聚成了一股打不散的力量。一個生動的事例是，當把共產黨員郭亮的頭顱掛在長沙城門口示眾時，魯迅則語帶譏諷地這樣說：「革命被頭掛退的事是很少有的。」「不是正因為黑暗，正因為沒有出路，所以要革命的嗎？」誠如魯迅所言，正因為黑暗和沒有出路，所以才要革命。

那麼，在革命遭受慘重失敗的極為嚴峻的形勢下，如何才能堅持革命呢？南昌起義，便是中國共產黨人對這個問題所作出的第一聲響亮回答。

在大革命時期，由於中共中央忽視了掌握軍隊的極端重要性，因此南方絕大部分軍隊都控制在國民黨手中，中國共產黨所掌握或能直接影響的軍隊則主要集中於張發奎所統率的國民革命軍第四集團軍第二方面軍中。這其中，就包括賀龍、葉挺等人的部隊。一九二七年七月間，賀、葉在武漢政府「東征討蔣」的口號下，率部駐兵於江西九江至南昌一帶。巧的是，這一地區還有曾擔任國民革命軍軍官教導團團長兼南昌市公安局

一九二七年四月十五日，在廣州的國民黨屠殺共產黨人和革命群眾，廣州市區一片白色恐怖

局長的朱德，以及其他傾向革命的武裝力量兩萬人左右。鑑於這一地區的兵力，各方都十分矚目。七月十五日，武漢政府宣佈分共以後，便準備採取措施，對這支武裝力量下手。

正是在這樣的危難關頭，為了反抗國民黨的屠殺政策，挽救中國革命，七月下旬，中共中央決定集合這一部分軍事力量，並聯合以張發奎為總指揮的第二方面軍南下廣東，會合當地革命力量，實行土地革命，恢復革命根據地，然後舉行新的北伐。但是，李立三、鄧中夏、譚平山、惲代英、聶榮臻、葉挺等人在九江具體組織這一行動時，卻發現張發奎同汪精衛勾結緊密，而且張發奎亦有「在第二方面軍之高級軍官中的共產黨分子，如葉挺等須退出軍隊或脫離共產黨」的明確表示，並已經開始在第二方面軍中迫害共產黨人。情況十分危急，李立三等當機立斷，立即向中共中央建議，依靠自己掌握和影響的部隊，「實行在南昌暴動」。

部署南昌起義行動計劃的舊址——江西大旅社會議大廳

據此，中共中央指定周恩來、李立三、惲代英、彭湃等人組成中共中央前敵委員會，並以周恩來為書記，前往南昌領導發動這次武裝起義。七月二十七日，周恩來等抵達南昌。抵達當日，周恩來等人就在城內的江西大旅社正式組成前敵委員會，開始加緊籌劃進行起義的各項準備工作。共產國際對此次起義也十分支持，向中共中央發出電報說：「如果有成功的把握，我們認為你們的計劃是可行的。」七月三十日，張國燾赴南昌，傳達了共產國際和中共中央的指示。由於他仍對張發奎存有幻想，所以主張一定要得到張的同意後方能舉行起義。這個意見被前委否決了。按照這一指示，以周恩來為書記的前敵委員會決定於八月一日舉行起義。賀龍當時雖然還沒有參加共產黨，但是他以一名革命家的大無畏精神，立場堅定地向周恩來表示：「我聽共產黨的話，決心和蔣介石、汪精衛這幫王八蛋拚到底。」

八月一日凌晨，周恩來、賀龍、葉挺、朱德、劉伯承等人率領在中共直接掌握和影響下的兩萬多人在南昌宣佈起義。起義爆發後，經過四個多小時的激烈戰鬥，全殲守敵三千餘人，並佔領了南昌城。南昌起義成功後，中共前敵委員會按照中共中央關於這次起義仍用國民黨「左」派名義號召革命的指示精神，以宋慶齡等人的名義發表了《中央委員宣言》，揭露了蔣介石、汪精衛背叛革命的種種罪行，表達了擁護孫中山「三大政策」和繼續反對帝國主義、軍閥的鬥爭決心。八月二日，南昌市各界群眾數萬人集會，慶祝南昌起義的偉大勝利和革命委員會的成立。

一九二七年八月一日凌晨兩點鐘，周恩來、朱德、賀龍、葉挺、劉伯承等同志，領導發動了八一南昌起義，打響了向國民黨的第一槍。圖為《南昌起義》（油畫，黎冰鴻 繪）

南昌起義後，汪精衛急令張發奎、朱培德等人率部向南昌進攻。中共前委按照中共中央原定計劃，決定迅速撤離南昌，經過贛南、閩西直奔廣東潮汕地區。這一計劃的目的，就是準備同富有革命傳統的廣東東江地區的農民起義軍匯合，以發動土地革命，進軍廣東，恢復廣東革命根據地，進而奪取出海口，以爭取共產國際的援助，重新舉行北伐。但是，此時國民黨軍的大部分已轉到反革命方面，而共產黨所領導的南昌起義的部隊力量又過於弱小，事實上已經不可能再進行像大革命時期北伐那樣的以佔領城市為目標的革命戰爭了。

八月三日至六日，起義軍分批撤出南昌，沿撫河南下。退出南昌後，起義軍沒有立即進入江西、湖北、湖南等廣大農村，同這些地方尚未完全被反革命勢力鎮壓的農民運動相結合，以便逐步積蓄和擴大革命的力量，而是忙著南下廣東，爭奪城市和出海口，這就必然使自己陷入十分不利的境地。由於撤離南昌比較倉促，起義部隊又未經整頓，加上酷暑遠征，部隊減員較多。八月七日，部隊到達臨川時，總兵力已由起義成功時的兩萬人減至一萬三千人。八月下旬，起義軍在瑞金、會昌地區擊破國民黨軍錢大鈞、黃紹竑等部的攔阻，在殲敵六千餘人的同時，自身傷亡也近兩千人。

會昌戰鬥後，起義軍又折返瑞金，改道東進，並經福建省長汀、上杭，沿汀江、韓江南下，進入廣東潮汕地區。國民黨隨即調集重兵合圍起義部隊。在眾寡懸殊的情況下，起義部隊激戰不勝。十月初，起義部隊大部潰散。保存下來的部隊，一支一千三百餘人進入廣東海豐、陸豐地區，同當地農民運動匯合，加入到了該地區的革命鬥爭，並創建了海陸豐根據地；另一支則在朱德、陳毅率領下，經贛南、粵北轉入湖南，開展游擊戰爭，最後保存起義軍約八百人，參加了湘南起義，並於一九二八年四月到達井岡山革命根據地，同毛澤東領導的湘贛邊界秋收起義部隊會合。

南昌起義在中國共產黨歷史上開闢了一個新的時期，正如周恩來後來所說，「『八一』起義在共產黨領導下，向國民黨打響了第一槍，這在大方向上是對的」。也因此，一九三三年七月，中華蘇維埃共和國臨時中央政府通過決議，指出：中國工農紅軍是由南昌起義開始組建的，因此「批准中央革命軍事委員會的建議，規定以每年『八一』為中國工農紅軍紀念日」。這就是八月一日成為中共人民解放軍建軍節的由來。

二、「旗號鐮刀斧頭」

面對大革命失敗的慘痛經歷，為了總結經驗教訓，並確定今後革命鬥爭的方針，在南昌起義後的第六天，中共中央便在湖北漢口秘密召開了一次緊急會議。這次緊急會議，便是在中國共產黨歷史上有著重大轉折意義的八七會議。

八七會議是中國共產黨處在生死存亡關頭召開的一次十分重要的會議。出席會議的部分中央委員、候補中央委員及中共中央機關、共青團中央、地方代表共二十二人，共產國際駐中國代表羅明納茲等也參加了會議。會議由瞿秋白、李維漢主持。羅明納茲作了《黨的過去錯誤及新的路線》的報告和結論，瞿秋白代表中共中央常委會作將來工作方針的報告。

這次會議著重批評了以陳獨秀為首的中共中央在同國民黨的關係上的一味妥協退讓，指出其「沒有想著武裝工農的必要，沒有想著造成真正革命的工農軍隊」，而且「受著國民黨領袖的恐嚇猶豫的影響，不能提出革命的行動綱領來解決土地問題」。此外，會議上有些同志還批評了中共中央在處理國民黨問題、農民土地問題、武裝鬥爭問題等方面的右傾錯誤，以及蘇聯顧問、共產國際代表的一些錯誤。

毛澤東在發言中，從國共合作時不堅持政治上獨立性、中共中央不傾聽下級和群眾意見、抑制農民革命、放棄軍事領導權等四個方面批評陳獨秀的右傾錯誤。關於軍事工作，毛澤東尖銳地指出：「從前我們罵中山專做軍事運動，我們則恰恰相反，不做軍事運動專做民眾運動。」並強調：「以後要非常注意軍事。須知政權是由槍桿子中取得的。」毛澤東的這個論斷是從大革命失敗的血的教訓中取得的。這個論斷，不僅指出了中國革命的特點，實際上也提出了以軍事鬥爭為中國共產黨的工作重心的問題，是一個對中國革命有著極為重要意義的論斷。

會議討論通過了《中共「八七」會議告全黨黨員書》、《最近農民鬥爭的議決案》、《最近職工運動議決案》、《黨的組織問題議決案》等決議，明確提出土地革命是中國資產階級民主革命的中心問題，是中國革命新階段的主要的社會經濟內容，中國共產黨的最主要的現實任務是有系統地、有計劃地、盡可能地在廣大區域內準備農民的總暴動。為此，會議決定調派最積極的、堅強的、有鬥爭經驗的同志，到各主要省區發動和領導農民暴動，組織工農革命軍隊，建立工農革命政權，解決農民的土地問題。此外，會議還撤銷了陳獨秀的領導職務，並選舉瞿秋白、李維漢、蘇兆徵等組成中共中央臨時政治局，毛澤東當選為中共中央臨時政治局候補委員。

圖為一九三七年毛澤東在延安和當年參加秋收起義的部分同志合影

八七會議是在中國革命的危急關頭召開的。在當時極為險惡的環境下，會議雖然只開了一天，卻總結了大革命失敗的教訓，討論了中國共產黨的工作任務，正式確定了實行土地革命和武裝起義的總方針，並把領導農民進行秋收起義作為其時中國共產黨的最主要任務，從而指明了今後革命鬥爭的正確方向，使原來處在思想混亂和組織渙散中的中國共產黨看到了新的出路。中國革命也由此開始了由大革命失敗到土地革命戰爭興起的歷史性轉變。

八七會議結束後，主持中共中央工作的瞿秋白，徵求毛澤東的意見，準備讓他到上海中央機關去工作。毛澤東則回答，他不願去住高樓大廈，要上山結交綠林朋友。不久，毛澤東便以中共中央特派員的身份回到湖南。

回到湖南後，毛澤東即忙於傳達八七會議精神，改組中共湖南省委並籌備秋收起義。八月十八日至三十日，改組後的湖南省委多次開會討論發動秋收起義問題。在會上，毛澤東就發動起義的一系列重大問題提出了鮮明主張。就武裝力量問題，他指出：「要發動暴動，單靠農民的力量是不行的，必須有一個軍事的幫助。」並強調：「我們黨從前的錯誤，就是忽略了軍事，現在應以百分之六十的精力注意軍事運動，實行在槍桿子上奪取政權，建設政權。」就土地問題，他提出：「單只沒收大地主的土地，不能滿足農民的要求和需要，要能全部抓著農民，必須沒收地主的土地交給農民。」會議還就暴動區域進行了反覆討論，並最終接受了毛澤東提出的縮小暴動範圍的主張。會議定於九月九日開始破壞鐵路，十一日各縣同時起義，十五日長沙起義，十六日各路起義武裝會師長沙，奪取長沙。此外，會議還強調，武裝起義不能單靠農民的力量，需要有一兩個團的軍隊做骨幹；武裝起義不應再打著國民黨的旗幟，而應直接打出共產黨的旗幟。並決定毛澤東到湘贛邊界擔任中共湖南省委前敵委員會書記，領導秋收起義。

圖為秋收起義武裝工農革命軍第一軍第一師的軍旗

按照會議決定，九月上旬，毛澤東到達安源、銅鼓等地，領導秋收起義。為了加強領導，中共湖南省委前委還將位於修水、銅鼓、安源等地的武裝，統一編成工農革命軍第一軍第一師。全師共五千餘人，由共產黨員盧德銘任總指揮，余灑度任師長，下轄三個團：第一團，位於修水，由原國民革命軍第二方面軍總指揮部警衛團、平江工農義勇隊和湖北省崇陽、通城兩縣農民自衛軍組成；第二團，位於安源，由安源工人糾察隊、安源礦警隊和安福、永新、蓮花、萍鄉、醴陵等縣部分農民自衛軍組成；第三團，位於銅鼓，由瀏陽工農義勇隊和警衛團、平江工農義勇隊各一部組成。起義的行動部署是：首先，在各縣農民起義的配合下，第一團攻取平江，第二團攻取萍鄉、醴陵，第三團攻取瀏陽；爾後，各團齊向長沙推進，在各縣農民武裝起義和長沙工人武裝起義的配合下奪取長沙。

此外，按照毛澤東的要求，起義人員還仿照蘇聯紅軍軍旗式樣，設計製作了中國工農革命軍第一面軍旗。紅底象徵革命，旗中五星代表中國共產黨，鐮刀斧頭代表工農群眾。這面軍旗鮮明地表達了工農革命軍的政治理念，也表明了這次起義一個明顯的特點，就是它不只是軍隊武裝力量的單獨起義，而是有著數量眾多的工農大眾參加的武裝起義，因此受到了全軍官兵的衷心擁護。這是中國共產黨獨立領導的革命力量。

一九二七年九月九日，根據中共湖南省委的部署，長沙的鐵路工人和部分農民，開始分頭破壞長沙至岳陽和長沙至株洲段的鐵路，並一度中斷了敵方的鐵路運輸。九月十一日，工農革命軍第一師按照預定計劃，正式發動了湘贛邊界秋收起義。

起義開始後，工農革命軍第一師第一團由修水、渣津出發，經龍門向長壽街推進；第一師第二團由安源出發，進攻萍鄉未克，十二日轉兵攻佔萍鄉以西之老關，並隨即繼續西進，在起義農民配合下攻佔醴陵縣城；第一師第三團，在毛澤東直接指揮下由銅鼓出發，十一日下午攻佔瀏陽的白沙，十二日又攻克東門市，各殲敵一部。在起義軍分路進攻期間，在各地共產黨組織的領導下，平江、瀏陽、醴陵、株洲、安源等地的工農群眾，都舉行了不同規模的武裝起義。他們手持梭鏢、大刀和為數很少的長短槍，英勇地襲擊團防局，打擊土豪劣紳。醴陵縣和瀏陽縣的起義群眾，還配合工農革命軍攻佔縣城，建立革命政權，重新恢復工會、農會等組織；株洲的起義群眾曾一度佔領株洲火車站。秋收起義爆發後，毛澤東十分興奮，寫下了《西江月‧秋收起義》：

軍叫工農革命，旗號鐮刀斧頭。匡廬一帶不停留，要向瀟湘直進。地主重重壓迫，農民個個同仇。秋收時節暮雲愁，霹靂一聲暴動。

但是，秋收起義初期的指導思想仍然沒有跳出舊有的路子，仍然是以進攻並奪取像長沙這樣的中心城市為目標的。

加之，在進軍途中本來就很薄弱的力量被分散使用，以及對敵情估計不足、缺乏戰鬥經驗等因素，起義軍雖然一度佔領了醴陵、瀏陽縣城和一些集鎮，但是卻遭到遠遠比自己強大的反革命軍隊的激烈抵抗。各路起義部隊先後均遭受挫敗，奪取長沙的目標已經無法實現了。在這種十分不利的局面下，毛澤東當機立斷，於九月十七日命令各團向瀏陽城東南的文家市集中。

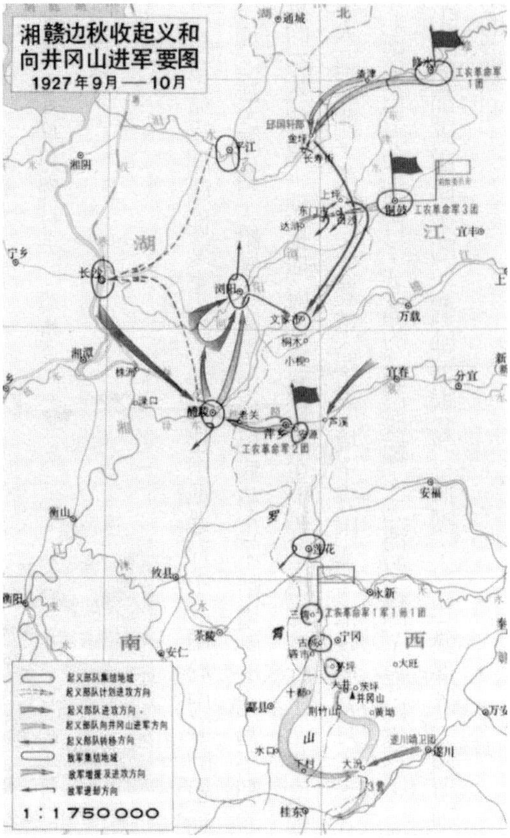

九月十九日，第三團全部、第一團餘部和第二團的零散人員陸續到達文家市。當晚，十分善於從實際工作中總結經驗的毛澤東在文家市里仁學校主持召開了前委會議。在前委會議上，毛澤東否定了一部分人「取瀏陽直攻長沙」的原定計劃。

經過激烈爭論，會議決定迅速撤離容易遭受國民黨軍圍攻的平江、瀏陽地區，改向敵人統治力量薄弱的湘贛邊界的山區進軍，保存力量，再圖發展。從進攻大城市轉為向農村進軍，這是中國革命史上具有決定意義的新起點，也是一條前人從來沒有走過的道路。對此，陸定一曾經這樣評價：

> 革命從城市為中心轉到以鄉村為中心，這在以往是沒有前例的。法國的巴黎公社和俄國的十月革命，都是在首都暴動的。只要在首都奪取了政權，就是全國革命的勝利，否則就是失敗。而中國革命卻不是這樣，城市革命處於低潮時，可以到鄉村去，繼續革命，以「鄉村包圍城市」的方法奪取全國政權。

按照這一部署，九月二十日，工農革命軍開始從文家市南進。在南進過程中，由於中共的組織不健全，起義部隊的思想十分混亂。加之缺乏彈藥、給養，隊伍中的傷病員也不斷增多。尤為不利的是，在轉戰途中，部隊遭到國民黨軍的突然襲擊，總指揮盧德銘為掩護主力安全轉移犧牲了。在這種情況下，起義軍情緒十分低落，不少人還離開了部隊。工農革命軍處境十分困難。部隊於九月二十九日抵達江西省永新縣的三灣村後，在毛澤東領導下進行了著名的三灣改編。三灣改編的主要內容是：

第一，整編部隊。把已經不足千人的部隊由原來的一個師縮編為一個團；對起義部隊，願留則留，願走的則發給路費，將來願回來的還歡迎。

文家市里仁學校舊址

第二，建立黨的各級組織和黨代表制度，並確立了「黨指揮槍」的原則。黨的支部建在連上，排有小組，班內有黨員，營團以上建立黨委。對這一舉措，毛澤東後來在《井岡山的鬥爭》一文中曾給予高度評價。他說：「紅軍之所以艱難奮戰而不潰敗，支部建在連上是一個重要原因。」

第三，在部隊內部實行民主制度。官兵平等，待遇一樣。連以上建立士兵委員會。並初步醞釀提出了「三大紀律、六項注意」。

三灣改編，不僅開始改變工農革命軍舊式軍隊的習氣和農民的自由散漫作風，確立了中國共產黨對軍隊的絕對領導，還確保了工農革命軍的無產階級性質，從而在政治上、組織上奠定了新型人民軍隊的基礎。三灣改編是把工農革命軍建設成為無產階級領導的新型人民軍隊的重要開端，在人民軍隊的建軍史上具有重要意義。

三灣改編之後，十月三日，起義部隊抵達寧岡縣的古城。毛澤東在這裡會見了當地共產黨組織的負責人，並同在井岡山的袁文才、王佐兩支地方武裝建立了聯繫。在毛澤東的領導下，十月二十七日，起義部隊進至羅霄山脈中段井岡山的茨坪，由此開始了創建井岡山革命根據地的偉大鬥爭。

中共湘贛邊界的秋收起義，不僅第一次在武裝鬥爭中公開打出中國共產黨的旗幟，還進一步表明了中國共產黨獨立領導革命戰爭的決心。由毛澤東點燃的井岡山之火，照亮了一條與俄國革命以城市為中心的完全不同的道路。這就是在農村開展游擊戰爭，建立革命根據地，以保存和發展革命力量。這條道路代表了大革命失敗以後中國革命的正確發展方向。後來，人們把這條正確道路稱為「井岡山道路」。

三、在城市建立蘇維埃政權的嘗試

為了挽救大革命的成果，武裝反抗國民黨的屠殺，繼南昌起義和秋收起義之後，中國共產黨又發動和領導了廣州起義。

廣州是大革命的策源地，工農運動曾有過很大發展，中國共產黨在這裡也有很好的群眾基礎。一九二七年，繼蔣介石在上海發動「四一二」反革命政變以後，四月十五日，廣東的反革命派也在廣州進行了反革命政變。嗣後，為了反抗叛變的國民黨的反革命恐怖，打退大資產階級、地主及其追隨者向工人的猖狂進攻，廣州的革命工人們不斷提出武裝起義的要求。

在這種背景下，雖然廣東依舊被白色恐怖籠罩，但在中共廣東省委的領導下，廣東全省的工農運動卻日趨活躍。十月中旬，廣州市海員舉行罷工，並得到各界工人群眾的大力援助，兩萬多工人舉著紅旗，向政府示威，初步顯示了廣州工人階級的覺悟和力量。十一月中旬，粵、桂軍閥因為爭奪地盤而爆發戰爭。由於張發奎的粵軍中有共產黨員葉劍英領導的教導團，廣州及其周邊地區的工農運動又有較好的基礎，中共中央據此認為兩廣軍閥為爭奪廣東地盤的衝突，是舉行武裝起義的有利時機。十一月十七日，中共中央指示中共廣東省委要在城市和農村中發動和擴大武裝起義，建立工農民主政權，指出：「堅決地擴大工農群眾在城市、在鄉村的暴動，煽動士兵在戰爭中嘩變和反抗，並急速使這些暴動會合而成為總暴動，以取得全省政權，建立工農兵士代表會議的統治。」根據中共中央的這一指示，以張太雷為書記的廣東省委開始積極籌劃奪取廣州的武裝暴動。

江西永新縣三灣村

十一月二十六日，中共廣東省委書記張太雷從香港返回廣州，秘密召開有部分省委常委參加的會議，具體研究廣州暴動的各項準備工作；並決定乘張發奎的粵軍主力調往肇慶、梧州，廣州市內兵力薄弱的有利時機，組織共產黨所掌握的第四軍教導團和警衛團一部以及工農武裝，舉行武裝起義。會議為此成立以張太雷為委員長，黃平、周文雍為委員的革命軍事委員會，負責領導起義。隨後，中共廣東省委又成立了起義軍總指揮部和參謀部，葉挺任總指揮，葉劍英任副總指揮。與此同時，為配合起義，廣州各界工人分散的秘密武裝組織「工人自救隊」、「劍仔隊」和「省港罷工工人利益維持隊」等，均被改編為由中國共產黨統一領導的赤衛隊。

廣州起義原定於十二月十二日舉行。但是，在起義前夕張發奎對起義計劃開始有所察覺，並準備調其主力部隊回師廣州，以解散教導團，並在廣州城實行戒嚴。張發奎說：「我們本有計劃將教導團解散，這是葉劍英所知道的。」情況十分危急。如不果斷採取行動，那麼由共產黨所掌握的教導團就有被解散和消滅的危險。於是，起義總指揮部決定把起義時間提前到十二月十一日。十二月十一日三時三十分，在張太雷、葉挺、黃平、周文雍、葉劍英、楊殷等領導下，第四軍教導團全部、警衛團一部和工人赤衛隊七個聯隊和兩個敢死隊共三千餘人，分數路向廣州市各要點發起突然襲擊。廣州市郊芳村、西村等地的農民約兩萬人同時舉行起義，一部進入市區配合起義軍的行動。廣州起義爆發了。由於出敵不意，經過十多個小時的戰鬥，起義軍便殲滅了市區守軍大部，攻佔了市公安局、國民黨廣東省政府等重要機關，並佔領了廣州市區大部分地區。

隨著武裝暴動的初步勝利，十一日上午六時，廣州市蘇維埃政府（即被稱為「廣州公社」的政權）隨即建立起來了。中共中央臨時政治局常委蘇兆徵為主席（未到職前由張太雷代理）。作為中國第一個在中心城市進行的蘇維埃革命的實踐，廣州蘇維埃政府一經成立，便立即發佈了一系列告民眾書和宣言，明確宣佈廣州的一切權力歸代表工農兵執行政權的廣州蘇維埃政府。並提出：即刻封閉

「反革命的工會」；「殺盡地主與富農」；「逮捕並槍斃一切反革命軍官」；「一點都不憐惜地消滅一切反革命」，包括「槍斃一切有一點反共產黨行動或宣傳」，「或有反蘇維埃的行動或宣傳，及與帝國主義做反革命宣傳的分子」，等等。在社會經濟措施方面，廣州市蘇維埃政府還宣佈：對工人即刻實行八小時工作制；「沒收資本家財產，沒收土地歸農民士兵」；對農民實行「不交租，不納稅，不還債」，「燒盡一切田契和債約」，等等。

廣州為華南地區的政治、經濟及軍事重鎮，牽涉面廣，關係重大。為此，十二月十二日，在英、美、日、法等帝國主義的支援下，張發奎所部的三個多師和在市區的殘部，開始向廣州城內的起義部隊激烈反撲。由於敵我力量懸殊，起義軍斷難堅守廣州。因此，當天夜間起義軍總指揮葉挺提出乘粵軍主力未到廣州之前，把起義軍撤出廣州，拉到海陸豐地區去。這本來是避開優勢敵人打擊，到有利地區再圖發展的正確主張，但卻遭到共產國際代表諾依曼的反對。諾依曼教條地認為，起義只能以城市為中心，而且必須是「進攻，進攻，再進攻」，退卻就是「動搖」。這樣，起義軍就失去了及早避開優勢敵人打擊的有利時機，陷入了被包圍的嚴重境地。

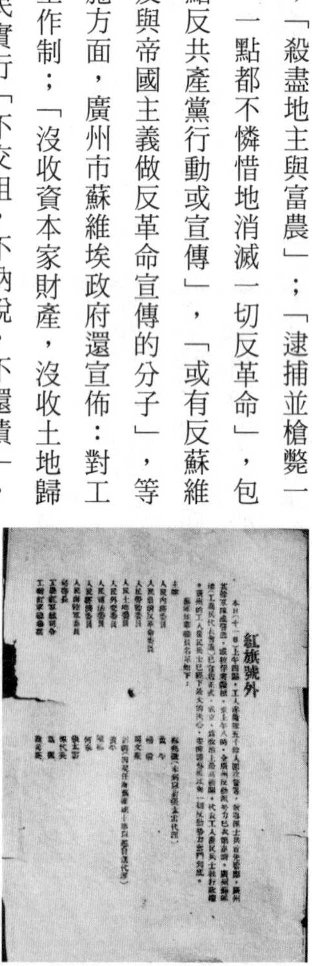

圖為廣州起義當天紅旗社散發的號外

十二日當天，面對敵人優勢兵力的進攻，起義軍雖然前仆後繼，浴血奮戰，但終因眾寡懸殊，遭到了嚴重損失。張太雷和許多起義者都英勇犧牲。在這種情況下，為了保存革命力量，起義部隊總指揮部最終於十二日夜下達了撤出廣州的命令。

十三日凌晨，起義軍一部一千餘人撤出廣州，在花縣（今花都）改編為工農革命軍第四師，後又轉戰海豐、陸豐縣境，參加了東江地區的革命鬥爭，繼續進行革命鬥爭；另有部分起義部隊，轉移到了廣西右江地區，後來參加了百色起義；還有少數起義部隊則撤往了粵北韶關地區，加入了朱德、陳毅率領的南昌起義軍餘部，後來上了井岡山。國民黨軍重入廣州後，對未及時撤離的起義軍、工人赤衛隊和擁護革命的群眾，進行了血腥鎮壓，慘遭殺害者達五千餘人。至此，轟轟烈烈的廣州武裝起義和建立只有三天的廣州蘇維埃政府，就在數倍於己的各種反革命武裝力量的聯合進攻下遭受失敗。

廣州起義，不僅是中國共產黨對國民黨叛變革命和實行白色恐怖的又一次反擊，也是中國共產黨在城市中建立蘇維埃政權的大膽嘗試，在國內外都引起了很大震動。廣州起義失敗的慘痛教訓，又一次證明了中國革命的長期性和殘酷性；證明了中國民主革命的主要形式不能採取和平的形式，必須是武裝鬥爭；證明了那種企圖通過城市武裝暴動或攻佔大城市來奪取革命勝利是行不通的。歷史昭示了這樣一個道理：中國革命要想取得成功，就必須首先在農村建立根據地。

廣州起義烈士陵園

四、在莫斯科郊外舉行的中共六大

為了認真總結大革命失敗的經驗教訓，確定革命鬥爭的路線和任務，一九二八年六月十八日至七月十一日，中國共產黨在蘇聯首都莫斯科近郊的五一村召開第六次全國代表大會。這是中國共產黨迄今唯一一次在中國以外的地方舉行的黨的代表大會。出席此次大會的代表共一百四十二人，其中有表決權的正式代表八十四人。在此次大會上，瞿秋白代表中共中央委員會作《中國革命與共產黨》的政治報告，周恩來作了組織報告和軍事報告，李立三作了農民問題報告，向忠發作了職工運動報告，共產國際代表布哈林作了《中國革命與中國共產黨的任務》的報告。大會通過了關於政治、軍事、組織、蘇維埃政權、農民、土地、職工、宣傳、民族、婦女、青年團等問題的決議，以及經過修改的《中國共產黨黨章》。

這次大會在共產國際的幫助下，在一系列有關中國革命的根本問題上作出了基本正確的回答：

關於中國的社會性質和革命性質。大會指出：中國仍然是一個半殖民地半封建的國家，引起中國革命的基本矛盾一個也沒有解決。現階段的中國革命仍然是資產階級性質的民主主義革命。

關於革命形勢問題。大會指出：革命的形勢是第一個革命浪潮已經因為歷次失敗而過去了，而新的浪潮還沒有來到，革命處於低潮。

關於中國共產黨的任務問題。大會指出：黨的總路線是爭取群眾，準備起義；當前中國革命的中心任務是驅逐帝國主義，實行土地革命，建立工農民主政權。目前最主要的危險傾向，是盲動主義和命令主義。並強調，今後中國共產黨的中心工作不是千方百計地組織暴動，而是做艱苦的群眾工作，積蓄力量。

儘管六大存在著對於中間階級的兩面性和對反動勢力的內部矛盾缺乏正確的估計，對於大革命失敗後中國共產黨所需要的策略上的有秩序的退卻，以及農村根據地的重要性和民主革命的長期

中共六大會址（莫斯科郊外五一村）

性缺乏必要的認識等缺點，但大會決議傳達貫徹後，基本上統一了思想，對克服中國共產黨黨內存在的「左」傾情緒，擺脫被動局面，實現工作的轉變，以及對中國革命的復興和發展，都起到了積極的作用。

中共六大選舉了中央委員會和中央審查委員會。會後，六屆一中全會又選出中央政治局，並選舉蘇兆徵、向忠發、項英、周恩來、蔡和森為中共中央政治局常務委員會委員，李立三等三人為常委會候補委員。此外，中共六屆中央政治局第一次會議又選舉向忠發為中央政治局主席兼中央政治局常委會主席，周恩來為中央政治局常委會秘書長。

中共在六大上，理論素養和文化水準均不高的工人出身的向忠發之所以能當選為中國共產黨的最高領導人，是同聯共（布）、共產國際過分強調「領導幹部工人化」的「唯成分」論的片面指導分不開的。在中國的大革命失敗之後，聯共（布）、共產國際總結了其中的經驗教訓。他們認為，大革命之所以失敗，一個重要的原因便是以陳獨秀為首的中共中央違背了共產國際的指示，犯了嚴重的右傾錯誤；而中共中央之所以會犯這樣嚴重的錯誤，一個重要原因又是因為在中共領導層中大多數人都是知識分子，工人的成分太少。在他們看來，對於革命，工人階級是最為堅決的，而知識分子則往往有著脫離實際、政治立場不堅定，以及容易左右搖擺等先天不足。大革命失敗後，八七會議雖然糾正了共產黨的右傾錯誤，但是緊接著又犯了「左」傾盲動錯誤。而恰在這一時期，擔負中共中央領導工作的瞿秋白、李維漢、周恩來、蔡和森、張國燾、李立三等人又幾乎都是知識分子。這就更加強化了共產國際對於知識分子的偏見。在聯共（布）、共產國際的這一認識下，中共黨內此時也形成了一種輕視知識分子的傾向，也大有把「黨無產階級化」、

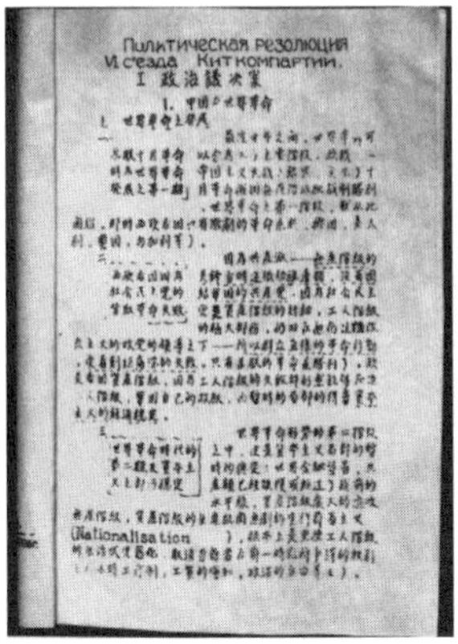
Политическая резолюция
VI съезда Киткомпартии.
I 政治議決案

中共六大通過的《政治議決案》

中共六屆中央政治局第一次會議選舉向忠發為中央政治局主席和中央常委主席

「幹部工人化」和「黨的領導機關工人化」的認識傾向。對此，周恩來後來曾這樣回顧：

> 在「八七」會議後，就把與機會主義作鬥爭看成了簡單的人事撤換，這種形式主義影響到後來關於領導機關的工人化，把工人幹部當作偶像，對知識分子幹部不分別看待。

除了工人背景之外，向忠發之所以能在六大上當選為中國共產黨的最高領導人，還與他在大革命時期領導過武漢工人運動並取得過一定成績，以及他於一九二七年秋至一九二八年上半年在蘇聯期間得到共產國際的認可有關。正是在這些因素的綜合影響下，當共產國際提出由向忠發擔任中國共產黨的最高領導人，也就自然毫無阻力地被接受了。

也正是在這一背景下，中共第六屆中央委員會總計三十六名成員，工人委員高達二十一名，佔百分之五十八・三，由此也成為中共歷屆中央領導成員中工人比例最高的一屆。第六屆中央委員會成員雖然工人黨員佔了絕大多數，但其總體素質水準卻沒有得到很大的提高，特別是其中有十三人當選後從沒有參與過中央集體決策和中央領導工作，佔百分之三十六・一；後來還有九人叛變，佔百分之二十五。可見，「唯成分」論的教訓是極其深刻的。對此，周恩來後來曾這樣評價：

> 過去大革命中湧現出來的工人領袖雖然不少，但黨對他們的教育不夠，而知識分子幹部中有許多是五四運動中湧現出來的，做了許多實際工作，有經驗的不少。由於太強調工人成分，很多較好的知識分

子幹部參加中央工作就受到了限制，如劉少奇同志只被選為審查委員會的書記，沒有被選為中央委員。惲代英同志也沒有選上，到二中全會才補上。這和後來中央很弱是有關係的。

歷史證明，由於歷史發展的侷限性，中國共產黨的六大雖然對中國革命的特點、中國革命的中心問題、中國革命的敵人、中國共產黨的工作重心等問題仍然存在著認識不足等問題，但是這仍然不能掩蓋中國共產黨的六大本身的歷史作用。中國共產黨的六大後的兩年間，大革命失敗後似乎已陷入絕境的中國共產黨，經過艱苦鬥爭，便作為一支重要的政治力量再次登上了歷史舞台。

第二節 「紅旗捲起農奴戟」

大革命失敗之後，在湖北、湖南、廣東等各地武裝起義蜂起的時候，中共中央仍然留在上海，中國共產黨的工作重心也依舊放在城市。而與此同時，由毛澤東、朱德領導的井岡山根據地，卻在如何認識中國革命發展的客觀規律上，走出了一條符合國情的革命道路，為中國革命作出了突出貢獻。

一、創建井岡山革命根據地

井岡山地處湘贛邊界的羅霄山脈中段。毛澤東之所以選擇在這裡建立革命根據地，有這樣幾個原因：首先，在大革命時期，井岡山周邊各縣曾建立過中國共

中國共產黨組織發展統計 1927—1930		
	日　期	人　數
全國黨員	1927.8	近 10000
	1929.6	73650
	1930.2	75414

中共六大以後的一段時間內，全國黨員、工農紅軍和革命根據地獲得迅速發展

產黨的組織和農民協會，中國共產黨在這個地區的群眾基礎較好；其次，井岡山周邊各縣都具有自給自足的農業經濟，易於部隊籌款、籌糧；再次，井岡山距離國民黨統治的中心城市較遠，交通不便，國民黨統治力量較為薄弱；最後，井岡山地勢險要，崇山峻嶺，易守難攻。對此，陳伯鈞曾回憶說：「敵人在山的周圍轉一圈要一個星期，我們只要一天的時間，就能由東到西、由南到北地打擊敵人。」因此，綜合來看，在敵我力量懸殊的情況下，井岡山確實是一個創建革命根據地的理想選擇。

井岡山地區原有袁文才、王佐領導的一支綠林式的農民武裝。袁、王二人都參加過大革命，袁文才還是共產黨員，他們二人都有同工農革命軍聯合的意願。因此，通過努力，在取得他們二人的信任和支持後，毛澤東率領的秋收起義軍就在井岡山站穩了腳跟，並由此開始了創建革命根據地的艱苦努力。為此，毛澤東反覆教育工農革命軍的幹部戰士，要堅決為建立以寧岡為中心的羅霄山脈中段政權而奮鬥。

在創建井岡山革命根據地的過程中，除了要應對革命自身所面對的異常複雜的生存與發展問題，還要回答一系列針對性很強的重要理論問題。毛澤東在這方面作出了十分卓越的貢獻。在異常艱苦的井岡山歲月中，毛澤東圍繞革命根據地為什麼能夠存在、「紅旗能打多久」，以及工農武裝割據需要什麼樣的條件等一系列攸關中國革命前途的重大問題，作出了深入、系統的闡述。

對於革命根據地為什麼能夠存在，為什麼在敵我力量懸殊、周圍籠罩著一片白色恐怖的情況下，井岡山的鬥爭不僅能夠堅持下來，而且還能得到很大的發展這個十分現實的問題，毛澤東在《井

圖為地處羅霄山脈中段的井岡山

岡山的鬥爭》一文中非常有針對性地給出了回答。在他看來，國民黨各派軍事勢力彼此間你死我活的爭奪，使他們無力顧及當時正被他們所輕視的工農武裝割據。他說：

> 一國之內，在四圍白色政權包圍中間，產生一小塊或若干小塊的紅色政權區域，在目前的世界上只有中國有這種事。我們分析它發生的原因之一，在於中國有買辦豪紳階級間的不斷的分裂和戰爭。只要買辦豪紳階級間的分裂和戰爭是繼續的，則工農武裝割據的存在和發展也將是能夠繼續的。

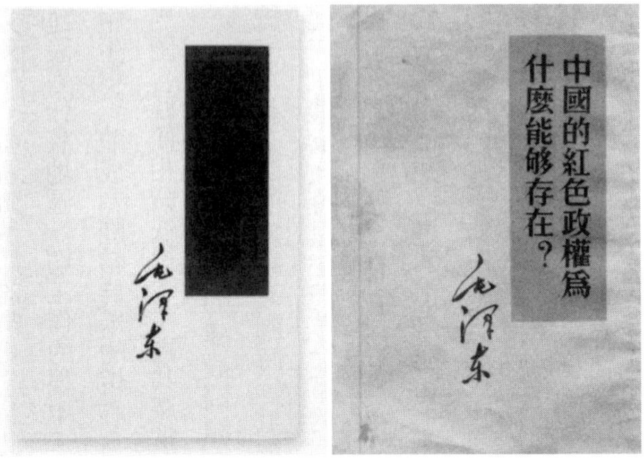

一九二八年十月和十一月，毛澤東在井岡山相繼撰寫了《中國的紅色政權為什麼能夠存在？》、《井岡山的鬥爭》兩篇著作，科學總結了創建井岡山革命根據地的經驗，闡明了中國的紅色政權為什麼能夠發生、存在和發展的原因及條件，提出了「工農武裝割據」的思想

當然，只有這個外部條件是遠遠不夠的，毛澤東又寫道：

> 此外，工農武裝割據的存在和發展，還需具備下列條件：(1)有很好的群眾；(2)有很好的黨；(3)有相當力量的紅軍；(4)有便利於作戰的地勢；(5)有足夠給養的經濟力。

按照上面所提到的幾個條件，毛澤東到井岡山後，即全力進行井岡山革命根據地中國共產黨、軍隊和政權的建設。

當時，井岡山地區的中共黨組織全部遭到了破壞，只剩下一些避難散居的黨員。為此，毛澤東不僅把在該地區的建黨工作放在了首位，也把中國共產黨的建設看作該地區一切工作的根本。他認為，如果沒有一個堅強有力、齊心一致的共產黨組織在當地民眾中生根，並成為團結群眾的核心，革命就難以持久。在他的正確領導下，經過三個多月的努力，井岡山周圍各縣便相繼恢復了中國共產黨的組織。

對於工農革命軍的建設問題，毛澤東則明確提出要改變過去軍隊只顧打仗的舊傳統。為此，在總結攻打茶陵的經驗教訓時，毛澤東明確提出了打仗消滅敵人、打土豪籌款子和宣傳群眾、組織群眾建立工農兵政權是工農革命軍的三大任務。在軍隊內部，他還強調要加強政治教育和實行民主制度這兩個環節。對此，他在《井岡山的鬥爭》一文中這樣寫道：「經過政治教育，紅軍士兵都有了階級覺悟……都知道是為了自己和工農階級而作戰。因此，他們能在艱苦的鬥爭中不出怨言。」「紅軍的物質生活如此菲薄，戰鬥如此頻繁，仍能維持不敝，除黨的作用外，就是靠實行軍隊內的民主主義。」他的這些針對性很強且十分新穎的觀點，對此後中國工農紅軍的建設和發展都產生了十分深遠的影響。

此外，在工農革命軍擴大根據地，籌備糧餉的鬥爭中，為了加強軍隊建設，毛澤東還初步總結了從事部隊工作的經驗，正式提出了「三項紀律、六項注意」（以後根據新的鬥爭經驗，又不斷地充實豐富，發展為「三大紀律、八項注意」）。「三項紀律、六項注意」的提出，不僅更加密切了工農革命軍與人民群眾的關係，同時也鞏固了工農革命軍本身，從而成為工農革命軍能夠戰勝一切強敵的源泉之一。由於嚴格執行這些規定，工農革命軍同當地民眾建立了密切關係，取得民眾的信任和支持。此外，按照上述建軍的理念，工農革命軍還對袁文才、王佐的農民武裝進行了改造，並積極幫助井岡山周圍各縣和鄉建立赤衛隊等地方武裝。在粉碎國民黨軍隊第一次「進剿」後，工農革命軍還先後攻克了茶陵、遂川、寧岡三個縣城。在此基礎上，以寧岡為中心的湘贛邊界中共的革命根據地就初步形成了。

一九二八年四月下旬，朱德、陳毅率領的南昌起義軍餘部，在發動湘南起義後，帶領一萬多人向井岡山轉移，並與毛澤東領導的部隊在寧岡礱市會師。從此，毛澤東和朱德的名字便緊緊地聯繫在一起。這是中國共產黨歷史上光輝的一頁。兩軍會師後，合編為工農革命軍第四軍。朱德任軍長，毛澤東任黨代表和軍委書記，王爾琢任參謀長，轄三個師，朱德、毛澤東、陳毅分任第十師、第十一師、第十二師師長。朱、毛會師有著重大的歷史意義，它不僅使由中國共產黨領導的兩支具有北伐戰爭傳統和戰鬥力很強的部隊聚集到一起，使井岡山的武裝力量從原來的兩千人增加到一萬多人，大大增強了井岡山革命根據地的軍事力量和戰鬥力，還對紅軍的創建和發展以及井岡山地區的武裝割據都產生了深遠影響。參加這次會師的譚震林後來回憶說：

朱德、毛澤東井岡山會師，部隊大了，我們才有力量打下永新。當然，在這之前打了茶陵、遂川也佔了寧岡縣城。那時不敢走遠，因為國民黨來上兩個團就打不贏。可是朱、毛會師後力量就大了。

油畫：《井岡山會師》（何孔德 繪）

朱、毛會師後，國民黨軍隊接連不斷地向井岡山根據地發起「進剿」。為此，中共湘贛特委和紅四軍委根據井岡山革命根據地的實際情況，共同制定了一系列正確的政策，堅決地和敵人作鬥爭。毛澤東、朱德把紅軍和赤衛隊作戰的經驗概括為「敵進我退，敵駐我擾，敵疲我打，敵退我追」十六字訣。十六字訣是適應當時情況帶著樸素性質的游擊戰的基本原則，對紅軍游擊戰爭起了有效的指導作用。紅四軍在毛澤東、朱德的領導下，依據十六字訣所規定的戰略戰術，多次以少勝多，成功擊破了敵軍的大規模「進剿」。到一九二八年六月下旬，紅四軍取得龍源口大捷後，井岡山根據地也達到了全盛時期。其範圍擴大至寧岡、永新、蓮花三縣的全部及周圍五縣的部分地區，面積達七千兩百多平方公里，人口五十多萬人。同年十二月，由彭德懷、滕代遠率領的紅五軍主力到達了井岡山，與紅四軍會師，從而進一步壯大了井岡山革命根據地的力量。此後，紅軍多次粉碎了敵人的「進剿」，根據地不斷擴大。

井岡山根據地是中國共產黨領導工農群眾建立的具有重大影響的農村革命根據地。它的創建和發展，為中國革命指明了方向，正如毛澤東指出的：

邊界紅旗子始終不倒，不但表示了共產黨的力量，而且表示了統治階級的破產，在全國政治上有重大的意義。所以我們始終認為羅霄山脈中段政權的創造和擴大，是十分必要和十分正確的。

礱市全景

二、轉戰贛南、閩西

井岡山革命根據地的建設，為中國共產黨的武裝起義樹立了一個成功的榜樣。但是，從進一步發展壯大中國革命的宏觀角度來看，井岡山革命根據地又有著十分明顯的弱勢：

一是井岡山地勢雖然險要，但人口稀少，物產也並不豐富。隨著紅軍人數的持續增加，以及國民黨軍隊的反覆「清剿」和嚴密封鎖，井岡山革命根據地在經濟上的困難開始日趨嚴重，以致根據地軍民連最低限度的衣食用品也常常難以保證。

二是井岡山位於湘贛兩條大江之間的狹長地帶，從東西方向上看，這兩條大江都不易徒涉；從南北方向上，幅員相對狹小，也不易進一步發展。

隨著井岡山革命根據地紅軍數量的逐漸增多，上述弱勢便更為突出地顯露出來。因此，當一九二九年初湘贛兩省的三萬多國民黨軍隊兵分五路向井岡山發動「會剿」時，為擴大戰略縱深，紅軍便決定採取「攻勢的防衛」戰略。一月十四日，除彭德懷、滕代遠率紅五軍和紅四軍一部留守井岡山外，毛澤東、朱德、陳毅等則率紅四軍主力三千六百多人，乘國民黨「會剿」部隊還沒有合圍，離開井岡山，踏上了轉戰贛南的艱難行程。贛南地區山巒起伏，林木繁茂，物產比較豐富，並同閩西、粵北山區相連，迴旋餘地寬廣，適宜於發展游擊戰爭。而且，這裡共產黨和群眾的基礎較好，國民黨駐軍不多，戰鬥力不強，加上交通不便，敵軍往來聚集困難，這些都為紅軍開展游擊戰創造了有利條件。

紅四軍主力在轉戰贛南的過程中，殲滅遂川大汾的國民黨守軍一個營，突破了封鎖線。接著，經上猶、崇義縣境繼續南行，擊潰沿途的地主武裝，不戰而佔領沒有國民黨正規軍設防的大餘縣城。但是，由於脫離了原有的根據地，前方既沒有地方共產黨組織的接應和群眾的配合，後方又受到敵軍重兵的尾追、襲擊，連報信的群眾也沒有，紅四軍處境一度非常困難，並且屢次陷入險境。在這種情況下，為了避免硬拚和爭取主動，在強敵緊追下，紅四軍主力採取盤旋式打圈子的做法，在撤出大餘後，經過粵北的南雄，再轉入贛南的信豐、安遠、尋烏。

紅四軍主力採取盤旋式打圈子的做法，並不只是為了擺脫強敵跟追，更重要的是要在運動中調動敵人，並使其分散兵力、暴露弱點，以伺機消滅。在紅四軍主動調動之下，不久之後，這種機會果然來了。二月十一日，農曆大年初一的下午，在毛澤東的領導下，紅四軍主力在贛南瑞金的大柏地伏擊，一舉殲滅尾追之敵八百餘人。這是紅四軍主力下山後所打的十分關鍵的一仗。平時很少摸槍的毛澤東，在這次戰鬥中也提槍帶著警衛排向敵軍陣地衝鋒。通過此次戰鬥，紅四軍擺脫了被動局面，取得了作戰的主動權。陳毅在給中共中央的報告中說：

> 是役我軍以屢敗之餘作最後一擲，擊破強敵。官兵在彈盡援絕之時，用樹枝、石塊、空槍與敵在血泊中掙扎始獲得最後勝利。為紅軍成立以來最有榮譽之戰爭。

隨後，紅四軍主力又乘勝北上東固，與江西紅軍獨立第二團、第四團會合，開始在贛南站住腳跟。

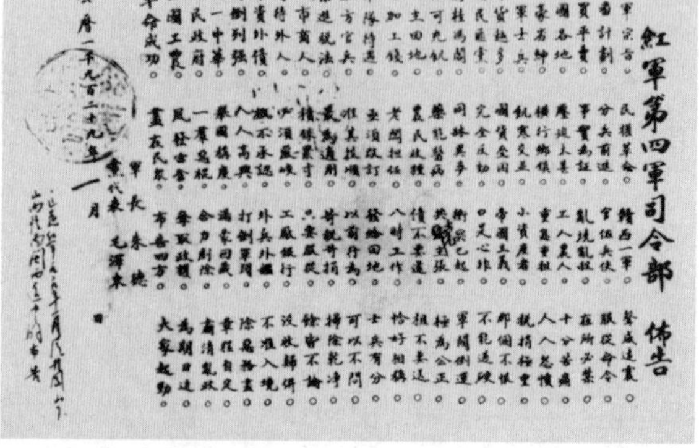
紅軍第四軍司令部佈告

紅軍宗旨。民權革命。贛西一軍。聲威遠震。
此番計劃。分兵前進。官佐兵伕。服從命令。
平買平賣。事實為證。亂燒亂殺。在所必禁。
全國各地。壓迫太甚。工人農人。十分苦痛。
土豪劣紳。橫行鄉鎮。重息重租。人人怨憤。
白軍士兵。飢寒交迫。小資產者。捐稅極重。
洋貨越多。國貨受困。帝國主義。那個不恨。
國民匪黨。完全反動。口是心非。不能過硬。
蔣桂馮閻。同床異夢。衝突已起。軍閥倒運。
餅可充飢。藥能醫病。共產主張。極為公正。
地主田地。農民耕種。債不要還。租不要送。
增加工錢。老闆擔任。八時工作。恰好相稱。
軍隊待遇。要須改訂。發給田地。士兵有分。
敵方官兵。准其投順。以前行為。可以不問。
累進稅法。最為適用。苛捐雜稅。掃除乾淨。
城市商人。積銖累寸。只要服從。餘皆不論。
對待外人。必須嚴峻。工廠銀行。沒收歸併。
外資外債。概不承認。外兵外艦。不准入境。
打倒列強。人人高興。打倒軍閥。除惡務盡。
統一中華。舉國稱慶。滿蒙回藏。章程自定。
國民政府。一群惡棍。合力剷除。肅清亂政。
全國工農。風起雲湧。奪取政權。為期日近。
革命成功。盡在民眾。布告四方。大家起勁。

軍長 朱德
黨代表 毛澤東

公曆一千九百二十九年一月 日

紅軍向贛南出擊途中發佈的佈告

隨後，毛澤東、朱德在分析了周圍的實際情況之後認為，閩西的龍巖、上杭、永定、平和一帶，在張鼎丞、鄧子恢等領導下，已經建立起工農武裝，開闢了小塊的游擊根據地，有著較好的群眾基礎；同時，在福建沒有國民黨的嫡系部隊，幾支地方部隊如長汀一帶的郭鳳鳴旅、龍巖一帶的陳國輝旅等本來都是土匪，戰鬥力不強，便於紅四軍的發展。按照這一分析，紅四軍又靈活使用兵力，利用閩西敵軍兵力空虛的機會，消滅軍閥郭鳳鳴旅，並乘勝進佔長汀縣城。在這裡，紅四軍幫助長汀共產黨組織秘密發展黨員，比原來擴大了兩倍；組成二十個秘密農民協會，五個秘密工會，成立了總工會；並且召開各界代表會議，選舉產生長汀縣革命委員會，建立了閩西第一個紅色政權。

在長汀停留了十七天，紅四軍主力獲悉從井岡山突圍的紅五軍已經轉戰到達贛南。由於其時江西的國民黨軍隊北調，準備投入蔣桂戰爭，贛南地區國民黨軍力十分空虛。紅四軍前委決定，全軍迅速回師贛南。四月一日，紅四軍主力在瑞金同彭德懷率領的紅五軍會合。四月十一日，毛澤東在雩都縣城主持召開紅四軍前委擴大會議，鑑於蔣桂戰爭爆發，江西國民黨軍隊無暇顧及紅軍行動這一有利形勢，會議同意彭德懷率部返回井岡山，恢復湘贛邊界根據地，並決定紅四軍主力在贛南實行近距離分兵，發動群眾打土豪、分田地，發展地方武裝，建立紅色政權，鞏固並擴大贛南革命根據地。

這次會後，贛南革命形勢發展很快，在雩都、興國、寧都三縣建立起縣級革命政權，群眾初步發動起來，贛南的工農武裝割據局面初步形成。但是，到五月中旬，隨著蔣桂戰爭結束，贛南方面的國民黨駐軍回防，紅四軍的壓力開始持續加重。而其時在閩西方面，由於粵桂戰爭爆發，地方軍閥陳國輝旅主力赴廣東參戰，兵力十分空虛。紅四軍前委遂決定，避實就虛，再次入閩。這樣，在贛南、閩西工農武裝的配合下，紅四軍不僅殲滅了當地軍閥，還開創了贛南、閩西革命根據地，為開闢中共中央革命根據地奠定了基礎。

在農村游擊戰爭的環境中，紅軍是以農民為主體組織起來的，紅軍中農民和其他小資產階級出身的黨員佔多數。在這種條件下，如何克服中國共產黨黨內和軍內的非無產階級思想，把中國共產黨建設成為無產階級先鋒隊，把軍隊建設成為一支無產階級領導的新型人民軍隊，便成為一個極待解決的根本性問題。在轉戰贛南、閩西的艱苦行軍中，隨著革命形勢的迅速發展和革命隊伍的不斷擴大，紅四軍及其中共黨組織內部加入了大量農民和其他小資產階級出身的同志，加上環境險惡，戰鬥頻繁，生活艱苦，部隊得不到及時教育和整訓。因此，極端民主化，重軍事輕政治、不重視鞏固建立的根據地，流寇思想和軍閥主義等非無產階級思想開始在部隊中滋長、蔓延。為此，一九二九年六月下旬，紅四軍在閩西龍巖召開中國共產黨的第七次代表大會，力圖糾正這些問題。但在會議上，紅四軍黨內特別是領導層內卻圍繞創建根據地、在紅軍中實行民主集中等原則問題出現了一些認識上的分歧和爭論。雖然會議所作的決議對許多具體問題的結論是正確的或是比較正確的，但卻錯誤地否定了毛澤東提出的中國共產黨對紅軍領導必須實行集權制（當時對民主集中制的稱謂）和必須反對不要根據地的流寇思想的正確意見，並通過決議說「流寇思想與反流寇思想的鬥爭，也不是事實」，還把「集權制領導原則」視為「形成家長制度的傾向」。當時擔任紅四軍政治部秘書長的江華回憶說：「要不要軍委的問題雖然解決了，但是，在這個問題背後的關於中國共產黨和軍隊關係問題的爭論，仍未得到完全解決。」「在這場爭論中，軍內存在的單純軍事觀點、流寇思想、極端民主化和軍閥主義殘餘等非無產階級思想有所抬頭。」這些爭論的產生，其根源在於當時紅軍建立不久，紅軍人員主要來自農民和舊軍隊，因而一部分人習慣於舊軍隊的領導方式，對保證軍隊接受中國共產黨的絕對領導有懷疑甚至不贊成，還有些人則根本不把黨代表制度看成是人民軍隊的一項建軍原則，等等。雖然作為紅四軍黨的前委書記的毛澤東曾力圖糾正這些錯誤的思想傾向，但是，由於當時的歷史條件所限，毛澤東的這些正確主張並沒有能夠為紅四軍領導層的大多數同志所接受。這次大會改選了紅四軍黨的前敵委員會，在選舉前委書記時，由中共中央指定的前委書記毛澤東沒有當選。毛澤東在會上最後發言說：

現在還是要根據我們歷來的實際鬥爭中間的經驗，加強這個政治領導，加強黨對紅軍的領導，軍隊要做群眾工作，要打仗，要籌款；至於會議對我個人有許多批評，我現在不辯，如果對我有好處，我會考慮，不正確的，將來自然會證明他這個不正確。

會後，毛澤東被迫離開紅四軍的主要領導崗位，到閩西特委指導地方工作。

紅四軍七大後，繼任前委書記的陳毅到達上海，向中共中央當面作報告。中共中央對紅四軍內部的這場爭論十分重視。八月二十九日，中共中央政治局召開會議，專門聽取陳毅關於紅四軍全部情況的詳細匯報，並決定由周恩來、李立三、陳毅三人組成專門委員會，深入研究討論紅四軍的問題。經過一個月的討論，最終形成了陳毅起草、周恩來審定的《中共中央給紅四軍前委的指示信》。這就是「九月來信」。

「九月來信」不僅詳細分析了其時軍閥混戰的政治形勢，總結紅四軍及各地紅軍的鬥爭經驗，還著重指出「先有農村紅軍，後有城市政權，這是中國革命的特徵，這是中國經濟基礎的產物」，並明確規定了紅軍的基本任務：

一、發動群眾鬥爭，實行土地革命，建立蘇維埃政權；

二、實行游擊戰爭，武裝農民並擴大本身組織；

三、擴大游擊區域及政治影響於全國。

此外，尤為重要的是，「九月來信」還肯定了紅四軍建立以來所取得的成績和經驗，強調「黨的一切權力集中於前委指導機關，這是正確的，絕對不能動搖。不能機械地引用『家長制』這個名詞來削弱指導機關的權力，來作極端民主化的掩護」，「只有加強無產階級意識的領導，才可以使之減少農民意識」；對紅軍中種種錯誤觀點，「前委應堅決以鬥爭的態度來肅清之」；同時，「前委對日常行政事務不要去管理，應交由行政機關去辦」。這些指示，肯定了毛澤東提出的「工農武裝割據」和紅軍建設的基本原則。指示信要求紅四軍維護朱德、毛澤東的領導，毛澤東「應仍為前委書記」。中共中央的「九月來信」，為紅四軍黨內統一認識、糾正各種錯誤思想提供了根據。

根據中共中央「九月來信」的精神，十二月二十八日至二十九日，紅四軍黨的第九次代表大會在福建上杭縣古田村召開。會上，毛澤東作政治報告，朱德作軍事報告。陳毅傳達中共中央的「九月來信」。大會經過熱烈討論，一致通過了毛澤東代表前委起草的約三萬餘字的八個決議案，總稱《中國共產黨紅軍第四軍第九次代表大會決議案》，即古田會議決議。古田會議總結了紅四軍成立以來軍隊建設方面的經驗教訓，確立了人民軍隊建設的基本原則，規定了紅軍的性質、宗旨和任務，強調加強中國共產黨的思想建設的重要性，並批評了那種主張走州過縣、流動游擊，不願做建設政權的艱苦工作的思想，明確指出：

中國的紅軍是一個執行革命的政治任務的武裝集團。特別是現在，紅軍絕不是單純地打仗的，它除了打仗消滅敵人軍事力量之外，還要負擔宣傳群眾、組織群眾、武裝群眾、幫助群眾建立革命政權以至於建立共產黨的組織等項重大的任務。紅軍的打仗，不是單純地為了打仗而打仗，而是為了宣傳群眾、組織群眾、武裝群眾，並幫助群眾建設革命政權才去打仗的，離了對群眾的宣傳、組織、武裝和建設革命政權等項目標，就是失去了打仗的意義，也就是失去了紅軍存在的意義。

會議還按中共中央指示，選舉毛澤東、朱德、陳毅、羅榮桓、林彪、伍中豪、譚震林等十一人為中共紅四軍前委委員，組成新一屆前委，毛澤東重新當選為書記。

中共古田會議決議是中國共產黨及其領導的人民軍隊建設的綱領性文獻。它的中心內容是強調要重視加強思想政治建設，要用無產階級思想進行中國共產黨的建設和軍隊建設，即在經濟文化落後的半殖民地半封建的中國社會，在農村革命戰爭的環境中，在中國共產黨和軍隊的主要成分是農民的條件下，如何克服來自農民和小資產階級及其他非無產階級的思想影響，把中國共產黨建設成為無產階級先鋒隊，把軍隊建設成為無產階級領導的新型人民軍隊。歷史證明，中共古田會議探索了從思想上建黨的正確道路，確立了中國化的馬克思主義建軍路線，提出了紅軍政治工作一整

一九二九年十二月二十八日、二十九日，中共紅四軍第九次代表大會在福建上杭古田召開，即古田會議。圖為古田會議會址

油畫：《古田會議》（何孔德 繪）

套方針、原則和制度，從而回答解決了中國共產黨和軍隊建設中許多根本性、方向性的重大問題，成為人民軍隊建設史上的一座里程碑。

三、開闢和擴大農村革命根據地

中國共產黨的六大以後，各地黨組織在工作中實行了堅決的轉變。

中國共產黨抓住國民黨新軍閥混戰的有利時機，發動農民開展游擊戰爭，實行土地革命，建立革命政權。因此，全國的紅色政權和革命根據地獲得了重大發展。這其中影響最大的，首推毛澤東、朱德領導的贛南、閩西根據地。

一九二七年十一月至一九二八年三月，在中共贛西、贛南特委的領導下，賴經邦、李文林、古柏等領導贛西南地區武裝起義，開創了東固、橋頭等革命根據地。一九二八年三月和六月，郭滴人、鄧子恢、朱積壘、張鼎丞等又領導閩西地區舉行武裝起義，創建了永定溪南革命根據地和地方工農武裝。一九二九年一月，毛澤東、朱德率領紅四軍主力轉戰贛南、閩西期間，在上述根據地和地方工農武裝的配合下，先後開闢出了贛南和閩西革命根據地。一九三〇年二月，中共贛西南特委、贛南特委和紅四軍、紅五軍、紅六軍軍委共同組成以毛澤東為書記的前委，統一領導土地革命和武裝鬥爭，贛西、贛南和湘贛邊三特委也合併為中共贛西南特委。三月，贛西南、閩西蘇維埃政府相繼成立，曾山、鄧子恢分別擔任政府主席。

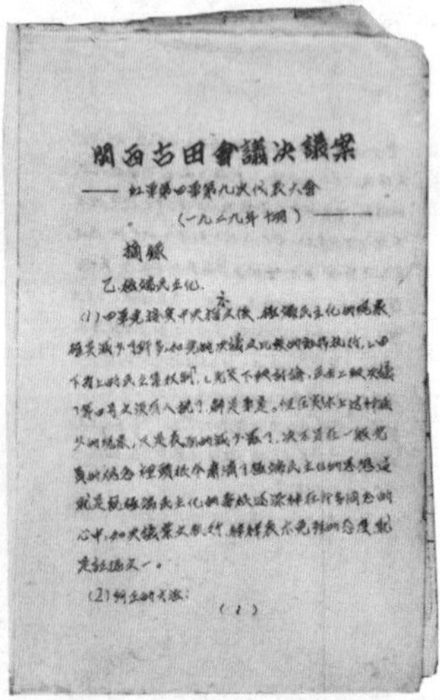
閩西古田會議決議案
—— 紅軍第四軍第九次代表大會
（一九二九年十二月）——
摘錄
乙、極端民主化
[illegible]

古田會議總結了南昌起義以來紅軍建設的經驗，批評了各種錯誤思想，強調了共產黨對紅軍的絕對領導，堅持以無產階級思想來建設中共組織和人民軍隊。圖為毛澤東為大會起草的決議案

同年六月，依中共中央指示，活動在贛西南、閩西地區的紅四軍、紅十二軍及紅六軍合編為紅軍第

一路軍，接著又改成紅軍第一軍團，朱德任總指揮，毛澤東任政治委員和前委書記。稍後，由贛西南地方武裝組成的紅二十軍和紅二十二軍也劃歸到紅一軍團建制。八月，由毛澤東和朱德領導的紅一軍團與彭德懷率領的紅三軍團在瀏陽永和會師，組成中國工農紅軍第一方面軍，朱德任總司令，毛澤東任總政治委員。十月，紅一方面軍在毛澤東、朱德的領導下，揮師江西，攻克江西重鎮吉安，並建立了以曾山為主席的江西省蘇維埃政府。同時，組成李文林負責的中共江西省行動委員會。吉安攻克之後，紅一方面軍得到了很大的發展，不僅擴軍八千人，還建立起了工兵隊，其後又連續攻克泰和、安福、吉水、峽江、新幹、清江等地，並進行了土地革命，從而使贛江兩岸幾十個縣的紅色政權連成一片。

贛南、閩西根據地的創建與發展，不僅為後來中共中央革命根據地的建立奠定了基礎，也成為照耀各根據地勝利前進的燈塔，對各地紅軍游擊戰爭的發展和根據地的建設起了巨大鼓舞和示範作用。同一時期，除贛南、閩西根據地之外，湘贛、湘鄂贛、湘鄂西、鄂豫皖等革命根據地也得以創建並獲得了很大發展。

湘贛根據地是在井岡山根據地基礎上發展起來的。一九二九年一月，紅四軍主力下山後，紅五軍在彭德懷指導下進行了艱苦卓絕的井岡山保衛戰。後來，在優勢敵人四面包圍下，紅五軍被迫突圍，並在贛南與紅四軍重新會合。五月，由於蔣桂戰爭爆發，江西方面國民黨軍隊無暇他顧，紅五軍又重返湘贛邊界。在中共湘贛邊特別委員會的領導下，經過兩年的艱苦鬥爭，擴大了原有的井岡山根據地。一九三一年七月，根據中共蘇區中央局的決定，中共湘東南、湘南兩特委和西路、南路、北路三個分委將所轄的贛江以西地區合併為湘贛省。同年十月，中共湘贛省第一次代表大會和湘贛省第一次工農兵代表大會召開，宣告成立了中共湘贛省委和省蘇維埃政府。至此，以江西永新縣為中心的湘贛根據地正式形成。

中國工農紅軍第一方面軍成立了以毛澤東為書記，朱德、彭德懷等為委員的中共紅一方面軍總前敵委員會。圖為瀏陽永和市

湘鄂贛革命根據地也是土地革命時期由中國共產黨領導的重要農村根據地之一。一九二八年七月，彭德懷、滕代遠和黃公略領導發動了平江起義，開始了在湘鄂贛邊界地區創建革命根據地、實行土地革命的偉大鬥爭。七月二十四日，平江縣工農兵蘇維埃政府成立，平江起義的部隊被改編為紅五軍，彭德懷任軍長，滕代遠任黨代表。由此，湘、鄂、贛三省邊界地區人民的革命鬥爭發展到了一個新的階段。同年十一月，彭德懷、滕代遠率紅五軍主力轉往井岡山，黃公略則率紅五軍一部留在湘鄂贛邊區堅持游擊戰爭。一九二九年四五月間，由湘贛邊返回的紅五軍彭德懷部與黃公略部會合，共同開展邊界的武裝鬥爭。隨著鬥爭的發展和湘鄂贛邊特委的恢復，各地蘇維埃政權相繼建立，根據地範圍不斷擴大，到一九二九年秋冬之際，工農武裝割據區域已擴大到十幾個縣，並且都開始了有組織的土地革命鬥爭。至此，湘鄂贛根據地已基本形成。到一九三〇年四五月間，紅五軍已發展到五千餘人，並在湘東北的平江、瀏陽，贛北的修水、銅鼓、萬載，以及鄂東南的大冶、陽新、通山、通城、崇陽的廣大地區，建立起較為鞏固的根據地。同年六月上旬，按照中共中央的指示，紅五軍第五縱隊同鄂東南根據地的部分赤衛隊合編為紅八軍，何長工任軍

長。同月，彭德懷、滕代遠根據中共中央的命令，在湖北大冶宣佈成立紅軍第三軍團，下轄紅五軍和紅八軍，由彭德懷任總指揮兼前委書記，滕代遠任政治委員。一九三一年初，遵照中共中央的指示，原先獨立發展的鄂東、鄂南地區，除長江以北的黃梅、廣濟、蘄春、浠水四縣以外，其餘全部劃歸湘鄂贛根據地管轄。至此，湘鄂贛根據地進入了全盛時期。

湘鄂西根據地主要由湘鄂邊、洪湖根據地組成，後來還包括巴東、興山、秭歸和襄陽、棗陽、宜城等根據地。一九二八年初，賀龍、周逸群等先後到達湖北洪湖和湘西桑植地區，賀龍把幾支農民游擊隊組織起來，建立了新的革命武裝，整編為工農革命軍第四軍。一九二九年，賀龍率領紅四軍先後攻佔鶴峰、桑植等地，建立縣委和縣、區蘇維埃政權，發動群眾打土豪、分田地，從而迅速打開了局面，並逐步形成了以桑植、鶴峰為中心的湘鄂邊根據地。一九二八年六月，周逸群從湘鄂邊回到洪湖地區，擔任重建的中共鄂西特委書記，發動群眾開展游擊戰爭，建立了若干小塊根據地。一九三〇年二月，中共鄂西特委根據中共中央的指示，將原紅軍中央獨立師擴編為紅軍第六軍。紅六軍成立後，建立管轄沔陽、潛江、監利、石首、華容、江陵六縣的鄂西聯縣蘇維埃政府，創建了洪湖根據地。一九三〇年七月，湘鄂邊的紅四軍在湖北公安與紅六軍會師，組成紅軍第二軍團（紅四軍同時改稱紅二軍），賀龍任總指揮，周逸群任政治委員。全軍團約一萬人。隨即，湘鄂邊、洪湖兩塊根據地形成湘鄂西根據地。

<table>
<tr><th colspan="5">紅二軍團戰鬥暨主官姓名表（一九三〇年七月）</th></tr>
<tr><td rowspan="8">總指揮 賀　龍
政　委 孫德清
參謀長 周逸群
政治部主任 柳克明</td><td rowspan="4">二軍</td><td rowspan="4">軍長 賀龍（兼）政委</td><td rowspan="2">第四師</td><td>師長 王炳南</td></tr>
<tr><td>政委 陳協平</td></tr>
<tr><td rowspan="2">警衛團</td><td>團長 賀佩卿</td></tr>
<tr><td>政委 吳協仲</td></tr>
<tr><td rowspan="4">六軍</td><td rowspan="4">軍　長 曠繼勳
政　委 段德昌
參謀長 劉仁載</td><td rowspan="2">十六師</td><td>師長 王一鳴</td></tr>
<tr><td>政委 王　鶴</td></tr>
<tr><td rowspan="2">十七師</td><td>師長 許光達</td></tr>
<tr><td>政委 李劍如</td></tr>
</table>

一九二九年十二月十一日，百色起義舉行，創建紅七軍，次年二月一日，龍州起義爆發。圖為舊時百色

以大別山為中心的鄂豫皖根據地，是一九三〇年三月由位於湖北、河南、安徽三省邊界地區的鄂豫邊、豫東南、皖西三塊根據地組成的。鄂豫皖中心赤區，包括黃安北部，麻城西北部，光山、羅山的南部等東西約兩百餘里、南北約一百五十里的地區，人口約一百四十萬人。同年四月，鄂豫邊、豫東南、皖西三個地區的共產黨黨組織，根據中共中央的指示，組成了以郭述申為書記的中共鄂豫邊特別區委員會，並將紅十一軍改編為紅一軍。許繼慎任軍長，曹大駿任前敵委員會書記兼政治委員，徐向前任副軍長。同年六月，鄂豫皖根據地召開了第一次工農兵代表大會，宣佈成立鄂豫皖特區蘇維埃政府，甘元景任主席。十月，由陽新地區北渡長江轉戰到蘄春等地的紅八軍第四、第五縱隊，與當地游擊隊合編為紅十五軍，蔡申熙任軍長，陳奇任政治委員。一九三一年四月，紅十五軍在鄂豫皖根據地人民的支援下，連續粉碎了國民黨軍的第一、第二次「圍剿」後，根據地擴大到東西長三百餘里、南北寬一百五十餘里，人口達兩百五十餘萬人，紅軍發展到近兩萬人。

中共除了贛南、閩西、湘贛、湘鄂贛、湘鄂西、鄂豫皖等革命根據地之外，同期在國內其他地區的紅軍游擊戰爭也進一步開展起來，農村根據地隨之逐步擴大。

在廣西西部，在鄧小平和張雲逸、雷經天、韋拔群等領導下，一九二九年十二月十一日發動了百色起義，建立紅軍第七軍，張雲逸任軍長，鄧小平任中共前敵委員會書記兼政治委員。接著，在恩隆縣召開右江第一屆工農兵代表會議，成立右江蘇維埃政府，創建了右江根據地。一九三〇年二月，鄧小平、李明瑞、俞作豫等又領導發動了龍州起義，建立紅軍第八軍，俞作豫任軍長，鄧小平兼任政治委員，李明瑞任紅七、紅八軍總指揮。隨後，又創建了左江根據地。在鄧小平等人的領導下，在四個多月的時間裡，廣西左右江地區的紅軍發展到七千人，紅色區域擴展到二十多個縣，擁有一百多萬人口，成為當時中共較大的革命根據地之一。

此外，這一時期還有方志敏等創立的閩浙贛革命根據地，以古大存為軍長的紅十一軍在廣東東江地區創立的根據地，以馮白駒為瓊崖特委書記的海南島瓊崖革命根據地，等等。這些革命根據地分佈在湖南、湖北、江西、福建、廣東、廣西、河南、安徽、江蘇、浙江、四川等十多個省的邊界地區或遠離中心城市的偏僻山區。到一九三〇年上半年，全國紅軍已發展到十幾個軍，約七萬人，連同地方革命武裝共約十萬人，在十幾個省的一百多個縣境內建立了十幾個革命根據地。中國革命的星星之火，已漸成燎原之勢。

第三節 「喚起工農千百萬」

隨著紅軍和農村革命根據地的建立和發展，消滅地主土地所有制，開展土地革命，「沒收地主的土地歸農民」，便成為中國共產黨領導廣大根據地人民進行的一場重大的社會變革。

一、「貧農在十二個方面得到利益」

土地革命最早是在海陸豐根據地開展起來的。一九二七年十一月，在彭湃領導下，海豐蘇維埃代表大會通過了《沒收土地案》。這個決議為中國後來土地法的制定提供了寶貴的經驗。《沒收土地案》聯繫了實際，提出了許多具體問題，在後來被其他根據地藉鑑。例如，「照人數多少分」，「照土地肥瘠分」，「由蘇維埃政府發給田地使用證」，土地使用證「不得買賣或抵押」，「士兵家裡有田地不得回家耕種者，應准其僱工」，「田地分配後每年出息應抽多少供給各鄉、區、縣政府做公益費」等原則，都在後來其他根據地被重新提出來並得到貫徹。在土地革命的實踐中，海陸豐還採用縣設土地委員會、區設土地科的方法，通過廣泛發動農民群眾，進行燒田契、沒收土地，插標分配，頒發土地證。但是，在海豐地區轟轟烈烈的土地革命中，也存在著「左」的錯誤。如，對資本家和地主不加區別，一律打倒；主張把一切反革命殺得乾乾淨淨；規定「不革命不得田」；等等。

在一九二八年召開的中共六大討論了土地問題，並通過了《土地問題決議案》、《農民問題決議案》。這兩個決議案對於土地政策作出了一些原則規定。如，明確規定「無代價地立即沒收地主階級的財產土地，沒收的土地歸農民代表會議（蘇維埃）處理，分配給無地少地農民使用」，贊助平分土地，貧農雇農是土地革命的主要力量，聯合中農是保證土地革命勝利的重要條件，「不應該故意加緊對富農的鬥爭」，等等。

一九二九年，毛澤東、朱德在率領紅四軍轉戰贛南、閩西，開闢贛南、閩西根據地的途中，油印或石印一千五百本中國共產黨的六大決議，散發給沿途的黨組織。同年四月，毛澤東又根據在雩都、興國等地調查的實際情況和中國共產黨的六大決議，制定興國縣《土地法》。興國縣《土地法》改正了井岡山《土地法》中「沒收一切土地」的缺點，明確規定：「沒收一切公共土地及地主階級的土地歸興國工農兵代表會議政府所有，分給無田地及少田地的農民耕種使用。」這是一個重大的原則性修改，它保證了包括中農在內的絕大多數農民的利益，廣泛地調動了他們的革命和生產積極性。

同年七月，在毛澤東的領導下召開的中共閩西第一次代表大會又總結了閩西土地鬥爭的經驗，通過了《政治決議案》、《土地問題決議案》等重要文件。這些文件，既貫徹了中共六大的精神，總結了過去經驗，又在一些具體政策上有新的發展。如，明確規定「自耕農的田地不沒收」；第一次提出「分田時以抽多補少為原則」；不要「過分打擊」富農，只沒收多餘的土地；對小地主同大、中地主要有區別，即「對農村小地主要沒收其土地，廢除其債務，但不要派款及其他過分打擊」；對大小商店採取「一般的保護政策（即不沒收）」，等等。按照中共閩西一大通過的決議，在很短的時間內，閩西地區的長汀、連城、上杭、龍巖、永定等地便開展了轟轟烈烈的土地革命，縱橫三百多里的五十多個區五百多個鄉的土地問題得到了解決，六十多萬人得到了土地。

一九三〇年一月，紅四軍從閩西回師贛南。二月，毛澤東在陂頭主持召開中共紅四軍前委、贛西特委（贛南特委代表團因會議提前舉行，未能趕上參加）和紅軍第五軍、第六軍軍委聯席會議（稱陂頭會議，也稱「二七」會議）。此次會議批評了一些地方不分田地，不廢債務，不武裝工農和主張按勞動

一九二七年十月，中共東江特委和彭湃領導了廣東海豐、陸豐農民起義

力分配土地的機會主義錯誤，確定了贛西南地區的土地革命方向；提出「一要分、二要快」，要深入開展土地革命，並確定了以鄉為單位，以原耕地為基礎，按人口平分土地的原則。這次會後，贛西南根據地普遍地開展了分田運動。到一九三〇年上半年，安福、蓮花、永新、寧岡、吉水、興國全縣以及永豐、泰和、萬安等縣的部分地區都分配了土地。

適合中國實際的土地革命的路線、方針和政策，是在中國革命的洪流中逐步形成和發展起來的。八七會議雖然確定了實行土地革命和武裝起義的方針，但是對於怎樣進行土地革命，卻並沒有制定出一個切實可行的路線、政策和方法。在中共六大後一年多的時間裡，隨著各根據地土地革命的廣泛開展，通過不斷摸索和實踐，中國共產黨逐步形成了這樣一套比較切實可行的路線、政策和方法，即：依靠貧農，聯合中農，限制富農，消滅地主階級，變土地所有制為農民的土地所有制；以鄉為單位，按人口平均分配土地，在原耕地基礎上，抽多補少、抽肥補瘦；等等。

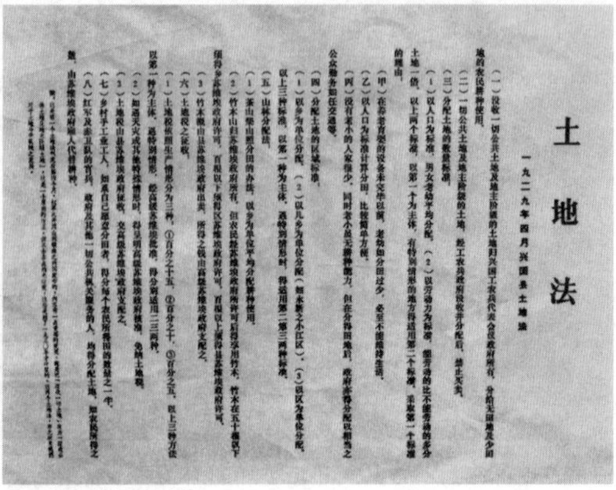
土地法

一九二九年四月兴国县土地法

興國縣《土地法》

土地革命的深入開展，不僅使農民在政治上、經濟上翻了身，也使各革命根據地的面貌發生了根本性變化。農民親身感受到共產黨和紅軍是為他們謀利益的，從內心衷心地擁護土地革命，擁護共產黨，積極從事各項革命工作，參軍參戰，支持新生的人民政權。這樣，就使得分佈廣泛的紅色政權得到了根據地廣大農民源源不斷的人力、物力支援，各根據地由此顯現出一派生機勃勃的景象。對此，毛澤東在一九三〇年十月的《興國調查》中這樣概括了貧農在十二個方面得到利益：第一，分了田，這是根本利益。第二，分了山。過去山農是少有山的。第三，分了地主及反革命富農的穀子。第四，革命以前的債一概不還。第五，吃便宜米。第六，過去討老婆非錢不行，現在完全沒有這個困難了。第七，死了人不要用錢了。第八，牛價便宜。第九，應酬廢棄，迷信破除，兩項的用費也不要了。第十，沒有煙賭，也沒有盜賊。第十一，自己也可以吃肉了。第十二，最主要的就是取得了政權。

正如毛澤東所言，中國共產黨領導進行土地革命這個事實，不僅使廣大農民在各方面得到了實實在在的利益，也極大地調動了他們支援革命戰爭、保衛和建設根據地的積極性。大革命失敗後，中國革命之所以能夠以更堅韌、更迅猛的姿態持續發展，其主要原因就是中國共產黨能夠緊緊地依靠農民，並在廣大農村中建立革命根據地和深入開展土地革命。

一九三〇年十月，毛澤東在興國進行了調查。其後，毛澤東在《興國調查》中提出了貧農穫得土地革命的十二大好處。這是以此為背景創作的油畫

二、「紅旗到底打得多久？」

中國共產黨在領導紅軍戰爭和建設根據地的過程中，透過艱難的探索，到一九三〇年上半年，便逐步回答了大革命失敗後中國革命道路這個重大問題。這一條道路，便是農村包圍城市、武裝奪取政權。歷史證明，這既是一條符合中國國情的獨特道路，又是一條使中國革命最終走向勝利的正確道路。

可是，這條道路的得來卻充滿著艱辛。大革命失敗後，八七會議確定了實行土地革命和武裝起義的方針。按照這一方針，怎樣奪取武裝鬥爭的勝利，以及中國革命應該走什麼

樣的路，便成為擺在中國共產黨人面前一個迫切需要回答的問題。此後的一段時間裡，在共產國際的指導下，中國共產黨仍以城市工作為重點。一九二八年二月，共產國際通過了關於中國問題的決議，認為中國共產黨所進行的游擊戰爭，所建立的小塊根據地是散亂的，是不相關聯的，因此，要求中國共產黨「反對對於游擊戰爭的溺愛」，要以城市為中心，要「準備城市與鄉村相配合相適應的發動」。同年六月，共產國際領導人布哈林在中共六大作報告時表達了同樣的看法。他反對在農村建立根據地的做法，認為中國共產黨應以城市工作為中心，並主張紅軍走州過府、流動游擊。可是，慘痛的失敗經歷與血的代價，卻一次又一次地證明了上述經驗並不適用於中國的基本國情。大革命失敗伊始，中國共產黨所領導的南昌起義、秋收起義以及廣州起義，最初無一不是想通過城市武裝暴動或攻佔大城市來奪取革命勝利的，但事實證明這種做法在中國無法行得通。事實同樣還證明，如果中國共產黨人繼續死守那些書本上的教條，或者繼續硬搬別國的模式，只把眼睛盯著城市，而不是根據中國的基本國情，下決心向國民黨統治勢力薄弱的廣大農村進軍，中國革命就會有被徹底葬送的危險。

正是在這樣的背景下，以毛澤東為代表的中國共產黨人，高舉土地革命和武裝反抗國民黨統治的旗幟，經過創建、發展紅軍和農村革命根據地的實踐，逐漸提出了農村包

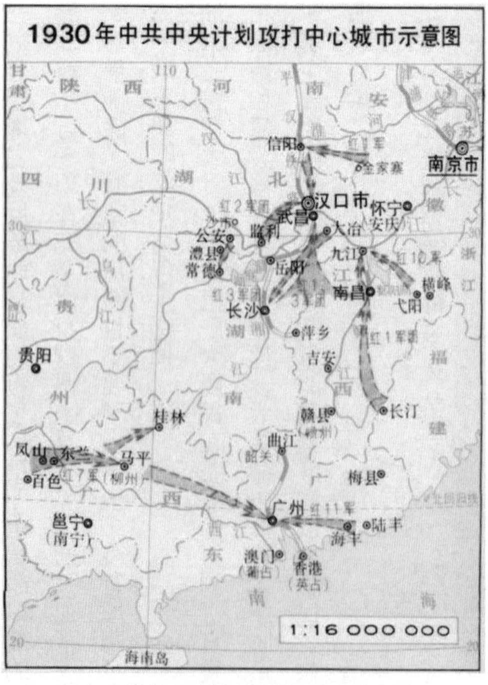

一九三〇年中共中央計劃攻打中心城市示意圖

圍城市、武裝奪取政權的思想，並最終找到了一條適合中國特點的民主革命的正確道路。

一九二七年十月，毛澤東率領湘贛邊界秋收起義的工農革命軍餘部進抵井岡山，開始創建以寧岡為中心的井岡山革命根據地。次年四月，朱德等率領南昌起義、湘南起義的餘部也到達井岡山與毛澤東所部會師。朱、毛會師以後，井岡山紅色政權和革命力量得到了很大的加強。但是，同期在廣州、海陸豐、湘東、湘南、黃安等地的不少紅色政權卻相繼被優勢的國民黨勢力摧殘了。在此局面下，處於湘贛兩省強大的白色政權包圍之中，並不斷遭到優勢敵軍「圍剿」的這一小塊紅色政權——井岡山革命根據地是否能夠繼續存在與發展，引起了包括中國共產黨黨內、軍內很多人的懷疑。也由此，「紅旗到底打得多久？」革命能不能在農村根據地堅持下去並發展起來？便成為中國共產黨必須回答的一個基本問題。

一九二八年五月，根據中共江西省委關於組織湘贛邊界特委的指示，毛澤東在寧岡茅坪主持召開中共湘贛邊界第一次代表大會。在這次大會上，毛澤東不僅總結工農革命軍建立井岡山根據地的經驗，闡明中國革命戰爭發展和勝利的必然性與可能性，初步回答了「紅旗到底打得多久？」的問題，還批評了右傾悲觀思想，重申創造羅霄山脈中段政權的方針。

同年十月，中共湘贛邊界第二次代表大會通過了毛澤東起草的《中國共產黨湘贛邊界第二次代表大會決議案》。這個決議案的第一部分「政治問題和邊界黨的任務」，即毛澤東《中國的紅色政權為什麼能夠存在？》一文，進一步回答了這個問題。在這篇文章中，毛澤東指明了中國革命的性質、任務以及中國革命政權的實質，總結了井岡山根據地及其他地區建立小塊紅色政權的經驗和教訓，並首次提出「工農武裝割據」的重要思想。

他十分大膽地預言：「不但小塊紅色區域的長期存在沒有疑義，而且這些紅色區域將繼續發展，日漸接近於全國政權的取得。」同年十一月，在代表中共紅四軍前委給中共中央所寫的報告中，毛澤東全面總結井岡山工農武裝割據的經驗，進一步闡明「工農武裝割據」的思想，並明確提出了中國紅色政權能夠繼續存在和發展的結論。

此後，到一九三〇年前後，中共隨著贛南、閩西、湘贛、湘鄂贛、湘鄂西、鄂豫皖六大革命根據地及全國其他農村革命根據地的創建和發展，「紅旗到底打得多久？」的問題，事實上已經由實踐作出肯定的回答。

也就是在此後，在紅四軍轉戰贛南、閩西的過程中，毛澤東更加深刻地認識到建立和鞏固農村根據地的重要性。為此，一九三〇年一月，他在給林彪的一封信（收入《毛澤東選集》時題為《星星之火，可以燎原》）中批評了中共黨內一些同志對時局估量的悲觀思想，總結了各地紅軍、紅色政權和農村革命根據地建設的經驗，並強調中國革命只能走適合自己國情的道路。他指出，那種不從中國實際出發、對革命形勢估計不足、沒有在游擊區域建立紅色政權的深刻觀念是錯誤的。他指出：「紅軍、游擊隊和紅色區域的建立和發展，是半殖民地中國在無產階級領導之下的農民鬥爭的最高形式，和半殖民地農民鬥爭發展的必然結果……無疑義的是促進全國革命高潮的最重要因素。」「中國是全國都佈滿了乾柴，很快就會燃成烈火。『星火燎原』的話，正是時局發展的適當的描寫。」在信的最後，他對中國革命高潮快要到來，作了這樣充滿詩意的描寫：

> 它是站在海岸遙望海中已經看得見桅杆尖頭了的一隻航船，它是立於高山之巔遠看東方已見光芒四射噴薄欲出的一輪朝日，它是躁動於母腹中的快要成熟了的一個嬰兒。

實踐證明，以毛澤東為主要代表的中國共產黨人，堅持從實際出發，善於向實踐學習，向群眾學習，善於總結群眾鬥爭的經驗，從而在中國革命處於極端危險的緊要關頭，表現出了可貴的革命首創精神，為中國革命探索出了農村包圍城市、武裝奪取政權這樣一條前人沒有走過的正確道路，從而為民族復興和爭取中國革命的勝利指明了唯一正確的前進方向。

三、十年的紅軍戰爭史，就是一部反「圍剿」史

一九三〇年前後，中共隨著各革命根據地的迅速發展和各地紅軍的迅速壯大，李立三「左」傾冒險錯誤開始在中共中央佔據了領導地位。李立三等不顧客觀條件，制訂了以武漢為中心的全國總暴動和集中全國紅軍攻打中心城市的冒險計劃，並要求各路紅軍「會師武漢」，「飲馬長江」。「立三路線」使許多地方的共產黨組織和紅軍遭受了很大損失。雖然在很短的時間內「立三路線」就得到了糾正，但是各革命根據地和各地紅軍的發展勢頭，尤其是紅軍攻打中心城市的冒險舉措，卻使國民黨統治集團感到極大震驚。

一九三〇年十月，喧囂一時的「中原大戰」剛一結束，蔣介石便立即掉轉方向，迅速抽調兵力，屯集重兵，組織了對中共各革命根據地的大規模「圍剿」。這其中，中共中央革命根據地又是其「圍剿」的重點所在。從一九三〇年至一九三四年，國民黨當局連續向中共中央革命根據地發動了五次軍事「圍剿」。

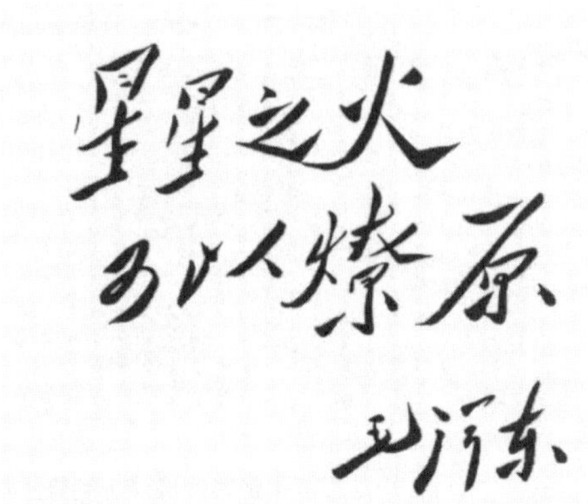

毛澤東題詞：「星星之火　可以燎原」

一九三〇年十二月上旬，蔣介石親自趕赴南昌，部署對江西中共中央革命根據地的軍事「圍剿」。為圍殲紅軍，他制訂了「豫鄂皖三省連界『剿匪』計劃大綱」，調集了十一個師又兩個旅共十萬兵力，並設立了陸海空軍總司令南昌行營，他的親信江西省主席魯滌平兼主任，第十八師師長張輝瓚為前線總指揮。確定於同年十二月中旬開始，各路「圍剿」軍以東固地區為會攻目標，分進合擊，以限期收復吉安，肅清贛江上游。

十二月十六日，「圍剿」軍開始向中共中央蘇區大舉進攻。二十八日，魯滌平即令其深入蘇區的五個師向寧都以北黃陂、小布、麻田地區紅軍發起總攻。面對來勢洶洶的敵人，在毛澤東、朱德的指揮下，紅一方面軍四萬餘人，採取積極防禦、誘敵深入的戰略，以少數兵力結合地方武裝，節節阻擊、消耗、疲憊敵人，主力則隱蔽集結於寧都北部的黃陂、小布地區。十二月三十日，當敵前線總指揮張輝瓚率第十八師師部及兩個旅由東固冒進龍岡時，埋伏在附近山中的紅一方面軍突然發起猛攻，將其全殲，斃傷俘敵近萬人，張輝瓚本人亦被活捉。敵第五十師譚道源部聞訊後，急忙由源頭向東韶撤退，紅一方面軍乘勝追擊，再殲其一個多旅。第一次反「圍剿」首戰告捷。毛澤東乘興寫下了《漁家傲・反第一次大「圍剿」》的豪邁詩篇，真實地再現了中共

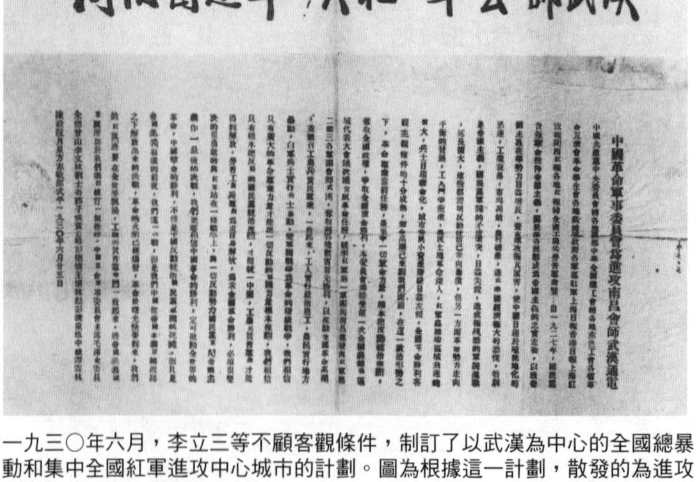
向南昌進軍，共紅二軍会師武漢

中國革命軍事委員會為進攻南昌會師武漢通電

一九三〇年六月，李立三等不顧客觀條件，制訂了以武漢為中心的全國總暴動和集中全國紅軍進攻中心城市的計劃。圖為根據這一計劃，散發的為進攻南昌、會師武漢通電的傳單

中央蘇區第一次反「圍剿」作戰中龍岡戰鬥的情景。詩中寫到：

萬木霜天紅爛漫，天兵怒氣衝霄漢。霧滿龍岡千嶂暗，齊聲喚，前頭捉了張輝瓚。

紅軍在龍岡戰鬥中俘虜國民黨軍第十八師師長張輝瓚。圖為龍岡鎮

三個月後，蔣介石又發動了第二次「圍剿」。這一次，蔣介石任命軍政部長何應欽為陸海空軍總司令南昌行營主任，兵力比第一次「圍剿」增加了一倍。吸取第一次「圍剿」失敗的教訓，蔣介石改用了「穩紮穩打，步步為營」的方針。三月下旬，國民黨軍十八個師、三個旅、三個航空隊共二十萬人，分別在雩都、贛州、興國、萬安、泰和、吉安、吉水、永豐、樂安、宜黃、南城、黎川、南豐、康都、建寧等地集結完畢。四月一日，國民黨軍以寧都為主要目標，分四路進攻：王金鈺率第五路軍向東固等地進攻，孫連仲率第二十六路軍向東韶、小布進攻，朱紹良率第六路軍向廣昌、黃陂等地進攻，蔡廷鍇率第十九路軍向龍岡、寧都進攻。

在毛澤東和朱德的指揮下，紅一方面軍仍然採取誘敵深入的戰略，待機殲敵。紅一方面軍除以少數兵力在中共中央蘇區北部邊緣配合地方武裝監視國民黨軍之外，主力部隊則於三月下旬，由永豐、樂安、宜黃、南豐以南地區悄然南移至寧都、石城、瑞金地區，並加緊了組織、動員人民群眾進行堅壁清野和支援紅軍作戰的各項準備工作。四月二十三日，紅一方面軍三萬餘人轉到龍岡、東固地區隱蔽集結，待機殲敵。五月十日，國民黨軍繼續向中共中央蘇區中心區域推進。五月十三日，王金鈺部第二十八師和第四十七師一個旅，由富田分兩路向東固前進。隱蔽在白雲山上的紅一方面軍按預定計劃，集中兵力殲敵於運動戰中。十六日，經一晝夜激戰，敵第二十八師大部被殲，留守在富田的一部也遭到紅軍圍擊。接著，北撤的郭華宗四十三師大部、西援的高樹勳第二十七師一個旅、據守廣昌的胡祖玉第五師、在建寧的劉和鼎第五十六師，也先後被紅軍集中優勢兵力各個擊破。這樣，在毛澤東的正確領導下，紅軍於十五天中自西向東五戰五捷，從贛江之濱直達福建建寧，橫掃七百里，殲敵三萬多人，打破了國民黨軍的第二次「圍剿」。第二次反「圍剿」取得重大勝利之後，毛澤東興奮地填詞《漁家傲・反第二次大「圍剿」》：

白雲山頭雲欲立，白雲山下呼聲急，枯木朽株齊努力。槍林逼，飛將軍自重霄入。
七百里驅十五日，贛水蒼茫閩山碧，橫掃千軍如捲席。有人泣，為營步步嗟何及！

對中共中央革命根據地的兩次軍事「圍剿」，不僅大敗而還，還使大量的槍炮彈藥及通信器材、藥品等落入了紅軍之手，這讓蔣介石氣急敗壞。一九三一年六月，在對中共中央蘇區的第二次「圍剿」失敗後不到一個月，蔣介石即帶著英、日、德等國的軍事顧問趕到南昌，親自出任「圍剿」軍總司令，並以何應欽為前線總司令，調集了包括嫡系部隊五個師在內的三十萬兵力，採取「長驅直入」的戰略方針，組織對中共中央蘇區第三次更大規模的「圍剿」，企圖徹底摧毀中共中央蘇區。這次「圍剿」，蔣介石邀請英、日、德等國的軍事顧問隨軍策劃，並限令三個月內消滅中共人民解放軍。其作戰方針是：「厚集兵力，分路圍攻，長驅直入，先求擊破紅軍主力，搗毀紅軍根據地，然後再逐漸清剿。」七月一日，蔣介石在南昌行營下達總攻擊令。國民黨軍兵分兩路，對中共中央蘇區展開了鉗形攻勢：以何應欽為前敵總司令兼左翼集團軍總司令，指揮七個師從南豐方面進攻；以陳銘樞為右翼集團軍總司令，指揮六個師從吉安方面進攻。陳誠的十四師、羅卓英的十一師則長驅直入，侵佔黎川、廣昌、雩都等地，四處尋找紅軍主力決戰，企圖驅趕紅軍於贛江消滅。

基於國民黨軍這種攻勢，紅一方面軍採取了「避敵主力，擊其虛弱，乘退追擊」的戰術。在這種情況下，國民黨軍隊不但沒有找到紅軍主力，反而被拖得疲憊不堪，士氣低落。紅軍則通過靈活機動的戰略戰術，不斷繞開國民黨軍的進攻鋒芒。八月五日晚，紅一方面軍主力出其不意地穿過國民黨左翼集團軍和右翼集團軍之間二十公里的空隙，於六日午前跳出了敵軍主力的包圍圈，並於七日至十一日，先後取得蓮塘、良村、黃陂三戰三捷，殲敵數萬人，從原來的被動局面中奪回了主動權。隨後，紅一方面軍主力轉到君埠以東地區進行休整。被拖得精疲力竭的國民黨「進剿」軍主力則一再撲空，鬥志銳減。恰在這時，國民黨統治集團內部寧、粵兩派的矛盾進一步激化，兩廣軍閥利用蔣軍主力深陷江西之機大舉北進，出兵湖南。在這種局面下，蔣介石只得下令結束「圍剿」，實行總撤退。紅一方面軍則抓住這一時機，接連發動反擊，並取得老營盤、方石嶺戰鬥的勝利，至九月十五日成功粉碎了國民黨軍的第三次「圍剿」。而對這一失敗，蔣介石只能在日記中歎惜道：

紅軍寫的第三次反「圍剿」勝利歌謠

剿匪之難甚於大戰。彼利用地形熟識與民眾脅從，故避實擊虛，隨其所欲，而我官兵則來往追逐，疲於奔命。如欲剿滅赤匪，絕非一朝一夕之間所能成功。

第三次反「圍剿」之後，贛南、閩西兩個根據地連成一片，形成擁有跨二十餘縣，面積達五萬平方公里，人口約三百萬人的中共中央革命根據地。同時，中共鄂豫皖、湘鄂西等革命根據地也取得了反「圍剿」鬥爭的勝利，使紅軍和根據地得到了很大的發展。經過三次反「圍剿」戰爭，全國正規紅軍發展到十萬人，赤衛隊等地方武裝有十多萬人。

一九三二年十二月，蔣介石又調集三十多個師近四十萬兵力對中共中央蘇區發動第四次大規模軍事「圍剿」。在此次軍事「圍剿」中，蔣介石以陳誠、蔡廷鍇、余漢謀分任中、左、右路軍總指揮。其作戰部署是：以陳誠指揮蔣介石嫡系部隊十二個師十六萬餘人為中路軍，分三個縱隊，擔任主攻任務；以蔡廷鍇指揮第十九路軍和駐閩部隊為左路軍；以余漢謀指揮的廣東部隊為右路軍，負責就地「清剿」，並策應中路軍行動。一九三三年一月底，蔣介石到南昌親自兼任贛粵閩邊區「剿匪」軍總司令，指揮這次「圍剿」，決定採取「分進合擊」的方針，企圖將紅一方面軍主力殲滅於黎川、建寧地區。

在第四次反「圍剿」中，在毛澤東被解除了軍事職務的情況下，周恩來、朱德等運用以往反「圍剿」的經驗，集中優勢兵力對敵進行各個擊破。二月中旬，周恩來、朱德等以紅十一軍偽裝主力，由新豐街以南東渡撫河，吸引敵人主力向黎川方向前進。擔任主攻任務的陳誠果真被紅十一軍的行動所迷惑，以為紅軍主力撤回黎川地區，遂以第一縱隊第五十二師、第五十九師由樂安東進，第十一師由宜黃南下，在黃陂、河口地區會合後向紅軍進攻，並堵截紅軍歸路。獲悉敵人這一部署後，紅一方面軍總部決定集中主力，以伏擊戰殲敵。按照部署，二月二十七日，當敵第五十二師、第五十九師分南北兩路東進至紅軍預設戰場時，紅軍突然發起攻擊。經兩日激戰，將其大部殲滅，俘敵第五十二師師長李明和第五十九師師長陳時驥。戰後，紅軍主力轉移到小布、洛口、東韶地區休整待機。陳誠則調整部署，將三個縱隊改編為前後兩個縱隊，交替掩護，向廣昌方向前進，尋求紅軍主力決戰。

為分散敵人，尋求戰機，周恩來、朱德再次以紅十一軍偽裝主力，並擺出要保衛廣昌的姿態，吸引敵中路軍前縱隊加快南進，以拉大其前後兩個縱隊的距離；同時率紅一方面軍主力秘密北移，準備側擊力量較弱的中路軍後縱隊。陳誠再次上當，以為紅軍意在保衛廣昌，即令前縱隊加速向廣昌推進，並將後縱隊第五師配屬前縱隊指揮。三月二十日，敵中路軍前、後兩縱隊相距已近五十公里。紅一方面軍總部抓住這一極為有利的戰機，殲滅敵後縱隊第十一師。在這種情況下，國民黨軍其餘各部倉皇向黃陂、宜黃撤退。至此，國民黨軍第四次「圍剿」基本被打破。第四次「圍剿」失敗後，蔣介石沮喪不已，說自己「打仗從來沒有這樣失敗過」。

一九三三年十月，國民黨統治集團不顧日本帝國主義繼續深入侵略，又調集百萬兵力、兩百架飛機，以顧祝同、何鍵、陳濟棠為北、西、南路軍總司令，分三路向贛南逐步推進，對中共中央蘇區發動了更大規模的第五次「圍剿」。為了確保此次「圍剿」成功，蔣介石在廬山開辦了軍官訓練團，聘請德國軍事顧問

第四次反「圍剿」後，中央紅軍舉辦了機槍手訓練班。朱德親臨講話

團及美、意軍事教官執教，並從國外購買了大批新式武器。此外，國民黨軍還放棄了以前急進深入的戰略，改用層層築堡、逐步推進的辦法，並在江西中央蘇區周圍修築兩千九百多座碉堡。

在此之前，國民黨軍已於九月佔領了黎川，從而打開了中共中央蘇區「北面的門戶」。紅一方面軍雖然在黎川東北的洵口同敵軍第六師打了遭遇戰，並殲滅其第十八旅，生擒旅長葛鍾山，但是，在王明「左」傾冒險主義思想的影響下，博古、李德等人先推行「軍事冒險主義」策略，後又採取了消極防禦的戰略與打拚消耗的陣地戰，要「禦敵於國門之外」，結果使紅軍陷入了被動挨打的境地。一九三四年四月中下旬，國民黨軍集中力量進攻廣昌。在歷時十八天的戰鬥中，國民黨軍所到之處，修建碉堡，興修公路，步步逼近，紅軍建造的工事在敵機和大炮的輪番轟炸下被炸為平地，紅軍也在同國民黨優勢兵力激戰中遭受重大損失。紅軍傷亡達五千多人，約佔參戰總人數五分之一。其中，紅三軍團傷亡兩千七百多人，約佔全軍團總人數的四分之一。彭德懷氣憤地責問李德：「中央蘇區從一九二七年開創到現在快八年了，一、三軍團活動到現在，也是六年了，可見創造根據地之不易。『崽賣爺田心不痛』，被送掉！」

四月二十八日，國民黨軍陳誠、羅卓英部佔領廣昌。廣昌失守後，國民黨軍又兵分六路，向興國、古龍岡和石城突進，用飛機轟炸，重炮轟擊，步兵攻擊，步步推進。紅軍雖然節節抵抗，但根據地卻日

油畫：《反「圍剿」的勝利》（鄭洪流、崔開西、張文源、艾軒 繪）

益縮小，軍力、民力和物力消耗巨大。

各路國民黨軍加緊向中共中央蘇區中心發動進攻，紅軍在蘇區內打破敵人的進攻已沒有可能。經過前後近一年的戰鬥，紅軍已經元氣大傷，根據地逐步縮小，不得不於一九三四年十月被迫撤離中央蘇區。

在對中共中央蘇區的第五次「圍剿」中，蔣介石推行「堡壘主義」新戰術。這是在中央蘇區周圍修築碉堡的國民黨軍隊

蔣介石一次又一次的軍事「圍剿」，雖然使中共工農紅軍及其革命根據地遭到慘重損失，但是沒有也不可能達到完全消滅紅軍的目的。得知被久圍的疲憊紅軍居然「逃跑」了，蔣介石不禁這樣自歎：「六載含辛茹苦，未竟全功。」而相反，英勇的工農紅軍最終擊敗了敵人的圍追堵截，勝利地完成了舉世聞名的長征，進而開創了中國革命的新局面。正如毛澤東在一九三六年十二月《中國革命戰爭的戰略問題》一文中總結的，「十年的紅軍戰爭史，就是一部反『圍剿』史。」「十年以來，從游擊戰爭開始的一天起，任何一個獨立的紅色游擊隊或紅軍的周圍，任何一個革命根據地的周圍，經常遇到的是敵人的『圍剿』。」「紅軍的活動，採取了反『圍剿』的形式。所謂勝利，主要地是說反『圍剿』的勝利，這就是戰略和戰役的勝利。」

第四節 「紅軍不怕遠征難」

一九三四年十月初，國民黨軍隊推進到中共中央蘇區腹地。十月十日，中央紅軍被迫開始實行戰略轉移。按照預定計劃，中央紅軍準備轉移到湘西地區同紅二軍團、紅六軍團會合。十月十七日，中共中央、中革軍委率領中央紅軍主力八萬六千餘人在雩都（今于都）渡河，被迫踏上萬里長征。

一、血色湘江

紅軍長征，是在極其險惡的處境中進行的。在推行「軍事冒險主義」和「消極防禦」的戰略相繼宣告失敗之後，博古、李德等人在指揮中央紅軍實行戰略轉移和突圍時，又犯了退卻中的逃跑主義錯誤。對於幾萬紅軍要實行戰略轉移這樣的大事，他們既不召開中央政治局會議進行研究，也不對廣大幹部和普通戰士進行深入政治動員工作，而是將戰略轉移變成了倉促之間的「大搬家」，致使八萬多紅軍行動遲緩，極不利於戰略突圍和行軍打仗。而與此同時，為了完成對中共中央紅軍的最後「圍剿」，虎視眈眈的國民黨軍卻已在中共中央蘇區周圍設置了四道封鎖線。

十月二十一日，中共中革軍委以紅一軍團為左路前衛，紅三軍團為右路前衛，紅九軍團掩護左翼，紅八軍團掩護右翼，中共中央和軍委機關及直屬隊編成的兩個縱隊居中，紅五軍團擔任後衛，從王母渡、新田之間突破國民黨軍第一道封鎖線，並於二十五日全部渡過信豐河（桃江）。

此後，中央紅軍以兩個軍團在左、兩個軍團在右、一個軍團在後、軍委兩個縱隊居中的「甬道式」的隊形繼續西進。中共中央、中革軍委和中央紅軍八萬多人，攜帶大量笨重物資器材沿著山路行進，擁擠不堪，行動十分緩慢。利用粵軍陳濟棠部與南京政府的矛盾，十一月八日，中央紅軍在汝城以南之天馬山至城口間通過敵第二道封鎖線；十一月十五日，又在良田至宜章間通過敵第三道封鎖線，進至臨武、藍山、嘉禾地域。但是，這種「大搬家式」的轉移和「甬道式」的行軍隊形，增加了部隊的疲勞和減員數量，削弱了紅軍的作戰能力。

此時，蔣介石已判明紅軍轉移的戰略意圖，遂於十一月十二日任命何鍵為「追剿軍總司令」，指揮西路軍和薛岳、周渾元兩部共十六個師七十七個團專事「追剿」，同時令桂軍五個師、粵軍四個師及黔軍一部進行堵截，總兵力近三十萬人，扼要堵截，企圖一舉聚殲紅軍於湘江以東地區。

湘江之戰是關係到中央紅軍生死存亡的關鍵一戰。這時，各路敵軍雖有二十五個師，但他們之間存在著十分複雜的矛盾，且從宜章至湘江廣大地區，敵人防禦力量薄弱，又屬無堡壘區域，便於紅軍機動作戰。如於此時乘各路敵軍調動之際，尋殲敵一路或一部，戰局必將出現有利於紅軍的變化。但是，面對敵人重兵逼近，博古、李德等人卻一籌莫展。部隊到達湘南之後，他們一味地主張退卻逃跑，消極避戰，從而喪失了在該地殲敵的戰機，致使中央紅軍繼續處於十分被動的地位。

十一月二十五日，中共中革軍委決定，中央紅軍分四路縱隊，從全州、興安之間搶渡湘江，突破國民黨軍第四道封鎖線，前出到湘桂邊境的西延地區。當日，紅一軍團、紅三軍團擊破桂軍的阻擊進入桂北。而此時，何鍵也令其第一路兩個師由東安進至全州、咸水一線；第二路一部進至零陵、黃沙河一線；第三路由寧遠尾追我軍；第四路、第五路由寧遠向東安集結。

十一月二十七日，中央紅軍先頭部隊渡過湘江，並控制了腳山鋪（亦名覺山鋪）至界首間三十公里的湘江兩岸渡口。但是，後續部隊由於輜重過多，道路狹窄，行動遲緩，未能趕到渡口。此時，國民黨「追剿」軍行進至全州、零陵、道縣、東安地區，桂軍五個師開至灌陽、興安一線。為掩護中共中央、軍委縱隊及後續軍團渡過湘江，紅一軍團、紅三軍團在桂北湘江兩岸的新圩、腳山鋪、光華鋪等地區，紅五軍團在永安關、水車一帶與國民黨軍血戰五晝夜，阻住優勢之敵的進攻，掩護中共中央、中革軍委和直屬機關於十二月一日渡過湘江，進至西延地區。紅五軍團第三十四師、紅三軍團第十八團被阻於湘江東岸，轉戰於灌陽、道縣一帶，雖經英勇戰鬥，重創敵軍，終因寡不敵眾，彈盡糧絕，大部壯烈犧牲，其他各部也遭受重大傷亡。

湘江之戰是中央紅軍長征以來最為壯烈的一戰。紅軍以飢餓疲憊之師，苦戰五晝夜，終於突破敵軍重兵設防的第四道封鎖線，粉碎了蔣介石圍殲中央紅軍於湘江以東的企圖。但是，紅軍也為此付出了極為慘重的代價。渡過湘江後，中央紅軍和中共中央機關從長征出發時的八萬六千餘人，銳減至三萬餘人，損失了半數以上。而且，各種輜重、機器，乃至上千擔各種資料文件等在激戰中大部分散失。

湘江之戰後，國民黨當局已判斷紅軍將沿湘桂邊境北上湘西，同紅二、六軍團會合，於是急忙向黔陽、洪江地區轉移兵力，屯集重兵，佈置好「口袋」，企圖將中央紅軍一網打盡。而此時，中央紅軍經過兩個月的連續行軍和作戰，已處於極度疲勞的狀態，戰鬥力也大為削弱。在這種情況下，中央紅軍如按照原計劃繼續北出湘西，則勢必同五六倍於己的強敵作戰，那就有全軍覆滅的危險。可是，博古、李德等人卻無視敵情變化，仍然堅持同紅二、紅六軍團會合的原定計劃。十二月十三日，他們繼續命令各部隊「迅速脫離桂敵，西入貴州，尋求機動，以便轉入北上」。

湘江之戰的慘痛事實，已經使紅軍中越來越多的人感到再也不能照原來的辦法打下去了，必須下決心有一個根本的改變。就在這十分危急的關頭，毛澤東力主中央紅軍放棄北上湘西同紅二、紅六軍團會合的原定計劃，立即轉向西行，向國民黨兵力薄弱的貴州前進，以擺脫敵人，爭取主動，去開闢和建立新的革命根據地。十二月十二日，中共中央負責人在湖南通道舉行緊急會議，討論紅軍行動方向問題。與會的王稼祥、張聞天和周恩來等多數人贊成毛澤東提出的上述方針。但是，李德等人卻拒不接受這一提議，仍然主張北上湘西與紅二、紅六軍團會合的行軍路線。

由於通道會議未能採納毛澤東的正確意見，也未從根本上改變中央紅軍原定的行軍計劃，紅軍如果繼續往湘西進軍，則必定會鑽進敵人佈下的「口袋」。在這種情況下，為了挽救中國共產黨和紅軍的前途與命運，時任中共中央政治局常委、中革軍委副主席、紅軍總政委的周恩來經過反覆思考，決定在交通閉塞、糧草富足的貴州黎平召開中共中央政治局會議來解決紅軍行動方針這個重大問題。

十二月十八日，中共中央政治局在黎平舉行會議。在會上，博古、李德仍然堅持由黎平北上湘西與紅二、紅六軍團會合，創造新的根據地。毛澤東則主張繼續向貴州西北進軍，在川黔邊建立根據地。經過激烈爭論，王稼祥、張聞天等多數人贊成毛澤東的意見，主持會議的周恩來決定採納毛澤東的意見，西進渡烏江北上。博古和李德也放棄了自己的意見，同意對行軍路線進行戰略調整。會議通過的《中央政治局關於戰略方針之決定》，明確否定在湘西創立根據地的可能性，從而結束了自老山界以來關於紅軍戰略行動方針的爭論問題，改變了長征的前進方向，指出：「過去在湘西創立新的蘇維埃根據地的決定，在目前已經是不可能的，並且是不適宜的。」「新的根據地應該是川黔邊地區，在最初應以遵義為中心之地區，在不利的條件下應轉移至遵義西北地區。」此外，會議還根據中共中央領導人內部存在爭論的情況，決定到遵義地區後開會總結第五次反

湘江戰役是中央紅軍長征以來最壯烈的一戰。紅軍烈士的鮮血染紅了湘江。圖為湘江戰役舊址

「圍剿」以來在軍事指揮上的經驗教訓。

黎平會議有著巨大的歷史功績。它不僅肯定了毛澤東的正確意見，還改變了中央紅軍的前進方向，使紅軍避免了可能覆滅的危險。黎平會議以後，中央紅軍分左右兩路直下貴州的施秉、黃平地區，並相繼強渡黔北的天然屏障烏江天險成功，於一九三五年一月七日出敵不意地佔領了黔北重鎮遵義，把敵人數十萬「追剿軍」甩在烏江以東、以南地區，從而為中共中央總結經驗教訓、糾正錯誤，提供了必要條件。

二、生死攸關的轉折

到一九三五年一月紅軍佔領遵義為止，王明「左」傾錯誤統治中國共產黨已達四年之久，給中國共產黨和紅軍造成了極其嚴重的損失。早在中共中央蘇區時，許多幹部就對中共中央主要領導人在軍事指揮上的錯誤產生懷疑和不滿。一些軍團指揮員也多次在作戰電報、報告中提出批評和意見，有些紅軍指戰員甚至同李德等人發生過激烈的爭論。毛澤東等人也多次提出自己的正確主張，但都沒有被接受。

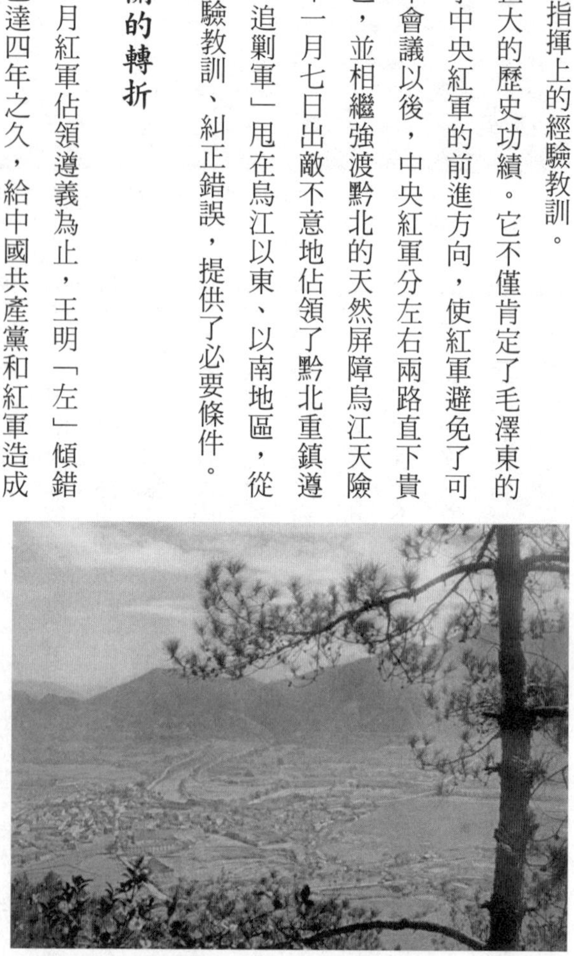

通道會議為遵義會議的召開、實現紅軍的轉危為安創造了前提。圖為通道會議舊址

中國共產黨和紅軍的許多領導人和廣大幹部戰士，從革命戰爭正反兩方面的經驗教訓中認識到，第五次反「圍剿」的失敗和紅軍戰略轉移中遭受的挫折，是排斥了以毛澤東為代表的正確領導，貫徹執行錯誤的軍事指導方針的結果，強烈要求改換領導，改變軍事路線，由此，對博古、李德的軍事指導方針日益不滿。長征開始後，隨著紅軍作戰的接連失利，特別是湘江之戰的慘重損失，紅軍上下這種不滿情

緒達到頂點。他們中的許多人為紅軍前途深感焦慮，認為不解決這個關鍵問題，中國共產黨和紅軍就難以擺脫極為被動的困境。

在行軍途中，毛澤東還對王稼祥、張聞天及一些紅軍幹部反覆進行了深入細緻的講解工作，向他們深入分析第五次反「圍剿」和長征以來中央在軍事上的錯誤。毛澤東的正確意見，逐漸得到了王稼祥、張聞天、周恩來和朱德等人的支持。周恩來、朱德與博古、李德的分歧越來越大，也支持毛澤東的正確意見。

在這種情況下，中共召開一次中央政治局會議，總結經驗教訓，糾正領導上的錯誤，已經有了成熟的條件。

一九三五年一月十五日至十七日，中共中央政治局在遵義召開擴大會議。出席會議的政治局委員有毛澤東、張聞天、周恩來、朱德、陳雲、博古，候補委員有王稼祥、劉少奇、鄧發、何克全（凱豐），還有紅軍總部和各軍團負責人劉伯承、李富春、林彪、聶榮臻、彭德懷、楊尚昆、李卓然，以及中共中央秘書長鄧小平。共產國際駐中國軍事顧問李德及擔任翻譯工作的伍修權也列席了會議。會議集中解決了當時具有決定意義的軍事問題和組織問題。

會議著重總結了第五次反「圍剿」失敗的經驗教訓，糾正了王明「左」傾冒險主義在軍事上的錯誤，重新肯定了毛澤東根據戰爭實踐經驗總結出來的一系列正確戰略、戰術。博古首先在會議上作了關於反對敵人第五次「圍剿」的總結報告，為其錯誤辯護。他過分強調客觀困難，而不承認主要是由他和李德壓制正確意見，在軍事指揮上犯了嚴重錯誤而造成的。接著，周恩來就軍事問題作副報告，指出第五次反「圍剿」失敗的主要原因是軍事領導的戰略、戰術錯誤，並主動承擔責任，作了誠懇的自我批評，同時也批評了博古和李德。張聞天按照會前與毛澤東、王稼祥共同商量的意見，作反對「左」傾軍事錯誤的報告，比較系統地批評了博古、李德在軍事指揮上的錯誤。

毛澤東在會上作了重要的發言，對博古、李德在軍事指揮上的錯誤進行了切中要害的分析和批評，並闡述了中國革命戰爭的戰略戰術問題和今後在軍事上應採取的方針。王稼祥在發言中也批評博古、李德的錯誤，支持毛澤東的正確意見。周恩來、李富春、聶榮臻、朱德、劉少奇、陳雲以及其他許多同志也在會上發言，支持毛澤東的正確意見，反對「左」傾錯誤的軍事路線。會議指定張聞天起草決議，委託常委審查，然後發到支部討論。

張聞天會後根據與會多數人特別是毛澤東發言的內容，起草了《中共中央反對敵人五次「圍剿」的總結決議》（即《遵義會議決議》）。這個決議，在中共中央離開遵義到達雲南扎西（今威信）縣境後召開的會議上正式通過。決議明確指出，博古、李德在軍事上的單純防禦路線，是我們不能粉碎敵人五次「圍剿」的主要原因；在戰略轉變和實行突圍的問題上，博古、李德「同樣是犯了原則上的錯誤」，「他們沒有及時轉變內線作戰的戰略方針，實行戰略上的退卻，以保持主力紅軍的有生力量，從而貽誤了時機。在突圍中基本上不是堅決的與戰鬥的，而是一種驚慌失措的逃跑的以及搬家式的行動」。決議還充分肯定了毛澤東等在領導紅軍長期作戰中形成的戰略戰術基本原則。

遵義會議會址

遵義會議還改組了中共中央領導機構，增選毛澤東為中央政治局常委，取消長征前成立的「三人團」，仍由中革軍委主要負責人朱德、周恩來指揮軍事，並以周恩來為「黨內委託的對於指揮軍事上下最後決心的負責者」，以毛澤東為「恩來同志軍事指揮上的幫助者」。隨後，進一步調整了中共中央領導機構。二月五日，在川滇黔交界的一個叫雞鳴三省的村子，中共中央政治局常委分工，決定由張聞天代替博古負中央總的責任（習慣上也稱之為總書記）。三月中旬，在貴州鴨溪、苟壩一帶，成立了由毛澤東、周恩來、王稼祥組成的新的「三人團」，周恩來為團長，負責指揮全軍的軍事行動。

此外，遵義會議還制定了紅軍之後的任務和戰略方針，決定改變黎平會議關於在川黔邊建立根據地的決定，北渡長江，到成都之西南或西北建立根據地。會後，又根據敵情的變化，決定中央紅軍在川滇黔三省廣大地區創造新的根據地。

在緊急戰爭形勢下舉行的遵義會議，是一次具有歷史意義的會議，會議明確地回答了紅軍戰略戰術方面的是非問題，指出了博古、李德軍事指揮上的錯誤，同時改組了中共中央領導機構特別是軍事領導機構，解決了中國共產黨黨內所面臨的最迫切的組織問題和軍事問題，也結束了支配中共中央長達四年之久的「左」傾教條主義錯誤，從而確立了毛澤東在中共中央和紅軍的領導地位。這些成果，是中國共產黨在同共產國際中斷聯繫的情況下獨立自主地取得的，標誌著中國共產黨在政治上開始走向成熟。這次會議，在極端危急的歷史關頭，挽救了中國共產黨，挽救了紅軍，挽救了中國革命，為中央紅軍勝利地完成長征，開展中國革命新局面奠定了最重要的基礎，也成為中國共產黨和紅軍歷史上一個生死攸關的轉折點。以毛澤東為核心的中共

遵義會議會場

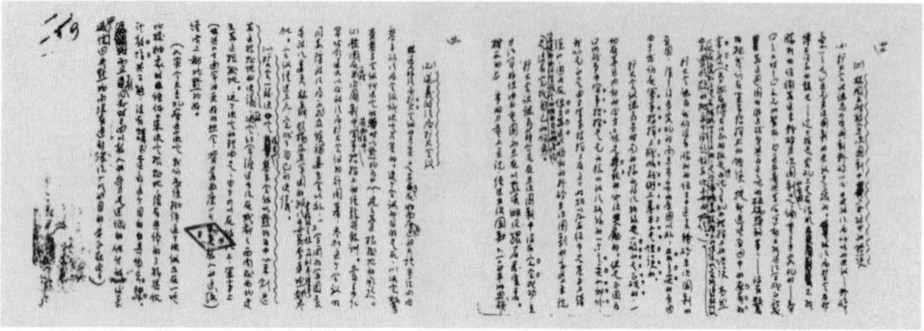

陳雲關於遵義會議有關內容的傳達提綱

中央，制定了一條正確的政治路線和軍事路線，從而使中央紅軍重整旗鼓、振奮精神，重新煥發出了生機和活力。對此，英國的中國問題專家迪克・威爾遜在其所撰寫的《一九三五年的長征：中國共產黨為生存而鬥爭的史詩》一書中這樣評價：

> 長征是在毛澤東領導下將客觀機遇和英勇鬥爭結合起來的典範。毛澤東比其他任何人都更懂得歷史的發展規律，因而能夠在歷史轉折關頭，僅僅施加一點點但是具有決定性的推動力，形勢即迅猛向前發展，毛澤東和他的事業也隨之而大步前進。一個人能夠如此像施魔法一般地左右人類歷史的進程，這樣的事例在二十世紀並不多。
>
> 長征集中體現出一種新的精神，共產黨已將這種精神灌輸到當代中國人民的生活中，並且希望世世代代傳下去。

三、「毛主席用兵真如神」

中央紅軍進佔遵義後，蔣介石調集薛岳兵團和黔軍全部，滇軍主力和四川、湖南、廣西軍隊各一部，共一百五十個團、四十萬兵力，向遵義地區進逼，一方面企圖阻止中央紅軍北進四川同紅四方面軍會合，或東入湖南同紅二、紅六軍團會合，圍殲紅軍於烏江西北迴旋餘地不大的川、黔兩省邊境地區；另一方面，又企圖藉此進入西南，削弱、打擊西南地區的地方軍閥。對此，蔣介石這樣說：

川、黔、滇三省各自為政，共軍入黔我們就可以跟進去，更無從借口阻止我們去，此乃政治上最好的機會。今後只要我們軍事、政治、人事、經濟調配適宜，必可造成統一局面。

與國民黨的重兵雲集相比，此時共產黨只有十六個團、三萬五千多人，敵我兵力極為懸殊。在這種情況下，中共中央和中革軍委決定，由遵義地區北上，在四川瀘州西南的藍田壩、大渡口、江安一線北渡長江，進至川西北，同紅四方面軍一起實行總的反攻，爭取赤化四川。如渡江不成，則暫時留在川南活動，並伺機從宜賓上游北渡金沙江。

從一九三五年一月十九日起，紅一、紅三、紅五、紅九軍團兵分三路，先後從遵義、桐梓、松坎地區出發，向土城、赤水方向前進。黔敵隨即進佔遵義、湄潭；川敵則以一部兵力防守宜賓、瀘州，調集八個旅，分路向松坎、溫水、赤水、敘永、合江等地推進。一月二十四日，右縱隊紅一軍團擊潰黔敵教導師的抵抗，攻佔土城，至二十六日，佔領赤水城東南之旺隆場、復興場；中縱隊紅九軍團攻佔習水，紅五軍團進至三元場；左縱隊紅三軍團進至土城東南之回龍場地區。

就在這時，先於紅軍進入赤水城的川敵教導師第一旅和第五師第十三旅對旺隆場、復興場紅軍進行反撲；川敵教導師第三旅、獨立第四旅由東勝場進至溫水，先頭進至土城以東之木欄壩，尾隨紅軍攻擊，另兩個旅隨後跟進；川敵第一師第三旅主力正向敘永開進，另一部重佔習水。在此局面下，中共中革軍委果斷決定：乘敵薛岳部主力尚在烏江以南，黔敵新敗的有利時機，在土城以東青槓坡地區圍殲尾追的川軍郭勳祺部，以保障紅軍下一步順利北渡長江。

一月二十八日拂曉，中央紅軍發起了土城戰役。戰鬥打響後，軍委縱隊幹部團、紅三軍團、紅五軍團、紅一軍團一部，從南北兩面向青槓坡地區尾追的川軍兩個旅發起猛攻，激戰終日，雖然予敵重創，但是紅軍也付出不小代價。此時，川軍後續部隊兩個旅迅速增援上來，位於旺隆場的川軍兩個旅也從側背攻擊中央紅軍。在這種情況下，在毛澤東提議下，中共中央政治局於當晚召開緊急會議。會議認為，根據各路國民黨軍隊正趕來進行圍堵的新情況，原定在這裡北渡長江的計劃已不能實現，並果斷決定迅速撤出戰鬥，渡赤水河西進，向古藺以南地區前進，尋機北渡長江。由此，拉開了四渡赤水的序幕。

按照中共中央政治局會議的精神，一月二十九日凌晨，中央紅軍除少數部隊阻擊川軍外，主力則分三路從猿猴場（今元厚）、土城南北地區西渡赤水河，進入川南古藺、敘永地區，尋機北渡長江。這就是一渡赤水。為此，中共中央和中央軍革委還發佈了共產黨中央委員會與中央革命軍事委員會《告全體紅色指戰員書》，明確指出：

> 我們應該拒絕那種冒險的沒有勝利把握的戰鬥。因此，紅軍必須經常地轉移作戰地區，有時向東，有時向西，有時走大路，有時走小路，有時走老路，有時走新路，而唯一的目的是為了在有利條件下，求得作戰的勝利。

蔣介石判斷中央紅軍將西入雲南，隨即重新調整部署：將「追剿」軍改為第一、第二路軍。何鍵為第一路軍總司令，率主力「圍剿」紅二、紅六軍團，另以一部封鎖湘、黔邊境，防堵中央紅軍進入湖南。龍雲任第二路軍總司令，薛岳為前敵總指揮，率主力集結川、滇、黔邊地區，「追剿」中央紅軍，企圖圍殲中央紅軍於長江以南、橫江以東、敘永以西地區。

鑑於敵軍已加強了長江沿岸防禦，並以優勢兵力分路向紅軍進逼，毛澤東認為渡江北上已不可能，提出回師東進再渡赤水，向國民黨軍兵力薄弱的黔北地區發動進攻，重佔遵義的主張。二月七日，中共中央和中革軍委決定放棄北渡長江的計劃，改取「以川、滇、黔邊境為發展地區，以戰鬥的勝利來開展局面，並爭取由黔西向東的有利發展」的方針，並要求各軍團迅速脫離四川追敵，向滇境鎮雄集中，進行與滇敵作戰的一切準備。

接著，中央紅軍即向川滇邊的扎西地區集中。這時，敵孫渡縱隊和川軍潘文華部分別從南北兩面迫近扎西；周渾元縱隊主力正從黔西、大定地區向古藺、敘永追擊。為了迅速脫離川、滇兩敵之側擊，毛澤東在二月九日的中共中央負責人會議上又提出回師東進、再渡赤水、重佔遵義的方針。二月十日，中共中革軍委決定紅軍迅速東渡赤水河，向敵兵力薄弱的黔北地區進攻，以開展戰局。十一日，中央紅軍分三個縱隊由扎西地區東進，經營盤山、摩泥、回龍場，於十八日至二十一日分別由太平渡、二郎灘二渡赤水河，向黔北的桐梓地區急進；同時以紅五軍團的一個團向溫水開進，以吸引追敵。

紅軍二渡赤水，回師黔北，完全出乎國民黨軍的意料。川軍三個旅慌忙由扎西附近向東追擊，黔軍三個團從遵義向婁山關、桐梓增援，第一縱隊兩個師由黔西、貴陽地區向遵義疾進，企圖阻止並圍殲紅軍於婁山關或遵義以北地區。

在這種局面下，中共中央、中革軍委決定乘追擊之敵大部尚未到達之際，迅速擊破黔軍的阻攔，佔領婁山關及其以南地

土城渡口，紅三軍團、紅五軍團組成的左路縱隊一渡赤水的渡口

區，再取遵義，以爭取主動。毛澤東還在紅三軍團幹部會議上作戰鬥動員報告，號召要提高消滅敵人的勇氣。他說：「敵人就像手上的五個指頭，我們要一個指頭一個指頭地把它割掉。」二十四日，紅一軍團先頭部隊攻佔桐梓，桐梓守軍被迫退守婁山關。二十五日，紅五、紅九軍團在桐梓以北地區阻滯川軍，紅一、紅三軍團進攻婁山關及其以南地區的黔軍，相機奪取遵義。當晚，在粉碎敵人向婁山關的多次反撲之後，紅一軍團主力和紅三軍團一個團又從婁山關東、西兩側向敵後方之板橋地區迂迴，經激烈戰鬥，擊潰了進攻婁山關之敵，並相繼攻佔了婁山關以南之黑神廟、板橋、觀音閣等地，殘敵餘部向遵義逃跑。

二十七日，紅一、紅三軍團又乘勝向遵義方向追擊，並在遵義以北的董公寺、飛來石地區擊潰黔軍三個團的阻擊。二十八日晨，再佔遵義城，並控制了城南的紅花崗、老鴉山一線高地，黔敵王家烈率殘部兩個團逃向忠莊鋪。遵義戰役從二十四日至二十八日歷時五天，紅軍連下桐梓、婁山關、遵義，共擊潰和殲滅國民黨軍兩個師又八個團，俘敵三千餘人。這是中央紅軍長征以來所取得的最大一次勝利，充分表現了毛澤東的指揮藝術和紅軍的驍勇善戰。這次勝利，鼓舞了全軍士氣，獲得了物資補充，打擊了敵人，特別是打擊了蔣介石嫡系部隊的囂張氣焰，使中央紅軍得到了短期休整的機會。欣喜之餘，毛澤東揮筆寫下了《憶秦娥．婁山關》：

西風烈，長空雁叫霜晨月。霜晨月，馬蹄聲碎，喇叭聲咽。

雄關漫道真如鐵，而今邁步從頭越。從頭越，蒼山如海，殘陽如血。

蔣介石打了敗仗之後，極為惱火，由漢口飛抵重慶坐鎮指揮，並改以堡壘主義和重點進攻相結合的戰法，指揮多路敵軍向遵義一帶合圍，企圖南北夾擊，圍殲中央紅軍於遵義、鴨溪地區。面對這種局面，為了進一步調動敵人，尋求新的戰機，中央紅軍於三月十六日、十七日，在茅台及其附近三渡赤水河，並疾向四川南部的古藺、敘永方向前進。十九日，紅軍攻佔鎮龍山，擊潰川敵一個團的攔阻，接著進至大村、鐵廠、兩河口地區。

紅軍三渡赤水再入川南之後，蔣介石判斷中央紅軍又要北渡長江，急令所有部隊向川南進擊，企圖圍殲紅軍於古藺地區。在國民黨軍重兵再次向川南集中的情況下，毛澤東又決定，乘來敵不備之際，再次折兵向東，在赤水河東岸尋機殲敵。為了迷惑敵人，三月二十日，以紅一軍團一個團大張旗鼓地向古藺前進，誘敵向西；主力則由鎮龍山以東地區突然折向東北，於二十一日晚至二十二日分別經二郎灘、九溪口、太平渡四渡赤水，從敵重兵集團右翼分路向南疾進，二十六日進至遵義至仁懷大道北側乾溪、馬鬃嶺等地區。二十七日，紅九軍團由馬鬃嶺地區向長干山、楓香壩之敵佯攻，引敵北向；主力則繼續向南急進，並於二十八日突破鴨溪至白臘坎間敵封鎖線，進至烏江北岸的沙土、安底等地。三十一日，經江口、大塘、梯子巖等處南渡烏江，把敵人幾十萬大軍甩在烏江以北。四月二日，又以一部兵力佯攻息烽，主力則進至狗場、扎佐地域，佯攻貴陽，以誘出滇軍來援。在部署這次行動時，毛澤東說：「只要能將滇軍調出來，就是勝利。」

此時，國民黨軍在貴陽及其周圍地區只有四個團。果不其

圖為紅軍二渡赤水的渡口之一：太平渡

然，正在貴陽督戰的蔣介石發覺紅軍逼近貴陽時，急令滇軍孫渡縱隊三個旅火速東進「救駕」，同時令守城部隊死守飛機場，並準備轎子、馬匹、嚮導，以便隨時逃跑。滇軍主力被調往貴陽後，出現了毛澤東所預料的有利形勢。

在此形勢下，在毛澤東的指揮下，乘各路敵軍紛紛向貴陽以東調動時，在貴陽虛晃一槍的紅軍，又抓住「滇軍主力全部東調，雲南後方空虛」的機會，突然於四月八日急轉向南，分兩路從貴陽、龍里之間突破敵軍防線，接著出其不意地以每天一百二十里的速度，經青巖、定番（今惠水）、紫雲等地，向敵兵力空虛的雲南疾進，使敵圍殲紅軍於黔東的計劃又一次落空。

進入雲南後，為了進一步調動敵人，把一直緊緊圍追堵截的國民黨軍隊拋在後面，搶渡天險金沙江，毛澤東再次施展調虎離山計：紅九軍團由水城向滇東北的宣威地區進發，吸引追敵向北；中央紅軍主力則以神速向西疾進，並於四月二十七日攻佔馬龍，繼佔尋甸、嵩明，一部進至楊林，前鋒直逼昆明，從而迫使「雲南王」龍雲調兵固守昆明，進一步削弱滇北各地和金沙江南岸敵之防禦力量，為紅軍北渡金沙江提供了有利條件。為此，四月二十九日，中共中央和軍委在給中央紅軍各軍團的指示中指出：「中央過去決定野戰軍轉入川西創立蘇維埃根據地的根本方針，現在已有實現的可能了。」「應利用目前有利的時機，爭取迅速渡過金沙江，轉入川西消滅敵人，建立起蘇區根據地。」

婁山關

在此局面下，從五月三日至九日，中共中央紅軍主力兩萬餘人，利用繳獲的六艘木船，在洪門渡、龍街渡、皎平渡三個渡口搶渡金沙江。活動在烏江以北地區的紅九軍團，也從會澤以西的樹節、鹽井坪渡過金沙江。當大夢初醒的國民黨追兵趕到金沙江邊時，已是紅軍過江後的第七天，船隻已經燒燬，一無所獲。這樣，紅軍擺脫了幾十萬國民黨軍隊的圍追堵截，取得了戰略轉移中具有決定意義的勝利。對這一勝利，劉伯承在《回顧長征》中這樣寫道：

遵義會議以後，我軍一反以前的情況，好像忽然獲得了新的生命，迂迴曲折，穿插於敵人之間，以為我向東卻又向西，以為我渡江北上卻又遠途回擊，處處主動，生龍活虎，左右敵人。我軍一動，敵人又須重擺陣勢，因而我軍得以從容休息，發動群眾，擴大紅軍。待敵人部署就緒，我們卻又打到別處去了。弄得敵人撲朔迷離，處處挨打，疲於奔命。

同樣，對這一勝利，蔣介石在日記中也只能這樣哀歎：

朱毛股匪全部渡過金沙江，而我軍各部遲滯呆笨，被其玩弄欺詐，殊為用兵一生莫大之恥辱。

四渡赤水，是中國革命戰爭史上以少勝多、變被

四渡赤水後，毛澤東指揮中央紅軍南渡烏江，威逼貴陽。隨後，又疾進雲南，巧渡金沙江，擺脫了幾十萬國民黨軍的圍追堵截，取得了長征中具有戰略意義的勝利。圖為當年毛澤東指揮紅軍巧渡金沙江時住的岩洞

動為主動的光輝戰例。在這次作戰中，毛澤東充分利用敵人內部矛盾，利用發揚紅軍運動戰的優長，指揮中央紅軍縱橫馳騁於川黔滇廣大地區，迂迴穿插於敵人重兵集團之間，聲東擊西、出其不意、避實擊虛，陷前堵後追的國民黨軍於徒勞往返、疲於奔命的境地，牢牢地掌握戰場的主動權，從而取得了戰略轉移中具有決定意義的勝利。這一勝利是中共在改變了中央軍事領導之後取得的，充分顯示出了毛澤東高超的軍事指揮藝術。二十五年後，毛澤東對來訪的英國陸軍元帥蒙哥馬利曾說：「四渡赤水是我軍事生涯中的得意之筆。」後來的《長征組歌》中，也這樣傳唱道：

> 橫斷山，路難行，敵重兵，壓黔境。戰士雙腳走天下，四渡赤水出奇兵。烏江天險重飛渡，兵臨貴陽逼昆明。敵人棄甲丟煙槍，我軍乘勝趕路程。調虎離山襲金沙，毛主席用兵真如神。

四、「北上」與「南下」

中央紅軍北渡金沙江之後，為執行中共中央在川西北創建蘇區的戰略方針，於五月十五日從四川會理縣城附近繼續北進，經瀘沽、越西、冕寧，進入彝族聚居地區。中央紅軍堅決執行中國共產黨制定的民族政策，紅軍總參謀長劉伯承與果基部落首領小葉丹歃血為盟，結為兄弟，深受彝族人民的擁護和愛戴，使紅軍得以順利地通過這個地區。

五月二十四日，紅軍先頭部隊紅一軍團第一師第一團攻佔大渡河右岸的安順場。橫亙在他們面前的是素稱天險的大渡河。

大渡河兩岸石壁陡峭，水深流急，當年太平天國翼王石達開就是在這裡率領數萬軍隊陷入清軍重圍，渡河不成而全軍覆沒。蔣介石命令薛岳、劉湘等部南追北堵，企圖憑藉大渡河天險，使紅軍成為

「石達開第二」。對此，中共中革軍委下達訓令，針鋒相對地指出：在蔣介石企圖圍殲我軍於大渡河南岸的情況下，我軍目前的戰略任務，是消滅敵人，渡過大渡河，進入川西北地區，建立新的根據地。

五月二十五日，紅一團第二連乘船強渡大渡河成功。但這裡水流湍急，無法架橋，中央紅軍全軍僅有四隻小船，難以在短時間內渡河，而此時尾追之敵薛岳部已過德昌，情況十分緊急。為了迅速渡過大渡河，中共中革軍委決定，紅一師及幹部團由安順場繼續渡河，沿大渡河左岸北上，主力由安順場沿大渡河右岸北上，左右兩路夾河而進，火速搶佔距離安順場一百六十公里的瀘定橋。

這時，川敵正以兩個旅在大渡河左岸向瀘定橋增援。沿右岸前進的紅軍先頭部隊紅一軍團第二師第四團，為了搶在援敵到達前奪取瀘定橋，在「和敵人搶時間，和敵人賽跑」的口號下，沿著崎嶇山路，邊打邊走，先後在猛虎崗、摩西（今摩西面）等地擊破敵川康邊防軍的阻擊，兼程急進，以一晝夜奔襲兩百四十里的速度，於二十九日晨攻佔瀘定橋的西橋頭。敵人在我軍到達的前一天，已將鐵索橋上的木板拆除，只剩下幾根鐵索懸在奔騰咆哮的大渡河上，形勢十分險惡。當日十六時，第四團發起奪橋戰鬥，由第二連二十二名戰士組成的突擊隊，冒著守軍密集的火力，攀緣著懸空的鐵索，勝利佔領大橋，衝進城內，打開了中央紅軍北上的道路。紅軍後續部隊緊跟入城，殲滅守敵一部，攻佔瀘定城。對此，半個世紀後，一位叫謝偉思的美國軍官在瀘定橋邊不禁慨然長歎：

> 在近五十年之前，克服種種艱難而奪取這座橋的偉大紅軍戰士面前，每個人都會感到自己渺小。

與此同時，由大渡河左岸北上的第一師和幹部團，也日夜兼程，在擊破敵人一個團的攔阻後，勝利到達瀘定城。至六月二日，中央紅軍全部渡過天險大渡河，取得了長征中又一次重大勝利。蔣介石處心積慮地要紅軍成為「石達開第二」的計劃終成泡影。

在中央紅軍轉戰川滇黔時，紅四方面軍在張國燾、徐向前、陳昌浩等人的率領下，創建了川陝蘇區，兵力得到了很大發展，連同地方部隊達八萬多人。為了擴大蘇區，並配合中央紅軍的作戰行動，紅四方面軍還於同年三月二十八日至四月二十一日，在總指揮徐向前、政治委員陳昌浩的指揮下，發起了嘉陵江戰役。嘉陵江戰役的勝利，不僅打亂了敵人川陝「會剿」計劃，控制了東起嘉陵江、西至北川、南始梓潼、北抵川甘邊界縱橫一百餘公里的廣大新區，還為鞏固川陝蘇區和繼續向甘南發展創造了有利條件。但是，由於對川陝根據地和整個革命形勢作了過於悲觀的估計，川陝蘇區和紅四方面軍主要領導人張國燾看不到堅持蘇區鬥爭的戰略意義，看不到堅守川陝根據地的有利條件和策應中央紅軍的重大作用，不經任何會議討論，不與在前方指揮作戰的紅四方面軍其他負責人商量，也不向中共中央請示報告，就擅自決定放棄川陝蘇區。五月初，紅四方面軍、地方武裝和蘇區機關人員共約十萬人，開始向西轉移；至中旬，先後佔領四川省茂縣、威州、理番等廣大地區，控制了以茂縣、理番為中心的廣大地區，並繼續向西發展。紅一、紅四方面軍會師以後，張國燾的這種右傾思想，不可避免地要在戰略行動方面與中共中央發生嚴重分歧。

渡過大渡河後，中央紅軍繼續北進，並於六月八日突破國民黨軍的蘆山、寶興防線，殲敵一部。接著，紅軍又以堅

一九三五年五月下旬，紅軍搶佔了大渡河另一渡口瀘定橋，順利地渡過了大渡河。圖為瀘定橋

韌不拔的毅力，克服重重困難，翻越終年積雪、空氣稀薄的大雪山——海拔四千多公尺的夾金山。就在這時，紅四方面軍正在分路西進，其先頭部隊已經攻佔懋功，並前出至懋功東南的達維。六月十二日，中央紅軍先頭部隊和紅四方面軍先頭部隊在達維會師。六月十八日，中共中央、中革軍委率領中央紅軍到達懋功地區。兩個方面軍的部隊歡欣鼓舞，紛紛舉行聯歡會，慶祝會師。紅一、紅四方面軍的會師，是紅軍長征史上的一件大事。它大大增強了紅軍的力量，使集結在這個地區的紅軍兵力達到十多萬人，為粉碎國民黨軍的進攻，開創新的局面，創造了有利條件。

兩大主力紅軍會師之後，擺在中國共產黨和紅軍面前的首要任務，便是制定統一的紅軍發展的戰略方針。這是關係紅軍命運的頭等大事。為了統一戰略思想，六月二十六日，中共中央在懋功以北的兩河口召開政治局擴大會議。毛澤東、朱德、周恩來和領導紅四方面軍的張國燾都出席了會議。

周恩來代表中共中央和中革軍委作關於目前戰略方針問題的報告，在談到兩個方面軍會合之後，究竟在什麼地區創建新根據地時，他提出要考慮三個條件：一是地域寬大，好機動；二是群眾條件好，漢族人口較多；三是經濟條件好，要比較寬裕。鑑於在到達川西北地區後，發現這裡大多是少數民族聚居地，高山深谷，交通不便，人口稀少，經濟貧困，不利於紅軍的生存和發展，而在此以北的陝甘地區，地域寬闊，交通方便，物產較豐富，漢族居民較多，又是帝國

中央紅軍渡過大渡河，又翻越了海拔四千多公尺的夾金山。這是紅軍翻越的第一座大雪山

主義勢力和國民黨統治薄弱的地區，特別是鄰近抗日鬥爭的前線華北，中共中央決定紅軍繼續北上，建立川陝甘革命根據地。會議一致通過周恩來的報告。

六月二十八日，根據兩河口會議精神，中共中央政治局作出《關於一、四方面軍會合後的戰略方針的決定》，指出：「在一、四方面軍會合後，我們的戰略方針是集中主力向北進攻，在運動戰中大量消滅敵人，首先取得甘肅南部，以創造川陝甘蘇區根據地，使中國蘇維埃運動放在更鞏固更廣大的基礎上，以爭取中國西北各省以至全中國的勝利。」「為了實現這一戰略方針，在戰役上必須首先集中主力消滅與打擊胡宗南軍，奪取松潘與控制松潘以北地區，使主力能夠順利地向甘南前進。」決定還嚴肅指出：「必須堅決反對避免戰爭，退卻逃跑，以及保守偷安、停止不動的傾向。這些右傾機會主義的動搖，是目前創造新蘇區的鬥爭中的主要危險。」六月二十九日，中共中央政治局常委會議決定增補張國燾為中革軍委副主席，徐向前、陳昌浩為中革軍委委員。同日，中共中革軍委根據兩河口會議所確定的戰略方針，制訂松潘戰役計劃，準備乘國民黨軍胡宗南部尚未完全集結、部署就緒的時機，紅一、紅四方面軍協同作戰，消滅胡宗南部，控制松潘地區，打開北上甘南的通道。

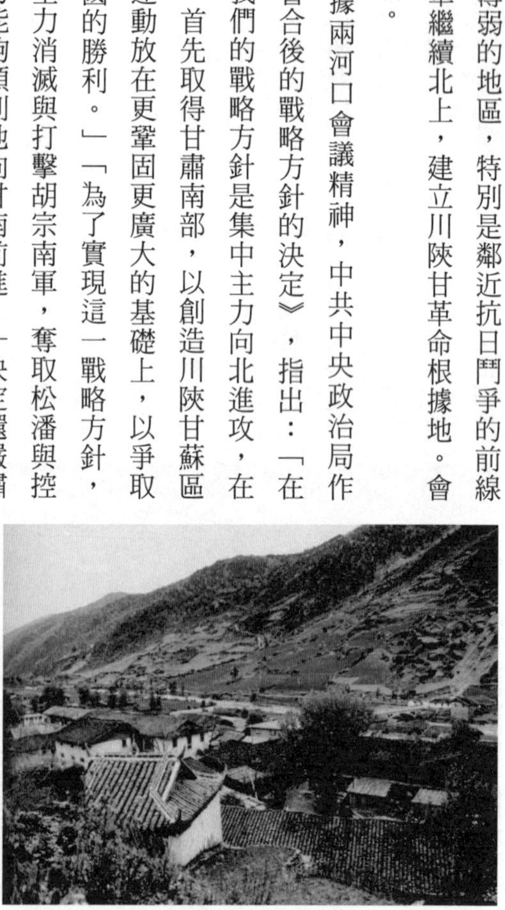

一九三五年六月二十六日，中共中央政治局在兩河口召開會議。圖為兩河口會議舊址

兩大主力會師後，紅軍的實力大大增強，局勢十分有利。但是，由於其時紅四方面軍有八萬多人，而紅一方面軍只有三萬人，張國燾自恃人多、槍多，開始公然爭權，並策動一部分人向中共中央提出改組中革軍委和紅軍總司令部，要求由他擔任軍委主席，給他以「獨斷決行」的大權。中共中央堅決拒絕

張國燾等人的要求，但為了照顧紅軍的團結，任命張國燾為紅軍總政治委員。兩河口會議後，中共中央、中革軍委率領紅一方面軍主力自懋功一帶北上，翻越夢筆山、長板山、打鼓山等大雪山。七月十六日，先頭部隊抵達松潘附近的毛兒蓋。張國燾在兩河口會議上雖表示同意中共中央的北上方針，但是會後又提出與中央決定完全相反的南下川康邊的主張，並借口所謂「統一指揮」和「組織問題」有待解決，延宕紅四方面軍主力北上，同時在雜谷腦召開幹部會議，歪曲事實真相，製造謠言，詆毀中共中央路線，攻擊中央領導人，挑撥紅四方面軍同中央紅軍的關係。圍繞著「北上」和「南下」，張國燾同中共中央的分歧日趨尖銳。

為了解決這個問題，七月二十一日，中共中央政治局在蘆花（今黑水城）召開會議，批評張國燾的錯誤。會後，張國燾率紅四方面軍北上毛兒蓋集中。同日，中共中革軍委決定紅四方面軍總指揮部為紅軍的前敵總指揮部，徐向前兼總指揮，陳昌浩兼政治委員，葉劍英任參謀長；並將紅一方面軍第一、第三、第五、第九軍團，改稱第一、第三、第五、第三十二軍。紅四方面軍的第四、第九、第三十、第三十一、第三十三軍的番號照舊。

八月四日至六日，中共中央政治局在毛兒蓋附近之沙窩舉行會議，討論當時的形勢與任務。會議重申了兩河口會議決定的戰略方針，並強調指出：「創造川陝甘的蘇區根據地，是放在一、四方面軍前面的歷史任務。這個根據地的造成，不但是紅軍作戰的後方，而且是推動整個中國革命前進與發展的蘇維埃國家的領土。」決定還指出，要進一步加強中國共產黨對紅軍的絕對領導，提高中共中央在紅軍中的威信，維護兩個方面軍的團結。

在此期間，由於張國燾的拖延，原定的松潘戰役計劃因敵情變化已不能實現，中共中革軍委於是決定放棄原定的松潘戰役計劃，而改取甘肅南部的夏河、洮河流域。紅軍總部在八月三日制訂的《夏洮戰役計劃》中，將紅軍分成左、右兩路軍：在毛兒蓋地區的紅一方面軍的第一、第三和紅四方面軍的第四、第三十軍組成右路軍，由前敵總指揮徐向前、政治委員陳昌浩率領，經班佑北上。中共中央、中革軍委隨右路軍行動；在卓克基及其以南地區的紅四方面軍的第九、第三十一、第三十三和紅一方面的第五、第三十二軍組成左路軍，由紅軍總司令朱德、總政委張國燾率領，經阿壩北進。

從卓克基到阿壩，從毛兒蓋到班佑，都要經過茫茫草地。

沿途荒無人煙，沒有道路，氣候十分惡劣，草叢下河溝交錯，泥濘不堪，腐草結成的地表十分鬆軟，人和騾馬一不小心就會陷進泥潭。八月十八日，右路軍先頭部隊從毛兒蓋地區出發，開始穿越大草地，向班佑開進。紅軍戰士經過長途跋涉，又缺少糧食和鹽，凍餒交加，體質十分虛弱，很多人犧牲在草地中。歷盡千辛萬苦，左路軍先頭縱隊於八月二十日到達阿壩地區；右路軍也於八月底以前全部到達班佑、巴西地區，等待左路軍前來會合。

在這個十分困難的時候，張國燾卻借口河水陡漲和缺乏糧食，在左路軍到達阿壩後便不願北上。九月一日，毛澤東、徐向前、陳昌浩聯名致電張國燾，建議左路軍速出班佑，向右路軍靠攏。但張國燾卻於九月三日再次提出同中共中央的北上方針背道而馳的南下方針。九月八日，中共中央再次致電張國燾，指出：南下沿途均是雪山、老林、隘路，而國民黨軍隊已築成碉堡，紅軍絕無攻取的可能；南下的川康邊境，大都是人少糧少的少數民族地區，紅軍很難在那裡立足。如左路軍南下，其前途將極端不利，希望左路軍立即北上。

張國燾無視中共中央的勸告，於九月九日又致電中共中央，堅持其「乘勢南下」的主張。同時，他又背著中共中央密電陳昌浩率右路軍南下，企圖分裂和危害中共中央。擔任右路軍參謀長的葉劍英看到這封電報後，立刻報告毛澤東。毛澤東、張聞天、周恩來、博古緊急磋商，為了貫徹北上方針，並避免可能發生的紅軍內部衝突，決定率右路軍紅一、紅三軍和軍委縱隊先行北上。當時，紅四方面軍有的幹部不明真相，主張用武力阻撓，徐向前堅決制止了這種行動，說：「哪有紅軍打紅軍的道理，要聽指揮，無論如何不能打！」。

中共中央先行北上後，於九月十二日在甘肅省迭部縣俄界（高吉村）舉行政治局擴大會議，討論張國燾分裂中國共產黨、分裂紅軍的錯誤和部隊整編的問題。會議通過《中央關於張國燾同志的錯誤的決定》，指出：張國燾反對中共中央北上的戰略方針，堅持向川康藏邊境退卻的方針是錯誤的；張國燾同中共中央的爭論，其實質是由於對政治形勢的分析與敵我力量估量上存在著原則的分歧。並號召紅四方面軍的幹部、戰士團結在中央周圍，同張國燾的錯誤傾向作鬥爭，促其北上。

北上的紅軍改編為中國工農紅軍陝甘支隊，彭德懷任司令員，毛澤東任政治委員，只有七千多人，處境十分艱難。九月十七日，經過英勇戰鬥，陝甘支隊攻克天險臘子口，越過岷山，並於九月十八日到達甘肅岷縣以南的哈達鋪。這是一個十分關鍵的勝利。此後，紅軍進入了甘南的開闊地帶，並得知陝北有相當大的一片蘇區和相當數量的紅軍。九月二十七日，陝甘支隊佔領通渭縣榜羅鎮。九月二十七日，中共中央政

一九三五年六月下旬至八月二十日，中共中央政治局在兩河口、沙窩、毛兒蓋多次召開會議，討論紅軍的行動方向及落腳點問題。毛澤東等中央領導同張國燾進行了堅決的鬥爭。圖為毛兒蓋

治局常委在榜羅鎮開會，正式決定前往陝北和當地紅軍一起，在陝北保衛和擴大蘇區。會後，陝甘支隊越過六盤山，於十月十九日到達了吳起鎮。十月二十二日，中共中央政治局在吳起鎮舉行了擴大會議，指出歷時一年的長途行軍已經結束，今後的戰略任務是保衛和擴大西北的根據地，領導全國革命鬥爭，並以陝、甘、晉三省為發展的主要區域。至此，紅一方面軍主力勝利地完成了歷時一年、縱橫十一個省、行程兩萬五千里的長征，開始為實現中共中央新的戰略任務而鬥爭。

堅持南下並同中共中央分裂的張國燾，曾分立「中央」，但在作戰中遭到重大損失，到甘孜後只剩下四萬餘人，同南下前相比已減員過半，部隊滯留在甘孜一帶，補給極其困難。張國燾的南下方針在實踐中已宣告失敗。這時，中共中央仍從陝北不斷地把各方面情況電告紅四方面軍，要求其繼續北上；紅四方面軍要求北上抗日與中共中央會合的願望，以及對張國燾的分裂行為的不滿情緒日益增長；從莫斯科回國到達陝北的張浩（林育英），也以中共駐共產國際代表團的名義對張國燾進行幫助；在此局面下，張國燾不能無視中共中央北上適應形勢的發展，並打開中國革命的寬廣前途的事實，於一九三六年六月六日宣佈取消他另立的「中央」。同年七月二日，任弼時、賀龍等領導的紅二、紅六軍團同紅四方面軍會師於甘孜。兩個方面軍會師後，在朱德、劉伯承、任弼時、賀龍、關向應等的力爭下，紅二、紅四方面軍最終決定共同北上。同年十月，紅二、紅四方面軍分別同紅一方面軍會師。這樣，紅二、紅四方面軍完成了長征。

長征的勝利，是中國革命轉危為安的關鍵。雖然失去了南方原有的根據地，損失了很大一部分力量，但是長征的勝利卻保存和鍛鍊了中國共產黨和紅軍的骨幹。正當抗日戰爭的烽火即將在全國燃燒起來的時候，三支主力紅軍為擔負中國革命的新任務而在西北會師，這是一個具有偉大歷史意義的事件。長征實現紅軍的戰略大轉移，是在遵義會議確立以毛澤東為核心的新的中共中央正確領導下取得的。它的勝利表明，中國共產黨及其所領導的中國工農紅軍具有戰勝任何困難的無比頑強的生命力，是一支不可戰勝的力量。正如毛澤東所說，「長征是歷史紀錄上的第一次，長征是宣言書，長征是宣傳隊，長征是播種機」。「它向十一個省內大約兩萬萬人民宣佈，只有紅軍的道路，才是解放他們的道路。」

第七章
血肉長城

一九三一年，侵華日軍發動九一八事變後，侵佔中國東北，並成立偽滿洲國。此後，日軍又陸續在華北、上海等地挑起衝突。

奉行「攘外必先安內」政策的蔣介石妥協退讓，避免衝突擴大。

一九三三年一月，日軍進佔山海關，開始向關內進攻。

一九三七年七月七日，日軍在北平附近製造七七事變，日本侵華戰爭全面爆發。

七七事變是日本帝國主義全面侵華戰爭的開始，也揭開了中華民族進行全面抗戰的序幕。在國難當頭、民族危亡的關鍵時刻，在中國共產黨的不懈努力下，國共兩黨以民族利益為重，捐棄前嫌，同仇敵愾，建立了抗日民族統一戰線，進行了第二次「國共合作」。

第一節 中華民族到了最危險的時候

辛亥革命之後的近二十年間，相繼主政中國的北洋政府和南京國民政府，不僅沒有把主要精力用於對華侵略野心正步步升高的日本，也沒有認真去謀劃和尋求振興中國的途徑；相反，新舊軍閥之間接連不斷地混戰，使得整個中國生靈塗炭、國困民疲；加之，國民黨當局對中共實行的血腥「清黨」和一次又一次的軍事「圍剿」，都使得整個中國的元氣為之大傷。

這種令人痛心的局面，在客觀上為日本進一步加大侵華的步伐提供了條件。

一、九一八事變前後

近代以來，中國所處的國際環境十分險惡。這其中，尤以日本對中國處心積慮的侵略為甚。自明治維新以後，日本軍國主義就將侵略中國作為它大陸擴張政策的主要目標。經過一八九四至一八九五年的甲午戰爭和一九〇四至一九〇五年的日俄戰爭，日本軍國主義更是直接將其侵略魔爪伸進了中國的東北地區。自此以後，只要有機可乘，日本軍國主義便千方百計地擴大它的所謂「滿蒙（指中國東北和東部內蒙古）權益」，並不住地叫囂「滿蒙」是日本的「生命線」，極欲吞併它。通過上述兩場戰爭，日本不僅把中國東北南部強行劃為自己的勢力範圍，而且還通過在東北地區設立關東都督府、駐奉天總領事館、南滿洲鐵路株式會社以及關東軍等殖民機構，加緊了對東北地區的政治、軍事控制和經濟掠奪。

也就是在此前後，二十世紀二〇年代末期，一場從美國開始的世界性經濟危機突然爆發並且很快席捲全球。這場世界性的經濟危機，從根本上改變了原有的世界經濟格局，不僅造成了全球性的經濟大混亂，也深刻地影響了此後的國際政治。在全球經濟極度蕭條的亂局下，這場危機不僅使帝國主義國家之間、帝國主義國家和殖民地半殖民地國家之間，以及各資本主義國家中工人和資本家的矛盾空前尖銳，也使富有侵略性的德、義、日等國的法西斯勢力得以迅速抬頭。受此影響，日本很快便成為國際法西斯勢力在東方的戰爭策源地。

為擺脫和轉嫁這場嚴重的經濟危機，日本帝國主義加速了侵略中國的步伐。一九二七年四月，田中義一出任日本首相。田中內閣一上台，就打出了「強硬外交」的旗號，公然提出要以武力解決「滿蒙」問題。同年六七月間，田中內閣又在東京召開了東方會議，討論並制訂了獨吞「滿蒙」的政策和計劃。

一九二八年六月，日本關東軍製造了皇姑屯事件，炸死奉軍統帥張作霖，企圖乘亂佔領東北地區。但是，身懷國仇家恨的張學良卻毅然於一九二八年底宣佈東北易幟，從而「短暫」地挫敗了日本帝國主義攫取中國東北地區的陰謀。

然而，東北易幟並沒有遏制住日本帝國主義蠶食中國的步伐。一九三〇年，中原大戰爆發後，在蔣介石的遊說下，張學良率東北軍入關，支持南京政府。東北軍主力入關，張學良自己也長期留住北平，這就使得中國東北地區一度兵力空虛，從而在客觀上給了日本帝國主義以可乘之機。

也正是在這種背景下，一九三一年上半年，日本政府及其在中國東北的殖民機構加緊了侵略中國東北的各項準備工作：一方面，在進行狂熱的反華煽動的同時，日軍開始大量地增購飛機、戰車等先進武器裝備，並作出了增兵朝鮮、推進軍制改革等針對性均很強的戰鬥部署；另一方面，日軍又不斷在中國東北地區大肆進行各種軍事演習，並以此頻繁製造各種事端，進行挑釁。日本陸軍大臣南次郎大將更是露骨地表示：「軍人干預政治是當然的，滿蒙問題只有用武力解決。」當時的一位美國記者也這樣寫道：「日本軍官個個激動不已，坦言要施以重擊，將張學良的軍隊一舉趕出滿洲。」此時的東北上空，已是烏雲密佈。也正是在這種氛圍之中，九一八事變發生了。

一九三一年九月十八日晚十時二十分，駐中國東北的日本關東軍將瀋陽北郊柳條湖地區南滿鐵路的一段路軌炸毀，卻反誣中國軍隊破壞鐵路、襲擊日本軍隊。以此為借口，日本關東軍突然襲擊了中國軍隊駐地北大營和瀋陽城，策劃並製造了震驚中外的九一八事變。

九一八事變發生後，其時在上海編輯英文刊物《密勒氏評論報》多年的美國人鮑威爾，在日軍島本少校陪同下，曾親自趕到柳條湖爆炸現場進行採訪。根據自己的觀察，鮑威爾看出了日軍的現場偽造痕跡。事後，他對九一八事變的起因作了這樣的記載：

> 在現場，我們和一些軍事觀察員看到三具中國士兵的屍體倒臥在鐵路旁。島本少校說：「他們就在這兒引爆了炸藥，炸毀了三根枕木和一段鐵軌。」毀壞的地方已經重新修好，島本少校一邊說，一邊把三根新枕木和一節新鐵軌指給我們看。島本又提醒我們說，從那三個中國士兵倒斃的地點，可以看出他們是在逃跑時被擊斃的。但是，島本少校卻忽略了一個很小的事實：在那三個中國士兵的倒臥之處，居然沒有血跡！由於在進攻瀋陽的同時，日軍還攻擊了瀋陽附近的中國駐軍，所以弄三具中國士兵的屍體放在這兒，顯然是輕而易舉的事。

九一八事變發生時，正值國際聯盟召開第十二屆大會。國民黨不積

<table>
<tr><th colspan="3">一九三一年九一八事變時日本關東軍序列表</th></tr>
<tr><td rowspan="9">關東軍司令部</td><td>司令官 本莊繁 中將</td><td></td></tr>
<tr><td>參謀長 三宅光治 少將</td><td></td></tr>
<tr><td rowspan="4">第二師團（師團長 多門二郎 中將）</td><td>第三旅團</td></tr>
<tr><td>第十五旅團</td></tr>
<tr><td>騎兵第二聯隊</td></tr>
<tr><td>野戰炮兵第二聯隊</td></tr>
<tr><td>獨立守備隊——第一至第六大隊</td><td></td></tr>
<tr><td>旅順重炮兵大隊</td><td></td></tr>
<tr><td>關東憲兵隊</td><td></td></tr>
</table>

極動員人民和軍隊抗擊日本侵略軍，卻把一切希望寄託於國聯主持公道。九月十九日，國民黨政府外交部電飭出席國聯會議的代表施肇基，向國聯控告日軍侵略中國東北領土，請其主持公道。施肇基在國聯聲淚俱下地訴說了日軍入侵、中國軍隊毫無抵抗的情形，並聲明說：中國完全聽命於國聯，毫無保留條件。

但是，在世界性經濟危機的巨大打擊下，帝國主義列強為了自身利益，不僅不願對日本採取強硬制裁，反而作出了偏護日本的決議。決議雖然要求日軍從佔領區撤退，卻賦予了日軍自由「剿匪權」這一有利於擴大侵略的條件；並不區分侵略者與被侵略者，要求雙方撤兵，避免事態擴大。

對國聯這些顛倒是非、侮辱中國的決議，國民黨政府竟完全接受。這樣，日本的侵略氣焰就更加囂張。由於蔣介石奉行不抵抗政策，九月二十一日，日軍又東進吉林省，並佔領省會吉林與吉長和吉敦兩鐵路。二十二日，日軍又佔領遼源和四洮路。不到一星期時間，日軍幾乎全部佔領了遼寧、吉林兩省。十一月初，日軍又開始向黑龍江進攻，並於中旬佔領黑龍江省。十二月下旬，日軍又利用國聯賦予的自由「剿匪權」，以「剿匪」為名，大舉進犯錦州，並乘勢攫取遼西地區，直逼山海關。一九三二年一月，日軍又進攻哈爾濱特區。二月五日，日軍攻佔

一九三一年九月十八日，日本在瀋陽製造九一八事變。國民黨政府採取不抵抗政策，一九三二年二月，東北全境淪陷。圖為日軍轟炸東北軍兵營

哈爾濱。這樣，自一九三一年九月到一九三二年二月，僅四個月時間，東北幾省全部淪陷。隨即，日本在東北地區製造了一個偽「滿洲國」。日軍所到之處，大肆搶掠公私財物。

據不完全統計，僅官方財產損失就達十八億元以上，損失飛機兩百六十二架，各種炮三千零九十一門，機槍五千八百六十四挺，步槍、手槍十一萬餘支。此後，東北地區大批難民被迫背井離鄉，湧入關內流浪。

九一八事變發生時，東北地區日軍只有兩萬三千四百人，能迅速支援的還有駐朝鮮的兩個師團，共三萬人；而同期駐紮在東北地區的中國軍隊卻有二十多萬人，且平津一帶尚有東北軍主力十一萬人，中日兵力對比達六比一。在如此懸殊的兵力對比下，日軍之所以幾乎能在「兵不血刃」的情況下，用了僅僅一百多天的時間就佔領了東北全境，主要是蔣介石的「不抵抗政策」造成的。

九一八事變前，日軍已在東北製造多起事端，其侵略野心早已昭然若揭。但是，蔣介石卻置民族危機於不顧，而是忙於國民黨內部派系鬥爭和軍閥混戰，忙於調集軍隊「圍剿」紅軍。為了避免中日「衝突」，對於日本軍隊在東北地區的各種尋釁，則下令「我方應不予抵抗，力避衝突」。為此，一九三一年七月十二日，蔣介石曾致電張學良說：「現非對日作戰之時，以平定內亂為第一。」八月十六日，他再次致電張學良叮囑道：「無論日本軍隊以後如何在東北尋釁，我方應不予抵抗，力避衝突。吾兄萬勿逞一時之憤，置國家民族於不顧。」甚至於九一八事變發生之後，南京政府還致電東北軍說：「日軍此

九一八事變後，各地學生紛紛組織請願團，赴南京請願，要求國民政府出兵抗日。圖為蔣介石接見請願學生代表

舉不過尋常尋釁性質，為免除事件擴大起見，絕對抱不抵抗主義。」時在北京的張學良，在接到蔣介石的這一命令後，又於九月六日發電報給在東北的臧式毅代主席說：「對於日人，無論其如何尋事，我方務萬方容忍，不可與之反抗，致釀事端。即希迅速密令各屬切實注意為要。」正是蔣介石一貫奉行這種「不抵抗政策」，才使東北地區的千里錦繡河山淪入日軍之手，從而也大大助長了日本軍國主義的氣焰，使其得寸進尺，開始蓄謀發動更大規模的侵華戰爭。

九一八事變強烈地震動了中國社會。看到大片國土淪喪，國人無不痛心疾首、義憤填膺，全國各地掀起抗日救亡的怒潮。北平、上海、南京、天津、杭州、武漢、太原、廣州、濟南、福州等地的各界民眾團體、知名人士、大中學生和市民不僅發表通電，抗議日本的侵略暴行，還集會遊行，並結隊赴南京請願、示威，要求國民黨政府積極抗日。而且，東北人民還廣泛地組織了抗日義勇軍，在白山黑水間打擊侵略者。適應這種形勢，中共中央立即作出了《關於日本帝國主義強佔滿洲事變的決議》，鄭重向全黨指出「立刻發動與組織廣大工農群眾反對日本帝國主義佔領滿洲」是中國共產黨的中心任務，特別應在滿洲組織武裝力量，「直接給日本帝國主義以嚴重打擊」。在中國共產黨的號召和一些地方黨組織的領導下，全國群眾性的抗日救亡運動開始迅速興起。

一九三一年彭友仁畫的《難民行》，形象地表現了九一八事變後東北人民背井離鄉的苦難生活

二、「寧為玉碎而榮死」

九一八事變之後，中國的內外形勢開始發生急劇變化。

一方面，日本帝國主義發動九一八事

變佔領東北以後，為了轉移國際社會對這一問題的關注，迫使國民黨當局承認這一既成事實，並強制取締中國國內以上海為中心的抗日救亡團體，同時又企圖把上海變成它侵略中國內地的新的基地，日軍開始積極圖謀發動新的侵華戰爭。

另一方面，九一八事變之後，隨著國民黨統治集團內部寧粵兩派的合流，蔣介石、汪精衛等國民黨領導人在對外發表的談話中，都表明了不同於之前的對日態度。其核心思想便是提出了「一面抵抗，一面交涉」和「不絕交、不宣戰、不講和、不訂約」的新的對日方針。對此，蔣介石作過這樣的解釋：

> 若國際之約束無效，交涉之結果不利，日本帝國主義復怙惡不悛，非完成其侵略壓迫之野心不止，則我亦唯本不屈服之決心，始終不與之妥協。而且朝野一致，作最大努力之抵抗。

九一八事變後，日本帝國主義的侵略罪行，激起了中國人民極大的憤慨

雖然在此期間，蔣介石依然幻想「只要不喪國權，不失守土，日寇不提難以接受之條件，我方即可乘英美干涉之機，與之交涉」，但是，由於上海是中國的經濟重心所在，也是國民黨當局賴以生存的重要財政來源地，因此在上海問題上，國民黨表現出了與在東北問題上奉行「不抵抗政策」的明顯不同。

此外，九一八事變的發生，也極大地滋生和助長了在上海的日本僑民囂張的反華情緒。感受到中國國內日益高漲的抵制日貨和反日運動，為了營造聲勢，他們於一九三一年十月、十一月間接連在上海舉行日僑大會，並通過散發宣言和決議的形式，措辭強硬地揚言要懲罰中國。在這一氣氛中，日本駐上海軍隊中一些青年軍官和日僑中的強硬分子開始相互結合起來，四處尋釁滋事。

一九三二年一月十八日，日本公使館派駐上海的武官田中隆吉，勾結中國女叛國犯金壁輝（即川島芳子）在楊樹浦路三友實業社門前製造了所謂的「日本和尚」事件。事情的經過是這樣的。十八日當天下午，住在江灣路山妙發寺的日蓮宗（日本佛教的一個支派）和尚天崎啟升等五人到楊樹浦路三友實業社總廠圍牆外，向廠內正在操練的工人義勇軍無端拋石尋釁，雙方遂起衝突。事後，日方傳出，有一受傷日僧死於醫院。事件發生後，日僑數千人於十九日在上海虹口日僑俱樂部集會，要求中國懲辦兇手、賠償損失並向日方道歉。二十日，田中隆吉等又指使六十餘名暴徒前往三友實業社縱火。事後，日僑再次要求日本領事向上海市政府提出強硬要求，並變本加厲地持械遊行，無端滋事。

除上海之外，日本還不斷在天津、青島、漢口、福州等中國一些大城市尋釁挑事。與此同時，日本政府還派出海軍陸戰隊乘艦疾駛上海，準備發動新的侵略戰爭。

當時，中國駐守在上海淞滬一帶的是戰鬥力較強的第十九路軍。該軍的一個顯著特點是，全體官兵特別是廣大士兵和下級軍官，在江西時曾深受中國共產黨領導的工農紅軍所提出的「槍口一致對外」、「以民族戰爭驅逐日本帝國主義出中國」等政治號召的影響，調到淞滬以後，他們又親眼目睹了日本侵略者的種種暴行。在上海和全國抗日救國熱潮的激勵和鼓舞下，他們的民族覺悟不斷提高，有著強烈的抗日願望。尤其是九一八事變之後，面對日本方面不斷地增兵、尋釁，該軍高級幹部意識到日軍對上海的進攻是不可避免的，因此始終保持著高度警惕，並且有針對性地作了相應的軍事部署。「三友實業社」縱火事件發生後，該軍又緊急在龍華警備司令部召開了上校以上軍官參加的秘密會議，進行了具體的軍事部署和戰鬥動員，並要求各個部隊「嚴密戒備，如日本軍隊確實向我駐地部隊攻擊時，應以全力撲滅之」。在會上，軍長蔡廷鍇慷慨激昂地說：「日本人這幾天處處都在同我們尋釁，處處都在壓迫我們，商店被其滋擾，人民被其侮辱，並不斷增兵並加派軍艦來滬，大有佔據上海的企圖。」「我覺得實在忍不下去了，所以下了一個決心，就是決心去死。」與會的上海警備司令戴戟的講話也很激動人心。他說：「自從東三省問題發生後，兄弟就覺得做中國人實在該死，尤其做軍人，更其受刺激的難過。兄弟個人覺得良心上的責罰，真是痛苦。」「天下興亡，匹夫有責。成敗何足計，生死何足論。我輩只有盡軍人守土禦侮的天職，與倭奴一決死戰。」

總指揮蔣光鼐也鼓勵十九路軍的官兵要誓死衛國。他說：

十九路軍是很負名譽的軍隊，現恰駐紮在上海，此時真是十九路軍生死存亡的關頭，也可說是我們國家生死存亡的關頭。到這種時期，我們軍人只有根據著自己的人格、責任、職守、聲譽，來死力抵抗了！從物質方面來說，我們當然不如他。但我們有這種決死的精神，就是全部犧牲亦所不惜。我們的死，可喚醒國魂！我們的血，可寒敵膽！一定可得到最後的勝利。

<table>
<tr><th colspan="3">「一・二八」淞滬戰役日本侵略軍作戰序列表</th></tr>
<tr><td rowspan="14">上海派遣軍
司令官 白川義則
參謀長 田代皖一郎</td><td rowspan="3">第九師團 植田謙吉</td><td>第六旅團 前原宏行</td></tr>
<tr><td>第十八旅團 小野幸吉</td></tr>
<tr><td>混成第二十四旅團 下元能彌</td></tr>
<tr><td rowspan="2">第十一師團 厚東篤太郎</td><td>第十旅團 稻垣孝照</td></tr>
<tr><td>第二十二旅團 山田健二</td></tr>
<tr><td rowspan="2">第十四師團 松木直亮</td><td>第二十七旅團 平松英雄</td></tr>
<tr><td>第二十八旅團 平賀貞藏</td></tr>
<tr><td rowspan="7">第三艦隊（二月二日新編）
司令長官 野本吉三郎
參謀長嶋田敏太郎</td><td>第一遣外艦隊 鹽澤幸一</td></tr>
<tr><td>第三戰隊</td></tr>
<tr><td>第一水雷隊</td></tr>
<tr><td>第一航空隊 飛機約一百架</td></tr>
<tr><td>海軍陸戰隊</td></tr>
<tr><td>第二艦隊 末次信正</td></tr>
</table>

同一天，第十九路軍高級將領還公開發表了《告十九路軍全體官兵同志書》和《告淞滬民眾書》，大義凜然地表示：

寧為玉碎而榮死，不為瓦全而偷生。本指揮長、軍長、司令願與我親愛之淞滬同胞，攜手努力，維持必要之治安，作最後有秩序之決鬥……我們不要感覺我們物資敵不過，我們要以偉大犧牲精神來戰勝一切，我們必定能操勝算，我們必定能救中國。

一月二十七日，日本駐滬總領事向上海市政府提出最後通牒，要求道歉、賠償、懲凶及制止反日行動，並限四十八小時內答覆。同時，日本方面又集中海軍軍艦在黃浦江上示威，並調集其海軍陸戰隊登陸佈防。在這種情況下，為了「息事寧人」，國民黨當局於二十八日下午通知日本領事館，對日方所提條件全部接受。孰料，到了當晚十一時，日本駐上海海軍艦隊司令鹽澤幸一卻又突然發出了最後通牒性的「佈告」，蠻橫地要求中國當局撤退閘北駐軍並撤除該地防禦工事。而且，未等這一「佈告」送達中國方面，日軍即先發制人，開始在閘北地區向中國駐軍展開軍事攻擊。

面對日軍的猖狂侵略，第十九路軍總指揮蔣光鼐、軍長蔡廷鍇與淞滬警備司令戴戟決定不顧軍政部長何應欽關於避免與日軍衝突的電令，立即指揮全軍進入陣地，進行堅決的自衛還擊。就這樣，「一．二八」淞滬抗戰拉開了帷幕。

淞滬抗戰剛開始時，鹽澤幸一曾叫囂：「上海一旦發生戰事，四小時即可了事。」可是，中國軍隊的頑強抵抗，卻很快讓鹽澤幸一的這番言論落空。

一月二十八日夜，日軍由三路向閘北的中國守軍陣地發起進攻：一路由北四川路向淞滬線天通庵車站進襲，一路由虬江路向寶山路攻擊，另一路由北四川路向寶興路進攻。由於閘北係街道市區，日軍重武器無從發揮作用；而十九路軍的裝備雖遠遜於日軍，但是愛國熱情卻十分高漲，士氣旺盛，勇敢善戰。

當日軍裝甲車衝入寶興路時，十九路軍士兵冒死攀登房屋高處，投擲手榴彈炸毀日軍戰車數輛。當日機飛臨閘北陣地上空投炸彈及照明彈助戰，十九路軍將士英勇抵抗，萬彈齊發，予以日軍迎頭痛擊。及至二十九日天明，日軍未獲絲毫進展。戰事遂演變成了曠日持久的大規模陣地戰。雖然軍事裝備處於劣勢，但是英勇的中國軍民卻仍與優勢的日軍在陣地戰中相持近一個月，使日本侵略軍死傷萬餘人，並四度更換司令官，遭受了沉重的打擊。由此，淞滬抗戰在中國近代抗禦外來侵略的戰爭史上寫下了光輝的一頁。

淞滬抗戰的指揮官、第十九路軍軍長蔡廷鍇（右立者）在前線視察

在淞滬抗戰中，中國將士的英勇頑強，不僅大大出乎一貫驕橫的日軍意料之外，也給長期備受屈辱的中國廣大民眾以極大鼓舞，得到了他們的大力支持。戰鬥打響後，上海及全國民眾一方面通過組織各種反日救國會、義勇軍、敢死隊，並積極參加運輸隊、救護隊等，協助作戰、護理傷員；另一方面又踴躍捐獻大量物品以支援前線，僅捐給十九路軍的款項即達七百餘萬元。此外，為了支援前線，在中國共產黨的號召及組織下，上海的日本工廠華籍工人還舉行了抗日總同盟罷工。

但是，就在淞滬抗戰的關鍵時刻，國民黨當局卻依然幻想國際聯盟能對日本實施所謂的「制裁」，並仍在繼續錯誤地實行對內「剿共」的政策。

就是在這種背景下，在英、美、法、意等國的「調停」下，中日雙方最終於一九三二年三月三日宣佈停戰。三月二十四日，在剛剛重新上台（蔣介石於一九三一年十二月下野）並任國民黨南京政府軍事委員會委員長的蔣介石等人的主持下，中日雙方開始進行談判。經過一個多月的談判，五月五日，中日雙方在上海最終簽訂了《淞滬停戰協定》。該協定除達成「日軍得長期駐紮吳淞、江灣等地」、「自福山經安亭以迄蘇州地區，交日、美、英、法等共管」等規定之外，還形成了三項「諒解」，即中國政府取締抗日組織及活動；第十九路軍換防；浦東及蘇州河南岸，中國不得駐兵。這個屈辱的停戰協定一經傳出，便引起了全國人民的極大憤慨，也遭到了全國人民的一致譴責。

《淞滬停戰協定》簽訂後不久，蔣介石即宣佈「攘外必先安內」為國民黨處理對內、對外關係的基本政策。在這一政策下，蔣介石不僅將英勇抗日的十九路軍調往福建參加「剿共」，還親自部署了對中共中央蘇區的第四次「圍剿」，並採取了一系列措施來壓制全國性的群眾抗日活動。事實表明，日本侵略中國的九一八事變和一·二八事變，使中國的政治形勢發生了深刻變化。日本正在竭力用武力擴大在中國的獨佔範圍，也正在成為中華民族的首要敵人。

三、從長城抗戰到《塘沽協定》

九一八事變之後，日本在鞏固和加強對中國東北地區的殖民

一九三二年五月五日，國民政府與日軍簽訂了《淞滬停戰協定》

統治之時，又按照蠶食乃至最後鯨吞中國的既定方針，把侵略矛頭指向了中國的華北地區。一九三二年，日本帝國主義在大造偽滿洲國輿論的同時，又發動各種宣傳機器，大造「熱河為滿洲國土」、「長城為滿洲國界」的輿論。與此同時，日軍還集中優勢兵力，在中國東北地區瘋狂鎮壓抗日義勇軍，以解除它侵略熱河等地的後顧之憂。

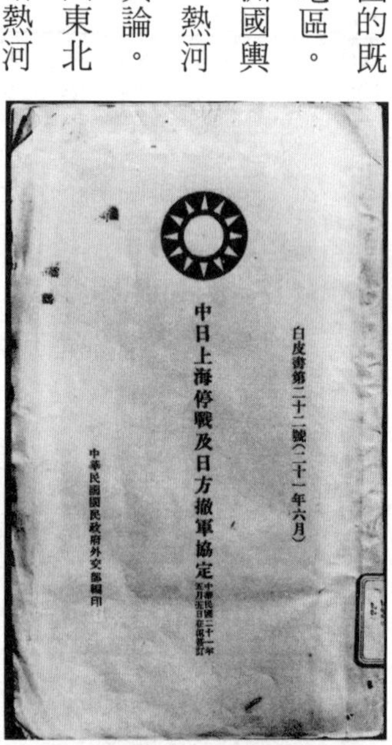

《淞滬停戰協定》（又稱《上海停戰協定》），承認上海為非武裝區，中國在上海至蘇州、昆山地區無駐兵權，而日軍則可在上述地區暫駐「若干」軍隊

在做好這些必要的準備之後，一九三三年元旦，日軍又故技重施，藉故在榆關製造事端，並隨後炮擊臨榆縣城。駐臨榆的東北軍第九旅何柱國部忍無可忍，奮起還擊，隨之揭開了長城抗戰的序幕。

榆關之戰爆發後，國民黨政府唯恐事態擴大，遲遲不肯支援。最終，在日軍優勢兵力的進攻下，一月三日榆關失陷。臨榆城內商號、民房毀於日軍炮火者五百戶以上，民眾死傷千餘人。日軍在攻佔了華北和東北的交通咽喉之後，又於一月十日攻佔九門口，並向錦州、通遼、綏中等處集結重兵。二月下旬，日、偽軍十餘萬人又兵分三路，進犯熱河。熱河的東北軍多半望風而逃。三月九日，日軍一部僅一百二十八人未遭任何抵抗便長驅直入，開進了熱河首府承德。整個熱河保衛戰，中國守軍不下八萬人，不僅未抵擋住一萬餘日軍，而且僅十天即告全省淪陷。消息傳來，國內輿論大譁，也再次激起全國民眾的極大憤怒。利用這一事件，蔣介石乘機逼迫張學良辭職，並任命何應欽代理軍事委員會北平分會委員長、黃郛為行政院駐北平政務整理委員會委員長。為了應付群情激憤的國內輿論，蔣介石又調中央軍第二師（師長黃杰）、二十五師（師長關麟徵）和八十三師（師長劉戡）三個師北上抗日，並統由第十七軍軍長徐庭瑤指揮。

日本佔領熱河後，沒有就地停步，而是繼續乘勢揮軍南下，向長城一線推進，並準備分兵攻擊長城各口，侵略矛頭直指北平、天津兩地。三月四日，日服部旅團從凌源出發佔領冷口。三月九日，服部、鈴木兩旅團聯合先遣隊又進犯喜峰口，並佔領北側長城線山頭。十日，日軍主力部隊抵達，並下令三日內攻下長城各口。隨即，在飛機、大炮的掩護下，日軍步兵開始向喜峰口、古北口等長城各口全線發起猛攻。

為抵擋日軍進攻，中國守軍在冷口、喜峰口、羅文峪、古北口等長城各要隘進行了頑強抵抗。

把守喜峰口、羅文峪的第二十九軍宋哲元部，原是馮玉祥的西北軍舊部，他們的槍械陳舊而雜亂，彈藥補給困難，很多步槍沒有刺刀，在武器裝備上根本沒法同日本侵略軍相比，但他們身懷愛國熱情，士氣十分高昂。利用西北軍的原有特長，該部把大刀發給士兵，並決心同日軍決一死戰。為了激勵士氣，該部先頭部隊趙登禹旅長在前線團長會議上這樣說：

中國軍隊裝備差，火力弱，有兵無槍，有槍缺彈，只是每人大刀一把，手榴彈六枚，現在我們僅僅與強敵對戰兩日夜，就被敵機轟炸，損失兩個團的精華，我全軍共有十個團，照此下去，只能與敵對戰十日。我決心繞攻喜峰口敵後方，痛痛快快地與敵人拚個你死我活，叫他們知道我中華民族還有寧死不屈的勇敢部隊。

該部夜襲敵營的作戰計劃就這樣決定了。總的作戰原則是：以殲敵為主，獲戰利品為其次；只准用大刀和手榴彈，非不得已，不准用步槍或機槍射擊。按照這一計劃，三月十二日晚八時，五百餘名「大刀隊」戰士開始了這次軍事行動。為了避免驚動敵人，他們在當地嚮導的指引下，踏著冰雪，迎著寒風，在皎潔的月光下斬荊斷棘、爬山越嶺。到午夜十二時，「大刀隊」在潘家口集結，並隨即分兩路發起了攻擊：趙登禹旅王長海團攻佔了蔡家嶼、白台子等處，繳獲了日軍作戰地圖，並摧毀了敵人設有十八門炮的一個炮兵陣地，燒掉了日軍的輜重糧秣；趙登禹親率的董升堂團，乘敵兵還在酣睡之中，衝入了小喜峰口附近的日軍騎兵宿營地，出其不意對敵發起了攻擊。是役，日軍共死傷五百多人，大刀隊亦多數壯烈犧牲。

長城夜襲之後，日軍又在羅文峪、冷口等長城要隘發動過幾次進攻，但均遭到守軍的頑強抵禦而始終未能得逞。長城抗戰不僅大大挫傷了原來驕橫不可一世的日軍氣焰，顯示了中國軍隊抵禦外侮的士氣與能力，也使全國軍民的精神為之一振。

但是，當社會各界強烈呼籲國民黨當局就此乘勢實行全民族抗戰、匡復失地之時，蔣介石卻依然堅持「攘外必先安內」的政策。四月上旬，他在江西連續對參與「剿共」的國民黨軍將領訓話，強調「我們的敵人不是倭寇而是土匪」，並宣稱：「凡我『剿匪』將領，嗣後若再以北上抗日請命，而無決心『剿匪』者，當視為貪生怕死之輩，立斬無赦。」在這種背景下，日軍便在「交涉妥協」的幌子下，更加加緊了對中國華北地區的軍事進攻。四月一日，日軍進攻灤東，並相繼侵佔了沙河寨、石門寨等地。接著，日軍又調兵遣將，準備再次猛攻長城各口。

一九三三年三月，日本關東軍向萬里長城一線進犯。國民政府集結近三十萬部隊在長城一線反擊日軍。圖為在長城抗戰的中國軍隊

參加長城抗戰的中國守軍雖然奮勇禦敵，但在「攘外必先安內」的政策下，他們卻得不到有力支援，傷亡十分慘重。

最終，在代理軍事委員會北平分會委員長何應欽的命令下，長城各隘口的守軍不得不於四月中旬相繼放棄冷口、喜峰口等地。灤東守軍何柱國等部也遵何應欽的撤退命令向灤河西岸撤退。在這種局面下，得寸進尺的日軍更加步步緊逼，並借勢又侵入灤陽、秦皇島一帶。幾天之後，它又緊隨國民黨軍撤退的步伐侵佔了密雲、牛欄山、平谷等地；灤東日軍也渡過灤河，侵佔了唐山、玉田、三河、香河等地，從而對平、津形成包圍之勢。

平、津危在旦夕，兩地也籠罩在一片恐怖之中。蔣介石在日記中也只能無奈地慨歎：「接何黃來電，惶惶如不可終日，甚欲放棄北平。」但是，為了推行「攘外必先安內」的政策，國民黨當局又急於尋求退讓妥協以解決華北問題的辦法。

蔣介石遂命黃郛負責對日交涉妥協。黃郛是有名的親日派，他一受命即開始頻繁地與日本方面密洽妥協的途徑。

日本帝國主義儘管氣勢洶洶，但其時的國力還十分有限。

這主要表現在：一方面，日本剛剛侵佔東北不久，腳跟未站穩，因此對繼續進攻華北地區尚沒有做好充分準備；另一方面，日軍雖然進逼平、津，但其擔心如操之過急，則必然會招來英美等列強的干預，因此還不敢貿然佔領這兩個干係重大的地方。正是出於這些考慮，同年五月初，日本軍部確定了對華北國民黨當局實行「以迫和為主，內變策應為從」的方針，妄圖以軍事手段脅迫國民黨政府訂立盡可能有利於日方的城下之盟。

在這樣的背景下，此後國民黨當局與日本開始積極進行談判。五月十七日，黃郛趕抵北平。二十二日，行政院長汪精衛密電黃郛：「除簽字於承認偽國，割讓四省之條約外，其他條件皆可答應。」當晚，黃郛親至日本海軍武官宿舍，與日代辦中山、武官永津、藤原等會談，表示接受日方提出的撤兵線及「今後不准有一切之挑戰行為」等條件。五月三十一日，國民黨政府軍事委員會北平分會總參議熊斌與日本關東軍參謀長岡村寧次最終簽訂《塘沽協定》及附件「覺書」。協定的主要內容是：

一、中國軍即撤退至延慶、昌平、高麗營、順義、通州、香河、寶坻、林亭口、寧河、蘆台所連之線以西、以南之地區，爾後不越該線而前進，又不行一切挑戰擾亂之行為。

二、日本軍為確認第一項之實行情形，隨時用飛機及其他方法以行視察，中國方面對之應加保護，並與以各種便利。

三、日本軍如確認第一項所示規定，中國軍業已遵守時，即不再越該線追擊，且自動概歸還於長城之線。

四、長城線以南及第一項所示之線以北、以東地域內之治安維持，由中國方面警察機關擔任之，上述警察機關不可用刺激日本感情之武力團體。

「覺書」內容是：

在塘沽舉行的華北停戰會議

萬一撤兵地域有妨礙治安之武力團體發生，而以警察力不能鎮壓之時，雙方協議之後，再行處置。

《塘沽協定》的簽訂再次引起了全國人民的極大憤慨。協定把中國軍隊在自己國土上抵禦外國侵略的正義戰爭，竟顛倒黑白地說成是挑戰擾亂；而確認長城一線是日軍佔領線，也就在軍事上承認了日本對中國東北三省和熱河省的侵佔。此外，協定規定中國軍隊不得在冀東地區駐守，不僅造成了中國領土的又一次割裂，也使平、津門戶向日軍大開，處在無法防守的狀態，從而為日軍進一步擴大侵略提供了條件。《塘沽協定》簽訂後，華北危機更趨嚴重，華北事變也接踵發生。但是，中華民族絕不容忍日本帝國主義的侵略，正是在這樣攸關民族危亡的歷史關頭，北平學生悲憤地喊出了「華北之大，已經安放不下一張平靜的書桌了」的痛苦聲音。

四、從「哭諫」到「兵諫」

從東北淪陷再到華北危局的出現，中華民族的的確確已經到了最危險的時候了。事實證明，在這樣嚴峻的歷史考驗面前，要戰勝強敵，就必須建立起全民族的統一戰線，同仇敵愾，共禦外侮。而對當時的中國而言，要想建立全民族的統一戰線，就必須團結起國內兩支最大的政治力量——國民黨和共產黨。也就是說，只有建立起以國共第二次合作為基礎的抗日民族統一戰線，一致對外，才能夠形成全民族的抗戰，也才能夠把國家和民族從最危險的境地中拯救出來。

但是，要實現這種合作又談何容易。大革命失敗後，國共兩黨之間經歷了長達十年的隔閡和敵對。蔣介石向來視共產黨為其心腹大患，處心積慮要趕盡殺絕之，共產黨人也因此在一九二七年和一九三四年的兩次失敗中，被推到了幾乎滅亡的邊緣。

在這十年中，共產黨人流的血太多太多，這種傷痕是很難忘卻的。而且，在國共雙方都有自己的政權和軍隊的情況下，憑藉著「全國性政權和強大的軍事力量，並且有十年一黨專制的統治」的國民黨，一直把限制以致消除共產黨的軍隊和政權放在重要地位。在這種情況下，國共兩黨要想捐棄前嫌，再度實現合作，難度可想而知。

可是，隨著日本侵略者的步步緊逼，中日民族矛盾的急劇上升，這種合作便有了可能。這是因為，在深重的民族危機面前，停止內戰、一致抗日，拯救國家和民族的危亡，不僅成為所有中國有識之士的共同心願，也成為全國廣大民眾的強烈要求。正是順應這一歷史潮流，一九三五年八月一日，中國共產黨駐共產國際代表團根據國內外政治形勢的變化和共產國際第七次代表大會關於建立世界反法西斯統一戰線的政策，以中共中央和中華蘇維埃中央政府的名義發表了《為抗日救國告全體同胞書》（《八一宣言》），呼籲全體同胞團結起來，一致抗日。《八一宣言》影響十分深遠：

> 近年來，我國家、我民族，已處在千鈞一髮的生死關頭。抗日則生，不抗日則死，抗日救國，已成為每個同胞的神聖天職……只要任何部隊實行對日抗戰，不管過去和現在他們與紅軍之間有任何舊仇宿怨，不管他們與紅軍之間在對內問題上有任何分歧，紅軍不僅立刻對之停止敵對行為，而且願意與之親密攜手共同救國。

與此同時，華北事變後國民黨當局對抗日的態度也發生了很大變化。這是因為，蔣介石對日本的一再退讓，是建立在依靠外交途徑來解決中日問題的幻想上的。但是，隨著日本的步步緊逼，蔣介石的這種幻想被一步步地無情打破，並進而直接威脅到南京政府自身的生存問題，也超出了所能容忍的限度。

因此，南京政府不得不大幅調整它以往的對日政策。一九三五年十月，日本外相廣田弘毅宣佈了所謂的「廣田三原則」，即：

(1)中國取締一切排日運動；(2)樹立中日「滿」經濟合作；(3)中日共同防共。這是蔣介石所不能接受的。對此，他後來這樣寫道：「當時的情勢是很明白的，我們拒絕他的原則，就是戰爭；我們接受他的要求，就是滅亡。」「中日戰爭既已無法避免，國民政府乃一面著手對蘇交涉，一面亦著手中共問題的解決。」看得出來，在日本帝國主義咄咄逼人的侵略面前，可供蔣介石選擇的餘地越來越窄了。在這種情況下，南京政府於一九三五年底開始試探蘇聯，請求蘇聯的幫助，並設法打通同中國共產黨的關係。

為了團結抗日、共禦外侮，一九三六年五月，中共中央發出了《停戰議和一致抗日通電》，公開放棄了反蔣口號。八月二十五日，中共中央又發表《中國共產黨致中國國民黨書》，痛陳當前全民族的最大危險是國民黨所實行的錯誤政策招來的，這種錯誤政策必須徹底改變，並向國民黨鄭重提出：

> 我們願意同你們結成一個堅固的革命的統一戰線，如像一九二五年至一九二七年第一次中國大革命時兩黨結成反對民族壓迫與封建壓迫的偉大的統一戰線一樣，因為這是今日救亡圖存的唯一正確的道路……只有國共重新合作以及同全國各黨各派各界的總合作，才能真正地救亡圖存。

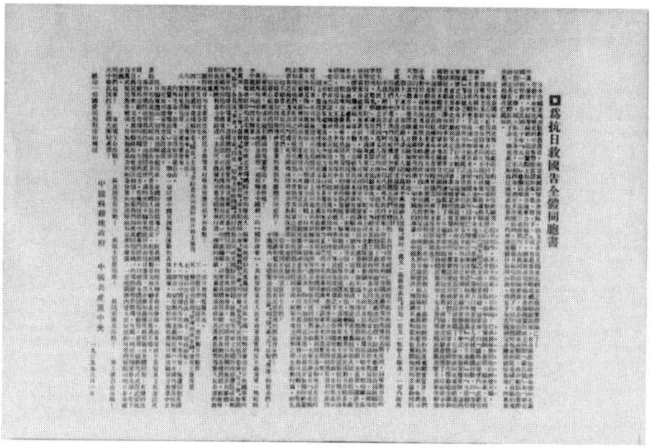
為抗日救國告全體同胞書

當時印發的《八一宣言》傳單

同年九月一日，中共中央發出了《關於逼蔣抗日問題的指示》。這個指示明確放棄了「抗日反蔣」的口號，提出：「在日本帝國主義繼續進攻，全國民族革命運動繼續發展的條件下，國民黨中央軍全部或大部有參加抗日的可能。我們的總方針應是逼蔣抗日。」九月十七日，中共中央又發出《中央關於抗日救亡運動的新形勢與民主共和國的決議》，進一步指出：「中國人民的抗日救亡運動現在已經進入了一個新的階段。」從「抗日反蔣」到「逼蔣抗日」，這是中國共產黨根據國內階級關係變化的實際狀況而作的重大政策變動。至此，中國走向團結抗日的總趨勢已經不可逆轉。也就是在這個十分關鍵的歷史時刻，張學良、楊虎城兩位將領發動了震驚中外的「西安事變」。

一九三六年前後，張學良率領的東北軍，除三個師留在華北外，有十四個師奉命移駐西北從事「剿共」。東北家鄉的淪陷，使移駐西北「剿共」的東北軍官兵內心感到極大痛苦。東北軍中普遍存在著不願流落關內打內戰，強烈要求打回老家去，解放家鄉父老兄弟的情緒。對此情形，當年一位英國記者在訪問東北軍後曾這樣記載：

他們對於逼迫他們打自己的同胞的命令，日益不滿，而打回老家的決心也日益增強，至少也得為自己所信仰的主義戰鬥到死。一個老

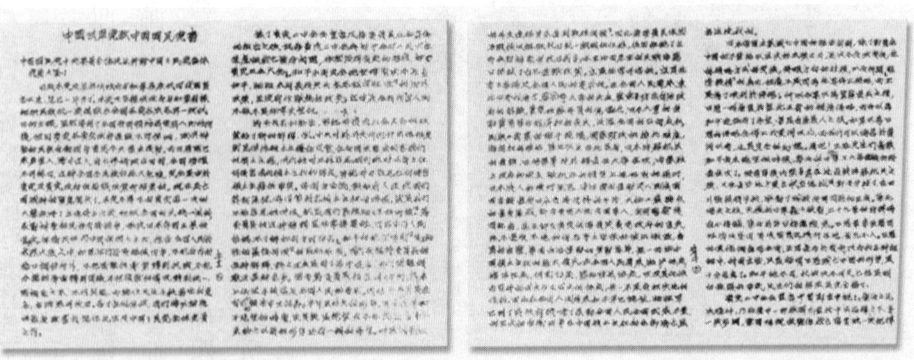

一九三六年八月，毛澤東起草《中國共產黨致中國國民黨書》，九月起草《國共兩黨抗日救國協定草案》

團長對記者說：「當我們全體都希望打日本的時候，我們為什麼還要打紅軍呢？」

東北軍的這種情緒，自然對張學良和東北軍其他高級將領產生了很大影響。

楊虎城是陝西地方勢力派的首領，當時擔任第十七路軍總指揮、西安綏靖公署主任，在他左右，還有不少秘密的共產黨員。同東北軍一樣，楊虎城指揮的第十七路軍也對蔣介石堅持內戰、對日奉行不抵抗政策深為不滿。

一九三五年十月，中國工農紅軍第一方面軍勝利結束長征，到達陝北不久，東北軍、第十七路軍即被蔣介石調來進攻紅軍。在戰鬥中，東北軍和第十七路軍多次被紅軍擊敗，傷亡很大，而蔣介石卻不予補充兵力。正在張學良、楊虎城深感「剿共」沒有出路的時候，中共中央於同年十二月在陝北瓦窯堡召開政治局擴大會議，明確了建立抗日民族統一戰線的政策。這一政策得到全國各階層抗日民眾的熱烈擁護。隨之，中國共產黨領導的一二．九運動又掀起了全國抗日救亡運動的新高潮，也在東北軍和第十七路軍廣大官兵中產生了很大影響。觀察到張學良、楊虎城對「剿共」並不積極，中共中央隨即加緊了對東北軍、西北軍的統戰工作。一九三六年一月二十五日，毛澤東、彭德懷、周恩來等以紅軍將領的名義，發出致東北軍全體將士書，誠懇地表示紅軍願與東北軍實行停止內戰、聯合抗日。四月九日，中共中央全權代表周恩來應邀到東北軍駐地西安，與張學良舉行會談，雙方商定了紅軍與東北軍互不侵犯、通商、互派常駐代表等事宜。楊虎城也與紅軍達成了合作抗日的秘密協議。這樣，從一九三六年春開始，張學良、楊虎城的部隊，實際上已與紅軍實行了局部停戰。

張學良、楊虎城與紅軍實現停戰之後，曾多次勸蔣介石停止內戰、聯共抗日，但都遭到拒絕。而且，當西安群眾要求「停止剿共，一致抗日」的呼聲日益高漲時，蔣介石卻認為：

發動西安事變的將領：率領東北軍的張學良（左）和率領第十七路軍（原西北軍）的楊虎城（右）

「這一事態的發展，如不設法防止，勢將演變成叛亂。」為此，蔣介石調遣嫡系部隊三十個師，集結待命於平漢線漢口至鄭州段、隴海線鄭州至靈寶段，準備開入陝甘，一面進攻中共陝北革命根據地「圍剿」紅軍，一面防範東北軍和第十七路軍。一九三六年十二月四日，蔣介石由洛陽親抵西安，逼迫張、楊率領全部軍隊北上「剿共」。在此前後，陳誠、衛立煌等國民黨的許多高級將領也先後到達西安，南京政府的戰機也一隊隊飛抵西安機場，大有取張、楊地位而代之的勢頭。蔣介石提出，由中央軍在後接應督戰，否則就要把東北軍調往福建、第十七路軍調往安徽，由「中央軍」在陝甘「剿共」。這個最後通牒式的方案，既同張、楊的聯共抗日、不打內戰的決心相矛盾，也危及了張、楊部隊的生存。

在這種十分嚴峻的局勢面前，十二月七日，張學良到臨潼華清池會見蔣介石，聲淚俱下地向他痛陳利害，要求停止內戰、聯共抗日。兩人爭論了兩三個小時，張學良的請求再次遭到了蔣介石的嚴厲拒絕。蔣介石甚至表示：「你現在就拿槍把我打死了，我的剿共政策也不能變！」

十二月九日，西安城內一萬多名學生為紀念一二・九運動一週年舉行請願遊行，蔣介石指令張學良用武力進行鎮壓。張學良趕到灞橋，勸阻學生返回，並為廣大學生的愛國熱忱所感動，向學生表示一週內他要用事實來答覆他們的愛國要求。

緊接著，十二月十日、十一日，張學良又兩次向蔣介石「進諫」，但都被蔣介石嚴詞拒絕，並被斥為「犯上作亂」。在這種情況下，張學良、楊虎城感到除了發動「兵諫」之外，已經別無他路可走。

十二月十二日凌晨，張學良、楊虎城發動了西安事變。按照張、楊商定的計劃，東北軍一部迅速行動包圍華清池，逮捕了蔣介石；第十七路軍同時行動，控制西安全城，並囚禁陳誠等國民黨軍政要員；宣佈取消「西北剿匪總部」，成立抗日聯軍西北臨時軍事委員會，張學良、楊虎城任正副委員長；並通電全國，提出改組南京政府等八項主張。具體為：(1)改組南京政府，容納各黨各派，共同負責救國；(2)停止一切內戰；(3)立即釋放上海被捕之愛國領袖；(4)釋放全國一切政治犯；(5)開放民主愛國運動；(6)保障人民集會結社一切政治自由；(7)確實遵行總理遺囑；(8)立即召開救國會議。

西安事變的爆發，引起國內外和國民黨內部各種政治勢力的強烈反應：在國民黨內部，親日派汪精衛、何應欽企圖借機擴大事態，奪取蔣介石的統治權力，進一步和日本妥協，因此，在取得指揮調動軍隊的大權後，立即調遣軍隊組成東西兩路集團軍，準備向西安大舉進攻，企圖取代蔣介石的統治地位；親英美派的蔣介石的親屬宋美齡、孔祥熙、宋子文等主張要設法營救蔣介石，並反對立即「討伐」；日本政府則指望乘機挑起中國大規模的內戰，以實現其滅亡中國的野心；英美政府從本身的利益出發，主張緩和氣氛，以便打擊日本的侵略勢力。局勢極為複雜，鬥爭異常激烈。

在西安事變爆發之前，中國共產黨沒有與聞。西安事變一發生，張學良即致電中共中央，希望聽取中共的意見。為此，十二月十五日，毛澤東、朱德、周恩來等聯名發表《關於西安事變致國民黨國民政府電》，提出西安事變是國民黨將士不滿蔣介石內外政策的必然結果，表示支持張學良、楊虎城提出的八項主張，並反對親日派藉機「討伐」張、楊，發動大規模內戰。十二月十八日，中共中央又致電國民黨，進一步提出了停止內戰、一致抗日、和平解決西安事變的五項條件。十二月十九日，中共中央又召開政治局擴大會議，全面分析了西安事變的性質和發展前途，並討論了力爭和平解決西安事變的有關問題。與此同時，中共中央還從民族利益出發，應張學良、楊虎城電請，派出代表周恩來、博古、葉劍英等到西安調停。

周恩來等於十二月十七日到達西安。在此前一天，南京政府已經下令討伐張、楊，並任何應欽為總司令。情況十分緊急。因此，周恩來於抵達當晚和第二天即緊急同張學良、楊虎城分別會商。在會商中，周恩來向他們深入分析了西安事變可能有兩種截然不同的前途。他表示：

如果能說服蔣介石停止內戰，一致抗日，就會使中國免於被日寇滅亡，爭取一個好的前途。如果宣佈他的罪狀，交付人民審判，最後把他殺掉，這樣不僅不能停止內戰，還會引起更大規模的內戰，不僅不能抗日，而且還會給日本帝國主義造成進一步滅亡中國的便利條件，這就使中國的前途更壞。歷史的責任，要求我們爭取中國走向一個更好的前途。

西安事變期間，中共代表周恩來（右）、葉劍英（中）、博古（左）三人合影

此外，周恩來還積極做其他各方面的工作，提出只要蔣答應抗日就釋放他。張學良、楊虎城表示完全接受中國共產黨所提出的關於和平解決事變的正確方針和條件及軍事部署。

十二月二十二日，南京方面在弄清了張、楊和共產黨希望和平解決事變的態度後，正式派出宋子文、宋美齡到西安進行談判。十二月二十三日、二十四日，周恩來代表中國共產黨和紅軍，張學良代表東北軍，楊虎城代表第十七路軍，同蔣介石的代表宋子文、宋美齡進行談判。經周恩來等的努力和全國人民的鬥爭，十二月二十四日，蔣介石被迫接受停戰議和、聯共抗日、釋放政治犯等條件。但他要求不採取簽字形式，而以他的人格擔保履行這些條件。十二月二十五日，蔣介石獲釋，由張學良陪返南京，西安事變到此和平解決。

雖然蔣介石一飛回南京，就立即把張學良拘禁起來，但由張學良、楊虎城兩位將軍發動的西安事變卻成為扭轉時局的關鍵，並對推動國共再次合作、團結抗日起到了重大的歷史作用。西安事變的和平解決，不僅粉碎了親日派和日本帝國主義的陰謀，促進了中共中央逼蔣抗日方針的實現，而且還使國共兩黨實行第二次合作成為不可抗拒的大勢。從此，十年內戰的局面基本結束，國內和平初步實現。對此，毛澤東在同年十二月二十七日的中共中央政治局會議上給予了高度評價。他說：

西安事變成為國民黨轉變的關鍵。沒有西安事變，轉變時期也許會延長，因為一定要一種力量逼著他來轉變。西安事變的力量使國民黨結束了十年的錯

一九三七年四月二十日，楊虎城在西安新城大樓舉行宴會，慶祝西安事變和平解決。前排左九為周恩來。中排左二為葉劍英

誤政策。這是客觀上包含了這一意義。就內戰來說，十年的內戰，以什麼來結束內戰？就是西安事變。西安事變結束了內戰，也就是抗戰的開始。

第二節 「地無分南北」

一九三七年七月七日，是中國人永遠不會忘記的日子。這一天，日本帝國主義者以製造七七事變為起點，發動了對中國的全面戰爭，企圖滅亡中國。以此為標誌，中華民族的全面抗戰正式爆發了。

一、「築成民族統一戰線的堅固長城」

日本發動對中國的全面侵略戰爭，既是國際大背景使然，又是日本帝國主義既定國策決定的必然要邁出的一步。從國際背景來看，二十世紀二三十年代，為了適應對外擴張和爭奪霸權的需要，德、義、日這三個最富有侵略性的法西斯國家在歐亞大陸相繼興起，並不惜通過戰爭手段來改變世界格局，從而成為了歐亞大陸上的兩大戰爭策源地；從日本國內形勢來看，進入二十世紀三〇年代以後，日本的右翼勢力接連策劃了一系列兵變、政變，從而使其能量迅速膨脹。此後，在加快以征服中國和稱霸亞洲為主要目標的擴軍備戰的同時，日本也加快了全面侵略中國的步伐。一九三七年初，所謂的「對華一擊論」開始在日軍內部迅速抬頭。同年六月，東條英機在致電日本陸軍省、參謀部時提出了《關東軍對蘇、對華意見書》。該意見書狂妄地認為，「對華一擊」並不需要花多少力氣，只「加以一擊」，就完全足以達到全面控制中國的目的。

在上述背景下，日本發動全面侵華戰爭就成為一種形勢發展的必然。一九三七年七月七日夜，盧溝橋的日本駐軍在未通知中國地方當局的情況下，就逕自在中國駐軍陣地附近舉行所謂的軍事演習，並詭稱有一名日軍士兵失蹤，要求進入北平西南的宛平縣城（今盧溝橋鎮）搜查，中國守軍拒絕了這一無理的要求。二十多分鐘後，這名日本士兵已自行歸隊。但是，日軍在其無理要求遭拒後，卻蠻橫地向中國駐軍開始攻擊。中國駐軍第二十九軍第三十七師二一九團奮起還擊，頑強抵抗，戰爭全面爆發。這就是七七事變（又稱「盧溝橋事變」）。

七七事變發生後，日本當局不但沒有任何緩和局勢的表示，相反卻盡力擴大事態。他們不僅大舉向華北地區增兵，還在國內進行狂熱的戰爭煽動，局勢隨之迅速惡化。

與此同時，七七事變也掀開了中國全民抗戰的序幕。七七事變的消息傳來，中國社會各界群情激憤，紛紛要求國民黨軍隊奮勇殺敵，堅持到底。在這種局面下，為挽救民族危亡，國民黨官兵對日本侵略者的攻擊進行了英勇頑強的抵抗，譜寫了抗日戰爭新的一頁。中共中央也於事變次日發出了《中國共產黨為日軍進攻盧溝橋通電》，向全國人民呼籲：

> 日本帝國主義武力侵佔平津與華北的危險，已經放在每一個中國人的面前。全中國的同胞們！平津危急！華北危急！中華民族危急！只有全民族實行抗戰，才是我們的出路！我們要求立刻給進攻的日軍以堅決的反攻，並立刻準備應付新的大事變。全國上下應該立刻放棄任何與日寇和平苟安的希望與估計。全中國同胞、政府，與軍隊，團結起來，築成民族統一戰線的堅固長城，抵抗日寇的侵略！國共兩黨親密合作抵抗日寇的新進攻！

為了早日築成全民族統一戰線的堅固長城，七月八日，毛澤東、朱德等七人還致電蔣介石：「紅軍將士，咸願在委員長領導之下，為國效命，與敵周旋，以達保土衛國之目的。」幾天後，毛澤東、朱德等又給在西安的葉劍英發去電報，讓他通過西安行營轉告蔣介石：「紅軍主力準備隨時出動抗日，已令各軍十天內準備完畢，待命出動。」七七事變的爆發，表明中華民族已經陷入了空前的災難之中，亡國滅種的危險已經迫在眉睫。為應對危亡，七月八日，蔣介石即電令宋哲元的第二十九軍：「宛平城應固守勿退，並須全體動員，以備事態擴大。」同時，又電令國民黨軍迅速增援華北。對此情形，他在日記中曾這樣記載：

「早起處理華北戰事，準備動員，不避戰爭。」

「動員六師北運增援，如我不有積極準備示以決心，則不能和平解決也。」七月十七日，在全國抗日救亡運動不斷高漲和中共倡議合作抗戰的情況下，蔣介石在廬山發表了關於七七事變的談話。他說：

我們的東四省失陷，已有了六年之久，繼之以《塘

一九三七年七月七日，日本帝國主義者以製造盧溝橋事變為起點，發動了全面侵華戰爭。圖為盧溝橋

沽協定》，現在衝突地點已到了北平門口的盧溝橋。如果盧溝橋可以受人壓迫強佔，那末我們百年故都，北方政治文化的中心與軍事重鎮的北平，就要變成瀋陽第二！……如果戰端一開，那就是地無分南北，年無分老幼，無論何人，皆有守土抗戰之責，皆應抱定犧牲一切之決心。

為了早日實現國共兩黨合作抗日，進一步推動全國抗戰，一九三七年七月中旬，中共中央又派周恩來、秦邦憲、林伯渠等到盧山同國民黨就發表國共合作宣言、紅軍改編、蘇區改制等問題進行談判。七月十五日，周恩來等到達盧山後將《中共中央為公佈國共合作宣言》當面交給蔣介石，要求盡快公佈，實現國共合作，建立抗日民族統一戰線，以團結和動員全國人民抵抗日本的侵略。這份宣言提出中國共產黨奮鬥的總目標是：(1)戰勝日本帝國主義的侵略，爭取中華民族的獨立自由與解放；(2)實現民權政治；(3)實現中國人民的幸福和愉快的生活。中共中央希望以這份宣言作為國共兩黨合作的政治基礎。同時，周恩來等再次重申「五項要求」和「四項保證」，並就紅軍改編與國共合作等問題與國民黨繼續談判。但是，這時蔣介石雖然承認了陝甘寧邊區政府的合法地位，並表示同意國共合作，但基於各方面的考慮，他卻對發表國共合作宣言

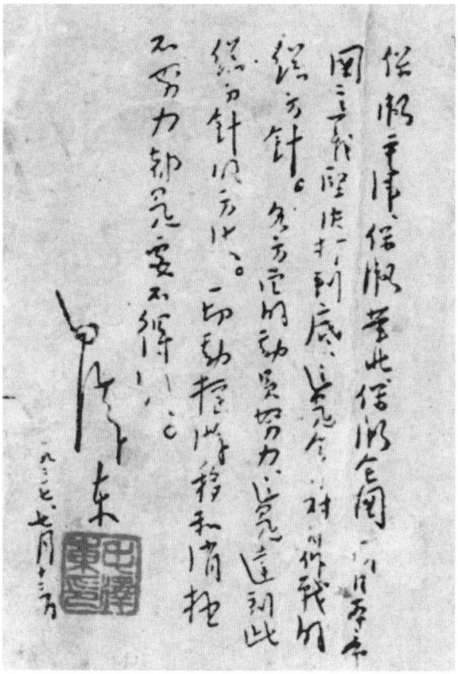

盧溝橋事變後毛澤東的題詞：「保衛平津、保衛華北、保衛全國，同日本帝國主義堅決打到底，這是今日對日作戰的總方針。各方面的動員努力，這是達到此總方針的方法。一切動搖游移和消極不努力都是要不得的。」

和紅軍改編等問題遲遲不肯作出答覆。

八月上旬，應國民黨的邀請，中共中央再次派周恩來、朱德、葉劍英等赴南京參加國防會議，並同國民黨繼續談判。此時，平、津已經淪陷，上海的形勢也日趨緊張，蔣介石急欲調動紅軍開赴抗日前線，因此在國共兩黨談判中開始表現出較多的團結合作的願望，同意不向紅軍中派遣國民黨人員，並在紅軍改編等問題上的態度有所鬆動。雙方最終達成協議：將紅軍主力改編為國民革命軍第八路軍（簡稱八路軍），並設總指揮部；在國民黨統治區的若干城市設立八路軍辦事處；出版《新華日報》。八月二十二日，國民政府軍事委員會發佈命令，將紅軍改編為八路軍，任命朱德為總指揮、彭德懷為副總指揮。

八月二十五日，中共中央軍委發佈改編命令，將中國工農紅軍第一、第二、第四方面軍和陝北工農紅軍改編為國民革命軍第八路軍，紅軍前敵總指揮部改編為八路軍總指揮部（簡稱總部），朱德任總指揮，彭德懷任副總指揮，葉劍英任參謀長，左權任副參謀長，任弼時任政治部主任，鄧小平任政治部副主任。八路軍下轄三個師。第一一五師由林彪任師長，聶榮臻任副師長，周昆任參謀長，羅榮桓任政訓處（一九三七年十月改稱政治部）主任；第一二〇師由賀龍任師長，蕭克任副師長，周士第任參謀長，關向應任政訓處主任；第一二九師由劉伯承任師長，徐向前任副師長，倪志亮任參謀長，張浩任政訓處主任。

九月二十二日，國民黨中央通訊社發表了《中

一九三七年七月十七日，蔣介石在廬山發表演說，提出「地無分南北，年無分老幼」，「皆有守土抗戰之責」

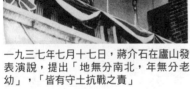

國共產黨為公佈國共合作宣言》。二十三日，蔣介石發表《對中國共產黨宣言的談話》，承認共產黨的合法地位。《中國共產黨為公佈國共合作宣言》和蔣介石談話的發表，標誌著共產黨倡導的、以國共兩黨第二次合作為基礎的抗日民族統一戰線正式建立。

同年八月至十二月，國共雙方又就南方各省紅軍游擊隊改編的建制、編制、幹部、裝備等具體問題，先後在南京、南昌、武漢進行了多次商談。十月十二日，國民政府軍事委員會宣佈將南方八省的紅軍和游擊隊改編為國民革命軍陸軍新編第四軍（簡稱新四軍），下轄四個支隊。新四軍由葉挺為軍長，項英為副軍長，張雲逸為參謀長，袁國平為政治部主任。這一舉措，標誌著國共兩黨在軍事上的進一步合作。

周恩來曾說：「國共實際的合作，是從軍隊開始的。」紅軍改編為國民革命軍，表現了中國共產黨實行國共合作、堅決抗日的誠意。國共兩黨首先在軍事上達成聯合行動的協議，有利於促進國共合作的進一步發展和全國抗日戰爭的開展。八路軍、新四軍在共產黨領導下同國民黨軍隊合作，共同進行抗日戰爭，這是抗戰時期國共兩黨合作的主要內容。

第二次國共合作受到全國人民的熱烈歡迎，並對抗日戰爭的全面展開產生了深遠影響。對此，宋慶齡曾於同年十一月發表聲明說：

> 共產黨是一個代表工農勞動階級利益的政黨。孫中山知道沒

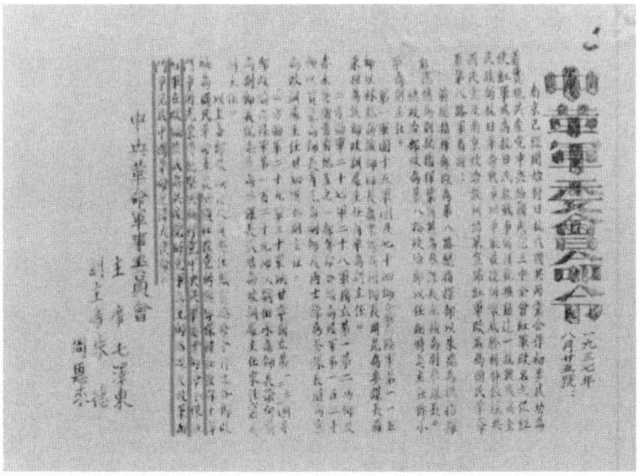
一九三七年八月廿五號
中央革命軍事委員會
主席 毛澤東
副主席 朱德 周恩來

一九三七年八月二十五日發佈的《關於紅軍改編為國民革命軍第八路軍的命令》

有這些勞動階級的熱烈支持與合作，就不可能順利地實現完成國民革命的使命。……國難當頭，應該盡棄前嫌，必須舉國上下團結一致，抵抗日本，爭取最後勝利。

二、「浴血苦戰達四月」

七七事變後，日本帝國主義在擴大華北戰爭的同時，又積極策劃在上海挑起戰爭，以乘勢攻取南京，迫使中國政府屈服。由於上海鄰近南京，不僅是中國的經濟重心所在，也是國際社會的關注焦點，因此抗戰全面爆發以後，為遏制日本帝國主義的侵略野心，中國政府決心保衛上海，驅逐駐滬日軍。為此，中日雙方均開始大規模向上海調兵遣將，淞滬會戰也由此成為全面抗戰爆發後規模空前的一場大會戰。

淞滬地區位於長江下游黃浦、吳淞兩江匯合處，扼長江門戶。由於一九三二年「一・二八」事變後簽訂的《淞滬停戰協定》的限制，中國軍隊不能在上海市區及周圍駐防，因此上海市內僅有淞滬警備司令楊虎所轄的上海市警察總隊及江蘇保安部隊兩個團擔任守備，中國方面的兵力部署十分薄弱；而日本則自「一・二八」事變以後，即在上海虹口、楊樹浦一

蔣委員長爲共黨共赴國難宣言發表談話（民國廿六年九月廿三日）

國民革命之目的在求中國之自由平等，總理曾說明三民主義爲救國主義，即希望全國國民一致爲挽救國家存亡而奮鬥。不幸十年以來，一般國人，對於三民主義，不能真誠一致的信仰，對民族危機，亦無深刻之認識，致使革命建國之過程中，遭受不少之阻礙，國力固因之消耗，人民亦徇受犧牲；遂令外侮日深，國家益趨危殆。此數年間，中央政府無日不以精誠團結共赴國難相號召，而國人昔日之懷疑三民主義者，亦均以民族利益爲重，放棄岐見，而共趨一致，是證國民今日皆已深切感覺存則俱存，亡則俱亡之意義，咸認整個民族之利害，終超出於一切個人一切團體利害之上也。此次中國共產黨發表之宣言，即爲民族意識勝過一切之例證。宣言中所舉諸項，如放棄暴動政策與赤化運動，取消蘇區與紅軍，皆爲集中力量救亡禦侮之必要條件；且均與本黨三中全會之宣言及決議案相合。而其宣稱願爲實現三民主義而奮鬥，更足證明中國今日只能有一個努力之方向。余以爲吾人革命，所爭者不在個人之意氣與私見，而爲三民主義之實行，在存亡危急之秋，更不應計較過去之一切，而當使全國國民澈底更始，力謀團結，以共保國家之生命與生存。今日凡爲中國國民，但能信奉三民主義而努力救國者，政府當不問其過去如何，而咸使有效忠國家之機會。對於國內任何派別，祗要誠意救國，願在國民革命抗敵禦侮之旗幟下，共同奮鬥者，政府無不開誠接納，咸使集中於本黨領導之下，而一致努力。中國共產黨人既捐棄成見，確認國家獨立與民族利益之重要，吾人惟望其真誠一致，實踐其宣言所舉之諸點。更望其在禦侮救亡統一指揮之下，人人貢獻能力於國家，與全國同胞一致奮鬥，以完成國民革命之使命。總之，中國立國原則，爲總理創制之三民主義，此爲無可動搖無可移易者。中國民族既已一致覺醒，絕對團結，自必堅守不偏不倚之國策，集中整個民族之力量，自衛自助，以抵抗暴敵，挽救危亡。中國不但爲保障國家民族之生存而抗戰，亦爲保持世界和平與國際信義而奮鬥，世界明達之士，必能深切瞭解之也。

中央通訊社刊發蔣介石談話

帶駐有重兵，並專設了日本駐滬海軍陸戰隊司令部，駐滬兵力達三千餘人，且有大批日本艦艇常年在長江、黃浦江沿岸巡弋。

一九三七年八月九日下午，日本海軍陸戰隊的大山勇夫和齋滕要藏，駕車強行衝入虹橋軍用機場，進行偵察活動，中國守軍阻止，日軍開槍射擊，守軍被迫還擊，日軍兩人中彈斃命。這就是所謂的「虹橋機場事件」。事件發生後，駐滬日軍即以此為借口，要挾中國政府撤退駐上海的保安部隊和撤除所有防禦工事。中國政府拒絕了日方的這一無理要求。於是，一方面，日本動員駐滬海軍陸戰隊及日僑義勇團備戰；另一方面，日本陸軍迅速向上海調動，飛機也開始進行頻繁的偵察活動，而且日艦三十餘艘也集中於吳淞一帶。戰爭處於一觸即發的狀態。

中國政府認識到虹橋機場事件是日軍進攻上海的預兆，戰事已不可避免，於是被迫採取了一系列防禦措施：密令駐防滬寧沿線的京滬警備司令張治中，立即率所部第八十七師（王敬久部）、第八十八師（孫元良部）速赴上海周圍佈防；急令在西安的第三十六師（宋希濂部）火速南返，參加上海保衛戰。按照這一部署，八月十二日，第八十七師主力進至楊樹浦一線，第八十八師則在閘北、虹口公園以北一帶佈防。

果不其然，八月十三日，日本海軍陸戰隊以虹口區預設陣地為依託，開始向淞滬鐵路天通庵站至橫濱路的中國守軍開槍挑釁，並在坦克掩護下開始沿寶山路進攻；而且，敵艦也同時開始向中國守軍陣地作縱深轟擊。中國守軍奮起還擊。由此，淞滬會戰拉開了戰幕。

面對日本帝國主義的軍事侵略，上海守軍鬥志高昂，給了日本侵略者以迎頭痛擊。八月十四日，中國軍隊在挫敗日軍的挑釁後，立即主動向敵軍出擊，並打算乘日軍援兵未到，一舉殲滅在滬之敵軍，然後再與來援之敵決戰。與此同時，中國空軍還轟炸了黃浦江上日艦和楊樹浦日本海軍陸戰隊司令部，並與日本航空隊展開了激烈空戰；中國海軍也積極出動參戰，在破壞江陰以下長江航路標誌的同時，還徵用商船和老式艦艇沉於長江底，以阻塞長江航道。經過幾天作戰，國民黨軍第八十七師、第八十八師從左右兩翼縮小了對敵軍的包圍圈，浦東日軍被迫放棄了三菱、太倉、日清等公司的倉庫和碼頭。隨後，在掃清了日軍前哨陣地之後，第八十八師又發動了對虹口日本海軍陸戰隊司令部的進攻，日軍憑藉堅固的防禦工事和艦炮的支援，進行頑抗。

與此同時，蔣介石下達全國總動員令，並將全國臨戰地區劃為五個戰區，滬杭地區為第三戰區，馮玉祥任司令長官，顧祝同任副司令長官，陳誠為前敵總指揮，決定以主力集中華東地區，迅速掃蕩淞滬敵海軍基地，阻止後續敵軍登陸。

八月十七日，中國軍隊再次向虹口、楊樹浦方面的日軍發起反擊。第八十七師攻佔日軍海軍俱樂部，並擊退敵軍多次反撲。第八十八師在八字橋、法學院、虹口公園等處與日軍進行反覆爭奪。八月十九日，從西安趕來的宋希濂所部第三十六師加入戰鬥，與第八十八師、第八十七師一起，再次發起了強大攻勢。經過晝夜激戰，中國軍隊一舉突破了日軍陣地，攻入匯山碼頭。但是，日軍憑藉其堅固工事頑抗待援，中國軍隊進展十分困難。戰鬥陷入了膠著狀態。

淞滬抗戰中，第五軍的機關槍隊在進行對空作戰

八月十五日，日本政府發表聲明，聲稱「為了懲罰中國軍隊之暴戾，促使南京政府覺醒，於今不得不採取之斷然措施」。

同日，日軍下達編組上海派遣軍的命令，以松井石根上將為司令官，作戰任務為「與海軍協同消滅上海附近的敵人，佔領上海及其北面地區的重要地帶」。

八月二十三日，日本上海派遣軍司令官松井石根率敵第三、第十一師團和第六、第十三師團一部，在張華濱、川沙口強行登陸，企圖通過側翼包圍，佔領上海。隨之，中國軍隊的第九集團軍（張治中部）、第十五集團軍（陳誠部）、第十九集團軍（薛岳部），與登陸增援的日軍在上海市區以北、瀏河以南和長江西岸地區展開了血戰。九月下旬至十月初，日軍第一〇一、第九、第十三師團等增援部隊陸續在上海登陸，加入到上海派遣軍中開始投入作戰。至此，日軍總兵力達三十餘萬人。此後，由於大批援軍的陸續到達，日軍逐漸由守勢轉變為攻勢。

為了適應戰場形勢的這一轉變，南京政府決定淞滬戰場的浦東方面由張發奎指揮，淞滬近郊方面由張治中指揮，江防方面由陳誠指揮，重點防守沿吳淞、寶山、月浦、瀏河等一線。蔣介石的嫡系部隊，除衛立煌、湯恩伯等部在華北駐防外，其餘幾乎全部投入淞滬保衛戰。而且，桂軍、粵軍、川軍、湘軍、東北軍等戰鬥力較強的部隊也都先後加入了這場大會戰。當時，南京政府軍事委員會能指揮的部隊約為一百八十個師，而投入到這場大會戰中的部隊就達七十三個師七十多萬人。後來，國民黨方面編寫的戰史中這樣記載：

淞滬戰役爆發後，日艦載運大批日軍在楊樹浦一帶登陸

雙方為爭取本會戰之勝利，均盡出精銳，傾力以赴。我軍逐次使用步兵七十餘師、炮兵五團及有限之飛機，面對數倍優勢火力之敵步兵三十餘萬人——（九個師團），戰車百餘輛，山野炮三百餘門，飛機二百餘架，各型艦艇數百艘——在正面二百餘公里、縱深三百餘公里之地域內，浴血苦戰達四月。

儘管日軍援兵源源不斷，且在武器裝備上佔有很大優勢，但直到十一月初，日軍不僅始終未獲得淞滬戰場上的決定性勝利，反而付出了重大代價。在這種情況下，急於在上海方面取得預期戰果的日本統帥部，決心採取新的措施。十一月五日拂曉，日軍採用迂迴戰術，利用大霧、大潮在杭州灣的全公亭、金山咀登陸，對淞滬地區實施包圍。由於中國軍隊部分沿海守備部隊已抽調支援上海市區作戰，猝不及防，因此杭州灣方向的陣地相繼失守。戰局為此急轉直下。十一月六日，日軍第十集團軍佔領金山，並力圖與上海派遣軍實現合圍。在此局面下，蔣介石被迫於兩天後下令中國軍隊全線撤退。十一月九日，日軍佔領淞江。十一月十二日，日軍最終佔領了上海。至此，淞滬會戰結束。

開赴淞滬前線的抗日部隊

淞滬會戰的主戰場在上海市以北地區。這裡地勢平坦，海岸線平直，無險可守。日軍除擁有飛機、坦克、大炮等優勢裝備，握有絕對的空中、地面優勢之外，日軍的軍艦也在長江和黃浦江以艦載重炮對中國軍隊的陣地猛烈轟擊；而幾十萬中國軍隊則只能擁擠在沒有堅固防禦工事、狹小密集的地區內。因此，在取得斃傷日軍四萬多人戰果的同時，在此次大會戰中中國軍隊自身傷亡也高達二十五萬人，損失十分慘重。白崇禧回憶說：

敵人利用淞滬沿海之形勢，發揮陸海空三軍聯合作戰之威力，以裝備之優良，訓練之純熟，發揮各兵種在戰場上之戰力，予我軍創傷甚重。

因為制空權操於敵人，我方之陸航軍之活動完全受了限制。空軍更不敢白日活動，只能在夜間出襲。陸軍若是白日行動，因無空軍之掩護，常受敵軍轟炸騷擾而前進困難。

南京國民政府為什麼要在如此不利的作戰環境中長時間同日軍拚消耗戰呢？大致有兩個原因：一是因為滬寧地區關係到南京國民政府的核心利益，對這一地區它不願輕易放棄；二是因為其時蔣介石仍然對美、英和國聯進行干預寄予過多期望。一個生動的例子是，在此次會戰最為關鍵的十一月初，蔣介石還在師以上會議上這樣表示：

九國公約會議，將於十一月三日在比利時首都開會。這次會議，對國家命運關係甚大。我要求你們做更大的努力，在上海戰場再支持一個時期，至少十天到兩個星期，以便在國際上

圖為一九三七年八至十一月淞滬會戰期間前線官兵向日軍射擊

獲得有利的同情和支援。

淞滬會戰雖因敵我力量懸殊和南京軍事當局指揮不當而失敗，但是，在這場「浴血苦戰達四月」的大會戰中，中國官兵同仇敵愾，鬥志昂揚，並以劣勢裝備與敵人奮勇拚搏，斃傷日軍四萬多人，從而粉碎了日本帝國主義速戰速決的企圖。中國人民在浴血奮戰中所展現出的英雄氣概，正是中華民族不畏強暴、勇於獻身、寧死不屈精神的生動體現。

三、血戰台兒莊

台兒莊是山東省嶧縣的一個小鎮（今屬棗莊市），位於津浦線台棗（莊）支線及台濰（坊）公路的交會點，扼京杭大運河的咽喉，也是黃淮重鎮徐州的門戶，戰略位置十分重要。

一九三八年三至四月，中國軍隊在這裡同日本侵略軍進行了一次大規模的會戰，擊敗了日軍兩個精銳師團，取得了正面戰場的首次大捷。

一九三八年初，在佔領上海、南京等大城市以後，日本國內強硬派的主張進一步抬頭。他們認為，日軍已在中國戰場上取得了決定性的勝利，下一步的作戰重點應是以南京和濟南為基地，從南北兩路沿津浦鐵路夾擊徐州，一舉打通津浦線，以實現其貫通南北兩個戰場，並循隴海線西進，取道鄭州南下，佔領中國抗戰的中心城市——武漢，迅速滅亡中國。

中國淞滬守軍撤退後，日軍分路向南京進攻，中國軍隊在南京外圍組織防禦

徐州地處要衝，是中原和武漢的重要屏障，也是黃淮之間一個十分重要的交通中樞。取得徐州這個戰略要點之後，在作戰部署上「便可南可北，可東可西」。正因為如此，南京國民政府十分重視此次徐州會戰。為了阻止日軍進攻，中國軍事當局調集六十萬軍隊，在國民黨第五戰區司令長官李宗仁的指揮下，進行徐州會戰。在會戰中，李宗仁親臨前線，並力排眾議起用了張自忠和川軍王銘章的部隊。第五戰區的官兵也決心與侵華日軍進行一場殊死決戰。李宗仁對他們說：

諸位和我都在中國內戰中打了二十餘年，回想起來，也太無意義。現在總算時機到了，幸而未死，今後如能死在救國的戰爭裡，也是難得的機會。

日軍打通津浦線的作戰計劃，分為兩個階段：

第一階段為南路主攻，北路助攻，作戰時間從一九三八年一月二十六日至二月二十一日，差不多一個月。日本華中方面軍四個師團，由畑俊六指揮，渡江北犯。中國軍隊李品仙部第十一集團軍、廖磊部第二十一集團軍，以及于學忠、張自忠等部在淮河兩岸與日軍展開激戰，雙方形成隔河對峙的局面。在北路助攻方面，日本華北方面軍所屬第十師團沿津浦鐵路南進。第五戰區副司令長官兼第三集團軍總司令韓復榘消極避戰，主動放棄濟南，致使北線門戶洞開，日軍長驅直入。日軍第五師團佔領青島後，即沿膠濟鐵路西進，以圖與第十師團會師台兒莊，合攻徐州。中國守軍龐炳勳部在臨沂與日軍展開血戰。在危急關頭，張自忠率部趕去增援，前後夾擊日軍，日軍倉皇撤退，縮入莒縣。與此同時，在北路助攻的日軍，也沒有取得實質性的進展。

第二階段為北路主攻，南路防守。日軍擔任北路主攻任務的是磯谷廉介的第十師團和板垣征四郎第五師團，這兩個師團由左右及津浦正面三路齊頭並進。在左翼，日軍第十師團瀨武旅團於二月二十五日，以其主力渡過黃河，向嘉祥等地進攻。第三集團軍孫桐萱、曹福林兩個軍與日軍苦戰多日，嘉祥失而復得，魯西第五戰區左翼轉危為安。在右翼，日軍第五師團由青島登陸後，經濰坊轉南猛攻臨沂，張自忠親率第五十九軍與龐炳勳第四十軍協同作戰，血戰五晝夜，斃傷日軍四千人。臨沂之戰告捷，粉碎了日軍第十、第五師團會師台兒莊的原定計劃，打亂了日軍原定的作戰部署。

在左右兩翼均受到重大打擊的情況下，北線日軍第十師團一部仍沿津浦線正面孤軍深入。三月十四日，日軍第十師團瀨谷支隊向滕縣發起攻擊，遭到了中國守軍的猛烈還擊。由此，拉開了台兒莊戰役的序幕。

台兒莊戰役爆發後，日軍在坦克、重炮和數十架飛機的掩護下，連續四天一次又一次向滕縣展開強攻。面對五倍於己的日軍，中國守

台兒莊戰役

軍捨生忘死，奮勇殺敵。滕縣多處城牆被炮火摧毀，日軍突入，兩軍展開了驚心動魄的肉搏戰，全城陷入一片火海之中。危急關頭，中國守軍第一二二師師長王銘章親臨城中心十字街口督戰，並率軍登上城牆與敵周旋，後不幸中彈，壯烈殉國。三月十八日，滕縣陷落。王銘章所部的英勇精神，極大地激發了中國軍隊的抗日鬥志。為此，毛澤東為王銘章題寫了一副輓聯：

奮戰守孤城，視死如歸，是革命英雄本色；
決心殲強敵，以身殉國，為中華民族爭光！

日軍主力一部沿台棗線進犯台兒莊。圖為中國軍隊在莊外進行阻擊

緊接著，三月二十日，瀨谷旅團又佔領嶧縣，並企圖沿台棗支線向台兒莊急進，一舉攻佔徐州，奪取打通津浦線的首功。第五戰區在偵知了日軍的戰略意圖後，隨即制訂了台兒莊作戰計劃：(1)命孫連仲第二集團軍的三個師沿運河佈防，並固守台兒莊；(2)命湯恩伯第二十軍團三個軍讓開津浦線正面，以誘敵深入，待日軍主力進到台兒莊時，即潛進南下拊敵之背，協同孫連仲第二集團軍將日軍包圍並殲滅之。

三月二十三日，擔任台兒莊守備的中國軍隊池峰城第三十一師，派出騎兵連北上誘敵，同日軍在康莊發生遭遇戰。隨即，日軍在空中、地面的優勢火力掩護下，連日向台兒莊發動猛攻，但均被中國守軍擊退。由於台兒莊戰役關係重大，三月二十四日，蔣介石親自到徐州督戰，並派副參謀總長白崇禧、軍令部次長林蔚、廳長劉斐等組成臨時參謀團，在徐州協助李宗仁指揮作戰。蔣介石還下達死守台兒莊的命令，稱：「如果失守，不特全體官兵應加重懲，即李長官、白副參謀總長、林次長亦有處分。」

中共對台兒莊戰役也給予了積極有力的支持與配合。白崇禧到達徐州指揮作戰前，周恩來、葉劍英就在漢口與他舉行了會晤，並建議第五戰區在津浦南段與新四軍協作，採取運動戰為主、游擊戰為輔的聯合行動，以牽制日軍；在徐州以北則採取陣地戰與運動戰相結合的方針，守點打援，各個擊破。周恩來還派張愛萍以八路軍代表的名義到徐州與李宗仁會見，向他提出作戰建議。而且，在台兒莊戰役進行中，津浦鐵路南段的張雲逸所部新四軍和北段八路軍第一二九師一部，不斷襲擊日軍，在戰略和戰役上積極配合台兒莊作戰。

三月二十四日，日軍兩千餘人在飛機大炮的配合下，再次對台兒莊發起猛攻，並摧毀了該莊北部城牆。中國守軍一八六團奮勇抵抗，全部殲滅從城牆突破口衝入的日軍一部。二十五日，日軍又向南洛進攻。中國守軍一八五團隨即主動出擊，行至劉家湖，發現日軍大炮十餘門正向台兒莊猛烈開炮，該團三營營長高鴻立即率領全營士兵，赤臂揮刀，衝入敵陣中。正激戰中，日軍忽然有坦克二十餘輛，步兵千餘人，向高營猛撲過來，一八五團團長王郁彬聞報，急率該團一、二兩營趕赴增援，雙方血戰兩小時，王郁彬、高鴻立受傷，兩名營長戰死，全團官兵傷亡慘重。二十七

第五戰區的工兵部隊在台兒莊南部的運河上架橋

日，日軍攻破台兒莊北門，衝入莊內。二十八日夜，日軍瀨谷旅團第六十三聯隊又猛攻台兒莊西北角，圖奪取西門，截斷中國守軍第三十一師師部同莊內聯絡的唯一通道。情況十分緊急，第三十一師派出五十七名敢死隊，身穿日軍服裝，跑步進入日軍陣地，同日軍展開英勇的肉搏戰，打退了日軍的進攻。台兒莊戰役中，日軍不斷增加兵力，猛攻台兒莊，並多次突入莊內，中國守軍則誓死守城，雙方展開了犬牙交錯的拉鋸戰，戰況極為慘烈。

隨著戰局的變化，第五戰區果斷命令第二十軍團放棄攻擊嶧縣、棗莊計劃，以主力向南轉進，協同第二集團軍殲滅台兒莊之日軍。按此計劃，三月三十一日，中國軍隊在外圍將進攻台兒莊的日軍完全包圍。攻擊臨沂的日軍坂本支隊趕向台兒莊方向救援，但遭到中國軍隊的阻擊。

圖為台兒莊戰役中的一支中國增援部隊

陷入中國軍隊包圍的日軍瀨谷支隊猶作困獸之鬥，開始再度猛攻台兒莊。四月三日，日軍突入城內。經過激烈的拉鋸戰和肉搏戰，日軍攻佔了台兒莊的東南門，全莊三分之二亦被日軍控制，中國守軍則退至該莊西北角一隅，一邊作拚死抵抗，一邊等待友軍增援。戰況千鈞一髮。就在此時，在台兒莊中央防線北面作戰的湯恩伯軍團第五十二軍，在底閣、楊樓一帶大敗來增援的日軍坂本支隊。這一勝利，既解除了台兒莊東北方面的威脅，也使參加會戰的中國軍隊士氣大振，從而對台兒莊的日軍形成了內外夾攻之勢。日軍陣線隨之動搖，準備擇機北撤。

四月六日，瀨谷旅團長下令日軍自台兒莊內外撤退。當晚八時，中國守軍抓住戰機，全線發起反攻。湯恩伯軍團執行莊外包圍，孫連仲集團軍負責正面清掃。九時半，台兒莊北園上的日軍火藥庫被中國軍隊炮火摧毀，日軍軍心動搖。雙方戰至深夜，台兒莊內日軍殘敵被全部肅清。次日凌晨，中國守軍又衝出台兒莊，乘勝追擊，並一舉殲滅了劉家湖、三里莊等地的日軍。瀨谷旅團殘部向嶧縣、棗莊撤退。至此，台兒莊戰役以中國守軍的勝利而結束。

台兒莊戰役歷時近一個月。中國軍隊共投入二十四個師約二十萬人的兵力，擊敗了日軍兩個精銳師團約四萬人，殲敵一萬多人，並繳獲日軍大炮三十一門，輕重機槍一千餘支。此次戰役是繼八路軍平型關大捷後全國抗戰的又一個重大勝利，也是抗戰以來正面戰場的第一次大勝利，極大地鼓舞了全國軍民的抗戰信心。捷報傳開，武漢市十萬人舉行示威遊行，全國各地也都歡欣鼓舞，慶祝台兒莊大捷。四月十七日，周恩來在武漢各界第二次抗戰擴大宣傳週第五日的廣播詞中對此次戰役給予了高度評價。他說：

這個勝利雖然是初步的，但它的意義卻很偉大。第一，我們摧毀了日本強盜最精銳的兩個師團——板垣與磯谷。第二，我們繳獲了日本強盜許多新式武器，如大炮、坦克車、步槍、輕重機關槍及其他的戰利品。第三，證明了我們二期抗戰中戰略戰術的進步和成功。第四，證明了我們部隊戰鬥力的提高和戰鬥情緒的旺盛。第五，證明了我們各戰區各戰線以及各戰場上的配合動作收了成效。第六，證明了戰區中軍民合作的成績與游擊戰爭的發展。第七，愈加暴露了敵人兵力不夠、軍紀敗壞與戰鬥力不強等等弱點。所以，這次勝利雖然在一個地方，但它的意義卻影響戰爭全局，影響全國，影響敵人，影響世界。

四、「中業興，須人傑」

在發動侵華戰爭期間，日本帝國主義還極力在中國推行奴化教育和愚民政策，冀圖在思想、文化和教育等領域，蒙蔽、麻醉和腐蝕中國人民的靈魂，特別是泯滅青少年的民族精神。

為此，在東北地區，日本帝國主義一面取締中國的語言和歷史，禁用「中華」字樣、中國地圖與中國文史教材，一面又瘋狂迫害中國知識分子，以此來摧殘中國人民的民族意識和愛國精神，使之成為日本統治者的順民，從而把東北地區變成「大陸的日本國」。在關內，日本帝國主義則主要通過操縱新聞媒體等方式，大肆宣揚「中日滿親善」，服務其殖民統治。七七事變後，日本在北平、天津、南京和上海等地，先後辦起了一百三十九種主要報紙，建立五十多座電台。日本侵略者還指使各地的漢奸政權，在各大中小學培植漢奸和親日派，並依據其奴化中國的方針，實行反共、媚日、賣國教育，以便實現滅亡並長期統治中國的野心。

對中國的文化教育事業，日本侵略者採取了大力破壞的行徑，並有意識地將中國的高校作為其主要破壞目標。僅在抗戰爆發後的一年時間裡，據統計，截至一九三八年，全國一百零八所高校中，便有九十一所高校受到日軍的各種破壞，十所完全遭破壞，二十五所因戰爭而陷於停頓；教職員減少了百分之十七，學生減少了百分之五十。「員生流離轉徙，不遑居處，而設備欠缺，圖書損失，教學與研究之進行，困難孔多，精神上之損失，尤不可以數計。此種學術文化上之浩劫，實為中外空前所未有。」「此項損失，實為中華文化之浩劫。」中國的教育和文化事業也因此面臨著被日本帝國主義摧毀的嚴峻形勢。

七七事變後，為保存中華民族的文脈，培養國家的未來人才，並使中國的文化教育事業能夠在戰亂中得以延續和發展，中國政府在實行民族工業大遷移的同時，決定將沿海、沿江地區的高校西遷，在西南和西北建立新的教育基地。為此，一九三七年八月，南京國民政府頒佈《戰區內學校處理辦法》，要求戰區各學校「於戰事發生或逼近時，量予遷移，其方式得以各校為單位或混合各校各年級學生統籌支配，暫行歸併或暫行附設於他校」。為了加快推動高校內遷工作，南京政府還專門制定了一些鼓勵和扶持高校內遷的具體舉措。如，對內遷學生給予生活補助；因戰爭而失學的學生，只要持有同等學力證明便可免試入學；對文化程度差的學生開辦「先修班」進行補習；對在校生開始酌量減免學雜費，後來又實行了公費教育制度，等等。這些措施，對高校內遷和發展戰時高等教育事業產生了積極作用。

平津淪陷後，中華民族面臨著空前的存亡危機。為此，南京國民政府採取緊急措施，加緊了平津地區的高校內遷，命令平津兩地六所大學分別遷往湖南長沙和陝西西安。其中，清華大學、北京大學、南開大學等高校遷往長沙，並組成長沙臨時大學。該校於一九三七年十月正式開學，到校學生一千四百多人，教師一百五十多人。到一九三八年春，由於長沙屢遭轟炸，該校又被迫遷往昆明，並改名為「國立西南聯合大學」。北平大學、北平師範大學、北洋工學院等遷往了西安，改名為「國立西北聯合大學」。隨著日本侵華戰爭的逐步擴大，東南沿海其他地區的中央大學、復旦大學、浙江大學等許多高校也都陸續內遷。

當時內遷的高校，主要分佈於四川、雲南、陝西、貴州等四省。其中四川最多，僅重慶一地就集中

日本在佔領區全面加強政治壓迫、經濟掠奪、文化奴役。圖為日軍在淪陷區強迫兒童接受「中日親善」的奴化教育

了二十五所高校；貴州原來連一所大學也沒有，此時也雲集了眾多的高等學府。

東南沿海地區的高校內遷至中國內陸腹地，大致依循三條路線：一是平津地區的高校大多數選擇南下湖南、雲南等地；二是華東地區的高校大多數選擇沿長江而上，遷至重慶、四川等地；三是廣東、福建等地的高校，主要選擇向西、向北的路線，進入粵西北和閩西北地區。從一九三七年全面抗戰爆發到一九四四年豫湘桂戰役，全國共進行過三次大規模的高校內遷。第一次是從全面抗戰爆發到一九三八年，內遷高校達五十六所，佔中國當時高校總數九十七所的百分之五十八。第二次是從一九四一年底至一九四二年上半年，內遷高校達二十一所，佔總數的百分之二十二。第三次是從一九四四年二月到同年十二月，由於國民黨當局在豫湘桂戰場上大潰敗，導致原內遷的二十一所高校再度內遷。

國立西南聯合大學簡陋的校舍

面對日本帝國主義的瘋狂侵略，在高校內遷的過程中，廣大師生表現出了高昂的愛國熱情和不畏艱難的奮鬥精神。浙江大學先後四遷，輾轉五千餘里；同濟大學則先後六遷。總計抗戰期間全國高校搬遷次數多達三百餘次。在高校內遷過程中，師生背負行裝背井離鄉，忍受著飢餓和疲勞，輾轉奔波，翻山越嶺。他們往往白天趕路，晚上倒臥於乾草之中，其艱辛可想而知。但是，身懷愛國熱情的廣大師生卻始終士氣高昂，在內遷過程中，他們一路高唱救國救民的歌曲，並向沿途民眾散發關於抗日救亡的小冊子，進行了廣泛的抗日宣傳。內遷之初，生活條件和教學條件十分艱苦，許多學校只能借用舊廟宇或者祠堂等做校舍，教室則往往是泥牆草頂，外面下大雨，裡面下小雨，外面雨已停，裡面還在滴。教師們的生活也十分困苦，薪金只能按七成發放，且還要支付各種捐款，所剩寥寥無幾。物價暴漲，生活十分艱難。但儘管如此，內遷的師生卻都保持著滿腔的愛國熱忱和高度的民族責任感。正如西南聯合大學校歌中所唱的那樣：

> 千秋恥，終當雪；中興業，須人傑。便一成三戶，壯懷難折。
> 多難殷憂新國運，動心忍性希前哲。待驅除仇寇復神京，還燕碣。

規模空前的高校西遷，不僅保存了中國高等教育的基本力量，使原本基礎薄弱的高等教育事業並未因戰火的摧殘而夭折，還促進了中國比較落後的中西部地區文化教育事業的發展，使中國的文化教育事業「絃歌得以再續，薪火得以相傳」。

全國抗戰爆發後，在高校內遷的同時，文藝界人士和抗日文化青年在「到大後方去」、「到延安去」的口號影響下，也紛紛奔赴內地。在此背景下，重慶、成都、昆明、桂林、西安、延安等後方城市薈萃了全國各行業的菁英，人才雲集。以重慶為首的大後方匯聚了當時中國文化教育界的大部分菁英人物和中國當時的主要文化機構和團體。據不完全統計，僅遷至重慶的文化機構和團體就有上百個。對此，郭沫若曾經說過：「抗戰的大後方是中國的文藝復興時期。」

在這種大背景下，中共中央提出要廣泛爭取知識分子參加抗日民族解放戰爭。毛澤東等中共領導人一再強調，在中國民族革命中知識分子是「首先覺悟的成分」，具有「先鋒作用」和「橋樑作用」，

「工農沒有知識分子幫忙不會提高自己，工作沒有知識分子不能治黨治國治軍」，「沒有文化的軍隊是愚蠢的軍隊」，因此要積極地、刻不容緩地去同日本帝國主義、國民黨「搶」知識分子。按照這一思想，在抗戰初期中共中央就確定了大量吸收、爭取知識分子的方針。按照這一方針，在敵佔區，要動員中心城市的知識分子到廣大農村，組織與領導群眾，發動游擊戰爭，開展敵後抗日根據地和游擊區的工作；在敵遠後方，「要經過青年學生在內地開展文化教育救國運動，建立一些公開合法的救亡團體」；在敵近後方，「要輸送大批幹部、學生和文化人到鄉村中去」；在陝甘寧邊區，則要「吸收全國青年來邊區，給以必要的教育以影響全國」。在這個政策推動下，各地共產黨組織進行了卓有成效的工作，大批知識分子也開始湧向延安抗日根據地。到一九三八年，甚至出現了全國各地成千上萬青年知識分子奔赴延安的熱潮。

成千上萬的青年知識分子的到來，為延安、為中國共產黨、為中國革命注入了新的巨大活力。適應這種形勢，為了培養成千上萬的軍事、政治、經濟、文化教育等方面的幹部，中共中央在邊區先後創辦了中共中央黨校、中國人民抗日軍事政治大學（簡稱「抗大」）、陝北公學、馬列學院、延安中央研究院、延安大學、魯迅師範學校、魯迅藝術學院、中國女子大學、延安自然科學院、中國醫科大學、邊區行政學院、邊區師範學校、邊區農業學校、邊區民族學院等學校和各級各類訓練班。實踐證明，這些學校和各級各類訓練班的相繼創辦，不僅為邊區建設培養了大批幹部，為全國抗戰乃至全國解放培養和儲備了大批幹部，還為抗日根據地的開闢和建設，乃至為奪取抗日戰爭和民主革命的勝利都作出了突出貢獻。

第三節「到敵人後方去」

七七事變爆發後，全國性的抗日戰爭開始。在此形勢下，中共中央於一九三七年八月在陝西洛川召開了政治局擴大會議。

這是中國共產黨在重大歷史轉折關頭召開的一次重要會議。這次會議，為全國抗戰制定了正確路線和戰略總方針，闡明了中國共產黨在抗日戰爭時期的基本政治主張，對推動全民族抗戰和爭取抗戰的最後勝利都具有重大意義。

一、洛川會議

七七事變爆發以後，為了迅速滅亡中國，日軍採取了速戰速決的戰略方針，並同時在華北和淞滬地區開闢了南北兩個戰場，對國民黨軍展開了全面的大規模的戰略進攻。

掌握全國政權的國民黨當局，接受中國共產黨關於團結抗日、一致對外的建議，成為正面戰場的組織者。在抗戰初期的戰略防禦階段，國民黨軍擔負起了抗擊日軍戰略進攻的主要任務，並組織了淞滬、忻口、徐州、武漢等

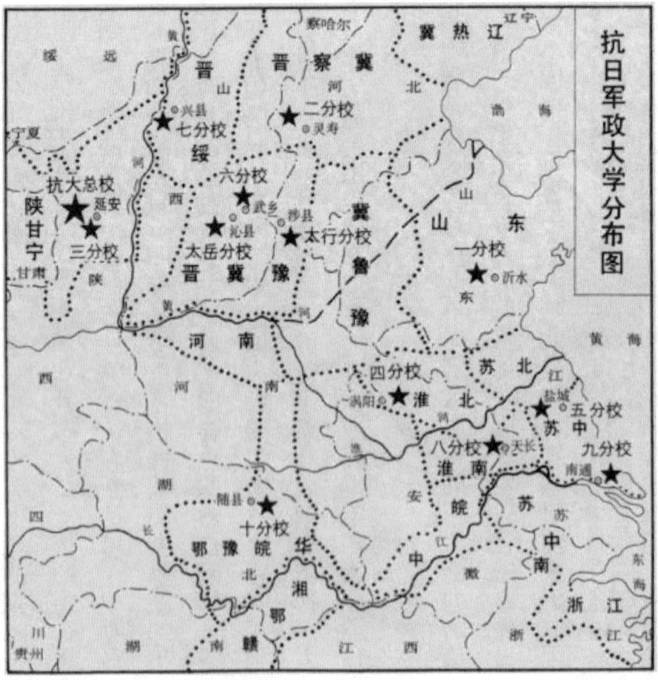

一系列會戰，為國家和民族作出了積極貢獻。特別是一九三八年三月下旬至四月上旬，在第五戰區司令官李宗仁的指揮下，國民黨軍固守地處魯、豫、皖、蘇四省要衝的徐州，並在山東嶧縣台兒莊與日軍展開血戰，殲敵一萬多人，從而奏響正面戰場的第一曲凱歌。

但是，由於國民黨實行的是單純依靠政府及軍隊的片面抗戰路線和消極防禦的戰略方針，因此儘管國民黨軍隊發動組織過幾場大規模的軍事會戰，但從總體上看，都是以退卻和失敗而告終，甚至付出了巨大代價。

一九三七年八月二十二日至二十五日，中共中央在陝西洛川縣馮家村召開政治局擴大會議，深入分析當時敵強我弱的戰爭形勢，明確抗日戰爭的艱苦性和持久性。對於此前國民黨當局的抗日方針，會議通過的《中共中央關於目前形勢與黨的任務的決定》一針見血地指出：

> 國民黨還不願意發動全國人民參加抗戰。相反，企圖把抗戰看成只是政府的事，處處懼怕與限制人民的參戰運動，阻礙政府軍隊與民眾結合起來，不給人民以抗日救國的民主權利，不去徹底改革政治機構，使政府成為全民族的國防政府。這種抗戰可能取得局部的勝利，然而絕不能取得最後勝利。

據此，此次會議確定了中共「全面的全民族的抗戰」路線以及持久戰和積極防禦的戰略方針，並強調：「今天爭取抗戰勝利的中心關鍵，是在使國民黨發動的抗戰發展為全面的全民族的抗戰。只有這種全面的全民族的抗戰，才能使抗戰得到最後勝利。本黨今天所提出的抗日救國的十大綱領，即是爭取抗戰最後勝利的具體的道路。」

毛澤東、張聞天、周恩來、朱德、任弼時等二十三人出席了會議。張聞天主持會議。毛澤東代表中共中央政治局作關於軍事問題、國共兩黨關係問題的報告，全面分析了抗日戰爭的形勢、任務及國共兩黨關係，指出抗日戰爭的持久性，提出八路軍的基本任務和戰略方針，強調共產黨在統一戰線中的獨立自主原則。

就抗日戰爭的前途，毛澤東指出，中國抗戰存在著兩種政策和兩個前途，即全面的全民族抗戰的政策和國民黨的單純政府抗戰的政策，堅持抗戰到勝利的前途和大分裂、大叛變的前途。

就中國共產黨領導的紅軍的基本任務和戰略方針，毛澤東指出，我們的任務是動員一切力量爭取抗戰勝利，最基本的方針是持久戰。八路軍的基本任務是：創造根據地，鉗制和相機消滅敵人，配合友軍作戰（戰略支援任務），保存和擴大八路軍，爭取民族革命戰爭領導權。八路軍的戰略方針是獨立自主的山地游擊戰，包括在有利條件下消滅敵人兵團和在平原發展游擊戰爭。

一九三七年八月，毛澤東主持召開中共中央政治局擴大會議，會議通過抗日救國十大綱領，確定實行獨立自主的山地游擊戰方針。圖為洛川會議會址

就共產黨在統一戰線中的獨立自主原則，毛澤東指出，在統一戰線下是相對的獨立自主，但一定要爭取戰略方針的共同商量；游擊戰爭的作戰原則是分散以發動群眾，集中以消滅敵人，打得贏就打，打不贏就走；山地戰要達到建立根據地，發展游擊戰爭，小游擊隊可到平原地區發展。要堅持抗日民族統一戰線，要鞏固和擴大抗日民族統一戰線，共產黨在統一戰線中必須堅持獨立自主的原則，對國民黨要保持高度的階級警覺性。八路軍主力全部出動要依情況決定，要留一部分保衛中共陝甘寧邊區。

會議通過了《中共中央關於目前形勢與黨的任務的決定》、《中國共產黨抗日救國十大綱領》和毛澤東為中共中央宣傳部門起草的宣傳鼓動提綱《為動員一切力量爭取抗戰勝利而鬥爭》。《中共中央關於目前形勢與黨的任務的決定》指出，中國的抗戰是一場艱苦的持久戰。爭取抗戰勝利的關鍵，在於使已經發動的抗戰發展為全面的全民族的抗戰。要求共產黨及其領導的民眾和武裝力量站在抗戰的最前線，使自己成為全國抗戰的核心。抗日救國十大綱領主要內容是：(1)打倒日本帝國主義；(2)全國軍事的總動員；(3)全國人民的總動員；(4)改革政治機構；(5)抗日的外交政策；(6)戰時的財政經濟政策；(7)改良人民生活；(8)抗日的教育政策；(9)肅清漢奸賣國賊親日派，鞏固後方；(10)抗日的民族團結。

宣傳鼓動提綱《為動員一切力量爭取抗戰勝利而鬥爭》指出：盧溝橋中國軍隊的抗戰，是中國全國性抗戰的開始。為了挽救中國的危亡，全國人民必須堅固地團結起來，為保衛中國而作戰到底。今後的任務是「動員一切力量爭取抗戰勝利」，這裡的關鍵是國民黨政策的全部的和徹底的轉變，特別是在發動民眾和改革政治等問題上。

為在新形勢下加強中國共產黨對軍隊的絕對領導，會議還決定成立中共中央革命軍事委員會，由毛澤東、朱德、周恩來、彭德懷、任弼時、張浩、葉劍英、林彪、賀龍、劉伯承、徐向前十一人組成，毛澤東任書記（亦稱主席），朱德、周恩來為副書記（亦稱副主席）。並確定了八路軍的基本任務是：深入冀、察、晉、綏四省交界地區，開闢敵後戰

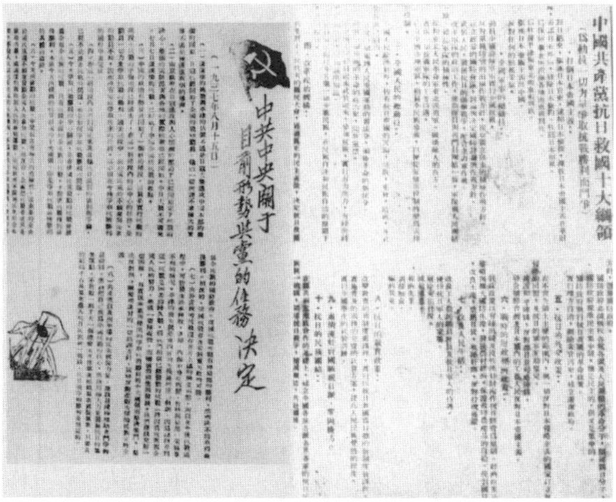
中國共產黨抗日救國十大綱領

中共中央關于目前形勢與黨的任務決定

洛川會議通過的《中共中央關於目前形勢與黨的任務決定》和《中國共產黨抗日救國十大綱領》

場，發動和組織群眾，實行兵民結合，進行獨立自主的山地游擊戰，鉗制和消耗日軍，配合友軍作戰，在戰爭中壯大實力，創建抗日根據地。

洛川會議是中國共產黨在重大歷史轉折關頭召開的一次重要會議。這次會議，為全國抗戰制定了全面抗戰的正確路線和戰略總方針，闡明了中國共產黨在抗日戰爭時期的基本政治主張，明確了紅軍的戰略任務和戰略方針，對進行抗戰和爭取抗戰的最後勝利具有重大意義。

洛川會議之後，鑑於華北局勢緊張，第二戰區司令官閻錫山坐鎮太原指揮的正面戰場告急。按照洛川會議的精神，中共中央軍委命令八路軍第一一五師、第一二〇師和第一二九師從陝西東渡黃河予以支援，開展獨立自主的山地游擊戰爭。

二、「紅軍參戰以來的第一次勝利」

日本軍國主義發動全面侵華戰爭之後，認為只要給中國「有力一擊」，便能在幾個月時間裡迫使中國屈服。但是，事實證明，他們大大低估了蘊藏於中國民眾中那種無窮無盡的力量，也大大低估了中國民眾在生死關頭所表現出來的萬眾一心的凝聚力。這種低估在戰略上的代價，就是自七七事變之後，日本便深深地陷入了中國全民族抗戰的汪洋大海而無法自拔。

七七事變爆發後，日軍於一九三七年七月底佔領北平、天津。

洛川會議上組成了新的中共中央革命軍事委員會，毛澤東當選為主席。圖為毛澤東（中）、周恩來（右）和任弼時的合影

嗣後，日本依仗其軍事優勢，開始對華北、華中等地展開了大規模的戰略進攻。為此，在全國抗日熱潮的推動下，南京國民政府統帥部調動全國軍隊，同時在北線和東線戰場實行防禦戰略，以抵抗日軍進攻。這樣，中日兩軍就同時在南北兩大戰場展開激烈交戰。由中共領導的八路軍和新四軍分屬第二、第三、第五戰區戰鬥序列，也分別參加了各戰區的防禦作戰。

在北線，為了造成「迅速對河北省內的中國軍隊以及中國的空軍主力給予打擊」，「使南京政府在失敗感下，不得已而屈服」，「以期根本解決華北問題」，自恃軍事實力大大超過中國的日軍，組建了兵力達十七萬多人的華北方面軍。日軍倚仗其在裝備、訓練上的優勢，兵分三路，沿津浦、平漢、平綏三條鐵路幹線作扇面式進攻和推進，企圖一舉圍殲在華北地區的中國軍隊。一九三七年九月中下旬，沿津浦鐵路、平漢鐵路南下的日軍，分別佔領河北滄州、保定、石家莊等地，並以一部主力向冀東娘子關推進；沿平綏鐵路推進的日軍，雖在南口受到了湯恩伯指揮的第十三軍的抵抗，但不久即攻陷了張家口和晉北重鎮大同，隨後又進入了山西北部。在此戰局之下，國民黨軍的各個防線不斷被突破，閻錫山指揮的晉綏軍也紛紛向雁門關方向撤退。中日雙方的主戰場隨之轉移到了山西。

山西的戰略地位十分重要，歷來為兵家所必爭。對於山西在抗日戰爭中極為重要的地緣價值，任弼時在一九三八年一月曾有一段精闢的概括。他指出：

> 山西自雁門關以南，井陘、娘子關以西係高原多山地區，對保衛華北地區、支持華北地區戰局，有極重大的意義。敵人要完成其軍事佔領華北，非攻佔山西不可。如山西全境在我軍手中，則隨時可以居高臨下，由太行山脈伸出平漢北段和平綏東段，威脅敵在華北之平津軍事重地，使敵向平漢南進攻及向綏遠的進攻感到困難。故山西為敵我必爭之戰略要地。

正因為山西有如此重要的戰略價值，一九三七年八月底九月初，中共中央、中央軍委即果斷命令八路軍第一一五師和第一二〇師赴山西前線抗日。中共中央給予八路軍的戰略任務是：一方面配合國民黨戰場的蔣（介石）閻（錫山）軍作戰，從側翼阻擊進犯山西之敵，以打擊日軍銳氣和掩護友軍撤退；一方面伺機深入敵人佔領區，密切協同地方黨組織，廣泛組織和武裝群眾，發展敵後抗日游擊戰爭。

按照這一部署，八月三十一日，八路軍第一一五師由韓城縣芝川鎮東渡黃河，開赴以恆山為依託的晉東北地區；九月三日，第一二〇師從富平縣莊里鎮出發，隨第一一五師後東渡黃河，開赴以管涔山為依託的晉西北地區；九月六日，朱德、彭德懷、任弼時、左權、鄧小平等率領八路軍總指揮部從涇陽縣雲陽鎮出發，十五日亦由芝川鎮渡過黃河，二十一日進抵太原，二十三日進駐晉東北五台山南茹村，直接指揮八路軍作戰。

在此前後，為盡快攻陷山西，日軍兵分兩路向太原方向急進：一路由大同進攻雁門關，南下直取太原；一路由蔚縣、廣靈進攻靈丘、平型關，對國民黨第二戰區閻錫山部實行迂迴，並配合沿同蒲路南下之敵奪取太原。九月中旬，由平綏路東段向西南進犯的日本華北方面軍第五師團在由大同向南進犯的察哈爾派遣兵團配合下，迅速向內長城線逼近，企圖突破平型關要隘，殲滅國民黨第二戰區部隊，從右翼

油畫：《東渡黃河》（高泉 繪）

配合華北方面軍主力在平漢路作戰。九月二十日前後，該師團又相繼佔領晉東北的廣靈、渾源和靈丘等地，察哈爾派遣兵團亦進逼晉北雁門關。情況十分危急。

在這種局面下，為了阻滯日軍攻勢，打擊日軍，八路軍總部於九月中旬命令第一一五師進至平型關以西大營鎮待機殲敵。第一一五師在師長林彪、副師長聶榮臻的率領下進至大營鎮後，以三四三旅前出至平型關東南上寨隱蔽集結，三四四旅向上寨機動。九月二十一日，日軍第五師團一部由靈丘向平型關進犯，其後續部隊亦有向平型關開進的動向。針對這一敵情，九月二十三日，八路軍總部命令第一一五師向平型關、靈丘間出動，相機側擊向該線進攻的日軍。

根據八路軍總指揮部的指示精神，第一一五師決定利用在平型關東北關溝至東河南鎮之間長約十三公里的險要地段，配合友軍在平型關的正面防禦，並利用公路兩側居高臨下的有利地形，待日寇進攻平型關時，出其不意，從側後伏擊由靈丘向平型關進犯的日軍。按照這一計劃，當夜，第一一五師部率主力進至平型關東南十五公里的冉莊地區，斷絕交通，封鎖消息，並令該師獨立團、騎兵營向靈丘方向運動，以鉗制和打擊增援平型關的日軍，保障主力側翼安全。

九月二十四日，第一一五師各級指揮員親臨前線偵察敵情，並判斷日軍將於次日大舉進攻平型關，遂命令部隊於當夜冒雨在平型關東北公路的兩側山地設伏，並架通了指揮陣地到各團的電話線，待機殲敵。具體的作戰部署是：以三四三旅第六八六團佔領小寨村至老爺廟以東高地，實施中間突擊，分割殲滅沿公路開進之敵，而後向東跑池方向發動進攻；以三四三旅第六八五團佔領老爺廟西南至關溝以北高地，截擊敵先頭部隊，協同第六八六團殲進入伏擊地域之敵，並阻擊由東跑池回援老爺廟之敵，而後協同第六八六團及防守平型關的國民黨軍夾擊東跑池之敵；以三四四旅第六八七團佔領西溝村至蔡家峪以南高地，斷敵退路，並阻擊由靈丘、渾源方向來援之敵；以三四四旅第六八八團進入東長城村地域為師預備隊。按照這一部署，二十五日拂曉以前，各參戰部隊均完成了各項戰鬥準備。

果如所料，二十五日晨，日軍第五師團第二十一旅團一部四千餘人乘汽車百餘輛，附輜重大車兩百餘輛，沿靈丘至平型關公路西進。七時許，當該敵全部進入第一一五師設伏地域時，由於道路狹窄，雨後路面泥濘，日軍車輛人馬擁擠堵塞，行動十分緩慢。乘此良機，八路軍第一一五師在公路以南的山地上，居高臨下，突然以密集的火力，向日軍發起了猛烈攻擊。日軍的人和車互相碰撞，十分混亂。為了不讓其跑掉，八路軍戰士又在十多里長的山溝裡，迅速將日軍包圍、割裂，並隨即展開激烈的白刃格鬥。經過一天的激戰，最終將平型關以東的日軍全部消滅。是役，是八路軍首次集中較大兵力對日軍所進行的一次成功的伏擊戰，也是全國抗戰開始以來中國軍隊的第一個大勝利，共擊斃日軍精銳第五師團第二十一旅團一千餘人，擊毀汽車一百餘輛、馬車兩百餘輛，繳獲火炮一門、機槍二十餘挺、擲彈筒二十餘具、步槍一千餘支、軍馬五十餘匹及大批軍用物資，取得了全國抗戰以來第一個殲滅戰的勝利。

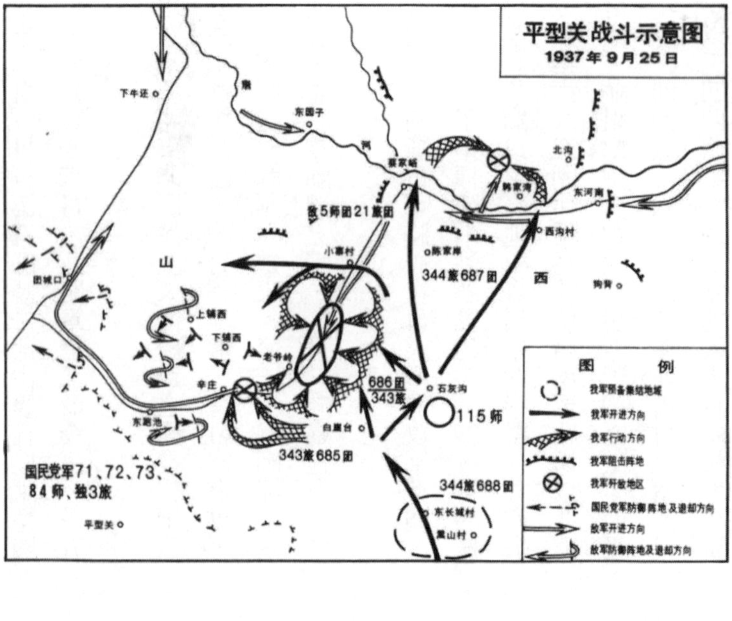

在日軍長驅直入、國民黨軍節節後退的形勢下，八路軍在平型關首戰告捷，不僅破壞了日寇進攻平

型關的計劃，沉重地打擊了日本侵略者的氣焰，粉碎了「日本皇軍不可戰勝」的神話，還極大地振奮了全國軍民的抗戰意志和勝利信心，提高了中國共產黨和八路軍的威望。此次勝利，對於八路軍取得廣大民眾的信賴，以及採取正確的戰略戰術，順利地在敵後發展游擊戰爭，均產生了重大影響。對此，時任八路軍第一二九師三八六旅旅長的陳賡在日記中這樣記載道：

> 這是紅軍參戰來的第一次勝利，也是中日開戰以來最大的第一次的勝利。這一勝利雖然是局部的，但在政治上意義是無窮的：一、證明我黨的主張正確；二、只有積極採取運動戰，游擊戰、山地戰，配合陣地戰，抄襲敵人，才能勝算；三、證明唯武器論的破產；四、單純的防禦只有喪失土地。

一九三七年九月二十五日，八路軍首戰平型關告捷。圖為平型關戰場遠眺

三、粉碎「九路圍攻」

敵後游擊戰爭不僅配合國民黨軍隊在正面戰場上的作戰，直接給予日本侵略者以有力的打擊，並迫使日軍將原先用於進攻的大量兵力轉用於防守其佔領區，從而對破壞和停止日軍的戰略進攻，穩定全國戰局，使抗戰由戰略防禦階段轉入戰略相持階段，起到了重要的作用。八路軍主力部隊開赴抗日前線，開展獨立自主的山地游擊戰爭，採取靈活機動的戰略戰術，多次打退了日軍的進攻。這其中，最為典型的是粉碎日軍對晉東南地區的「九路

圍攻」。

東進山西之後，八路軍第一二九師在分兵發動群眾創建抗日根據地的同時，抓住有利時機，集中兵力消滅敵人。

一九三八年二月，在正太路東段的長生口戰鬥中，該師消滅了由井陘出援舊關之敵一百三十餘人。三月中旬，該師又襲擊黎城，在神頭嶺殲滅了由潞城出援之敵一千五百餘人。三月下旬，該師又在黎（城）涉（縣）間的響堂鋪殲敵四百餘人、摧毀日軍汽車一百八十輛。通過這幾次戰鬥，第一二九師在正太鐵路和邯長路上不僅有力地打擊和鉗制了日軍，也支援了晉西、晉南的友軍。

在連續遭受打擊之後，為消滅或驅逐八路軍主力和在這一地區的國民黨軍，並保障其後方安全，侵入晉東南的日軍決定於一九三八年四月初對晉東南地區發動一次大規模的「圍攻」。四月四日，日軍以華北方面軍第一〇八師團主力及第十六、第二十、第一〇九師團各一部共三萬餘人，採用分進合擊的戰術，由同蒲、正太、平漢鐵路線及長治、屯留等地出動，分九路向晉東南地區大舉圍攻，企圖一舉殲滅八路軍主力和在這一地區的國民黨軍，並摧毀這一地區的抗日根據地。日軍的具體作戰部署是：以第一〇八師團為主力，由長治、屯留及平定各出動一個聯隊，分三路向沁縣、武鄉和遼縣進攻；以第二十師團一個聯隊由洪洞向沁源進攻；以第一〇九師團一個聯隊和另兩個大隊，由太谷、祁縣和榆次出動，分兩路向沁縣和馬坊進攻；以第十六

八路軍在平型關戰役中繳獲的部分戰利品

師團一部由元氏、贊皇、邢台以及涉縣出動，分三路向九龍關、漿水鎮和遼縣方向進攻。這就是所謂的「九路圍攻」。

在獲悉日軍的這一作戰部署後，八路軍總司令朱德、副總司令彭德懷於三月二十四日至二十八日緊急召集了東路軍將領會議。根據日軍準備對晉東南地區圍攻的企圖，此次會議研究和統一了反圍攻的作戰方針，決定在地方部隊、游擊隊的配合下，以八路軍一部鉗制進犯的各路敵軍，另集中主力尋機殲滅敵之一路，以粉碎來敵之圍攻。此外，會議還確定了八路軍和國民黨軍各部的部署和任務，以及動員群眾和進行各項準備工作等。

會後，根據八路軍總部的命令，八路軍第一二九師、第一一五師之三四四旅及山西青年抗敵決死隊第一、第三縱隊等各參戰部隊，迅速在部隊中進行了深入的政治動員工作和粉碎敵人圍攻的誓師大會；並協同各地黨組織及群眾團體，在群眾中迅速開展了廣泛的反圍攻的宣傳和動員工作，發動群眾控訴日軍的暴行。此外，為確保反圍攻戰鬥的勝利，晉東南各地的群眾還在八路軍的指導下，將牲口送進深山，糧食埋進地窖，水井也封了起來，「空室清野」，以使日軍到來時，沒有吃的，沒有喝的，也沒有用的。

按照八路軍總部的作戰構想，四月七日，第一二九師師長劉伯承、副師長徐向前又連夜草擬了一個反圍攻的作戰計劃，報請八路軍總部審定。第二天上午，朱德、彭德懷即覆電劉伯承、徐向前和該師政委鄧小平等人，贊同他們的作戰設想。

隨後，朱德總司令、彭德懷副總司令具體劃分了各參戰部隊的任務：第一二九師三八六旅和三八五旅一部及三四四旅一部，由遼縣以南轉移至敵合擊圈外的涉縣以北地區，隱蔽待機；留在內線的我軍各部和協同作戰的國民黨軍各部，按預定的部署、任務，以游擊戰和運動防禦戰消耗敵人戰力，阻止敵軍深入，為轉入外線的部隊創造戰機。隨後，八路軍總部又令晉察冀軍區和第一二〇師各以一部兵力向平漢、正太、同蒲等鐵路出擊，鉗制日軍，配合晉東南地區軍民的反圍攻作戰。

按照這一作戰計劃，當各路敵軍開始出動時，八路軍各參戰部隊、山西青年抗敵決死隊及駐晉東南地區的國民黨軍，內線、外線相配合，同日軍周旋在溝壑縱橫的太行山上。至四月十日前後，由榆次出犯的日軍，被第一二九師獨立支隊阻滯於闊郊、馬坊一帶；由祁縣、太谷出犯的日軍，被防守該地的國民黨軍第九十四、第一六九師與八路軍游擊隊，阻止於東、西團城地區；由洪洞出犯的日軍，被山西青年抗敵決死隊第一、第三縱隊和國民黨第十七軍等部阻擊於沁源地區；由屯留、長治出犯的日軍，由於國民黨第三軍敗退，迅速侵入晉東南根據地腹地之沁縣、武鄉和襄垣、遼縣；由涉縣出犯的日軍，被國民黨軍騎兵第四師阻滯於麻田地區；由邢台出犯的日軍，被第一二九師先遣支隊等部阻滯於漿水鎮以東；由元氏、贊皇出犯的日軍，被第一二九師游擊支隊和當地游擊隊阻滯於九龍關以東地區；由平定、昔陽出犯的日軍，在第一二九師一部和第一一五師一部的堅決阻擊下，多次變更進攻路線，於十四日才進至遼縣、芹泉地區。至此，六路敵軍均被阻止，只有第一〇八師團三個聯隊分三路侵入晉東南根據地腹地。但是，由於該敵連續作戰，已經處於相當疲憊的狀態，並且孤軍深入，易於被殲滅。在此情況下，八路軍總部抓住有利時機，即令第一二九師主力及三四四旅主力由外線轉回內線，進至武鄉以北地區，尋機殲滅侵入武鄉的這一支孤立之敵。

一九三八年四月，為迎擊日軍的「九路圍攻」，八路軍部隊在進行戰前動員

四月十五日，侵佔武鄉縣城的日軍第一〇八師團一一七聯隊及配屬的騎兵、炮兵、工兵、輜重兵等部共三千餘人，北犯榆社撲空後，倉皇撤回武鄉，並於當日黃昏又放棄武鄉，連夜沿濁漳河東撤。由於當地群眾早已實行「空室清野」，所以日軍處處撲空，連日來沒得吃，沒得喝，處於極度疲憊餓困之中。當得知日軍放棄武鄉城而沿濁漳河東撤的消息後，第一二九師果斷作出了追殲敵人的決定：令該師七七二團和六八九團為左縱隊，七七一團為右縱隊，沿濁漳河兩岸山地實施平行追擊；七六九團為後續梯隊，沿武鄉至襄垣大道尾追敵人。各部隊受領任務後，不顧連日行軍的疲乏，飛速向敵展開追擊。

四月十六日晨，第一二九師奉命殲敵的部隊在武鄉以東的長樂村將日軍大部截住，並迅速發起攻擊。第一二九師七七一團和七七二團各以一部分別向型村、李莊突擊，以猛烈火力襲擊擁擠於道路上的敵軍。在第一二九師猛烈攻擊下，一千五百餘名日軍被截為數段，困在狹窄的河谷裡無法展開。有的日本兵鑽到車底下，有的日本兵趴在死馬後，還有的日本兵晃著旗子、端著刺刀向八路軍陣地反撲，但在八路軍勇士們勇猛的衝殺下，除少數日本兵沒命地逃向山邊的窯洞外，其餘的又被壓回河谷。

隨之，各部隊勇猛衝向敵群，與日軍展開激烈搏鬥。這時已過長樂村的日軍一千餘人，為解救其被圍部隊，向第一二九師七七二團的左翼戴家垴陣地猛攻。防守該地的第十連與敵激戰四小時，打退敵多次進攻，其中一個排全部壯烈犧牲，陣地被敵攻佔。當日十二時，第一二九師六八九團趕到該地，向敵展開猛烈反擊，經反覆衝擊，重新將陣地奪回。當日十四時，由遼縣來援之敵第一〇五聯隊一千餘人，又向六八九團、七七二團陣地猛攻，但均被八路軍阻止，而被圍於長樂村以西之敵，也已悉數被殲。就在這時，遼縣的日軍一千餘人又趕來增援。第一二九師遂決定以一部迷惑、鉗制敵人，掩護主力撤出戰鬥，轉移至雲安村、合壁村等地區隱蔽待機。此次戰鬥，八路軍共殲日軍兩千兩百餘人，重挫日軍銳氣，對粉碎敵之「九路圍攻」起到了決定性的作用。

此後，各路敵軍紛紛撤退，八路軍第一二九師等部也乘勝轉入追擊，並在沁源以南及沁縣、沁源間，在遼縣、和順間，又各殲敵一部。四月二十七日，盤踞長治之敵第一〇八師團向南撤退，當其竄至長子以南的張店等地時，又遭到八路軍的截擊，被殲近二千人。至此，日軍氣勢洶洶的「九路圍攻」被徹底粉碎。

此次粉碎「九路圍攻」，歷時二十三天，不僅殲滅日軍四千餘人，收復縣城十八座，將日軍全部趕出了晉東南，還為此後八路軍向冀南、豫北平原發展創造了有利條件。此次戰役的勝利，不僅打破了日軍企圖用分進合擊的戰術驅逐或消滅八路軍主力的計劃，而且使共產黨和八路軍的威信更為提高。隨後，八路軍第一二九師主力及第一一五師一部以太行山為支點，迅速向冀南、豫北平原發展，使晉冀豫抗日根據地進一步鞏固和擴大。自一九三七年九月平型關初戰到一九三八年十月武漢失守，八路軍、新四軍對日軍作戰一千六百多次，斃傷日軍六萬餘人，先後建立了晉察冀、晉西北、晉冀豫、冀魯豫、蘇南、淮南、豫皖蘇邊等大小共二十四塊抗日根據地。

一九三八年四月十六日，以長樂村急襲戰的勝利，粉碎了敵對我晉東南根據地的九路圍攻。這是繳獲品之一部

敵後戰場的開闢，形成了獨當一面的戰略格局，打亂了侵華日軍作戰前線與後方的劃分，變戰略內線為戰略外線，變被動為主動，變戰略被包圍為戰略反包圍，形成敵後與正面兩個戰場夾擊日軍的有利戰略格局。也因此，敵後戰場的開闢和抗日根據地的建立，成為中國人民堅持長期抗戰的中流砥柱，為

贏得抗日戰爭的徹底勝利作出了巨大的歷史貢獻。

四、《論持久戰》的發表

歷史證明，為了組織和動員全國的抗日力量進行全面抗戰，打敗日本侵略者，奪取抗日戰爭的勝利，就必須明確地提出抗戰的軍事戰略方針，而這個唯一正確的戰略方針，就是實行持久戰。

七七事變前，中共中央就預見到抗日戰爭將是一場持久的戰爭。早在一九三五年十二月，毛澤東就曾指出：「要打倒敵人必須準備做持久戰。」一九三六年七月，他在會見美國記者時，又再次提出要通過持久抗戰取得勝利的方針。一九三七年七月，朱德在《實行對日抗戰》一文中，也指出中國的抗日戰爭「將是一個持久的艱苦抗戰」。

七七事變之後，隨著全國抗戰的開始，中國共產黨又及時提出了關於全國抗戰的戰略方針和作戰原則。一九三七年八月，周恩來、朱德在南京國民政府軍委會軍政部的談話會上，再次提出持久抗戰的思想，指出：全國抗戰在戰略上要實行持久防禦，戰術上應採取攻勢，即實行積極防禦方針；華北戰區須培養獨立持久的作戰能力並由陣地戰轉為運動戰，同時在敵人側翼和後方發動民眾，開展游擊戰爭，破壞敵人交通運輸，鉗制消滅日軍。同月召開的洛川會議，在深入分析中日敵強我弱的戰爭形勢後，又再次強調了抗日戰爭的艱苦性和持久性。洛川會議以後，張聞天、周恩來、劉少奇等相繼發表文章，深入論述抗日戰爭的持久性以及實行持久戰和爭取抗戰勝利的條件、方法，等等。

但是，當時在中國特別是在國民黨內部，對於抗戰卻存在著兩種錯誤傾向：一種是輕敵的「速勝論」。有人認為，只要打三個月，國際局勢一定變化，最大的希望是蘇聯出兵，次之就是美英在上海的干涉。在共產黨內，「亡國論」一般是沒有的，但一些人有輕敵思想，認為依靠國民黨兩百萬正規軍就可使抗戰速勝。台兒莊大捷後，全國的「速勝論」又開始急劇滋長。另一種則是悲觀的「亡國論」。

有人說：「中國武器不如人，戰必敗。」徐州失陷後，「亡國論」又迅速抬頭。國民黨親日派的汪精衛集團便是「亡國論」的突出代表。此外，雖然也有一部分人認為中日之間會是一場持久戰，但是他們對持久戰的理解卻大不相同。如，蔣介石的「持久戰」基本上限定為一種軍事上的指導方針，而在事實上還缺乏廣泛的群眾動員和全民抗戰的群眾基礎；另一些人，包括一些共產黨員，他們雖然也贊同持久戰，但是對於抗日戰爭的客觀規律和中日兩國的實際情況，缺乏正確的認識和科學的分析，因而對戰爭的發展趨勢和結局也缺乏冷靜的思考，等等。

面對當時中國共產黨黨內、軍內乃至全國關於抗日戰爭前途的複雜思想狀況，為了肅清「速勝論」和「亡國論」造成的思想混亂，並初步總結全國抗戰的經驗，批駁當時流行的種種錯誤觀點，從而系統闡明中國共產黨的抗日持久戰方針和爭取抗戰勝利的正確道路，一九三八年五月，毛澤東集中全黨智慧，發表《論持久戰》和《抗日游擊戰爭中的戰略問題》兩篇重要軍事著作。這兩篇重要的軍事著作，不僅從理論上科學說明了抗戰的進程和前途，駁斥了「速勝論」和「亡國論」，透徹地闡述了抗戰必須堅持持久戰的方針，指出了游擊戰在抗戰中具有重要戰略地位，還對持久戰問題進行了全面、系統、深刻的論述，明確指出了抗日戰爭將經過戰略防禦、戰略相持和戰略反攻三個階段，並強調持久戰是抗日戰爭的總的戰略方針，中國的抗戰是持久的，最後的勝利是屬於中國的。

在《論持久戰》一文中，毛澤東提出：「中日戰爭不是任何別的戰爭，乃是半殖民地半封建的中國和帝國主義的日本之間在二十世紀三〇年代進行的一個決死的戰爭。」並強調：「全部問題的根據就在這裡。」他高屋建瓴地指出了中日雙方存在著互相矛盾的四個基本特點，即：敵強我弱；敵退步我進步；敵小我大；敵失道寡助，我得道多助。他認為，第一個特點決定了日本的進攻能在中國橫行一時，中國不能速勝，中國的抗戰不可避免地要走一段艱難的路程；後三個特點則決定了中國不會亡國。據此，他得出了中國既不能速勝也不會亡國，只有經過持久戰，才能取得抗戰最後勝利的結論。他指出：

這些特點，規定了和規定著雙方一切政治上的政策和軍事上的戰略戰術，規定了和規定著戰爭的持久性和最後勝利屬於中國而不屬於日本。戰爭就是這些特點的比賽。

毛澤東還大膽預言：只有戰略的持久戰才是爭取最後勝利的唯一途徑。持久戰將經過戰略防禦、戰略相持和戰略反攻三個階段。通過三個階段，在雙方力量對比上，中國必將由劣勢到平衡到優勢，而日本則必將由優勢到平衡到劣勢。在戰略相持階段，游擊戰應成為主要的作戰形式，而運動戰和陣地戰則為輔助形式。戰略相持階段時間最長，鬥爭也最艱苦，然而抗戰力量的成長壯大也正在這一階段，是持久抗戰轉到最後勝利的「樞紐」。經過戰略相持階段，中國的抗戰力量將轉弱為強，敵我力量也將由此發生根本性變化，從而進入以運動戰為主要作戰形式、陸續收復失地、最後取得勝利的戰略反攻階段。毛澤東指出：

中國將變為獨立國，還是淪為殖民地，不決定於第一階段大城市之是否喪失，而決定於第二階段全民族努力的程度。如

毛澤東在延安窯洞寫作《論持久戰》

能堅持抗戰，堅持統一戰線和堅持持久戰，中國將在此階段中獲得轉弱為強的力量。

據此，毛澤東又引用中外的大量材料，有理有據地駁斥了「亡國論」和「速勝論」。他嚴正指出：亡國論者看敵人如神物，看自己如草芥，速勝論者看敵人如草芥，看自己如神物，這些都是錯誤的。我們的意見相反：抗日戰爭是持久戰，最後勝利是中國的——這就是我們的結論。

毛澤東在抗日軍政大學作《論持久戰》報告（一九三八年）

此外，毛澤東還論述了游擊戰對抗日戰爭的重大意義，並強調爭取抗戰勝利的唯一正確道路是充分動員和依靠群眾，實行人民戰爭。他說：「我在敵後游擊戰爭的廣大發展，則使其佔領地的守軍完全處於被動地位。」「兵民是勝利之本。」「戰爭的偉力之最深厚的根源，存在於民眾之中。」

《論持久戰》是中國共產黨領導抗日戰爭的綱領性文件，它不僅科學地論證了抗日戰爭的發展規律，以無可辯駁的邏輯闡明了爭取抗戰勝利的正確道路，以及奪取最後勝利切實可行的辦法，也指明了必須持久抗戰才能取得最後勝利，從而從思想上武裝了中國共產黨、全軍和廣大人民，極大地鼓舞和堅定了廣大軍民爭取抗戰勝利的信心和決心。吳玉章回憶說：

> 雖然遵義會議從組織程序上確立了毛澤東在全黨的領導地位，但並不十分鞏固。許多來自各地的革命家自覺不自覺地將毛澤東看作是革命的後來者、小字輩。喝過「洋墨水」的教條主義者們認為，毛澤東馬克思主義理論修養不足，內心並不服氣。《論持久戰》的發表，毛澤東以他對馬克思主義哲學的嫻熟運用和對抗日戰爭的透徹分析，征服了全黨同志特別是高級幹部的心。全黨感到黨十多年曲折鬥爭的歷史，終於鍛造並篩選出自己的領袖。這種感情上對毛澤東領袖地位的認同和擁戴，與一般的組織安排絕不可同日而語。

《論持久戰》的發表，使毛澤東贏得了全黨同志發自內心的、五體投地的讚許、佩服甚至崇拜，從而最終確立了在黨內無可替代的領袖地位和崇高威望。

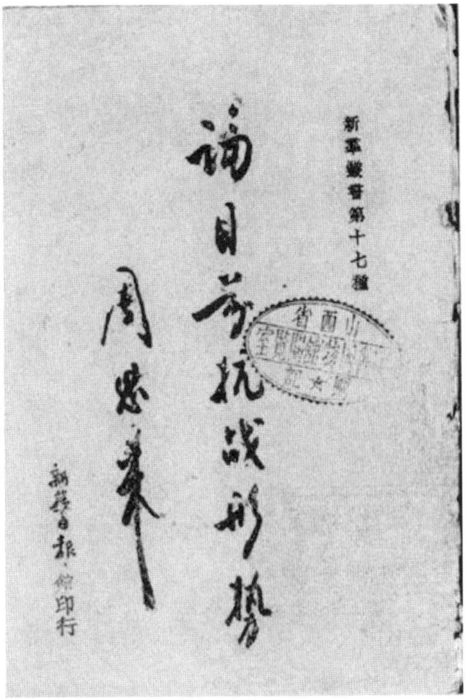

一九三八年，周恩來堅決捍衛毛澤東關於《論持久戰》的科學論斷。他在武漢向黨內外明確指出：「中國抗戰是長期的，不是短期的，持久戰的方針是確定的。日本強盜既不可能一下子把我們趕到中國的『堪察加』，迫上崑崙山；我們也不可能很快地轉弱為強，反守為攻，將日寇強盜趕出中國。因此，抗日戰爭的形勢，正如毛澤東同志所說，須經過持久戰的三個階段，才能取得最後勝利。」後來，這些講話被編成《論目前抗戰形勢》一書出版

第八章
氣壯山河

經過浴血奮戰，一九四五年八月，日本帝國主義最終宣佈無條件投降，中國人民的抗日戰爭取得了偉大勝利。戰爭對中國造成了巨大的人員和財產損失，但戰爭的勝利也極大地提高了中國在世界舞台上的地位。

第一節 艱苦卓絕的全民族抗戰

一九三八年十月下旬，廣州、武漢相繼失守以後，日軍由於戰線過長，兵力不足，被迫停止戰略進攻，中國的抗日戰爭進入一個以戰略相持為特點的新階段。在這個階段，以國民黨為主體的正面戰場和以共產黨為主體的敵後戰場，相互配合、互為支持。

一、「張上將之殉國」

在武漢會戰前，日軍「判斷攻掠武漢後，控制中國心臟地帶，擊滅中國野戰軍主力，並奪取廣州封鎖中國國際通路，可使中國戰力趨於衰竭而至屈服」。但是，當日軍相繼攻克武漢、廣州之後，中國軍民不僅未作屈服，反而以更加大無畏的精神，堅持對日作戰。這就使日軍的既定目標未能達到。為此，一九三八年冬，日軍又制定出新的戰略決策，其主旨是：放棄速決戰策略，而改取持久戰戰略；並企圖依仗局部的有限攻勢、戰略轟炸及遮斷中國的國際補給線，打擊中國的抗戰意志，以求得中國戰事的早日結束。按照這一設想，在此後的數年時間裡，日軍對正面戰場所發動的隨棗會戰、棗宜會戰等數次戰役，均大體上按照「局部的有限攻勢」和「遮斷中國的國際補給線」這兩個目標來進行。

一九三九年四月中旬，日軍大本營開始將戰爭由長江中游轉移到漢水流域。鑑於宜昌、襄樊等據點為江漢要衝、川陝屏障，中國軍事當局將李宗仁第五戰區的主力調至大洪山、桐柏山一帶駐防。一九三九年春，又將湯恩伯第三十一集團軍從湘北調至棗陽駐防。中國軍隊的這一部署，對於佔領武漢的日軍是個重大威脅。為了確保武漢佔領區的外圍，並威逼重慶、四川等地，日本遂於一九三九年五月和一九四〇年五月，先後發動隨棗會戰和棗宜會戰，企圖一舉消滅第五戰區的主力，並佔領隨縣、棗陽、宜昌、襄樊等重要據點，剪除其側翼威脅。為了保衛這些地區，中國軍隊頑強抵抗，並付出了重大代價。

一九四〇年五月，為確保武漢，控制長江水上交通線，日本第十一軍司令官園部和一郎集中約四個師團十五萬人的精銳部隊，發起了攻佔棗陽、襄陽、宜昌等地的棗宜會戰，企圖圍殲中國第五戰區主力。日軍分三路進攻：一路由信陽、明港向桐柏山、唐河進犯；一路由隨縣沿襄花公路向襄陽進犯；一路由鍾祥向棗陽進犯。日軍企圖以中路吸引第五戰區主力，以左、右兩翼構成包圍態勢，將中國軍隊圍殲於棗陽附近。

第五戰區司令官李宗仁將其時在該地區作戰的六個集團軍、二十一個軍、五十六個師，組成左、中、右三個集團軍和機動兵團，進行抗擊。擔任第五戰區右翼兵團司令的是張自忠將軍。

張自忠，一九一一年曾在天津法政學校求學時秘密加入同盟會。一九一四年投筆從戎。一九一七年加入馮玉祥部，歷任營長、團長、旅長、師長等職。一九三〇年中原大戰後，馮玉祥軍事集團被瓦解，張自忠部被蔣介石收編。在一九三八年四月的台兒莊戰役中，張自忠以「拚死殺敵」、「報祖國於萬一」的決心，率部與敵激戰，反覆肉搏，從而確保了台兒莊大戰的勝利。一九三一年後，張自忠歷任第二十九軍第三十八師師長、第五十九軍軍長、第三十三集團軍總司令兼第五戰區右翼兵團司令等職。

張自忠（一八九一—一九四〇），字藎忱，山東省臨清人，抗日將領

一九四〇年五月八日，日軍佔領棗陽，合擊撲空。五月十日，各路日軍又會師唐白河畔。第五戰區主力隨即從外線將日軍包圍於襄東地區，第二、第三十一集團軍及第九十二軍由北向南；第二十九、第三十三集團軍由南向北；第三十九、第七十五

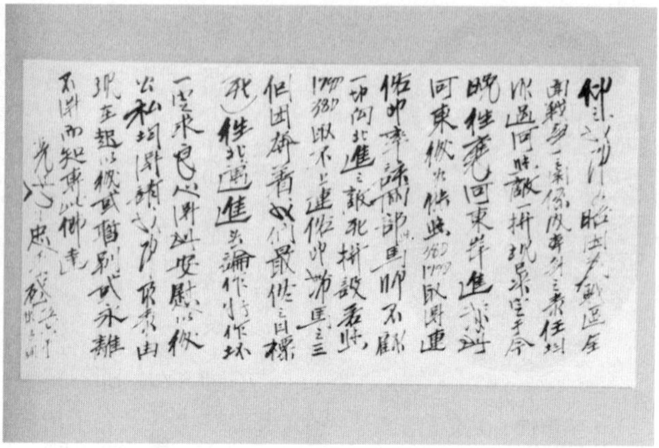

張自忠給其副總司令馮治安的親筆信，信中表達了他為中華民族不怕流血犧牲的決心

軍由西向東予以包圍攻擊；並以第九十四軍襲擊日軍後方，第六十八軍收復明港、桐柏。在中國軍隊的頑強抵抗下，日軍傷亡慘重。至五月十一日，日軍開始陸續向東南撤退，我軍各部則跟蹤追擊，並於十六日一度克復棗陽。在這種情況下，日軍開始向南突圍，並攻破第五戰區第一道防線，直撲襄陽、棗陽。

張自忠本來率部防守襄河以西，知悉這一情況後，身為集團軍總司令兼第五戰區右翼兵團司令的他，毅然率領預備第七十四師和軍部特務營東渡襄河，狙擊來犯之敵。為了鉗制日軍主力，保證友軍的反攻，張自忠抱著必死決心拖住敵人。他寫信給河東的第五十九軍說：「只要敵來犯，兄即到河東與弟等共同去犧牲。」「為國家民族死之決心，海不清，石不爛，絕不半點改變！」渡過襄河之後，張自忠又率部在南瓜店附近將敵截為兩段，截斷了日軍後方補給線，重創日軍。

當日軍偵知張自忠的集團軍總司令部後，隨即集結重兵萬餘人，從南北兩路向張部夾擊。張部僅兩團一營無法抵禦，一直堅持到所部將士傷亡殆盡。張自忠重傷倒地，仍然高喊「大家要殺敵報仇！」彌留之際，張自忠將軍留下最後一句話是：「我力戰而死，自問對國家、對民族、對長官可告無愧，良心平安！」最終壯烈殉國。張自忠將軍率部截敵後路並阻敵西進，粉碎了日軍進攻襄樊、威脅老河口的企圖，使整個戰局為之一變。宜棗會戰中，日軍雖佔領了一些重鎮據點，但始終沒有捕捉到中國軍隊的主力，也未能解除襄樊和大洪山地區中國軍隊對其在武漢的威脅。同年十一月，日軍又以幾個師團第三次向隨棗地區進攻，經過七天七夜的激戰，一無所獲，敵我雙方仍維持原來的態勢。

張自忠是抗日戰爭期間中國犧牲的最高級別的軍事將領。張自忠將軍壯烈殉國後，重慶上萬人哭拜英靈，為其送葬。他的部下悲憤地唱著復仇之歌：「海可枯，石可爛，死也忘不了南瓜店！」表示要堅決為張自忠將軍報仇。翌年五月，其部在當陽地區將圍攻張自忠將軍的橫山武彥擊斃。

一九四〇年八月十五日，延安各界一千餘人隆重舉行張自忠將軍追悼大會。毛澤東親筆為張自忠題寫「盡忠報國」的輓聯。周恩來也在紀念張自忠殉國三週年的《追念張藎忱上將》一文中這樣寫道：「張上將是一方面的統帥，他的殉國影響之大，絕非他人可比。」「張上將之殉國，不僅是為抗戰樹立了楷模，同時也是為了發揮我國民族至大至剛的氣節和精神。」「深覺其忠義之志，壯烈之氣，直可以為我國抗戰軍人之魂！」「這種生死不苟、大義凜然的民族氣節，乃是抗日戰爭中所需要的寶貴精神。」

二、「名將之花凋謝在太行山上」

欺凌一個民族，不可能不喚醒一個民族。中國人民的民族精神，集中體現在中國人民對反侵略鬥爭的無比堅決、堅韌和堅強上。在民族危亡的關頭，英勇頑強的中華兒女敢於前赴後繼、赴湯蹈火。在以中國共產黨為主體的敵後戰場上，這一點表現得尤為突出。

八路軍開赴抗日前線，最初是為配合華北戰場國民黨軍隊作戰，從側翼阻擊進犯山西之敵，以打擊日軍銳氣和掩護友軍撤退的。太原失守後，華北戰局發生了根本性的變化：以國民黨為主體的正規戰爭退居次要地位，而以共產黨為主體的敵後游擊戰爭開始處於主導地位。一九三七年十一月八日，即太原失守當天，毛澤東即敏銳地看清戰局的變化，並對八路軍下一步戰略行動相應地作出新的部署。在致周恩來和八路軍總部朱德、彭德懷等的電報中，他便明確指出：

> 八路軍將成為全山西游擊戰爭之主體。應該在統一戰線之原則下，放手發動群眾，擴大自己，徵集給養，收編散兵，應照每師擴大三個團之方針，不靠國民黨發餉，而自己籌集供給之。

這個方針的基本精神是：八路軍在新的形勢下，應該消除依賴國民黨軍隊的思想，獨立自主地放手發動群眾，壯大自己的力量，在敵後廣大鄉村普遍建立起抗日游擊根據地。為了貫徹這一方針，此後毛澤東又接連發出指示，為八路軍在山西的行動規定了新的方針：

> 山西全省的大多數鄉村使之化為游擊根據地，發動民眾，收編潰軍，擴大自己，自給自足，不靠別人，多打小勝仗，興奮士氣，用以影響全國，促成改造國民黨，改造政府，改造軍隊，克服危機，實現全面抗戰之新局面。

按照毛澤東的這一系列重要指示，開赴抗日前線的八路軍隨即深入敵人佔領區，密切協同地方共產黨組織，廣泛組織和武裝群眾，發展敵後抗日游擊戰爭，並在敵佔區廣大戰略要地的鄉村普遍建立起了抗日根據地。這些抗日根據地的不斷發展壯大，對日軍所佔領的城市和交通路線形成了一種包圍或者側面威脅的態勢。對此，一九三八年二月，毛澤東在會見美國合眾社記者王公達時曾作過詳細闡述。他說：

> 第八路軍現在共在四個區域中進行廣大的游擊戰。第一個區域是平漢、平綏、正太、同蒲四鐵路中

間及其以東以北的地域。這地域擁有堅決反日的一千二百萬民眾，都與軍隊密切結合著，這是一個極大的抗戰的堡壘。第八路軍在這裡已經立穩了腳跟，雖然敵人正在加緊進攻這個區域，但要驅逐他們是不可能的，殲滅更不可能。八路軍的幾個大的東進支隊已迫近津浦線。第二個區域是平綏以南、同蒲北段以西和黃河以東的晉西北地帶。第三個區域是平漢、正太、同蒲中間的晉東南、冀西南地帶。第四個區域是晉西南。他們都與地方人民有密切的聯繫，都隨時猛烈地破壞敵人的後方聯絡線，有了很多大小的勝利，使敵人大減其前進的力量。從這些區域看來，中國失去的不過是幾條鐵路及若干城市而已，其他並沒有失掉。這一實例給全國以具體的證明：只要到處採用這種辦法，敵人是無法滅亡中國的。這是將來舉行反攻收復失地的有力基礎之一。

對此，徐向前元帥也曾這樣回憶道：

那時，有些同志對獨立自主的游擊戰爭方針，不甚了了，總想集中兵力打仗，不願分兵發動群眾。毛主席的這一部署十分及時，對我軍堅持敵後游擊戰爭，發展壯大自己，有重要指導意義。

日本侵略軍最初對八路軍的活動並沒有引起特別重視，但是不久之後，便逐步意識到這個問題的嚴重性。因此，當一九三八年十月廣州、武漢相繼失守，抗日戰爭進入戰略相持階段以後，日軍發現自己的後方受到越來越大的威脅，便立刻掉過頭來，將大量日軍回師華北，推行慘無人道的「殺光、搶光、燒光」的「三光」政策和所謂的「強化治安」，不斷對八路軍所建立的抗日民主根據地進行「掃蕩」、「蠶食」、「清鄉」，敵後抗日根據地的軍民也因此遭到了極大災難。就是在這樣險惡的環境中，八路軍以堅定的信念和意志，緊緊依靠根據地的人民群眾，同日本侵略者展開了殊死搏鬥。

一九三九年十月下旬，日軍華北方面軍第一一〇、第二十六師團，獨立混成第二、第三、第八旅團各一部共兩萬餘人，分多路對晉察冀抗日根據地北岳區進行冬季「掃蕩」，企圖徹底摧毀這一地區的抗日根據地，打通曲（陽）阜（平）間的交通，縮小八路軍的迴旋地區。

為配合這一「掃蕩」，十月二十五日，駐靈丘、淶源的日軍出動一千餘人，向上寨、下關地區發起合擊，企圖圍殲第一二〇師七一五團。該團在雁北支隊的配合下，連續阻擊和襲擾敵人，斃傷兩百餘人。二十八日，日軍被迫撤退。十一月二日夜，退回淶源的日軍獨立混成第二旅團第一大隊等部共一千五百餘人，再次向水堡、走馬驛、銀坊方向進犯，企圖「掃蕩」這一地區。晉察冀軍區和第一二〇師得悉日軍行動後，決心在淶源至銀坊之間的雁宿崖地區設伏，殲敵一路。十一月三日，由淶源城出動的日軍獨立混成第二旅團獨立步兵第一大隊主力，被八路軍部隊設伏殲滅於雁宿崖，全殲敵大佐以下五百餘人。戰鬥結束後，晉察冀軍區第一、第三軍分區即根據敵每遭我重大打擊後必行報復的規律，令部隊迅速脫離戰場轉至機動位置休整，隱蔽待機。

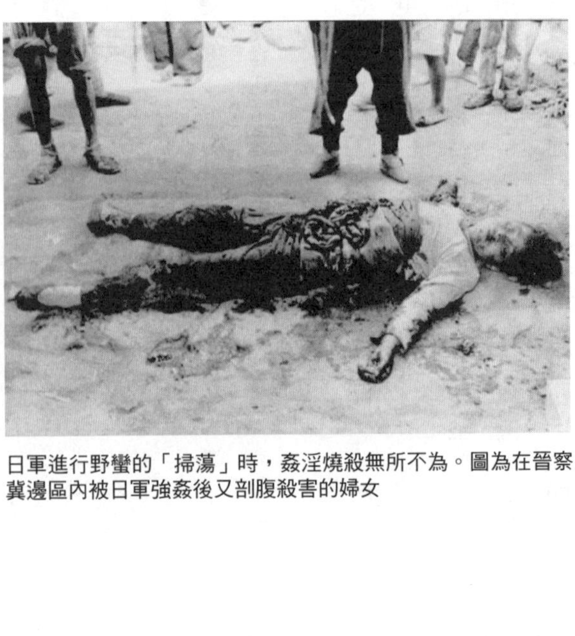
日軍進行野蠻的「掃蕩」時，姦淫燒殺無所不為。圖為在晉察冀邊區內被日軍強姦後又剖腹殺害的婦女

果不其然，雁宿崖殲滅戰之後，自覺丟盡了皇軍「臉面」的日軍獨立混成第二旅團旅團長阿部規秀中將惱羞成怒。阿部規秀畢業於日本帝國陸軍大學，號稱是精通山地戰的「名將之花」。十一月四日

晨，他親率日軍獨立混成第二旅團第二、第四大隊共一千五百餘人，出動數百輛卡車疾馳淶源，企圖尋殲晉察冀軍區第一軍分區主力進行報復。晉察冀軍區得悉這一情報後，決心待敵進至對我有利地區時，集中兵力再次予以打擊。按此設想，晉察冀軍區即令第一軍分區司令員兼政治委員楊成武統一指揮第一、第三、第二十五團，游擊第三支隊，第三軍分區第二團，第一二〇師特務團等，共六個多團的兵力，在民兵配合下，先以少數兵力調動、激怒日軍，再將其誘至有利地形予以殲滅。

戰鬥在河北淶源浮屠峪古長城上的八路軍

十一月四日夜，阿部規秀及所部進至張家墳、雁宿崖、三岔口一線。五日，日軍抵達銀坊，撲空後即大肆燒殺搶掠。在游擊第三支隊、第一團各以一部的不斷誘擊下，六日，日軍繼續沿崎嶇山路向司各莊、黃土嶺進犯，並於當晚抵達黃土嶺、上莊子一線。楊成武決定利用黃土嶺一帶的有利地形，採取伏擊手段殲滅該敵，並命令第一團和第二十五團迅速佔領寨坨附近陣地，截斷敵之去路；令第三團迅速佔領黃土嶺至上莊子以南山地；令第一二〇師特務團接替第三團進至大安，隨時準備加入戰鬥；令第二團尾隨敵後，待敵佔領司各莊後，繞到黃土嶺北面佔領有利地形；令第三支隊控制通往淶源的要道。

十一月六日當夜，日軍發現黃土嶺西北有八路軍部隊活動，感到有被圍殲的危險。七日晨，雖然「警覺」的阿部規秀率部冒雨向上莊子、寨頭方向邊偵察邊交替掩護前進，以避開八路軍主力，繞道返回淶源城，但卻始終未能發現黃土

在黃土嶺圍殲戰中，八路軍用迫擊炮向日軍指揮部轟擊，當場擊斃日軍第二混成旅旅團長阿部規秀

嶺兩側高地上的數千名伏兵。下午三時，當日軍全部進入設伏地域時，預伏的第一團、第二十五團一部突然發起攻擊，第三團和第二團分別從西、南、北三面包圍，展開猛烈攻擊。日軍猝不及防，傷亡十分慘重，急忙搶佔上莊子東北高地，並向寨頭陣地反撲，雙方隨之展開了激烈的山地爭奪戰。經過數小時激戰，日軍被殲過半，餘部被壓至上莊子附近峽谷底部。當夜，日軍殘部連續突圍十餘次，均被擊退。在激戰中，第一團指揮員發現在黃土嶺與上莊子之間的一座獨立房屋附近有多名日軍指揮官活動，即令第一軍分區炮兵連以迫擊炮對其進行襲擊，將阿部規秀當場擊斃。十一月八日，日軍在猛烈炮火和飛機掩護下向上莊子西北突圍。這時，從唐縣、定縣出動的日軍援敵一千兩百餘人已接近黃土嶺，八路軍遂決定撤出戰鬥。此戰，八路軍共殲敵九百餘人，繳獲大量軍用物資，打擊了侵華日軍的氣焰。

擊斃日軍中將指揮官，在中國人民抗戰史上是第一次，為此舉國慶賀。一九三九年十一月，日本《朝日新聞》專門開闢一專欄哀悼阿部規秀在察南黃土嶺戰役「光榮犧牲」，並在其中一篇題為《名將之花凋謝在太行山上》的悼文裡這樣寫道：

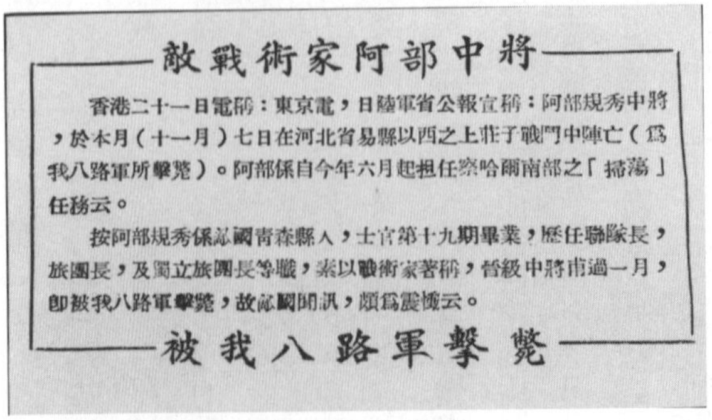

敵戰術家阿部中將

香港二十一日電稱：東京電，日陸軍省公報宣稱：阿部規秀中將，於本月（十一月）七日在河北省易縣以西之上莊子戰鬥中陣亡（為我八路軍所擊斃）。阿部係自今年六月起担任察哈爾南部之「掃蕩」任務云。

按阿部規秀係敵國青森縣人，士官第十九期畢業，歷任聯隊長，旅團長，及獨立旅團長等職，素以戰術家著稱，晉級中將甫過一月，即被我八路軍擊斃，故敵國聞訊，頗為震憾云。

被我八路軍擊斃

香港報刊有關日軍阿部規秀被擊斃的報導

自從皇軍成立以來，對中將級將官犧牲，是沒有這個例子的。這次阿部規秀中將的隆重犧牲，我們知道，將士們一定是很奮力作戰的，戰鬥力已超過了階級的區分。

從一九三八年冬至一九三九年底，八路軍根據中共中央「鞏固華北」的戰略任務，不僅鞏固了敵後抗日根據地，還發展壯大了主力部隊本身。在同日本侵略者的戰鬥中，八路軍不斷發展壯大，其總兵力到一九三八年底已由最初的三萬四千人發展到十五萬六千人，到一九三九年底又發展至二十七萬多人。在整個戰略相持階段，敵後軍民抗擊了侵華日軍兵力（不含關東軍）的百分之六十二到百分之七十五和幾乎全部偽軍。毫無疑問，敵後戰場在抗日戰爭戰略相持階段始終是全國抗日的主要戰場。

三、百團大戰

在抗日戰爭進入最為艱苦的戰略相持階段，一九四〇年夏，日本在德國橫掃西歐、北歐，取得暫時性勝利的刺激下，決心乘美國的戰備尚未完成、英國又無力東顧之機，積極準備實行「南進」政策，攫取英、美、法、荷等國在東南亞和西南太平洋上的殖民地。因而，日本在中國戰場加緊誘迫國民黨投降的同時，繼續以主要力量打擊共產黨及其領導下的軍隊，特別是在華北地區加緊推行所謂的「肅正建設計劃」和以「鐵路為柱，公路為鏈，碉堡為鎖」的「囚籠政策」，企圖摧毀各敵後抗日根據地，鞏固

圖為黃土嶺圍殲戰之後晉察冀軍區司令員聶榮臻（前左一）和一分區司令員楊成武（前左二）視察部隊

其佔領區，使中國成為其「南進」的後方基地。

為了粉碎日軍的圖謀，打破其「囚籠政策」，爭取華北戰局更有利的發展，克服國民黨政府對日寇投降的危險，並影響全國的抗戰局勢，一九四〇年七月二十二日，八路軍總部發出《戰役預備命令》。該命令提出，為打擊敵之囚籠政策，擊破敵進犯西安之企圖，爭取華北戰局更有利的發展，決定乘青紗帳和雨季時節，出動二十二個團的兵力，破襲正太鐵路。「戰役目的，以徹底破壞正太線若干要隘，消滅部分敵人，收復若干重要名勝關隘要點，較長期截斷該線交通，並乘勝擴大拔除該線南北地區若干據點，開展該路沿線兩側工作，基本是截斷該線交通為目的。」

八路軍的進攻戰役首先在正太鐵路發起，因此開始稱為正太戰役。在華北交通線中，正太鐵路佔著十分重要的地位，它橫越太行山，既是連接平漢、同蒲兩鐵路的紐帶，也是日軍在華北的重要戰略運輸線之一，因此日軍佈有重兵把守。按八路軍總部原來規定，參戰兵力不少於二十二個團。但戰役發起後，由於八路軍廣大指戰員和抗日根據地民眾痛恨日軍的「囚籠政策」，因此各部投入了大量兵力，計晉察冀軍區三十九個團、第一二九師（含決死隊第一、第三縱隊等）四十六個團、第一二〇師（含決死隊第二、第四縱隊等）二十個團，共一百零五個團，二十餘萬人，還有許多地方游擊隊和民兵參加作戰。當彭德懷、左權在八路軍總部作戰室聽取戰役情況匯報，得知實際參戰兵力達到一百零五個團時，左權興奮地說：「好！這是百團大戰。」彭德懷也說：「不

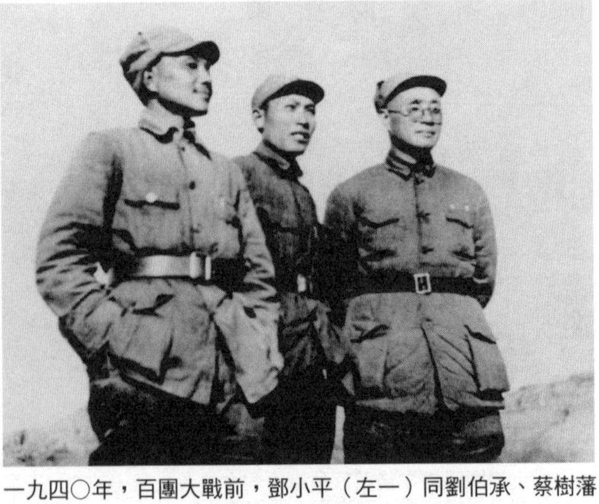

一九四〇年，百團大戰前，鄧小平（左一）同劉伯承、蔡樹藩在武鄉

管一百多個團，乾脆就把這次戰役叫作百團大戰好了！」就這樣，正太戰役後來逐步發展成為百團大戰。

此後，從一九四〇年八月二十日至一九四一年一月二十四日，八路軍各部向華北日軍佔領的交通線和據點，發動大規模進攻。百團大戰大致經歷了三個階段：

第一階段，從一九四〇年八月二十日至九月十日，其中心任務是交通總破擊，摧毀和截斷華北敵軍交通，作戰重點是徹底破壞正太鐵路。

八月二十日，戰役發動後，中共晉察冀軍區出動幾十個團的兵力，在聶榮臻的指揮下，襲擊正太路東段、北寧路、津浦路北段等線，並接連攻克娘子關、井陘等車站和據點，破壞鐵路，殲敵獨立第四、第八混成旅團千餘人，繳槍千餘支。此外，八路軍還在井陘煤礦礦工的幫助下，迅速攻佔了該礦區；並經過五晝夜，破壞了該礦的全部設備和交通，使之很長時間不能修復。井陘煤礦是敵人在華北的重要軍需資源基地，這裡的燃料除供應侵華軍使用外，大部運往日本。與此同時，晉冀魯豫的第一二九師，在劉伯承、鄧小平指揮下，出動四十多個團，進攻正太路中段、平漢路等線，並攻佔了一批敵佔車站和據點。至此，正太路全長四百餘里，三分之二被破毀，長期不能通車。在冀南，第一二九師還破壞了大小公路，炸毀了平漢路上的幾座鐵橋，破壞了這段鐵路，並燒掉安陽敵機場的三架飛機。晉西北的第一二〇師和抗日決死隊第二、第四縱隊共出動二十二個團，在賀龍、關向應指揮下，不僅破擊同

一九四〇年八月至十二月，八路軍在華北發動百團大戰。圖為彭德懷副司令員在前線指揮作戰

蒲路及忻縣等地公路，攻佔了陽方、康家會等據點，還在陽曲南北阻敵增援正太路。

在八路軍的接連打擊下，從九月五日起，向正太鐵路南側反擊的日軍獨立混成第四旅團主力，被迫陸續回調壽陽、盂縣地區，並向晉察冀軍區部隊反擊。在此情況下，八路軍總部遂決定於九月十日起結束第一階段的作戰。在這一階段作戰中，由於部署周密，準備充分，部隊行動迅速，充分利用了戰役的突然性，因而取得了重大勝利。

第二階段，從九月二十日至十月上旬，其主要作戰任務是擴大第一階段戰果，向交通線兩側及在根據地內對我威脅較大的據點進攻。在這一階段中，經過短暫的休整，八路軍又投入了新的戰鬥。第一二九師主力，在九月二十三日分兩路展開攻勢，左路至二十五日攻克榆社等四個據點，殲日軍近一千人，繳獲大量軍火。在晉察冀，八路軍先後對淶源和靈丘縣城發起進攻，並攻下周圍許多據點，殲滅日偽軍一千餘人。此外，為了配合淶靈之戰，冀中部隊還對任丘、河間等地區發起作戰，攻克二十多個據點，破壞了泊頭鎮至東光段津浦鐵路和公路三百里，殲日偽軍一千五百餘人。與此同時，第一二〇師主力也在同蒲路忻口等地開展破擊戰，襲佔據點多處。

第三階段，從同年十月六日至一九四一年一月二十四日，其中心任務是反擊日軍大規模報復「掃蕩」。在這一階段，遭到八路軍突然襲擊而陷入一片混亂的日軍，惱羞成怒，急忙調集重兵對各敵後抗日根據地進行「報復掃蕩」，並將其「掃蕩」重點定為中共中央北方局、八路軍總部機關及第一二九師師直機關和中共邊區黨政機關所在地晉東南麻田、左會、海縣、偏城一帶。日軍所到之處，實行「三光政策」，燒殺搶掠，無所不用其極，使得抗日根據地遭受重大摧殘。八路軍在彭德懷的親自指揮下，先截擊、尾擊敵人，待敵疲憊，於關家塪將敵一部包圍，經過數天激戰，殲滅敵第三十六師團岡崎大隊大部，並狠狠打擊了增援之敵。其他各地的軍民，也逐一粉碎了敵人空前殘酷的野蠻「掃蕩」。

在歷時四個多月的百團大戰中，八路軍在地方武裝和廣大人民群眾的緊密配合下，共進行大小戰鬥一千八百二十四次，斃傷日軍兩萬餘人、偽軍五千餘人，俘虜日軍兩百八十餘人、偽軍一萬八千餘人，拔除敵偽據點兩千九百多個，破壞鐵路九百四十八里、公路三千餘里，車站、橋樑、隧道兩百六十餘處，繳獲步馬槍五千四百餘支、輕重機槍兩百餘挺以及大量武器、彈藥和軍用物資。八路軍自身也付出了傷亡一萬七千餘人的代價。百團大戰沉重地打擊了日本侵略軍，嚴重地破壞了他們的「囚籠政策」和戰略計劃，鼓舞了全國人民抗戰勝利的信心，提高了八路軍的聲望，鍛鍊了部隊，並向全世界表明了中國共產黨及其所領導的軍隊，是抵抗日本侵略的中流砥柱，是爭取抗戰勝利的希望所在。

百團大戰中八路軍攻克河北淶源縣東團堡後歡呼勝利

第二節 抗戰相持階段的危機

在抗日戰爭進入戰略相持階段以後，面對日軍殘酷的「掃蕩」和「清鄉」，八路軍和新四軍在敵後戰場進行著艱苦卓絕的奮鬥。而此時，國民黨卻開始加緊推行令親痛仇快的反共摩擦活動，並逐步以政治反共為主轉向以軍事反共為主。

在這種情況下，不打退國民黨的軍事進攻，就不能堅持抗戰；不鬥爭，就不能維護抗日民族統一戰線。

一、「人若犯我，我必犯人」

在武漢、廣州失守前，日軍大舉向中國內地發起進攻。國民黨軍隊在正面戰場上的許多作戰行動，需要八路軍在敵後戰場拖住或擾亂日軍的進攻步伐。因此，蔣介石對八路軍深入敵後戰場，開闢和發展抗日根據地，並沒有表示明確反對。但是，隨著抗日戰爭進入戰略相持階段後，由於正面戰場日軍壓力的減輕，以及看到八路軍及新四軍在敵後戰場的迅速壯大，蔣介石的態度迅速發生了急劇變化。正如朱德所說：

開始時，蔣介石讓共產黨、八路軍到敵後去是想借刀殺人，想把猴子放在太上老君的八卦爐裡燒，看你活得成活不成。可是，沒有想到，共產黨、八路軍在敵後不但沒有被消滅，反而迅速發展壯大起來，這下把他們嚇死了。武漢失守後，他認為這樣下去，抗戰勝利了，中國是共產黨的；抗戰失敗了，中國是日本人的。

一九三八年十月，日軍佔領武漢、廣州後，停止了對正面戰場的戰略進攻，開始採取以鞏固佔領區為主的方針，將兵力部署在大中城市和交通線上。此後，日軍對正面戰場採取以政治誘降為主、軍事進攻為輔的方針，壓迫和引誘國民黨和國民黨政府妥協屈服，破壞抗日民族統一戰線。國民黨也從積極抗日逐步倒退為消極抗日。

一九三八年十二月，蔣介石在陝西武功縣召開軍事會議。這次會議不再邀請八路軍的領導參加，並無理要求取消在華北敵後業已發展起來的抗日民眾運動，取消民主抗日政權，八路軍退出河北。這是蔣介石對共產黨和八路軍的方針發生變化的明顯信號。

一九三九年一月，國民黨在重慶召開了五屆五中全會，確定了「溶共、防共、限共、反共」的方針，並設立了專門的「防共委員會」。此後，在山西、河北等地，國民黨軍隊不斷製造反共軍事摩擦，企圖逼迫八路軍退出河北等地的抗日根據地，交出在這些地方建立的敵後抗日政權。抗戰初期相對良好的國共合作關係由此開始蒙上一層陰影。

抗日戰爭及國共關係中出現的這些新問題，要求中國共產黨必須適應形勢的發展制定出新的鬥爭策略。

一九三九年六月十日，面對國民黨掀起的日益高漲的反共活動，毛澤東在中共延安高級幹部會議上談到了對這個問題的認識。他說：「目前形勢的特點在於：國民黨投降的可能已經

一九三九年春，國民黨發動了第一次反共高潮。圖為中共根據地軍民集會，反對國民黨的反共投降活動

成為最大的危險，而其反共活動則是準備投降的步驟。國民黨投降的可能是從抗戰開始就存在的，不是今天突然發生的，但成為時局的最大危險，則是目前政局中的現象。國民黨反共也是從統一戰線建立時就存在的，不是今天突然發生的，但把反共作為直接準備投降的步驟，則是目前的實際。」他認為，之所以出現這種形勢，是由於三方面因素造成的，即：一、日本的誘降政策；二、國際的壓力；三、中國地主資產階級的動搖。據此，他提出「積極幫助蔣與督促蔣向好的一邊走，仍然是我們的方針」。他說：「蔣對於共產黨存在著敵意，這是他自己表示的事實，我們必須嚴防他及其部下破壞我黨，這是毫無疑義的。」「但蔣對抗戰在某種情況下不能堅持的可能是存在的。即在那時，我們如何表示，還要慎重考慮。當然，那時不能不有表示，但須是適當的表示，應以有利團結多數抗戰、有利國共繼續合作為原則，而不能隨便地輕率地恢復『反蔣』口號。」「積極幫助蔣與督促蔣向好的一邊走，仍然是我們的方針。」

對國民黨的進攻，必須進行堅決的反擊，堅持「以鬥爭求團結的政策」，不能無原則地遷就退讓。這樣才有利於支持和發展進步勢力，爭取和團結中間勢力，最大限度地孤立頑固勢力，從而達到克服投降危險，爭取時局好轉，堅持長期抗戰的目的。據此，一九三九年一月十二日，在出席中共中央書記處會議討論反摩擦問題時，毛澤東指出：「我們的原則是：人不犯我，我不犯人；人若犯我，我必犯人。」

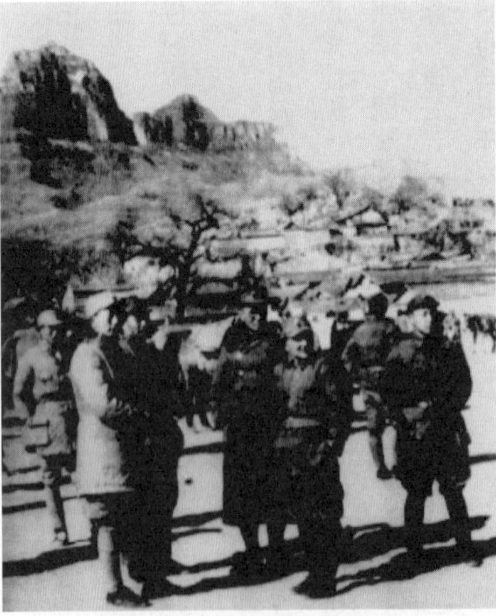

一九四〇年春，圖為反摩擦戰鬥前鄧小平（右三）同朱德（右五）、劉伯承（右四）、聶榮臻（右六）等在八路軍總部山西遼縣桐峪鎮

同年二月四日，他又在陝甘寧邊區第一屆參議會閉幕會上批評國民黨五屆五中全會所確定的「反共、溶共」方針，指出：「為國為民的共產黨是絕對不應當溶化的，應當溶化的是那些發國難財、吃摩擦飯的頑固分子和其他的壞東西。國民黨鼓吹的『一個主義』、『一個黨』的謬論應該取消。」並強調：「對付國民黨的『摩擦』，用『人不犯我，我不犯人；人若犯我，我必犯人』的原則。」

二月五日，毛澤東在中共中央黨校又作了題為《反對投降主義》的講話，在這個講話中他又深入系統地談到了這個問題。他說：「要達到抗戰必勝、建國必成的目的，中心的任務就是要鞏固和擴大抗日民族統一戰線。」並強調：

我們的原則是：人不犯我，我不犯人；人若犯我，我必犯人。要記取陳獨秀投降主義使大革命遭受失敗的教訓，反對政治上的軟弱症，使自己的力量增強起來，才能鞏固與擴大抗日民族統一戰線，戰勝日本帝國主義。

與此同時，國民黨卻在日本帝國主義的政治誘降和英、美對日採取綏靖主義政策的影響下，逐步走上了消極抗日、積極反共的道路。一九三九年一月，國民黨五屆五中全會以後，國民黨即在全國各地不斷挑起反共摩擦，製造流血慘案。三月至十一月，國民黨先後在山東的博山、河北的深縣、湖南的平江、湖北的鄂東和河南的確山製造流血慘案，殺害中國共產黨黨政軍人員達千餘人。十一月，國民黨又在五屆六中全會上進一步確定了以軍事反共為主、政治反共為輔的方針，並發出了進攻八路軍、新四軍的密令。十二月，以胡宗南部進攻中共中央所在地陝甘寧邊區和以閻錫山部進攻晉西地區的山西新軍和八路軍為起點，國民黨掀起了第一次反共高潮。

對於國民黨在抗戰中可能出現的動搖妥協與分裂倒退危險，中共中央及時提出批評和勸告，敦促其放棄反共政策，堅持團結抗日。同年七月七日，中共中央針對抗戰中出現的日趨嚴重的妥協投降和分裂、倒退的危險，在紀念抗戰兩週年的宣言中，提出了「堅持抗戰、反對投降」，「堅持團結、反對分裂」和「堅持進步、反對倒退」三大政治口號，號召全國人民同國民黨中的投降、分裂和倒退的頑固勢力作鬥爭，堅決抗戰，直到最後勝利。八月十九日，中共中央又在給八路軍和新四軍的指示中明確指出：「我黨我軍對於局部武裝衝突的立場是明確的自衛原則，人不犯我，我不犯人；人若犯我，我必犯人。」在國民黨掀起了第一次反共高潮之後，中共中央又及時告誡全黨全軍準備應付突然事變。十二月二十三日，中共中央在對時局的指示中又指出：準備對付局部的突然事變。同時，要求八路軍、新四軍在華北、西北、中原一帶，凡遇頑固派的軍事進攻，均應「在有理又有利的條件下，堅決反抗之」，「絕不輕言退讓」。

八路軍各部遵照中共中央的指示，先後在陝甘寧邊區對胡宗南部，在山西省對閻錫山部，在晉冀魯豫地區對石友三、朱懷冰部的進攻實行了自衛反擊作戰。

國民黨在一九三八年十月武漢失守後，便以統一「軍令」、「政令」為借口，宣稱陝甘寧邊區政府為「非法組織」，「絕對不能令其存在」。為達到取消邊區政府的目的，國民黨先後調集胡宗南等部及地方武裝共三十餘萬人，從北、西、南三面對陝甘寧邊區實施包圍，配合當地反共勢力製造摩擦與流血事件。

從一九三八年十二月至一九三九年十月，國民黨在陝甘寧邊區製造的反共摩擦和軍事挑釁事件達一百五十餘起。面對國民黨一次又一次的武裝挑釁，中國共產黨從抗日大局出發，多次派出代表與國民黨談判，力求避免武裝衝突。同時加強陝甘寧邊區的防禦力量，並命令第一二〇師主力由冀中返回晉西北，第三五九旅由恆山地區返回陝甘寧邊區。同時令留守兵團調整陝甘寧邊區的防禦部署，以警備第四、第五團進駐鄜縣（今富縣）；以警備第三、第八團增防關中地區，並成立了關中警備司令部，以加強作戰的指揮，準備迎擊國民黨的大規模軍事進攻。

一九三九年十二月初，國民黨軍胡宗南部對陝甘寧邊區發動新的軍事進攻。為揭露國民黨破壞團結抗戰的罪行，十二月下旬，八路軍留守兵團司令員蕭勁光致電蔣介石等，呼籲停止進攻邊區，恢復團結，勿使事態擴大。八路軍總司令朱德、副總司令彭德懷通電全國，反對槍口對內、進攻邊區。中共中央還及時指示八路軍駐重慶辦事處向蔣介石、何應欽等提出嚴正抗議，要求其撤退包圍邊區的軍隊，恢復八月以前的邊區態勢。此外，為保衛中共中央所在地延安，八路軍還擊退了鄜縣地區的頑固勢力，迫使國民黨暫編騎兵第二師撤至洛川以南。

在陝甘寧邊區軍民的自衛反擊下，國民黨被迫停止對邊區的大規模軍事進攻，從而中共中央的安全得到保障，邊區也得到鞏固。

一九三九年十二月，經過密謀策劃，閻錫山命令其第六集團軍總司令陳長捷，指揮其所屬部隊在永和附近襲擊了山西青年抗敵決死隊第二縱隊第一九六旅旅部；同時，又破壞永和、石樓等地抗日民主政權及「犧盟會」等抗日群眾團體，殺害洪洞縣、蒲縣縣長及位於隰縣的八路軍晉西獨立支隊後方醫院的

一九三九年秋，為了粉碎國民黨的反共陰謀，三五九旅奉命從華北敵後回陝甘寧邊區，保衛中共中央

傷病員，製造了「十二月事變」。

「十二月事變」發生後，中共中央從抗日大局出發，指示八路軍對山西反共舊軍要實行區別對待的政策，繼續爭取閻錫山抗日；同時要求對閻軍嚴加戒備，掩護與支援新軍實行自衛，審慎而堅決地同閻錫山的反共行動進行必要鬥爭。據此，中共晉西北區黨委於同年十二月成立了「晉西北擁閻抗日討逆軍總指揮部」，同時決定以新三五八旅、決死隊第四縱隊、暫編第一師等部，分別向方山和臨縣東北的閻軍反擊，接應決死隊第二縱隊及晉西獨立支隊北上。一九四〇年一月上旬，晉西北新軍和八路軍把閻軍騎兵第一軍驅逐到臨縣附近地區。一月中旬，討逆軍總指揮部指揮新軍和八路軍，在臨縣地區擊潰閻軍騎兵第一軍和第三十三軍各一部，並迫使閻軍於十三日夜退向晉西南地區。與此同時，賀龍、關向應率第一二〇師主力返回晉西北，肅清岢嵐、河曲、保德等地區的武裝七百餘人，並說服進至河曲、保德間的東北挺進軍馬占山部和國民黨第二十二軍高雙成部退回原防地。

不甘心在晉西南、晉西北失敗的閻錫山，又令其在晉東南地區的第八集團軍總司令孫楚率獨立第八旅乘八路軍對敵進行邯長路破擊戰之機，於一九三九年十二月八日至二十六日進攻決死隊第一、第三縱隊，並破壞沁水、陽城、晉城、高平、陵川、壺關、長治等七縣抗日民主政權，襲擊第五專署和「犧盟會」等機關，殺害共產黨員及其他人士達五百餘人，綁架一千餘人。為粉碎蔣、閻軍的進攻，八路軍第一二九師決心集中兵力打擊進攻最積極的閻軍孫楚部，避免與蔣軍發生軍事衝突，以鞏固太岳，逐步恢復太（行山）南根據地。一九四〇年一月中旬，第一二九師殲滅閻軍獨立第八旅一部；二月上旬，又殲滅閻軍暫編第二旅和新編第二師大部。二月二十五日，中共中央派出蕭勁光、王若飛為代表與閻錫山進行談判。閻錫山在反共失敗和蔣介石企圖乘虛而入的情況下，遂與共產黨達成和解協議，並劃定以汾陽經離石至軍渡公路為分界線，南為閻軍防區，北為八路軍和新軍防區。至此，蔣、閻軍採取南北夾擊奪取八路軍太南、太岳抗日根據地的企圖被徹底粉碎。

打退國民黨發動的第一次反共高潮，是中國共產黨在抗日民族統一戰線中採取又聯合又鬥爭政策的勝利，對於實現中共六屆六中全會提出的鞏固華北、發展華中和華南的戰略方針，對於揭露國民黨挑起內戰、破壞團結抗戰的陰謀，阻止其對日妥協投降和爭取時局好轉，都具有重要的意義，贏得了國內外的廣泛同情和支持，維護了抗日民族統一戰線。

二、「淪陷區問題」

抗日戰爭進入戰略相持階段以後，中日之間戰爭長期化的局面已確定無疑。對人力、物力、財力都嚴重不足的日本而言，要想維持在中國戰場的長期作戰、維持其在太平洋戰場上所需要的龐大資源，只能通過加緊對中國淪陷區的政治控制和經濟掠奪。對此，毛澤東曾在一九三九年十月一日所寫的《研究淪陷區》一文中明確指出，「為達其經濟進攻之目的」，日軍「需要對我游擊戰爭的『掃蕩戰爭』，需要建立統一的偽政權，需要消滅淪陷區的我人民的民族精神」，「淪陷區問題，成了抗戰第二階段——敵我相持階段的極其嚴重的問題」。毛澤東說：

中國淪陷區的問題，是日本帝國主義的生死問題。……在目前階段內，敵人侵略中國的方式，正面的軍事進攻，大規模的戰

「十二月事變」中，決死一縱隊在臨（汾）屯（留）公路上阻擊國民黨軍隊進攻

略進攻（某種程度的戰役進攻不在內），如同大舉進攻武漢那樣的行動，其可能性已經不大了。敵人侵略的方式，基本上已經轉到政治進攻與經濟進攻兩個方面。所謂的政治進攻，就是分裂中國的抗日統一戰線，製造國共摩擦，引誘中國投降。所謂的經濟進攻，就是經營中國淪陷區，發展淪陷區的工商業，並用以破壞我國的抗戰經濟。

日本對淪陷區的經濟掠奪，是資源短缺的日本軍國主義發動這場侵略戰爭的重要目標。

九一八事變後，日本直接控制了東北地區的工礦交通業，並通過大量掠奪東北地區的煤炭和鋼鐵等資源，以支持其進一步擴大侵略戰爭所需要的各種物資。為了加緊對中國東北地區的滲透和控制，日本帝國主義一方面趕走原來居住在該地區的中國農民，先後侵佔了佔東北耕地三分之一以上、多達一億六千萬畝的耕地；另一方面，日本帝國主義又從國內大規模向東北地區移民，先後共移入「開拓民」二十四萬人。與此同時，日本還實行所謂的「經濟統制」政策，通過低價收購、殘酷掠奪等方式對廣大農民敲骨吸髓，並勒令農民大量種植鴉片。

七七事變後，日軍對中國沿海、沿江地區狂轟濫炸，使中國這些經濟發達地區的工礦企業遭到了嚴重破壞。隨著抗日戰爭進入相持狀態，為實現其「以戰養戰」的目的，日本又通過採取軍事管理、委任經營、中日合辦、租賃收買等方式，霸佔了淪陷區絕大部分的中國工廠、礦山和交通事業，並大量掠奪中國的各種物資。在日軍所能控制的主要城市和交通要道附近，日軍還強佔土地，設立各種名目的苛捐雜稅，任意強迫農民服勞役等，對淪陷區的農業發展造成了嚴重破壞。

此外，日軍還對游擊區實施大「掃蕩」，除公然搶糧、搶棉之外，還十分野蠻地推行「三光政策」，製造大量慘絕人寰的「無人區」和「人圈」。淪陷區的廣大人民身處亡國奴的境地，境遇十分

開灤礦工罷工
張各莊一萬工人要求撫卹
唐山林西響應有擴大趨勢

（中央社天津廿六日海通電）開灤[illegible]之張各莊煤礦工人一萬人，為要求廠主撫卹受傷礦工，未達目的，頃已開始罷工，該區各總礦工，紛紛響應，唐山與林西二處之礦，亦已罷工，業信開灤公司之其他各礦工，亦將響應罷工運動，英方已要求敵憲兵護送煤礦公司代表赴張各莊。

上海的工人
寧願失業
不為敵用

（中央社上海一日路透電）此間某華人公司招雇之工人一千名，因獲悉該公司當局此舉係受日方之委託，俾得遣送往漢口工作者，故於昨晚紛紛逸去，並痛毆公司老板。

滬汪逆偽機關報
工人反汪壯舉
偽中華日報刊出反汪標語

不給敵人一顆糧
如皋三區農民暴動

冀北我商人
停止與敵交易

中央社香港卅日電：滬大陸報載，據某西人近由平到滬談：自華北敵方當局施行統制貿易以來，中國商人多停止與日人交易

《解放日報》、《新華日報》刊登的淪陷區人民與日偽鬥爭的報導

閩海漁民
拒掛敵旗

（中央社福州十四日電）閩東沿海長樂連江漁民、因拒掛敵旗、敵決不准在敵艦駐泊地帶之西洋島一帶捕魚。

晉北農民不堪敵擾
殺偽官，參加游擊隊

台灣志士
三擊虜門

王克敏女
寧作女工
不願附逆

民族正氣
滬法官紛拒偽命

回民奮起殺日寇

台灣工人抗日
七千礦工與敵作殊死戰
久留米儲油池亦被炸燬

熱愛國青年
搗毀偽警所

汪逆鷹犬
在滬被槍擊

悲慘。他們不僅要在經濟上遭受日本侵略者的殘酷掠奪和壓榨，掙扎在飢寒交迫中，而且連基本人身自由和安全也完全沒有保障。日偽的憲兵、特務、警察等組織，胡作非為，可以任意闖進民宅或在旅店、車站和各種公共場所對中國人進行搜查、抓捕，被抓捕的人無須經過任何合法審訊，就被施以慘無人道的酷刑，遭到殘殺或「下落不明」。此外，日本軍國主義為了擴大戰爭，維護其殖民統治，在其佔領區實行了極其野蠻的勞工政

策，以騙招、強徵、抓捕等各種手段，每年擄掠大批中國青壯年到東北、華北等地以至日本本土充當勞工，強制他們從事各種奴隸般的勞役。中國勞工在日本的殘酷壓搾下，經受的遭遇之慘，死難者人數之多，為人類文明史所罕見。

儘管日本帝國主義殘暴異常，但是，在土地如此遼闊、人口如此眾多、民眾又有著如此強烈愛國情懷的中國淪陷區，日本侵略者要想單單通過自身有限的兵力來實行赤裸裸的軍事統治、政治控制和經濟掠奪，是遠遠不夠的，也是難以持久的。

為了解決這個問題，日本帝國主義決定如法炮製九一八事變後在東北地區建立起偽滿洲國的先例，積極在中國內地扶植建立傀儡政權。

汪精衛早在抗戰前就是親日派。抗戰爆發之初，他便大肆散佈「抵抗就是犧牲」的失敗主義言論，宣傳「戰必大敗」的「亡國論」。身為國防最高會議副主席、國民黨副總裁，他卻對國民黨戰場喪失信心；目睹共產黨領導的部隊深入敵後，不斷壯大抗日力量，他既驚恐，又嫉恨。廣州、武漢淪陷後，汪精衛對於抗戰前途更加悲觀失望。在日本帝國主義的引誘下，他決心賣國投敵。

一九三八年十一月，汪精衛派高宗武、梅思平與日本代表影佐楨昭、今井武夫在上海秘密談判，同月二十日，簽訂《日華協議記錄》。雙方議定：締結反共協定；中方承認「滿洲國」；恢復和平後，除內蒙古等地外，日軍撤退，兩年撤完；日本享有開發中國資源的優先權，等等。汪精衛幻想以這樣的條件換取日本帝國主義撤兵，藉以打擊國民政府內聯共抗日的親英美派，另立親日的中央政府。同年十二月十八日，汪精衛偕妻子陳璧君和曾仲鳴、周佛海等黨羽離開重慶，經昆明叛逃至越南河內。按照日汪預謀，日本首相近衛於十二月二十二日發表第三次聲明，提出所謂「善鄰友好、共同防共和經濟合作」三原則。汪精衛發艷電（二十九日）響應，呼籲重慶政府接受三原則，實質上是向日本投降。

一九三九年四月底，日本派「北光丸」貨船秘密護送汪精衛等潛入日軍佔領下的上海。五月，汪精衛赴日拜見新首相平沼騏一郎和重要閣員，共同議定仍以「國民黨為中心，聯合各黨派，放棄容共抗日政策，建立國民政府」。六月，汪精衛返華，與偽華北臨時政府首腦王克敏和偽維新政府頭目梁鴻志磋商成立偽中央政府。這時，日本為了盡快結束「中國事變」，一面在上海設立「梅機關」，跟汪精衛討論組織偽中央政府問題；一面派人與重慶國民政府代表秘密談判議和條件，代號叫「桐工作」。

由於「桐工作」進展受阻，一九四〇年三月二十日，在日本帝國主義的支持下，以汪精衛為首的偽政權在南京正式成立。汪偽政權以繼承「中華民國」法統自詡，仍稱「國民政府」，依舊以南京為首都，沿用青天白日旗，另加黃色三角布片，上書「和平反共建國」字樣。汪偽政權為爭正統地位，遙奉重慶國民政府主席林森為主席，汪精衛自任行政院長兼代主席。汪偽政權以日本的「善鄰友好」、「共同防共」、「經濟提攜」為指導原則，鼓吹要跟日本「樹立共存共榮之基礎」。汪精衛還發佈命令，號召重慶國民政府軍政人員「回京報到」，「即日停戰，以待後命」，也就是追隨他向日本投降。汪偽政權號稱「中華民國」，

一九四〇年三月三十日，日本指使汪精衛在南京成立偽國民政府，將北平、南京的傀儡政權「中華民國臨時政府」、「中華民國維新政府」合為一體。圖為偽代理主席兼行政院院長汪精衛（前排左三）、偽立法院院長陳公博（前排左二）及各偽院、部長等合影

不過是日本掌中的傀儡政權，其實際「轄區」只有蘇、浙、皖等省大部，滬、寧兩市和鄂、湘、粵、贛、豫、魯等省少部分地區。一九四〇年十一月，汪精衛與日本特使阿部信行在南京簽訂《華（汪）日基本關係條約》及《附屬議定書》、《附屬秘密協約》、《附屬秘密協定》等一系列賣國條約，規定日本得以控制和掠奪中國的各項資源的原則及具體事項，並承認偽滿洲國，從而進一步在法律上確定了汪偽傀儡政權的附庸地位。

汪精衛的公開叛國投敵、賣國求榮，立刻遭到全國民眾的痛斥和唾棄。何香凝發表《斥汪兆銘》的文章，斥責汪精衛「不特民族氣味全無，連做人良心都已喪盡」。上海《譯報》也發表題為《聲討汪精衛及其奸黨》的文章，指出：「汪奸賣國的罪惡現在已是鐵案如山，全國民眾只有一致起來聲討，用『打落水狗』的精神來給這條正要從水裡爬出來的咬人的癩皮狗以致命的打擊。」上海百貨業工會也電呈國民政府，宣稱：「汪精衛以身負黨國重任之人，竟於抗戰局勢好轉之時，謬倡足以亡國滅種之和議，雖三尺童子，亦知其妄。」

汪精衛集團的叛國投敵，激起全國人民的極大憤怒。圖為晉察冀邊區群眾舉行反汪反投降運動大會

汪偽政權賣國殘民，為虎作倀，效忠於日本帝國主義。在政治上，它收編重慶政府降日部隊並收買流氓地痞建立偽「和平建國軍」和特務組織，在其「轄區」內實行法西斯統治，搜捕、殺戮抗日愛國人

士。同時，它還遵照日本政府的旨意，籌劃日、蔣、汪會議，繼續對重慶國民政府進行誘降活動，妄圖瓦解抗日陣線。

此外，在與日軍幾經謀劃之後，汪偽政權又於一九四一年三月成立「清鄉」委員會，決定採取「三分軍事，七分政治」的方針，分期分批實行「反共清鄉」，妄想消滅堅持敵後抗戰的新四軍和游擊隊，徹底摧毀蘇南抗日根據地。同年五月，汪偽政權在南京成立「清鄉」委員會，汪精衛自任委員長，同時在蘇州設立辦事處，訓練警察和特務等「清鄉」人員兩千餘人，準備對蘇常太根據地進行第一期「清鄉」。此後，日軍即在蘇常太根據地周圍集結兵力，並依託城鎮據點、鐵路、公路和河流，利用汽車、摩托車和汽艇等進行巡邏，控制水陸交通，建立封鎖線，構成包圍圈，切斷蘇常太與其他抗日根據地的聯繫。七月，日軍獨立混成第十一旅團主力和偽軍一部，共約一萬五千人，按預定計劃對蘇常太地區實施「清鄉」。敵首先採取分進合擊和梳篦式「清剿」，尋殲第十八旅主力及黨政機關；接著，大量增設據點，並以竹籬笆、鐵絲網和電網等將根據地分割成若干小塊，然後進行分區「搜剿」。同時，派出大量的偽「清鄉」人員，逐鄉編組保甲，建立偽政權。

為支援日本挑起的侵華戰爭和所謂「大東亞戰爭」，在經濟上，汪偽政權搜刮民財，濫發紙幣，圈佔土地，「委託經營」某些工礦企業，強徵糧棉，實行物資統制。他們還以徵集「廢銅爛鐵」為名，在一些地區挨戶收斂各種有色金屬。他們為搜刮民財，正稅之外，濫立苛捐雜稅，另徵附加稅。各縣另有統稅，包括縣稅、團稅、槍桿稅等，名目繁多。甚至公然開徵鴉片煙捐，剝取民脂民膏。在文化教育上，汪偽政權以腐蝕中國人民的愛國意識為職志，推行「新國民運動」，施奴化教育。在外交上，一九四一年十一月，汪偽政權尾隨日本參加《國際防共協定》。一九四三年一月，對英美宣戰，號召效忠日本盟邦，「以同生共死的決心來參加戰爭」。同年十一月又夥同偽滿洲國和東南亞被佔領地區投降日本的泰、緬、菲等國偽政權簽訂《大東亞共同宣言》，為日本建立「大東亞共榮圈」搖旗吶喊。汪偽政權的賣國罪行，罄竹難書。

一九四四年十一月，當日本帝國主義行將覆滅前，汪精衛病死在日本名古屋帝國大學醫院，結束了他的漢奸賣國賊生涯。偽國民政府行政院院長兼代主席的職務由陳公博繼任。一九四五年八月十五日，日本政府宣佈無條件投降；十六日，偽國民政府也宣告解散。同月，陳公博等逃竄日本；十月，被引渡回國。一九四六年至一九四七年，以陳公博為首的一批主要漢奸，先後被處決，受到應得的懲罰。

為了把成千上萬的中國人民從日寇鐵蹄下解放出來，中國共產黨領導的八路軍、新四軍和其他抗日武裝，向敵後淪陷區大步前進，在付出了巨大犧牲之後，不僅在廣闊的淪陷區從敵人手裡奪回了大片領土，也在敵後極端艱苦的環境中創建了一個又一個抗日根據地，從而在飽受外敵蹂躪的土地上，為中華民族燃起了燎原的希望之火。

汪精衛的叛國行為引起全國人民的痛恨。浙江省鎮海縣群眾模仿杭州岳飛廟前宋朝賣國賊秦檜夫婦跪坐的石像，雕刻了汪精衛夫婦的石像（一九四一年日軍登陸後攝）

三、轉折點——一九四四

進入一九四四年，世界反法西斯戰爭形勢發生了巨大變化。在蘇德戰場、地中海戰場、太平洋戰場等世界反法西斯戰爭的各主要戰場，盟軍都取得了決定性的勝利，捷報頻傳，德、日、義法西斯的最後覆滅，已經為時不遠了。在此背景下，一九四四年初，美軍加強了在太平洋戰場上的攻勢，並在相繼佔領了馬紹爾群島各主要島嶼之後，開始大規模出動空軍轟炸日本，兵力迫近日本本土，威脅日本對南洋的海運。

為了挽回在太平洋戰場中的被動局面，同年春天，日軍決定在中國戰場上發動一次大攻勢，以佔領並確保湘桂、粵漢及平漢鐵路南部沿線的戰略要地，實現貫穿中國東北到越南的大陸運輸線，並摧毀美國設立在中國湖南、廣西等地的空軍基地，阻止其對日本本土的轟炸。這次作戰，日本方面稱為打通大陸作戰。因戰爭在河南、湖南、廣西三省進行，也被稱為豫湘桂戰役。

出於防守本土、確保鐵路幹線的戰略需要，日本侵略者高度重視此次戰役，將防衛本土的地面部隊及新式的飛機都調到武漢地區，並從關東軍調來了各兵種部隊，總共調集了五十一萬人，為中日戰爭七年來日軍兵力投入最強大的一次。

此次戰役分兩個階段。

第一階段是河南會戰。在這一階段，日軍從華北方面軍調集了三個師團、一個戰車師團、四個獨立旅團、一個騎兵旅團，總兵力約十五萬人；中國軍隊則集中了十八個至二十個軍，約三十五萬至四十萬人的兵力。四月十八日拂曉，豫湘桂戰役正式爆發。日軍利用新架鐵路從中牟強渡黃泛區，揭開了這一大戰的序幕。接著，兵分三路展開了強大攻勢：第一路西犯鄭州；第二路沿平漢路南迫新

從一九四四年六月二十六日起，國民黨軍隊進行了長達四十八天的衡陽保衛戰。圖為國民黨第九戰區部隊向湘南衡陽增援

鄭進犯密縣；第三路則南侵尉氏，經鄢陵斜出許昌；與此同時，新鄉的日軍也渡黃河逼近鄭州。

四月二十二日，為日軍四面包圍的鄭州陷落。隨後，日軍即以主力部隊向隴海路西段猛進，直逼洛陽；另以一部兵力沿平漢路南下，並於五月一日侵佔許昌；與此同時，原在信陽的日軍也沿平漢路北犯，並於五月八日南北兩路會師西平，從而打通了平漢路南段。在此局面下，山西垣曲的日軍渡河侵犯澠池，並沿隴海路東犯，孟津的日軍也從北面拊洛陽之背，從而對洛陽形成了三面包圍之勢。五月十九日，日軍對洛陽發起攻勢，並於二十五日完全佔領洛陽。日軍只用三十八天即佔領了河南全省，並打通了河南境內的平漢鐵路。至此，豫湘桂戰役第一階段結束。

五月二十五日，即日軍攻佔洛陽的同一天，豫湘桂戰役第二階段——湘桂作戰開始。在這一階段，日本總司令官畑俊六將南京的前進指揮所推進到漢口，並直接指揮作戰；日軍的兵力也以十三個師團為基幹，總計達三十六萬餘人（不含海空軍）。與此相對，中國方面的兵力，在長沙陷落前為十三個至十四個軍約四十個師，在衡陽陷落前為二十個軍約五十五個師。

日軍運用從正面展開的鉗形攻勢，迂迴圍攻長沙。五月二十七日、二十八日，日軍兵分三路在湘北地區對中國守軍發起強大攻勢。六月一日，左翼日軍攻陷平江，進逼瀏陽。六月六日，右翼部隊攻佔沅江，分道攻寧鄉和益陽；中路日軍則渡過汨羅江，攻佔了湘陰縣城。六月十八日，日軍侵佔長沙。長沙陷落後，日軍繼續南下，並先後佔領渌口、醴陵、攸縣，逼近衡陽。衡陽為中國戰場西南方的軍事要地，關係十分重大，因此中國守軍組織起了衡陽保衛戰。六月二十二日，日軍開始向衡陽發動攻擊。由於四萬守軍中的廣大士兵與中下級軍官浴血苦戰，衡陽保衛戰堅持了四十八天，不僅創造了抗戰以來中國軍隊守城的新紀錄，而且給日軍以重大打擊。

湖南戰事結束之後，日軍又西進廣西，並隨即發動了桂柳戰役。在桂柳作戰中，國民黨軍隊潰不成軍。由於國民黨軍隊只顧自己撤退，不掩護浙江、江西、廣東、湖南等地逃到廣西的難民，許多走不動、走不快的難民落在後邊，成批成夥地被日本軍隊集體槍殺，沿途各地到處都有這種慘不忍睹的場面。十一月十日，日軍攻陷桂林、柳州。緊接著，日軍一部又乘機沿黔桂路北犯，並於十二月二日佔領貴州獨山，貴陽隨之告急。與此同時，由北海及雷州方面進犯南寧的日軍，也與越南東犯的日軍，於十二月十六日會於思樂。至此，日軍「打通大陸作戰」的戰略行動告終。在短短的八個月內，日軍從北到南，侵佔了中國二十萬平方公里的國土。這其中，有著富饒的糧食產地，大後方近三分之一的工礦企業，以及六千多萬人口。此外，美、英等國設在桂林、柳州等七個用來轟炸日本本土的空軍基地和三十六個軍用機場，也均被日軍摧毀。日本侵略者戰火延及的地方，到處是焚燒、劫掠、流血和死亡。

國民黨軍隊在豫湘桂戰場上的大崩潰，既是國民黨政府實行消極抗日、積極反共政策所造成的，也折射出了國民黨在政治、軍事、經濟及社會等方面所存在的嚴重危機。

在政治方面，國民黨實行一黨專政和特務統治，扼殺民主，並進行一系列反共反人民的措施，其專制和腐敗一天天明顯暴露出來，民眾安全和自由全無保障，嚴重地喪失了民心。許多人心中的不滿和憤怒在鬱積著、發展著。

在軍事方面，為了保存實力，國民黨把多數裝備優良的部隊從中國東部戰線撤出來，而把非嫡系部隊

一九四四年十月柳州淪陷前，火車上擠滿了難民

派到前線，並以最精銳部隊用於包圍中國共產黨領導的陝甘寧邊區；在戰略謀劃方面，對於日軍可能的進攻，只存僥倖心理，不做充分準備，尤其對日本侵略者傾注全力作軍事冒險毫無預計，加上高級指揮官的腐敗與指揮失當，因此戰爭一來即造成大潰退。

在經濟方面，中國對外的國際通路基本被切斷，物資供應嚴重不足，由此造成了惡性的通貨膨脹和物價飛漲。加之各種苛捐雜稅不斷增加，工農群眾和工薪階層的生活狀況急劇惡化，勞動群眾和公教人員的生活普遍陷入極度困境，生活十分窮困。在經濟一片混亂、物資匱乏的情況下，孔祥熙、宋子文等國民黨政府許多黨政要員利用手中的政治權力，利用壟斷外匯和控制運輸的特權，掌握短缺的資源，囤積居奇，大發國難財，致使國民經濟凋敝，飢民遍野，大城市街頭到處可以看到凍餓而死的難民。戰爭還使大批難民湧到重慶，擠滿街頭。「前方吃緊，後方緊吃」，正是國民黨統治腐敗的真實寫照。對此，經濟學家馬寅初曾憤慨地指出：

> 現在前方抗戰百十萬之將士犧牲其頭顱熱血，幾千萬民眾流離顛沛，無家可歸，而後方之達官資本家，不但於政府無所貢獻，且趁火打劫，大發橫財，忍心害理，孰勝於此。

國民黨的張公權也寫道：

> 中國的通貨膨脹產生了一個發國難財的特殊階級，並且使大多數的其他階級，特別是公務員、教師和其他工資收入者，陷入遠比二十世紀三十年代世界經濟大蕭條時期更為悲慘的境地。公務員和士兵被即使以中國的標準而言的極端貧困所壓迫，對那些由損公肥私而發財致富的新興的暴發階級而大為敵

視。中國政府由於沒能事前防止和事後改善造成這種結果的經濟情況，而致軍政兩屆人員的不滿。凡此種種，政府便喪盡人心。

面對這樣冷酷的現實，人們不能不思考，這一切究竟是什麼原因造成的？中國的出路到底在哪裡？中華民族的希望在哪裡？這些問題困擾著千千萬萬普通中國人的心。也正因為上述原因，國民黨軍隊在豫湘桂戰場上的大崩潰，對中國廣大民眾造成了強烈的心理震撼。在豫湘桂戰役中，《大眾報》曾在社評中斥責國民黨軍說：「桂林名城天險，調重兵，聚糧械，連佈置防務的負責人都說『桂林能打三個月』。結果啊！三十六小時而陷！柳州也同日完事！這一路的守軍真太差勁了！」國民黨軍方主辦的《掃蕩報》上也痛心疾首地這樣報導：「獨山失守，表現了軍方的無能。守軍不戰而退，大炮輜重完全拋棄。敵人尚在數十華里之外，我軍部已倉皇逃走，對難民毫不關心。」

無疑，豫湘桂戰場上的大崩潰在中國引發了一場人心大變動。這場人心大變動又持續影響到抗戰最後階段以及抗戰勝利以後中國政治局勢的發展進程，並在相當程度上埋下了國民黨政府最終敗逃台灣的失敗種子。國民黨政府的統治，由於它的獨裁、特務横行、腐敗、物價飛漲和軍事大潰退，到抗戰後期在大後方便已失盡民心。民怨空前沸騰，輿論空前激昂。於是，圍繞如何挽救危機問題，國民黨統治區民主運動以空前規模蓬勃興起，全國輿論一致要求以民主求團結，以團結爭取抗戰勝利。對此，周恩來後來回憶道：「一九四四年，不僅小資產階級，連民族資產階級也靠攏了我們。」當時在華的美國記者白修德在晚年所寫的《探索歷史》一書中也作過這樣的描述：

不論你在何地進行採訪，也不論你是在重慶或是在外地瞭解情況，結論是：政府機關、醫院、軍隊司令部、大學、省政府等一切機構都是形同虛設，或者是行將崩潰。這種崩潰的過程是在無聲無息中進行的。

第三節 奪取抗戰的勝利

一九四五年，經過浴血奮戰，中國人民終於取得了抗日戰爭的偉大勝利，維護了國家主權、民族尊嚴以及人類的和平進步事業。抗日戰爭的勝利，是二十世紀人類歷史上的重大事件，對於推動中華民族發展和人類文明進步事業具有重大的意義。

一、「赫爾利政策」

太平洋戰爭爆發後，美國與中國結盟，在亞洲太平洋地區共同抵抗日本侵略者。美國向中國提供相當數量的武器、軍用物資和貸款，並向中國派遣大批軍事顧問和專家，裝備和訓練國民黨軍隊，援助中國抗戰，從而大大提高了美國朝野對中國問題的關注和介入程度。

美國之所以這樣做，是因為太平洋戰爭爆發以後的一段時期，美國從其國家利益出發，仍然把戰略重點放在集中力量擊敗納粹德國上，而在亞洲和太平洋地區則沒有更多的力量用來對付日本。因此，美國特別需要此時中國能頂住日本，並鉗制、分散出盡可能多的日本兵力。同時，美國還考慮到隨著太平洋戰爭形勢的發展，以後美國還會更加需要中國的有力配合，以便能在最短的時期內打敗日本。正因為這個原因，美國政府十分看重中國戰場對日作戰的戰略意義。一九四三年五月，經羅斯福總統批准，美國參謀長聯席會議提出《關於擊敗日本的戰略計劃》，指出：「持續大規模的對日空襲，只能由中國的空軍基地來執行」，中國軍隊應「由內地向東推進」。

抗日戰爭進入戰略相持階段以後，由於中國共產黨領導的敵後戰場逐步成為中國抗戰的主戰場，美國政府亦開始逐步認識到，中國共產黨領導的抗日根據地和抗日軍隊，是奪取對日作戰勝利不可忽視的力量；如果美軍要在華東等地區登陸同日軍作戰，為了減少犧牲，更需與中國共產黨合作。

一九四二年，剛晉升為中將的史迪威被派到中國，並先後擔任中國戰區參謀長、中緬印戰區美軍總司令、東南亞盟軍司令部副司令、中國駐印軍司令、分配美國援華物資負責人等職務。在華任職期間，史迪威充分認識到無論從政治、經濟，還是從軍事方面來看，都很難依靠國民黨去戰勝日本侵略者。同時，他還認為中國共產黨代表中國的新興力量，並對中國共產黨給予同情。一九四三年九月，史迪威向蔣介石建議，調動西北方面的國民黨軍隊和共產黨的兵力，出山西、河南，襲擊平漢線，逼近鄭州、武漢，以扭轉中國局勢；並建議蔣介石將一部分軍用物資分給中國共產黨領導的軍隊。但這些建議均遭到蔣介石的拒絕。此時的蔣介石更多地希望由美國去對付日本，自己則力圖保存實力，並冀望使用美國的援助來增強自身的實力，以便在戰後能集中更多的力量去對付共產黨。蔣介石的這種意圖，美國方面有所察覺。史迪威來華後，比較客觀地瞭解到中國共產黨在抗戰中的作用，主張凡是中國的抗

一九四二年，美國派遣史迪威前往中國，就任盟軍中國戰區參謀長。圖為史迪威與蔣介石夫婦的合影

日力量，都應得到國際的援助。而這一點，卻恰恰是蔣介石所不能接受的，也直接導致了他同蔣介石之間的矛盾日益加劇。

但是，這種情況並沒有持續多久。很快，有兩個重要因素促使美國政府對蔣介石和中國共產黨的態度發生了根本性的變化：一個因素是，美國在太平洋戰場捷報頻傳，軍事進展順利。美軍也決定採取「跳島」戰術，直指日本本土，而不再需要在華東等地區登陸。與此同時，隨著歐洲戰事臨近結束，蘇聯明確承諾在蘇德戰爭結束後即出兵遠東地區，共同打擊日軍。這樣，同中國共產黨所領導的軍隊再進行合作，對美國而言已顯得不那麼重要了。第二個因素是，由於在政治上同情中國共產黨，支持中國的民主和進步事業，史迪威日益受到蔣介石的冷淡對待。為了更好地瞭解中國共產黨實際控制的地區，史迪威極力主張派美軍觀察組赴延安訪問。在他的推動下，一九四四年七月，第一批美軍觀察組抵達延安。蔣介石對史迪威「干涉中國內政」十分不滿，以強硬的態度要求美國撤回史迪威。由於世界反法西斯戰爭的局勢已經日漸明朗，美國此時已開始考慮戰後世界格局的問題，而蔣介石無疑又是美國政府心目中在東亞地區建立親美政府的最佳人選。因此，一九四四年九月，美國政府派赫爾利以美國總統私人代表的身份來華。十月，美國政府同意撤換史迪威，而改派同蔣介石關係良好的魏德邁為盟軍中國戰區參謀長兼駐華司令官。一九四四年十一月下旬，美國政府決定由赫爾利擔任駐華大使。美國政府為赫爾利確定的對華使命是：(1)防止國民政府的崩潰；(2)支持蔣介石做中華民國的主席與軍隊的委員長；(3)使蔣委員長與美國司令官間的關係和諧；(4)增進中國境內戰爭物資的生產並防止經濟崩潰；(5)為擊敗日本，統一中國境內一切軍事力量。

情況已經明白無誤地證明：美國的對華政策已經決定性地倒向了國民黨一邊。在太平洋戰爭爆發後的最初幾年，美國政府曾實行過促進國共合作，支持兩黨領導的抗日力量合作抗日的對華政策。但是，在世界反法西斯戰爭臨近勝利的時候，日本的投降只是一個時間問題。這種情況下，在美國決策者的考慮中，打擊共同敵人日本的現實需要已開始日益淡化，而在戰後如何對付蘇聯的問題則開始日益突出。為了在戰後推行稱霸世界的全球戰略，取代日本控制中國，美國政府認為必須加緊鞏固蔣介石的統治地位，扶助蔣介石「統一中國」。同時，美國政府亦深知，中國共產黨領導著一支富有戰鬥力的軍隊，是中國重要的抗日力量，也是中國實現獨立、統一和民主的政治力量。以國民黨政府和軍隊的腐敗情況看，如果在打敗日本以前發生反共內戰，國民黨就會有垮台的危險。因此，美國希望通過國共談判，讓共產黨交出軍隊，以政治手段來解決中國國內的紛爭。總之，赫爾利來華的主要任務便是支持蔣介石國民黨的統治。

為此，赫爾利一方面需要運用美國的影響使共產黨就範，另一方面則需要遊說蘇聯，使之支持國民黨政府。從一九四四年十月擔任駐華大使到一九四五年十一月辭職，赫爾利主要就是在做這兩件事。也正因為這個目的，在來華途中，赫爾利便先去瞭解蘇聯領導人的態度。赫爾利歸納的蘇聯外長莫洛托夫發表的意見大致如下：

毛澤東在延安迎接赫爾利、張治中（一九四五年）

蘇聯政府並不再支持中國共產黨；蘇聯不願中國有紛爭或內戰；蘇聯不滿中國對在華蘇聯公民的待遇，但坦白希望在中國有日趨密切和和睦的關係。

吃了蘇聯的這顆「定心丸」以後，赫爾利來到了中國。在使一度趨於緊張的美中關係有所緩和以後，赫爾利便開始全力「調解」國共關係。中共中央對美國政府採取了有原則的區別對待政策：一方面歡迎美國對中國的積極態度，願意與其友好交往，同意在美國調處下進行國共談判；另一方面反對美國干涉中國內政並支持蔣介石的反共獨裁政策。赫爾利來華時，正值中國共產黨在國民參政會上提出廢除國民黨一黨專政、建立民主聯合政府的主張，國共兩黨重開談判之際。因此，初到中國的赫爾利便介入了國共談判。

一九四四年十一月七日，赫爾利飛抵延安，同毛澤東、周恩來、朱德等中共領導人接連舉行了四次會談。赫爾利帶來了一份他和蔣介石共同草擬的題為《為著協定的基礎》的文件，內容有五點，主要是要中國共產黨的軍隊遵守並執行國民黨政府及其軍事委員會的命令，要共產黨軍隊的一切軍官和士兵接受政府的改組，然後國民黨政府才承認共產黨的

一九四四年十一月赫爾利訪問延安時與毛澤東的合影

合法地位。在會談中，赫爾利宣讀了這一文件，並作了一些說明。十一月八日、九日，經過數次會談，赫爾利表示贊同中國共產黨關於廢除國民黨一黨專政、成立民主聯合政府的主張，雙方還共同擬定了《中國國民政府、中國國民黨與中國共產黨協定（草案）》。其主要內容有：

(1)國共兩黨應通力合作，為打敗日本而統一所有國內武力，並共同致力於中國復興工作；

(2)改組國民政府，成立各黨各派和無黨無派的聯合政府，成立代表所有抗戰力量的聯合統帥部；

(3)實行民主改革，給人民以自由；

(4)承認中國所有抗日的武裝力量，公平分配所有獲自友邦的軍事裝備；

(5)承認所有黨派的合法地位。

十一月九日晚，毛澤東主持中共六屆七中全會全體會議，向全會報告同赫爾利會談的基本情況和修改後的五項協定。他指出：

經過三次會談修改後的五項協定，沒有破壞我們的解放區，把蔣介石要破壞解放區的企圖掃光了；破壞了國民黨的一黨專政，使共產黨得到合法地位，使各小黨派和人民得到了利益。如果蔣介石簽字承認這個協定，就是他最大的讓步。明天簽字後，我們的文章做完了，問題即在重慶了。……今天中央委員會批准這個新五條，明天即可簽字。

十一月十日，中共中央政治局授權毛澤東在《中國國民政府、中國國民黨與中國共產黨協定》上簽字，赫爾利則以美國總統私人代表身份簽字作證。這個協定還有待於國民黨政府主席蔣介石簽字。赫爾利在簽字前向毛澤東表示，「這些條款是公平合理的」。毛澤東則對赫爾利說：「我們以全力支持赫爾利將軍所贊助的這個協定，希望蔣先生也在這個協定上簽字。」

當日下午，赫爾利攜帶簽字後的協定乘機離開延安趕赴重慶，周恩來和包瑞德同行，準備同國民黨商談實現協定事宜。赫爾利本來認為，這個協定以國民黨實行某些民主改革為代價，可以達到換取共產黨交出軍隊的目的，因此對國民黨是有利無害的。但是，當赫爾利把「五項協定」帶回重慶同蔣介石研究時，蔣介石和國民黨其他要人都明確反對「五項協定」。蔣介石表示他「不贊成聯合政府和聯合軍事委員會」，他「不願意造成南斯拉夫和波蘭的那種局勢」，並認為這個協定所規定的民主改革會威脅國民黨的統治，拒絕接受。蔣介石還對赫爾利說，同共產黨達成的協議，在華盛頓或者在倫敦，作為解決類似的爭論問題，「是可以接受的」；但是在中國，由於人們的特殊心理狀態，這樣的協議「意味著他本人和他的黨的完全失敗」。

在這種情況下，赫爾利背棄了他在延安的諾言，完全跟蔣介石一致起來。對此，曾經同赫爾利合作共事的魏德邁後來說：「赫爾利明瞭蔣委員長所處的地位，同情於他的努力和睿智的辯詞，很快地就建立了他們之間的友誼。」十一月二十一日，赫爾利向共產黨方面轉交國民黨提出的旨在堅持一黨專政，否認共軍和抗日民主政權存在的三條「提示案」，要求共產黨把軍隊和敵後抗日民主政府都移交給國民黨當局，然後才給共產黨以「合法地位」，並挑選一些共產黨的高級軍官參加國民政府軍事委員會。赫爾利還企圖施加壓力，迫使共產黨接受國民黨提出的要求。中國共產黨當然不能接受這個「提示案」。周恩來在給赫爾利的信中當即嚴正表示：「在這些新建議裡面，不可能找到基本的共同基礎。」毛澤東也在接見美軍觀察組時嚴正指出：共產黨不能被雙手反綁著參加政府。如果美國要繼續支持蔣介石，那是美國的權利，但不管美國做什麼，蔣介石注定是要失敗的。

一九四五年二月中旬，赫爾利和魏德邁一起回國述職。四月二日，赫爾利在華盛頓舉行記者招待會並發表聲明，攻擊和誣蔑中國共產黨，極力替蔣介石主張召開的「國民大會」捧場，還威脅性地宣稱美國政府只同國民黨「合作」，不同共產黨合作。

對美國政府這一扶蔣反共政策，中國共產黨進行了針鋒相對的鬥爭。六月十一日，毛澤東在中共七大閉幕詞中指出：「美國政府的扶蔣反共政策，說明了美國反動派的猖狂。但是一切中外反動派阻止中國人民勝利的企圖，都是注定要失敗的。」七月十二日，毛澤東在《評赫爾利政策的危險》一文中再次尖銳指出：

這個以赫爾利為代表的美國對華政策的危險性，就在於它助長了國民黨政府的反動，增大了中國內戰的危機。假如赫爾利政策繼續下去，美國政府便陷在中國反動派的又臭又深的糞坑裡拔不出腳來，把它自己放在已經覺醒和正在繼續覺醒的幾萬萬中國人民的敵對方面，在目前，妨礙抗日戰爭，在將來，妨礙世界和平。

與此同時，美國國內對赫爾利的非議也越來越多，輿論指責他「顛倒了」羅斯福的對華政策。在此背景下，一九四五年十一月二十六日，赫爾利迫於國內外的壓力，向杜魯門總統再次提出辭職。十一月二十七日，美國政府宣佈接受赫爾利的辭職，隨即任命前陸軍參謀長馬歇爾上將以總統特使的身份赴華「調處」國共爭端。

二、「兩個會議，兩個目標」

一九四五年是世界反法西斯戰爭的最後一年，也是中國抗日戰爭的最後一年。這年上半年，世界反法西斯局勢的發展已完全明朗。在抗日戰爭即將取得勝利的前夜，為了系統總結中國革命的基本經驗，為徹底打敗日本侵略者、建立新中國做準備，這一年的四月二十三日至六月十一日，中國共產黨在延安舉行了第七次全國代表大會。這是一次有著深遠意義的會議。

從一九二八年中國共產黨的六大召開到一九四五年，其間整整相隔十七年。早在一九三一年一月，中共六屆四中全會即提出要召開七大，並把總結蘇維埃運動經驗、通過黨綱等作為七大的主要任務。但是，由於國民黨軍隊接連不斷地大規模「圍剿」紅軍和根據地，致使七大未能如期召開。七七事變後，隨著全國抗戰的爆發，一九三七年十二月中共中央政治局會議又決定近期召開七大，並成立了以毛澤東為主席的準備委員會，負責大會的具體籌備工作。一九三八年三月，中共中央政治局會議討論了召開七大的問題。同年十一月，中國共產黨的六屆六中全會還再次通過決議，指出七大的中心任務是討論堅持抗戰、爭取和保證抗日戰爭的最後勝利等問題。一九四一年和一九四三年，中共中央又兩次討論七大的問題。但是，由於戰爭環境及其他條件不成熟，中共七大的召開繼續延期。

中共七大會場

中共七大的召開，經過了長期的、充分的準備。在這十七年中，中國共產黨的力量有了很大發展。毛澤東在此期間撰寫的大量文章和中共中央發佈的許多文件，也已經對中國共產黨的歷史經驗從各個方面進行了總結。特別是以毛澤東為核心的中共中央領導集體的形成和整風運動的成功，使中國共產黨的思想、政治和組織狀況都發生了根本性的變化。這些，都為中共七大的召開創造了良好的條件。

一九四五年四月二十三日，在延安楊家嶺的中央大禮堂，中共七大正式開幕。出席七大的中共代表共七百五十五名，其中正式代表五百四十七名，候補代表兩百零八名，代表全黨一百二十一萬名黨員，分為中直（包括軍直系統）、西北、晉綏、晉察冀、晉冀魯豫、山東、華中和大後方八個代表團。在七大代表中，年齡最大的近七十歲，最小的才二十歲左右。毛澤東在開幕詞中高屋建瓴地指出：

在中國人民面前擺著兩條路，光明的路和黑暗的路。有兩種中國之命運，光明的中國之命運和黑暗的中國之命運。

我們應當用全力去爭取光明的前途和光明的命運，反對另外一種黑暗的前途和黑暗的命運。我們的任務就是這一個！這就是我們大會的任務，這就是我們全黨的任務，這就是全中國人民的任務。

中共七大原定會期較短，大會開始後，代表們紛紛要求延長會期，大會發言人數也突破了原定人數，任弼時、陳雲等二十多人作了大會發言。毛澤東向大會提交了《論聯合政府》的書面政治報告，並就報告中的一些問題以及其他問題作了口頭政治報告。朱德作《論解放區戰場》的軍事報告和關於討論軍事問題的結論。劉少奇作《關於修改黨章的報告》和關於討論組織問題的結論。周恩來作《論統一戰線》的重要講話。大會充分發揚民主，對重要報告進行了認真深入的討論，尤其對毛澤東的政治報告，先後討論修改達九次之多。大會經過深入討論，一致通過了關於政治、軍事、組織方面的報告，通過了政治決議案、軍事決議案和新的黨章。

中共七大認為，經過長期鍛煉，中國人民已經大大提高了覺悟和團結的程度。同近百年來歷次人民鬥爭的失敗和挫折相比較，這一次不同了，已經存在著避免失敗和取得勝利的一切必要條件。中國人民克服一切困難，實現其具有偉大歷史意義的基本要求的時機已經到來，這是一個光明的前途。

中共七大同時認為，在中國人民面前，還有很大的困難。這是因為抗戰以來，國民黨與共產黨兩黨不同的抗戰路線，即使日本侵略者被打敗了，中國仍然可能發生內戰，將中國拖回痛苦重重，不獨立、不民主、不統一、不富強的老狀態去，這就是一條黑暗的前途。中國共產黨的任務，就是要竭盡全力去爭取光明的前途反對黑暗的前途。這也是七大的中心任務。

毛澤東和周恩來、劉少奇、朱德在中共七大主席台上

中共七大提出中國共產黨的政治路線是：「放手發動群眾，壯大人民力量，在我黨的領導下，打敗日本侵略者，解放全國人民，建立一個新民主主義的中國。」中共七大揭示了中國新民主主義發展的規律，對中共領導中國革命的三條基本經驗即武裝鬥爭、統一戰線和中國共產黨的建設問題進行了系統總結，指出：「沒有中國共產黨的努力，沒有中國共產黨人做中國人民的中流砥柱，中國的獨立和解放是不可能的，中國的工業化和農業近代化也是不可能的。」為加強中國共產黨的領導，中共七大還明確指出：「以馬克思列寧主義的理論思想武裝起來的中國共產黨，在中國人民中產生了新的工作作風，這主

要的就是理論和實踐相結合的作風，和人民群眾緊密聯繫在一起的作風以及自我批評的作風。」這就是影響深遠的「三大作風」。「三大作風」是共產黨區別於其他政黨的顯著標誌，也是使中國共產黨的路線、方針得以順利貫徹的根本保證。

中共七大另一個重大歷史性貢獻是將毛澤東思想寫在了中國共產黨的旗幟上，確立毛澤東思想為中國共產黨的指導思想並寫入黨章。劉少奇在七大《關於修改黨章的報告》中深入論述了毛澤東和毛澤東思想在中國革命中的地位和作用，對毛澤東思想作了較為全面、系統和科學的概括，揭示了毛澤東思想的豐富內涵和本質特徵，使全黨對毛澤東思想有了比較完整的認識和深刻的理解。據此，七大通過的新黨章指出：「毛澤東思想，就是馬克思列寧主義的理論與中國革命的實踐之統一的思想，就是中國的共產主義，中國的馬克思主義。」「毛澤東思想，就是馬克思主義在目前時代的殖民地、半殖民地、半封建國家民主革命中的繼續發展，就是馬克思主義民族化的優秀典型。」黨章中規定：中國共產黨以馬克思列寧主義的理論與中國革命的實踐之統一的思想——毛澤東思想，作為自己一切工作的指導方針，反對任何教條主義的或經驗主義的偏向。

中共七大確立毛澤東思想為中國共產黨的指導思想，是近代中國歷史和人民革命鬥爭發展的必然選擇，是實現中華民族偉大復興的必然選擇。中國共產黨成立後，以毛澤東為主要代表的中國共產黨人，根據馬克思列寧主義的基本原理，經過二十多年的艱苦探索，把中國革命實踐中的一系列獨創性經驗進行理論概括，創造性地發展了馬克思列寧主義，形成了適合中國情況的科學指導思想。毛澤東思想是馬克思列寧主義在中國的運用和發展，是被實踐證明了的關於中國革命的正確的理論原則和經驗總結，是中國共產黨集體智慧的結晶。毛澤東同志是毛澤東思想的主要創立者，中國共產黨的許多卓越領導人對它的形成和發展作出了重要貢獻，毛澤東的科學著作是它的集中概括。把毛澤東思想確立為中國共產黨

毛澤東在中共七大的報告——《論聯合政府》

的指導思想，表明中國共產黨已決心把馬列主義理論同中國革命實踐統一起來，獨立自主地走自己的路，這是一項意義深遠的宣告。

這次大會選舉產生了中國共產黨新的中央委員會和中央領導機構。其中，中央委員四十四人，中央候補委員三十三人。隨後召開的七屆一中全會，選舉毛澤東、朱德、劉少奇、周恩來、任弼時、陳雲、康生、高崗、彭真、董必武、林伯渠、張聞天、彭德懷為中央政治局委員，選舉毛澤東、朱德、劉少奇、周恩來、任弼時為中央書記處書記，選舉毛澤東為中央委員會、中央政治局主席，選舉任弼時為中央秘書長、李富春為副秘書長。這是一個具有很高威信的、能夠團結全黨的堅強的領導集體。

一九四五年六月十一日，大會舉行隆重的閉幕式。毛澤東致閉幕詞。他在閉幕詞中以愚公移山的寓言，激勵全黨齊心協力，挖掉壓在中國人民頭上的帝國主義、封建主義兩座大山，堅持不懈，感動人民大眾這個「上帝」，領導中國人民，建設一個新民主主義的中國。

中共七大是中國共產黨在新民主主義革命時期極其重要的一次也是最後一次代表大會。它總結中國新民主主義革命二十多年曲折發展的歷史經驗，制定了正確的路線、綱領和策略，克服了中國共產黨黨內的錯誤思想，使中國共產黨特別是高級幹部對於中國民主革命的發展規律有了比較明確的認識，從而使中國共產黨在馬克思列寧主義、毛澤東思想的基礎上達到了空前的團結。這次大會作為「團結的大會、勝利的大會」而載入史冊。

中國共產黨在抗戰即將勝利的前夜召開了第七次全國代表大會，提出了廢止國民黨一黨專制、建立聯合政府的主張，立即得到了全國人民和各民主黨派的積極響應和支持。中共七大以後，毛澤東向大會提交的《論聯合政府》的書面政治報告被印成小冊子廣泛散發，不僅在延安和各抗日根據地產生巨大影響，在大後方也引起轟動。這本小冊子在重慶發行了三萬冊，「有人接到後一夜未睡覺，一直看完」。正在參加國民黨六大的有些代表看了後也稱讚：「共產黨說得頭頭是道，有辦法。」但是，國民黨為了抵制聯合政府，在中共七大召開期間，也於同年五月五日至二十一日也在重慶舉行了第六次全國代表大會。

這兩個大會開會的時間重疊在一起，自然不是偶然的。對國民黨六大召開的背景及其主要內容，毛澤東在《論聯合政府》一文中曾一針見血地指出：

> 迄今為止，國民黨內的主要統治集團，堅持著獨裁和內戰的反動方針。有很多跡象表明，他們早已準備，尤其現在正在準備這樣的行動：等候某一個同盟國的軍隊在中國大陸上驅逐日本侵略者到了某一程度時，他們就要發動內戰。……國民黨主要統治集團現在正在所謂「召開國民大會」和「政治解決」的煙幕之下，偷偷摸摸地進行其內戰的準備工作。如果國人不加注意，不去揭露它的陰謀，阻止它的準備，那末，會有一個早上，要聽到內戰的炮聲的。

與中共七大的路線截然相反，國民黨第六次全國代表大會走的卻是另一條路。在這次會議上，國民黨當局把反共作為中心議題，並確定了實行獨裁和內戰的政

一九四三年三月，蔣介石發表《中國之命運》一書，公開鼓吹在中國只能有「一個黨、一個主義、一個領袖」

策。蔣介石在國民黨六大上明確宣示：「今天的中心工作，在於消滅共產黨！日本是我們國外的敵人，中共是我們國內的敵人，只有消滅中共，才能達成我們的任務。」在這次會議上，國民黨當局通過了兩份有差異的文件。

第一份文件是五月十七日通過的對外公開發表的《對於中共問題之決議案》。該決議案一面指責中共「仍然堅持其武裝割據之局，不奉行中央之軍令政令」；另一方面又表示國民黨當局將「繼續努力，尋求政治解決之道」，「在不妨礙抗戰，不危害國家之範圍內，一切問題可以商談解決」，表現了較高的「容忍度」。

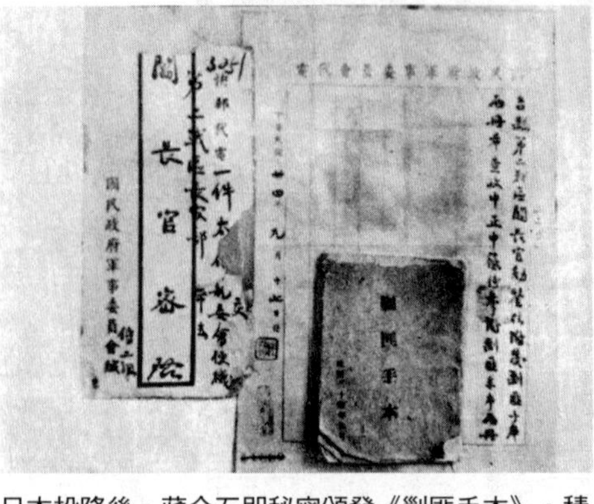
日本投降後，蔣介石即秘密頒發《剿匪手本》，積極部署內戰

第二份文件是供國民黨內部使用的《本黨同志對中共問題之工作方針》。在這份文件中，國民黨一方面厲聲斥責「中共一貫堅持其武裝割據，藉以破壞抗戰，致本黨委曲求全，政治解決之苦心，迄無成效，而本黨同志在各地艱苦奮鬥遭中共殘害，書不勝書」；另一方面又把中共提出的聯合政府的口號和召開解放區人民代表會議攻擊為「企圖顛覆政府，危害國家」，並要求國民黨「整軍肅政，加強力量」，使政治解決中共的方針得以貫徹。此外，國民黨當局還把妨礙抗戰、危害國家等罪名強加在共產黨頭上，為其準備和發動內戰製造借口。在國民黨六大結束第二天，蔣介石即對參加此次會議的國民黨軍隊代表發表講話。指出：

共產黨執迷不悟，別有用心，蓄意要破壞統一，背叛國家。他們以為如果不乘此時徹底消滅本黨和我們的革命的武力，就不能達到其奪取政權赤化中國的陰謀。因此，他們在這抗戰勝利的前夕，一定要作最後的掙扎，襲擊我們艱苦抗戰的國軍，破壞我們政府的威信，動搖我們國家的根本。大家都知道，共產黨的武力和國軍比較起來不可同日而語的。他現在號稱有多少正規軍，多少游擊隊，佔領多少地區，其實都是烏合之眾，不堪一擊。……這件事乃是我們革命成敗與國家安危之所關，而且亦是大家各人生死禍福之所繫。必須時刻有準備，時刻要提防。

蔣介石這番殺氣騰騰的講話，無異於是抗戰勝利前夜國民黨當局所進行的內戰動員。它預示著，在不久的將來，國民黨政府一定會迫不及待地挑起全國內戰。

三、「對日寇的最後一戰」

一九四五年夏，世界反法西斯戰爭進入最後勝利的階段。隨著德國的垮台，以及盟軍在太平洋戰場的接連獲勝，日本法西斯的末日已經為時不遠。同年七月二十六日，中、美、英三國發表波茨坦公告（蘇聯於八月八日正式聲明加入），促令日本立即無條件投降。但是，日本政府發表聲明，對公告「不予理會」。八月六日和九日，美國先後在日本廣島和長崎投下原子彈，兩地共死傷二十多萬人。美國的原子彈攻擊震動了日本朝野，顯示了一定的威懾作用。與此同時，蘇聯根據「雅爾達協定」，於八月八日對日本宣戰。八月九日，蘇聯軍隊以一百五十多萬兵力，從東、西、北三面進入中國東北，向日本關東軍發動全面進攻，加速了日本法西斯的滅亡。蘇聯出兵和美國投擲原子彈，對日本帝國主義的投降起了加速作用，使中國抗戰出現了空前有利的形勢。

在上述國際、國內形勢下，敵後解放區戰場的廣大軍民，連續發動聲勢浩大的局部反攻作戰，收復大片失地，猛烈地擴大解放區和縮小敵佔區。至一九四五年八月，抗日根據地遍佈十九個省區，面積近一百萬平方公里，人口一億多人，控制縣城一百多座，把日偽軍壓縮到了主要城市、交通線及沿海地區。

同時，解放區的武裝力量也獲得了很大的發展，軍隊達九十三萬多人、民兵達兩百二十餘萬人。特別是經過整風、生產兩大運動，深入貫徹了中共中央提出的「十大政策」，解放區黨政軍民的思想覺悟進一步提高，工農業生產獲得很大發展，這就從思想和物質兩方面為全面反攻奠定了勝利基礎。而且，經過一年多的局部反攻作戰和一九四四年的冬季整訓，八路軍、新四軍和華南各抗日游擊隊，還大大提高了戰術水準和進行較大規模運動戰與攻堅戰的組織指揮能力，這就在軍事方面為舉行全面反攻做了較充分的準備。

在這些有利條件下，八月九日，中共中央主席毛澤東發表《對日寇的最後一戰》的聲明，莊嚴宣告：

> 對日戰爭已處在最後階段，最後地戰勝日本侵略者及其一切走狗的時間已經到來了。在這種情況下，中國人民的一切抗日力量應舉行全國規模的反攻，密切而有效力地配合蘇聯及其他同盟國作戰。八路軍、新四軍及其他人民軍隊，應在一切可能條件下，對於一切不願投降的侵略者及其走狗實行廣泛的進攻，殲滅這些敵人的力量，奪取其武器和資財，猛烈地擴大解放區，縮小淪陷區。

八月十日，日本政府向同盟國發出乞降照會，而日軍大本營仍命令各地日軍堅持繼續作戰。為殲滅頑抗的日本侵略軍，同日中共中央又發出指示，要求各中央局、中央分局及各地黨委，應立即佈置動員一切力量，向敵偽進行廣泛進攻，迅速擴大解放區，壯大人民解放軍，並須準備於日本投降時，能迅速佔領所有被我包圍和力所能及的大小城市和交通要道。八月十日二十四時至十一日十八時，朱德總司令又連續發佈關於受降和對日展開全面反攻等七道命令，命令華北、華中和華南各解放區的人民解放軍，向本區一切敵佔交通要道展開進攻，迫使日、偽軍無條件投降，對收復的城鎮實行軍事管制，維持秩序，保護人民，並命令在冀熱遼邊區的人民解放軍迅速深入東北，配合蘇軍作戰，消滅日、偽軍。

八月十二日，中共中央又決定力爭攻佔太原以北之同蒲鐵路、歸綏（今呼和浩特）以東之平綏鐵路、鄭縣（今鄭州）以北之平漢鐵路和以東之隴海鐵路，以及北寧、正太、道清、白晉、德石、津浦、膠濟等鐵路和各路沿線之大小城市；對歸綏以西之平綏鐵路、太原以南之同蒲鐵路、鄭縣以西之隴海鐵路和以南之平漢鐵路，以及長江以南各要道和大城市不作佔領計劃，而重點在於佔領廣大鄉村。

正當解放區戰場軍民向日、偽軍展開大規模反攻之際，八月十日，美國參謀長聯席會議指示駐華美軍司令魏德邁，要他指揮美軍，控制中國戰場的關鍵港口和交通樞紐，連同美軍所控制的地區和受降的日本軍隊統統只能轉交給國民黨蔣介石政府。同時，美國總統杜魯門發出關於日軍受降的第一號命令，要求所有在中國（東北除外）的日本陸海空軍，只能向國民黨政府及其軍隊投降，不得向中國共產黨領導的人民武裝力量繳械。與此同時，美國還用各種方法緊急把國民黨軍隊運往被解放區人民抗日武裝力量包圍的大城市和主要交通線去「接收」。

同一日，蔣介石也連發三道「命令」：一是令共產黨領導的第十八集團軍「原地駐防待命」，不得向日、偽軍

對日戰爭進入最後階段
毛澤東同志發表聲明
致電斯大林元帥將以全力
配合紅軍及盟軍作戰。

毛澤東
朱德

一九四五年，八月九日

新華社刊發的《對日寇的最後一戰》聲明

「擅自行動」；二是要日、偽軍不得向共產黨領導的抗日軍隊投降，「切實負責維持地方治安」，等待國民黨軍收編；三是令國民黨各部隊「積極推進，勿稍鬆懈」。

針對蔣介石的這一行徑，毛澤東於八月十三日在延安召開的幹部會上發表談話，表示堅決反對。他說：

> 抗戰勝利是人民流血犧牲得來的，抗戰的勝利應當是人民的勝利，抗戰的果實應當歸給人民。至於蔣介石呢，他消極抗戰，積極反共，是人民抗戰的絆腳石。現在這塊絆腳石卻要出來壟斷勝利果實，要使抗戰勝利後的中國仍然回到抗戰前的老樣子，不許有絲毫的改變。這樣就發生了鬥爭。同志們，這是一場很嚴重的鬥爭。

據此，第十八集團軍正副總司令朱德、彭德懷，兩次致電蔣介石，據理駁斥並堅決拒絕他不准解放區部隊接受日、偽投降的錯誤命令。八月十五日，朱德總司令除令被解放區軍民包圍的日軍迅速投降外，又在致美、英、蘇三國政府的「說帖」中，闡明中共有權根據《波茨坦公告》及同盟國規定的受降辦法接受被我軍包圍的日軍投降。然而，上述正義要求，卻遭到美帝國主義和蔣介石的拒絕。

在此情況下，各抗日根據地的八路軍、新四軍、華南抗日游擊隊等共軍在東北、平津、歸綏、太原、平漢、隴海、濟南、膠東、津浦、滬寧、運河、廣九、東江、瓊崖、雷州半島等各抗日前線向日、偽軍發出最後通牒，並立即以排山倒海之勢，對拒降的日、偽軍發起猛烈的全面反攻。從八月九日至九

圖為美國飛機空運大量國民黨軍，搶佔各大城市和交通要道

月二日的反攻作戰中，八路軍、新四軍和華南各抗日游擊隊，收復了縣以上城市一百五十多座，幾乎切斷了日軍佔領區的所有鐵路交通線，迫使其紛紛向大中城市撤退。據延安總部不完全統計，共殲滅日、偽軍七萬六千多人，繳獲長、短槍七萬三千餘支，輕、重機槍九百多挺，各種炮一百六十多門，取得了全面反攻作戰的偉大勝利。

日軍在中國解放區軍民的全面反攻和蘇聯軍隊的沉重打擊下，迅速土崩瓦解。八月九日，日本政府最後決定接受《波茨坦公告》。八月十四日，日本政府正式照會中、美、英、蘇四國政府，表示接受《波茨坦公告》。八月十五日中午，日本天皇裕仁以廣播《終戰詔書》的形式，宣佈無條件投降。九月二日，在東京灣的美國軍艦密蘇里號上，日本外相重光葵和日軍參謀總長植津美治郎分別代表日本天皇、日本政府和日本帝國大本營在投降書上簽字。至此，中國人民抗日戰爭暨世界反法西斯戰爭勝利結束。九月三日成為中國人民抗日戰爭勝利紀念日。

中國人民抗日戰爭的偉大勝利，是中華民族全體同胞團結奮鬥的結果，也是中國人民同世界反法西斯同盟國人民並肩戰鬥的結果。中國人民抗日戰爭的勝利，宣告了世界反法西斯戰爭的完全勝利，在中國近現代史上具有重要的歷史地位。

在這場慘烈的戰爭中，中國傷亡人數超過三千五百萬人。但是面對侵略者，中華兒女不屈不撓、浴血奮戰，徹底打敗了日本軍國主義侵略者，捍衛了中華民族五千多年發展的文明成

八路軍收復山海關

果，捍衛了人類和平事業，鑄就了戰爭史上的奇觀、中華民族的壯舉。

其次，中國人民抗日戰爭的勝利，是近代以來中國抗擊外敵入侵的第一次完全勝利。這一偉大勝利，徹底粉碎了日本軍國主義殖民奴役中國的圖謀，洗刷了近代以來中國抗擊外來侵略屢戰屢敗的民族恥辱。這一偉大勝利，開闢了中華民族偉大復興的光明前景。

最後，在這場戰爭中，中國人民以巨大的民族犧牲支撐起了世界反法西斯戰爭的東方主戰場，從而為世界反法西斯戰爭勝利作出了重大貢獻。這一歷史性的重大貢獻，不僅重新確立了中國在世界上的大國地位，也使中國人民贏得了世界愛好和平人民的尊敬。也由此，中國人民抗日戰爭的勝利成為中華民族走向偉大復興的一個重要歷史轉折點。

朱總司令發出通電
要求蔣介石制止內戰
人民公敵蔣介石
發出了內戰信號
全國動員起來，反對內戰，制止內戰！

一九四五年八月十六日朱德總司令通電蔣介石，提出中國共產黨關於制止內戰的六項主張

一九四五年八月十一日，毛澤東發出黨內指示，全面分析了抗日戰爭勝利後的局勢，並對全黨全軍當前和今後的任務作了明確規定

第九章

兩種抉擇

隨著抗日戰爭的結束，中國共產黨和國民黨的共同敵人消失了，兩黨長期以來累積的矛盾以及對國家前途命運主張的分歧開始浮出水面，擺在中國人民面前的有兩種命運、兩種前途：

一種是光明的命運，即中國共產黨所主張的，在打敗日本侵略者以後，建立獨立、自由、民主、統一、富強的新中國；一種則是黑暗的命運，即蔣介石集團所堅持的，在日本失敗後仍然維持大地主、大資產階級的統治，繼續反共反人民，保持中國半殖民地半封建的地位和分裂貧窮的狀態。在這樣的形勢下，中國共產黨領導全國人民，為努力爭取實現光明的命運，贏得光明的前途，與蔣介石集團進行了艱苦卓絕的鬥爭。

第一節 兩種命運、兩種前途

經過浴血奮戰，從生死存亡中掙扎出來的中華民族迫切希望能走上一條和平發展的復興之路。然而，此時的中國卻出現了兩種命運、兩種前途的抉擇。兩種命運，前途迥異；兩條道路，涇渭分明。

一、「桃子該由誰摘？」

一九四五年八月，美國用各種辦法，把國民黨軍隊緊急運往大城市和主要交通線，去接受日軍的投降。在美國的大力幫助下，蔣介石集團的大批軍隊從西南一隅一擁而出，奔赴全國各地。之後，國民黨不僅阻止日軍向中共人民解放軍投降，還對解放區發動局部進攻，大規模的內戰一觸即發。

針對蔣介石集團搶奪抗戰勝利果實和消滅人民革命力量的企圖，在歷史的重要關頭，中國共產黨從實際出發，提出了指導方針和鬥爭策略，決定繼續放手發動群眾，堅決保衛抗戰勝利成果，在鞏固已有陣地的同時，擴大解放區，擴充人民軍隊。一九四五年八月十一日，中共中央發出《關於日本投降後我黨任務的決定》，指出國民黨正準備向解放區「收復失地」，奪取抗戰勝利果實。這一爭奪戰，將是極其激烈的，有可能發展成大規模的內戰，並明確了全黨全軍的近期任務和遠期目標，即：目前階段，應集中主要力量迫使敵偽向我投降，不投降者，按具體情況發動進攻，逐一消滅之，猛力擴大解放區，佔領一切可能與必須佔領的大小城市與交通要道，奪取武器與資源，並放手武裝基本群眾，不應稍有猶豫；將來階段，國民黨可能向我大舉進攻，我黨應準備調動兵力，對付內戰。

八月十三日，毛澤東在延安幹部會議上作了題為《抗日戰爭勝利後的時局和我們的方針》的報告。在談到當前形勢時，報告指出：從整個形勢看，抗日戰爭的階段過去了，新的情況和任務是國內鬥爭。

針對蔣介石獨吞抗戰勝利果實的陰謀，報告講到：抗日時期，我們在敵後，他上了山。現在他要下山了，要下山搶奪抗戰勝利果實了。針對桃子「屬於人民」和「能不能歸於人民」的問題，毛澤東強調必須「力爭」。他指出：

抗戰勝利的果實應該屬誰？這是很明白的。比如一棵桃樹，樹上結了桃子，這桃子就是勝利果實。桃子該由誰摘？這要問桃樹是誰栽的，誰挑水澆的。蔣介石蹲在山上一擔水也不挑，現在他卻把手伸得老長老長地要摘桃子。他說，此桃子的所有權屬於我蔣介石，我是地主，你們是農奴，我不准你們摘。我們在報上駁了他。我們說，你沒有挑過水，所以沒有摘桃子的權利。我們解放區的人民天天澆水，最有權利摘的應該是我們。同志們，抗戰勝利是人民流血犧牲得來的，抗戰的勝利應當是人民的勝利，抗戰的果實應當歸給人民。

報告還提出，由於蔣介石勾結美帝國主義，因此，「一批大桃子，例如上海、南京、杭州等大城市，那是要被蔣介石搶去的」，「革命的人民還基本上只能佔領鄉村」；而在太原以北的同蒲、平綏中段、北寧，鄭州以北的平漢、正太、白晉、德石、津浦、膠濟，鄭州以東的隴海，「這一批中小桃子都是解放區人民流血流汗灌溉起來的」，因此，「這些地方的中小城市是必爭的」。此外，「河北、察哈爾、熱河、山西的大部、山東、江蘇的北部，這些地方的大塊鄉村和大批城市，鄉村和鄉村打成一片，上百的城市一塊，七八十個城市一塊，四五十個城市一塊，大小三、四、五、六塊」。「這是靠得住的，我們的力量能夠取得這批勝利果實。」不難看出，日本投降後中國共產黨所採取的爭奪勝利果實的方針，仍然是抗戰勝利前夕「擴大解放區，縮小淪陷區」這一方針的繼續和發展。所採取的具體行動也都是將敵人緊緊壓縮到主要交通線上，然後力爭奪取被我包圍並能夠奪取的一切城市。

八月二十六日，毛澤東在為中共中央起草的《中共中央關於同國民黨進行和平談判的通知》中更進一步地明確了中國共產黨的爭奪重點是華北和華中地區，即：

今後一時期內仍應繼續攻勢，以期盡可能奪取平綏線、同蒲北段、正太路、德石路、白晉路、道清路，切斷北寧、平漢、津浦、膠濟、隴海、滬寧各路，凡能控制者均控制之，哪怕暫時也好。同時以必要力量，盡量廣佔鄉村和府城縣城小市鎮。

這份通知同時指出：在廣東、湖南、湖北、河南等省中共的力量比華北、江淮所處地位較為困難，中共中央對於這些地方的同志們深為關懷。但是國民黨空隙甚多，地區甚廣，只要同志們對於軍事政策（行動和作戰）和團結人民的政策，不犯大錯誤，謙虛謹慎，不驕不躁，是完全有辦法的。除中共中央給予必要的指示外，這些地方的同志必須獨立地分析環境，解決問題，衝破困難，獲得生存和發展。可見，雖然深知這些地方根據地的處境困難，但是中共中央並沒有準備馬上讓出。

從日本宣佈投降到一九四五年九月中旬，蔣介石在國共談判中借口所謂軍令、政令必須統一，妄圖取消中國共產黨所領導的解放區和軍隊，使談判處於僵持局面。按照蔣介石的命令，國民黨軍在日、偽軍的接應下，迅速進佔了臨近解放區的徐州、開封、鄭州、洛陽、太原、歸綏等城市，並繼續沿平漢、同蒲、平綏、津浦各鐵路推進。在這種情況下，由中國共產黨所領導的華中、蘇南、浙東、皖南、皖中等解放區和豫西、中原、湘粵邊等解放區，已處於國民黨軍重兵包圍之下。在這些地區的部隊，也有被國民黨軍各個擊破的危險。而且，晉冀魯豫、晉察冀、晉綏、山東、華中各解放區也均面臨著國民黨軍的嚴重威脅。

依據上述情況，一九四五年九月十九日，中共中央下發了《關於目前任務和向北發展，向南防禦的戰略方針和部署的指示》。

據此，該指示提出：目前我全黨全軍的主要任務是繼續打擊敵偽，完全控制熱察兩省，發展東北並爭取控制東北，以便依靠東北和熱察兩省加強全國各解放區及國民黨地區人民的鬥爭，爭取和平民主及國共談判的有利地位。並強調：全國戰略方針是向北發展，向南防禦，只要我能控制東北及熱察兩省，並有全國各解放區及全國人民配合鬥爭，即能保障中國人民的勝利。

「向北發展」，就是完全控制已經解放的熱河、察哈爾兩省，並力爭控制東北；「向南防禦」，就是收縮南部防線，鞏固華北以及華東、華中解放區，保證「向北發展」。之所以提出「向北發展，向南防禦」的戰略方針，是由於東北地區和熱河省是國民黨勢力薄弱的地區，國民黨軍在短時期內也無法大量到達；蘇軍在東北僅佔領大中城市和交通要道，其餘廣大地區多為土匪、偽滿軍警所控制；為對日反攻而進入東北的冀熱遼軍區和膠東軍區的部隊，在東北抗日聯軍的配合下，已控制了若干地區並迅速擴展了力量。中共中央關於「向北發展，向南防禦」戰略方針的中心思想，就是集中力量控制和發展東北，以改變敵人在戰略上對中共長期四面包圍的局面，並依靠已有的工業和資源，將東北建成中國共產黨的主要戰

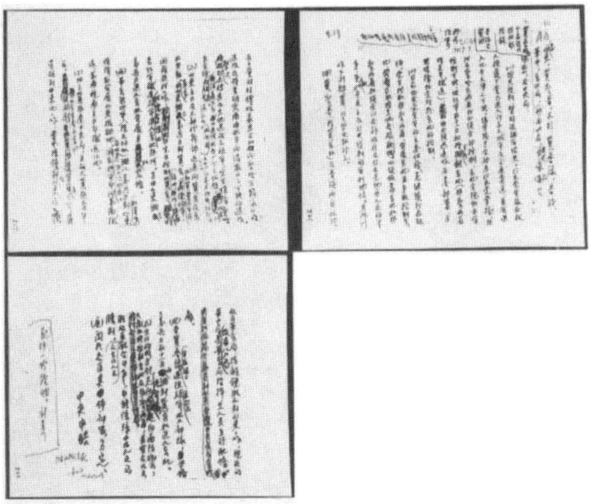

一九四五年九月十九日，中共中央向各中央局發出「向北發展，向南防禦」的指示，強調控制熱河、察哈爾兩省，發展和控制東北。圖為劉少奇起草的中央指示電文手稿

略基地，支援關內解放區的鬥爭。

此後，為了保衛抗戰勝利果實，壯大人民革命力量，全面貫徹「向北發展，向南防禦」的戰略方針，中共各中央局和各戰略區遵照中共中央的上述方針和有關的具體指示，迅速調整了部署，形成了有利於應付全面內戰的戰略佈局。中共中央從各解放區主力部隊中抽調十一萬人，並選派兩萬名地方幹部先期進入東北，建立根據地。同時收縮戰線，將中共人民解放軍從廣東、浙江、蘇南、皖南、皖中、湖南、湖北、河南（豫北除外）等八個省區撤到長江以北。在華北則開展自衛戰爭，奪取了邯鄲戰役、綏遠戰役和津浦路徐（州）濟（南）段戰役的勝利，先後殲敵六萬餘人。特別是在邯鄲戰役中，採取軍事打擊與政治爭取相結合，促使國民黨第十一戰區副司令長官兼新八軍軍長高樹勳率部投降，開創了國共內戰中國民黨軍整軍降共的先例。蔣介石迫於軍事受挫和政治輸理，只好按照《雙十協定》規定的和平建國方針，同意召開有各黨派和無黨派代表參加的政治協商會議。

為了實現「向北發展」的戰略，中共中央陸續派遣大批幹部和軍隊進入東北，建立東北根據地。圖為我軍開赴東北途中

二、和戰大計

中國人民經過艱苦卓絕的八年浴血奮戰，付出了巨大的民族犧牲，終於迎來了抗日戰爭的最後勝利，全國人民沉浸在極大的歡喜中。中國民盟主席張瀾的談話代表了這種心聲：「這勝利真是來得不容

易啊！現在國人唯一的希望，也正是唯一的責任，就是要怎樣保持這經過數十年艱苦沉痛才能換得的勝利的成果。」「於是，我們感到中國今天更迫切需要統一、團結、民主。必如此，才能使全國人民一心一德，和衷共濟，以盡其最大最善的努力，也才能擔負起一切建國工作。」然而，正當全國人民要求和平、反對內戰，希望和平建國的呼聲越來越高的時候，蔣介石卻加緊盤算著如何消滅共產黨。在這樣的情況下，要實現中國的和平大業又談何容易。

通過對國際國內形勢的深刻分析，一九四五年八月十三日，毛澤東在《抗日戰爭勝利後的時局和我們的方針》中指出：「從整個形勢看來，抗日戰爭的階段過去了，新的情況和任務是國內鬥爭。蔣介石說要『建國』，今後就是建什麼國的鬥爭。是建立一個無產階級領導的人民大眾的新民主主義的國家呢，還是建立一個大地主大資產階級專政的半殖民半封建的國家？這將是一場很複雜的鬥爭。」他認為：「對於蔣介石發動內戰的陰謀，我黨所採取的方針是明確的和一貫的，這就是堅決反對內戰，不贊成內戰，要阻止內戰。今後我們還要以極大的努力和耐心領導人民來制止內戰。但是必須清醒地看到，內戰危險是十分嚴重的，因為蔣介石的方針已經定了。」毛澤東強調：「公開的全面的內戰會不會爆發？這決定於國內的因素和國際的因素。」「會不會因為國際國內的大勢所趨和人心所向，經過我們的奮鬥，使內戰限制在局部範圍，或使全面內戰拖延時間爆發呢？這種可能性是有的。」共產黨就是要力爭這種可能性。

蔣介石打內戰的決心雖然已經定了，但要發動全面內戰一時卻還有許多困難和顧忌。在國內，抗戰勝利後，醫治戰爭創傷、在和平的環境中重建家園，已成為全國人民的共同心聲。在這種情況下，誰要發動內戰誰就會喪失人心；中國共產黨因始終高舉民族解放大旗，堅定不移地推行抗日民族統一戰線而深得廣大人民群眾的信任，由其所領導的根據地和人民軍隊也得到了長足發展。國民黨在政治上不得人心，且其軍隊的主力仍遠在西南和西北地區，要把軍隊運送到內戰前線還需要時間，等等。在國際上，第二次世界大戰剛結束不久，世界人民普遍希望和平，反戰情緒十分高漲。因此，在沒有完成大舉進攻的充分準備之前，蔣介石還不敢輕啟戰端。

正是在這樣的情況下，為了爭取時間，積極準備發動全面內戰，蔣介石開始玩弄和平欺騙的手腕。與此同時，美國也想達成「面對實際情況，企圖協助安排一個既可避免內戰又可保持甚至增加國民黨政府勢力的臨時辦法」，並建立一個由敵對的兩黨共同參加的、以蔣介石為首的、經過改組的聯合政府。正是在這樣的背景下，國民政府文官長吳鼎昌向蔣介石建議：

可邀中共領袖毛澤東來重慶舉行和平談判，共商國是，如毛澤東來，則談；若毛澤東不來，則是無視和平、失理之舉。若談得成，可迫使中共交出軍隊，若談不成，則共產黨是破壞和平。無論談與不談，我黨均能爭取時間，加緊部署，擇機討伐！

按照這一建議，蔣介石於八月十四日、二十日、二十三日接連發出三封電報，邀請中共中央主席毛澤東到重慶進行和平談判，共同商討「國際國內各種重要問題」。

中國共產黨對爭取和平有著真誠的願望，對局勢也有著清醒的認識。八月二十三日，毛澤東在中共中央政治局擴大會議上作長篇發言，分析國內外形勢，說明中國共產黨在新的環境下所採取的方針和對策。毛澤東認為，「蔣介石要消滅共產黨的方針沒有改變，也不會改變，他所以可能採取暫時的和平是由於上述各種條件的存在，他還需要醫好自己的創傷，壯大自己的力量，以便將來消滅我們。我們應當利用他這個暫時和平時期」。「我們要準備有所讓步，在數量上作些讓步，以取得合法地位，以局部的讓步換取在全國的合法地位，養精蓄銳來迎接新形勢。」他指出：

> 今天的方針是七大定下來的，七大的方針就是反對內戰的方針。當前內戰的威脅是存在著的，但國民黨有很大困難，至少今年不會有大的內戰，和平是可能的。

據此，會議決定今後對待國民黨的方針是「蔣反我亦反，蔣停我亦停」，以鬥爭達到團結，做到有理、有利、有節。通過鬥爭，迫使國民黨在一定程度上接受人民的要求，實施一定的政治改革，以推進國內和平，建立聯合政府，逐步實現政治民主化。此外，會議還決定，先派周恩來前往重慶，隨後毛澤東再去談判。

為全面闡明中共爭取和平民主、反對內戰獨裁的政治主張，八月二十五日，中共中央發表《對目前時局的宣言》，明確提出了「和平、民主、團結」三大口號，闡明中國共產黨關於「在和平民主團結的基礎上實現全國統一，建設獨立自由與富強的新中國」的主張；要求國民黨政府立即實施避免內戰和實現民主政治等為主要內容的六項緊急措施。鑑於形勢的發展，當晚，中共中央政治局決定，毛澤東、周恩來、

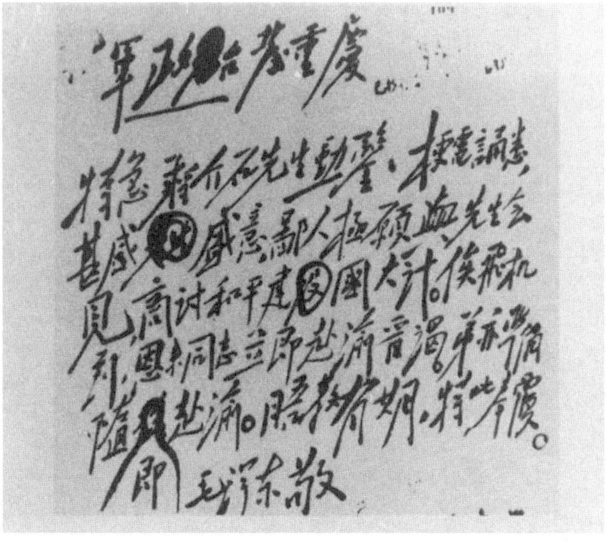

毛澤東於一九四五年八月十六日、二十二日、二十四日三次覆電蔣介石。圖為八月二十四日毛澤東赴重慶談判的覆電手稿

王若飛立即赴重慶同國民黨進行談判。

八月二十八日，毛澤東偕周恩來、王若飛，在國民黨政府代表張治中、美國駐華大使赫爾利陪同下，從延安乘專機抵達重慶。毛澤東不顧個人安危親赴重慶這一舉動，有力地宣告了中國共產黨是真誠謀求和平的，是真正代表人民的利益和願望的。當日下午三時許，毛澤東一行到達重慶。這是一個萬眾矚目的時刻。到機場迎接的有蔣介石的代表周至柔，以及重慶各界知名人士邵力子、張瀾、沈鈞儒、左舜生、章伯鈞、陳銘樞、黃炎培、郭沫若等。《大公報》記者在報導中這樣寫道：幾百個愛好民主自由的人士都知道這是維繫中國目前及未來歷史和人民幸福的一個喜訊。

為了更加明確地闡述和宣傳中國共產黨的政策主張，毛澤東在機場向記者發表書面談話：

> 本人此次來渝，係應國民政府主席蔣介石先生之邀請，商討團結建國大計。現在抗日戰爭已經勝利結束，中國即將進入和平建設時期，當前時機極為重要。目前最迫切者，為保證國內和平，實施民主政治，鞏固國內團結。國內政治上、軍事上所存在的各項迫切問題，應在和平、民主、團結的基礎上加以合理解決，以期實現全國之統一，建設獨立、自由與富強的新中國。

一九四五年八月二十八日，為爭取國內和平，毛澤東和周恩來、王若飛在赫爾利、張治中陪同下離開延安赴重慶談判

毛澤東等到達重慶後，受到各階層民眾的熱烈歡迎，在國內外引起巨大的反響。柳亞子賦詩稱頌毛澤東親臨重慶的行動是「彌天大勇」。重慶《大公報》發表社評說：「毛先生能夠惠然肯來，其本身就是一件大喜事。」

然而，重慶談判卻是一場複雜而異常艱苦的鬥爭。由於國民黨對這次談判並沒有誠意，也沒有估計到毛澤東真的會來重慶，所以他們根本沒有準備好談判方案，只能由中國共產黨方面先提出意見和方案。

談判從八月二十九日開始，到十月十日結束。在此期間，毛澤東直接同蔣介石就國共兩黨關係的重大問題進行多次商談。有關國內和平問題的具體談判，是在中共代表周恩來、王若飛同國民黨政府代表王世傑、張群、張治中、邵力子之間進行的。

中國共產黨對於會談始終抱著極大的誠意，首先提出了和平建國的具體方案，並由周恩來作了詳盡的闡述，要求國民黨方面逐條給予答覆，凡屬一致同意的事項，即記錄在案，未獲一致的事項，繼續商談。九月三日，周恩來、王若飛同張治中、張群、邵力子會談。中國共產黨將十一項「談判要點」面交國民黨代表。而蔣介石對於談判卻毫無誠意，更無準備，僅派幾名代表虛與周旋。對於十一項要點，國民黨代表以「距離太遠」為由拒不接受。九月八日，國共雙方繼續談判軍隊與解放區問題。國民黨在答覆文件中，無理拒絕中共關於解決解放區政權和軍隊整編方案，致使會談陷於僵局。在此情況下，為了力爭和平，使內戰侷限在局部範圍內，或者延緩全面內戰爆發的時間，在十九日國共雙方談判席上，中共方面提出願在九月三日談判基礎上再作讓步，即將國民黨軍隊和中共軍隊的整編比例由五比一改為中共軍隊僅佔全國軍隊的七分之一，並將中共軍隊從廣東、蘇南、浙江、皖南、皖中、湖南、湖北、河南（豫北不在內）八個解放區撤出。但是，國民黨方面又以「軍令政令要統一」為借口，表示「甚難考慮」。周恩來、王若飛根據事實給予有力駁斥，指出解放區和人民抗日武裝力量是中國共產黨領導人民同日本侵略者長期浴血奮戰的結果，完全是屬於人民和保護人民的。鑑於國民黨方面沒有任何鬆動的跡象，談判在艱難中緩慢推進，鬥爭十分激烈。

最終，經過四十三天的艱苦談判，一九四五年十月十日，國共雙方代表簽訂《政府與中共代表會談紀要》，即《雙十協定》，並公開發表。國民黨政府接受中共提出的和平建國的基本方針。雙方協議「必須共同努力，以和平、民主、團結、統一為基礎」，「長期合作，堅決避免內戰，建設獨立、自由和富強的新中國」。雙方還確定召開各黨派代表及無黨派人士參加的政治協商會議，共商和平建國大計。這是重慶談判最重要的兩項成果。此外，談判還達成迅速結束國民黨的「訓政」，實現政治民主化；黨派平等合法；釋放政治犯等協議。

重慶談判的結果，是人民力量的一個勝利。毛澤東指出：「這個東西，第一個好處是採取平等的方式，雙方正式簽訂協定，這是歷史上未有過的。第二，有成議的六條，都是有益於人民的。」通過談判，國民黨承認了和平團結的方針，儘管這種承認只是口頭上的，但這樣一來，國民黨再要發動內戰，

重慶談判進行得十分艱難。國共雙方在一些問題上達成了共識，但在軍隊縮編、解放區等問題上卻擱了淺。圖為毛澤東同赫爾利、張治中（右一）在談話

就在全國和全世界面前輸了理，在政治上陷於被動地位，共產黨就更有理由採取自衛戰爭粉碎他們的進攻。重慶談判達成的協議，使和平民主的呼聲大大高漲，也有力地推動了國民黨統治區的民主運動。

《雙十協定》簽訂第二天，毛澤東返回延安，周恩來繼續同國民黨談判，並於一九四六年一月十日簽訂了「停戰協定」。但是，蔣介石要打內戰的方針早就確定了。不久，他在完成打內戰的軍事部署之後，在美國的支持下，最終撕毀了《雙十協定》，並於一九四六年六月向中原解放區大舉進犯，發動了全國規模的內戰。

三、針尖對麥芒

儘管全國人民對和平建國抱有殷切的期望，國民黨政府也迫於形勢，承認了「和平建國」的方針，但蔣介石其實只是把重慶談判看作是應付一時的緩兵之計，看作是爭取時間以調集兵力發動內戰的一種權宜之計。在重慶談判期間，蔣介石即秘密指示國民黨各戰區司令長官說，目前與中共談判，「乃係窺測其要求與目的，以拖延時間，緩和國際視線，俾國軍抓緊時機，迅速收復淪陷區中心城市。待國軍控制所有的戰略據點、交通線，將寇軍完全受降後，進以有利之優越軍事勢力與奸黨作具體談判。彼如不能在軍令政令統一原則下屈服，即以土匪清剿之」。而且，在此期間，蔣介石還重新頒發一九三三年在「圍剿」紅軍時所編印的《剿匪手本》，指令各部在「剿滅共匪」的作戰中「切實遵行」。《雙十協定》剛剛簽訂，蔣介石就發佈進

有國共雙方代表簽字的《雙十協定》

攻解放區的密令，要求國民黨軍隊將領遵照他所訂的《剿匪手本》，「督勵所屬，努力進剿，迅速完成任務」。國民黨的戰略企圖是：完全佔領長江以南；著重奪取華北戰略要地和交通線，妄想分割和壓縮解放區，並打開進入東北的通道；然後利用中蘇條約中對其有利的條款，出兵佔領整個東北，最後以強大的軍事壓力，迫使中共在談判中屈服。

一九四五年八月中旬以後，國民黨軍隊沿平漢、平綏、同浦、津浦、正太等五條鐵路由西向東，由南向北，逐步向中共蘇皖邊區及華北各解放區推進。自日本投降至十月十七日兩個月間，有三十座解放區城市被國民黨軍隊侵佔。重慶談判期間，蔣介石為了以軍事行動向中共施加壓力，迫使中共代表在談判桌上屈服，除加速向前線調運兵力外，還下令粵、蘇、浙、皖、魯、晉、綏、察等省的國民黨軍隊向中共發動進攻。這表明，《雙十協定》簽訂後全國性的內戰危機不但沒有減弱，反而日益嚴重了。

為了打破蔣介石的陰謀，中共中央決心在平漢、同蒲、平綏、津浦路沿線，開展交通破擊戰，繼續肅清日偽殘餘據點，控制一段鐵路，開闢戰場；而後集中主力，相機組織幾個有力戰役，打擊沿鐵路進犯的國民黨軍，以遲滯敵人前進，鞏固華北、華東解放區，以掩護中共人民解放軍在東北地區的戰略展開，並加強中共在國共談判中的地位，達到爭取和平的目的。九月十一日，中共中央軍委電令全軍：「重慶談判，蔣介石毫無誠意」，「為著促進談判，推遲蔣軍深入華北、東北，爭取全部佔領察熱，爭取東北優勢，我必須佈置幾個有力戰役，打退頑軍氣勢。」依照中共中央、中央軍委的指示，人民軍隊站在自衛立場上奮起抗擊，挫敗了國民黨軍隊的進犯。這其中，尤其是上黨戰役（長治戰役）給了國民黨統治集團以很大震動，並加強了中共代表團在重慶談判中的地位，直接配合了談判鬥爭。

上黨地區是太行山腹地一塊比較富庶的盆地。重慶談判前夕，國民黨軍第二戰區依據其統帥部關於特別注意接收上黨區的指示，以第十九軍軍長史澤波率四個步兵師及一個挺進縱隊，自臨汾、浮山、翼城進佔長治、長子、壺關、屯留等城。

該敵以軍部率第六十八、第六十九師主力及暫編第三十八師一部守備長治，以其餘部隊及偽軍部署於襄垣、長子、屯留、潞城、壺關諸城，企圖以此為基地侵佔整個晉東南解放區。與此同時，第一戰區第三、第十六軍經風陵渡到達運城以南；第十一戰區以第十五軍留置豫西，以第四十軍、新八軍及第三十軍向鄭州集中，擬沿平漢路向北推進。對國民黨軍的這一部署，劉伯承指出：

蔣介石的軍隊沿五條鐵路開進，五個爪子伸開向我們撲來了，我們要守住大門，保衛華北解放區，掩護我東北解放軍做戰略展開。平漢、同浦是我們作戰的主要方向。但現在的問題是閻錫山侵佔了我上黨六城，在我背上插了一把刀子，芒刺在背，脊樑骨發涼，不拔掉這把刀子，心腹之患未除，怎麼放得下心分兵在平漢、同浦去守大門呢？

自八月二十六日起，中共中央軍委先後指示晉冀魯豫軍區，要求其集中太行、太岳軍區主力首先殲滅閻錫山進入長治的部隊，收復上黨地區，消除心腹之患。並強調指出，長治等城堡堅壘密，須有充分準備，切不可草率，進攻時宜選擇一兩城，各個擊破。九月四日，中共中央軍委又進一步指出：「在進行上黨戰役中，閻（錫山）如從太原、臨汾、平遙等地來援，於我有利，待其進至適當地域給以殲滅，你們應有此獨立的機動的靈活作戰準備。」

根據這一指示，劉伯承、鄧小平等抓住侵入上黨的史澤波部孤軍深入、守備分散的弱點，決心集中正在進行整編的太行、冀南、太岳三個縱隊及地方部隊一部共三萬一千餘人，並動員五萬民兵配合作戰，輪流以主力一部由北而南地逐次奪取長治外圍各城，以主力的大部配置在機動位置，準備在野戰中殲滅由長治出援的敵人，而後攻取長治，相機殲滅可能自太原、平遙來援的敵人。同時，以冀魯豫軍區主力及太行、冀南軍區部隊各一部，在新鄉以北、石家莊以南平漢路沿線肅清日偽軍；以太岳軍區部隊破擊同蒲路南段，遲滯胡宗南部北進，為上黨戰役結束後轉用主力於平漢或同蒲路作戰準備戰場。

依據上述部署，各參戰部隊一面向上黨地區開進，一面進行整編和政治動員。九月十日，上黨戰役正式爆發。晉冀魯豫野戰軍首先攻擊屯留。為此，長治的敵人曾兩度出援，但與打援部隊一經接觸即迅速縮回。十二月，晉冀魯豫軍區部隊攻克屯留；十七日，又攻佔潞城，並截斷了長治與太原、平遙的聯繫；十九日，攻克長子、壺關。這幾場戰鬥，不僅殲敵七千餘人，而且孤立了長治守敵。二十日，晉冀魯豫野戰軍開始圍攻長治。

九月二十四日，獲悉太原的國民黨軍隊三個師於二十二日起沿白晉路南下增援，劉伯承、鄧小平等遂決心以冀南縱隊及地方部隊圍困長治，吸引援敵；以太行縱隊及太岳縱隊主力北上，求殲援敵於運動中。十月二日，晉冀魯豫野戰軍將援敵合圍於虒亭以南老爺嶺附近地域。為確保打擊援兵的兵力優勢，劉伯承、鄧小平等又急調冀南縱隊北上參戰，並以左右兩翼部隊猛攻敵人，而在北面留一缺口，誘敵向北突圍，以求殲敵於突圍途中。

在上黨戰役的磨盤垴戰鬥中繳獲的武器

十月五日，被多日圍困攻擊而飢疲不堪的國民黨軍，於當日夜間向北突圍，被晉冀魯豫野戰軍先機搶佔虒亭以北土落村附近制高點的部隊截住。實施平行追擊和跟蹤追擊的部隊，多路楔入敵陣，並發起了猛烈攻擊。激戰到六日，國民黨軍除一部逃回沁縣外，其餘全部被殲。長治敵人待援無望，於八日向西突圍。

從九月十日至十月十二日，在劉伯承、鄧小平的指揮下，晉冀魯豫軍區先掃清外圍，再合圍長治。閻錫山調集八個師附兩個炮兵團共兩萬人增援，中共人民解放軍戰而打圍，採取鉗形攻勢，依靠戰士猛烈穿插和英勇搏殺，一舉殲滅入侵的閻錫山所部三萬餘人，擊斃國民黨軍第七集團軍副總司令彭毓斌，生俘第十九軍軍長史澤波，使閻錫山損失其總兵力的三分之一。

上黨戰役是重慶談判期間，中共晉冀魯豫軍區部隊以劣勢裝備戰勝優勢裝備國民黨軍的典型戰例，也是國共內戰時期打的第一個殲滅戰，打擊了蔣介石，加強了中國共產黨在重慶談判中的地位，對「雙十協定」的達成起到了重要作用。

除上黨戰役之外，中共人民解放軍還遵照中共中央的指令，堅決收復失地，並對來犯的國民黨軍隊進行必要的自衛作戰。這些堅決有力的自衛作戰，不僅遏制了國民黨軍隊對中共解放區的進攻，也遲滯了國民黨軍隊向中共華北等解放區推進，有力地掩護了中共在東北的展開。

上黨戰役中繳獲的部分山炮

第二節 和平建國希望的破滅

一九四五年十月十日，經過四十三天複雜而艱難的談判，國共雙方正式簽署並公開發表會談紀要，即「雙十協定」。國民黨當局表示接受中共提出的「和平建國的基本方針」；「長期合作，堅決避免內戰」，召開政治協商會議，共商和平建國大計。此後，中國一度露出了和平曙光。但是，國民黨並沒有放棄用武力消滅共產黨的打算，很快便向解放區悍然發動了全面進攻。

一、「中央來了更遭殃」

大後方民眾對國民黨政府的不滿情緒，在抗戰後期日益強烈。抗戰勝利後，國民黨政府派遣大批官員到他們所能到達的原淪陷區，尤其是城市，進行掠奪式接收。這是千載難逢的撈肥發橫財的機遇。一時間，京、滬、平、漢等各大城市出現了四五十個各不相屬的接收機構，接收大員相互傾軋，貪婪掠取財物，大官大貪，小官小貪，無官不貪。人們把這種接收諷刺為「五子登科」（金子、車子、房子、女子、票子）和「三陽（洋）開泰」（捧西洋，愛東洋，耍現洋），稱這種接收為「劫收」。這種「劫收」充分暴露了國民黨統治集團的腐敗墮落。

剛剛擺脫亡國奴命運的廣大人民，本來對國民黨的回來持歡迎態度，但面對紛至沓來的「劫收」和隨之而來的物價飛漲、社會秩序混亂以及民不聊生，社會各階層尤其是原淪陷區的廣大民眾對國民黨政府表現出了強烈不滿。

與此同時，國民黨政府的官僚資本也在「接收」的名義下急遽膨脹。憑藉著政府特權，國民黨當局將大批民有企業和資產指為敵產，並以「接收」名義肆意加以侵吞。有些原被日偽政權所霸佔的民營企業，即使發還原主，也得由日偽原有股份變為官僚資本股份，加之各種名目的重稅盤剝，致使民族工商業大批破產。在日偽統治下長期慘淡經營，受盡煎熬的民族資本主義工商業，抗戰勝利後竟遭如此嚴重的掠奪，使許多民族工商業者極為憤懣。例如，接收上海敵偽產業的最高長官借買房子辦學校的名義，把日僑管理處的全部房屋變成了私產；把一家日僑所辦的醫院改為滬光醫院由他私人經營。軍統局「滬辦」少將秘書借口龍華仁餘布廠有漢奸股份及敵貨布匹，向該廠詐取黃金七十兩，又指稱新聞路仁餘糧行主人曾任偽糧公會會長，向其勒索法幣兩百萬元。軍政部開封辦事處接收組徐州第二臨時倉庫第一支庫負責人隱匿固滁大陸倉庫一所，庫中物資價值一億元以上。敵偽產業處理局海南辦事處主任夥同專員等人，盜賣南國菸廠倉庫，把價值兩千萬元的大批膠輪、布匹、軍氈據為己有，而後竟以失竊案呈報。

日本侵略者在戰爭期間為了「以戰養戰」，控制了大批具有壟斷型的經濟事業。對這些經濟事業，國民黨政府本來應該完整地、有計劃地接收過來，然後迅速組織恢復和發展生產，以此來作為和平建國的重要經濟基礎。但事實卻非如此，國民黨政府的一些接收大員，置國家民族利益於不顧，只著眼於瓜分財物甚至在前門貼上封條，往往不擇手段地把原來的生產機構肢解分割，甚至熱衷於從「後門」把廠內的各種物資悄悄搶運出去，囤積起來，從事投機買賣，以致有些工廠連機器零件也往往在短期內損失殆盡。國民黨當局的各級「劫收」人員搶

國統區飢民掙扎在死亡線上

貪盜吞敵偽及民眾財物的凶殘貪婪之行徑，已達到了駭人聽聞、無所不用其極的地步。可謂「日寇漢奸所不敢為者，國民黨官員竟敢公然大膽為之」。正是在這個過程中，許多「重慶人」在短期內驟成暴富，而淪陷區數以千萬計的勞動群眾則嗷嗷待哺。

此外，對淪陷區民眾另一個沉重的打擊是，在接收過程中，為了最大限度地攫取民財，膨脹官僚資本，聚斂內戰費用，國民黨政府以低於實際比值數倍的比率，強迫廣大淪陷區人民以兩百元偽幣兌換一元法幣（當時偽幣與法幣購買力的實際比值僅為二十五比一），對各階層民眾進行明目張膽的殘酷掠奪。一紙命令之下，收復區許多人民頓成赤貧，人人感到切膚之痛，而攜帶大批法幣而來的接收人員則立成暴富。這種洗劫式的兌換，對於淪陷區的廣大人民而言，「幾近於沒收」了他們的財產；特別是對那些長期飢寒交迫的廣大勞動人民而言，這種洗劫式的兌換，則使他們更加貧窮如洗，「不得聊生」。一個商店老闆在憤怒中歎息說：「人民好苦呵，兩百對一，使他們辛苦的積累化為烏有。」據統計，通過這樣掠奪式的貨幣兌換手段，國民黨政府從收復區人民手中攫取達兩億美元。可憐八年浴血抗戰的結果，最後卻帶來了一場「勝利災難」。國民黨政府喪失人心，民眾不滿增長，為國民黨政府的失敗埋下了一顆定時炸彈。

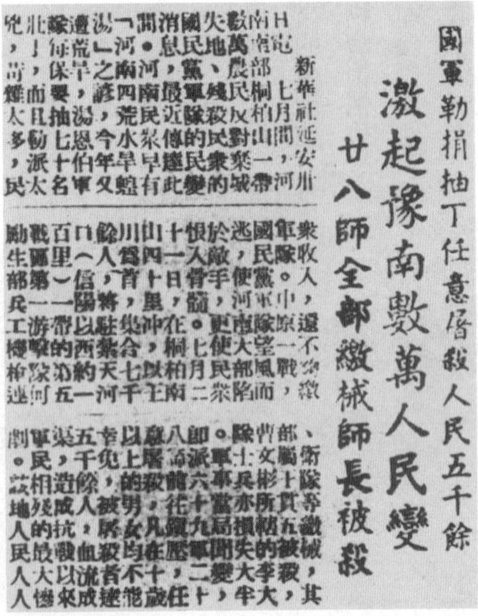
國軍勒捐抽丁任意屠殺人民五千餘
激起豫南數萬人民變
廿八師全部繳械師長被殺

《解放日報》關於國統區人民不滿國民黨政府腐敗統治的報導

凡此種種，不僅急劇激化了中國社會的基本矛盾，也使國民黨政府在廣大人民心目中的信譽一落千丈，給國民黨政權自身造成了致命的惡果，使其在政治、經濟、軍事以及社會道德風尚和吏治等各個方面，基本毀掉或嚴重動搖了自己的統治基礎，以致在大陸的迅速覆亡。一九四五年九月二十七日《大公報》發表社評，認為國民黨政府的這種接收行為「幾乎把京滬一帶的人心丟光了」。美國政府中一些人也承認國民黨的文武官員在自日本人手中收復失地時的舉止，已使國民黨迅速地在這些區域喪失了人民的支持和他們自己的聲望。蔣介石後來也感慨萬分地悲歎：「我們的失敗，就是失敗於接收。」

國民黨政府及其各級接收官員在「劫收」中的卑劣行徑，將其腐敗的本質徹底暴露無遺，也極大地激起了淪陷區各階層人民的強烈怨恨與極度不滿。廣大群眾以「盼中央、望中央，中央來了更遭殃」，「歡慶勝利停生意，歡迎國軍餓肚皮」，「天上來，地下來，老百姓活不來」的民謠，表達他們對國民黨政府的徹底失望和極大的憤慨。就連對國民黨政府「天然抱有好感」的中小資本家，經過這一番大「劫收」，也「無一不對國民黨深惡痛絕了」。

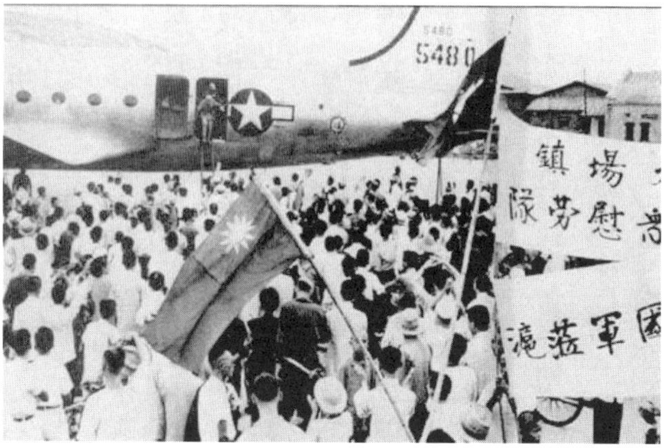

經過日本的殘酷統治，許多淪陷區群眾歡迎國民政府軍歸來，但是國民黨接收大員們的腐敗行為很快使人民大失所望。圖為上海群眾歡迎由美軍空運至上海的國民黨軍隊

這場「大劫收」，不僅使國民黨統治區的社會生產力急劇萎縮，工農業生產連年大幅度下降，還導致經濟蕭條、凋敝，國民黨政府的財政收入銳減。而正是這一點，與全面內戰爆發後國民黨政府龐大的軍事費用及行政費用的需求形成尖銳矛盾。據統計，全面內戰爆發的一九四六年，國民黨政府的財政收入僅為兩兆元，而當年軍政費用的支出則為八兆元（其中軍費六兆元），赤字高達支出總額的百分之七十五，

是一九四五年財政赤字的四・六倍。因此，「進入民國三十五年（一九四六年）後，通貨膨脹的惡性趨勢即告全面恢復」，而且愈演愈烈。

但是，當時蔣介石卻依然陶醉在一片勝利的喜悅聲中，看不到民心變動可能帶來的嚴重後果，仍然認為一切優勢盡在自己手中，因此對中國的局勢作出了完全錯誤的估計和預判。蔣介石違背全國人民迫切要求休養生息、和平建國的願望，堅持反共反人民的內戰政策，使渴望和平民主的民眾深感焦灼和不安。

為強烈呼籲停止內戰、要求民主團結以及和平建國，一九四五年十一月十九日，重慶各界代表郭沫若、沈鈞儒等五百餘人，舉行陪都各界反內戰聯合會成立大會。大會號召國民黨統治區的人民反對國民黨的內戰政策，反對美國干涉中國內政。十一月二十五日，在中共雲南省工委的組織發動下，昆明六千餘名大、中學生和各界群眾在西南聯合大學舉行時事晚會，錢端升、費孝通、潘大逵、伍啟元等教授在會上作反內戰講演。會議通過了反對內戰和反對美國派軍隊參加中國內戰的通電。十一月二十六日至二十八日，昆明三十一所大、中學校的三萬餘名學生相繼罷課，並成立罷課聯合委員會，發表宣言，明確提出：立即制止內戰，要求和平，要求民主；反對外國助長中國內戰，撤退駐華美軍；組織民主的聯合政府；切實保障人民的自由權利，等等。學生們的正義行動得到社會的廣泛支持，卻遭到國民黨政府的血腥鎮壓。十二月一日，國民黨雲南當局組織大批特務和軍人闖入西南聯大、雲南大學等校，搗毀校舍，毆打師生，並投擲手榴彈，致使于再（共產黨員）、潘琰（共產黨員）、李魯連、張華昌四名師生遇難，受傷者二十餘人，釀成了震驚全國的「一二・一」慘案。

慘案發生後，昆明學生有組織地走向街頭，高舉反對內戰、要求民主的大旗，向人民群眾控訴國民黨當局的暴行。昆明各大、中學校教師集體發表罷教宣言，加入學生的鬥爭行列。文化界人士、工農市民群眾、工商界人士乃至一些地方上層人士，紛紛以捐款、簽名、慰問、弔唁等方式，聲援學生。

昆明學生的抗爭在全國激起強烈的反響。延安各界舉行群眾大會，周恩來在會上代表中共中央讚揚「青年是爭取和平、民主的先鋒隊」，指出「我們正處在新的『一二・九』時期，昆明慘案就是新的『一二・九』」。此外，國民黨統治區二十多個大中城市也都以集會、遊行、罷課、致電慰問、捐款等方式，支持昆明的學生運動。在此背景下，一個群眾性的反內戰運動在全國開始迅速興起。

二、馬歇爾使華

第二次世界大戰期間，美國迅速崛起，成為首屈一指的世界霸主。與此同時，由於扶蔣反共，並深度捲入中國內部事務，美國也成為國民黨政府的主要支持者。

抗戰期間，美國對華進行軍事援助，完全是給國民黨的，國民黨精銳主力的武器裝備，也主要是由美國提供的。抗戰剛一結束，美國在中國集中力量所做的第一件事，就是動用其空軍和海軍力量，幫助把遠在西南一隅的國民黨軍隊迅速搶運到原來被日本佔領的華北和華東等地的大城市和戰略要地，由其運送的國民黨軍隊達四十萬至五十萬人。美國原定裝備國民黨三十九個師和空軍的計劃，在抗日戰

一九四五年十二月一日，昆明國民黨當局出動大批軍警特務，武裝鎮壓反內戰、爭民主的西南聯合大學和雲南大學等校的師生，打死四人，打傷二十餘人，造成「一二・一」慘案。圖為被襲擊後的西南聯大校門

爭結束時只完成一半，但各種裝備和供應在戰後仍然繼續進行著。而且，一九四六年八月，美國還把價值九億美元的剩餘物資，以一億七千五百萬美元的低價賣給了國民黨政府。這些都說明了美國對國民黨政府在軍事方面所給予的大力支持。

然而，抗戰結束之後，美國卻不可能大張旗鼓地幫助國民黨來打共產黨。這倒不是因為美國發什麼善心，而是從其自身的國家利益出發而考慮的。美國政府認識到：中共解放區軍民自衛反擊戰的勝利，國民黨統治區反內戰運動的興起，表明了國民黨統治集團要通過發動內戰控制中國，仍然存在著嚴重的困難。國共武裝衝突在重慶談判後日漸加劇，表明了抗戰後期以來美國所奉行的扶蔣反共政策並沒有達到預期的目的。國共力量的變化已使國民黨無法用武力消滅共產黨。

一九四九年七月三十日，美國國務卿艾奇遜在給杜魯門總統的一封信中較為集中地談到了這一看法。他說：「大戰前的十年當中，國民黨沒有能力摧毀共產黨，大戰後……國民黨的力量業已削弱，意志消沉，且不得民心……共產黨的力量則較它過去任何時期更為強大，且已控制華北的大部分。」美國總統杜魯門也認為，共產黨的力量較之過去任何時期更為強大，美國人民顯然不會允許在一九四五年或以後讓美國軍隊擔負如此巨大的任務的；而且，全面武裝干涉中國內政，還會使蘇聯有可能在曾表示願意承擔的只支持蔣介石國民黨政府的義務問題上反悔，給蘇聯插手中國事務提供機會。在這樣的情況下，支持蔣介石國民黨用武力消滅共產黨，其結果只能適得其反。對此，杜魯門談到：「一九四五至

美國軍艦運送國民黨軍至沿海各港口，搶佔戰略要地

一九四六年，這樣的思想（出兵中國）甚至還沒有表達出來便會遭到美國人民的拒絕。」

正是在這樣的背景下，美國開始調整其以往的對華政策，並以調處國共衝突作為實現其扶蔣主旨的重要途徑。所謂調處就是「一方面援助國民黨盡可能廣大地在中國確立其權力，一方面鼓勵雙方（國民黨、共產黨——筆者注）從事協商，盡力避免內戰的發生」。換句話說，在美國政府看來，可採取的做法只能是：一方面，在援助國民黨進行一些改革之後，盡可能地幫助其確立在中國的權力地位；另一方面，鼓勵國共雙方進行協商，盡可能避免中國內戰發生。美國政府所擔心的是中國內戰的全面爆發最終會導致腐敗無能和喪失民心的國民黨政府垮台，因為它期望在和共產黨的談判、協商過程中取得對國民黨統治地位的強化，從而使戰後的中國成為一個真正的親美國家。正如杜魯門所回憶的：「我們的政策就是支持蔣介石，但是我們卻不能捲入中國的內戰中為蔣介石作戰。」

也正是因為上述原因，杜魯門上台後，美國國內對赫爾利所奉行的扶蔣反共的對華政策深為不滿。美國輿論認為，赫爾利的對華政策，超出了美國遠東戰略的承受能力，任其發展，必將後患無窮。因此，當一九四五年十一月赫爾利向杜魯門提出辭呈之後，杜魯門隨即便予以同意，並改派五星上將馬歇爾作為他的特使前往中國。杜魯門確信：「中國現在看來是被引向更麻煩的境地去了。我們不能派遣軍隊之類來保證蔣介石的優勢，我們唯一能做的一件事是發揮我們最大的影響來制止內戰。」所以，以馬歇爾代替赫爾利出使中國，絕非一般的外交

美國直接出兵佔領中國沿海城市，並幫助蔣介石搶佔軍事要點。這是游弋在中國山東省青島海域的美國軍艦

人事更動，而是表明了美國對華政策的一種新的變化。

馬歇爾使華的主要使命，便是「調停」國共雙方，防止內戰的爆發，並促使蔣介石政權實行民主改革，「援助國民黨盡可能廣大地在中國確立其權力」。杜魯門在交給馬歇爾的訓令中規定：一方面要「運用美國的影響努力說服中國政府，召開一個由主要黨派的代表所組成的全國會議，以獲致中國之統一」；另一方面，要繼續從各方面支持和扶助國民黨政府，立即幫助它將軍隊運到東北，並做好運往華北的準備。同時，要求國共雙方停止敵對行動，尤其在華北地區停止敵對行動。

一九四五年十二月十五日，馬歇爾起程來華。同一天，美國總統杜魯門發表美國對華政策聲明，指出：「美國深知，目前中國國民政府是『一黨政府』，並相信如果這個政府的基礎加以擴大，容納國內其他政治黨派的話，即將推進中國和平、團結和民主改革。因此，美國竭力主張由中國國內各主要政治黨派的代表舉行國民會議，從而商定辦法，使他們在中國國民政府內得享有公平與有效的代表權。」「自治性的軍隊，例如共產黨軍隊那樣的存在乃與中國政府團結不相符合，且實際使政府團結不能實現。廣泛代議制政府一經建立，上述自治性的軍隊及中國的一切武裝部隊應有效地結合為國民軍。」並強調：「當中國由上述的途徑走向和平與團結的時候，美國將準備各種合理的辦法，來協助國民政府復興中國，改進農業和工業經濟，並建立一個力足對維持和平及秩序盡其本國及國際責任之軍事組織。」可見，馬歇爾來華的主要目的便是貫徹美國政府「援助國民黨盡可能廣大地在中國確立其權力」這個既定方針。

十二月二十七日，蘇、美、英三國外長在莫斯科會議發表關於中國問題的協議，一致呼籲中國應立即停止衝突，改組國民政府，並在它的領導下，建立統一與民主的中國。宣稱：「必須在國民政府之下建立一個團結而民主的中國，必須由民主分子廣泛參加國民政府的所有一切部門，而且必須停止內戰。」並重申「不干涉中國內部事務之政策」。

在這樣的背景下，蔣介石不得不考慮美國關於停止內部衝突的態度，而國民黨軍隊上黨、平漢等戰役的挫敗，也使他感到發動全面內戰還沒有完全準備好。這樣，在各種因素的綜合作用下，為了用政治手段遏制以至消滅共產黨所領導的人民革命力量，同時爭取更多的時間來調動內戰兵力，蔣介石不得不同意召開政治協商會議。

中共中央對美國的基本立場和關於召開中國各黨派會議的主張，作了分析後認為，雖然美國政府在基本上仍然是扶助蔣介石的，但美國政策的這些變動，對中國人民要求和平民主的當前鬥爭是有利的。因此，中共中央決定接受馬歇爾的「調處」。

在此局面下，國共雙方一度劍拔弩張的緊張局勢得以暫時緩和。

此後，在馬歇爾的斡旋下，一九四六年一月五日，國共雙方代表初步達成停止國內軍事衝突的協議，約定雙方軍隊應就各自位置上停止一切軍事行動，但有一些停戰的關鍵問題仍未解決。十日，國共兩黨達成關於停止國內軍事衝突的停戰協定。這個協定包括四個文件，即《關於停止國內軍事衝突的命令》、《關於停止國內衝突命令的瞭解事項》、《國共雙方關於建立軍事調處執行部的協議》、《國共雙方關於停止國內軍事衝突、恢復交通的命令與聲明》。同一天，毛澤東和蔣介石分別向各自統轄的部隊發出停戰令，宣佈自一月十三日午夜起生效。按照停戰協定，在北平設立由

一九四六年一月十日，周恩來（右）和張群（左）在馬歇爾住處簽署停戰協定

共產黨、國民黨和美國三方各一名代表組成的軍事調處執行部，負責監督執行「停戰協定」。執行部下設若干軍事調處執行小組，分赴各衝突地點進行調處。

停戰協定的簽訂和實施，在一定程度上限制了國民黨軍隊的調動和向解放區的進攻，因而有利於人民。這樣，儘管國民黨軍隊仍不停地向解放區進行蠶食進攻，但除東北地區之外全國的大規模軍事衝突得以暫時避免，這使經歷了長期戰亂的中國人民一時燃起了「內戰有可能制止」的新的期望。然而，蔣介石卻利用這段時間加緊部署全面內戰，並密令其軍隊「迅速搶佔戰略要點」。人們不久就會發現，這只是暴風雨來臨前夕的短暫「沉寂」。

中國共產黨派出周恩來，國民黨派出張治中會同美國特使馬歇爾組成「三人會議」，即軍事三人小組。圖為馬歇爾（中）、周恩來（右）和張治中（左）合影

三、重慶政協會議前後

為了保衛抗戰勝利果實，壯大人民革命力量，中國共產黨認真落實日本投降後所制定的「向北發展，向南防禦」的戰略方針，在華北地區開展自衛戰爭，並相繼奪取了邯鄲戰役、綏遠戰役和津浦路徐（州）濟（南）段戰役的勝利，先後殲敵六萬餘人。蔣介石迫於軍事受挫和政治輸理，只好按照《雙十協定》規定的和平建國方針，同意召開有各黨派和無黨派代表參加的政治協商會議。

一九四五年十二月十六日，中國共產黨派出由周恩來、董必武、王若飛、葉劍英、吳玉章、陸定

一、鄧穎超七人組成的代表團飛抵重慶，出席政治協商會議。會前，中共代表同國民黨、民主同盟的代表以及各方面人士廣泛接觸，反覆闡述無條件停止內戰是召開政治協商會議的前提，停戰以後的一切具體問題均可用商談方法求得解決。十二月二十七日，中共代表團向國民黨政府代表提交一份書面建議，要求無條件停戰，以利於政治協商會議的進行。這個建議立即得到各民主黨派和廣大人民群眾的支持。經中共代表團多次呼籲和奔走，國民黨方面不得不接受這個建議，同意進行停戰談判。

一九四六年一月五日，雙方代表正式簽訂「停戰協定」。同日，雙方下達於一月十三日午夜生效的停戰令。國共兩黨簽訂的停戰協定，為政治協商會議的召開掃除了障礙。一月十日，在發佈停戰令的同一天，全國矚目的政治協商會議在重慶隆重開幕。會議由國民黨政府召集，出席會議的有國民黨、共產黨、民主同盟、青年黨和無黨派人士的代表共三十八人。會議的中心議題是關於政治民主和軍隊國家化的問題。在會議參加者中，政治傾向各不相同。國民黨及其追隨者（從民主同盟中分離出來的青年黨）代表大地主、大資產階級的政治主張，民主同盟基本上代表民族資產階級、小資產階級及其知識分子的政治主張，無黨派人士中也以代表中間勢力者居多。中共同以民盟為代表的中間派，在反對國民黨一黨專政、反對內戰、要求和平民主這些基本問題上，有著許多共同點。在會議召開之前，

一九四五年十二月，周恩來（右）同參加在重慶召開的政治協商會議的中共代表團其他成員葉劍英（中）、陸定一（左）在飛機場向送行的人們告別

一九四六年一月十日，有全國各黨派代表及無黨派人士參加的政治協商會議在重慶開幕。圖為會場外景

民盟代表同中共代表約定：雙方攜手合作，互相支持。在會議進行期間，中共代表經常同民盟代表和無黨派民主人士在會下進行磋商，並在一系列問題上同他們採取聯合行動。而且，由中共主辦的《新華日報》、《解放日報》和一些民主黨派、民主人士主辦的報刊，連續發表社評和評論，反映各界人民的願望和要求，對政協會議各項議題的進展加以評論。輿論的支持和配合，對政治協商會議取得積極成果起到了良好的推動作用。

由於共產黨與民主黨派和無黨派人士密切合作，經過同國民黨的激烈交鋒，會議通過了《政府組織案》、《和平建國綱領》、《軍事問題案》、《國民大會案》和《憲法草案案》五項協議，核心是改組政府。《政府組織案》規定：國民政府委員會為政府之最高國務機關，委員名額定為四十人，半數由國民黨充任，但涉及施政綱領的變更，必須有三分之二的委員贊成方能通過；改組後的政府是結束國民黨「訓政」向實施憲政過渡的政府，負責召集國民大會並制定憲法。《憲法草案案》確定了國會制、內閣制、省自治等原則，規定：立法院為最高立法機關，由選民直接選舉；行政院為國家最高行政機關，對立法院負責；如立法院對行政院不信任，行政院或辭職或提請總統解散立法院。同時規定：中央與地方分權，省為地方自治的最高行政單位，可制定省憲。

重慶政治協商會議的這些規定，是中國共產黨同各民主黨派、民主人士共同努力的結果，是中國人民在政治上的勝利。雖然不同於中國共產黨所主張的新民主主義綱領，但政協協議對國民黨的一黨專政、個人獨裁的政治制度和反人民的內戰政策，具有明顯的限制作用，基本上符合全國人民的和平民主願望，有利於和平建國，有利於解放區民主政權的存在和發展，因而在相當程度上有利於人民，受到人民群眾的歡迎，激起了億萬善良的中國人對實現全國的和平、民主、團結、統一的熱烈期望。由此，在很長一段時間，五項協議成了國民黨統治區很多人衡量是非的重要尺度：誰堅持政協路線，誰就得人心；誰破壞政協協議，誰就不得人心，就把自己置於同廣大民眾對立的地位。

對於一九四六年一月達成的「停戰協定」和政協協議，中國共產黨是準備嚴格履行的。政協會議閉幕後第二天，中共中央就在《關於目前形勢和任務的指示》中明確指出：

> 由於這些決議的成立及其實施，國民黨一黨獨裁制度即開始破壞，在全國範圍內開始了國家民主化。這就將鞏固國內和平，使我們黨及我黨所創立的軍隊和解放區走上合法化。這是中國民主革命一次偉大的勝利。從此中國即走上了和平民主建設的新階段。
>
> 中國革命的主要鬥爭形式，目前已由武裝鬥爭轉變到非武裝的群眾的與議會的鬥爭，國內問題由政治方式來解決。黨的全部工作，必須適應這一新形勢。

與此同時，《關於目前形勢和任務的指示》也提醒：「蔣介石接受協議是被迫的」，「中國民主化的道路，依然是曲折的、長期的」，要做好一切準備，「不怕和平的萬一被人破壞」，要十分注意「陣地的保持與繼續取得」，並著重強調「練兵、減租與生產是目前解放區三件中心工作」。「我黨對於新的鬥爭形式與組織形式，採用得愈迅速愈熟練，愈能奪取主動權。」

民主黨派和中間派人士也對政協協議的實現抱有很大的希望。二月五日，黃炎培在上海對記者發表講話說：「天不亡中國，還有今日。從今以後，我們中國人還不好好從頭做起，做一個現時代民主國家的新國民，還配稱人嗎？我中國還能立國於世界嗎？」

與共產黨的所作所為相反，國民黨一開始就反對政協協議。儘管被迫在政協協議上簽了字，但其代表大地主、大資產階級利益的階級本性，決定了它不僅反對在中國建立新民主主義國家，而且也反對在中國實施英、美等資本主義國家的民主制度。為此，它千方百計地破壞政協協議，以達到通過內戰來維護獨裁專制的目的。政治協商會議召開期間，陳果夫就上書蔣介石稱：「政治協商會議必無好結果。且無論如何，共黨已得好處，本黨已受害。」而且，重慶還發生了國民黨特務衝擊介紹政協情況演講會的滄白堂事件，以及國民黨軍警搜查民盟政協代表黃炎培住宅的惡性事件。政協會議閉幕前後，在國民黨中央常務委員會會議上，一些人更是公然詆毀政協協議，認為：「政協協議不利於國民黨」，「係國民黨的失敗」；還有人提出，要監察院彈劾國民黨出席會議的代表。他們特別集中攻擊動搖國民黨專制統治的憲法草案，認為「憲草原則是背叛（孫中山）遺教」。蔣介石本人也說：「我對憲草也不滿意，但事已至此，無法推翻原案，只有姑且通過，將來再說。」

不祥之兆很快就現端倪。政協會議後，國民黨特務又搗毀了重慶各界慶祝政協勝利閉幕的會場，打傷郭沫若等多人，製造了「較場口血案」。更有甚者，國民黨當局還在各地鎮壓群眾的遊行集合，策動反蘇反共活動，指示特務暴徒搗毀北平軍事調處執行部，搗毀整個共產黨在重慶主辦的《新華日報》和民盟機關報《民主報》

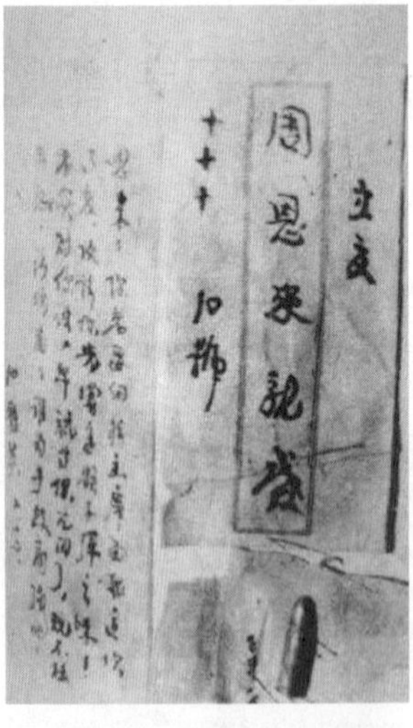

一九四六年二月十日，國民黨特務在重慶較場口破壞慶祝政協成功大會，製造了「較場口血案」。這是「較場口血案」後，特務寄給周恩來的一封恐嚇信，信中附有子彈一顆

營業部，封閉中國共產黨在北平主辦的《解放報》及其他多家報刊通訊社。而且，國民黨當局還採取恐怖的暗殺手段，在昆明先後殺害了李公樸、聞一多，在西安殺害了杜斌丞；國民黨軍警特務還在北平包圍搜查軍調部中共人士滕代遠的住宅，拘捕四十多名中共方面的工作人員。這一系列事件，表明了國民黨正在蓄意破壞「停戰協定」和政協協議，暴露出國民黨當局的真實面目。

令和平建國更為無望的事情是，一九四六年三月一日至十七日，國民黨在重慶召開六屆二中全會，全面推翻了他們簽字贊成的政協協議。這次會議徹底否定了政協會議制定的議會制、內閣制、省自治制等民主原則，從根本上破壞了中國政治民主化進程，為各黨派合作成立聯合政府蒙上了一層陰影。對此，四月一日，蔣介石在中共代表拒絕出席的國民參政會上公然說：「政治協商會議在本質上不是制憲會議」，「如果真成立這樣一個會議」，那麼「是絕不能承認的」。這樣，國民黨政府就從根本上推翻了政協會議關於改組政府等項協議。事實已經證明，國民黨統治集團不僅根本反對中國人民關於建立新民主主義國家的要求，就是歐美資本主義國家所實行的民主制度也不能容忍。

國民黨六屆二中全會的倒行逆施，遭到了共產黨的強烈反對。三月十五日，毛澤東在中共中央政治局會議明確提出：「蔣介石的主張有兩條：第一條，對一切革命黨全部消滅之；第二條，即如一時不能消滅，則暫時保留，以待將來消滅之。」三月十八日，中共中央發言人發表談話又指出，政治協商會議是各黨派全權代表共同商議，一致同意的結果。國民黨的行為，將不能得到中國共產黨、其他民主黨派和廣大人民的同意。中共將「絕不動搖地堅持政治協商會議，特別是憲法原則決議，必須百分百的實現，反對有任何修改」。四月四日，周恩來針對蔣介石在國民參政會上的講話，對中外記者發表談話，列舉國民黨破壞政協協議的大量事實，嚴正指出：「中共是處在保護這些決議的地位的。我們堅決反對一切動搖、修改或推翻政協協議的陰謀活動。」

在破壞政協協議的同時，蔣介石還頻繁調兵遣將，製造「關外大打，關內小打」的內戰局面，從而使政協協議成為一紙空文。政協協議的通過，曾經激起中國人民對實現和平、民主、團結、統一的熱烈期望。因此，當國民黨統治集團撕毀政協協議、背離人民的根本利益時，也就不可避免地把自己置於人民的對立面。為應對全面內戰的爆發，中共中央逐步加強了對蔣介石集團破壞「停戰協定」和政協協議的揭露和鬥爭，使全國人民逐漸認清了國民黨統治集團堅持獨裁統治和內戰政策的真面目。

第三節　國共雙方的軍事鬥爭

一九四六年六月二十六日，國民黨軍隊二十二萬人進攻中共中原解放區，內戰全面爆發。戰爭初期，雙方力量對比懸殊，國民黨揚言要在三五個月內消滅共產黨。然而，在中共中央和毛澤東的領導下，全面內戰爆發頭八個月，中共人民解放軍便殲敵七十一萬餘人，挫敗了國民黨的全面進攻，蔣介石速戰速決的企圖成為泡影。

圖為上海舉行的追悼李公樸和聞一多先生大會會場門前的情景

一、何應欽與陳誠的一場爭論

蔣介石要發動全面內戰來消滅共產黨的決心，其實早就有了。抗戰勝利後，他認為國民黨方面具有絕對優勢，因此充滿了自信。

事情乍看起來的確是這樣。全面內戰開始的時候，國共兩黨的力量對比極其懸殊。國民黨統治區的面積約佔全國總面積的百分之七十六，人口達三億三千九百萬人，約佔全國總人口的百分之七十一；國民黨還控制著除哈爾濱以外的全國各大城市和交通要道，擁有大部分近代工業。共產黨領導的解放區面積約佔全國總面積的百分之二十四，人口達一億三千六百萬人，約佔全國總人口的百分之二十九，很少有近代工業。國民黨軍總兵力為四百三十萬人，正規陸軍約為兩百萬人。人民解放軍總兵力為一百二十七萬人，正規軍約六十一萬人，武器裝備基本停留在「小米加步槍」的階段，而且沒有軍事外援。雙方的兵力對比為三・四比一，國民黨佔有明顯優勢。

此外，在美國的大力幫助下，抗戰剛一結束，蔣介石即把他的精銳部隊迅速搶運到華東和華北地區，並控制著全國最為富饒的滬、寧、平、津等大城市和重要的交通線路，以及幾乎全部的現代工業，而中國共產黨控制的主要是一些中小城市和農村地區。而且，美國還為國民黨政府裝備了四十五個師，訓練了十五萬名各類軍事人員；國民黨軍隊也在短時間內接收了一百多萬日軍和幾十萬偽軍的武器裝備，並擁有中共人民解放軍所沒有的坦克、重炮、作戰飛機和海軍艦艇。一九四六年三月，美國還正式組成一個兩千人的陸軍顧問團和海軍顧問團，派往中國。顧問團以「備忘錄」的形式向蔣介石和國民黨政府國防部長、參謀總長提出建議，用雙方聯

一九四六年六月，蔣介石依仗全副美械裝備，對中共解放區發動全面進攻。圖為國民黨軍隊中的美式裝備

席會議的形式貫徹美方意圖，實際上成為美國直接參與策劃和指揮中國內戰的一個軍事機構。

正是基於上述原因，蔣介石及國民黨的一些高級將領才有恃無恐地加緊部署內戰，並決定採取全面進攻、速戰速決的戰略方針和先關內後關外的戰略步驟，同時向山東、蘇皖邊、晉冀魯豫、晉察冀、晉綏和中原等解放區進攻，圖在短期內消滅關內中共人民解放軍，之後再出兵東北消滅關外中共人民解放軍。

一九四六年一月，當重慶政治協商會議還在召開之時，國民黨政府軍政部長陳誠就向蔣介石密陳：「今日之情勢，唯有以武力求和平，以武力謀統一。」「國家之統一自有史以來，從無不用武力。」陳誠還向蔣介石建議，「當前急務」是「在協商規定之原則下，必須以重兵控制平津武漢及南京。如我之軍事部署妥當，而共黨有軍事行動，即以最大的力量，於最短期間，先將山東、蘇北迅速解決。蓋此二地，經濟即富，兵員亦饒，稍有不測，則其財力物力人員，均將資敵，必成大患」。三天後，蔣介石對這一密陳批示：「所陳各點，皆獲我心。」

到一九四六年初，國民黨當局用武力消滅共產黨的方針已經確定無疑了。但是，需要用多長時間才能消滅共產黨？國民黨軍政界的重要人物、蔣介石的主要軍事助手何應欽和陳誠卻作出了不同的估計。何應欽認為需要兩年的時間。他的這個估計，是請教了前日本駐華派遣軍總司令岡村寧次後提出來的。當時擔任何應欽侍從參謀的汪敬煦回憶說：

> 抗戰勝利後，蔣委員長知道共產黨終將稱兵作亂，就交代何先生草擬一份清剿共產黨計劃。為了這個計劃，何先生還特別去拜訪了日本駐華派遣軍總司令岡村寧次。岡村建議何先生千萬不能對共產黨大意，更不要輕視他們。

依據岡村寧次的建議，何應欽擬訂了一個兩年消滅共產黨的計劃。這個計劃，「重點在分兩年三個階段來實施，可說是採納了岡村寧次的忠告。小心應付，絕不躁進」。計劃擬好之後，何應欽派專人專程去重慶呈送蔣介石。

而陳誠卻與何應欽的看法不同。他認為，消滅共產黨用半年時間就足夠了。他以二十世紀三〇年代在江西「圍剿」中央紅軍的經驗，來說明共產黨的軍隊不足以抵抗裝備機械化的國民黨軍隊。陳誠的看法正合蔣介石急於解決共產黨的心理，於是蔣介石採納了陳誠的計劃。一九四六年六月初，蔣介石免去何應欽的參謀總長的職務，改由陳誠擔任。汪敬煦回憶說：

> 委員長心裡很急，希望趕快把共產黨問題解決。因為在他的心目中要很快地實施憲政，如果「剿共」作戰拖得太久，並不符合他預定的時間表。

何應欽與陳誠的爭論結束了。從何應欽被冷落到陳誠擔任國民黨政府的參謀總長、白崇禧擔任國防部長來看，蔣介石十分著意於陳誠的作戰計劃，妄想在半年內就消滅共產黨。因此，在初步控制關內各大城市之後，蔣介石即把進攻重點指向東北地區，把搶佔東北作為發動全面內戰的重要步驟。

抗戰勝利前，東北地區沒有國民黨的一兵一卒，只有共

一九四五年十月十一日，毛澤東在張治中、王若飛等陪同下乘蔣介石專機回延安，陳誠和各界人士到機場送行

產黨領導的人民抗日武裝。抗戰勝利後不久，國民黨收編了偽滿洲國軍隊，組成保安支隊、保安總隊，為其在東北佔領地盤。從一九四五年十月中下旬開始，國民黨借口從日偽手中「接收主權」，大規模進軍東北。從一九四六年一月國共兩黨「停戰協定」生效到同年十月，在美國的幫助下，國民黨政府先後將五個軍二十餘萬人的兵力自關內增調至東北，東北地區的國民黨軍總兵力隨即猛增到二十八萬五千人。一九四六年三月，國民黨又乘蘇聯從東北撤軍，佔領瀋陽，進攻四平，並企圖奪取一切交通要道和城市，殲滅東北民主聯軍。

根據中共中央指示，為配合國共兩黨談判，爭取主動，東北民主聯軍於四月下旬進駐長春、齊齊哈爾和哈爾濱，並集中主力進行四平保衛戰，以劣勢裝備殲敵萬餘人，重創國民黨軍。之後，鑑於敵眾我寡，傷亡較大，東北民主聯軍主動撤出四平，向松花江以北地區和東滿、西滿轉移，並建立和鞏固軍事政治的根據地。國民黨軍雖然佔領了四平和松花江以南地區，但由於戰線過長，兵力分散，很難繼續組織大規模的進攻，已無力北進，只好同意在東北地區休戰。在此前後，國民黨軍在關內也不斷向各解放區進攻。從一九四六年一月十三日停戰令生效到六月，先後出動兵力兩百七十萬人次，進攻中共解放區四千三百多次。在此背景下，全面內戰一觸即發。

東北民主聯軍領導成員在一起舉行會議

二、「蔣若全面打來，我必全面抵抗」

一九四六年五月初，隨著國民黨政府宣佈還都南京，國共談判的中心亦從重慶移至南京。為了求得舉國上下和平建國願望的最終實現，周恩來所率的中共代表仍在繼續與國民黨進行著艱苦談判，併力爭能在最後時刻避免全面內戰的發生。

但是，情形卻並不樂觀。五月二十八日，周恩來電告中共中央說：「蔣自進長春後，在全國更積極備戰」，「現內戰已臨全面化邊緣。除非馬（歇爾）給蔣（介石）壓力或我給蔣以決定性打擊，恐難有挽救可能。」六月三日，在同馬歇爾長達六個小時會談中，周恩來又直言「蔣介石有意把戰爭拖長，以引起全國的破裂」。同一天，在致中共中央並葉劍英、羅瑞卿的電報中，周恩來又明確表示：「我之做法一貫的願中國和平民主與馬使命相合，我們願其成功，勿失敗。但蔣若全面打來，我必全面抵抗。」大據此，六月十九日，中共中央致電各野戰軍負責人：「觀察近日形勢，蔣介石準備大打，恐難挽回。大打後，估計六個月內外時間，如我軍大勝，必可議和；如勝負相當，亦可能議和；如蔣軍大勝，則不能議和。因此，我軍必須戰勝蔣軍進攻，爭取和平前途。」並強調：「我大打必須在蔣大打之後，以示釁由彼啟。」隨後，中共中央又在給各部隊首長的指示中進一步明確指出：「我黨在南京談判中當盡最後努力付出最大讓步，以求妥協，但你們不要幻想。」可見，中國共產黨在被迫進行自衛戰爭的同時，仍準備作出讓步以求避免全面內戰的爆發。

但是，此時自恃兵力雄厚的蔣介石卻認為發動全面內戰的時機業已成熟。他甚至表示：「共黨不就範，一年期可消平之。」在完成必要的戰爭準備後，六月二十六日，國民黨撕毀政協協議和「停戰協定」，悍然向中共解放區發動全面進攻，內戰全面爆發。戰爭首先在中共中原解放區的湖北宣化店展開，隨後相繼在晉南、蘇皖邊、魯西南、膠濟路及其兩側、冀東、綏東、察南、熱河、遼南等地爆發。國民黨用於進攻的總兵力為一百九十三個旅（師）共一百六十萬人，佔其全部正規軍八十六個整編師（軍）兩百四十八個旅（師）兵力的百分之八十。

為打開進攻華東、華北和東北的通道，蔣介石調集三十多萬軍隊大舉進攻以湖北宣化店為中心的狹小地區。在這一地區，密集著中原軍區部隊六萬人。在蔣介石看來，中原解放區不僅威脅武漢，而且成為阻擋國民黨北上進攻解放區的一道屏障，又同其他解放區隔離，處境比較孤立。戰爭爆發後，遵照中共中央「立即突圍，愈快愈好，不要有任何顧慮，生存第一，勝利第一」的指示，中原解放軍用少量兵力就地堅持游擊戰爭，以部分兵力佯裝向東轉移來迷惑敵人，將兩萬五千人的主力部隊分成兩路向西突圍，經過歷時兩個月的激烈戰鬥，打破國民黨軍的圍追堵截，跳出國民黨軍隊的包圍圈，並分別到達陝南和鄂西北地區，創建了兩個游擊根據地。這就是「中原突圍」。中原解放區在國民黨軍隊長期重圍下，堅持了半年以上，拖住了國民黨三十萬大軍。

一九四六年七月，李先念率中原北路突圍部隊進抵湖北鄖縣南化塘時，在玉皇頂一帶與胡宗南主力一部激戰。圖為玉皇頂

蔣介石發動全面內戰的戰略方針是全面進攻、速戰速決。他過高地估計國民黨方面的力量，並對他所發動的這場戰爭十分樂觀，以為可以速戰速決。攻佔中原解放區後，他的這一想法更加膨脹。他聲

稱，只需三個月到六個月，就可以取得勝利。國民黨軍參謀總長陳誠也吹噓「也許三個月至多五個月便能解決」中共人民解放軍。

國民黨軍隊的全面進攻是從蘇中地區開始的。中共蘇中解放區同南京、上海隔江相望，向西又可以切斷津浦鐵路。在粟裕、譚震林指揮下，華中野戰軍三萬人主動迎擊國民黨軍隊十二萬人的進攻。從七月中旬到八月下旬，在當地民兵的配合下，七戰七捷，先後共消滅國民黨軍隊六個半旅，共計五萬餘人，佔進攻蘇中地區國民黨軍力的百分之四十以上。蘇中七戰七捷的重大勝利，不僅沉重打擊了國民黨軍隊的氣焰，遲滯了對其他解放區的進攻，從戰略上配合了中共山東野戰軍和晉冀魯豫野戰軍的行動，而且為中共人民解放軍繼續實行內部作戰提供了寶貴的經驗。

在蘇中戰役期間，陳毅指揮的山東野戰軍和華中野戰軍發動魯南戰役，攻打駐守嶧縣、棗莊一帶裝備精良的國民黨軍，殲敵五萬三千人，創造了以劣勢裝備殲滅機械化部隊的經驗。魯南戰役後，山東野戰軍和華中野戰軍又在陳毅、粟裕的指揮下，組織萊蕪戰役，殲敵五萬六千人。從九月初開始，國民黨軍隊加強了淮北戰場的兵力，並自宿遷、睢寧地區南攻，於九月十九日佔領蘇皖解放區首府淮陰。華中野戰軍只好迅速自蘇中北撤，與山東野戰軍會師，準備投入新的戰鬥。

劉伯承、鄧小平指揮的晉冀魯豫野戰軍先是向隴海路中

圖為中原解放區的三五九旅中原突圍後到達延安

段開封至徐州一帶發起攻擊，殲敵一萬六千人，迫使南線國民黨軍抽兵回援，支援了中原突圍和華中戰場作戰。隨後進行定陶戰役，殲敵一萬七千人，對扭轉南線戰局作用很大。繼而又進行鉅野、鄄城、滑縣、巨（野）金（鄉）魚（台）、豫皖邊等戰役，取得殲敵四萬餘人的重要戰果。

林彪、羅榮桓指揮的東北民主聯軍採取堅持南滿，鞏固北滿，南北密切配合的作戰方針，先後進行了新開嶺戰役和三下江南、四保臨江戰役，殲滅國民黨軍四萬餘人，粉碎了國民黨「南攻北守，先南後北」的計劃。

從一九四六年七月至十月，在全面內戰爆發的最初四個月中，中共殲滅國民黨正規軍三十二個旅，連同非正規軍在內，共約三十萬人。中共人民解放軍損失約十二萬餘人，但由於補充俘虜、組織傷癒歸隊，再加上動員解放區翻身農民參軍，兵力已上升到一百三十七萬人。在這四個月中，國民黨軍隊佔領了解放區縣以上城市一百五十三座，中共人民解放軍則收復和攻佔了四十八座縣城，得失相較，解放區損失一百零五座城市。一方得地失人，另一方失地得人，戰爭的形勢正在向著有利於中共的方向發展。

華中野戰軍在粟裕、譚震林率領下，在如皋、泰興、海安、邵伯等地區連續七戰七捷，殲敵五點六萬餘人，創解放戰爭首次殲敵之紀錄

在認真研究戰爭初期的上述軍事形勢的變化之後，同年九月十六日，毛澤東在為中共中央軍事委員會起草的對黨內的指示中明確指出：

集中兵力各個殲敵的原則，以殲滅敵軍有生力量為主要目標，不以保守或奪取地方為主要目標。有些時機，為著集中兵力殲擊敵軍的目的，或使我軍主力避免遭受敵軍的嚴重打擊以利休整再戰的目的，可以允許放棄某些地方。只要我軍能夠將敵軍有生力量大量地殲滅了，就有可能恢復失地，並奪取新的地方。因此，凡能殲滅敵軍有生力量者，均應獎勵之。

而蔣介石所奉行的戰略指導方針卻恰好與此相反。他依仗自己在兵力上、武器裝備上的優勢，以奪取城市和佔領地盤為主要目標。其戰略企圖是，沿鐵路幹線由南向北、由西向東奪取重要城市，控制交通線，分割解放區，再對被分割的解放區進行「分區清剿」，力爭在三個月至六個月消滅關內中共人民解放軍主力，變解放區為國民黨統治區，下一步再解決東北問題。因此，他沒有及時地從數量眾多的軍隊被殲的事實中汲取教訓，而是繼續加緊了對中共解放區的進攻。十月十一日，傅作義部佔領晉察冀解放區首府張家口。這使蔣介石更加得意忘形。他在次日的日記中寫道：「收復張家口實為關內對北最重要亦為最後最大之難關。」「政府與共匪之成敗，實決於此也。」國民黨政府外交部長王世傑也在當天日記中寫道：「國軍攻入張家口，此事證明中共顯已過分高估其抵抗能力。」

被「勝利」沖昏頭腦的蔣介石，隨即於國民黨軍佔領張家口當天下午下令於十一月十二日召開「國民大會」。蔣介石的一意孤行，使民主黨派、民主人士和廣大人民進一步認清了國民黨當局堅

晉冀魯豫野戰軍在定陶戰役中，將大批俘虜押下戰場

持獨裁和內戰的真面目。中國共產黨和民主同盟也堅決反對國民黨這一行徑。十一月二日，中共代表團發言人聲明：

現在國民黨政府片面決定召開國大，不唯其代表係十年前國民黨一黨包辦選出者，則其籌備事務亦屬一黨包辦，完全違背政協關於國大問題決議之規定，應被認為非法（不合政協之法）集議，我們堅決反對。

十一月十五日至十二月二十五日，由國民黨包辦的「國民大會」在南京召開。出席大會的代表中，國民黨代表佔百分之八十五，只有依附於國民黨的青年黨、民主社會黨和若干「社會賢達」參加了大會。會議通過了「中華民國憲法」。「中華民國憲法」雖然在條文上體現了一定的民主原則，但是它從根本上代表和維護的是大地主、大資產階級的利益，只能成為國民黨一黨專政和蔣介石個人獨裁的裝飾品。而且，由於這部憲法是在「國大」召集者國民黨撕毀政協協議並積極進行內戰，而作為國內主要民主力量的中國共產黨和民主同盟又沒有出席「國大」的背景下產生的，因此只能是有名無實。在此背景下，十一月十六日，周恩來在南京舉行記者招待會，宣佈：由於國民黨當局單方面召開「國大」，把政協協議破壞無遺，和

一九四六年九月，晉察冀野戰部隊及地方部隊，在晉綏部隊一部配合下，進行了張家口保衛戰，殲敵兩萬餘人，後於十月主動撤出張家口。這是張家口市民召開動員大會

談之門已被關閉，中共代表團人員即將撤回延安。至此，國共關係已經瀕於完全破裂。

面對新的形勢，中國共產黨最終作出了以革命戰爭方式最後解決國內問題的抉擇。十一月二十一日，中共中央在延安舉行會議，周恩來報告國共談判情況和國民黨統治區情況。會議根據毛澤東的提議，決定以「打倒蔣介石」來最終解決國內問題。由「自衛戰爭」到「解放戰爭」，由「制止內戰、恢復國內和平」到「打倒蔣介石」，這是中國革命發展進程中中國共產黨的戰略指導思想的一個根本性的轉變。在會上，毛澤東還明確表示：

戰後的世界變成了美國反動派與世界人民的對立，這種對立也反映在中國……因此，中國的鬥爭與世界有密切的聯繫。……在中國人民中間以及在我們黨內都存在著內戰打不打得起來的問題……現在這個問題已經解決了……剩下的便是我們能不能勝利的問題了。

三、拖住「西北王」，消滅「御林軍」

從一九四六年六月到一九四七年二月，中共堅持以殲滅敵人有生力量為主，不計一城一地的得失，先後消滅國民黨軍七十一萬餘人。由於有生力量不斷被殲，國民黨兵力不足的矛盾日益突出，從一九四七年三月起，蔣介石不得不放棄全面進攻而轉入重點進攻，集中兵力對解放區兩翼的山東和陝北進行鉗形攻勢，設想在消滅這兩區的解放軍後，再將主力轉向其他戰場，各個擊破，達到消滅中共人民解放軍的目的。蔣介石對於這個方針曾作過這樣的說明：「我們在全國各剿匪區域中，應先劃定匪軍主力所在的區域為主戰場，集中我們部隊的力量，首先加以清剿，然後再及其餘戰場。」「匪軍的主力集中在山東，同時山東地當衝要，交通便利，有海口運輸，我們如能消滅山東境內匪軍的主力，則其他戰場的匪部就容易肅清了。」「凡是匪軍的老巢……及其發號施令的首腦部的所在地，必須犁庭掃穴，切實攻佔」，而「在主戰場決戰的時期，其他支戰場唯有忍痛一時，縮小防區，集中兵力，以期固守」。

據此，在重點進攻階段，國民黨軍的具體作戰計劃是，首先攻佔延安，以「犁庭掃穴，切實攻佔」，從而「動搖其軍心，瓦解其意志，削弱其國際地位」，摧毀中國共產黨的黨、政、軍指揮中心；其次攻佔膠東，切斷中國共產黨由關外到關內的海陸補給線；再次集中力量攻佔沂蒙山區；接著北渡黃河，「肅清」華北；最後再集中兵力轉向東北。依據這一計劃，蔣介石集中了九十四個旅的兵力在陝北、山東兩個解放區，佔其進攻解放區總兵力的百分之四十三。同時，強使黃河在花園口合攏回歸故道，構成從風陵渡到濟南約一千公里正面的所謂「黃河防線」，以縮小其駐防兵力，進而阻止晉冀魯豫地區向南支援山東戰場。

經過對國民黨軍全面進攻的粉碎，中共的力量得到了進一步壯大。到一九四七年三月，全軍總兵力已發展到一百六十八萬人，特別是炮兵建設已初具規模，大軍區和野戰軍還建立了炮兵團、旅或炮兵縱隊，步兵縱隊也大多建立起炮兵營，有的縱隊還建立了炮兵團，部隊的攻堅能力和工程保障能力得到了很大的增強。而且，經過近八個月作戰，中共人民解放軍還積累了打較大規模的殲滅戰的豐富經驗。各野戰軍還廣泛開展了以訴苦為主要形式的階級教育，軍隊的政治工作有了新的發展。各部隊還抓緊作戰間隙，休整訓練部隊，不斷提高部隊的軍政素質，加強了組織紀律性。此外，為適應打大規模運動戰的需要，各戰略區還陸續成立了有中國共產黨、政、軍領導參加的各級支前委員會或戰勤指揮部，有的還建立了定期輪換的隨軍常備民工制，較好地解決了解放區堅持生產與支援作戰的矛盾。以上這些措施，都為徹底粉碎國民黨軍的重點進攻奠定了良好基礎。據此，一九四七年二月一日，中共中央向全黨發出了《迎接中國革命的新高潮》的指示，確定全軍繼續執行積極防禦戰略方針，在內線作戰，並要求陝北、山東兩區實行誘敵深入，集中優勢兵力，抓住戰機，逐批殲滅進犯之敵，為日後轉入戰略進攻創造條件。指示明確指出：「目前各方面情況顯示，中國時局將要發展到一個新的階段。」蔣介石的攻勢雖然還在繼續，但是比較一九四六年秋季已經衰弱得多。「我軍已在幾個戰場上開始奪取了主動，蔣軍則開始失去了主動。」「為著徹底粉碎蔣軍的進攻，必須在今後幾個月內再殲蔣軍四十至五十個旅，這是決定一切的關鍵。」

一九四七年二月下旬，蔣介石飛抵西安，部署進攻延安。國民黨軍集中三十四個旅約二十五萬兵力，從南、西、北三面進攻中共陝甘寧邊區。號稱「西北王」的胡宗南親自統領十四萬人擔任主攻，由宜川、洛川一線向北直奔延安。當時，在這個地區迎擊國民黨軍隊的是西北人民解放軍彭德懷、習仲勳所部六個旅兩萬六千餘人，另三個地方旅和一個騎兵師一萬六千餘人，兵力上處於絕對的劣勢，裝備也遠不如敵軍。彭德懷在分析國民黨軍的作戰企圖時說：「以壓倒優勢的兵力，殲滅陝甘寧邊區我軍，壓迫我軍和我黨中央、解放軍總部到黃河以東，然後沿無定河、黃河封鎖之。這樣，蔣介石可以抽出嫡系胡宗南部主力控制於中原或華北，加強機動兵力。」

大公報　中華民國三十六年三月二十日　（第二張）

國軍昨晨進駐延安
共軍向清澗方面退去
濟南外圍戰事進行中

東北戰事告一段落
松花江解凍　雙方俱不易渡江作戰

今後軍事局面
彭學沛談仍繫於中共方針
否認改訂徵軍及採新幣制

王世杰辭職

一九四七年三月，國民黨軍集中二十五萬人向陝甘寧解放區發動重點進攻。十九日，國民黨軍胡宗南部侵佔延安。圖為當時《大公報》的報導中共中央全面分析了敵我情況，認為陝北戰場敵情雖十分嚴重，但群眾條件和地形條件均極有利於我而不利於敵。我軍如能利用各種有利條件，必能達到鉗制並逐步削弱、最後消滅胡宗南部的目的。鑑於敵我兵力過於懸殊，中共中央決定暫時放棄延安，依靠陝北優越的群眾條件和有利地形，採取「蘑菇戰術」，與敵周旋，尋機殲敵。為加強陝北地區的兵力，中共中央還從晉綏地區抽調第二縱隊西渡黃河加入陝北作戰序列。

三月十三日，胡宗南部向延安和陝甘寧邊區發起大規模進攻。三月十六日，中共中央頒佈命令，邊區一切部隊統歸彭德懷、習仲勳指揮。毛澤東自信地對保衛延安的部隊領導幹部說：「請告訴大家，少則一年，多則兩年，我們還要回到延安來的。我們拿一個延安城換一個全中國。」三月十八日，在延安老百姓安全疏散的情況下，在已經撲入延安城內的國民黨軍隊的槍炮聲中，毛澤東、周恩來等在黃昏時離開延安。

三月二十九日，中共中央在清澗縣棗林溝村舉行政治局會議，決定由毛澤東、周恩來、任弼時率中共中央和人民解放軍總部機關留在陝北，指揮全國各解放區人民解放軍的作戰；由劉少奇、朱德、董必武等率一部分中共中央機關人員轉移到華北，組成中共中央工作委員會，劉少奇為書記，「進行中央委

一九四七年三月十九日，胡宗南部攻佔延安，升起青天白日旗。蔣介石興高采烈，親臨延安視察

託之工作」。四月十一日，中共中央又決定中央和軍委大部分機關工作人員暫駐晉西北的臨縣地區，組成以葉劍英為書記、楊尚昆為後方支隊司令員的中央後方委員會，統籌後方工作。

三月十九日，在掩護延安中共黨政軍民安全轉移後，西北野戰兵團主動撤離延安。撤出延安後，按照中共中央軍委和毛澤東確定的「蘑菇戰術」，針對胡宗南急於同中共人民解放軍決戰的急躁心理，在彭德懷指揮下，西北野戰兵團與胡宗南部在陝北高原盤旋打轉。在此後近兩個多月時間裡，胡宗南部以重兵尋找西北野戰兵團主力決戰，大軍竟日「遊行」，到處撲空，糧食困難，士氣低落，戰鬥力日減，疲憊不堪。西北人民解放軍則抓住有利戰機，採用運動戰、陣地攻堅戰等戰法，於三月二十五日、四月十四日及四月底、五月初，相繼發起青化砭、羊馬河、蟠龍鎮戰役，三戰三捷，殲滅胡宗南部共一萬四千多人，不僅基本穩定了陝北戰局，也為打破蔣介石重點進攻陝甘寧邊區的部署取得了良好開局。陝北戰場上的形勢發展，為國民黨軍所始料不及。此後，胡宗南部始終被牢牢拖在陝北戰場上無法自拔，一籌莫展。國民黨軍的戰史在檢討這一階段的陝北作戰時，也不無感慨地說：「我主力始終被匪牽制於陝北，一無作為，殊為惋惜。」

除西北戰場之外，國民黨軍隊重點進攻的另一個主要方向是中共山東解放區。在這一方向，國民黨軍統帥部從徐州、鄭州兩個綏靖公

西北野戰兵團指揮員彭德懷（左二）、習仲勳（左三）等在青化砭戰役的前沿陣地上

署調集二十四個整編師六十個旅約四十五萬人的兵力用於這個地區，企圖迫使華東解放軍在沂蒙山區與之決戰，或逼迫華東解放軍放棄沂蒙山地區，北渡黃河，從而佔領整個山東解放區。

此時，由山東野戰軍和華中野戰軍合編的華東野戰軍，在陳毅、粟裕、譚震林的指揮下，實力已大為增強，且積累了同國民黨軍隊作戰的諸多經驗。一九四七年四月下旬，按照內線作戰的方針，在泰安殲滅國民黨軍整編第七十二師師部及兩個旅約兩萬餘人之後，華東野戰軍即主動放棄新泰、蒙陰，主力轉至臨（沂）蒙（陰）公路以東待機。數次出擊後便撤回，並避免同國民黨主力輕易交戰，這使蔣介石和陳誠等人產生了錯覺，他們誤認為這是中共「攻勢疲憊」的表現，因而催促各部向魯中山區進犯。五月，國民黨開始全線進攻，而在進攻的各路國民黨軍隊中，孤軍突出的是湯恩伯第一兵團的骨幹——整編第七十四師。這支隊伍最初由蔣介石心腹軍務局長俞濟時組建，是國民黨軍中最為精銳的部隊，全部美械裝備，且受過美國的特種訓練，具有相當的指揮、戰術水準，是國民黨軍「五大主力」之一，頗為蔣介石所倚重。抗戰勝利後，整編第七十四師最早被空運到南京，因此有「御林軍」之稱。全面內戰爆發後，第七十四師從南京調出，成為進攻中共華東解放區的主力。國民黨方面狂妄地自稱，「有七十四師，就有國民黨」。根據該師孤軍突出的位置，五月中旬，華東野戰軍採取大規模的運動戰和陣地戰相結合的方式，在臨沂以北山區的孟良崮地區，經過鏖戰，一舉圍殲該師三萬兩千餘人，擊斃中將師長張靈甫。此役，給國民黨軍隊以沉重打擊。聽聞整編第七十四師被殲後，蔣

華東野戰軍向孟良崮挺進

介石在驚呼「這是我軍剿匪以來，最可痛心、最可惋惜的一件事」的同時，立即下令暫停對山東解放區的進攻，並召集進攻山東和豫北解放區的主要將領到南京，檢討沂蒙山戰事的經驗教訓，重新決定戰略和戰術。

在迎擊國民黨軍隊向陝北、山東實施重點進攻的同時，其他解放區的軍民，也對收縮兵力、轉入守勢的國民黨軍隊實施了戰略性的反攻。國民黨軍在陝北和山東戰場上損兵折將，越陷越深，在其他戰場上也接連損兵失地，重點進攻已成強弩之末。反觀中共人民解放軍，則在戰鬥中不斷發展壯大，並積累了大兵團作戰的經驗，從而為國共內戰從戰略防禦轉入戰略進攻，進而把整個革命推向新的高潮，創造了極為有利的條件。

四、「三軍出擊，經略中原」

國共內戰進行一年後，戰爭形勢發生了有利於革命力量的變化。經過一年的軍事較量，中共殲滅國民黨軍九十六個半旅共七十八萬人，偽軍、保安隊等雜部三十四萬人，共計一百二十萬人。國民黨軍隊的總兵力已由戰爭開始時的四百三十萬人減少到三百七十三萬人，其中正規軍由兩百萬人減少到一百五十萬人。同國民黨方面的情況相反，中共人民解放軍的總兵力已由一百二十七萬人增加到一百九十五萬人，其中野戰軍由六十一萬人發展到一百萬人以上。中共人民解放軍在粉碎國民黨軍隊的全面進攻之後，又挫敗其對山東、陝北的重點進攻，並在晉冀魯豫、晉察冀、東北等戰場轉入局部反攻。而且，由於重兵深陷在山東、陝北戰場，國民黨軍隊在這兩個戰場之間的魯西南、豫皖蘇直至大別山區的兵力十分空虛，形成兩頭強、中間弱的啞鈴狀佈局。

國共內戰進入第二年後，中共人民解放軍便具備了轉入戰略進攻的條件。在這樣的情況下，毛澤東高瞻遠矚，作出重大戰略部署。他認為不應等到敵人的進攻被完全粉碎，中共人民解放軍在數量上、裝備上都超過敵人之後再去展開戰略進攻，而應抓住這個有利時機，不讓敵人有喘息機會，立即由戰略防禦轉入戰略進攻。他指出：

> 我軍第二年作戰的基本任務是：舉行全國性的反攻，即以主力打到外線去，將戰爭引向國民黨區域，在外線大量殲敵，徹底破壞國民黨將戰爭繼續引向解放區、進一步破壞和消耗解放區的人力物力、使我不能持久的反革命戰略方針。

戰略進攻的矛頭指向哪裡呢？根據國民黨軍的佈防情況，中共中央和毛澤東抓住有利時機，果斷地作出了一個人們難以想到的大膽決策：由劉伯承、鄧小平率領晉冀魯豫野戰軍主力十二萬人，強渡黃河，千里躍進大別山。

大別山地理位置十分重要。它雄峙於國民黨首都南京和長江中游重鎮武漢之間的鄂豫皖三省的交界處，是國民黨軍在戰略上最敏感而兵力又最薄弱的地區。而且，作為中共一塊老革命根據地，大別山不僅一直存在著堅持鬥爭的游擊隊，還有經歷過長期革命鬥爭鍛鍊的廣大群眾，中共解放軍到達這裡，易於立足生根。從戰略上講，解放軍若佔據大別山地區，就可以東懾南京，西逼武漢，南扼長江，瞰制整個中原。屆時，蔣介石必然會調動其進攻山東、陝北的部隊

一九四七年六月三十日夜，劉鄧大軍強渡黃河天險，千里躍進大別山，揭開了中共戰略進攻的序幕

回援，同中共人民解放軍爭奪這塊戰略要地，而這恰恰可以達到毛澤東所預期的戰略目的，其戰略意義不言而喻。

千里躍進大別山，這是一種獨特的進攻模式，是中共人民解放軍由戰略防禦轉入戰略進攻的關鍵。毛澤東既分析了共有利條件，又充分估計到了到外線作戰的嚴重困難。就採取什麼樣的方式向大別山進軍，他指示：必須採用躍進的進攻方式，即下決心不要後方，長驅直入，一舉插進敵人的戰略縱深，先佔領廣大農村，建立根據地，以農村包圍城市，然後再奪取城市。為此，他向劉伯承、鄧小平指出可能有三個前途：一是付出了代價，但站不住腳，再轉回來；二是付出了代價站不穩腳，在周圍打游擊；三是付出了代價，站穩了腳。同時，還告誡劉鄧，要做好充分準備，從最壞處著想，努力爭取最好前途。

按照毛澤東的這一戰略構想，一九四七年六月三十日，劉鄧大軍十二萬人，在山東省的臨濮集至張秋鎮一百五十公里的地段上，一舉突破黃河天險，在魯西南地區強渡黃河。此後，在約一個月的時間內，他們採取突然奇襲、各個突破的戰術，發起魯西南戰役，共殲敵四個整編師師部、九個半旅共五六萬人之多，從而揭開了全國性戰略進攻序幕。魯西南戰役之後，國民黨軍被迫從西北、山東和中原等地抽調七

劉鄧大軍長驅南進
勝利到達大別山區
連克立煌六安麻城等八縣城

一九四七年九月十四日《人民日報》關於《劉鄧大軍長驅南進勝利到達大別山區》的報導

個整編師十七個半旅向這一地區馳援，不僅打亂了國民黨原有的戰略部署，有力地配合了西北和山東野戰軍粉碎敵人重點進攻的作戰，亦為劉鄧大軍挺進大別山開闢了道路。

八月七日，劉鄧主力突然甩開敵人，兵分三路，向南疾進，開始了千里躍進大別山的壯舉。劉鄧大軍以銳不可當之勢，先後跨過隴海線、黃泛區、沙河、海河、洪河、汝河、淮河等重重障礙，經過二十多天的艱苦跋涉和激烈戰鬥，於八月末進入大別山區，勝利完成了千里躍進大別山的重任。蔣介石完全沒有料到他們會走這樣一著險棋，還以為這是中共人民解放軍「不能北渡黃河而南竄」，因而只派了少數兵力追擊，而當他察覺解放軍挺進大別山的戰略意圖時，已喪失了戰機。

到達大別山，只是跨出了勝利的第一步。在國民黨調集重兵前來「圍剿」的嚴峻形勢下，在大別山地區站穩腳跟，並建立起鞏固的根據地，任務還十分艱巨。為此，劉鄧大軍克服極度疲勞、疾病流行、減員嚴重、缺乏糧彈衣物等多重困難，擺脫國民黨重兵的合擊，以主力乘虛出擊皖西、鄂東，並先後在安徽六安東南的張家店戰役和湖北廣濟西北的高山鋪戰役中，取得殲敵一個整編師師部及三個半旅的勝利。經過艱苦奮鬥，到一九四七年十一月下旬，共殲敵三萬餘人，解放縣城二十四座，建立了三十三個縣的政權，初步在大別山地區完成了戰略展開。之後，劉鄧大軍又積極尋機殲敵，進一步完成戰略展開，並終於在大別山站穩了腳跟，勝利實現了毛澤東估計的三個前途中最好的一個。

劉鄧大軍千里躍進大別山後，中共人民解放軍另兩支大軍從左右兩翼相繼南下。依據中共中央軍委指示，陳賡、謝富治兵團於一九四七年八月二十日進抵晉南、豫北交界處，準備渡黃河南進。八月二十二日晚，陳謝大軍八萬餘人在晉南強渡黃河，挺進豫西作戰。遵照中共中央軍委和毛澤東的部署，陳謝集團軍在黃河、渭水以南，漢水以北，平漢路以西，西安、漢中線以東廣大地區，東西往返作戰，組建豫陝鄂邊根據地，以策應西北野戰軍作戰和協助劉鄧大軍「經略中原」。截至十一月底，陳謝兵團

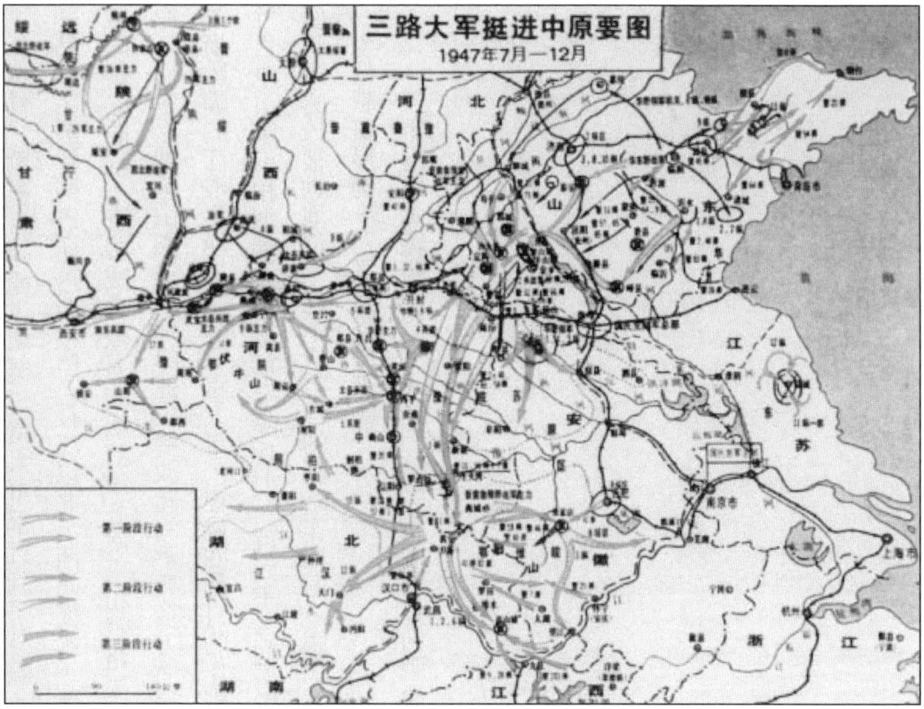

劉鄧、陳粟、陳謝三路大軍挺進中原要圖

共殲敵五萬餘人，並建立了豫陝鄂邊區行政公署，八個專署和三十九個縣政權，成立了豫陝鄂軍區和組成八個軍分區，從而完成了豫陝鄂邊區的戰略展開，有力地配合了劉鄧大軍和西北野戰軍作戰。

另一路挺進中原的大軍是陳粟大軍。中共中央軍委和毛澤東指示陳毅、粟裕迅速將華東野戰軍主力組成西進兵團，準備挺進豫皖蘇地區，在黃河以南、淮河以北、運河以西、平漢路以東的廣大地區實施戰略展開，恢復和擴大豫皖蘇解放區，與劉鄧大軍和陳謝大軍共同「經略中原」。一九四七年九月初，中共華東野戰軍主力八個縱隊在魯西南會合。九月二十六日，陳粟大軍由魯西南出動，南下跨越隴海路，挺進豫蘇皖地區，執行外線作戰任務。至十一月中旬，已建立起二十五個縣的民主政權，擴大了豫皖蘇解放區，完成了在豫皖蘇地區的戰略展開。

這樣，劉鄧、陳謝、陳粟三路大軍都打到了外線。三路大軍相互呼應，互為犄角，在中原佈成「品」字形陣勢，在黃河以南、長江以北，西起漢水、東至海濱的廣大中原地帶，以鼎足之勢緊逼國民黨的長江防線，直接威脅敵人的統治中心南京和戰略要地武漢，從而把戰線由黃河南北推進到長江北岸，使中原地區由國民黨軍隊進攻解放區的重要後方而變為中共人民解放軍奪取全國勝利的前進基地。縱橫馳騁於江淮河漢之間的三路大軍，經過四個月的作戰，共殲滅國民黨軍隊十九萬五千人，解放縣城近百座，吸引和調動南線敵軍全部兵力一百六十多個旅中約九十個旅，對於改變整個戰爭形勢，「迫使蔣軍處於被動地位，起了決定性的戰略作用」。國民黨當局也不得不承認，由於中原戰場的失利，其「全盤戰略形勢，乃從此陷於被動」。

「三軍出擊，經略中原」，是一場對整個國共內戰發展具有決定性戰略意義的偉大勝利。

第十章 旭日東昇

一九四八年，當國共內戰進入了第三個年頭的時候，中國的軍事、政治和經濟形勢發生了更加有利於人民，而不利於國民黨統治集團的重大變化。在此背景下，中共人民解放軍以其摧枯拉朽之勢橫掃幾百萬國民黨軍隊。到一九五〇年六月，殘存在華東、中南、西南、西北戰場上的國民黨軍被全部殲滅，僅有少量逃往台灣。一九五一年西藏和平解放。至此，中共人民解放軍完成了解放全國大陸和近海島嶼的任務。一九四九年十月一日，在中共人民解放軍向全國進軍途中，中華人民共和國在北京宣告成立。新中國的成立，開闢了中華民族歷史上新的紀元。

第一節 在大變動前夜

隨著國共內戰的不斷失利，國民黨統治區的經濟和政治危機愈來愈嚴重，通貨膨脹惡性發展，物價持續飛漲，廣大人民掙扎在飢餓和死亡線上。國民黨統治集團的所作所為已經完全脫離了廣大人民，中國已經處在了一場大變動的前夜。

一、「中國要亡在經濟總崩潰」

國民黨統治區的惡性通貨膨脹和物價猛漲由來已久。抗戰勝利後，大後方和原淪陷區的物價雖然曾一度有大幅下降，但僅僅隔了一兩個月，從一九四五年十月開始，物價便又開始再次迅速上升。這主要是由於官僚資本逐漸控制了整個社會經濟命脈，官僚資本的急劇膨脹，使民族工業、商業及金融業受到嚴重摧殘，整個經濟也呈現出一種嚴重的萎縮狀態。例如，在金融業方面，由官僚資本直接或間接控制的「官營」銀行，其數量和存款額已分別佔國民黨統治區全部銀行的三分之二以上和百分之九十；在商業方面，官僚資本所控制的「官」式商業機構及其直接經營的各種貿易公司，壟斷了礦產原料、土特產品、手工藝品的對外輸出和工業品、日用品等的對內輸入，壟斷了食鹽、糖、棉紗、棉布等生活必需品的購銷。

進入一九四六年以後，為了適應擴大內戰規模的需要，國民黨政府的軍費開支猛增，從而造成整個財政入不敷出，財政經濟狀況急劇惡化，物價上漲的步伐也隨之變得更快。國民黨政府的軍費開支數額佔到財政支出的一半以上。據統計，全面內戰爆發一年後，國民黨政府支出增加了兩倍，其中用於內戰的軍費開支就高達百分之六十。對此，曾任國民黨政府經濟部長的經濟學家何廉曾這樣寫道：

抗戰勝利後受內戰再起的影響，政府支出按現價值計算，一九四六年與上年相比增加了四倍之多。如與一九四四年相比較，增長達四十四倍，一九四六年政府財政虧損（即支出超過收入）與一九四五年相比增長四倍，政府鈔票發行量與一九四五年相比較也增長了四倍。

巨大的財政支出導致國民黨政府的財政狀況嚴重地入不敷出。為改變這種狀況，國民黨政府又飲鴆止渴，通過大量發行貨幣來彌補巨額的財政赤字。一九四七年，國民黨政府財政總收入約十四兆元（法幣，下同），總支出為四十三兆多元，財政赤字佔總支出的近百分之七十。為彌補這一巨額赤字，國民黨政府當年的法幣發行量達三十多兆元，為一九四六年法幣發行量的十倍，也比一九四五年抗戰結束時增加二十五倍。為了印刷所需法幣，上海等地的印鈔廠全力趕印仍不敷供應，以至於要到美國、英國去印刷鈔票。這樣做的結果，必然會加劇惡性通貨膨脹，造成物價進一步飛漲，人民生活水準急劇下降。以抗戰前夕的物價為標準，到一九四七年七月，物價已上漲六萬倍。上海的米價，一九四七年六月比一月上漲八．三倍；北平物價則在半年之內上漲約十倍。對此情形，當時的各類報紙這樣刊載：「食油，漲無止境，市勢益形洶湧」；「雜糧，全面奔騰，價格再見高峰」；「麵粉漲勢益歷」；「捲煙、火柴、肥皂等日用市價，連日上漲頻巨，昨晨日用品開市了，勢極紊亂，一片喊買，人心激昂，執貨者只有漫天討價，不願脫貨，致形成無市狀態」。

同時期的美聯社也不無諷刺地發表過這樣一個消息，說明當時在國民黨統治區一百元法幣能夠買到的物品：

一九三七年為兩頭牛，一九三八年為一頭牛，一九四一年為一口豬，一九四三年為一隻雞，一九四五年為一條魚，一九四六年為一個雞蛋，一九四七年則為三分之一盒火柴了。

除大量發行紙幣、增加稅收外，為了應付財政上嚴重的入不敷出，國民黨政府還不斷拋售黃金和外匯，用來回攬市面上氾濫的貨幣。一九四七年二月，當知悉政府所控制的黃金、外匯已被拋售一半以後，蔣介石十分震怒，對行政院長宋子文痛加訓斥。宋子文只好命令中央銀行停止拋售黃金。然而，停止拋售黃金、外匯後，通貨膨脹卻更加劇烈，物價上漲的速度也更快，非同尋常的「四月漲勢」就是在這種情況下形成的。數日內，物價陡漲了一倍，不少商家開始不願出售貨物，市面物價更加混亂。這種狀況令人不寒而慄，使面對斷炊威脅的廣大民眾備感無奈和恐怖。對此情形，一九四七年五月上海的一家報紙這樣寫道：

這次物價上漲，採取了更普遍、更深刻的態勢。在目前為止，這股漲勢似乎還沒有停止希望。物價上漲的趨勢，本來是曲線型的、波浪式的，然而通貨膨脹惡性膨脹愈到後來，必然是曲線愈來愈短，最後甚至沒有間歇，變成一直線的上漲。只看四月間米、麵粉、生油、紗布、肥皂等各種日用品都一直上漲百分之五十至八十，就可推測今後漲勢的嚴重。

就是在這種情況下，國民黨政府仍然加緊對各階層人民進行層層盤剝，苛捐雜稅多如牛毛，難計其數。例如，在農業方面，僅徵糧、徵借、徵餉，以及地方公糧等項目所強加給農民的實物和現金負擔，就超過一九三六年的四倍至五倍，有的地方甚至超過二十倍。國民黨政府這種掠奪式的苛捐雜稅，使國民黨統治區的廣大農村經濟急劇衰退，廣大農村中飢民遍地，餓殍載道。在這種情況下，民族工商業大批倒閉，農業生產大幅度下降。國民黨統治區工業產量較一九三六年減少百分之三十以上。失業人數陡增，廣大工人、市民乃至中下層小資產階級瀕臨無法生存的境地，公教人員和學生的生活陷入極度困境。時人驚呼：「中國不亡於日本，如今卻要亡在經濟總崩潰。」在此局面下，面對嚴重的經濟危機，國民黨政府不得不加緊對經濟的統制。一九四七年二月十六日，國民黨政府頒佈了「經濟緊急措施」法令，對糧、棉、油、燃料等主要生活必需品制定所謂的「價格限額」，並禁止黃金和外幣的買賣流通。同時，國民黨政府還實行限制工資政策，將公務員和職工工資凍結在一九四七年一月的生活指數標準上。可是，孰料這個「緊急措施」一經公佈，國民黨統治集團的一些官僚壟斷資本便又乘機囤積物資，搶購黃金，投機商人也大做黑市交易，使物價繼續暴漲，美元比值大幅度上升，黃金價格以更大幅度上漲。其結果，不僅加重了人民的負擔，而且使國民黨政府損失了大量的黃金和外匯，從而加劇了國民黨統治區的動盪。

到一九四八年六月，國民黨政府的財政赤字已高達數百兆法幣，而當月的財政收入只佔其支出的百分之五。法幣的大量發行，已使國民黨政府陷入了絕境。為了挽救這一危局，國民黨政府宣佈從同年八月二十日起施行幣制改革，頒佈《財政經濟緊急處分令》，廢止了從一九三五年開始發行的法幣，以金圓券一元兌三百元的比價收兌法幣，並強迫廣大人民將手中持有的金、銀、外幣換成金圓

一九四八年八月十九日，國民黨政府實行「幣制改革」，頒佈《財政經濟緊急處分令》，發行金圓券取代法幣和東北流通券。圖為不同面額的金圓券

券。與此同時，為了穩定物價，國民黨政府還將物價凍結在八月十九日的水準上。但是，這些措施都已無濟於事。八月，金圓券的發行額為五億四千四百萬元；十月，增至十八億五千萬元；十一月，又增至二十三億九千四百萬元；十二月，更增至八十三億兩千萬元。如同剛剛被廢止的法幣一樣，僅僅幾個月時間，大量發行的金圓券便形同廢紙。在這種情況下，要想凍結和穩定物價只能是一廂情願。從當年十月初起，因擔心手中貨幣貶值而受損失，上海等地率先掀起了搶購風潮，人們潮水般湧向商店，到處人山人海，不管有用的沒用的都被搶購一空。這意味著，國民黨政府所推行的幣制改革和以限價政策為中心的經濟管制徹底失敗了。

上海市民用自行車帶著一捆金圓券去採購日用品

國民黨統治集團的內戰政策所導致的嚴重後果，以及這個集團自身的貪污腐化和對人民的橫徵暴斂，給廣大人民帶來深重災難，也使自己陷入嚴重的政治、經濟危機之中，而危機的日益深化，又必然會引起各階層人民的不滿和反抗。在此背景下，國民黨統治區民怨沸騰，人民革命高潮正在興起。

二、第二條戰線的開闢

隨著國共內戰的不斷失利，國民黨統治區的經濟和政治危機愈來愈嚴重。這主要表現在：國民黨官僚資本極度膨脹，瘋狂掠奪廣大人民的財富，致使國民黨統治區的農業經濟趨於凋零，民族工商業大批倒閉，通貨膨脹十分嚴重，物價持續飛漲，廣大人民掙扎在飢餓和死亡線上。而且，為了進行內戰，國民黨又進一步投靠美帝國主義，大量出賣中國的權益，駐華美軍以佔領者的姿態在中國土地上橫行霸道。日益腐敗的國民黨統治集團，其所作所為已經完全脫離廣大人民。在此形勢下，國民黨統治區掀起了以學生運動為先導的群眾運動，形成了配合中共人民解放戰爭的第二條戰線。正如毛澤東所指出的：

> 中國境內已有了兩條戰線。蔣介石進犯軍和人民解放軍的戰爭，這是第一條戰線。現在又出現了第二條戰線，這就是偉大的、正義的學生運動和蔣介石反動政府之間的尖銳鬥爭。學生運動的口號是要飯吃，要和平，要自由，亦即反飢餓，反內戰，反迫害。

一九四八年十一月十日，國民黨政府取消限價法令，宣佈金圓券大幅度貶值，幣制改革失敗。民眾為兌換金銀、外匯，引起擠兌風潮。圖為上海中央銀行櫃台前的擠兌者

由於國民黨政府把大量教育經費挪用於內戰，使得國民黨統治區教育危機日趨嚴重。由於物價飛漲，靠工資收入的教師生活十分困難，靠助學金和貸學金維持生活的學生則面臨失學、失業的嚴重威脅，在飢餓和死亡線上掙扎。「搶救教育危機」、「向炮口要飯吃」的呼聲，在廣大國民黨統治區引起強烈共鳴。

為此，國民黨統治區廣大青年學生及社會各階層掀起了聲勢浩大的運動，反對國民黨的聲浪日益高漲。

一九四五年十一月，反內戰的學生運動首先在昆明發起。從十一月二十六日起，昆明三十餘所大中

學校的三萬餘名學生，在「反對內戰，爭取自由」的口號聲中連續數日罷課遊行。十二月一日，學生們的罷課遊行遭到了國民黨軍警的武裝鎮壓，造成四死二十五傷的「一二・一」慘案。「一二・一」慘案的發生，激起了全國人民的強烈義憤，延安、重慶、成都、上海等地各界人士用各種方式聲援學生，學生運動遂發展成為有各界人士參加的群眾運動。

一九四六年十二月三十日，北京大學、中法大學、朝陽大學、清華大學、燕京大學、輔仁大學等校學生，在北平舉行了抗議美軍暴行的示威遊行，高呼「嚴懲肇事美軍」、「美軍退出中國」、「維護主權獨立」等口號。隨之，天津、上海、南京、杭州、武漢、開封、青島、廣州、福州、桂林、重慶、昆明、台北等地的廣大學生群起響應，舉行罷課和示威遊行。據統計，從一九四六年十二月三十日至一九四七年一月十日，抗暴鬥爭波及十四個省二十六個城市，參加鬥爭的總人數達五十萬人以上。

一九四七年二月二十八日，中共中央發出由周恩來起草的關於在國民黨統治區的工作方針和鬥爭策略的指示，要求國民黨統治區的中共黨組織「應擴大宣傳，避免硬碰，爭取中間分子，利用合法形式，力求從為生存而鬥爭的基礎上，建立反賣國、反內戰、反獨裁與反特務恐怖的廣大陣線」。指示還特別指出：

> 在鬥爭中要聯繫到，有時要轉移到經濟鬥爭上去，才能動員更廣大群眾參加，而且易於取得合法形式。有了經濟鬥爭的廣大基礎，也易於聯繫到反特務、反內戰的鬥爭上去。

在中共上海中央局和中共晉察冀中央局城工部的指導和部署下，上海、南京、北平、天津等城市的革命運動繼續深入發展。一九四七年五月，上海、南京、北平等許多城市的學生掀起了聲勢浩大的反飢餓、反內戰運動。五月四日，在中共地下黨領導下，上海學生舉行示威遊行，進行反內戰宣傳，並提出了「要飯吃，要和平，要自由；反飢餓，反內戰，反迫害」的口號。在示威學生遭到國民黨特務、警察的毆打和逮捕之後，各學校學生立即罷課抗議。十五日，南京中央大學等學校的學生三千人，為要求增加教育經費到國民黨政府行政院和教育部請願，未能得到滿意答覆。十七日，該校學生成立了「南京區大專院校爭取公費待遇聯合會」，並決定在二十日舉行大規模遊行請願活動。同時，上海和杭州的各大學於五月中旬相繼罷課，並派代表到南京請願；天津的南開大學等高校，也宣佈從十八日起罷課三天；在北平，北京大學、清華大學等學校的學生也紛紛上街進行反飢餓、反內戰宣傳，華北學生還成立反飢餓、反內戰聯合會，鬥爭聲勢日漸擴大。

為了鎮壓日益高漲的群眾運動，國民黨政府於五月十八日發佈《維持社會秩序臨時辦法》，禁止十人以上的請願和一切罷工、罷課、遊行示威。蔣介石發表講話，聲稱將對學生「採取斷然之處置」。他說：

> 最近發生之學生行動，實已越出國民道德與國家法律所許可之範圍，顯係共產黨直接間接所指使。如長此放任，不但學風敗壞，風紀蕩然，勢必使育青年之機關，成為毀法亂紀之策源地。國家何貴有如此之學校，亦何惜乎如此恣肆暴戾之青年。為保障整個國家之生命與全體青年之前途，將不能不採取斷然之處置。

這一講話發表後，輿論一片譁然。但是，學生運動非但沒有因此而屈服，反而藉此逐步由各地、各校分散鬥爭匯合成為全國性的鬥爭。五月十九日，在上海火車沿線附近的高樓上懸掛著一條特大標語反映了其時民眾對國民黨政府的強烈不滿。標語這樣寫道：「民國萬稅，天下太貧。」正是在這種社會輿論中，五月二十日，在國民黨政府的首都南京，五千餘名學生以孫中山像為先導，高舉「京滬蘇杭十六專科以上學校學生挽救教育危機聯合大遊行」的旗子走上街頭，衝破憲警阻攔，呼喊「反飢餓、反內戰」等口號，舉行「挽救教育危機聯合大遊行」。當遊行隊伍到達珠江路時，遭到憲警的水龍噴射和棍棒、皮鞭的毆打，重傷十九人，輕傷九十餘人，被捕二十餘人，這就是「五二〇血案」。同一天，國民黨操縱的第四屆第三次國民參政會開幕，蔣介石到會講話，大肆攻擊中國共產黨，以掩蓋他發動反革命內戰的事實。學生遊行隊伍向國民參政會請願，高呼「反飢餓、反內戰」的口號。

「五二〇血案」發生之後，在中共組織的引導和推動下，學生鬥爭的口號增加了「反迫害」，學生運動進一步發展為「反飢餓、反內戰、反迫害」運動。這一運動迅速席捲武漢、重慶、廣州、杭州、長沙、昆明、福州、南昌、桂林、濟南、開封、瀋陽等六十多個大中城市。

五月二十日當天，北平大中學校的七千餘名學生，高舉「華北學生北平區反飢餓、反內戰大遊行」的橫幅走上街頭，進行持續五個多小時的聲勢浩大的示威遊行。遊行隊伍不斷高呼「反對飢餓，反對內戰」、「恢復政協路線」、「提高教育經費」等口號。與此同時，天津的大、中學生也進行了反飢餓、反內戰遊行。在遊行過程中，遊行隊伍遭到了暴徒的毆打，造成九人重傷，二十三人被捕。此外，上海、杭州、重慶、福州、桂林、濟南、長沙、昆明等地學生也通過罷課、遊行等多種方式參加鬥爭。社會各界以各種形式支持和援助學生運動。許多大學教授紛紛罷教或發表聲明，支持學生，譴責國民黨政府，要求釋放被捕學生。郭沫若、柳亞子、馬寅初、馮玉祥等社會知名人士分別發表慰問信，題詞演說和發表告全國同胞書，聲討國民黨政府對學生運動的鎮壓。

民主同盟、民主促進會等民主黨派和人民團體，分別以致函、捐款等方式慰問學生。在強大的社會輿論壓力下，國民黨政府不得不釋放全體被捕學生。

學生運動是人民運動的一個組成部分，它有力地推動了國民黨統治區工人、農民、市民鬥爭的發展。一九四七年，在上海、武漢等主要工業城市，先後有一百二十萬工人參加反對內戰、反對美帝國主義暴行的罷工和示威遊行，其中罷工達三千次。

國民黨政府對廣大農民橫徵暴斂，抓丁徵糧，在全國許多地區引發農民抗糧、抗租、抗抓丁的反抗運動和農民起義，其矛頭直指國民黨政府的基層政權。同年五月至六月，江蘇、浙江、安徽、四川等省四十多個城鎮，發生市民「搶米」風潮。廣大農村則興起反對抓丁、徵糧、徵稅的民變，盛時蔓延達到三百餘縣。與此同時，各民主黨派和無黨派民主人士，也積極參加到愛國民主運動中來。國民黨政府已陷入眾叛親離、空前孤立的境地。

在此局面下，隨著全國反飢餓、反內戰、反迫害的群眾運動的高漲，國民黨統治區逐步出現了配合中共人民解放戰爭的第二條戰線。第二條戰線的開闢，說明在時代的大變遷中，在人心向背的較量中，中國共產黨以民族復興為己任，不怕犧牲，排除萬難，最終贏得了廣大人民的支持和擁護，而國民黨卻因其腐敗與喪失了人心。這是人心大變的結果。後來的事實也充分印證了導致國共內戰勝負的不只是軍事和經濟力量的對比，而主要是人心向背的較量。

三、「這一方面正是我們的長處」

抗日戰爭期間，大敵當前，為了團結抗日，中國共產黨在農村中實行的是減租減息、合理負擔和沒收漢奸財產等政策。

這些政策，不僅明顯地減輕了農民負擔，還使相當數量的土地從地主手裡轉移到貧苦農民手裡，從而調動了廣大解放區農民的生產積極性。抗戰勝利後，情況發生了很大變化。這主要表現在：抗戰勝利後，中共解放區面積有了很大擴展，這些新擴展的地區相當大部分是從日本侵略者手中收復的。在這些地區內，日偽政權雖然被摧毀，但不少在抗戰期間同日偽勾結，並在當地作威作福的地主依然霸佔著大量土地，也沒進行過減租減息；在對日反攻以前的老解放區，雖然地主對土地的佔有量已大幅度減少，並且經過多年的減租減息，也大大削弱了土地佔有關係，但是由於並沒有提出徹底廢除舊有的土地所有制，土地問題仍沒有得到徹底解決，農民的生產積極性和革命積極性仍然受到很大限制。

廢除舊有的土地制度，解決農民土地問題，是中國共產黨領導新民主主義革命的基本任務之一。在內戰全面爆發前夕，根據廣大農民群眾強烈要求得到土地的願望，中共中央於一九四六年五月四日發佈《關於土地問題的指示》（通稱《五四指示》）。

《五四指示》廢除了阻礙農村生產力發展的土地制度，把土地政策從減租減息轉變為實行耕者有其田，把地主佔有的大量土地分配給無地、少地的農民，使農民在政治上、經濟上擺脫幾千年來的壓迫和剝削。其基本原則是：「在廣大群眾要求下，我黨應堅決擁護群眾從反奸、清算、減息、減租、退息等鬥爭中，從地主手中獲得土地，實現耕者有其田。」毛澤東認為，「這一方面正是我們的長處」。就此，他曾這樣一針見血地指出：「國民黨比我們有許多長處，但有一個弱點即不能解決土地問題，民不聊生。這一方面正是我們的長處。時間太長不好，太短亦不行，這是我們的一切工作的根本，下層基礎，其他都是上層建築。這必須使我們全體同志都明瞭。農民的平均主義在分配土地以前是革命的，不要去反對。要反對分配土地以後的平均主義。」《五四指示》頒佈之後，中共各解放區掀起了土地改革運動的高潮。中共各中央局和中央分局、解放區各級政府抽調大批幹部組成工作隊，奔赴廣大農村，廣泛發動農民群眾，進行土地制度的改革運動（簡稱「土改運動」）。在具體做法上，中共各解放區黨政組織根據《五四指示》的精神，結合本地區的實際情況，採取了靈活多樣的方式。至一九四七年下半年，解放區已有三分之二的地方基本上解決了農民的土地問題。實現了耕者有其田的農民，革命積極性和生產積極性空前提高。他們積極參軍參戰、提供軍糧、運輸物資以及救護傷病員等；中共人民解放軍在各方面也都得到當地農民群眾的極大支持。解放區先後有六十萬人參軍參戰，六千萬人次支援前線。也正是由於這個原因，始終高度重視土地改革的毛澤東對《五四指示》給予了很高的評價。他說：

凡堅決和迅速地執行了中央五月四日的指示，深入和徹底地解決了土地問題的地方，農民即和我黨我軍站在一道反對蔣軍進攻。……各地必須在今後幾個月內，不論戰爭如何忙，堅決地領導農民群眾解決土地問題，並在土地改革基礎上佈置明年的大規模的生產工作。

在國共內戰轉入戰略進攻的新形勢下，為了進一步調動廣大農民的革命和生產的積極性，使正在勝利發展的國共內戰獲得源源不斷的人力和物力的支持，以支援即將到來的戰略決戰，迫切要求解放區更加深入地開展土地制度改革。為此，一九四七年七月至九月，在劉少奇主持下，中共中央工作委員會在河北平山縣西柏坡村召開全國土地會議，制定《中國土地法大綱》，並於同年十月十日由中共中央批准頒佈。《中國土地法大綱》是一個徹底反舊有的土地制度改革綱領。它明確規定：「廢除封建性和半封建性剝削的土地制度，實行耕者有其田的土地制度」；「廢除一切地主的土地所有權」；「廢除一切祠堂、廟宇、寺院、學校、機關及團體的土地所有權」；「廢除一切鄉村中在土地制度改革以前的債務」；「鄉村中一切地主的土地及公地，由鄉村農會接收，連同鄉村中其他一切土地，按鄉村全部人口，不分男女老幼，統一平均分配，在土地數量上抽多補少，質量上抽肥補瘦，使全鄉村人民均獲得同等的土地，並歸個人所有。」

《中國土地法大綱》是抗日戰爭勝利後，中國共產黨公開頒佈的第一個關於土地制度改革的綱領性文件。它向全中國和全世界人民表明：中國共產黨高舉反封建的戰鬥旗幟，為在全國消滅剝削的土地制度提供了一個基本綱領。與《五四指示》相比，《中國土地法大綱》向前跨出了一大步。它對於推動新老解放區的土地改革運動起到了巨大的推動作用，並在國民黨統治區產生了廣泛的政治影響。

《中國土地法大綱》公佈之後，中共各解放區從各級黨、政、軍機關抽調大批人員組成工作組深入農村開展工作。一九四七年十一月至十二月，一個以土地改革為中心的波瀾壯闊的群眾運動，很快在陝甘寧、晉綏、晉察冀、晉冀魯豫、華東等老解放區，東北等半老解放區，以及鄂豫皖、豫皖蘇、豫陝鄂、江漢、桐柏等新解放區廣泛開展起來。分土地，分浮財，開倉濟貧，行動快，聲勢大，廣大農村迅速形成了土地改革的熱潮。土地改革是中國民主革命的基本內容之一，不平分地主的土地，便沒有徹底的反對封建可言，也就不可能實現中國的現代化和中華民族的復興。中國共產黨在鄉村領導廣大貧苦農民，把幾千年的土地所有制根本剷除，這是任何其他政黨和人士所不能做到的，也是中國共產黨所以能夠領導中國革命取得勝利的奧秘所在。這正如當時上海英文刊物《密勒士評論報》所講的那樣：「（中國）內戰戰場的分界，是在這樣兩種不同的地區中間，一些農民給自己種地，另一些農民給地主

中國共產黨中央委員會關於公佈中國土地法大綱的決議

中國土地法大綱

一九四七年十月十日，中共中央通過決議，公佈了《中國土地法大綱》。圖為中共中央的決議和《中國土地法大綱》

種地。」這「不但決定國共兩黨前途，而且將決定這個國家的命運」。

中國農民是最講究實際的，中國共產黨真心實意領導他們進行土地改革的事實，使他們迅速看清了誰代表著他們的利益，應該跟著誰走，他們由此而爆發出了難以估量的革命熱情。這是一個排山倒海的力量，是任何力量都無法比擬的。他們踴躍參軍參戰，擔負巨大的戰爭勤務，並以糧草、被服等物資支援子弟兵。土地改革運動為奪取全國勝利提供了源源不斷的人力、物力支持。至一九四八年秋，有一億人口的解放區廢除舊有的土地制度和生產關係。在政治上和經濟上翻身的農民，在「參軍保田」的口號激勵下，大批青壯年踴躍參軍和支援前線，中共東北解放區在一九四七年至一九四九年有一百六十萬人參軍，山東解放區在一九四六年至一九四八年有五百八十萬人參加擔架隊和運輸隊，擔負運送傷病員和各種軍需物資等戰地勤務。各地農民還廣泛組織民兵配合中共人民解放軍作戰，保衛解放區，為國共內戰奪取戰略決戰的勝利夯實了群眾基礎。

轟轟烈烈的土地改革運動，以雷霆萬鈞之力，猛烈地衝擊著幾千年來的土地制度。特別是在一億人口的老區和半老區，基本消滅了舊

解放區各級政府組織農民認真學習《中國土地法大綱》

《中國土地法大綱》被抄寫在牆壁上，向農民廣泛宣傳

有的土地制度，打碎了幾千年來套在農民身上的枷鎖，改變了農村舊有的生產關係，使農村各階級佔有的土地大體平均，貧、雇農基本獲得相當於平均水準的土地和其他生產、生活資料。但是，在急風暴雨式的土改運動發動後，許多地方在一定時期也發生了一些「左」的偏向。主要表現在：侵犯一部分中農的利益。例如，把他們的成分錯定為富農或地主，辦事不要中農參加，攤派給中農的公糧負擔過重；侵犯一部分民族工商業者的利益。再如，沒收地主兼營的工商業，對工商業徵稅過高；對地主、富農中的大中小和惡霸非惡霸不加區別，用同樣方式進行鬥爭，或者將地主「掃地出門」，不給生活出路，有的地方甚至出現對地主亂打濫殺的現象。這些偏向，嚴重地妨礙了土地改革運動的健康發展，影響了農業生產的正常進行和社會秩序的穩定。

人民群眾組織擔架隊支援前線

中共中央很快發現了這些問題，並立刻採取措施堅決予以糾正，並把政策問題提到了極其重要的地位，強調要提高全黨的政策觀念。毛澤東指出，「政策和策略是黨的生命。」「現在敵人已經徹底孤立了。但是敵人的孤立並不等於我們的勝利。我們如果在政策上犯了錯誤，還是不能取得勝利。」

針對出現「左」的錯誤，從一九四七年十二月會議開始，中共中央通過領導人講話和發佈文件，對土地改革的政策和策略作了許多更加完善的規定和說明。一九四七年十二月，中共中央又重新發佈了在土地革命時期的兩個文件《怎樣分析階級》和《關於土地鬥爭中一些問題的決定》。一九四八年一月，任弼時作了《土地改革中的幾個問題》的長篇報告，中共中央隨即公開發表這個講話。西北局書記習仲勳寫了《關於土改中一些問題的報告》，中原局書記鄧小平寫了《關於新區工作問題的報告》。毛澤東立即批示將這兩個報告轉發各地，所有這些，都對糾正「左」的偏向，將土改運動納入正軌起了重要的作用。由於指導思想明確，措施果斷得力，很快排除了干擾土改運動健康發展的一些「左」的偏向，從而使土改運動取得了預期成果。

第二節 大決戰

一九四八年秋，國共內戰進入了第三個年頭，中國的軍事、政治和經濟形勢發生了更加有利於人民，而不利於國民黨統治集團的重大變化。

一、大決戰前的形勢

這時，中共人民解放軍已由戰爭開始時的一百二十萬人發展到兩百八十萬人，其中野戰軍一百四十九萬人。兵力對比，已由戰爭初期的三・四比一縮小為一・三比一，正規軍對比為一・三二比一。中共人民解放軍的武器裝備大為改善，建立了三十五個炮兵團，共裝備了重型火炮一千一百餘門。經過兩年的戰爭鍛鍊，中共人民解放軍不但有了豐富的打大規模運動戰的經驗，而且積累了城市攻堅戰的經驗。活躍在南方各省的游擊隊不斷發展壯大，到一九四八年秋已發展到四萬餘人，並在閩粵贛、湘粵贛、粵桂、桂滇、皖浙贛等邊區及雲南南部、浙江東部和南部、海南島等地區，建立並發展了游擊根據地，威脅著國民黨軍的大後方，並鉗制了一部分國民黨的正規軍。中共各解放區相繼連成一片，面積達兩百三十五萬五千平方公里，並擁有縣城以上城市五百七十九座，分別佔全國總面積和城市總數的百分之二十四・五和百分之二十九。解放區人口已達一億六千八百萬人，佔全國總人口的百分之三十五・三。有一億人口的老解放區基本上完成了土地改革，廣大農民的革命和生產的積極性空前高漲，中共人民解放軍的後方進一步鞏固。而且，經過一年休養生息，解放區的生產得到了恢復和發展，增強了支援戰爭的物資力量。此外，中共在國民黨統治區的工作也得到了很大的發展，廣大中間階層迅速覺醒，積極反對蔣介石的獨裁統治，擁護中共提出的建立民主聯合政府、建立新中國的主張。國民黨中的一些地方實力派開始同中共積極聯繫，準備投向人民。

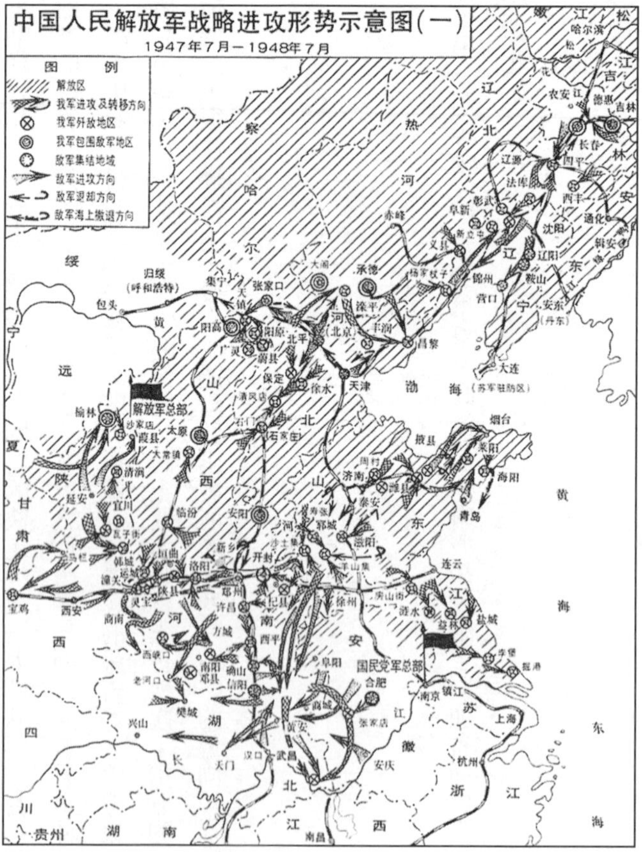

與此相反，經過兩年多的戰爭，國民黨軍總兵力下降到三百六十五萬人，其中正規軍一百九十八萬人。由於大批部隊擔任守備，可用於第一線的兵力

僅一百七十四萬人。衛立煌、傅作義、胡宗南、白崇禧、劉峙分別統率的五個戰略集團，被中共人民解放軍分割在長江以北的東北、華北、西北、中原、華東五個戰場上，彼此自顧不暇，更無力協同作戰。國民黨雖然還統治著全國四分之三的地區和三分之二的人口，但由於遭到廣大人民的強烈反對，處境十分孤立，軍隊士氣普遍低落，戰鬥力不強。在這種情況下，國民黨政府在軍事上不得不放棄「全面防禦」，而實行「重點防禦」。而且，隨著軍事形勢的每況愈下，國民黨在政治、經濟上的危機也日益嚴重。蔣介石的政治欺騙完全破產，國民黨區域的廣大人民反飢餓、反迫害、反獨裁、反內戰的運動進一步發展。統治集團內部爾虞我詐，爭權奪利，矛盾日益加深。許多地方實力派正在醞釀反蔣倒蔣。李宗仁正竭力爭取美國的支持，逼蔣下野，謀劃取代總統的職位。美國政府則一面繼續支持國民黨打內戰，同時又在物色新的代表人物取代蔣介石。隨著軍事上的失敗和軍費支出的不斷膨脹，國民黨政府的財政經濟陷入了空前的危機。至一九四八年六月，財政赤字累計高達法幣四百三十四兆五千六百五十六億元。巨額的財政赤字帶來了惡性通貨膨脹和貨幣貶值，物價飛漲。如上海市的米價，一九四八年一月每一百斤為一百萬元，到八月已暴漲到四千萬元。美國駐華大使司徒雷登在給國務卿馬歇爾的報告中也不得不承認：「局勢的惡化已經進展到接近崩潰的地步。」蔣介石在日記中也哀歎：「近來軍事、政治、外交、經濟環境之複雜艱難日甚一日，而各種弊竇亦發現甚多。誠有百孔千瘡之感。」「今日環境之惡劣為從來所未有，其全局動搖，險狀四伏，似有隨時可以滅亡之勢。」

為挽回戰略頹勢，繼一九四七年底設立職掌晉、察、冀、熱、綏五省軍政大權的華北「剿匪」總司令部，任命傅作義為總司令後，蔣介石又於一九四八年五月至七月，撤銷了東北行轅，擴大了東北「剿匪」總司令衛立煌的職權；撤銷了陸軍總部徐州指揮所、國防部九江指揮部、武漢行轅，設立了徐州和華中兩個「剿匪」總司令部，分別任命劉峙、白崇禧為總司令，統一職掌各戰區內的軍政大權；改組了統帥部，任命何應欽取代白崇禧接管國防部，任命顧祝同接替陳誠任參謀總長。

一九四八年八月，國民黨軍統帥部又在南京召開「軍事檢討會」，研討兩年來在作戰方針、作戰指揮、編制裝備、新兵補訓、後勤供應、士氣、情報等方面存在的問題。蔣介石在開幕式上承認：「就整個局勢而言，則我們無可諱言的，是處處受制、著著失敗。」他斥責大多數國民黨軍隊高級將領「精神墮落，生活腐化，革命的信心根本動搖，責任的觀念完全消失」，要求他們「振作軍心，提高士氣」，加強「精神的武裝」，以便使「軍事轉危為安，轉敗為勝」。為此，此次會議作了相應的決議。主要是：將作戰重點置於黃河以南、長江以北地區，在這一地區內，「各綏區國軍配合地方武力堵剿兼施，國軍主力則編組強大之進剿兵團，搗毀匪軍根據地，猛烈追剿，使成流寇，然後依後備兵團之增強，迫匪於絕地而殲滅之」。在東北地區，「徹底集中兵力，確保遼東、熱河，以鞏固華北」，達到鉗制東北、華北人民解放軍，屏障黃河以南之作戰的目的。在以蘭州為中心的西北地區，則建立一個「獨立作戰地帶」，在陝西「建立一骨幹部隊，支配戰場，確保漢中，並於四川及漢中及時建立一個堅強兵團，以應陝甘之急需」。

中共人民解放軍宣誓保衛解放區

為實現上述戰略方針，會議還決定要加強以主要城市為戰略要點的守備兵力和防禦工事。同時，以精銳主力為骨幹，組成若干個十萬人以上的機動作戰兵團，加強應援力量，企圖以此使中共對其戰略要點「啃不爛」，對其增援兵團「吃不掉」。會議還確定，要迅速擴充軍力，「全軍總兵額必須保持五百萬人」，要在長江以南和西南地區，利用地廣人眾的條件，迅速編練第二線部隊一百五十萬人，並計劃先編組成五十個步兵師、十個騎兵師。蔣介石聲稱，這次軍事檢討會議確定的方針，是今後「剿匪成功之關鍵」，要求各級將領「於兩星期內執行」。

就在國民黨力圖挽回敗局的同時，一九四八年九月八日至十三日，中共中央在西柏坡召開了政治局擴大會議。這是自一九四七年三月中共中央撤離延安後的第一次政治局擴大會議，也是自抗日戰爭結束以來到會人數最多的一次中央會議。此次會議依據國共內戰兩年來的作戰情況，特別是一九四八年上半年的作戰情況，提出了建設五百萬人民解放軍，在五年左右的時間內（從一九四六年七月算起），殲敵正規軍五百個旅（師）左右，從根本上打倒國民黨統治的總任務，並決定，戰爭第三年中共人民解放軍「仍然全部在長江以北和華北、東北作戰」。會議指出，現在戰爭進入第三年，這是爭取五年勝利中關鍵的一年。

今後局勢的發展有兩種可能：如果戰爭第三、第四年給敵人的打擊很嚴重，加上敵人政治、經濟危機的發展，則蔣介石的統治可能垮得早些，勝利會來得更快；另一種可能即美國出兵，戰爭也可能延長。既不要因勝利太快而無準備，也不要因勝利稍慢而沒有耐心。

會議還對下一步的工作進行了部署。

國民黨軍隊接受美軍訓練

在軍事上，全國作戰的重心在中原，北線的中心在北寧路；要敢於打若干次帶決定性的大會戰，要敢於打前所未有的大仗，力爭殲滅更多的國民黨軍隊；要敢於同敵人強大兵團作戰，敢於攻擊敵人重兵據守的和堅固設防的大城市，以奪取全國勝利。

在政治上，隨著戰爭形勢的發展，成立中央政府已經提上日程。毛澤東在報告中說：「我們政權的階級性是這樣：無產階級領導的，以工農聯盟為基礎的，但不是僅僅工農，還有資產階級民主分子參加的人民民主專政。」由於一九四八年四月中共中央提出的召集新政治協商會議的號召，已經得到了各民主黨派、人民團體和無黨派人士的響應和支持，會議決定請他們的代表來解放區共商建國大計，並準備於一九四九年召開政治協商會議，成立新中國中央政府，以取代國民黨政府。

一九四八年九月八日至十三日，毛澤東在西柏坡主持召開中央政治局擴大會議（九月會議）。圖為九月會議會址（復原）

在經濟上，恢復和發展解放區生產，努力增加生產，厲行節約，反對浪費，動員全黨學習管理工業、農業生產；加強城市管理工作，使黨的工作重心逐步由農村轉到城市。

會議還要求迅速地有計劃地訓練大批能夠管理軍事、政治、經濟、文化教育等方面的幹部，以便有序地接管新解放區的廣大地區，完成奪取全國政權的緊迫任務。

此外，在這次會議上，毛澤東還依據戰爭形勢發展的需要，提出了人民解放軍應「有計劃地走向正規化」的問題。會後，一九四八年十一月一日，經過中共中央批准，中央軍委向全軍正式發出《關於統一全軍組織及部隊番號的規定》，決定各野戰軍所屬縱隊均改為軍，軍以上設兵團。全軍分為四個野戰軍，共二十個兵團七十個軍。全國分五個大軍區，與中央局同級並受其領導。一九四九年一月十五日，中共中央軍委決定將各野戰軍番號統一改為按序數排列，西北野戰軍改稱第一野戰軍，中原野戰軍改稱第二野戰軍，華東野戰軍改稱第三野戰軍，東北野戰軍改稱第四野戰軍。

根據中共中央政治局會議確定的上述方針，中共中央軍委確定戰爭第三年的作戰計劃是全軍殲敵正規軍一百一十五個旅（師）左右。其中，華東野戰軍殲敵四十個旅（師），攻佔濟南和蘇北、豫東、皖北地區的若干大中小城市；中原野戰軍殲敵十四個旅（師），攻佔鄂豫皖三省若干城市；西北野戰軍殲敵十二個旅（師），鉗制胡宗南集團，使之不能實行戰略機動；華北第一兵團殲敵十四個旅（師），攻佔太原；東北野戰軍和華北第二、第三兩兵團，殲滅衛立煌、傅作義兩集團中的三十五個旅（師），攻佔北寧、平綏、平承、平保各線除北平、天津、瀋陽三點之外的一切城市。

九月會議為中共與國民黨軍隊進行戰略決戰，為最後打倒蔣介石、有計劃有步驟地奪取新民主主義革命在全國的勝利，從思想上、政治上、組織上做了重要準備。此後，根據九月會議的精神和中共中央軍委的指示，中共人民解放軍經過雨季的休整後，從一九四八年九月開始，先後在東北、華東、中原、華北和西北戰場上，發起規模空前的秋季攻勢。

隨著濟南戰役的勝利，中共中央軍委和毛澤東依據戰局的

毛澤東在九月會議期間與參會人員合影

發展變化，因勢利導，及時將秋季攻勢引向就地殲滅國民黨軍隊大兵團的戰略決戰，從此揭開了戰略決戰的序幕。

二、偉大的戰略決戰

一九四八年秋，國共內戰進入奪取全國勝利的決定性階段，中共同國民黨軍隊進行戰略決戰的時機已經到來。

但大戰役從哪裡打起？毛澤東和中共中央軍委首先把決戰的方向指向東北。當時，東北戰場敵我力量對比發生了根本的變化，形勢對解放軍最為有利。東北野戰軍總兵力有一百零三萬人，正規軍七十萬人，並有一支頗有威力的炮兵部隊，解放軍士氣高昂，早已蓄勢待發。東北解放區面積佔東北總面積的百分之九十七，人口佔東北總人口的百分之八十六以上，並控制著百分之九十五的鐵路線，人力、物力充足。國民黨軍隊在東北地區雖然有總兵力五十萬人左右，且包括戰鬥力很強的精銳主力新一軍和新六軍在內。但是，他們卻長期被分割在長春、瀋陽、錦州等互不相連的孤立地區內，後勤補給十分困難，軍心渙散。

早在一九四八年春，蔣介石就曾設想放棄瀋陽，打通北寧線，將主力撤往錦州，伺機轉用於華北、華中，但又顧忌這樣做將給國民黨政府在政治上、軍事上造成嚴重後果，因而遲疑未決。最後，蔣介石仍決定採取固守東北，以利於鞏固華北的策略，並決定採用「集中兵力，重點守備，確保瀋陽、錦州、長春，相機打通北寧路」的方針。其具體部署是：以東北「剿總」副總司令兼第一兵團司令官鄭洞國率兩個軍六個師共十萬人防守長春，鉗制東北野戰軍部分主力；以東北「剿總」副總司令兼錦州指揮所主任范漢傑率四個軍十四個師共十五萬人，防守義縣至山海關一線，重點為錦州、錦西地區，以確保同關內的陸、海聯繫；以東北「剿總」總司令衛立煌率八個軍二十四個師共三十萬人，防守瀋陽及其附近地區，作為防禦中樞，以確保瀋陽，支援長春、錦州。

中共中央軍委根據東北國民黨軍隊有可能撤退的情況，曾於一九四八年二月七日致電東北野戰軍，提出下一步作戰應考慮以主力轉至北寧線，截斷敵軍由陸上撤退的通路，封閉敵軍在東北各個殲滅的戰略設想。九月七日，中共中央軍委進一步確定了以上方針。毛澤東在《關於遼瀋戰役的作戰方針》中明確指出：東北野戰軍南下後，進攻重點應指向北寧路上的重鎮錦州，「而置長春、瀋陽兩敵於不顧，並準備在打錦州時殲滅可能由長、瀋援錦之敵」，確立「打前所未有的大殲滅戰的決心」。中共中央軍委還一再強調，攻佔錦州是東北「整個戰局的關鍵」。

國民黨當局根本沒有想到中共人民解放軍會奔襲錦州，因此，既沒有下決心及時增援，也沒有從錦州撤退的打算，甚至也沒有作出完整而周密的防禦部署。就是在這種情況下，一九四八年九月十二日，遼瀋戰役（遼西會戰）首先在北寧路打響。遼瀋戰役爆發後，東北野戰軍五個縱隊及炮兵縱隊主力共約二十五萬人，在司令員林彪、政委羅榮桓的

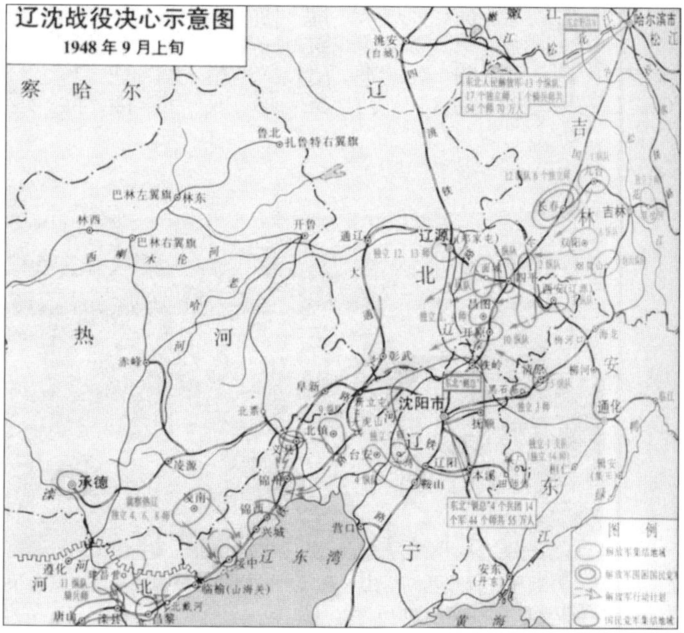

指揮下，迅速佔領錦州周圍各要點，完成對錦州的包圍。這時，國民黨才如夢初醒，發覺中共的目標是要攻佔錦州。蔣介石深感形勢嚴重，於九月三十日飛抵北平，十月二日又飛往瀋陽，同傅作義、衛立煌商討對策，決定從關內緊急海運七個師到葫蘆島，連同錦西、葫蘆島原有的四個師共十一個師，組成「東進兵團」，並從瀋陽抽出十一個師組成「西進兵團」。蔣介石的企圖已不僅是救援錦州，而是力圖東西夾擊，與駐守錦州的范漢傑部七個師會合，在錦州地區同中共人民解放軍進行一次戰略性決戰。

戰局萬分緊張。中共人民解放軍既要阻擊分別從東西兩路來增援的國民黨軍重兵，又要迅速攻克錦州。其中，尤以迅速攻下錦州為關鍵。為此，十月十日，毛澤東致電林彪、羅榮桓、劉亞樓說：

> 你們的中心注意力必須放在錦州作戰方面，求得盡可能迅速地攻克該城。即使其他的一切目的都未達到，只要攻克了錦州，你們就有了主動權，就是一個偉大的勝利。

十月十日，國民黨「東進兵團」開始出援，猛攻錦西通往錦州的要隘塔山。預先設置在塔山的東北解放軍兩個縱隊進行了頑強阻擊，先後激戰了六個晝夜，打垮國民黨軍隊的數十次攻擊，成功地阻止了

東北野戰軍在錦州西南塔山、高橋地區頑強阻擊國民黨軍。圖為榮立戰功的「塔山英雄團」

它的東進。國民黨「西進兵團」在遭到中共人民解放軍三個縱隊的阻擊後，逗留於彰武一帶，未敢繼續南進。這樣，就為中共人民解放軍攻錦部隊贏得了寶貴的時間。十月十四日，東北野戰軍向錦州發起總攻，激戰三十一個小時攻佔錦州，全殲東北「剿總」副司令兼錦州指揮所主任范漢傑部十萬人，范漢傑被俘，更重要的是關閉了東北國民黨軍進出的大門，為遼瀋戰役的完全勝利邁出了關鍵一步。

錦州攻克的當天，蔣介石即令長春守軍向瀋陽方向突圍。但是，在中共強大的軍事壓力和政治攻勢下，十月十七日，長春國民黨守軍第六十軍軍長曾澤生率部降共。十九日，新七軍投降，東北「剿總」副總司令兼第一兵團司令鄭洞國率餘部放下武器，長春宣告和平解放。

東北野戰軍在黑山、大虎山地區圍殲由瀋陽西援錦州的國民黨軍廖耀湘兵團

錦州、長春相繼解放之後，蔣介石命第九兵團司令官廖耀湘率「西進兵團」奪取錦州，沿北寧路向關內撤退。東北野戰軍乘勝組織遼瀋會戰，十月二十六日至二十八日，將廖耀湘部合圍在黑山、大虎山以東，饒陽河以西約一百二十平方公里地區，經過激戰，全殲國民黨軍十萬人，廖耀湘被俘。廖耀湘兵團被殲後，衛立煌奉命從瀋陽乘飛機逃走。東北野戰軍乘勝迅速分多路向瀋陽、營口猛追疾進，於十一月二日佔領瀋陽、營口。遼瀋戰役至此勝利結束。十一月九日，錦西、葫蘆島的國民黨軍隊隨杜聿明從海上逃跑。東北全境解放。

遼瀋戰役歷時五十二天，解放了東北全境，並殲滅國民黨軍一個戰略集團，共四十七萬兩千人，加上這期間在其他各個戰場的勝利，一九四八年七月至十一月，中共共殲滅國民黨軍隊一百萬人，使其總兵力下降到兩百九十萬人；中共人民解放軍則增加到三百一十萬人。至此，中共人民解放軍不但在質量上佔有優勢，而且在數量上也取得優勢。這樣，就使中國的軍事形勢達到一個新的轉折點，改變了長期以來敵強我弱、敵優我劣的基本格局。而且東北地區的解放，不僅使近百萬東北野戰軍成為一支強大的戰略後備隊，還使國共內戰獲得了一個鞏固的、具有一定工業基礎的戰略後方，並為稍後解放平津與華北地區創造了十分有利的條件。遼瀋戰役之後，毛澤東對國共內戰作出了新的判斷。他說：「現在看來，只需要從現在起，再有一年左右時間，就可能將國民黨政府從根本上打倒了。」

遼瀋戰役剛結束，一場規模空前的以徐州地區為中心的淮海戰役（徐蚌會戰）接著開始了。參加作戰的有華東、中原兩個野戰軍以及部分地方武裝共六十萬人，其主攻目標是約八十萬人的國民黨軍南線主力，即佔據徐州的劉峙、杜聿明集團，在以徐州為中心，東起海州、西至商丘、北到臨城（今薛城）、南達淮河的地區進行。為此，中共中央軍委於十一月十六日指出：淮海戰役為南線空前大決戰，「此戰勝利不但長江以北局面大定，即全國局面亦可基本解決」。為了集中領導、統一指揮，中共中央決定由劉伯承、鄧小平、陳毅、粟裕、譚震林組成前敵委員會，劉伯承、陳毅、鄧小平為常委，臨機處置一切。鄧小平為總前委書記。

淮海戰役從一九四八年十一月六日開始到一九四九年一月十日結束，歷時六十六天，中共以六十萬兵力戰勝八十萬在武器裝備上佔優勢的國民黨軍隊，共殲敵五十五萬五千人。圖為中原野戰軍攻破國民黨軍黃維兵團的「汽車防線」

淮海戰役從一九四八年十一月六日開始，到一九四九年一月十日結束，分三個階段進行。

十一月六日至二十二日為戰役的第一階段。在這一階段，中共人民解放軍在碾莊地區殲滅黃百韜兵團十萬人，並擊斃黃百韜。

十一月十五日攻克戰略樞紐宿縣，切斷徐蚌線，把從平漢路趕來增援的黃維兵團阻止在安徽蒙城東北的雙堆集地區，使徐州守敵孤立無援，完成對徐州包圍。

十一月二十三日至十二月十五日為戰役的第二階段。在這一階段，華中野戰軍主力和華東野戰軍一部，一舉全殲黃維兵團十二萬人，黃維被俘。國民黨軍徐州「剿總」副總司令杜聿明率邱清泉、李彌、孫元良三個兵團撤離徐州，被華東野戰軍合圍在陳官莊、青龍集一帶，孫元良兵團兩個軍約四萬人被殲。

十二月十六日到一九四九年一月十日為戰役的第三個階段。在這一階段，遵照中共中央軍委指示，為了穩住平、津的國民黨軍隊不迅速南撤，中共人民解放軍暫時對杜聿明集團的攻擊轉入戰地休整，同時對國民黨軍隊展開強大的政治攻勢。杜部糧草斷絕，飢寒交加，軍心動搖，官兵整排整連甚至整營向中共投降，但杜聿明等高級將領拒絕投降。華東野戰軍遂於一月六日發起總攻，經過四個晝夜激戰，全殲邱清泉、李彌兩個兵團約二十萬人，俘杜聿明，擊斃邱清泉，僅李彌等少數人逃脫。至此，淮海戰役勝利結束。

淮海戰役歷時六十六天，殲敵五十五萬五千人，是國共內戰戰略大決戰承前啟後的第二個大戰役，是中共在戰場兵力、裝備都不佔優勢的情況下戰勝國民黨重兵集團的一場大決戰。經過這一戰役，南線國民黨軍隊的精銳主力已被消滅，長江中下游以北的廣大地區獲得解放，並同華北解放區連成一片，解放區直逼長江北岸，國民黨政府首都南京直接暴露在中共人民解放軍面前，國民黨的統治陷入土崩瓦解的狀態。

淮海戰役剛剛進入第二階段，東北野戰軍和華北軍區第二、第三兵團連同地方部隊共約一百萬人，又在華北地區發動了平津戰役（平津會戰）。平津戰役的矛頭所指，是佔據以北平、天津為中心的華北地區國民黨傅作義集團。當時，這個集團擁有六十萬兵力，其中五十萬駐守在東起北寧路的山海關、西至平綏路的張家口約五百公里的狹長地帶，其中包括海上出口塘沽港。在平津戰役中，中共人民解放軍的實力大大超過了國民黨軍。

根據中共中央軍委的部署，從一九四八年十一月二十九日至十二月二十日，中共採用「圍而不打」和「隔而不圍」的戰法，先後完成對張家口、新保安、北平、天津、塘沽等地守敵的戰略包圍和戰役分割，切斷其南逃或西退的後路，為各個殲滅敵人創造了有利條件。按照中共中央軍委先打兩頭、後取中間的戰略步驟，於十二月二十二日、二十四日分別攻克新保安、張家口，殲滅傅作義部七萬多人。一九四九年一月十日，為了統一指揮戰役和接管城市，中共中央決定成立由林彪、羅榮桓、聶榮臻組成的平津前線總前委，林彪任總前委書記。一月十四日，由於天津的國民黨軍拒絕接受和平改編，中共發起總攻，經過二十九個小時的激戰，第二天便解放了國民黨重兵守備、堅固設防的天津城，全殲國民黨守軍十三萬人，俘虜了天津警備司令陳長捷。

淮海戰役中，中共人民解放軍炮兵在冰天雪地中對國民黨軍實施炮火轟擊

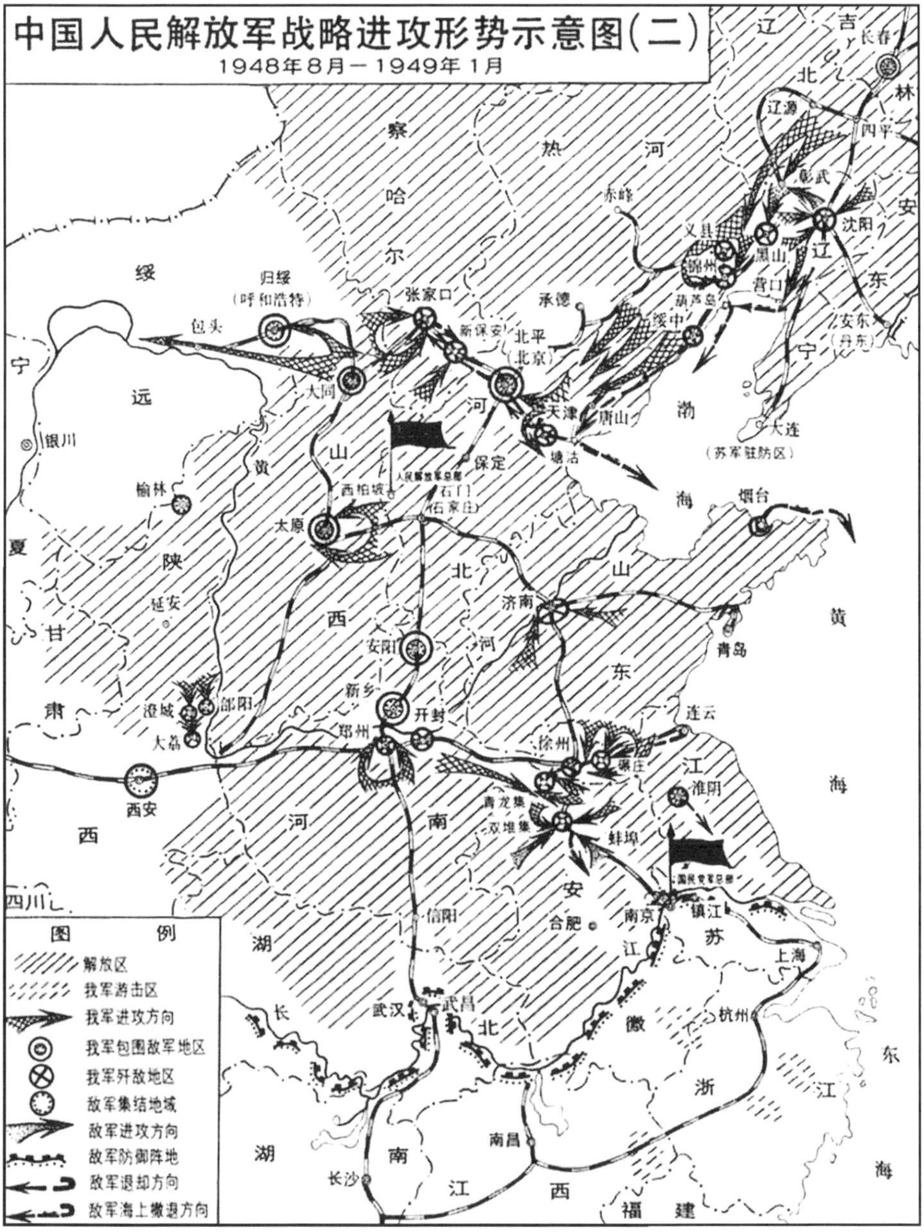
中国人民解放军战略进攻形势示意图(二)
1948年8月—1949年1月
图 例
解放区
我军游击区
我军进攻方向
我军包围敌军地区
我军歼敌地区
敌军集结地域
敌军进攻方向
敌军防御阵地
敌军退却方向
敌军海上撤退方向
长春
四平
辽源
彰武
沈阳
义县
锦州
黑山
营口
葫芦岛
绥中
安东
(丹东)
大连
(苏军驻防区)
赤峰
承德
张家口
新保安
北平
(北京)
天津
唐山
塘沽
保定
归绥
(呼和浩特)
包头
大同
银川
榆林
太原
西柏坡
人民解放军总部
石门
(石家庄)
延安
济南
烟台
青岛
安阳
新乡
开封
郑州
澄城
郃阳
大荔
西安
徐州
碾庄
连云
淮阴
青龙集
双堆集
蚌埠
国民党军总部
南京
镇江
合肥
信阳
上海
杭州
武汉
武昌
南昌
长沙
察
哈
尔
热
河
绥
远
宁
夏
陕
甘
肃
山
西
河
北
山
东
黄
海
渤
海
辽
吉
林
安
东
宁
河
南
江
苏
安
徽
湖
北
湖
南
江
西
浙
江
福
建
东
海
四川
长
江

天津解放後，孤守北平的傅作義部二十五萬人，陷入了百萬中共人民解放軍的重圍之中。為了完好地保護這座馳名世界的文明古都，中共主動派出代表同傅作義接觸，就和平接管北平舉行談判。在中國共產黨的感召和各界人士的敦促下，傅作義順應民心，於一月二十一日與中共達成《關於和平解決北平問題的協議》，命令所部出城接受改編。一月三十一日，雙方交接完畢，中共舉行入城儀式，北平宣告和平解放。至此，平津戰役勝利結束。

平津戰役歷時六十四天，殲滅和改編國民黨軍五十二萬人，基本上解放了華北全境並使華北、東北兩大解放區連成一片。北平的和平解放，使這座舉世聞名的文化古都免遭了破壞。而且，平津戰役中實施的「天津方式」、「北平方式」和「綏遠方式」，對後來處理殘餘的國民黨軍，加速國共內戰進程和取得最後勝利，具有重要的示範作用和戰略意義。

遼瀋、淮海、平津三大戰役從一九四八年九月十二日開始到一九四九年一月三十一日結束，歷時四個月十九天，共殲滅國民黨軍隊一百五十四萬人，使國民黨賴以維持其統治的軍事力量基本上被摧毀，為中國革命在全國的勝利奠定了基礎。三大戰役，無論是戰爭的規模或取得的戰果，在中國戰爭史上都

東北野戰軍以神速動作分割包圍了平津塘一線的國民黨軍。圖為戰士們在趕修工事

是空前的，在世界戰爭史上也是罕見的。這些戰役，不是分散的、孤立的戰役，而是有著通盤籌劃、相互照應、一氣呵成的完整部署。一環扣一環，一個勝利接著一個勝利，也成為人類戰爭史上的罕見奇觀。三大戰役得到了廣大人民的大力支持，他們以源源不斷的人力、物力給予前線以空前規模的支援。與此同時，國統區的中共地下組織和革命群眾也為戰爭的勝利作出了巨大貢獻。

三、「宜將剩勇追窮寇」

遼瀋、淮海、平津三大戰役，以及在戰略決戰階段進行的其他戰役，消滅了國民黨軍主力，從根本上動搖了國民黨的統治。國民黨統治集團在軍事、政治、經濟等方面，都已陷入絕境。從一九四六年七月至一九四九年一月，國民黨軍損失的兵力總計達四百九十五萬餘人，殘存總兵力下降到兩百零四萬人，其中能用於作戰的部隊共一百四十六萬人，精銳部隊全部喪失，士氣瓦解。這些部隊，分佈在從新疆到台灣的廣大地區內，已無法在戰略上形成有效的防禦。而且，國民黨政府的經濟狀況迅速惡化，已經出現了總崩潰的局面。財政枯竭，物價飛漲，財政赤字高漲，工商企業紛紛倒閉，農村經濟迅速破產。

隨著軍事、經濟形勢的進一步惡化，國民黨統治集團內部的矛盾日益尖銳，互相傾軋愈演愈烈。在美國的支持下，長期受排擠的桂系首領李宗仁、白崇禧等乘機對蔣介石施加壓力，提出應與中國共產黨談判，謀求「劃江而治」，並要求蔣介石「下野」。他們企圖利用和平談判的手段，達到劃江而治的目的，以便爭取喘息時間和保存殘餘的反革命勢力，然後伺機捲土重來。在此背景下，蔣介石迫於內外交困，最終於一九四九年元旦發表了要求和談的《新年文告》，表示願與共產黨商討「停止戰事，恢復和平的具體辦法」，並聲稱只要和平能夠實現，「則個人的進退出處，絕不縈懷，而一唯國民的公意是從」。但同時，他又提出要以保存偽憲法、偽法統及軍隊等作為談判的條件。這些要求充分暴露了他的求和聲明的虛偽性。

對於這場主要由桂系勢力掀起的新的和平運動，一部分中等資產階級和上層小資產階級曾寄予希望。有的資產階級右翼分子還極力勸說共產黨把人民革命戰爭「立即停下來」。已經被實踐證明了的破產的「中間路線」的主張，又被某些地方實力派和民主黨派的右翼分子重新提了出來。他們企圖在和談中造成同國民黨、共產黨三分天下的局面，或者建立區域性的地方政府以劃地自保。

這樣的形勢，給中國共產黨和中國人民提出了一個尖銳的問題：是將革命進行到底，還是讓革命半途而廢，使反動勢力得到喘息機會捲土重來呢？對這個重大的戰略問題，毛澤東很快便給出了明確回答。一九四八年十二月三十日，在為新華社所寫的新年獻詞中，毛澤東發出了「將革命進行到底」的偉大號召。他說：

面對急轉直下的軍事形勢，蔣介石十分沮喪，於是再次打起「和談」旗號，發動了一場「和平」攻勢

現在擺在中國人民、各民主黨派、各人民團體面前的問題，是將革命進行到底呢，還是使革命半途而廢呢？如果要使革命進行到底，那就是用革命的方法，堅決徹底乾淨全部地消滅一切反動勢力，不動搖地堅持打倒帝國主義，打倒封建主義，打倒官僚資本主義，在全國範圍內推翻國民黨的反動統治，在

全國範圍內建立無產階級領導的以工農聯盟為主體的人民民主專政的共和國。

毛澤東還藉古代希臘寓言「農夫與蛇」的故事，莊嚴地表明：「中國人民絕不憐惜蛇一樣的惡人」，「已經有了充分經驗的中國人民及其總參謀部中國共產黨，一定會像粉碎敵人的軍事進攻一樣，粉碎敵人的政治陰謀，把偉大的人民解放戰爭進行到底。」「如果要使革命半途而廢，那就是違背人民的意志。」「一九四九年中國人民解放軍將向長江以南進軍，將要獲得比一九四八年更加偉大的勝利。」

一九四九年一月六日至八日，中共中央政治局舉行會議，討論並通過毛澤東起草的決議，重申了中國共產黨「必須將革命進行到底，而不容許半途而廢」的堅定立場，要求在黨內、軍內和人民群眾中進行有力的教育和解釋工作，繼續揭露國民黨的「和談」陰謀。據此，一月五日，新華社發表毛澤東撰寫的《評戰犯求和》，全面揭露和逐條批駁了蔣介石新年文告。一月十四日，毛澤東又以中共中央主席的名義發表關於時局的聲明，強調：

> 雖然中國人民解放軍具有充足的力量和充足的理由，確有把握，在不要很久的時間之內，全部地消滅國民黨反動政府的殘餘軍事力量；但是，為了迅速結束戰爭，實現真正的和平，減少人民的痛苦，中國共產黨願意和南京國民黨反動政府及其他任何國民

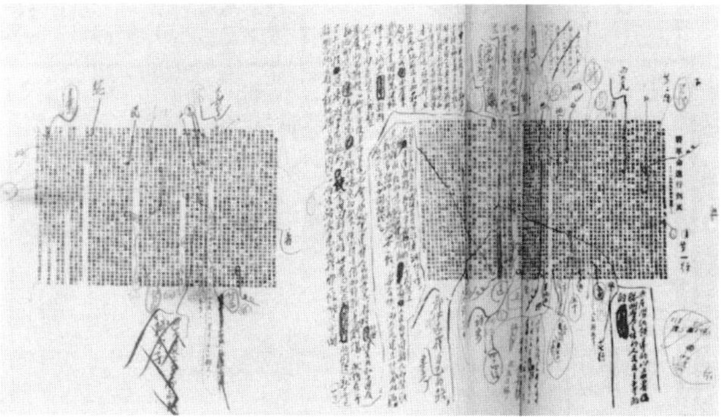

一九四九年一月一日，毛澤東為新華社撰寫新年獻詞《將革命進行到底》，鄭重宣告一定會把偉大的人民解放戰爭進行到底

黨地方政府和軍事集團，在下列條件的基礎之上進行和平談判。這些條件是：（一）懲辦戰爭罪犯；（二）廢除偽憲法；（三）廢除偽法統；（四）依據民主原則改編一切反動軍隊；（五）沒收官僚資本；（六）改革土地制度；（七）廢除賣國條約；（八）召開沒有反動分子參加的政治協商會議，成立民主聯合政府，接收南京國民黨反動政府及其所屬各級政府的一切權力。

此外，他還強調：「如果南京國民黨反動政府中的人們，願意實現真正的民主的和平，而不是虛偽的反動的和平，那末，他們就應當放棄其反動的條件，承認中國共產黨提出的八個條件，以為雙方從事和平談判的基礎。」這一系列堅決有力的聲明，是對蔣介石虛偽的求和聲明的有力揭露。與此同時，國民黨政府要求美、英、法、蘇四國政府「調停」中國內戰的請求，也先後遭到四國政府的拒絕。

在這樣的形勢下，一九四九年一月二十一日，蔣介石以「因故不能視事」為由宣佈「決定身先引退」，「於本月二十一日由李宗仁副總統代理總統職權」。

李宗仁上台後，大力開展謀和活動。一月二十二日，即李宗仁上台後的第二天，他便以「代總統」的身份表示願以中共的八項條件為基礎進行和平談判。接著，他又採取了一些「培養國內和平空氣」的

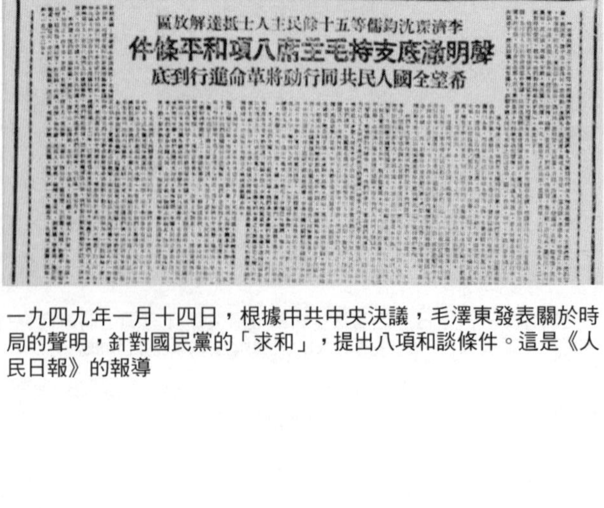
人民日報

李濟深沈鈞儒等五十餘民主人士抵達解放區

聲明澈底支持毛主席八項和平條件

希望全國人民共同行動將革命進行到底

一九四九年一月十四日，根據中共中央決議，毛澤東發表關於時局的聲明，針對國民黨的「求和」，提出八項和談條件。這是《人民日報》的報導

措施。但是，這些只不過是國民黨方面的一種「和平」假象。這時，蔣介石雖然回到家鄉浙江奉化溪口，但仍以國民黨總裁的名義，「以黨控政」，指揮軍隊和特務系統，操縱黨政大權，進行幕後指揮，國民黨政府的實權仍然操縱在蔣介石及其親信手裡。國民黨政府一邊準備計劃爭取三個月至六個月時間，在江南重新編練兩百萬新兵，憑藉長江天險繼續頑抗，確保長江以南各省及西北的一些地區，實現「劃江而治」的局面。

四月一日，國共雙方代表在北平舉行和平談判，雙方代表進行了廣泛的商談。經過半個月的協商，四月十五日，中共代表團在盡可能地採納南京政府代表團提出的意見之後，提出八條二十四款的《國內和平協定》（最後修正案），宣佈四月二十日為最後簽字日期。國民黨政府代表團經過認真研究，一致同意接受中國共產黨提出的《國內和平協定》，並派代表黃紹竑和顧問屈武回南京覆命。國民黨和談最高指導委員會按照蔣介石的旨意，拒絕接受和平協定。四月二十日，李宗仁、白崇禧致電張治中，不得在《國內和平協定》上簽字，遂使和平談判破裂。談判破裂後，以張治中為首的國民黨政府全體談判代表，在共產黨的真誠挽留下，決定留在北平，其中的多數參加了隨後召開的籌建新中國的中國人民政治協商會議。

一九四九年四月一日，南京國民黨政府和平談判代表團到達北平。左起：劉斐、章士釗、張治中、黃紹竑、邵力子

早在淮海戰役即將結束時，蔣介石就已決定放棄淮河防線，將長江以北的殘餘軍隊撤至長江以南。接著在「和談」之名的掩護下，國民黨又加緊部署其長江防線：在從湖北宜

昌到上海的一千八百餘公里的長江沿線，部署了約七十萬兵力。其中，京滬杭警備總司令湯恩伯部約四十五萬人，在江西湖口至上海的地段上佈防；華中軍政長官公署白崇禧部約二十五萬人，在湖口至宜昌的地段上佈防；另以海軍艦艇一百二十餘艘、空軍飛機兩百八十多架支援作戰。國民黨軍圖依憑長江天險和海空軍優勢，阻止中共人民解放軍渡江南進。

由於國民黨政府拒絕在《國內和平協定》上簽字，四月二十日夜，中共人民解放軍遵照毛澤東在中共七屆二中全會提出的「不拒絕談判，要求對方完全承認八條，不許討價還價」，「四月或五月佔領南京」的方針，按預定計劃發起渡江戰役。二十一日凌晨，毛澤東和朱德發佈了「向全國進軍的命令」，命令中共人民解放軍「奮勇前進，堅決、徹底、乾淨、全部地殲滅中國境內一切敢於抵抗的國民黨反動派，解放全國人民，保衛中國領土主權的獨立和完整」。

遵照這個命令，中共人民解放軍向尚未被解放的廣大地區舉行了規模空前的大進軍。四月二十日夜至二十一日，在西起江西九江東北的湖口東至江蘇江陰長達千里的戰線上，百萬中共人民解放軍分成東、中、西三個突擊集團強渡長江。解放軍用木帆船做主要的渡江工具，廣大指戰員發揚英勇頑強、有進無退的戰鬥作風，不顧國民黨軍隊陸海空協同炮火阻擊和多次反撲，千帆齊發，迅速

一九四九年四月二十一日凌晨，中共人民解放軍第二、第三野戰軍發起渡江戰役，迅速突破國民黨軍隊的長江防線，先後解放了南京、上海及蘇、皖、浙、贛等省廣大地區。圖為中共人民解放軍部隊勝利登上長江南岸

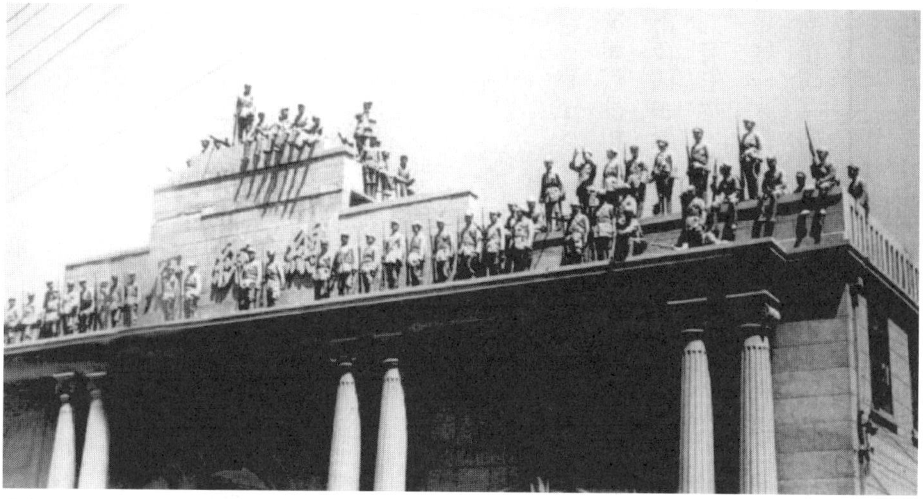

圖為中共人民解放軍佔領南京國民黨總統府

摧毀了國民黨軍苦心經營的長江防線，於四月二十二日勝利突破了國民黨軍隊近千里的長江防線陣地，登上南岸，並爭取了江陰要塞守軍投誠，控制了江陰炮台，封鎖了長江。二十二日深夜，國民黨軍第二艦隊司令林遵率二十五艘艦艇降共。二十三日晚，中共解放了南京，宣告國民黨統治的滅亡。南京的解放，標誌著國民黨二十二年統治的崩潰。消息傳到北平，毛澤東寫下了《七律・人民解放軍佔領南京》：

鍾山風雨起蒼黃，百萬雄師過大江。
虎踞龍盤今勝昔，天翻地覆慨而慷。
宜將剩勇追窮寇，不可沽名學霸王。
天若有情天亦老，人間正道是滄桑。

南京解放後，中共人民解放軍又以風掃殘雲之勢，向華東、中南、西南和西北等尚未解放的地區進軍。在向國民黨統治區的全面大進軍中，各戰場的中共人民解放軍勢如破竹，均取得了重大勝利，而國民黨軍隊則「兵敗如山倒」，再也無法組織起有力的抵禦。到一九四九年九月底，中共人民解放軍各部解放了除西南滇、黔、川、康、藏及中南的兩廣以外的全國大陸大部分地區。

中共建政後，為迅速肅清殘餘的國民黨軍隊，中共人民解放軍按預定戰略部署，繼續向尚未解放的地區進軍。到一九五〇年六月，國共內戰的大規模作戰行動結束。

第三節　新中國的誕生

一九四九年十月一日，毛澤東在天安門城樓莊嚴宣告中華人民共和國中央人民政府成立。中華人民共和國的成立，表明近代以來中國面臨的爭取民族獨立、人民解放的歷史任務基本完成，中華民族的歷史新紀元就此開啟。

一、「瀋陽經驗」

過去，中國共產黨領導的各解放區主要在農村和一些中小城市。隨著國共內戰的勝利發展，特別是遼瀋戰役和平津戰役以後，許多重要的大城市相繼解放。渡江南下後，中共人民解放軍也都是先佔領城市後佔領農村，因此許多大城市陸續回到人民手中。這時，共產黨除向南方繼續進軍，發展農業生產和工業生產，完成老解放區的土地改革以外，一件十分重要的任務便是做好新解放區的接管工作，特別是做好一大批大中城市的接管工作。在這種背景下，沒收官僚資本、接收城市和管理城市，並使城市成為支援國共內戰可靠的戰略後方，便成為中共人民解放軍和中國人民政府的當務之急。

國民黨政府的官僚資本是逐步形成的，抗日戰爭勝利後曾達到高峰。為此，沒收官僚資本，便成為接管城市工作中的一項極其重要的任務。在這項重要任務中，沒收的主要對象是由國民黨中央政府、省政府、縣政府經辦的，即完全官辦的工商業和國民黨大官僚所經營的企業。小官僚和地主所辦的工商業或官僚企業中的民族資本家的私人股份，均不在沒收之列。

沒收官僚資本，首先在瀋陽取得比較系統的經驗。早在一九四八年三月，陳雲就針對中共中央《關於城市工作的指示》精神，決定將中共東北局與各省、地、縣委的民運部一律改為城市工作部。同年六月十日，在陳雲主持下，東北局又發出了《關於保護新收復城市的指示》，強調在新形勢下保護新收復城市的重要意義。

十月二十七日，東北局常委會決定委派陳雲為全權代表，負責接管瀋陽的工作，並組成以陳雲為主任，伍修權、陶鑄為副主任的瀋陽特別市軍事管制委員會。第二天召開的瀋陽軍管會會議上，陳雲作了重要講話。他指出：「接收的原則是自上而下，按照系統，統一接收，一切財產、物質、人員、文件均原封不動，先接收，後分配。」他強調，我們的目的是：

一、完全肅清一切殘餘的敵人和散兵游勇以及任何進行武裝抵抗的分子；

一九四八年十一月二日，東北野戰軍進入瀋陽市

二、接收一切公共機關、產業和物業，並加以管制和監督；

三、恢復並維持正常生產、生活秩序，消滅一切混亂現象；

四、逮捕戰犯及罪大惡極的反動分子，沒收那些應該沒收的官僚資本；

五、建立系統的革命機關，建立革命的警察、法廳、監獄，建立物資及生產的管制機關，建立臨時的各界代表會。

十一月二日，陳雲率領四千名接收人員，乘火車離開哈爾濱，進入瀋陽。針對瀋陽這一大城市原國民黨軍政機關多、人員複雜、社會秩序混亂的實際，陳雲領導的軍事管制委員會採取了以下措施：

一是軍事管制與政治宣傳雙管齊下。衛戍部隊採取堅決措施，鎮壓各種破壞活動，逮捕敵特首要分子，穩定社會治安。同時，積極宣傳共產黨的城市工作政策，把中國共產黨的政策、軍管會的決定傳送到千家萬戶，逐漸穩定人心。

二是系統接收與工廠復工雙向並行。根據國民黨在瀋陽的各個不同的系統，對口成立政務處、財務處、經濟處、後勤處、鐵路處、公安局、衛戍司令部和辦公室等八個接收單位，各單位負責接收與本部門相關聯的系統。舊職人員均按原有職務上班，政府部門只撤換少數首長（如市長、廳長、局長等），

瀋陽各界集會慶祝全東北解放

工廠企業只派去軍代表，同時對已照常上班的職員、工人一律發放生活費。這樣做，起到了迅速復工、保障群眾生活、安定人心的作用。

三是恢復商業與穩定物價齊頭並舉。認真執行中國共產黨的保護城市工商業的政策，進城後立即建立國營百貨公司及糧食公司，首先解決瀋陽市人民極待解決的糧食和日用品需求問題，還採取措施妥善解決了工人職員的工資問題。為了穩定物價，軍管會於十一月八日，按金圓券急劇貶值的實際市價，以一百元（東北幣）比一（金圓券）的比值，收兌了偽金圓券與偽幣，維護了人民群眾的利益。

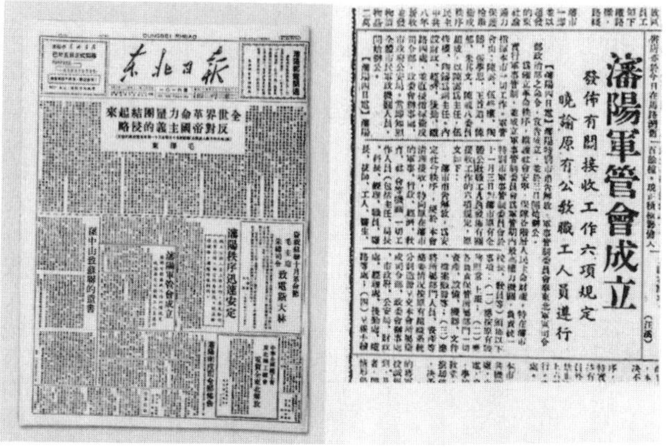

一九四八年十一月七日，《東北日報》刊登以陳雲為主任的瀋陽軍管會成立的消息及軍管會發佈的有關接收工作的規定

一九四八年十一月二十八日，陳雲在《接收瀋陽經驗》中寫道：「怎樣才能接收得快而完整，軍管會在出發前即確定了『各按系統，自上而下，原封不動，先接後分』的接收辦法。」「事實證明，這些做法，既能防止亂，又能保證快（兩天都能接上頭）。如果不按系統，不分上下，亂接一通，必然損失很大，影響很壞。」

中共中央東北局對陳雲的這一意見高度重視。一九四八年十一月三十日，即陳雲向東北局報告接收瀋陽市基本情況的第三天，中共東北局便發佈了《關於接管瀋陽經驗簡報》。不久，東北局又發佈了《關於接管瀋陽經驗之補充報告》。中共中央也高度重視這一成功經驗。十二月二十四日，中共中央向全國解放區批轉了陳雲的「接管瀋陽經驗」。

在當時接管解放大城市的理論和實踐經驗並不十分豐富的情況下，「瀋陽經驗」作為解放城市前有一定接管準備工作、戰爭對城市破壞不嚴重、接管城市速度快的模式，在當時引起東北局及中共中央的充分肯定和高度重視。其中的思想和做法被作為重要經驗轉發給各解放區和各前線的領導同志學習參考。

此後，天津、北平、上海接管城市工作也參照了「瀋陽經驗」，完整地接收了官僚資本企業，並在短期內恢復了正常生產。如上海，作為中國工商業和金融業最集中的地區，在全國處於舉足輕重的地位。官僚資本在上海佔有相當大的比重，沒收官僚資本主義企業，將其接收過來，盡量減少接收過程中的損失和破壞，並能在接手之後迅速恢復生產，任務十分艱巨。上海接管工作由軍事管制委員會統一領導和指揮，下面由專門承擔接收工作的機構負責，各按系統接收，不打碎企業原來的組織機構，技術組織和生產系統，不任意改變原有的各種制度，等等。這些明確的原則和靈活的措施，僅用了很短的時間，就將各官僚資本企業接收下來，並迅速修復了被破壞的機器，促進了企業的迅速復工。

圖為原官僚資本企業的工人清點物資，協助人民政府接管

在舊中國，官僚資本控制了國民經濟的命脈，在沒有遭受多大損失的情況下，完成大中城市沒收官僚資本的工作，使它變為人民的國家所有，這就使社會主義性質的國有經濟在整個國民經濟中居於主導地位。到一九四九年底，國營工業擁有全國發電量的百分之五十八，原煤產量的百分之六十八，生鐵產量的百分之九十二，鋼產量的百分之九十七，棉紗產量的百分之五十三。此外，國營經濟還掌握了全部

鐵路運輸、航空運輸、郵電業務，握有輪駁船貨運量、公路汽車客運的一半左右，控制著金融市場和出口管理。對此，毛澤東給予了高度評價。他說：

> 反對官僚資本主義的鬥爭，包含著兩重性：一方面，反官僚資本就是反買辦資本，是民主革命的性質；另一方面，反官僚資本就是反對大資產階級，又帶有社會主義革命的性質。……我們在解放後沒收了全部官僚資本，就把中國資本主義的主要部分消滅了。

在以沒收官僚資本為重要工作內容的城市接管工作中，中國共產黨積累了「瀋陽經驗」等許多有益的做法，使沒收官僚資本的工作進行得十分順利，這不僅避免了新舊政權交替時可能造成的損失，而且迅速恢復了生產，壯大了社會主義的國有經濟，掌握了國家的經濟命脈，並對新中國國民經濟的發展產生了十分深遠的影響。歷史證明，「瀋陽經驗」是根據新的形勢和特定城市的具體特點，制定迅速恢復社會生產秩序的方針並加以成功運作的典範，它不僅豐富了中國共產黨人接管大中城市的理論與實踐，對提高和統一全黨全軍接收和管理城市工作的思想認識起到了積極作用，也為中共中央全面總結接管城市的經驗，制定完善、正確的城市方針和政策提供了重要素材，在各解放區和各大中城市接管工作中產生了廣泛的影響。

圖為一九四九年四月南京解放後，人民政府接管原國民黨政府的中央銀行

二、「進京趕考」

一九四九年一月六日至八日，中共中央在河北平山的西柏坡召開政治局會議，決定在北平解放後召開第七屆中央委員會第二次全體會議，確定組建新中國的有關事項。西柏坡是地處太行山區的一個偏僻小山村。毛澤東與中共中央在一九四八年三月二十一日離開陝北，二十三日東渡黃河前往華北，於五月二十七日進駐西柏坡，使西柏坡成為中國共產黨將工作重心轉入農村以來的最後一個農村指揮所。在這個農村指揮所裡，毛澤東住了將近十個月，指揮了震撼世界的遼瀋、淮海、平津三大戰役。在這裡，毛澤東還主持召開了七屆二中全會。從此，西柏坡這個小山村，由於對中國革命的特殊貢獻而揚名海內外，也就成為了中國革命史上一個著名的革命紀念地。

經過充分準備，一九四九年三月五日至十三日，中共七屆二中全會在西柏坡舉行。出席這次中央全會的有中央委員三十四人（中央委員出缺四人，由候補中央委員遞補出席三人），候補中央委員十九人，列席會議的十一人。這次會議是中國革命勝利前夕召開的一次極其重要的會議。毛澤東在報告中提出了中國共產黨在全國勝利以後，在政治、經濟、外交方面應當採取的基本政策，特別著重分析了當時中國經濟成分的狀況和中國共產黨所必需採取的正確政策，指出了中國由農業國轉變為工業國，由新民主主義社會轉變為社會主義社會的發展方向。

全會著重討論了中國共產黨的工作重心的戰略轉移，即工作重心由鄉村轉移到城市的問題。全會指出，中國共產黨著重在鄉村聚集力量、用鄉村包圍城市這樣一種時期已經完結，從現在起，開始了由城市到鄉村並由城市領導鄉村的時期。當然，城鄉必須兼顧，絕不可以丟掉鄉村，僅顧城市。但是工作重心必須放在城市，必須用極大的努力去學會管理城市和建設城市。在領導城市工作時，中國共產黨必須全心全意地依靠工人階級，吸收大量工人入黨，團結其他勞動群眾，爭取知識分子，爭取盡可能多的能夠同共產黨合作的民族資產階級及其代表人物，以便向帝國主義者、國民黨統治集團、官僚資產階級作政治鬥爭、經濟鬥爭和文化鬥爭，並向帝國主義者作外交鬥爭。同時，中國共產黨要立即開始著手建設事業，一步一步地學會管理城市，並將恢復和發展城市中的生產作為中心任務。城市中的其他工作，都必須圍繞著生產建設這個中心工作並為這個中心工作服務。

全會充分地研究了經濟政策問題。全會指出，當前全國工農業總產值中，現代工業大約佔百分之十，農業和手工業佔百分之九十。這是中國共產黨在中國革命勝利後一個相當長的時間內考慮一切問題的基本出發點。全國現代工業雖然僅佔工農業總產值的百分之十左右，但是其最大的和最主要的部分是集中在官僚資產階級手裡，沒收這些資本歸人民共和國所有，就可使社會主義性質的國營經濟成為整個國民經濟的領導成分。在工農業總產值中佔百分之九十左右的分散的個體的農業和手工業，在今後一個相當長的時間內，還不能從基本性質上改變過來，但我們是

西柏坡（原址）

可能和必須謹慎地、逐步地而又積極地引導它們向著現代化和集體化的方向發展的。私人資本主義經濟是不可忽視的力量。在革命勝利以後一個相當長的時期內，還需要盡可能地利用城鄉私人資本主義的積極性，以利於國民經濟的發展；同時要對它不利於國計民生的消極作用進行限制。

全會對革命勝利後國內外階級鬥爭的新形勢作了估計，強調必須加強中國共產黨的思想建設，防止資產階級思想侵蝕中國共產黨。毛澤東在報告中指出：

> 因為勝利，黨內的驕傲情緒，以功臣自居的情緒，停頓起來不求進步的情緒，貪圖享樂不願再過艱苦生活的情緒，可能生長。……可能有這樣一些共產黨人，他們是不曾被拿槍的敵人征服過的，他們在這些敵人面前不愧英雄稱號；但是禁不起人們用糖衣裹著的炮彈的攻擊，他們在糖彈面前要打敗仗。……中國的革命是偉大的，但革命以後的路更長，工作更偉大，更艱苦。

中共七屆二中全會會場

此外，毛澤東還高瞻遠矚地說：「奪取全國勝利，這只是萬里長征走完了第一步。」「務必使同志們繼續地保持謙虛、謹慎、不驕、不躁的作風，務必使同志們繼續地保持艱苦奮鬥的作風。」此後，「兩個務必」便成為中國共產黨走向全面執政的政治保證，成為中國共產黨全心全意為人民服務的座右銘，成為跳出「歷史的週期律」、「考試合格」的法寶。

其實，早在一九四五年七月，黃炎培在訪問延安，看到作風樸素、精神振奮的解放區軍民後，便在窯洞中與毛澤東就「歷史週期律」進行過一番對話。黃炎培深有感觸地說：「我出生六十年。耳聞的不說，所親眼看到的，真所謂其興也勃焉，其亡也忽焉。」他希望中國共產黨能找出一條新路，來跳出歷代王朝這個「歷史週期律」。毛澤東當即答應：「我們已經找到新路，我們能跳出這個週期律。這條新路，就是民主。……只有人人起來負責，才不會人亡政息。」毛澤東在中共七屆二中全會上提出的防止驕傲、防止腐敗、防止「糖衣炮彈」對共產黨人的攻擊，以及繼續保持艱苦奮鬥的作風等問題，便是對這一思想的進一步發展和豐富。

中共七屆二中全會閉幕後，為適應形勢的發展，中共中央和毛澤東於一九四九年三月二十三日告別西柏坡，踏上進京的征程。在離開西柏坡以前，毛澤東就很注意對身邊工作人員進行教育，要他們警惕「糖衣炮彈」的攻擊，不當李自成。他說：

就要進北平了！我們進北平，可不是李自成進北平，他們進了北平就變了。我們共產黨人進北平，是要繼續革命，建設社會主義，直到共產主義。

熟知歷史的毛澤東對古往今來、興衰成敗的歷史經驗教訓，特別是對李自成取得政權後，居功自傲，貪圖安逸，結果導致失敗的歷史教訓進行了深入的思考。早在一九四四年，他就把郭沫若寫的史學論文《甲申三百年祭》列為整風學習文件，要求全黨引以為鑑，不要重犯勝利後的驕傲錯誤。郭沫若寫的這篇史學論文，發表在一九四四年三月十九日至二十二日的重慶《新華日報》上，文中用翔實的史料揭示了明王朝必然滅亡和李自成興起的根本原因，深刻總結了一六四四年李自成的農民軍進駐北京後，一些首領們因為勝利而沖昏了頭腦，驕傲自滿，貪圖享樂，生活腐化，又發生了宗派鬥爭，最後導致失敗的沉痛教訓。現在全國勝利在即，中共中央機關就要進大城市了，而且也恰恰是進北京。毛澤東自然會想起李自成農民軍進北京後失敗的歷史教訓。

一九四九年三月二十三日上午十一時，毛澤東、周恩來和一部分機關工作人員離開西柏坡，開始了進京「趕考」。這一天正好是中共中央離開陝北，東渡黃河的週年紀念日。毛澤東精神特別好，凌晨三四點鐘才上床睡覺，不到十點，警衛員就把他叫醒了，他還嫌叫得太遲了。周恩來說：「多休息一會好，長途坐車也是很累的。」毛澤東風趣地說：「今天是進京的日子，不睡覺也高興啊！今天是進京『趕考』嘛，進京『趕考』去，精神不好怎麼行呀？」周恩來笑著說：「我們應當都能考及格，不要退回來。」毛澤東也笑著說：「退回來就失敗了。我們絕不當李自成，我們都希望考個好成績。」三月二十五日凌晨，毛澤東一行到達北京。下午五時整，在北平西苑機場正式舉行了閱兵式，毛澤東、朱德、劉少奇、周恩來、任弼時等在葉劍英、聶榮臻陪同下檢閱了部隊。之後，毛澤東和其他主要領導，又在檢閱機場分別接見了北平市一萬多名群眾代表和一百多位民主黨派領導人和無黨派人士。

在離開機場前往香山的路上，毛澤東欣慰地說：「今天總算完成了一件大事啊！從現在起，我們就可以向全中

一九四九年三月二十三日，毛澤東率領中共中央機關和人民解放軍總部離開西柏坡，二十五日到達北平。圖為北平市市長、北平軍管會主任葉劍英在西苑機場迎接毛澤東、朱德、劉少奇、周恩來、任弼時等中央領導

國和全世界宣佈，中國共產黨中央委員會和中國人民解放軍總部已經進駐北平，這標誌著中國革命已經取得了偉大勝利。但這還不是完全勝利。今天還不能開大的慶祝會，等全國都解放了，再開大的慶祝會，意義就更大了。」

進京「趕考」，是中國共產黨人在中國革命大轉折關頭對建設新中國前景的瞻望和信心的展示，充滿了必勝的信念和樂觀主義精神。進京「趕考」，一是考試必須有充分的思想準備和組織準備；二是一定要考出好成績。這個好成績，就是共產黨人絕不要犯李自成那樣的錯誤，要堅持好兩個「務必」，把共產黨的優良傳統和作風永遠傳下去；這個好成績，就是共產黨人繼續帶領全國人民在新的起點上建立一個強大的中國，實現國家的獨立、富強和中華民族的偉大復興。

三、歷史的新紀元

一九四八年四月三十日，中共中央發佈「五一」口號，向全國發出關於召開沒有反動分子參加的新的政治協商會議和成立民主聯合政府的口號。這一號召，立即得到全國各民主黨派和無黨派民主人士、各人民團體、各少數民族以及華僑和全國廣大人民的熱情響應。從一九四八年八月起，各民主黨派的領導及李濟深、沈鈞儒、郭沫若、黃炎培、茅盾等陸續進入解放區。北平解放後，他們又紛紛雲集北平；與此同時，許多全國性的人民團體也相繼恢復建立起來，全國的職工、婦女、青年、學生，以及文學藝術工作者等，都先後召開了代表大會。這些全國性群眾團體的組成和全國會議的召開，是人民民主統一戰線擴大和鞏固的標誌。這意味著，召集新政治協商會議和成立民主聯合政府的一切條件都已經成熟。

一九四九年六月十五日至十九日，新政治協商會議籌備會第一次全體會議在北平召開了。參加這次會議的，包括中國共產黨和各民主黨派、各人民團體、各界民主人士、國內少數民族、海外華僑等，共一百三十四人。此次會議通過了《新政治協商會議籌備會組織條例》，選舉出由二十一人組成的新政協籌備會常務委員會，推選毛澤東為主任，周恩來、李濟深、沈鈞儒、郭沫若、陳叔通為副主任，決定李維漢為秘書長。毛澤東在會上發表講話指出，「這個籌備會的任務，就是完成各項必要的準備工作，迅速召開新的政治協商會議，成立民主聯合政府」。

這次會議決定籌備會下設六個小組開展工作：第一小組，組長李維漢，副組長章伯鈞，負責核定參加新政治協商會議的單位及其代表名額；第二小組，組長譚平山，副組長周新民，負責起草新政治協商會議組織條例；第三小組，組長周恩來，副組長許德珩，負責起草共同綱領；第四小組，組長董必武，副組長黃炎培，負責起草中華人民共和國中央人民政府組織法；第五小組，組長郭沫若，副組長陳劭先，負責起草大會宣言；第六小組，組長馬敘倫，副組長葉劍英、沈雁冰，負責擬定國旗、國徽及國歌方案。

經過三個多月緊張、認真和周密的籌備，籌備委員會確定了參加新政治協商會議的代表分為黨派代表、區域代表、軍隊代表、團體代表、特邀代表五大類，共四十六個單位，代表六百六十二人。在參加新政協的代表中，共產黨員約佔百分之四十四，各民主黨派代表約佔百分之三十，形成了一個由共產黨、各民主黨派、工人、農民和無黨派人士民主協商、團結合作、共籌建國大計的政治局面；經過籌備委員會的反覆討論和修改，就《中國人民政治協商會議共同綱領（草案）》、《中國人民政治協商會議

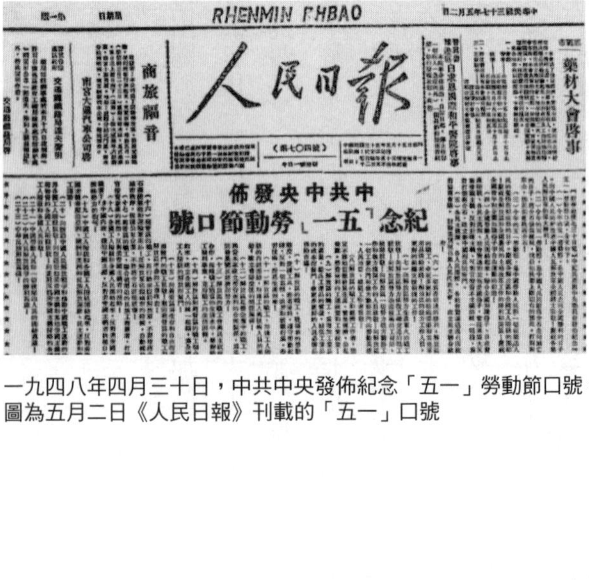
RHENMIN FHBAO
人民日報
中共中央發佈
紀念「五一」勞動節口號

一九四八年四月三十日，中共中央發佈紀念「五一」勞動節口號。圖為五月二日《人民日報》刊載的「五一」口號

組織法（草案）》、《中華人民共和國中央人民政府組織法（草案）》三個文件中的一些重要問題取得了一致認識。一九四九年九月十七日，政協籌備會召開第二次全體會議，基本通過由各小組分頭起草的草案。會議一致通過將新政治協商會議改稱為中國人民政治協商會議。至此，召開中國人民政治協商會議和成立中華人民共和國的一切準備工作全部完成。九月二十日，籌備會常委會舉行第八次會議，決定於二十一日召開中國人民政治協商會議第一屆全體會議。

一九四九年九月二十一日，中國人民政治協商會議第一屆全體會議在北平中南海懷仁堂隆重開幕，出席會議的六百多名代表，代表著中國共產黨、各民主黨派、各人民團體、人民解放軍各軍區、各民族及海外華僑。大會選舉產生了由毛澤東等八十九人組成的主席團，會議由主席團成員輪流主持。毛澤東宣佈中國人民政治協商會議第一屆全體會議開幕。他在開幕詞中闡明了這次會議的性質和任務。他說：

> 現在的中國人民政治協商會議是在完全新的基礎之上召開的，它具有代表全國人民的性質，它獲得全國人民的信任和擁護。因此，中國人民政治協商會議宣佈自己執行全國人民代表大會的職權。中國人民政治協商會議在自己的議程中將要制定中國人民政治協商會議的組織法，制定中華人民共和國中央人民政府的組織法，制定中國人民政治協商會議

一九四九年六月十五日至十九日，新政治協商會議籌備會第一次全體會議在北平中南海勤政殿舉行。左圖為籌備會會場外景，右圖為全體代表合影

的共同綱領，選舉中國人民政治協商會議的全國委員會，選舉中華人民共和國中央人民政府委員會，制定中華人民共和國的國旗和國徽，決定中華人民共和國國都的所在地以及採取和世界大多數國家一樣的年號。

接著，中國共產黨代表劉少奇、特邀代表宋慶齡、中國國民黨革命委員會代表何香凝、中國民主同盟代表張瀾、民主建國會代表黃炎培、中華全國總工會代表李立三、華僑代表司徒美堂、中國人民解放軍代表陳毅、解放區代表高崗、新疆代表賽福鼎・艾則孜、特邀代表張治中和程潛相繼發言，對中國人民政治協商會議一致表示衷心的擁護，對新中國的光明前途充滿了信心和希望。

九月二十二日，全體會議繼續舉行，劉少奇、何香凝、章伯鈞、黃炎培、陳毅任執行主席。大會在聽取了主席團的報告以後，通過了由主席團提議設立的六個分組委員會：政協組織法草案整理委員會，共同綱領草案整理委員會，政府組織法草案整理委員會，宣言起草委員會，國旗、國徽、國都、紀年方案審查委員會，代表提案審查委員會。會議就《中國人民政治協商會議組織法》、《中華人民共和國中央人民政府組織法》、《中國人民政治協商會議共同綱領》三個重要文件草案進行了認真審議，提出修改意見。此後，從二十三日到二十七日，先後有八十五位代表在大會上發言，就建設新中國的大政方針，各抒己見。

一九四九年九月二十一日晚七時，中國人民政治協商會議第一屆全體會議隆重開幕。周恩來副主任代表中國人民政治協商會議第一屆全體會議提請大會通過大會主席團名單和秘書長人選

九月二十七日，全體會議討論通過了《中國人民政治協商會議組織法》、《中華人民共和國中央人民政府組織法》和中華人民共和國國都、紀年、國歌、國旗四個決議案。決定：以北平為國都，並從即日起北平改名為北京；中華人民共和國採用公元紀年；在國歌未正式制定以前以《義勇軍進行曲》為國歌；中華人民共和國的國旗為五星紅旗。大會還決定會後組織人員設計國徽，提交有關會議審定通過。二十九日，全體會議討論通過了《中國人民政治協商會議共同綱領》、《中央人民政府副主席和全體委員名額》、《關於選舉中國人民政治協商會議全國委員會和中央人民政府委員會的規定》三個議案。三十日，全體會議選舉出由一百八十人組成的中國人民政治協商會議第一屆全國委員會。根據《中華人民共和國中央人民政府組織法》的規定，選舉毛澤東為中央人民政府主席，朱德、劉少奇、宋慶齡、李濟深、張瀾、高崗為副主席，陳毅等五十六人為中央人民政府委員會委員。下午六時，全體代表來到天安門廣場，參加人民英雄紀念碑的奠基典禮。在奠基典禮上，毛澤東宣讀了由他起草並為大會通過的紀念碑碑文。碑文中這樣寫道：

三年以來，在人民解放戰爭和人民革命中犧牲的人民英雄們永垂不朽！

三十年以來，在人民解放戰爭和人民革命中犧牲的人民英雄們永垂不朽！

由此上溯到一千八百四十年，從那時起，為了反對內外敵人，爭取民族獨立和人民自由幸福，在歷次鬥爭中犧牲的人民英雄們永垂不朽！

中國革命的勝利來之不易。它既是一八四〇年鴉片戰爭以來，千百萬革命先烈前仆後繼、拋頭灑血的奮鬥成果，又是中國共產黨領導全國各族人民，經過二十八年艱苦卓絕的英勇鬥爭，特別是經過北伐戰爭、土地革命戰爭、抗日戰爭和國共內戰，推翻帝國主義、封建主義和官僚資本主義的統治，取得的新民主主義革命的偉大勝利。橫空出世的中華人民共和國，結束了過去一百多年帝國主義和封建主義壓迫、奴役中國人民的歷史，實現了民族獨立和人民解放。以此為標誌，站立起來的中華民族從此踏上了偉大復興的新征程。

參考文獻

一、主要參考書籍

1.中共中央黨史研究室著：《中國共產黨歷史（第一卷）》（上、下），中共黨史出版社二〇一二年版。
2.當代中國研究所著：《中華人民共和國史稿》（全五卷），當代中國出版社二〇一二年九月版。
3.軍事科學院軍史部編著：《中國人民解放軍戰史》（全三卷），軍事科學出版社一九八七年七月版。
4.中國社會科學院近代史研究所中華民國史研究室：《中華民國史》（全十二冊），中華書局二〇一一年七月版。
5.金沖及：《二十世紀中國史綱》（全四卷），社會科學文獻出版社二〇〇九年九月版。
6.胡喬木：《中國共產黨的三十年》，人民出版社二〇〇八年九月版。
7.胡繩主編：《中國共產黨的七十年》，中共黨史出版社一九九二年一月版。
8.張海鵬：《二十世紀的中國（政壇風雲卷）》，甘肅人民出版社一九九九年十二月版。
9.中共中央文獻研究室編：《毛澤東傳（一八九三—一九四九）》，中央文獻出版社一九九六年八月版。
10.中共中央文獻研究室編：《毛澤東傳（一九四九—一九七六）》（全六卷），中央文獻出版社二〇一一年一月版。
11.中共中央文獻研究室毛澤東研究組編：《毛澤東畫傳》，中央文獻出版社二〇〇三年八月版。
12.《毛澤東選集（一—四卷）》，人民出版社一九九一年六月版。

13.《毛澤東文集（一—八卷）》，人民出版社一九九三年十二月版。
14. 中共中央文獻研究室編：《毛澤東年譜（一八九三—一九四九）》，中央文獻出版社二〇一三年十二月版。
15. 中共中央文獻研究室編：《毛澤東年譜（一九四九—一九七六）》（全六卷），中央文獻出版社二〇一三年十二月版。
16. 中共中央文獻研究室編：《毛澤東著作專題摘編》，中央文獻出版社二〇〇三年十一月版。
17. 中共中央文獻研究室編：《周恩來傳》（全四冊），中央文獻出版社一九九八年二月版。
18. 中共中央文獻研究室編：《周恩來年譜（一八九八—一九七六）》，中央文獻出版社一九九七年五月版。
19. 郭廷以：《近代中國的變局》，九州出版社二〇一二年四月版。
20. 張海鵬：《近代中國歷史進程概說》，江蘇人民出版社二〇〇五年十一月版。
21. 黃仁宇：《從大歷史的角度讀蔣介石日記》，九州出版社二〇一一年四月版。
22. 黃仁宇：《現代中國的歷程》，中華書局二〇一一年四月版。
23. 楊天石：《找尋真實的蔣介石：蔣介石日記解讀》（全二冊），山西人民出版社二〇〇八年五月版。
24. 楊天石：《帝制的終結：簡明辛亥革命史》，岳麓書社二〇一一年五月版。
25. 金一南：《苦難輝煌》，華藝出版社二〇〇八年十二月版。
26. 金一南：《走向輝煌（插圖本）》，中華書局二〇一一年六月版。
27. 張磊等：《孫中山傳》，人民出版社二〇一一年十月版。
28. 全國政協文史資料委員會編：《機詐權變：蔣介石與各派系軍閥爭鬥內幕》，中國文史出版社二〇〇一年一月版。
29.楊德山等編著：《中共黨史簡明讀本》，華文出版社二〇一一年一月版。
30.李穎編：《從一大到十七大》，中央文獻出版社二〇〇八年一月版。
31.《歷史巨人：毛澤東》（全三卷），當代中國出版社二〇〇三年十月版。
32.張素華、張鳴主編：《領袖毛澤東》（全十卷），中央文獻出版社二〇〇三年十二月版。
33.軍事科學院戰略研究部：《毛澤東大戰略》，中國人民解放軍出版社二〇〇四年一月版。
34.柯延編著：《毛澤東生平全記錄》，中央文獻出版社二〇〇三年十二月版。
35.張健：《毛澤東的軍事藝術》，山東大學出版社一九九一年六月版。
36.郭偉濤等著：《毛澤東戰爭指導藝術》，中國人民解放軍出版社二〇〇七年六月版。
37.中國社會科學院近代史研究所編：《中國近代通史》（第二—四卷），江蘇人民出版社二〇〇九年九月版。
38.〔美〕徐中約：《中國近代史：一六〇〇—二〇〇〇中國的奮鬥》，計秋楓譯，世界圖書出版公司二〇〇八年版。
39.中央電視台《復興之路》節目組編：《復興之路》（三卷本），中國民主法制出版社二〇〇八年版。
40.本書編寫組：《中國近現代史綱要》，高等教育出版社二〇一〇年修訂版。
41.李澤厚：《美的歷程》，天津社會科學院出版社二〇〇一年版。
42.姜守明、洪霞：《西方文化史》，科學出版社二〇〇四年版。
43.郝俠君等編：《中西五百年比較》，中國工人出版社一九九六年版。
44.中央電視台《大國崛起》節目組編著：《大國崛起》（全三卷），中國民主法制出版社二〇〇七年版。

45. 唐晉主編：《大國崛起》，人民出版社二〇〇六年版。
46. 蕭致治等編：《西風拂夕陽：鴉片戰爭》，湖北人民出版社二〇〇五年版。
47. 牟安世：《鴉片戰爭》，上海人民出版社一九八二年版。
48. 麥天樞、王先明：《昨天：中英鴉片戰爭紀實》，中央編譯出版社一九九六年版。
49. 袁偉時：《帝國落日：晚清大變局》，江西人民出版社二〇〇三年版。
50. 牟安世：《太平天國》，上海人民出版社一九七九年版。
51. 上海師範大學《世界近代史編寫組》：《世界近代史》上冊，上海人民出版社一九七三年版。
52. 程嘯、張鳴：《十億白銀無量血》，中國人民大學出版社一九八二年版。
53. 馬東玉、邸富生編：《八國聯軍侵華》，遼寧人民出版社一九八六年版。
54. 湯志鈞：《戊戌變法史》，上海社科出版社二〇〇三年版。
55. 馬元之：《被遺忘的較量：辛亥沉思錄》，上海人民出版社二〇一一年版。
56. 郭欽：《風雨欲來：重繪辛亥革命歷史地圖》，長沙出版社二〇一〇年版。
57. 中共中央黨史研究室等編：《全國黨史界紀念中國共產黨成立九十週年學術研討會論文集》，中共黨史出版社二〇一一年版。

二、主要參考報紙及期刊

1. 《人民日報》一九四九—二〇一三年。

2.葉左能：《海陸豐革命根據地史研究綜述》，《黨史通訊》一九八六年第九期。
3.崔廣陵：《「劫收」與國民黨政權在大陸的迅速覆亡》，《黨史研究與教學》一九九四年第二期。
4.佟玉民：《試論黨的土地革命路線的形成》，《黨史研究》一九八〇年第二期。
5.黃科云：《湘鄂贛革命根據地史研究綜述》，《黨史通訊》一九八五年第二期。
6.忻平：《試論抗戰時期內遷及其對後方社會的影響》，《華東師範大學學報》（哲學社會科學版）一九九九年第二期。
7.王永華：《星星之火，何以燎原——試論井岡山鬥爭經驗的傳播與推廣》，《中共黨史研究》二〇一三年第二期。
8.王永平：《論中華文明在世界文明史中的地位》，《陰山學刊》二〇〇二年第六期。
9.魏克威：《論嘉慶中衰的原因》，《清史研究》一九九二年第二期。
10.張玉芬：《嘉慶述評》，《遼寧師範大學學報》一九八六年第四期。
11.丁元浩：《和珅跌倒，嘉慶吃飽》，《法制與經濟》二〇〇三年第八期。
12.趙慧峰：《八股取士與近代社會》，《煙台師範學院學報》（哲學社會科學版）一九九九年第三期。
13.陳奉林：《對近代大國崛起的再思考》，《外國問題研究》二〇一一年第二期。

國家圖書館出版品預行編目 (CIP) 資料

從貧弱到富強：中國復興之路 . 卷一 , 革命 / 董振瑞 , 茅文婷編著 ; 盧潔總主編 . -- 第一版 . -- 臺北市 : 風格司藝術創作坊 , 2017.12
面； 公分
ISBN 978-957-8697-20-1(平裝)

1. 近代史 2. 現代史 3. 中國史

627.6 106024526

從貧弱到富強——中國復興之路 · 卷一：革命

作　　者：盧潔 總主編；董振瑞、茅文婷 編著
責任編輯：苗　龍
出　　版：風格司藝術創作坊
106 台北市大安區安居街 118 巷 17 號
Tel：（02）8732-0530　Fax：（02）8732-0531
http://www.clio.com.tw
總 經 銷：紅螞蟻圖書有限公司
Tel：（02）2795-3656　Fax：（02）2795-4100
地址：台北市內湖區舊宗路二段 121 巷 19 號
http://www.e-redant.com
出版日期：2018 年 6 月　第一版第一刷
定　　價：560 元

Knowledge House & Walnut Tree Publishing

Knowledge House & Walnut Tree Publishing

Knowledge House & Walnut Tree Publishing

Knowledge House & Walnut Tree Publishing